普通高等院校“十四五”规划教材·体育学系列
高等院校体育学系列教材·健美

现代健美运动

吴廉卿　编著

WUHAN UNIVERSITY PRESS
武汉大学出版社

图书在版编目(CIP)数据

现代健美运动/吴廉卿编著．—武汉：武汉大学出版社，2020.10(2023.1重印)
普通高等院校“十四五”规划教材.体育学系列
高等院校体育学系列教材.健美
ISBN 978-7-307-21744-7

Ⅰ.现… Ⅱ.吴… Ⅲ.健美运动—高等学校—教材 Ⅳ.G883

中国版本图书馆 CIP 数据核字(2020)第161965号

责任编辑:韩秋婷　　责任校对:汪欣怡　　整体设计:韩闻锦

出版发行：**武汉大学出版社**　(430072 武昌 珞珈山)
(电子邮箱：cbs22@whu.edu.cn 网址：www.wdp.com.cn)
印刷:湖北金海印务有限公司
开本:787×1092 1/16 印张:31 字数:754千字
版次:2020年10月第1版 2023年1月第2次印刷
ISBN 978-7-307-21744-7 定价:126.00元

前　言

全民健身运动的普及是一个国家现代化程度的重要标志。以习近平同志为核心的党中央亲自谋划推动体育事业改革发展，将全民健身上升为国家战略，广泛开展全民健身运动，推动全民健身和全民健康深度融合。习近平总书记亲自谋划和推动全民健身事业，把全民健身作为全面建成小康社会的重要组成部分，更好发挥全民健身在实现中华民族伟大复兴中国梦中的积极作用。习近平多次强调全民健身对于推动中国体育事业发展、提升人民健康水平的积极作用，并强调要推动全民健身和全民健康的深度融合。

《全民健身计划(2016—2020年)》《"健康中国2030"规划纲要》《健康中国行动(2019—2030年)》等相关文件，是根据党的战略部署，为推进健康中国建设、提高人民健康水平而制定的。人民健康是民族昌盛和国家富强的重要标志，预防是最经济最有效的健康策略。政策相继出台后，健美健身运动在推进全民健身新常态中彰显了独特优势和积极作用，是推动我国体育市场发展的先锋和先行者，是带动体育健身消费的实践者和开拓者。

本书根据当前高等院校教育需求，结合教学实际，在总结并参考国内外学术著作、文献资料基础上编写而成。本书以笔者编写的《健美运动理论基础》《健美运动技术方法》(武汉大学出版社，2015年)为基础，参考国内外最新研究成果，丰富完善了健美运动的学科体系，同时充分运用现代多学科、多视角，结合健美运动特点，对健美训练进行了归纳总结。笔者将启发式原则、循序渐进原则、教学相长原则、整体性原则、有序性原则、理论联系实际原则相结合，对本书的整体结构进行设计，旨在提高健美运动综合能力与加强素质教育，从而增加学生未来的职业适应性、就业竞争力，引导学生在实践中实现全面发展。

本书主要适用范围：高等学校健美健身专业学生、高级专业健身教练员，以及健身爱好者。

本书在编写过程中得到了武汉大学出版社的帮助。在此，向所引文献的专家学者、网站、健身公众号等表示感谢；向支持和帮助本书编写工作的朋友及武汉大学出版社致谢。

本书插图绘制人鲍晶颖，自由插画师，擅长板绘和手绘，适应各类插画风格。

由于编者水平有限，问题和错误在所难免，希望广大读者在使用本书过程中不断总结经验，发现问题，修正错误，提出改进意见与建议。笔者也会在具体教学中灵活运用本书，并在实践教学中不断进行修订与完善，使之更具有广泛性、适应性与科学性。

本书编写时间起于 2020 年 1 月 23 日，止于 2020 年 4 月 8 日，这是一段特殊而有纪念意义的日子。谨以本书作为一份特殊的礼物，献给我的祖国，献给大众，愿中国健康，健康中国！

吴廉卿

2020 年 4 月 8 日

目 录

第 1 章

健美运动概论

1.1　健美运动概念

健美运动是通过各种方式和方法(其中以体育锻炼方法为主，以自然手段和方法为辅)，以肌肉发达、人体健美为目的的体育运动和艺术。健美运动，英文原意是身体建设运动(Body Building Exercises)，这直接说明了健美运动的目的和本质。健美运动是指通过徒手和利用各种器械，依据人体生理功能与解剖特点，针对个人体质、体形的不同情况，运用专门的动作方式和方法，根据人类遗传学、运动解剖学、运动生理学、运动医学、运动心理学、运动训练学、营养学和美学等学科，并结合自然因素等，按照健美运动科学原理采用一整套系统训练方法，用以强健身体、增强体质、发展肌肉、改善体形体态、陶冶情操、促进人体健美的训练过程。它是表现人体健、力、美的体育运动项目，是一门综合性体育学科。

现代健美运动的锻炼方式和方法，主要是指经常进行有系统、有节奏、特殊的力量练习，利用自身重量(或外加阻力)和杠铃、哑铃、壶铃、组合器械等进行身体训练。

健美运动方法由三个部分组成:

①不利用器械的徒手练习:如健美体操、健美跑、自身抗力练习。

②力量练习:如利用杠铃、壶铃、橡皮条、弹簧拉力器以及综合力量练习器械等。

③一些特殊练习:如对抗体重的特殊练习，俯卧撑、引体向上、仰卧起坐、静力练习等。

自然手段和方法是健美训练中不可缺少的组成部分。它是利用自然界中的空气、水、阳光等，如空气浴、水浴、日光浴等，使人与自然和谐共生。

健美运动是与举重同步发展起来的，但并不是举重运动的分支。很早以前人们就懂得如何用力量练习来发展肌肉。自 1898 年首创健美比赛以来，由于诸多因素的影响(如不能正确地被人们认识和接受，缺乏国际性健美竞赛，健美竞赛本身缺乏竞技性，等等)，它迟迟得不到发展，一直停歇在较低阶段(或较原始阶段)，不能形成自己的科学体系，并缺乏相应的表现形式。健美运动能展示身体美(包括体形美、姿态美、肉体美、精神美)、运动美(包括技巧美、动作美、表现美)、行动美(包括道德美、意志美、情感美、理性美等)等。自 1946 年国际健美协会成立后，健美运动才逐渐确立自己的地位，逐渐得到研究和重视，形成自己独立的科学体系，有自身的美学价值、自身语汇，成为一门十分富有魅力的体育艺术而被人们重新认识与承认。

1.2 健美运动分类

健美运动根据不同年龄、不同性别、不同锻炼形式、不同身体部位以及不同目的，可分为多种类型，如表 1.1 所示。

表 1.1 健美运动分类

序	类 型	分 类
1	根据健美运动目的分类	竞技健美运动、健美锻炼、健美养生
2	根据锻炼形式分类	徒手健美运动、器械健美练习、专门器械练习
3	根据年龄分类	幼儿健美运动、青少年健美运动、中青年健美运动、老年健身
4	根据性别分类	男子健美、女子健美、男女混合健美
5	根据人体各部位分类	颈部健美、肩部健美、上肢健美、胸部健美、腹部健美、背部健美、大腿部健美、臀部健美、小腿部健美

1.2.1 根据目的分类

根据不同的目的，健美运动可分为：

①竞技健美运动：根据规则要求，进行长期系统的艰苦训练，它要求全身各部分肌肉呈现出平衡发达状态，均匀、协调、优美，力度强，线条清晰明显，体现艺术造型美。

②健美锻炼：健美锻炼即以群众性地塑造各自体形与姿态为主导目标的健身运动。根据自身身体结构状况及条件来安排体育锻炼。以力量练习为主，塑造矫正体形与姿态，当身体有某些生理缺陷时，可以选择适当的动作来进行锻炼，如有“鸡胸”和“含胸”的人，如果适当进行仰卧推举、飞鸟和其他扩大胸膛、增强胸肌的动作练习，胸部肌肉就会丰满结实，从而弥补不足。

③健美养生：通过适当的健美锻炼，并改善饮食结构和营养成分，减肥或控制体重，以养成良好的生活习惯。如老年人受年龄、体力等各方面限制，适当选择健美锻炼，就能达到养生的目的。

1.2.2 根据锻炼形式分类

根据不同的锻炼形式，健美运动可分为：

①徒手健美运动：徒手健美运动主要以健美体操为主。健美操是从艺术体操等运动中逐渐发展起来的，有男女单人健美操、男女双人健美操、男女集体健美操。

②器械健美运动：器械主要指专门练习力量的器械，如杠铃、哑铃、壶铃、拉力器、握力器、橡皮条、弹簧棒等。

③专门器械运动：专门器械主要指单杠、双杠、卧推架、深蹲架、腿举架以及各种力量组合练习器械。

1.2.3 根据年龄分类

根据不同年龄，健美运动可分为幼儿健美运动(4~15岁)、青少年健美运动(16~25岁)和中青年健美运动(25岁以上)。

1.2.4 根据性别分类

根据不同性别，健美运动可分为男子健美、女子健美和男女混合健美。

1.2.5 根据人体各部位分类

根据人体各部位健美运动的不同，可分为颈部健美、肩部健美、上肢健美、胸部健美、腹部健美、背部健美、大腿部健美、小腿部健美。

1.3 健美运动特点

1.3.1 最有效地发展肌肉，塑造健美体型

健美运动与其他运动项目相比，能使肌纤维最快地增粗，影响肌肉中的蛋白质代谢，促进肌肉蛋白质合成。健美体型一般可分为四类，如表1.2、图1.1所示。健美运动塑造体形，主要是利用各种方式和方法，利用自身体重或外加重量进行锻炼，每次练习是针对人体特定肌群进行锻炼的，每次练习多为极限练习，从而使肌肉组织得到强烈的刺激，各种代谢活动得以增强，消耗更多的能量。通过力量训练，能使肌肉匀称、协调地发展，改善身体某些形状，矫正体形，从而使人体更加完美。初次练习者，每周训练3次，经过3个月训练，上臂围可增长2cm；经过6个月训练，上臂围可增长3~4cm。

表1.2　　塑造健美体型

体型	主要标志
肌肉发达型(或力量型)	如优秀的竞技健美运动员，追求身体各部分肌肉的发达、协调、匀称
体能型	如田径、游泳和球类项目的优秀运动员，能把发展体能和发展身体与塑造体型结合起来，如米隆《掷铁饼者》雕塑形象即为典型代表
舞蹈演员型（或艺体运动员型）	通过大量健美操、舞蹈、艺术体操等动作塑造体型
姿势型(或适应型)	根据自身条件，塑造自己理想的体型，将体型美和姿势美相结合

(a)肌肉发达型　(b)体能型　(c)运动员型　(d)姿势型

图 1.1　健美体型

1.3.2　健美比赛的独特性

健美运动是人体艺术，而健美比赛则是人体艺术的一种表现形式，健美比赛的独特性主要表现在：

①按性别、年龄分组，男子项目有传统健美，有古典健美，有健体与健身等，按身高、体重分级别进行比赛。按年龄分为青年组(11 周岁以下)、成年组(21 周岁以上)，还有 40 岁以上的元老杯赛。

男子传统健美按体重分 4 个组(级)别：65 公斤级，体重 65kg(含)以下；75 公斤级，体重 65.01～75kg(含)；85 公斤级，体重 75.01～85kg(含)；85 公斤以上级，体重 85kg 以上。

男子古典健美按身高、体重分 5 个组(级)别：身高 168cm(含)以下，体重≤身高(cm)－100；身高 168.01～171cm(含)，体重≤〔身高(cm)－100〕+2(kg)；身高 171.01～175cm(含)，体重≤〔身高(cm)－100〕+4(kg)。

男子健体、男子健身模特按身高分组(级)别，女子形体、比基尼健身、健身模特按身高分组(级)。

②健美比赛形式和内容具有独特性：根据比赛规则，运动员要穿规定赛服，全身涂油上色，在音乐伴奏下，通过动作造型对人体进行展示。比赛主要内容是身体轮廓，肌肉发达程度，体格比例平衡性、匀称性，肌肉线条明显性，以及运动员肌肉造型和表演技巧等。

③比赛轮次多：运动员要想夺得桂冠，需要经过初赛、复赛、决赛等轮次。

④能充分发挥自己的个性特点：通过自选动作与音乐，使自身个性及优越性在表演中充分显示。

1.3.3　健美运动具有体育与艺术特点

健美运动融健、力、美一体，是体育美与人体美的艺术表现形式。在健美训练中，通过力量练习来训练肌肉，其结果是肌肉健美、力量增强、富有美感。健美训练本身就是健、力、美的结合，在健美比赛中，要求运动员充分展示身体美，包括体形美(匀称美、协调美、曲线美)、姿势美、肉体美(筋骨美、肤色美、强壮美、柔软美、弹性美)、精神美(生命美、活力美、能动美);充分展示运动美,包括技巧美(变化美、和谐美、韵律美、造型美、准确美)、动作美(刚健美、柔软美、用力美、紧张美、放松美、优雅美、速度美、爆发美、轻快美)、表现美(姿势美、结构美、精神美)。健美运动既是一种体育运动,又是一种人体艺术的表现形式。

1.3.4 健美运动具有广泛适应性

①适应不同年龄、性别、职业的老中青各层次的人。

②在训练时间方面明显较少,从而使人们有时间适应现代快节奏的生活。例如健美运动员在 18 小时内达到的负荷量,若从事其他运动项目则要花四五倍的时间。

③健美运动对场地、设备要求不甚严格,可以在任何场所进行训练。

④健美运动动作简单,可以独立进行。

1.3.5 充分利用自然条件

健美运动的主要目的是塑造人体美,通过到自然界中去,充分利用阳光、森林、水等,不但能使身心健美,而且能陶冶情操,充分享受大自然之美。

1.4 健美运动作用

1.4.1 具有体育运动最基本的功能和作用

健美运动具有体育运动最基本的功能和作用,即具有锻炼身体、增强体质的健身功能。它表现在:

①使运动系统机能水平提高、肌力增强。促进骨骼新陈代谢,提高骨骼抗拉、抗压、抗扭力等性能,对关节韧带的生长发育有着良好作用。

②改善和提高循环系统、呼吸系统和循环吸收系统等内脏器官机能水平。

③提高中枢系统机能水平。

④能提高身体素质,特别是能全面地发展力量素质。

健美运动是在一般增强体质的基础上,对人体提出了更高的要求与作用。它除具有一般体育运动的功能与作用外,还有着独特的作用。

1.4.2 塑造健美体型,形成良好体态

体型主要指全身各部位(从头到脚尖及左右两侧)比例是否匀称、协调、平衡、和谐,整个身体以及主要肌肉群是否具有曲线美。体态主要指整个身体以及各个主要部位形态是否优美。通过科学、系统的健美训练,有目的地改善和塑造体型、体态,使男子变得体格魁梧、肌肉发达、风度翩翩,女子变得体态丰满、线条优美、明朗多姿。

①健美运动把健身、健心与健美更好地结合起来,促进个性的全面发展。现代心理学认

为，剧烈运动的刺激在重复强化的过程中，会像肌肉增大一样，不断地积累起来，沉淀在心理结构中，成为一种潜意识、一种新的心理能量，从而促进人的个性、素质和精神面貌健康发展。正如苏联心理学家科恩说："人可以从自己的身体获得情绪，不仅获得消极情绪，且获得积极的情绪。例如，一个运动员可以从自己温热的锻炼得很好的肌肉获得生理上的愉快感，这种自我感觉是比理智上关心健康更为主导的心理刺激"，① 健美运动能促进个性发展、陶冶性格。

②健美运动能开阔人的眼界，深化对生活的理解。健美运动主要是由一系列身体练习所构成的，在艰苦锻炼的过程中，要不断地同物质世界实实在在的杠铃、哑铃等器械打交道。于是，同客观世界的接触增加了，与自然环境贴近了，运动者不仅具有了自然赋予的力和美，而且能感受到大自然粗犷奔放的性格。通过健美训练，对外界的各种变化能很快接受，对生活的美好事物深有感知，并能意识到自身蕴藏的适应自然的潜力，意识到征服自然及付出的艰辛。

③健美运动使人感受到自身的力量，对自身充满信心。健美训练能使人身躯矫健、精力充沛、风度优雅，人们不必再为自己瘦弱矮小而自惭形秽，相反会正确地认识与评估自己，坚信自己的力量，从而真正懂得人是一件多么了不起的杰作，他有多么高贵的理性，多么伟大的力量，多么优美的仪表，多么文雅的举动，从而懂得人是宇宙的精华，万物之灵。

④健美运动能磨炼意志，培养坚毅顽强的意志品质。健美训练，无论练习什么部位，采用什么动作，都要进行反复多次的负重练习，如一次深蹲训练至少 30 组，最多达 60 组，每组练习 8~15 次。有时要在非常疲劳的情况下坚持做最后一次动作，并且要克服训练后的肌肉酸疼，通过日复一日、单调枯燥的具体练习后，意志和毅力就会随着肌肉的增大而日趋坚定。经过系统严格的训练，不仅身体变得优美，神经系统更坚强，自制力更完善，更能承受来自物质上、精神上的各种压力，更能使人的个性得到完善和发展。

⑤健美运动培养健康向上的审美情趣和积极进取的人生理想。当运动员看到自己匀称的躯体随着音乐的节奏波澜起伏，就拥有了一种美的享受与体验。通过艰苦努力，把自己的美表现出来，本身就是一种崇高美的行为，这样获得的美的感受和对美的理解会更深刻、更丰富。运动员从训练中获得自身活力的愉悦，比单纯从物质享受中获得的更有魅力，如果把这种体会引申到生活，就不难理解。只有在充满矛盾和斗争的生活中不息地奋进，方能发挥出人的创造力，显示生命的意义。

1.4.3 对人的意识形态的作用

健美运动将还原人体艺术以本来面目，将人体艺术充分展示出来。世界雕塑大师罗丹说过："艺术家是离不开人体的"，"没有生命，即没有艺术"。② 马雅可夫斯基认为，世界上没有更美丽的衣裳像结实的肌肉与新鲜的皮肤一样。无论是雕塑、绘画、舞蹈还是健美，都是对人体美的艺术表现，它们不仅使形体具有独特的审美价值，而且通过形体美揭示人的精神风貌，使外表美与内在美达到和谐统一，这对人们审美意识的形成和观念的转变，无疑起着

① [苏]H. C. 科恩. 青年心理学[M]. 南宁：广西人民出版社，1984.
② [法]奥古斯特·罗丹. 罗丹论艺术[M]. 北京：团结出版社，2013.

积极促进作用。

健美运动是身体建设与人体造型艺术相结合的体育项目。通过展示运动员健壮的体魄、结实的肌肉、丰润的皮肤、优美的身姿及其动态变化，给人以美的享受，更能体现出更多线条，多层次结合的完美和谐的曲线和细腻丰富的质感。欧洲文艺复兴时期，意大利卓越的雕塑家、画家米开朗基罗以雄浑坚毅的艺术风格，为西斯廷教堂创作的壁画《创造亚当》(图1.2)，就把亚当塑造为一个身体优美的裸体青年，其渴望获得生命和力量的形象成为表现万物的不朽佳作。健美运动是以表现人体美为主旨，通过动感的人体来表达人类各种思想感情并传递丰富的信息。

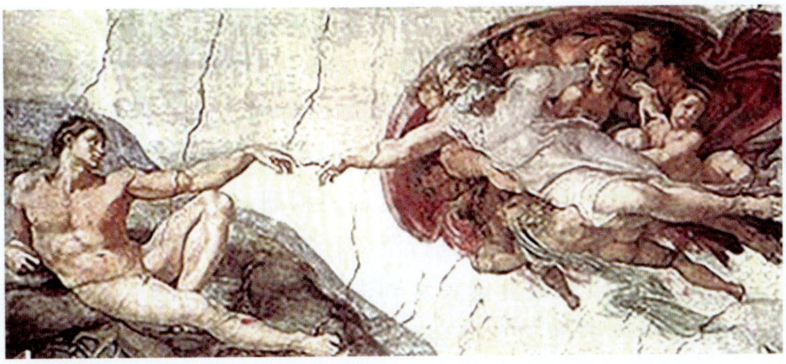

图 1.2 《创造亚当》([意]米开朗基罗)

1.4.4 提高人体免疫机能

健美运动不仅赋予人体隆起的肌肉和健康的脏腑，更难得的是它赋予人体一个生机勃勃的、卓有成效的免疫系统。科学家发现β-内啡肽一类的多肽物质，对人体免疫功能有明显的调节作用，为强调它的重要性，有人称其为免疫调节肽。它们的存在对肿瘤发生和发展以及机能免疫功能变化有密切关系。通过柔和、协调、和谐的健美锻炼，能促使运动者大脑分泌出较多的内啡肽和脑啡肽，进而使运动机体免疫细胞数量明显增加，质量明显提高，进一步提高人体的免疫机能。

1.5 健美组织

1.5.1 国际健美联合会

国际健美联合会(International Federation of Bodybuilding)于1964年由加拿大的本·韦德和乔·韦德兄弟在蒙特利尔发起成立。发起国为加拿大和美国，该会创立以来，创办了各种业余和职业性质的国际健美比赛，为国际健美运动的开展作出了卓有成效的贡献。本·韦德是该会的奠基人，由于其卓越贡献，本·韦德被推选为国际健美联合会终身主席。乔·韦德是一位富有创见精神且善于总结经验的人，他是科学健美法则的创立者和积极推行者。当代世界许多健美冠军和著名的健美运动员在训练中严格遵循着乔・韦德健美训练法则，乔・韦德因此也享有"健美冠军训练者"之美誉。2006 年本・韦德因年龄及健康因素退出主席位置。2006 年西班牙人拉斐尔・桑托哈博士当选主席，并于 2010 年、2014 年、2018 年连任主席至今。

国际健美联合会是国际运动会协会、联合国教科文组织、国际体育科学与体育教育理事会成员，是被 IOC(International Olympic Committee，国际奥林匹克委员会)唯一认可的国际健美健身组织。它根据世界反兴奋剂机构的要求开展工作，现已有会员 184 个，是世界上最大的单项体育组织成员之一。国际健美和健身联合会 1971 年成为 GAISF(General Association of International Sports Federations，国际单项体育联合会总会)成员。

2006 年，国际健美联合会正式更名为国际健美和健身联合会(International Federation of Bodybuilding and Fitness，简称 IFBB)，执行理事会是 IFBB 最重要的领导机构。IFBB 的任务是在国际上促进、发展和管理健美运动，通过体育、合理的营养和力量练习促进健康状况，发展其成员之间的友好与合作关系，支持国家协会的活动，制定、实施和监督业余和职业健美运动竞赛的规则、反兴奋剂计划，进行健美运动的科研，进行运动员、教练员和裁判员的培训，传递信息，在国际上代表健美运动进行活动，与国际奥委会、国际单项体育联合会总会及其他组织合作，对国际业余和职业健美裁判进行资格认定，奖励对健美运动有突出贡献者。健美健身比赛已经成为许多地区运动会的比赛项目，如亚洲沙滩运动会、泛美运动会、东南亚运动会、南美运动会、中美和加勒比地区运动会、阿拉伯运动会、非洲运动会、世界运动会等都设有健美健身竞赛项目。

中国于 1985 年 11 月 2 日加入 IFBB。

1.5.2　亚洲健身健美联合会

亚洲健身健美联合会(Asian Federation of Bodybuilding and Fitness，AFBF)，也称"亚健联"。亚健联是管理亚洲健身健美赛事活动的国际组织，于 1959 年成立，1970 年加入 IFBB，同时是亚奥理事会成员(Olympic Council of Asia)。现任主席为中国健美协会主席张海峰，裁判委员会主席为中国健美协会秘书长古桥。截至 2012 年 12 月，该组织共有成员国(地区)36 个。

2014 年，亚洲奥林匹克理事会承认 AFBF 作为 IFBB 在亚洲的唯一健美组织，并授权其组织和管理亚洲沙滩运动会健美比赛。

1.5.3　中国健美协会

中国健美协会(China Bodybuilding Association，简称 CBBA)，是中国健美健身运动的管理机构，是 AFBF 及 IFBB 的团体会员。

1992 年 9 月 8 日，经原国家体委报请民政部批准成立 CBBA，总部设在北京。我国的现代健美健身运动从 20 世纪 80 年代开始起步，经历恢复调整、适应推广到改革发展的过程，健美健身运动也随着协会工作的不断推进得到了一定的发展。1992 年 9 月 8 日 CBBA 成立至今历经五届全国委员会。2015 年 5 月 4 日，国家体育总局党组会议通过了中国健美协会进行管办分离、以体育社团机制运行的改革试点方案。同年 5 月 18 日，CBBA 在体育总局社体中心独立“挂牌”，成为脱钩试点协会。它是当前国家体育总局第一批按体育社团机制运行的协会。协会最高权力机构是全国会员代表大会。由主席、副主席、秘书长组成委员会，在全国会员代表大会闭会期间履行职务。CBBA 目前下设教练员委员会、裁判员委员会、运动员委员会、科研委员会、培训工作委员会、宣传委员会、国家集训队训练基地委员会、宣传与推广委员会、会员委员会及新项目发展工作委员会十个专项委员会。现任主席为张海峰，现任副主席兼秘书长为古桥。

CBBA 是中华全国体育总会和 IFBB 的团体会员，是唯一代表中国参加 IFBB 运动的合法组织。CBBA 的宗旨是遵守国家宪法、法律、法规和相关政策，依据《中华人民共和国体育法》，团结全国健美健身运动的从业者和爱好者、健美健身运动组织和热心支持健美健身运动的机构、社会组织、各界人士，调动一切积极因素，推动和普及健美健身运动，完善中国健美健身运动管理体制和运行机制，提高健美健身运动管理水平，加强与世界各国健美健身组织的交往，促进我国体育产业的发展，同时接受国家体育总局和民政部的业务指导和监督管理。

图 1.3 从左至右分别是 IFBB、AFBF 和 CBBA 会标。

图 1.3　各健美联合会会标

第 2 章
健美运动美学特征

2.1 健美运动审美特征

2.1.1 表演性

健美运动表演性是以抒情的艺术形象，通过现场表演的二度创作来呈现的，诉诸欣赏者的视听感官才能最终完成。健美运动形象的二度创作，贵在表演者对健美运动的深入理解和独到的艺术表现和处理。对健美运动不同的理解阐释有着明显差异，它们各有独到的意趣和价值。

2.1.2 过程性和流动性

健美运动表演艺术的过程性和流动性，是指音乐作为时间艺术，健美运动作为时空艺术，其形象构成是在时间过程中流动展现出来的，在反映生活和表现情感的发展变化方面更为丰富。音乐、动作展现其形象的时间是虚幻的，而表达的情感是真实的。

2.1.3 节奏感和韵律美

健美运动表演艺术的节奏感是指健美运动以节奏为重要表现手段，通过音乐、动作的有规律反复来表达感情。韵律美是指音乐、舞蹈以在节奏基础上形成的旋律线和动作流，构成其艺术形象整体的美感。

节奏是形式美的重要法则之一，对于时间艺术的健美运动来说，节奏更是其最重要的基本要素和表现手段。艺术节奏的内涵是情感的变化，不同节奏可以有不同的表情作用，从而使旋律具有鲜明的个性。

韵律是在节奏基础上产生的更富变化的情感律动形式。韵律在音乐中，表现为长短、疏密、上下起伏的旋律形成的旋律线；在健美运动中，表现为由表情、姿态、造型等因素构成动作流。

韵是体现健美情韵的韵律，即音乐性和乐感。韵，是指动作和音乐长短之配合，和谐合辙，有韵律。韵，可作抒情的一种表现手段来解释，即把动作贯注感情而化为诗的语言，加深表达感情的能力。韵有两个主要因素：韵赋予情，动随韵意，二者是对立的统一。韵在健美动作中是体现节奏和感情变化的，情即感情，包括喜怒哀乐等心理表现，这是健美表现美的核心。如果说健美运动的基本功是健美运动艺术的骨肉，那么情韵则是健美运动艺术的灵魂。姿柔则生韵，韵而生情，“物有其容，情以物迁”，情美是健美艺术的最高境界。健美运动语言必须同健美运动形象有机地吻合起来，构成健美运动组合，每个动作都要为表达感情服务；不论是旋转、前进或后退、跳跃等技巧，如果脱离健美运动形象、角色、性格，再高超的健美运动技巧也不会真正拨动人们的心弦。情趣盎然才能引人入胜，有理有情才有说服力，“情美”是健美艺术的最高境界。

2.2 健美运动审美形态

任何美的事物，既有美的内容，也有美的形式，是两者和谐有机的统一体。形式美作为对美的形式的某些共同审美特征的理论概括，它来自实践，为美的事物所具有，并通过内、外形式表现出来；同时，形式美中所包括的构成美的事物外形的物质材料的自然属性(色、形、音)以及它们的组合规律(整齐、比例、对称、均衡、反复、节奏、多样统一)等，其本身就有较高的审美属性，由于不直接揭示具体内容，因此具有相对独立的审美价值，给人们以美的享受。健美运动艺术比其他任何艺术都重视形式美，凸显形体动作、舞台画面和时间形式中多种多样的形式美。

2.2.1 健美运动的健康美

健康美是身体美的基础。人体的健康与壮美(指男子)、优美(指女子)，虽然有着不同的含义，却有着内在的联系，有人将前者比作形，后者比作影，形影相随。人的健康状态反映人在大自然中生存的最自然最本质的特征，健康美是身体美的基础。达到健康美，是体育运动尤其是健美运动的最终目标。作为健美运动的最终目标的健康美，主要包括身体的健康美、精神的健康美与行动的健康美。

①身体的健康美。健美运动中身体的健康美是指身体结构的健康满足状态，就是通过健美运动锻炼而获得健康的身体形态、健康的内脏机能与健康的运动机能。

②精神的健康美。健美运动中精神的健康美是指人性的健康美，即指纯正、开朗、创造等丰富的情感，积极、努力和忍耐等坚强的意志；观察、思考、追求等高度的理性；爱护、体贴、合作等基本的道德等。这些是形成健美运动中人的精神健康美的要素。

健美运动的精神健康美的主要表现是：健美运动员的气质美。健美运动与其他舞台运动相比，要求颇高。它不但要求具有纯熟的技巧，还要求兼备高雅的气质。美的气质的外在表现形式是健康挺拔的形体、良好的修养和心态、礼貌得体的言谈举止。

③行动的健康美。健美运动中行动的健康美是指以人的社会性为基础的人的行动健康美，是指爽朗、正确、有秩序地行动的健康美。在表演和比赛中，男士与女士不论是动作还是神态，都要符合高雅和美的宗旨。

2.2.2 健美运动的身体美

人类的身体是有生命的活体，它能显示出自然结构的美，主要表现在人体外部匀称而协调的体态、形状方面，所以有时也会将身体美狭义地理解为形体美。黑格尔在《美学》中强调，比起动物来，“人的身体却属于较高的一级。因为人体到处都显出人是一种受到生气灌注的能感觉的整体”①。

所谓身体艺术，从实践层面来看，是指以身体为美化、改造对象，使之趋于美的理念的艺术，如美容化妆、服饰健身等；从精神层面来看，是指以身体为表达媒介和表现对象的艺术。身体艺术应该是前语言文字时代最早发展起来的艺术之一，许多动物都可以娴熟地使用身体语言传递较复杂的信息，如蜜蜂的觅食路线和群居动物的类社会行为的固化形式，如示威、示爱、占有和讨好等行为规范。在人类的物质生产还停留在从自然直接索取食物，人的精神生产还在萌芽阶段时，人的自身再生产活动已积累丰富的情绪情感因素甚至意志理性的因素，成为人化的生产，表现在性对象的定向选择上，以及展示性吸引力的越来越复杂的形式上，人体是最早的审美对象和艺术表现对象，并始终是人类使用最得心应手的表达工具。

健美运动是身体艺术的极致，在人与人的语言文字产生之前，身体就是众多生命体唯一的表达媒介，身体语言在这种自然表达中逐步丰富，身体因此获得了强大的表现力。健美运动把身体语言发挥到极致，手腕臂肩、足腿膝胯、背胸腹臀、颈头目面甚或口耳鼻舌，均获得强劲的表现力。身体语言从象形写实到抽象象征，从生活样状态提炼到艺术形式加工，从肢体到表情，从实用礼仪、生产生活经验传递到审美观赏，从表意到抒情，经历了漫长的发展过程。健美运动身体美，体现在肉体和精神两个方面，两者的和谐一致就成为人体美的本质。

2.2.2.1　人体：人类最早的语言载体，美的极致

在语言尚不健全的原始群体生活中，人类需要用形体和手势表达思想感情。在数百万年的劳动和社会生活中，人的各种习惯动作反复出现，成为人们所理解的具有交往功能的语言形式，成为人体语言。在语言文字形成以后，这种人体语言的运用不仅没有消失，而且还具有了许多新的含义，成为人们说话时的辅助动作。当语言难以表述时，借助形体动作能表达得淋漓尽致。古希腊人非常讲究人体线条美，对能够很好塑造形体美的艺术非常喜爱，并高度重视健美对形体塑造的作用。他们认为健美是最高层次的艺术，它的起源与天上的星星一样古老、神圣。古希腊人在雕塑、浮雕等艺术中赋予所有神的姿态都是非常优美的健美造型。

2.2.2.2　健美运动动作：自由的生命运动形式

人类动作是一种生命的运动形式，是生命的本质所在，也是一种人类表情。人类动作负载着人本身内心体验与外部表现互相反馈的信息；它是一座桥梁，沟通着审美对象与审美主体只可意会不可言传的微妙情感。人的最深邃和最隐秘的情感只有通过人体动作才能最完整、最准确地表现出来。美国心理学家阿尔伯特·梅拉比安指出：人所得到的信息总量，7%来自文字，38%来自声音，55%来自人体语言。人类在创造世界的同时创造了自身的美，人类在发现万物时也发现了自身的魅力。人是生命之树上最高处的果实，人体是生命果实最完美的高级形式，它为艺术家们提供了耕耘不尽的沃土，成为健美艺术汲取不完的源泉。

---

①　[德]黑格尔．美学[M]．北京：商务印书馆，1982.

法国雕塑家罗丹认为，人体是心灵的镜子，最大的美就在于此。人体动作属于人的情绪、智慧和精神状态，是努力追求有价值的目的和种种内心状态的结果。动作的内在质量和外在形态紧密结合，共同构成具有丰富表现力的充满内在含义的动作符号。通过动态语言，人类理解生命，进行生命之间的交流，达到人与人之间的和谐。人类通过自我和他人的身体及其动作，以及运动着的事物，不断建立自身对世界的认知，并建立起自我理解人类社会与外部自然界的基本经验。在现实生活中，人体动作表达人类的各种愿望、意图、期待、要求和情感，是一种信号和符号，是一种生命动作而非艺术。

2.2.2.3 健美运动秩序化、节奏化的人体动作

从物质存在形态而言，健美运动的美依附于表现性的人体运动美，即健美运动的美是人体运动创造的意象美或人性美。健美运动的美的基点，就是立足于美的人体运动。作为健美运动艺术的物质媒介的表演者，其身体要经过严格训练才能具有很强的表现能力。构成健美运动的美的物质媒介——人体，本身就是一种形式美。健美运动艺术对人体美的再现或表现，总是加以“动态”的强调，以区别于雕塑和绘画对人体的描述。“动态”意味着生机、鲜活、变化、丰富，包含着极其深刻的观念、欲望等社会内容。

健美运动人体动态美会令人产生超越现实的感觉，就在于健美运动中的人体动态经过艺术家的匠心经营，对日常生活人体美进行了形式化、秩序化、规律化的加工，成为有意味的形式，表现人类复杂的情感。健美运动的动态是一种超越日常生活的人体动态，健美运动同武术、杂技、花样滑冰和体操等项目不同。在健美运动中，人体的动态已成为人类情感和意识的基本符号形式，健美运动的人体动作美通过程式化和虚拟化得以体现，程式化是健美运动艺术发展到成熟阶段的产物，是遵循形式美的法则而在健美运动实践中完成的。程式化使健美运动稳定地传达出一定的情感意蕴，有助于健美运动风格的形成。健美运动动作孕育在节奏之中，节奏的变化体现着人内心情感的波动。节奏是生命个性的特质，节奏是民族气质的神韵，节奏是艺术风格的显现，节奏是时代潮流的象征。

健美运动相关于有生命的人体，它在外力和自身意志的作用下产生并占有空间与时间，给方向、幅度、速度、能量等带来了确定的活动范围和动作空间。通过对空间与时间的安排和处理，将自己与环境紧密联系在一起，全力挖掘自身的、合理的、有序的人体动作，从而产生强烈的感情震荡，建立起自己的“独立王国”。

2.2.2.4 情感：健美运动的灵魂

人体是一种文化，而没有人体动作的意象美，就不可能有优美感人、意境深邃、形神兼备的健美。健美运动若只追求人体美和人体动作美，而缺乏人体动作的意象美，则不能具有勾魂摄魄的力量。当健美运动从人类的纯生理现象进入到审美活动的领域时，就意味着人体动作意象美地位的确立，这是一个从“体态语”人体动作向“仪式语”人体动作过渡的演进过程。这一过程，即人体运动形态向人体审美形态的过渡，意味着健美运动不仅是一种运动形态，更是一种审美形态。这种运动的审美，一方面是基于人体的审美，另一方面更是基于改造人体的审美。要达到人体动作意象美的境界，就必须做到“形神兼备”，这正是健美具有感染力的决定性因素。这就要求通过人体动作体现出主体的精神气质和健美的情韵。

单纯的人体是构不成审美和文化符号的，只有这个媒介运动起来，形成人类情感和意识的基本符号形式——姿势，健美运动才开始“呼吸”。在健美运动作品中，情感意识必须投入到动作中，使之成为表情达意或抒情言志的直接物质外化。动作是内在激情外化为艺术形象的物质材料，它随着健美者的思维目的而展现其功能，或抒情，或言志，或叙述，或模拟，具有较大的可塑性和自由性。

作为血肉之躯的人体，它唤起人类切身相关的一切愿望。人体美不只是生物学意义上的，更重要的是人类社会、历史的产物。在美的人体形式中，积淀着丰富的社会历史内容，在形式、姿态中，每一个点、线、色、形、音、韵都表现着意义、情感、价值。也就是说，健美的人体美本身烙有人类文化的印痕，本身就是一种人类文化心理的产物。

健美运动就是人的一种本能的升华、一种生命的展示，它不仅能够传达生与死、爱与恨、欢乐与痛苦、胜利与失败等所有人生经历，还能揭示神圣与凡俗、正义与邪恶、自由与束缚、崇高与卑贱等一切人性的品格。

健美运动需要人体美，需要人体动作美之一。健美凝练了人体与动作之美，诠释着人的情感升华之美，是人类不懈追求的最高艺术之美。

通常的身体美是强壮的身体和适应各种温度、能抵抗外部环境疾病感染的身体锻炼总和。身体美是健美运动的最终目标，它包括体形美、姿势美、肉体美、精神美，如表2.1所示。

表2.1　身体美(健康美)组成要素

体形美			姿势美	肉体美					精神美		
匀称美	协调美	曲线美	/	筋骨美	肤色美	强壮美	柔软美	弹性美	生命美	活力美	能力美

体形美：健美运动的体形美是指身体外形的匀称与协调。健美运动员首要的特点是匀称与协调，在评价运动员是否匀称与协调时主要考虑身体各部分的和谐、匀称与协调，而人的各部分结构都有一定的比例，这种比例取决于具体的历史时期，取决于特定历史时期的思想，取决于人本质的概念和人的属性。

匀称美和协调美是运动员的基础美。在评价健美运动员身体曲线时，最基本的是脊柱曲线是否正常，膝部曲线是否正常，尤其是女运动员是否具有女性特有的曲线美。

第一，丰满而挺拔的胸部是构成女性曲线美的主要标志之一。乳房丰满而富有弹性，并有适度发达的胸肌作为依托，构成胸部优美的曲线。

第二，坚实平坦的腹部和稍微纤细苗条的腰部是女性运动员曲线美的又一标志。通过训练消除腰腹周围过多堆积的皮下脂肪，从而充分显现腰部优美的曲线。

第三，丰满而适中的臀部能构成女性运动员又一优美的曲线。通过健美训练，使过分肥大臃肿的臀部变得适中而富有弹性，使瘦小松垮的臀部变得丰满而紧凑。

第四，腿部肌肉分布匀称、弹性，关节大小协调，从而显示出运动员膝部的优美曲线。

姿势美：健美运动的姿势美是指动作的端正与舒展。主要姿势有：坐、行、走、立等姿态。健美训练可以使运动员的姿势端坐优美。优美的坐姿应该是指抬头、挺胸、直腰、收腹。腰背准确优美的站姿应该是“三挺一睁”，即挺颈、挺胸、挺腿，两眼圆睁，同时目视前方，头颈、躯干和脚在一条垂线上，两臂自然下垂。缺乏训练的站姿多表现为弓腰、含胸、重心偏移至单腿。优美的走姿不是一摇三晃，不是“八”字步横行，而是保持身体正直、挺胸直腰、微收小腹的姿态，膝和足尖始终正对前方行进，两臂自然摆动，步伐稳健而均匀。优美的姿态和潇洒的动作，符合人体解剖学和生理学规律，又能给人以健美的印象。

肉体美：健美运动的肉体美是指通过肌肉和骨骼的发展所表现的美。人们对肉体美的一般见解，往往是对身体各个部分进行评价的多，而从健康的角度进行评价的少。但是，健美目标中的肉体美，不仅追求身体某一部分的美，也追求全身的、和谐的美，因此，不能忽视肉体美与健康的关联性。健美运动所追求的应该是建立在健康基础上的全身的、和谐的肉体美。

肉体美是健美训练的目标之一，通过健美训练，使肌肉发达、脂肪适中，从而使人体肉体美表现出筋骨美、肤色美、弹性美及柔软美。肌肉是人体力量的源泉，同时也是力的象征，因此，健美的体形、健壮的体魄是和发达的肌肉密切相关的。在艺术家、人类学家和健美运动员的观念中，发达的肌肉和健壮的体魄是人体美最主要的因素。发达的颈肌，使人颈部挺直、强壮有力；发达的肱二头肌、肱三头肌及前臂肌群，可使手臂线条鲜明、粗壮有力；覆盖在肩部的三角肌可使肩部宽阔，加上发达的背阔肌，使躯干呈现优美的“V”形；腰部骶棘肌能固定脊柱，使上体挺直，可使人挺拔、伟岸；线条清晰、发达的腹肌能增强腹压，保护内脏，有利于缩小腰围，使人匀称、协调而富有美感；发达的臀部肌肉和有力的下肢肌肉，能固定下肢，给人强壮坚毅的印象。同时，通过锻炼可使骨骼肌发达，消除多余的脂肪，使肌肉更富有弹性，各关节更柔软。

肤色美是健美运动员肉体美的另一表现。有诗人曾称颂道，结实的肌肉和古铜色的皮肤是世界上最美丽的衣裳。运动员通过特殊的训练，如日光浴、海水浴、森林浴等使皮肤变健康，呈现出最美的古铜色。

精神美：健美运动的精神美是指健美运动员人体外形美与内在的精神气质美，它包括生命美、活力美、能力美。运动员通过健美训练，能充分体现出生命美与活动美。

2.2.3 健美运动的运动美

健美运动用人的形体“说话”，一系列动作组成健美的特殊语言，构成流动状态的视觉现象。“动作是健美的核心元素”。健美审美，首先要学会品味“动作”。

健美选手的技术动作，是经过长期艰苦训练和多次实践比赛而形成的。要求健美者的姿态是舒展挺拔的，保持抬头、挺胸、收腹、立腰、肩放平、膝放松、大腿和臀部夹紧上提的姿态。这种严格的身体姿态要求，符合体育美学结构层次(姿态美)。

动作的“线性”美。西方“外放与扩张”的文化特质反映在健美运动动作形态上。

健美运动最终的目标在于培养健美能力，提高机能、表现能力、精神能力，塑造健美的形体，直接目标在于掌握健美运动的技术，竞赛规则要求运动员在舞台上，通过灯光、音乐等配合进行人体表演与展示。健美运动具有独特的运动美，其结构如表2.2所示。

表2.2 运动美组成要素

技巧美					动作美(活动美)									表现美		
变化美	和谐美	韵律美	造型美	准确美	刚健美	柔软美	用力美	紧张美	放松美	优雅美	速度美	爆发美	轻快美	姿势美	结构美	精神美

2.2.3.1 技巧美

技巧美是指技术的巧妙美，即把巧妙的技术称作技巧美。被认为是巧妙的技术有统一运动的技术、用力的技术、变化的技术、控制速度的技术、控制表现的技术，等等。当这类技术的各种要素的目的得到满足时，能够感受到作为技巧的美及技术的要素美。健美运动技巧美主要包括变化美、和谐美、韵律美、造型美和准确美等。

2.2.3.2 动作美(活动美)

英国著名哲学家培根认为，秀雅合度的动作美才是美的精华。人体的动作姿态是健美艺术的最基本的元素，在健美艺术中，表演者、表现手段和创作成果是三位一体的，都是人体本身。健美艺术美是在动作流中展现的人体的姿态节律美，诸如形体美、造型美、技巧美及情绪美等。

动作美是健美运动创造美的特有手段，是观众欣赏美的先决条件，自然就成为健美美学研究的出发点和中心问题。动作美基本的元素包括：轻、稳、准、洁、敏、柔、健、韵、美、情。

轻：轻如羽毛，一叶轻舟，一片轻纱，轻盈体态；跳也要有一种轻盈的感觉。

稳：稳如泰山，必须有一种稳定感，稳当、稳妥、稳重，中心必须有平稳线，脚跟要站稳。

准：动作必须规范准确，有分寸感，造型准确。

洁：干干净净，不拖泥带水，不庞杂，清脆利落，清晰可见，使人觉得豁然开朗、心情愉快。

敏：动作像燕子一样敏捷，如果手和脚的动作不敏捷，说明功夫不到家。

柔：柔中有刚，刚中有柔，刚柔相衬。

健：健美，即要有力度感，神态、体态有支柱，不软塌塌。

韵：韵律，韵味，即音乐性，有感情，有音乐。

美：动作美，体态美，形神要兼备，使人觉得确实是艺术品，能打动心弦。

情：形寄于形，形神兼备，形情交融。

没有动作美就不可能有人体美。躯干美和动作美是紧密相关的，车尔尼雪夫斯基指出：人的身躯是地球上最精美之物。一个人动作的不拘泥和轻巧性是如此迷人，这只有在良好的体魄、健全的机体情况下才能形成，一个机能不健全的人，不可能有良好的仪表、优雅的动作。健美运动的动作美主要体现在训练和比赛中，包括刚健美、柔软美、用力美、紧张美、放松美、优雅美、速度美、爆发美、轻快美等。

2.2.3.3 表现美

表现美是指在运动流程中能够看到的空间美。

从运动是一种时间的存在出发，必然引起运动是否应当考虑空间的疑问。人类具有把运动流程中存在的美，用运动的空间去"捕捉"的视觉暂留特性，即能够把运动的流程分割成一幅一幅的空间美的序列，这就是运动的空间美。

情美是健美艺术的最高境界，情即感情，包括喜怒哀乐等心理表现，这是表现美的核心。

在健美比赛中，表现美尤为独出，它包括姿势美、结构美、精神美等。

动作形式中的程式美：健美是感情冲动达到极致时的身体表现，在长期的演变过程中，逐渐程式化、规范化、序列化和风格化，形成一整套相对固定的动作姿态和审美情趣。形神兼备，刚柔并济，虚实相兼，动静结合，要求行如走蛇、动如脱兔、急似闪电、慢似行云、转若盘龙、翩若惊鸿、轻如海燕、稳若磐石，一静一动，有姿有势，给人和谐、稳重的感觉。所有这些动作姿态的程式美，都是遵循美的规律创造出来的。

空间形式中的构图美：健美构图是指在舞台空间的运动线和画面造型，它是形式美的一个重要组成部分，就两者的关系而言，运动线是画面造型和变化的基础，画面是运动线组接有序的合成体，前者是变换画面的一个运动过程，后者是这种过程的某一个停顿和结果，它们相辅相成，在不断连接和变化中显示出形式上的审美特性。

时间形式中的韵律美：健美艺术是在一定的时间里展示的，自然具有其时间形式。健美的时间形式贯穿于整个过程，体现在健美动作连贯而流畅的变化之中，在一个统一的基调上，安排得合理有序的健美动作具有韵律感，这种有韵律感的动作称为"律动"，律动的基础是节奏。在这一点上，健美与音乐有着极为密切的联系，音乐通过旋律、节奏创造听觉的形象，凭借形体创造视觉形象，二者融为一体，构成时空结合的艺术形象。音乐不仅赋予力度、速度和长度，影响抑扬顿挫的变化，而且促使在表现方面达到准确、简练和集中，跳得有弹性、有情趣、有韵味，在时间形式中充分显示出它的韵律美。

2.2.4 健美运动的结构与造型美

2.2.4.1 连接美

连接美是指两个或两个以上动作间的连接流畅圆滑，给人以耳目一新的美感。特别是那些难度级别更高的动作之间的连接更能给人带来美的享受。连接顺畅即每个动作之间必须连接紧密，上一个动作的结束即是下一个动作的开始，这样才能给人以不间断的美感。

2.2.4.2 编排美

编排美是将各种不同类型、不同难度的动作有机组合起来，并能突出运动员的个人风格，给人以艺术享受和美感的成套动作。多样化的动作与音乐巧妙地组合起来，和谐统一、融为一体，犹如一件优美动人的艺术珍品。编排成套动作参加比赛是健美运动与其他形式的运动项目最突出的一个不同特点，是重要的评分内容之一。重视成套动作的编排，提高成套编排的审美效果，是提高运动员技术水平和运动成绩的重要途径。特别是集体造型的成套编排、队形和图案千变万化，创新的空间更加广阔。教练员、运动员要像创作一件艺术品一样，不断创造出审美效果最好的成套动作。

2.2.4.3 造型美

造型美是用身体形态姿势表现的美。在健美运动中，包括静态造型美和动态造型美以及动静结合的造型美。静态造型美如同京剧中的“亮相”，必须光彩照人，像一尊美的雕塑。健美运动是动的艺术，它要求每个造型在变动中显得结实有力、美观感人；它需要用活生生的人体肌肉的能力，来体现人的思想感情和美的线条。健美运动的形象始终在运动状态中，运用造型性手段把一个个生活片段连接起来，塑造出各种活生生的动态形象。如果从形体运动的动与静构成规律看，造型属于相对静止的范畴，动是渲染，是展开；静则是交代，是重复，它深化前面的动，健美动作进行过程中一瞬间的造型停顿，可以在一定程度上弥补动作转瞬即逝的缺陷，通过静一会儿的造型，去加强观众的记忆和印象，从而增强审美效果。

2.2.4.4　技术美

技术美是在符合力学原理和生理解剖条件的情况下，在完成动作过程中所能达到的最高技术规格。完成任何动作，包括基本技术、基本动作、基本难度动作和高难度动作都存在技术美的因素，把最合理、最优美、最高规格的动作做出来就是技术美的重要表现。

健美运动技术美是人体美和动作美的综合表现，它有准确、协调、连贯、节奏感、动律感以及动作规范化的特点。技术美充分显示人的本质力量，以绚丽多彩的造型表现出特有的魅力，引起人们的情趣、喜悦和赞赏。技术美还包括动作美，如动作准确、干净、协调、连贯、节奏感强，给人一种完美、无懈可击的感觉。只有准确地掌握技术要领，动作才能规范化、优美化。技术水平的高低决定一套动作的审美价值。

2.2.4.5　难新美

难新美是指高质量地完成那些新颖、高难、复杂的动作和连接所表现出来的震撼人心的美感。难度是健美运动自选项目的核心，是衡量运动实力的重要标志，是裁判员评分的重要内容之一。运动员要不断地发展和创新高难度动作。但是，光有难度，不能做出稳定高质量的动作，同样不能给人以美感，反而会使人担心害怕。我们要辩证地理解难新美的概念，在难新动作完成时，保持身体的稳定平衡及连贯，才能给人以强烈的视觉刺激和美的享受。

2.2.5　健美运动的行动美

健美运动的行动美有社会性的行动美和人性的行动美，运动员追求社会的行动美与人性的行动美的结合。人性的行动美，有以意志为基础的钻研、努力、忍耐等行动美；有以情感为基础的感激、共悦、快乐、严肃等行动美；有以道德为基础的积极、正义等行动美。运动员在活动中，具有多种行动美的表达，如道德美、意志美、情感美、理性美等，如表2.3所示。

表2.3　**行动美组成要素**

行动美																			
道德美					意志美					情感美						理性美			
友爱美	合作美	纪律美	责任美	礼仪美	忍耐美	坚毅美	努力美	专心美	积极美	独创美	庄严美	悲壮美	端正美	雄壮美	自由美	安定美	计划美	追求美	结构美

2.2.5.1 道德美

道德美是指道德行为、道德品质和道德境界的美。它是指个人具有崇高的思想道德境界、进步的人生价值观和高尚的道德行为和道德品质的美，道德是调整人和人间、人和社会间的关系的行为规范的总和，它表现为人的理想、信念、情操、风尚等。道德是人的内在精神的重要组成部分，完美的人应高度重视自身道德的修养，达到外在美与内在美的统一。

道德美的核心是善。凡符合大多数人的利益，符合社会历史发展的规律，推动社会进步的道德行为就是善的，善必美，恶必丑。道德可以称为美，必须具备下列三个条件：①必须是真善美的统一；②必须是典型的；③必须是形象的。

健美运动道德美主要体现在运动员的友爱美、合作美、纪律美、责任美及礼仪美。举手投足都必须遵循礼仪，全然没有一般社交场合的随意性和自娱性。这不仅是礼仪上的需要，也是对观众的尊敬。

2.2.5.2 意志美

意志美是指通过自己的意志，积极付诸行动时所见到的美。意志活动所体现的美有推进力的美和忍耐力的美。推进力的美是把行动积极地贯彻到底的美；忍耐力的美是在把行动贯彻到底的过程中克服困难并努力进取的美。意志活动的各种要素是人类行动不可缺少的要素。因此，应当把这种要素提高到美的高度。

健美运动意志美主要体现在运动员的忍耐美、坚毅美、努力美、专心美、积极美。在比赛中展现出顽强拼搏、力争优异成绩的信念；在平时训练中体现出勇于创新、不断攀登的精神，根本动力都是来源于对健美事业执着进取的精神，它直接影响健美运动美的创造和表现。

2.2.5.3 情感美

情感美是指通过丰富的情感所捕捉到的情趣美与进行创造活动的创造美。能够感受到这种情趣美的情感，表现出人类情感的丰富性。另外，能体现创造美的丰富情感，具有开拓人类未来的方向性。

如果理解了这种情感美，在行动精神方面培养学生的情感美，就可以理解情感美的要素在塑造人的过程中是怎样一个重要因素。健美运动的情感美主要体现在健美运动员的独创美、庄严美、悲壮美、端正美、雄壮美、自由美。

健美运动艺术虽然是人体的艺术，但健美表演并非表演人体本身，而是通过人体的物质性表现丰富多彩的心灵世界，创造诗意，抒发情感。

健美动作是由情感孕育而成的。情感作为健美创造的内驱力，其本身具有一种造型的力量，内在地规定着健美创造的特定的形式，从而把心理能转化为动能，内在的无形运动变为身体外部的可视性运动。这样在人们抒发内心世界的感受时，如果欲吐无词，不能以语言描述，就可以用人体动作来表达，即所谓的“情动于中而形之于外”，通过稳健奔放、轻快舒展、柔刚相衬的人体动作来抒发富有诗意的幻想和感情。健美的世界是感情的世界，利用传达情感的语言，创造具有诗情画意的形象，体现“象外之象”形神兼备的美的艺术意境。健美运动需要创造艺术意境，意境以其广阔和谐、若有若无及耐人寻味的虚幻化境，给人们提供想象和情感自由活动的心理空间，以其丰富的蕴藉的情思内涵，引发人们的思索、体验，使人们从具体表层的“形”像，深入到气韵生动的“神”境，透过“境”见出“情”，领悟韵外之致的艺术效应，进而把握宇宙人生的无限意味。

健美运动长于抒情，它本身没有情节性，是一种情感的纯粹抒发，它并不排斥叙事因素，要在一定的情节事件中表现作品的主题思想。所不同的是，这种叙事因素在整体结构中，只是给创作者提供一个构思动作的时间和空间的框架，开拓一条特殊的表演渠道和抒情媒体，其质地、容量与复杂度，都应有助于情感表现，受到美学原则的制约，即事件本身应是凝练和概括的，矛盾线索应是单纯和集中的，情节的延宕应是富于行动性和情感色彩，着重描绘人物精神世界的。它应既具有推进剧情向前发展的运动力，又能展示健美运动色彩的多样性和抒情性。

2.2.5.4 理性美

理性美是指通过科学的判断及创造精神的充实所体现出来的美。以这种科学的判断及充实的创造精神为基础的美，表现为追求力与理解力的美。可以把追求力与理解力的美称作理性的美，健美运动理性美主要体现在安定美、计划美、追求美和结构美。

2.3 形体美与健美形体标准

2.3.1 形体美的标准

莱辛在《拉奥孔》中认为，最高的物体美只有在人身上才存在，而在人身上也只有靠理想才存在。千百年来，人们孜孜不倦地追求理想的身体美模式，不同时代、不同民族有着形形色色的标准。

2.3.1.1 黄金分割律评估形体美

人的比例结构是人体各部位之间相应的最大生命活动关系的发展过程中形成的。和谐的比例是物体形成或者动作形式的美学客观评价的基础。

究竟什么样的比例能用“和谐”来评价，取决于人的本质的概念和人的所属性。在古埃及文化中，比例就是人们所喜好的东西，依据数字的关系而存在：1∶2 或 3∶5，也可以是 3∶4∶5的关系。在古波斯则将三角形的底边为 8、高为 5 称为比例。中国从古至今都认为把一个整体分成三个部分，而三个部分的相互比例关系为 9∶8∶7。在古希腊黄金比率长期居统治地位，但也常常运用其他标准，如 1∶8，中世纪文化很注重的是普通的比例，即 1∶2、1∶3、1∶4。

黄金分割是公元前 6 世纪古希腊数学家毕达哥拉斯发现的，是从数学原理中提出的一个形式美法则（据说毕达哥拉斯、柏拉图、欧几里得等都对发现黄金分割作过贡献，但正式将它作为“黄金分割律”提出来的却是 19 世纪德国美学家莱辛，而用科学的手段来证实这一定律的却是与他同时代的实验心理学家费希纳）。

黄金分割指事物各部分间的比例关系为 B/A=A/A+B，即 1/1.618 或 0.618/1。一般来说，按此种比例组成的任何事物都表现出其内部关系的和谐与均衡。0.618，以严格的比例性、艺术性、和谐性，蕴藏着丰富的美学价值。0.618这个比例，会让人本能地感到美的存在，其实这与人类的演化和人体正常发育密切相关。据研究，从猿到人的进化过程中，骨骼方面以头骨和腿骨变化最大，躯体外形由于近似矩形变化最小，人体结构中有许多比例关系接近0.618，从而使人体美在历史积淀中固定下来，如表2.4所示。

表2.4　人体黄金分割因素

黄金点	肚脐	头顶到足底之分割点
	咽喉	头顶到肚脐之分割点
	膝关节	肚脐到足底之分割点
	肘关节	肩关节到中指尖之分割点
	乳头	躯干乳头纵轴上之分割点
	眉间点	发际到颏底间距上1/3与中下2/3之分割点
	鼻下点	发际到颏底间距下1/3与上中2/3之分割点
	唇珠点	鼻底到颏底间距上1/3与中下2/3之分割点
	颏唇沟正路点	鼻底到颏底间距下1/3与上中2/3之分割点
	左口角点	口裂水平线左1/3与右2/3之分割点
	右口角点	口裂水平线右1/3与左2/3之分割点
黄金矩形	躯体轮廓	肩宽与臀宽的平均数为宽，肩峰至臀底的高度为长
	面部轮廓	眼水平线的面宽为宽，发际至颏底间距为长
	鼻部轮廓	鼻翼为宽，鼻根至鼻底间距为长
	唇部轮廓	静止状态时上下唇峰间距为宽，口角间距为长
	手部轮廓	手的横径为宽，五指并拢时取平均数为长
	上颌切牙、侧切牙、尖牙轮廓	最大的近远中径为宽，齿龈径为长(左右各三个)
黄金指数	鼻唇指数	鼻翼宽度与口角间距宽度
	目唇指数	口角间距宽度与两眼外眦宽度
	上下唇高指数	面部中线的上下唇高度
	目面指数	两眼外眦间距与眼水平线的面宽之比
	四肢指数	肩峰至中指尖连线为上肢长，髂嵴至足底连线为下肢长
黄金三角	外鼻正面观呈黄金三角	
	外鼻侧面观呈黄金三角	
	鼻根尖与两侧口角点组成三角形	
	两肩端点与头顶中央组成三角形	

黄金分割律作为一种重要的形式美法则，成为世代相传的审美经典规律，专家提出的人体黄金分割因素包括四个方面，即14个“黄金点”(物体短段与长段之比值为0.618)、12个“黄金矩

形”(宽与长比值为 0.618 的长方形)、6 个“黄金指数”(两物体间的比例关系为 0.618)、3 个“黄金三角”(近似值的等腰三角形，其内角分别为 36°、72°、72°)。

希腊雕像的特点是人物面部表情相当平静安详，力求不引人注目，以便突出身体美。古希腊雕塑家创作的维纳斯女神像被推崇为形体美的典型，整体雕像长 215cm，胸围 121cm，腰围 97cm，臀围 129cm。从头顶至肚脐的长度与肚脐至脚底的高度比十分接近黄金比例，似乎真有“增一分则太长，减一分则太短”的味道。一个体形匀称的人，体重与身高、腰围与胸围、腰围与臀围的理想比例，都接近于黄金分割律。

2. 3. 1. 2 以身高为基础的形体比例

理想的基本比例，头长为身高的 1/8，肩宽为身高的 1/4，如表 2. 5 所示。

表 2. 5 以身高为基础的形体比例

形体(体围)	胸围	腰围	腹围	臀围	脚底围	头长	肩宽	平伸双臂
与身高比例	0. 51	0. 34	0. 475	0. 542	0. 432	1/8	1/4	1

体育美学权威胡小明根据中国人的实际情况拟定了人体美的标准：骨骼发育正常，关节不显得粗大突出，肌肉均匀发达，皮下脂肪适当，五官端正，且与头部配合协调，双臂对称，男宽女圆，脊柱正视垂直，侧看，胸廓隆起，正面、背面略呈“V“形，女性胸廓丰满适度，腿修长，大腿线条柔和，小腿肌肉稍突出，足弓高。

综合中外一些美学家和艺术家对于人体外形美的见解，归纳出如下基本标准，如表 2. 6 所示。

表 2. 6 中国学者评价形体美

骨骼	发育正常，四肢长而直，关节不显得粗大突出
头	头顶隆起，五官端正，且与头部配合协调
肩	双肩平正对称，男宽女圆
脊柱	脊柱正视直立，侧看曲度正常
肌肉	肌肉均衡发达，皮下脂肪适当
胸	胸廓隆起，正面、背面略呈“V”形，女性胸部丰满且有明显曲线
腰	腰细而结实，圆柱形
腹	腹部扁平，男子有腹肌块垒隐现
臀	臀部圆翘，球形状上收
腿	大腿线条柔和，小腿修长，肌肉稍突出
踝	踝细，足弓高

2. 3. 2 健美体型标准

西方史学权威布克哈特指出，16 世纪时，在一切高尚的体育锻炼和上流社会的习俗中，意大利人无论在理论方面还是实践方面都是整个欧洲的老师。体育作为一种艺术既和军事训练有别，也不同于单纯的娱乐。贵族绅士们积极习武健身，并训练身姿的优美，这给艺术的发展带来极大影响。丹纳敏锐地看到了这一点，他认为意大利艺术中心是人体，是自然、健全、活泼、强壮、能做各种体育活动的人体。

健美体型是在先天体型的基础上，通过健美训练的精雕细琢，使其得到修正而日趋完美。体型受到先天遗传的影响并在此基础上发展，这一发展阶段受到自然环境、社会条件、生活条件、心理因素和体育运动等方面的影响，而健美运动可以超越其他一切因素，对重新塑造体型有着举足轻重的作用。如何评价健美体型，国外许多著名健美运动专家、学者提出了不同的评定标准。

2.3.2.1 利用围度评价健美体型

国际健美权威教练乔·韦德制定的“健美匀称体围的计算方法”与“男子体格健美标准”如表2.7所示。从健美角度看，健美体形的腰臀比应该是：男子0.80，女子0.65。

表2.7 健美匀称体围的计算方法 (kg、cm)

颈围	前臂围	上臂围	胸围	腰围
38%×胸围	30%×胸围	36%×胸围	胸围：臀围=5：9	75%×胸围

男子体格健美标准

身高	体重	上臂围	颈围	胸围	腰围	大腿围	小腿围
150	60	30	38	101	68.5	53.5	36.5
155	65	39.5	39	103	71	55	38
160	75	40.5	40.5	110	76	56.5	39.5
165	80	41.5	41.5	115	78.5	58	40
170	85	43	42.5	118	79.5	59.5	40.5
175	90	44.5	43	121	82.5	62	41.5
180	95	45	44.5	124	83	63.5	42
185	105	45.5	45.5	126	84	65	43

美国著名健美教练罗伯将·肯尼迪和邓尼斯·韦思、维克·博夫提出了评价健美体型的指标，即肌肉围度参考指标，如表2.8、表2.9所示。

表2.8 肌肉围度参考指标

形态指标	一般训练者确定理想围度	健美运动员确定巨人围度
肱二头肌(cm)	2.10×手腕围度	2.32×手腕围度
胸围(cm)	5.62×手腕围度	6.42×手腕围度
腰围(cm)	64%×胸围	71%×胸围
大腿围(cm)	1.44×膝关节围	1.63×膝关节围
小腿围(cm)	67%×腿围	72%×腿围
体重(kg)	0.45(kg)×身高(cm)	1.4(kg)×身高(cm)/2.54

表 2.9 健美体型评价指标

序号	指标(%)	男	女
1	(上臂围-前臂围)/前臂围	17%~23%	12%~20%
2	两上臂平均围度/小腿围	97%~103%	79%~84%
3	两前臂平均围度/胸围	29%~3%	27.5%~29.5%
4	两上臂平均围度/胸围	35%~37%	32%~34.5%
5	颈围/胸围	37%~39.5%	37%~39%
6	(胸围-腰围)/腰围	30%~37%	24%~32%
7	(胸围-臀围)/臀围	8%~14%	/
8	腰围/胸围	73%~77%	76%~80%
9	腰围/臀围	81%~85.5%	67.5%~71.5%
10	大腿围/臀围	58.5%~60.5%	57%~60.5%
11	小腿围/大腿围	65%~68.5%	60%~64%
12	〔胸围(包括乳房)-腰围〕/腰围	/	28%~36%
13	〔臀围-胸部最大围度(包括乳房)〕/胸部最大围度(包括乳房)	/	6%~12%

根据我国成年男女的形体特点，田里、李静制定的"我国健美女子理想体形标准"比值为：身高100%；颈围19.11%；肩围61.82%；胸围55.93%；大臂围17.29%；小臂围16.38%；腰围38.18%；臀围52.94%；大腿围32.75%；小腿围20.23%。参考国外有关资料，经过实际测量，制定出我国男女健美运动员体型标准，如表2.10所示。

表 2.10 男女健美运动员体型标准 (cm)

性别	肩宽	胸围	腰围	臀围	大腿围	小腿围	颈围	上臂围
男	胸围×0.5	身高×0.55	胸围-20	胸围×0.8	身高×0.3	胸围×0.37	小腿围	身高×0.16
女	胸围×0.5	身高×0.50	胸围-20	胸围	腰围-15	大腿围-15	小腿围-2	身高×0.15

2.3.2.2 利用身高体重常数评价健美体形

身高体重常数是健美体形的主要参数，身高体重常数=身高(cm)-体重(kg)。常人的身高体重常数是100/110，健美运动员<100。据不完全统计，男性健美运动员的身高体重常数是45/95，女性健美运动员是100/110。男子80/90为体型健美；小于80，体形偏胖；大于90，体形偏瘦；女子90/100为体型健美。表2.11所示是几位健美先生(小姐)的身高(cm)、体重(kg)和身高体重常数。

表 2.11 **健美先生(小姐)身高、体重和身高体重常数①**

性别	姓名	身高(cm)	体重(kg)	身高体重常数	备 注
男	穆罕默德·麦卡威	160	70.5	85	身高体重常数=身高(cm)−体重(kg) 男子健美运动员身高体重常数是 45/95 女子健美运动员身高体重常数是 100/110
	简·皮埃尔·福克斯	185	90	95	
	约瑟夫·威尔科兹	180	113	67	
	戴维	183	102	81	
	曼弗雷德·胡伯勒	195	150	45	
女	唐娜	161	52	109	
	伦达·默里	165	68	97	

身体美的标准是相对的，要考虑到人种的差异。各地区、各国人在身体外表上存在一些差异，这大概主要是由所栖息的自然环境不同所致，各民族在身体的审美方面有差异，这大概是在漫长的历史过程中由不同的民族心理素质所致。人种的差异，必然带来对身体的不同审美观。

黑格尔曾说："一个欧洲美人不会叫一个中国人乃至非洲霍腾套族人喜爱，因为中国人的美的概念和黑人的不同，而黑人的美的概念和欧洲人的又不同。"②中国人常以眉清目秀为美，而非洲人却"染其眼皮为黑色"；中国人以唇红齿白为美，而"马来半岛之人以白色齿为耻，谓其与犬齿无异"，"上尼罗河土人敲去四门齿，谓不愿与兽类相似"。中国人以鸭蛋脸形为美，而"暹罗（现泰国）人具小鼻，鼻孔远离。阔口，厚唇，面庞甚大，颧骨高而阔，故彼等固以暹罗妇女较欧洲妇女尤美"，更有甚者，"问北方红人何为美妇人，彼将答称阔而平之面、小眼、高额，每一腮上具阔黑线三四条，大而阔之腮，隆大钩鼻，黄褐色皮肤，下垂及腹之乳。"③这种对人的肤色、面容、体型的美的概念的差异，是由人种特点所决定的。

人种是具有可区别于其他人群的共同的遗传体质特征的人群，主要是根据肤色、眼色、发色，眼、鼻、唇的形状，骨骼、身材以及血型等划分。如黄种、白种、黑种、棕种等。人类分类所依据的这些体质性状必须具备以下条件：具有遗传性，能传给后代，在相当长的时期内不发生重大的改变；受外界环境影响的变异范围很小，相对来说，不受性别和年龄的影响。有些体质性状，如体格差别、脂肪层厚薄、肌肉发达程度等，便不能作为人种性状。这与体育恰好相反，体育非常重视这些体质特征，并用来衡量体育的效果。

不同人种体质特征带来了不同的身体审美观，人类身体毕竟还有更多的共同之处，参考体质人类学的有关材料，有助于考虑适应范围更大的身体美标准。人是社会关系的总和，不能降到动物的水平，譬如对身体的修饰和锻炼，就是人类特有的社会特征，不能与动物的肢体活动等同。身体美的观念历来有时代性，在设定标准时，特别要考虑到人类社会的历史发展，使之带有稳定性，富有指导实践的意义。健美运动使人类的身体一代比一代更美。

---

① 资料为笔者根据网络公开数据收集整理而来。

② [德]黑格尔. 美学(第1卷)[M]. 北京：商务印书馆，1983.

③ [英]达尔文. 人类原始及类择(第2部)[M]. 北京：商务印书馆，1985.

第 3 章

肌肉与力量训练原理

3.1 影响肌肉的生物学基础

影响肌肉的生物力学因素包括神经控制、肌肉横截面积 、肌纤维排列 、肌肉长度、关节长度、肌肉收缩速度、关节角度和身体体积。

3.1.1 肌纤维类型和特征

3.1.1.1 肌纤维类型

从生理学角度来讲，肌纤维按照收缩特性可分为两种类型：慢肌纤维和快肌纤维。这两种肌纤维在许多方面都有所不同，包括肌肉收缩速度、收缩力量和耐力水平。快肌纤维收缩速度快且力量大，但易疲劳；慢肌纤维收缩速度慢、力量小，但不易疲劳。肌肉由快肌纤维和慢肌纤维组成，两种类型肌纤维共存于每块肌肉中，且身体每块肌肉的肌纤维类型也不尽相同。

快肌和慢肌具有完全不同的代谢特点和收缩能力。慢肌特点是抗疲劳能力强，有利于长时间的有氧耐力运动，然而它收缩产生力量的时间也较长。快肌特点与慢肌相反，收缩快速有力，但容易疲劳，有利于短时间、高强度的活动，主要是无氧运动。快肌又可分为 A 型和 B 型。尽管两种都能快速收缩，但 B 型较 A 型抗疲劳能力强，因此 A 型被认为是真正的快肌。就一块肌肉而言，其中既有快肌又有慢肌，比例因人而异。肌肉最基本的功能为保持姿势、克服重力，因而需要更多的耐力，也就含有更多的慢肌成分。快肌慢肌的比例因人而异，有较大的个体差异，这种比例是由基因决定的。肌纤维的类型在决定某项运动能力中起重要的作用，如短跑和举重运动员的快肌多，而马拉松运动员的慢肌比例多。快肌和慢肌的代谢能力都可以通过特定的力量和耐力锻炼得到提高。就现有的研究结果看，通过训练较容易使快肌变成慢肌，而慢肌变为快肌则较为困难。

肌纤维类型和特征如表 3. 1 所示。

表 3.1 肌纤维类型和特征

原始划分	红肌	白肌	
纤维名称	Ⅰ型肌纤维	Ⅱ型肌纤维	
	慢肌纤维	快肌纤维	快肌纤维
	有氧代谢慢肌纤维	有氧糖酵解快肌纤维	糖酵解快肌纤维
收缩特征	慢颤动	颤动	快颤动
有氧化能力	高	中高	低
无氧糖酵解能力	低	中	高
线粒体数量	多	中	少
肌肉收缩速度	慢	快	最快
主要活动特征/抗疲劳能力	有节奏的/耐久性高	速度、力量/耐久性中	速度、力量/耐久性低

现在人体骨骼肌肌纤维的名称由Ⅱb 型和Ⅱab 型更改为Ⅱx 和Ⅱax 型。

Ⅰ型和Ⅱ型肌纤维的机械特性差别是根据肌纤维的能量需求和供给差异产生的疲劳的不同来区别的。Ⅰ型肌纤维往往具有抗疲劳和很高的有氧供应能力，但它们的快速力量发展有限，即具有肌动蛋白和肌纤维 ATP 酶活性和无氧功率低的特点。

Ⅱ型肌纤维运动单位则相反，表现为效率低、易疲劳和低有氧功耗和力量发展迅速，肌球蛋白 ATP 酶的高度活性，高无氧债。Ⅱa 型和Ⅱx 型肌纤维主要优势在于有氧氧化供能能力。例如Ⅱa 型肌纤维较Ⅱx 型肌纤维有更好的有氧代谢能力和更丰富的周围毛细血管，表现出更强的抗疲劳性。基于这些差异，不同位置的肌肉，如比目鱼肌，Ⅰ型肌纤维含量高；如股四头肌，有混合的Ⅰ型和Ⅱ型肌纤维，可参与低功率和高功率输出的活动(如慢跑和冲刺)。

运动单位具有特定形态和生理特性的肌纤维组成而决定其功能。

3.1.1.2 肌纤维类型判别

表 3.2 显示的是肌纤维类型的主要特性。肌纤维类型判别的方式有以下几种：

①活检：确定肌纤维类型的精确方法是进行活检，即从身上取出一小块肌肉，在显微镜下对其进行分析，以判别肌纤维类型。这种方法精确，但对局部肌肉有损害，一般人没有必要用这种方法来判断。

②测试肌肉耐力：这种方法是通过观察肌肉疲劳特点评估肌纤维类型。该法效果较好。做法是：若用肌肉收缩最大力量的 80%的力量能重复练习的次数大于 15 次，则说明慢肌纤维占较高百分比；若用肌肉收缩最大力量的 80%的力量能重复练习的次数小于 5 次，则说明快肌纤维占较高百分比。

③评估肌肉的发展：一般来说，快肌纤维比慢肌纤维在增长肌肉体积方面具有更大的潜力。若肌肉发展得比较快，则可认为自己具有较高百分比的快肌纤维，反之则具有较高百分比的慢肌纤维。

表 3.2 肌纤维主要特性①

特性	Ⅰ型	Ⅱa 型	Ⅱx 型
运动单位大小	小	大	大
神经收缩速度	慢	快	快
收缩速度	慢	快	快
放松速度	慢	快	快
耐疲劳性	高	中等/低	低
力量产生	低	中等	低
功率输出	低	中等/高	高
耐力	高	中等/低	低
有氧酶含量	高	中等/低	低
无氧酶含量	低	高	高
毛细血管密度	高	中等	低
肌红蛋白数量	高	低	低
线粒体大小/密度	高	中等	低
纤维直径	小	中等	大
颜色	红色	白/红色	白色

3.1.1.3 肌肉横截面

在其他变量一致的情况下，肌肉力量与肌肉横截面积有关，而不是肌肉体积。肌肉力量同肌肉横截面直径成正比。通过阻力练习，可以增加肌肉横截面直径与肌肉体积。肌肉是由肌纤维构成的，肌纤维又是由肌丝组成的，肌丝是肌肉收缩的物质基础。研究表明：肌纤维增粗的主要原因是肌丝中肌凝蛋白含量增加的结果，肌凝蛋白构成粗肌丝并含有 ATP 酶，凝蛋白含量的增加不仅可使肌丝直径增加，而且是肌肉力量增加的主要原因。

肌肉的不断增长要靠长期艰苦训练的积累。训练时，体内各组织细胞消耗了大量能量物质，这些能量物质只有在训练后通过休息和营养物质补充，使合成代谢超过分解代谢，才能逐步得到恢复。恢复在一定时间内会超过原来的水平，出现所谓“超量恢复”。实践和研究证明，在超量恢复阶段进行下一次训练，效果最好。

能量消耗的多少和恢复的快慢同肌肉活动的剧烈程度密切相关。在一定范围内，肌肉活动量越大，消耗过程越剧烈，超量恢复就越明显。所谓“在一定范围内”，是指运动量不能过大，否则能量消耗过多，不易恢复。长期过大还会造成训练过度，甚至会出现伤害事故。只有掌握好、运用好超量恢复规律，遵守循序渐进原则，才能使肌肉稳步增长。

① Thoms R. Baecke，Rager W. Earle. 体能训练概念[M]. 朱学雷，译. 上海：上海三联书店，2011.

3.1.1.4 肌纤维数量

锻炼能否增加肌肉纤维数量，迄今为止尚无统一认识。动物实验的研究结果证明，通过训练可以使肌纤维分裂增生，增加肌纤维数量。一般认为，人的肌纤维的数量是由基因决定的，不能通过训练使其增加。力量训练并不能改变肌纤维的组成关系，不能使快肌纤维数目增多。表3.3是力量训练和耐力对骨骼肌有关成分的影响及对人体生理适应的变化，从中可见，力量训练对肌纤维最大的影响是使肌纤维增粗和提高无氧代谢能力。

表3.3　力量和耐力训练对骨酪肌成分影响①

肌肉指标	慢肌纤维		快肌纤维	
	力量	耐力	力量	耐力
肌纤维组成	0	0或不清	0	0
大小	增粗	0或不清	大大增加	0
有氧化能力	0	明显增加	0	0
无	不清或提高	0	不清或提高	0
糖原含量	0	明显增加	0	明显增加
脂肪氧化	0	明显增加	0	明显增加
毛细血管密度	不清	增加	不清	不清或增加
运动时血流量	不清	0或不清	不清	不清

3.1.1.5 肌纤维排列

研究发现，肌肉最大收缩可以使肌肉产生23~145psi的力量。羽状肌是指肌纤维呈羽状排列；羽状角是指纤维与肌肉起止点连线间的角度；角度等于零则表示肌肉不是羽状肌。

人体的许多肌肉属于羽状肌，且羽状角少有超过15°。在肌肉收缩过程中羽状角将发生改变，肌肉缩短时羽状角变大。任何影响羽状角的因素会影响肌理和肌肉缩短速度，而肌肉横截面积保持不变。肌肉的羽状角越大，平行的肌小节越多，而串联的肌小节越少，其产生力量的能力越好。与非羽状肌相比，其缩短时间的最大速度越小。羽状肌不利于离心、等长和低速向心运动。遗传和训练都可以影响羽状角，羽状角的不同能说明两个肌肉体积差不多的运动员的肌肉和运动速度为什么会存在差异。虽然羽状肌不是所有肌肉中肌纤维排列最佳的，但许多肌肉仍是羽状排列。

3.1.1.6 肌肉长度

当肌肉处于静息长度时，肌动蛋白丝和肌凝蛋白丝互相交织在一起，此时横桥结合位点最多，故在肌肉静息长度时能产生最大力量。当肌肉伸展超过静息长度时，肌动蛋白丝和肌凝蛋白丝之间的接触减少，横桥结合位点减少，故产生的力量减少。当肌肉收缩短于静息长

① ［苏］B. H. 普拉托诺夫. 运动训练的理论与方法［M］. 武汉：武汉体育学院，1986.

度时，肌动蛋白丝重叠，使得横桥结合位点变少，故产生的力量减少。

3.1.1.7　肌肉收缩速度

当骨骼肌收缩时，肌原纤维内的肌纤蛋白丝和肌凝蛋白丝相对滑动，其滑动速度、幅度可根据肌肉完成工作的需要而定。肌肉收缩时可表现为长度的变化，也可不发生变化。根据肌肉收缩过程中长度的变化，可将骨骼肌收缩分为以下四种类型：向心收缩、离心收缩、等长收缩和等动收缩，如图 3.1 所示。

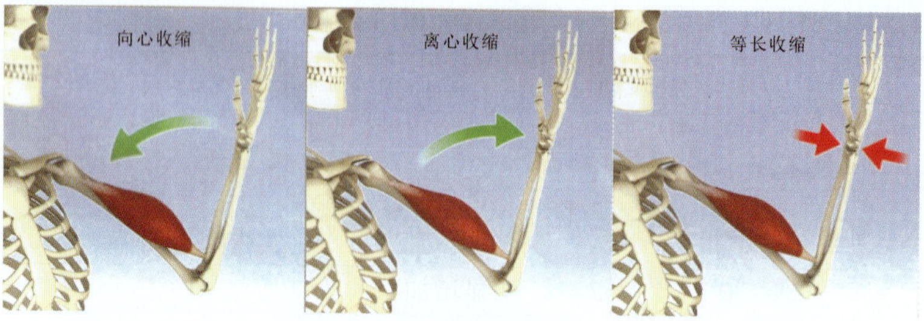

图 3.1　骨骼肌收缩基本方式

向心收缩即克制性收缩(Concentric Contraction)：肌肉工作时肌纤维长度缩短的收缩方式。

离心收缩即退让性收缩(Eccentric Contraction)：肌肉工作时，在产生张力的同时肌纤维被拉长的收缩方式。

等长收缩(Isometric Contraction)：肌肉工作时肌纤维长度不能缩短的收缩方式。

等长练习就是先让肌肉做离心工作(即肌肉拉长)，接着马上做向心工作(即肌肉缩短)的练习。经过力量训练后，骨骼肌中 ATP(三磷酸腺苷)、CP、糖原等含量升高，有助于完成力量练习时的能源供应。在等长的最大速度用力时，肌肉中快肌纤维所占的百分比和 ATP 转换速度成正相关，如在等长快速收缩过程中当快肌纤维占 20%左右时，ATP 转换率约为 2.3 毫摩尔/千克干肌/秒；当快肌纤维占 60%左右时，ATP 转换率约为 3.5~4.7 毫摩尔/千克干肌/秒，在快肌纤维中 ATP 转换率平均为 3.7 毫摩尔/千克干肌/秒。表 3.4 所示为等长收缩至疲劳时肌肉中的代谢变化。

表 3.4　**等长收缩至疲劳时肌肉中的代谢变化**

代谢物	含量变化(毫摩尔/千克干肌)	ATP 当量	占 ATP 转换量的%
ATP	-4.7		
ADP	1.4	8.0	4.2
CP	-68.7	68.7	36.2
丙酮酸	2.1	3.1	1.6
乳酸	73.5	110.2	58.6

等动收缩(Isokinetic Contraction)：在整个关节运动过程中，肌肉以恒定的速度进行最大力的收缩。

实验表明：随着收缩速度的增加，肌肉产生的力量减少。这种关系是非线性的，在动作速度较低的时候，力量下降的速度最快。动作技术可以改善这种关系。例如在垂直跳开始的时候，手臂上摆，是肩关节对身体产生向下的力，减缓身体向上，迫使伸髋和肌肉收缩减慢，以延长时间，使之产生更大的力量。

肌肉活动有三种基本形式，肌肉活动时肌肉长度缩短，如没有任何外力作用则可能不发生长度缩短的情况。“肌肉活动”一词比肌肉收缩要好，因为后者有缩短之意，而三种基本运动形式中的两种并无肌肉缩短现象。

①肌肉向心运动：肌肉收缩的力量大于外来的阻抗力量，此时肌肉缩短。肌肉收缩输出的力量要大于外力伸展肌腱的力量。在游泳和自行车运动中肌肉活动大多是向心运动。

②肌肉离心运动：肌肉收缩力量小于外来的阻抗力量，肌肉被动拉长，此时肌肉收缩的输出力量要小于外力伸展肌腱的力量(增加受伤可能性)，举重运动中的向下阶段就是离心运动。在标准抗阻训练中，肌肉离心运动是为了抵抗负荷向下的重力加速度，因此离心运动时要使负荷缓慢下降，而不是快速地放下负荷，使其直接落在地上或撞击练习者。

③肌肉等长运动：肌肉收缩力量等于外来的阻抗力量，肌肉长度维持不变，此时肌肉收缩输出地力量等于外力伸展肌腱的力量。如仰卧起坐中身体维持在屈曲45°时腹肌做等长收缩。而向上坐起时做向心收缩，向下平放时腹肌做离心收缩。

肌肉运动形式影响关节角速度，进而影响肌力矩。有研究表明：受试者进行等速向心练习时，肌力矩随着角速度增加而减少。离心练习时，随着设定的角速度增加，产生的最大力矩增加，直至角速度达到每秒90°，随后产生的最大力矩减少。这意味着离心运动可以产生最大肌力，当无法以传统方式举起负荷时，可采用“作弊”的方式：如在做手臂屈曲动作时，当运动屈肘肌力达到临界点时，此时身体向后倾斜，做离心或等长运动，可发挥更大的肌力以维持该动作。

3.1.2 关节角度

所有动作(甚至线性运动)，都是借由一个关节或多个关节的转动产生的。肌肉产生的力用力矩来表示(力矩大则表示肌肉施加于四肢和身体并使之绕关节转动的力大)，因此我们把力矩与关节角度相对应，而不是将力量与关节角度相对应。由于力与肌肉长度的关系，以及肌肉、肌腱和关节构成杠杆的不同，不同关节运动范围的关节活动力矩不同。其他影响力矩的因素还包括运动形式(等长或等张)、涉及的关节、作用于该关节的肌肉和肌肉收缩速度。

3.1.3 质力比率

在实施体重分级的项目中，质力比率显得尤为重要。假如所有运动员拥有一样的身体素质，那么肌力最大者占有绝对优势。一般来说，体型较大的运动员肌肉体积(身体质量)的增加速度要大于肌肉横截面积(肌力)的增加速度。测试和错误能使运动员发现自己最佳的体重分级(最大肌力的所属级)，一旦运动员确定了自己最具竞争力的重量级，就要在不超出该等级的体重下努力增加自己的肌肉。

3.1.4 雄激素水平

雄激素有促进蛋白质合成的作用。雄激素水平高有利于肌肉蛋白的合成。优秀力量运动员的血液睾酮水平明显高于一般人，一般认为雄激素水平高低主要受遗传因素的控制，有较大的个体差异。也有人认为力量训练在一定程度上可以提高雄激素水平。在大强度训练中，血液中激素的含量能够提高 10~20 倍。各种腺体分泌出更多的激素，同时肝脏从血液中代谢激素的速度减低。另外，激素需要与体内一种特殊的受体结合，在练习过程中激素与这些受体的结合效率更高。所有激素变化的结果就是使身体耐受能力更强，能够维持更大强度的工作。

经常进行健美锻炼的人与普通人相比，肌肉里的能量物质 ATP 和磷酸肌酸要多，血管更丰富，耐酸能力和无氧酵解能力更强。训练水平越高，能量储备越多，运动的耐受能力越强，肌肉中新生的毛细血管越多。毛细血管增多，可使肌肉中的血流量增加，新陈代谢加快，同时也可增加肌肉的体积。只有坚持长期健美训练，才能加强肌肉的物质代谢，提高肌肉的能量储备，使肌纤维增粗、增多，肌肉块增大。

3.1.5　神经控制

神经控制影响肌肉最大输出力量，从两个方面进行探讨：一是征召，肌肉收缩是征召运动单位的数量；二是激发频率，运动单位受刺激的频率。通常发生下列三种情况时，肌力较大：①肌肉收缩时募集运动单位较多；②募集运动单位的面积较大；③刺激频率较快。

大脑皮层神经过程的强度和灵活性的改善可以明显提高肌肉收缩的力量。研究表明：如果用自己能力的 20%~80%从事肌肉工作时，力量的增加主要依赖于动员更多的运动单位参加工作；如果用自己最大力量的 80%以上的力量从事肌肉工作时，力量的增加则主要依赖于神经中枢对运动神经发放冲动频率和强度的增大。力量同神经肌肉系统的效率和神经肌肉接头的功能直接相关。通过训练可使参加工作的运动单位数量增加，参加收缩的肌肉纤维数量增多。实验表明，没有接受训练的人只能动员 60%的肌纤维参加工作，而训练水平高的运动员可动员 90%以上的肌纤维参加工作。阻力练习刚开始时获得的力量增加，主要是由于提高了神经肌肉系统的效率。此外，训练还可以改善原动肌与对抗肌间的协调关系，改善原动肌收缩时对抗肌主动放松的能力。

3.1.6　其他适应性变化

除肌肉肥大以外，阻力练习还可以引起其他的适应性变化。非收缩性组织，如肌腱和韧带牵拉强度增强，骨骼中沉积的矿物质增加，可使骨骼更强壮，抵抗骨折的能力更强。肌肉长度是决定其力量的重要影响因素。肌肉的长度不同，其做功的效率不同。

3.2　肌肉增长与年龄、性别的关系

3.2.1　肌肉增长与年龄的关系

人体肌肉增长是随年龄增长而不断变化，可分为快速增长、相对稳定和明显下降三个阶段。男子从出生起，随着机体不断生长发育，肌肉逐年增长，25 岁时达到最高值，之后又逐年缓慢下降。女子在 22 岁左右达到最高值。

少年时期肌肉含水量比成人高，而肌肉蛋白能源物质等储备比成人低，肌纤维较细，肌力弱、耐力差，易疲劳。年龄越小的人与成人的差异越大。年龄较小的少年不宜进行长时间、大运动量、高强度的肌肉训练。青年期后，肌肉增长相对稳定，这时进行大运动量、高强度的训练效果最好。在肌肉明显下降期进行训练，效果相对要差一些，只要身体正常健康，坚持适当的肌肉训练仍能取得较好的效果。

进行健美训练，关键是要根据肌肉不同的发展阶段和自身情况，掌握好肌肉负荷强度和运动量，避免训练不足和过度训练，这样才能促使肌肉不断增长。

增强力量与增长肌肉，其主要训练方法都是力量练习。在健美训练过程中的不同训练阶段，其主要目的和方法都不尽相同，在初级阶段，既要有效地增长肌肉，又要发展肌肉最大力量。在整个训练过程中，在增长肌肉的同时，力量也相应得到发展。

3.2.2 肌肉力量与性别的关系

3.2.2.1 力量差异

性别不同，力量差异不同。男女力量对比，如表3.5所示。

表3.5 **男女力量对比**

肌　肉　群	女子力量相当于男子的百分比
前臂屈肌和伸肌群	55%
躯干屈肌和伸肌群、手指屈肌、足伸肌群	60%
手指内收肌群、小腿伸肌群、臂下落肌群	65%
举臂肌群、手的屈肌和伸肌群、手指外展肌群	75%
大腿屈肌和伸肌群、小腿屈肌群、咀嚼肌群	80%

3.2.2.2 荷尔蒙差异

科学研究表明，无论是男性还是女性，相对于各自体重，都表现出相似的力量增长幅度。

在负重练习时，两种性别对于训练的反映最主要的差别在于肌肉体积增长(肌肉肥大)幅度不同，通过负重练习通常都会出现这种现象。虽然力量的增长与体重的大小成比例，这对于男性和女性都是相似的；女性的肌肉体积变化幅度明显小于男性，这主要是由于两性间荷尔蒙水平不同造成的。在青春期之前，两性间肌肉体积的大小没有明显差别。然而，在青春期，由于开始分泌睾丸激素，一种强有力的可以促进组织生长的荷尔蒙，其男性分泌量比女性分泌量多20~30倍，在进行负重练习时会形成更大的肌肉块。另外，女性体内的雌激素含量在增加，从而导致臀部脂肪的积累和乳房的发育。

荷尔蒙的具体含量因人而异。有些女性的激素含量会超过平均水平，有些男性的激素含量会低于平均水平。这也是一些女士能发展出超乎想象的更厚实的肌肉，而一些男士却很难形成肌肉的原因之一，尽管他们同样努力练习。雌激素含量超出平均水平的男性会表现出松软的肌肉外形，并具有较高的体脂含量。雌激素含量较低的女性一般体脂含量较低，具有粗壮的肌肉外形。

3.3 发展肌肉力量的训练方法

最佳的力量训练计划是不存在的，在专家中达成一致意见几乎是不可能的。这里将重点讨论发展肌肉力量的常用方法及其在发展力量素质中的作用。

3.3.1 静力性力量训练

当身体在固定情况下，许多肌肉在一定时间(4~6 秒)以内，为克服相当大的阻力，表现出高度的肌紧张，而在用力过程中，肌纤维没有缩短，肌肉在这种情况下进行收缩，称为等长收缩，亦称“静力性工作”。采用这种方法来发展肌肉力量，即称为静力性训练法。

静力性力量训练(等长练习)是肌肉收缩时长度不变而张力增加，对不动阻力产生最大力量的练习。与动力练习相比，静力练习能更有效地提高肌肉的张力，在相对不疲劳的情况下提高肌肉力量。静力性力量训练时，肌肉达到最大用力后，应保持 10 秒左右，每天重复 5~10 次。静力性力量训练对稳定关节、预防运动损伤有独到的作用。静力性力量训练虽然能增加肌肉力量，但其不利之处是力量增加只是针对某一个特定的关节角度起作用，而其他角度因为不参与运动，其力量会急剧下降。静力性力量练习的另一个缺点是容易导致血压急剧升高，这对有心血管疾病的运动员而言，是十分不利的，可能导致致命的心血管意外。憋气可使胸膜腔内压升高，建议在最大静力收缩时呼吸以防止压力升高。

静力性力量训练方法有许多无法克服的局限性。首先，这种练习方法只能在关节处于某一角度时才会产生效果，而在其他角度时几乎没有任何作用，这样训练的综合效果就会受到影响；同时有人认为静力性训练方法所获得的力量来得快，消退得也快。

3.3.2 动力性力量训练

动力性力量训练的方法，是在力量训练时，肌肉经常改变拉力的强度和方向，同时改变骨杠杆的位置，从而完成机械动作。在动力性的力量过程中，肌肉的长度因其收缩而发生变化，当肌肉克服阻力时，身体朝肌肉收缩的方向移动。

动力性力量训练方法能有效地发展动力性的力量，能更好地发展神经、肌肉间的协调关系，还能有效地改变原动肌、协同肌和对抗肌间的协调性。同时这种训练方法有利于提高肌肉收缩速度，在训练中能使训练部位的肌肉工作达到最大幅度。动力性训练方法最突出的优点是可根据不同专项需要，采用不同结构的负荷去发展不同性质的力量，更利于对力量训练的专项化控制。这种训练方法的不足是不能保证在动作的整个过程中肌肉收缩的负荷都相等，肌肉只能在动作过程的某个阶段承受最大负荷，因此训练的综合效果受到一些影响，它所受的影响远远小于静力性工作。这种训练方法的另外一个不足是在采用较大负荷进行训练时极易导致伤害，所以进行大负荷的动力性力量训练时应特别注意加强保护措施。动力性力量训练方法在许多运动中都受到教练员和运动员喜爱，是迄今为止最常见的力量训练方法。

①改善神经支配能力的练习。改善神经支配能力的练习，必须用自己最大力量的85%以上的负荷进行训练，练习时一般要求负荷重量为1~3RM(Repetition Maximum，最大重复次数)，重复3组。

②使肌肉增粗，发展肌肉力量的练习。一般认为，在一次练习中，所选择的重量，应该能够使3组训练的每一组的最大重复次数达到6~8次，每组之间休息60~90秒。这样的负荷可有效地使肌肉增粗，并使肌肉力量和肌肉收缩速度得到发展。增加重量的先决条件是每组重复次数至少能达到8次。在肌肉适应后，每次增加现有重量的10%，加重后重复次数应该仍然能够达到6~8次。对每块或每组肌肉应该坚持隔天练一次，这样每周至少练3次，最多不得超过4次。每天都进行力量练习是很常见的，连续两天的练习内容(肌群)应是不同的。例如，星期一、星期三、星期五练上肢肌肉，星期二、星期四、星期六练下肢肌肉。这一负荷适用于力量项目运动员、百米跑运动员和跳跃运动员发展力量。

③增加肌肉体积不明显，但能有效提高肌肉力量、速度和耐力的练习。进行这类练习时的最大重复次数10~15次，肌肉体积增大不明显，但能有效提高肌肉力量、速度和耐力。这一负荷适用于速度耐力项目的运动员，如足球、篮球、400米、800米运动员发展力量。

④发展肌肉耐力的练习。采用RM为30次的练习，有利于发展肌肉耐力，适合中长跑运动员进行力量练习。

3.3.3 退让性力量训练(离心性力量训练)

退让性力量训练又叫离心性力量训练。肌肉在抵抗回降动作时肌纤维保持一定强度的张力，同时肘肌纤维被逐渐拉长，肌肉在这种状态下的工作形式称为退让性工作，利用肌肉这种工作形式所进行的力量训练便称为退让性力量训练法。美国专家赖里认为在传统的练习方法中，这种退让性的练习方法由于是超负荷量地、慢慢地放下杠铃，更能刺激肌肉力量增长。运动员的力量训练达到一定水平以后，力量的增加就会十分缓慢，甚至停滞不前，此时如果采用退让的力量训练，就可以克服这种状况，使力量继续得到提高，在退让性力量训练时，可以承受高于一般力量练习方法的负荷，这一点被许多研究所证实。美国专家福克斯认为退让性肌肉收缩时其最大张力要比向心收缩张力大40%。这种训练方法有两种重要特征，即极限负荷或超极限负荷。缓慢的速度，决定了它对发展绝对力量有突出的效果。在退让性练习过程中负荷和速度上的特征，可保证神经冲动发放的频率达到最高点，同时动员更多的肌纤维参加工作，有效地提高肌纤维同步化水平。这种训练方法的缺点是对速度性力量的发展不利，同时，进行这种训练的初期，肌肉酸痛感较其他训练强烈，训练所造成的疲劳需要更长的恢复时间。

离心性收缩能比向心性收缩产生更大的力量，离心性收缩的耗氧量比向心性收缩低，相对不容易产生疲劳。离心性练习的机械效应可以比向心性高一倍至几倍。研究表明，离心性力量练习与传统的力量训练配合，在力量训练中有以下优点：

①有利于改善力量练习中出现的力量增长停滞现象。

②速度较慢的离心性力量练习，更有利于肌肉体积的增长。

③速度较快的离心性收缩，更有利于肌肉爆发力的提高。

离心性力量练习时，参加工作的肌细胞数量比向心收缩少，因此可对神经肌肉施加超量负荷，使肌肉力量特别是最大肌肉力量得到明显改善。在进行离心性收缩练力量时，应注意以下两点：

①离心力量练习的重量，应当保持向心力量练习时的最大负荷或超过向心力量练习的最大负荷，甚至可以达到向心负荷练习时的 120%~150%。

②完成动作的时间应是向心性练习一倍，比如向心性练习时 1~2 秒完成的动作，离心性练习时要求在 2~4 秒完成。有研究清楚地表明：无论是离心性练习，还是向心性收缩练习，都应在训练中不断地增加肌肉负荷，并达到适宜疲劳程度，才能得到最好的训练效果，从而产生超量恢复。离心收缩练习与向心力量练习的效果相似，但同样的负重练习后，离心收缩练习可引起更严重的肌肉酸痛。

离心性力量练习的应用，存在一些限制因素，对此，教练员、运动员应当有充分认识：

①离心性力量练习与向心性力量练习相比，对肌肉施加了更大的负荷，因而更容易引起延迟性肌肉酸痛。

②离心性力量练习往往需要特殊的仪器设备，或必要的保护。

3.3.4 超等长训练

超等长训练是指对肌肉进行快速动力性负荷牵拉，从而产生爆发性肌肉收缩的练习。ATHA 认为，这种离心与向心收缩快速交替的活动，可以使肌肉弹性成分和收缩成分都承受载荷，能有效地提高肌肉的爆发力，维氏(Verkhoshanski)于 1967 年提出超等长训练后，首先被东欧一些国家教练员接受并应用于田径训练，取得了惊人的效果，受到了人们的重视。超等长训练的先驱者维氏认为对肌肉进行冲击式伸展训练能够最优化地改善整个产生爆发式动作的神经肌肉系统的功能，而不仅仅是肌肉中收缩组织的功能。苏联运动训练学专家库茨涅佐夫的实验结果指出，在优秀运动员的速度、力量训练中，将离心收缩和向心收缩相结合(超等长训练)，对提高爆发力非常有效。

练习时肌肉先快速地离心性伸拉，紧接着快速地向心性收缩，目的是在短时间内，使肌肉产生爆发性收缩。

通过超等长训练，可知提高肌肉爆发力的机理为：

①通过神经系统改善原动肌与对抗肌间的相互协调关系，特别是对抗肌的放松能力，提高运动员对快速拉长—缩短周期节奏的适应性。

②肌肉弹性组织产生的张力增加，以及肌肉的牵张反射是肌肉的收缩加强，从而提高肌肉爆发力。

向心性收缩之前伸拉的幅度越大，肌肉能够克服的阻力就越大。根据拉伸肌肉的作用力的特征，将超等长训练分为冲击式与拉弹式两类。

冲击式是以跳深为典型代表的一类超等长训练，迫使肌肉拉长所产生的离心收缩力从高处落下时(或摆动物体)对人体产生冲击力。冲击式超等长训练强度大，对发展神经肌肉系统的反应能力、肌肉爆发力效果显著。它可以分为有反弹和无反弹两类。

拉弹式是指在练习中，迫使肌肉拉长产生离心收缩力，使异侧肌群快速收缩产生的牵拉力或是克服身体器械的重力。如持适当重量的杠铃负重转体、负重体侧屈、负重体屈伸，快速蹲起，快速牵拉橡皮筋，投掷项目中先将参与工作的肌肉拉长，然后将器械投出等都属于此类。拉弹式超等长训练较冲击式强度小，但牵拉幅度大、反弹效应强，有利于发展肌肉的弹性力量。

超等长训练强调离心阶段的速度，即拉伸速度比拉伸幅度更重要。超等长训练有助于发展动态中的离心控制，有利于提高肌肉爆发力。在具备一定的力量素质后，可适当加强超等长训练，在训练时应掌握正确的技术动作，与专项技术动作密切结合，并且适应训练者年龄、身体、技巧发展的需要。

3.3.5 等动训练

等动训练是利用专门等动练习器所进行的力量训练。在进行等动力量训练时，在整个关节活动范围的任一角度上，肌肉所受到的阻力都是有所变化的，也就是说，肌肉在工作过程中的不同角度都能保证有最大或接近最大的负荷。如果用动力性力量训练方法训练，负荷是不能改变的，这样对肌肉的最有效刺激只能是在用力过程的某一段上，而在其他段上对肌肉的刺激就很有限了。等动力量训练就可以克服这个问题，提高肌肉力量练习效率。等动力量练习方法克服了静力性力量练习和动力性力量练习在训练中的共同缺陷，所以这种练习方法非常安全，一般不会出现受伤的情况。但这种力量练习方法也存在不足，由于等动训练速度是受到控制的，限制了肌肉速度性力量(包括爆发力)的发展。等动训练只能进行向心肌肉收缩，而不能进行离心收缩，训练效果受到一定影响。另外这种方法的训练器械昂贵，不宜普及。

等动训练中肌肉长度在收缩过程中发生改变，而肌肉收缩的速度不变。理论上，在运动过程中，练习器提供的阻力是最大阻力。等动装置上有一个调速装置，无论收缩的肌肉产生多大的张力，都为装置本身所吸收并转化成相应的阻力。练习器提供阻力的速度可提前设定好，不管人用的力怎样，设备都可使肢体在整个关节范围内，自始至终地保持运动速度恒定，在整个关节活动范围内(在关节活动各个角度)肌肉都产生最大张力，从而取得更好的训练效果。练习时以关节中心为转动中心，使训练肌肉围绕关节中心作屈伸运动，外展内收运动、转内转外运动。肌肉用力越大，所遇到的阻力越大，结果是训练者绝对需要使出最大的努力以对抗阻力，从而得到肌肉力量最大的增长。

等动训练分两类：一类是等动向心训练，另一类是等动离心训练。许多研究者对这两种训练的有效性进行过比较，普遍认可的是等动向心训练。

3.4 发展力量与发展肌肉

3.4.1 发展最大力量与发展肌肉

发展最大力量的方法有两种。第一种方法是靠改进肌肉间的协调性来增长力量。研究表明，肌肉收缩一次，甚至在显示最大力量的时候，一般只有30%~60%的肌纤维参与工作。采用专门的训练可以大大提高某些肌肉纤维同步工作的效能，以及提高参与工作的肌肉的协调性，使工作的原动肌与对抗肌很好地相应作用。依靠提高肌肉间的协调性来提高肌肉力量，与肌肉重量增长无关，这对其他体育运动项目有着十分重大的意义，而健美运动员不宜采用此方法。第二种方法是通过增加肌肉重量来增加力量。通过力量训练，使参与工作肌肉的脂肪大量分解，然后通过超量补偿，从而扩大肌肉的横截面，这种方法为健美训练所广泛采用。

在安排具体负荷量时，应注意下列要求：

①肌肉工作的状态：肌肉工作的状态主要是克制性和退让性相结合的动力性工作状态。在完成克制性工作时，比退让性工作所花费的时间少两倍。

②阻力大小：在发展最大力量时，可采用最大重量的70%~90%阻力。有助于提高肌肉协调性和刺激肌肉增长的负重练习，对改进肌肉间的协调性效果是较差的，改进肌肉间的协调性的负重量为最大重量的40~60%。

③完成动作的频率：如果阻力是最大负荷的40%~60%，要改进肌肉和肌肉间的协调性，那么最好用中等频率，每个动作1.5~2.5秒。采用70%~90%F_{max}（最大力量），既增大肌肉，又增加力量。采用慢频率，每个动作4~6秒，在此情况下克制性运动消耗的时间比退让性运动用时少2倍。

④完成单个动作的持续时间：根据运动员完成动作的能力来决定力量训练重复的次数。通过大重量来增加肌肉重量，一般做30~60秒，重复8~12次，每个动作大约4~6秒，负重量可以达到最大力量的80%~90%，保证大量的肌纤维投入工作。可进行静力练习，每次紧张的时间在5~12秒，少年运动员为5~8秒。

⑤各组动作之间休息的持续时间和性质：采用不增长肌肉重量而发展最大力量的练习，必须在上一组完全恢复的条件下再进行下一组练习，间歇时间取决于持续时间和负重量的大小，持续时间越长，负重量越大，间歇时间越长，而间歇时间的变化幅度很大，从20~30秒到2~3分钟不等。

依靠增加肌肉体积以获得力量的增长时，各组间歇时间相对不长，局部肌肉工作休息时间为15~30秒；部分肌肉工作休息20~45秒；全身肌肉参与工作休息40~60秒。

⑥一次课内的重复次数：假如有大部分肌群参与工作，那么一堂课做10~15组，重复1~6次/组。不依靠增加肌肉体积而获得力量增长的练习，可安排40~50分钟。

3.4.2 发展肌肉与健美训练

健美训练与发展肌肉相关，多数情况下是通过力量训练来完成这一目标的。通过增加重量训练，人体生理上会产生某种变化，如表3.6所示。

3.4.2.1 大重量训练

选择大重量、多组数的训练方法，能获得强壮的肌肉和惊人的力量，一般适用于大肌群练习。如1979年环球先生赛重量级冠军约瑟夫·威尔科兹具有强大的体格，进行训练时一般使用很大的重量和较少的次数，有些动作甚至只做1~2次，而有时又用很大的重量做很多组，每组次数很少。总的来说，约瑟夫的训练特色是：大重量、少次数，对动作姿势严格要求，直到最后1~2次才允许助力，训练时精神高度集中。又如6次摘取“奥林匹亚先生”大赛桂冠的美国健美运动员李·哈尼，1983年“奥林匹亚先生”、有“黎巴嫩之狮”之称的塞米示·巴诺德都使用相当快的频率来进行训练。

表 3.6　　重量训练的生理适应

变　量		重量训练适应
运动表现	肌肉力量	增加
	肌肉耐力	高输出功率增加
	有氧力量	不变或少量增加
	发力率	增加
	垂直跳	能力增加
	无氧功率	增加
	冲刺速度	提高
肌纤维	纤维大小	增加
	毛细血管密度	不变或少量增加
	线粒体密度	减少
	肌外膜密度	不变
	肌细胞体积	增加
	细胞质密度	增加
	肌凝蛋白重链	数量增加
酶的活性	磷酸肌酸激酶	增加
	激肽酶	增加
	磷酸果糖激酶	增加
	乳酸脱氢酶	不变或可变
	钠-钾 ATP 酶	/
	代谢能量的储存　ATP 的储存	增加
	磷酸肌酸储存	增加
	糖储存	增加
	三酰甘油储存	可能增加
结缔组织	韧带强度	可能增加
	肌腱强度	可能增加
	胶质含量	可能增加
	骨密度	不变或可能增加
身体组成	体脂百分率	下降
	非脂肪含量	增加

3.4.2.2　中等重量训练

健美运动最根本目的就是发展肌肉体积，力量练习的工作性质、练习次数等如表 3.7 所示。

表 3.7 **中等重量，增加肌肉体积**

肌肉工作状态	克制性训练、动力性训练、退让性训练、静力性训练等多种工作性质
阻力大小	一般采用中等或中上等负重，最大阻力的 60%~85%。静力性训练，用力大小是在该练习中可能达到的最大力量的 70%~100%范围内变化
完成动作频率	采用慢频率，每个动作 4~6 秒，在此情况下，退让性训练所用时间比克制性训练多 2 倍。例如，肱二头肌练习的垂直弯举，举起时间为 2 秒，回位时间则为 4 秒
组数选择	任何肌肉动作练习，训练组数都不能少于 3 组，即使训练强度达到 95%，也应如此。组数的最高限度为 15 组，超过此数，训练效果将适得其反
次数选择	练习次数一般为 8~12 次，当练习次数增至 16 次时，会触发其他使肌肉发达的因素，练习次数达到 16 次时，神经系统负担减少，获得滋养，血管和毛细管负担增加，出现血管扩张，但是否因此使肌肉额外增粗 10%，学界还有争议
休息时间	完成单个动作时间与休息时间：每个动作 4~6 秒，持续 30~60 秒/组；各组之间间歇时间相对不长，休息时根据工作性质一般为 15~16 秒
健美训练中的具体运用	健美训练，适用于各肌群健美训练

3.4.2.3 小重量训练

小重量训练，能发展肌肉耐力、减肥和发展肌肉，如表 3.8 所示。

表 3.8 **小重量，提高肌肉耐力、减肥和发展肌肉**

肌肉工作的状态	肌肉的主要工作状态是动力性结合克制性和退让性工作性质的状态，也可以采用静力状态工作
阻力的大小	①大多数负重练习采用较小负重，即最大力量的 40%~60% ②在合成群力性质练习时，用力大小是在该练习中可能达到的力量，一般在 20%~100%范围内变化
完成动作的频率	可慢至接近最大频率
完成单个动作的持续时间	①动力性训练：一般多次重复。完成负重的力量练习，重复时的时间范围是 5~10 秒。这一指标变化幅度，取决于运动员的训练水平、采用练习的特点等 ②静力性练习：单个动作持续时间从 10~30 秒不等
各组动作间休息的持续时间和心率	①取决于练习的持续时间和参与工作的肌肉量的多少 ②间歇时间为 30~90 秒。假如练习时间很短(20~60 秒)，完成几组练习后需要达到疲劳积累的目的，那就要在工作能力尚未恢复时开始进行下一组工作 ③用心率恢复指标来确定，当心率恢复到 110~120 次/分，开始进行下一组工作
一次课的重复次数	①假如用结合课的一部分时间来安排肌肉耐力练习，那么重复次数一般不超过 10~12 次 ②一次调配全部时间来进行肌肉耐力练习，则重复次数可达 10~50 次
健美训练中的具体运用	①用于健美训练中的减肥 ②作为发展局部小肌肉群的基本训练方法。开始训练时每组选择能举 6~8 次的重量，每次练习 3~4 组。随着力量的增强，当每组练习增加到 12~15 次时，再增加重量，这样既能提高肌肉耐力，又能迅速增加肌肉体积

1982 年"奥林匹克先生"克里斯·狄克森的训练方法就是使用很轻的重量。他的训练特色是轻重量、高频率、多组数和十分严格的姿势。每个动作在 6 组左右，每组 12 次，每一次都从完全的伸展做到充分的收缩。又如 1985 年世界职业健美冠军，英国 55 岁的阿尔伯托·贝克尔斯采用轻重量进行练习，精神集中、竭尽全力且动作频率快，每组动作间只休息 30~45 秒。阿尔伯托认为，在经过多年训练而使肌肉充分发达后，使用大重量只会结束他们的健美事业。他每个动作都练习 5 组，每组平均做 12 次以上则开始下一组练习。

在实际应用上，肌肉训练后发达与否，还受性别、成熟度、肌纤维分布、体形、训练前肌力水平、训练持续时间、训练强度等因素的影响。健美先生与运动员的肌肉发达训练组合，如表 3.9 所示。

表 3.9　　健美先生与运动员的肌肉发展训练组合

训练参数	健美先生	运动员
训练目的	全面发展肌肉	专项技术为主的肌群
负荷	70%~80%的 1RM	70%~80%
训练方法	局部肌群训练法	全部肌群训练法
训练动作数	约 3 块肌群，每块肌群 4~5 个训练动作	6~9
每个动作的训练回合	3~4	4~6(8)
回合间的休息时间	50~70 秒(60~90 秒)	3~5 分
课程间的休息时间	48~72 小时	48~72 小时
执行速度	适中	适中
每周训练频率	5~6 次	2~4 次
训练期持续时间	8~10 周	8~10 周

3.5　肌肉增长的限度

3.5.1　身体质量指数

BMI(Body Mass Index)，身体质量指数是国际上常用的衡量人体肥胖程度和是否健康的重要标准。

BFR(Body Fat Percentage)，即体脂率，是指人体脂肪重量与体重的比例，其中包括人体必要脂肪(Essential Body Fat)以及存储脂肪(Storage Bodyfat)。体脂率反映人体内脂肪含量的多少，是判断是否肥胖的标准，正常成年人的体脂率范围分别是，男性 15%~18%，女性 25%~28%，男性体脂率若超过 25%，女性若超过 30%，则可判定为肥胖。

体脂率一般采用以下两种计算方式，如表 3.10 所示。

表 3.10　**体脂率计算方式**

<table>
<tr><th colspan="2">计算方式</th><th colspan="5" rowspan="2">BFR(%)</th></tr>
<tr><th colspan="2">BMI：体重(kg)÷(身高×身高)(m)</th></tr>
<tr><td colspan="2">BFR：1.2×BMI+0.23×年龄−5.4−10.8×性别（男为1，女为0）</td><td>必要脂肪</td><td>运动员</td><td>健康</td><td>可接受</td><td>肥胖</td></tr>
<tr><td>女性</td><td>参数 a=腰围(cm)×0.74
参数 b=体重(kg)×0.082 + 34.89
身体脂肪总重量(kg)=a−b
体脂率=(身体脂肪总重量÷ 体重)×100%</td><td>10~13</td><td>14~20</td><td>21~24</td><td>25~30</td><td>31+</td></tr>
<tr><td>男性</td><td>参数 a=腰围(cm)×0.74
参数 b=体重(kg)×0.082 + 44.74
身体脂肪总重量(kg)=a−b
体脂率=(身体脂肪总重量÷ 体重) ×100%</td><td>3~5</td><td>6~13</td><td>14~17</td><td>18~25</td><td>26+</td></tr>
</table>

3.5.2　无脂肪体重指数

BMI 是依照身高和体重算出来的，虽然 BMI 在某些情况下具有实用性，但其有一个缺点就是完全未考虑体重的类型。因为 BMI 完全无法辨别脂肪重还是肌肉重，以致它仅适用于一般人，但是对于运动员或是肌肉发达的人来说可能完全无用。因此用 FFMI(Fat Free Mass Index)无脂肪重量指数来作为衡量肌瘦肉量的基准。FFMI 不像 BMI 会把脂肪算到重量里，FFMI 在测量进展和潜力上是更有实用性的。

FFMI 的公式如下：FFMI = [体重(kg)×(100%−体脂率)]/身高(m)×2；若身高超过 180cm，则 FFMI(调整后)= FFMI+ 6.0 ×(身高(m)− 1.8)。

比如一个人身高 1.7m，体重 75kg，体脂 15%。FFMI 指数就是(1−0.15)×75 ÷ 1.7 ÷ 1.7=22。

FFMI 是一种男人“肌肉度”的量化指标。正常男性 FFMI 的范围如下：

16~18：肌肉度非常低，被认为“虚弱”或“肌肉松弛”。

19~20：一般以美国或欧洲男大学生为典型。

21~23：肌肉非常发达。研究表明，许多不用药的举重运动员 FFMI 指数都在 24 左右。

24~26：不依赖药物所能达到的极限。

科学家研究那些前类固醇时期(1939—1959 年)的 20 位“美国先生”(Mr. America 比赛冠军)，统计结果表明他们 FFMI 的平均值是 25.4。从数据上看，一个在练健美却又没使用激素类药物的人，FFMI 是 25 左右，是人体自然状态能达到的肌肉限度。这表明如果身高 180cm、体脂 8%、FFMI 24.5 的话，体重顶多也只有 86kg。

FFMI 是用来推测自己还可以增加多少瘦肌肉量的最佳工具，也是用来判断一个人是否用过类固醇的精确指标。

为了更好地理解自然状态下最终能增长多少肌肉，先看看 FFMI 和药物与自然健美之间关系的研究。有研究人员分析了157名男性运动员，包括顶级的自然健美运动员和壮汉。其中有一半人使用药物，另一半人从未使用过。研究结果表明，药物使用者的FFMI平均值在25左右，而自然训练者的FFMI平均值在22左右。肌肉最发达的药物使用者的FFMI能达到32，肌肉最发达的自然训练者的FFMI最多只能达到25。也就是说，药物使用者的平均水平就是自然训练者的最高水平，药物使用者的最高水平是普通自然训练者的150%。类固醇可以让人打破正常生物肌肉量的顶点极限，达到一种远超自然的范围，似乎药物用得越多，超出顶点的范围也越大。

"奥林匹亚先生"大赛从1965—2018年共产生了14位"奥林匹亚先生"，"奥林匹亚先生"大赛冠军的FFMI指数如表3.11所示。表中数据显示，这些冠军无一是自然训练者，也就是说，他们都用过药，早已超出自然的极限，通过这个结果我们可以看出1965年顶级健美比赛就已经开始用药，也就是说，"奥林匹亚先生"大赛传统健美从创办至今都是药物选手的竞争。

表3.11 **"奥林匹亚先生"大赛冠军FFMI指数**

姓　　名	"奥林匹亚先生"大赛冠军年	FFMI指数
拉里·斯科特(Larry Scott)	1965—1966	27.66
舍其奥·奥立伐(Sergio Oliva)	1967—1969	—
阿诺德·施瓦辛格(Arnold Schwarzenegger)	1970—1975；1980	28.52
弗兰柯·哥伦布(Franco Columbu)	1976；1981	—
弗兰克·赞恩(Frank Zane)	1977—1979	25.27
克里斯·狄克森(Chris Dickerson)	1982	—
塞米尔·彭诺德(Samir Bannout)	1983	—
李·哈尼(Lee Haney)	1984—1991	31.87
多里安·耶茨(Dorian Yates)	1992—1997	35.21
罗尼·库尔曼(Ronnie Coleman)	1998—2005	39.72
乔·卡特(Jay Cutler)	2006—2007；2009—2010	36.01
德克斯塔·杰克逊(Dexter Jackson)	2008	—
菲尔·希斯(Phil Heath)	2011—2017	34.32
肖恩·雷登(Shawn Rhoden)	2018	—

数据来源：Fat Free Mass Index Calculator。

3.5.3 McDonald模型

Lyle McDonald，国外营养学专家，健身与营养方面作家，Bodyrecomposition创始人。他在1993年于加利福尼亚大学洛杉矶分校(UCLA)获得了运动生理学的学士学位。他在整个职业生涯中既是教练也是运动员，同时在不断探索减脂、增肌，以及提高运动表现的方法。

McDonald模型用于对增肌效率、增肌量、增肌潜力方面进行推测，如表3.12所示。

表 3.12　　**McDonald 模型(每年正常且合理训练后的肌肉增长潜力)**

每年正常并合理的训练	男性肌肉增长潜力		女性肌肉增长潜力	
	年(磅①)	月(磅)	年(磅)	月(磅)
第一年	20~25	2	10~12.5	1
第二年	10~12	1	5~6	0.5
第三年	5~6	0.5	2.5~3	0.25
第四年	2~3	增长非常有限	1~1.5	增长非常有限

注意:

①以上都是建立在合理安排训练、饮食、休息等情况下才可以获得的。

②这个模型适用于平均水平的多数人,不适用于那些"超级基因怪物"或者天赋确实比较差的人。

③年纪也是要考虑的,年纪越大增肌越慢,潜力也越小。

④喜欢偷懒者,或"三天打鱼、两天晒网"者,很可能练个 3~4 年,却还不如好好训练 1 年的人。如果坚持合理的训练,4 年内男性总共会增加差不多 40~50 磅肌肉(女性为 20~25 磅)。

例如,你开始训练时的体重是 150 磅,体脂率是 12%,瘦体重是 130 磅,当你坚持 4~5 年的合理训练后,假设体脂率还是 12%,此时你的体重应该是 190~200 磅,瘦体重应是 170~180 磅。

这个模型适合多数平均水平的训练者,增肌的多少与快慢,个体之间有差异很正常。其影响因素太多,如激素水平、基因天赋、年纪等。

3.5.4　Alan Aragon 模型

Alan Aragon,外国营养学家,作家。他拥有 20 年的研究经验,是在健身圈非常有影响力的专家。该模型与 McDonald 模型类似,都是对于增肌效率、量、潜力方面的一个推测。如表 3.13 所示。

表 3.13　　**Alan Aragon 模型(每年正常并合理训练肌肉增长潜力)**

类型	肌肉增加的比率
新手	1~1.5%体重/月
中级训练者	0.5~1%体重/月
高级训练者	0.25~0.5%体重/月

例如,一个 150 磅的新手每月能增加 1.5~2.25 磅肌肉(18~27 磅/每年),一年后,体重是 170 磅左右,这就算是中级训练者的水平了,这时候每月只能增加 0.85~1.7 磅肌肉(10~20 磅/年),又过了一年,假设体重现在是 180 磅,算是高级训练者了,接下来肌肉每月只能

① 部分著名运动员在训练时,力量以"磅"为单位,由于这些动作已成为标准示范动作,此类力量单位均不换算为 kg。余后同。

增加 0.5~1 磅了(事实上在这时候每月还能增加 1 磅的人非常稀有)。

经过上面这一轮，再训练一到两年，就会达到他的最大体重，差不多是 200 磅，假设他的体脂是 10%，瘦体重就是 170~180 磅。

第 4 章
健 美 训 练

4.1 健美训练效果影响因素

4.1.1 训练负荷

负荷是由重量、次数、组数、速度、组与组间的间隔、练习时间、练习周次数等要素构成的一种专门系统，可以称为复合系统。作为一个系统，其中任一要素单独存在时是没有任何意义的，而这些要素一旦以某种特定的结构组合在一起，与力量练习方法相结合，便有了某种性质的整体功能，这种功能体现在力量训练中，便是对肌肉及整个运动系统的生物改造。在健美力量训练中，关键环节是如何确定负荷结构。

健美训练是一个艰苦而又漫长的过程。在全部过程中，影响训练因素很多，其中重量、强度、次数和组数是增加肌肉体积、开发力量潜力的关键。

4.1.2 重量和强度

训练重量是指每次训练的总重量或每次试举的重量，它包括器械重量和人体自身重量两种。训练强度是指完成动作时肌肉的用力大小和紧张程度，它包括训练重量、密度、速度和肌肉收缩前初长度等，其中重量和密度决定强度。

4.1.3 次数和组数

练习次数就是自始至终反复地进行同一动作的全部运行过程。同一动作循环重复地做几次结束，即为一组；接着同样的动作过程重复几遍，就构成组数。例如做立式胸前双手弯举，两手从握持器械起，从开始位置放下还原即为一次，每连续重复一遍就为一次，假如完成 10 次后放下杠铃略作休息，即为一组，接着同样重复若干次，再略作休息，即又为一组。一般在训练计划中，重量、次数和组数写成重量×次数×组数。比如：50～75kg×8～12×4～5，即为用 50～75kg 的杠铃重量做 8～12 次，做 4～5 组。一次训练课中，同一肌肉安排练习数量或许是 1 个或几个，该肌肉练习总组数应该是几个动作组数总和。如胸大肌练习，卧推 4 组，仰卧飞鸟 4 组，那么，该课中胸大肌练习应该有 8 组。

一般来讲，重量和强度(以个人力量大小为标准)一般分为以下四个等级，组数按数量可分三个基本等级，次数可分为四个等级，如表4.1所示。

表4.1 重量、强度组数、次数等级划分标准

等级	小	中等	大	极限	备注
重量	40%~60% F_{Max}	60%~80% F_{Max}	80%~90%(最大力量)	95%以上(最大力量)	F_{max} (Maximal Force)：最大力量 RM：最大重复举起重量
强度	20 RM以上	8~12 RM	3~7 RM	1~3 RM	
组数	1~3	4~5	5~6	6组以上	
次数	1~4	5~7	8~12	20次以上	

4.1.4 重量、次数和组数组合

健美训练根据不同需要采用不同次数和组数方案，练习次数不同，其练习效果功能不同。增加肌肉体积和发展力量的关键在于在训练方案中正确地确定负荷重量和次数、组数。不同的运动员根据不同的情况进行次数和组数编排，从而实际地运用它，以达到最佳效果。许多健美专家通过理论研究与实践，探索出肌肉训练的各种组合，如表4.2所示。

表4.2 重量、次数和组数组合

训练组合	组合方式			主要功能	备注
	重量	组数	次数		
大重量、少次数、多组数	95%以上	1~4	8~12	通过发展最大力量，同时增大肌肉体积	训练初期获得必需的力量
中上重量、少次数、多组数、快速度	95%以上	1~4	8~12	发展肌肉爆发力，同时增大肌肉体积	
大中重量、中少次数、少组数	80%~95%	5~8	3~5	增大肌群肌肉体积	组间休息3~5分钟
中上重量、多次数、少组数	70%~85%	15+	3~5	增大肌肉体积	组间休息2~3分钟
中重量、中多次数、中多组数	60%~80%	8~12	3~4	能迅速增大肌肉体积，发展局部小肌群	
小重量、多次数、多组数	60%~70%	15+	3~5	发展肌肉耐力，消耗脂肪，突出肌肉线条	

对于健美训练中重量、次数和组数的组合方案，专家学者提出了多种组合。美国著名健

美教练员V. 吉龙达和健美专家罗伯特·肯尼迪认为，对于一般人员，练习次数多于8~12次将减少对肌肉的刺激，练习次数增到16次时会触发其他一些使肌肉发达的因素；对于高水平运动员，他们认为应该选择大重量、少次数的组合方法。训练组数的确定，取决于训练课的次数多少和休息时间的长短，训练强度在85%(最大重量的85%)以上能最有效地刺激肌肉生长，为使肌肉获得最大刺激，所采用的练习组数与训练强度密切相关。他们主张做任何练习组数都不能少于3组，即使训练强度达到95%也应如此，组数最多限度为15组，超过此数则训练效果将适得其反。吉龙达和肯尼迪提出适于高水平运动员8×8"实在练习法"，超过这种方法的训练量，虽然可使几块肌肉变得坚硬有力，但肌肉中毛细血管的粗细变化不会很大。

德国弗莱堡大学教授马丁·比勒提出重复次数极限肌肉收缩至精疲力竭法。这种方法的解释是：重复次数和负荷范围应选择还能坚持做或不能再做最后一次重复动作，完成一组的时间超过20~25秒。它可分为中等重量精疲力竭法和大重量精疲力竭法。马丁·比勒的研究结果表明该方法是最佳的训练法，如表4.3、表4.4所示。

表4.3　**重复次数权限肌肉收缩至精疲力竭法**

	标准法Ⅰ 固定重量	标准法Ⅱ 递增重量	健美法Ⅰ 中等重量 精疲力竭法	健美法Ⅱ 大重量 精疲力竭法	等动法	静力法
工作方式	集中	集中	集中	集中	集中+退让	静力
力量发挥	爆发式	爆发式	持续式	爆发式	慢+持续式	持续式
负荷范围	80%	70%、80%、85%、90%	60%~70%	85%~95%	50%~60%	100%
次数	8~10	10、10、7、5	15~20	5~8	15	1
组数	3	4	3~5	3~5	3	3~5
负荷时间						10~12
休息时间	3~5秒	3~5秒	2~3秒	3~5秒	3	3秒

表4.4　**采用不同方法(训练12周)后肱三头肌肌肉横断面变化比较**

	静力最大力量(kg)				肱三头肌肌肉横断面(cm^2)			
	前	后	差	ΔF%	前	后	差	ΔF%
最大力量法	45.0	53.2	8.3	27.4	27.4	30.1	2.7	9.9
快速力量法	45.1	52.9	7.8	17.3	26.2	29.0	2.8	10.7
重复法	43.0	51.9	8.9	20.7	25.2	29.7	4.5	17.8

健美训练强度(重量)、组数、次数并不是绝对的，受许多因素的制约，如运动员训练水平(包括负荷强度能力、疲劳恢复等)的制约，无法一概而论。根据国内外文献资料研究及我们的初步研究与印证，笔者提出了适应不同阶段的最佳组合，如表4.5所示。

表 4.5　　不同阶段组数和次数选择

训练阶段	动作项目数量	级数	次数	备注
1~6 个月(初级)	2	2~3	8~15	①组数是指每个动作项目的组数 ②重量选择：根据不同阶段、运动员具体实际需要来确定
6~12 个月(初中级)	2~3	2~3	8~12	
12~18 个月(低中级)	3~4	3	8~12	
18~24 个月(中级)	5	3~4	8~15	
2 年以上(高级)	5~6	3~4	8~12	

4.1.5 训练密度

健美训练密度是指每次训练过程中每个动作间和每组练习间的时间长短，也指同一肌群两次训练间的休息时间(间歇时间)，即某肌群训练休息多长时间后进行第二次训练。间歇时间可分为极短间歇(休息 10 秒以内)、短间歇(休息 10~30 秒)、中间歇(休息 30~60 秒)、长间歇(休息 60~180 秒)。确定适当的间歇时间和逐渐增大训练密度，可以使局部肌壁在最短时间内集中足量的血液而使肌纤维达到发胀饱和状态。训练密度首先与训练水平密切相关，密度大小随着训练水平的不断提高而增大，训练水平越高，其密度越大，反之则越小。其次，密度与负重强度和练习次数相关。若每组练习重量较大或次数较多，每组练习之间的间歇时间稍长，相对密度较小；相反，每组训练重量较轻或次数较小，每组练习之间的间歇较短，相对密度则较大。不同训练阶段和不同训练要求、密度应有所区别，如表 4.6 所示。

表 4.6　　不同训练阶段密度

阶段	因素 \ 目的	发达肌肉	增长肌肉力量	减少脂肪增加肌肉弹性
初级阶段	组与组的间歇时间(秒)	60~90	80~100	45~60
	动作与动作的间歇时间(秒)	120~130	130~160	90~100
	动作频率(每分钟次数)	12~15	10~12	15~18
	每个动作的试举次数	8~123	3~5	15~20
中级阶段	组与组的间歇时间(秒)	50~70	70~90	30~45
	动作与动作的间歇时间(秒)	110~120	150~180	70~90
	动作频率(每分钟次数)	10~12	8~10	18~22
	每个动作的试举次数	8~10	2~5	20~30

续表

阶段	目的 / 因素		发达肌肉	增长肌肉力量	减少脂肪增加肌肉弹性
高级阶段	平时训练周期	组与组的间歇时间(秒)	45~60	8~120	20~30
		动作与动作的间歇时间(秒)	120~150	150~180	60~80
		动作频率(每分钟次数)	8~12	6~10	20~25
		每个动作的试举次数	4~10	1~4	30~50
	临赛训练周期	组与组的间歇时间(秒)	15~45		
		动作与动作的间歇时间(秒)	80~100		
		动作频率(每分钟次数)	6~8		
		每个动作的试举次数	8~15		

4.1.6 身体姿势及平衡

4.1.6.1 身体姿势

身体姿势是指身体及各部分在练习过程中所处的状态，它可分为开始姿势(练习前)，练习过程中的姿势和结束姿势。正确的身体姿势是影响动作质量的重要因素，不正确的身体姿势势必导致不相关的肌群得到锻炼，且不能保证练习所要求的肌肉训练。为保证身体姿势正确，有时可借用其他器械。许多优秀的健美运动员，练习中都以十分严格的身体姿势来完成动作。在健美训练中，常用的身体姿势有站姿、坐姿、跪姿、卧姿等，如表4.7所示，同一动作身体姿势不同，训练出来的肌肉差异较大。

表4.7 健美训练中常用身体姿势

身体姿势		说明
站姿		窄站、中站和宽站(以站立时两脚间的间隔距离与肩宽做比较)
坐姿	正坐	躯干与下肢约成90°
	俯坐	躯干与下肢小于90°
	斜坐	躯干与下肢大于90°
跪姿	单腿跪撑	两手和膝撑地，上体与地面平行，两臂、大腿与支撑面成垂直姿势
	双腿跪撑	
卧姿	仰卧	胸腹朝上，身体伸直躺在器械上，分平卧姿、上斜仰卧、下斜仰卧
	俯卧	腰背和臀部朝上，身体伸直躺在器械上，分平卧姿、上斜俯卧、下斜俯卧
	侧卧	身体伸直，侧向躺在器械上

续表

身体姿势		说明
蹲姿	深蹲	大腿与小腿间的夹角小于 90°
	半蹲	大腿与小腿间的夹角大于 90°
撑姿	支撑	两手、臂和身体其他部位撑器械，肩轴高于或平行于器械轴
	俯撑	两手和两脚撑在地上或器械上，身体伸直，胸腹朝向地面或器械
	侧撑	下蹲，两膝并拢或分开，两手撑在地上或器械上
其他		悬垂、躬身、俯立、跪立

4.1.6.2 身体平衡性

在健身过程中平衡性很重要，尤其要防止受伤。在举重过程中，位置不平衡是很危险的，尤其是在练习结束时身体已经疲劳的情况下。

谈到平衡性，有两个因素需要考虑。首先是重物的重心位置，其次是它的支撑面。重心位置较低、支撑面积较大的物体更容易平衡。当举起重物超过头部位置时，例如推举动作，练习者的重心位置较高，不容易平衡。采用一个比较宽的姿态可以弥补这一点。在深蹲练习中，应采用一个较宽的姿势，双脚张开以增加支撑面积，如表 4.8 所示。

增加支撑面横向宽度将提高横向稳定性。如果一个人双脚侧向分开，相对于来自侧面的推力或拉力，他是稳定的，如果是来自前面或后面的推力，他就不再稳定。同样，纵向增加支撑面宽度将提高这一方向的稳定性。这时当推力来自前面或后面，他是稳定的；如果推力来自侧面，他就不再稳定。问题的答案是从运动方向或用力方向上增加支撑面的宽度。因此，弓箭步的姿态对于弓身单臂划船来说是正确的，而半蹲的姿势对于侧举来说更好一些。

许多动作在采用坐姿练习时更加稳定，因为身体重心降低了。例如在肩臂练习时若采用坐姿进行练习，练习者就会更稳定并减少身体的晃动。

因此，为提高稳定性，支撑面积应尽可能加大，重心位置应尽量降低。另外，为防止小幅度的晃动破坏平衡，重心应尽量保持在支撑面的中间位置。在第一次接触训练时使用这些更稳定的姿态，就可以在很短的时间内把它们变成一种习惯，从而提高训练时的安全性。

表 4.8 双脚站位位置与身体平衡关系

双脚站位位置		重心位置①	支撑面积②	身体平衡③
	双脚并拢	●●●●	●	●
	双脚与肩同宽	●●●●	●●	●●

续表

双脚站位位置		重心位置①	支撑面积②	身体平衡③
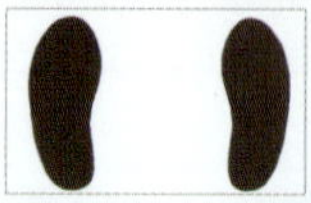	双脚比肩宽	●●●	●●●	●●●
	双脚比肩宽较多	●●	●●●●	●●●●
	双脚弓步站立	●	●●●●	●●●●

注：①表中该列圆点代表身体重心的高低，圆点越多，则代表身体重心越高。

②表中该列圆点代表支撑面积的大小，圆点越多，则代表支撑面积越大。

③表中该列圆点代表身体平衡稳定性的高低，圆点越多，则代表稳定性越高。

4.1.7 训练动作

4.1.7.1 训练动作设计原则

要使健美训练达到最佳效果，其训练动作设计必须符合科学原理和规律，并以此为依据对它的训练效果进行检验和评价。动作设计原则如图 4.1 所示。

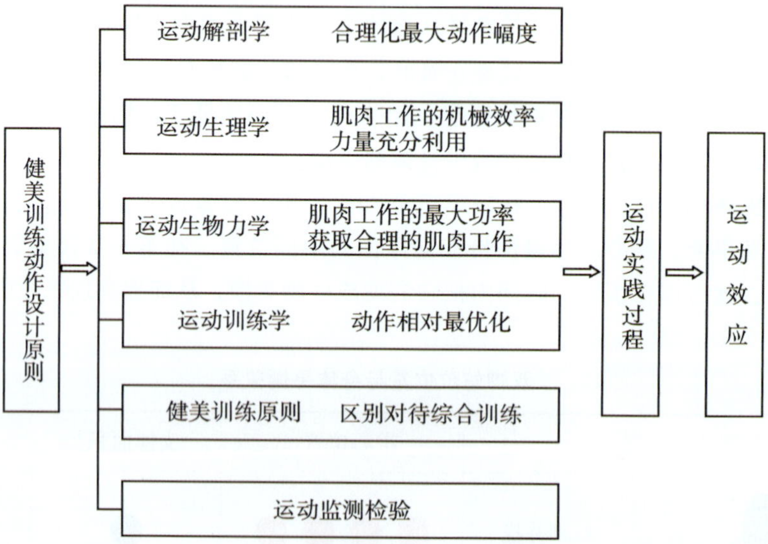

图 4.1 健美训练动作设计原则

①动作设计必须符合人体解剖学原理。在运动学中强调动作结构的合理，即设计实施健美训练动作空间结构时，在解剖结构上必须合理才有助于体能的发挥、动作的稳定、力

量的有效使用、动作衔接的密切等。依据人体解剖学原理，在设计和实施健美训练动作时，相关因素包括关节角度、关节运动方式，如表4.9所示，以及肌肉长度、肌拉力角度等。如：做深蹲动作时，两脚站距和下蹲时的角度变化，肌拉力角度会随之变化，会直接对训练的肌肉造成影响；脚内扣和脚外展主要训练的是股四头的内外肌等。为了更好地发展主动肌肌群，制约协同肌的参与，做半蹲动作，就可使股四头肌得到充分的训练，避免臀大肌协同发力。

②动作设计和实施须使关节达到全幅度活动。肌肉伸展或被拉长程度与关节运动幅度相一致，肌肉经过负重训练，可使其内部结缔组织、肌腱变得厚而坚实，但这也会影响肌肉的伸展性。根据生物力学原理，加大人体肌肉功率，需将参与主动收缩地用力肌群在收缩时充分伸张拉长，使其处于退让伸展的肌肉工作状态，才会有效地提高肌肉瞬时肌力值和力速指数，从而提高肌肉的输出功率。若在负重练习时，能在关节活动幅度范围内进行(即全幅度的运动)，使肌肉在训练过程中先被充分拉长，避免肌肉挛缩现象的发生，并使肌肉柔韧性、伸展性得到充分的发展，即先将主动肌在关节全幅度活动范围内予以充分伸展，再使其收缩，就能使所训练的肌肉保持“活性”，而不至于出现“僵死”，在比赛表演时更具魅力。

③动作设计与实施须符合生物力学原理。为使主动肌充分用力，必须使有关的协同肌充分放松，并将定点加以有效的固定，使主动肌充分作用于动点。在锻炼动作的实施过程中，不仅要考虑到主动肌用力，还应考虑到协同用力肌群及与之有关的固定肌群。在进行负重性肌肉训练时，应尽量使重力与肌肉拉力线的方向保持一致或在一条直线上，才能避免产生分力，从而增强肌肉锻炼效果。

表4.9 身体主要关节的运动方式

	关节名称	运动方式	主要参与运动的肌肉
1	颈部	屈	颈前肌浅层(舌骨上肌群和舌骨下肌群)，颈深肌群(头长肌、颈长肌、头前直肌和头外侧直肌)
		伸	颈后部深层肌群(头半棘肌、颈半棘肌、颈多裂肌、颈回旋肌、颈棘间肌)，浅层肌群(斜方肌、胸锁乳突肌、头夹肌、颈夹肌)
		绕环	
2	躯干	屈	腹直肌、腹外斜肌、腹内斜肌、髂腰肌、胸锁乳突肌
		伸	竖脊肌、斜方肌、胸锁乳突肌、臀大肌
		绕环	同侧的腹内斜肌、对侧的腹外斜肌、对侧的胸锁乳突肌、斜方肌和菱形肌
3	肩胛骨	上提	斜方肌上部、菱形肌、肩胛提肌和胸锁乳突肌
		下降	斜方肌下部、胸小肌和前锯肌下部
		前伸	前锯肌、胸大肌和胸小肌
		后缩	斜方肌和菱形肌
		上回旋	斜方肌上、下部和前锯肌下部
		下回旋	菱形肌、胸小肌和肩胛提肌

续表

	关节名称	运动方式	主要参与运动的肌肉
4	肩关节	屈	胸大肌、三角肌前部、肱二头肌和喙肱肌
		伸	三角肌后部、肱三头肌长头、背阔肌、冈下肌、小圆肌和大圆肌
		外展	三角肌和冈上肌
		内收	肩胛下肌、胸大肌、背阔肌、冈下肌、小圆肌、大圆肌和喙肱肌
		内旋	三角肌前部、胸大肌、背阔肌、肩胛下肌和大圆肌
		外旋	三角肌后部、冈下肌、小圆肌
5	肘关节	屈	肱肌、肱二头肌、肱桡肌和旋前圆肌
		伸	肱三头肌和肘肌
		内旋	旋前圆肌、旋前方肌和肱桡肌
		外旋	旋后肌、肱二头肌、肱桡肌
6	腕关节	屈	桡侧腕屈肌、掌长肌、尺侧腕屈肌、指浅屈肌和指深屈肌
		伸	桡侧腕长伸肌、桡侧腕短伸肌、尺侧腕伸肌、指伸肌
		外展	桡侧腕屈肌、桡侧腕长伸肌、桡侧腕短伸肌、指伸肌
		内收	尺侧腕屈肌、尺侧腕伸肌
7	髋关节	屈	髂腰肌、股直肌、缝匠肌、阔筋膜张肌、耻骨肌
		伸	臀大肌、大收肌、股二头肌、半腱肌、半膜肌
		外展	臀中肌、臀小肌、臀大肌上部和梨状肌
		内收	大收肌、长收肌、短收肌、臀大肌下部、股薄肌和耻骨肌
		内旋	臀中肌、臀小肌前部和阔筋膜张肌
		外旋	髂腰肌、臀大肌、梨状肌、臀中、小肌后部和缝匠肌
8	膝关节	屈	腓肠肌、股二头肌、半腱肌、半膜肌和股薄肌
		伸	股四头肌
		内旋	缝匠肌、半腱肌、半膜肌、股薄肌和腓肠肌内侧头
		外旋	股二头肌和腓肠肌外侧头
9	踝关节	屈	小腿三头肌、拇长屈肌、趾长屈肌、胫骨后肌、腓骨长肌和腓骨短肌
		伸	胫骨前肌、拇长伸肌、趾长伸肌
		内翻	拇长屈肌、趾长屈肌、胫骨前肌和胫骨后肌
		外翻	腓骨长肌、腓骨短肌和趾长伸肌

④动作设计和实施需合理用力。在运动训练过程中，训练动作系统由共同保证最佳效果的大量局部动作按一定顺序组合而成。从整个动作来看，组成动作系统的各个局部动作之间的配合应处在合理的位置。组成动作系统的每一个局部动作应处于最佳状态，且从生物力学的人体效率原理来看，要取得运动的绝对效果，不仅有赖于运动员身体提供更多的必要能量，还必须通过合理的动作技术转化为所需要的有用功或功率。错误的动作从本质上看是指多余

的动作所造成的无用功或多余的肌肉紧张用力，会加大生理功消耗，从而降低动作效率。在健美训练中，应集中主动肌用力。除参与固定点的肌肉外，其他肌肉处于自然放松状态，使多余肌肉的紧张感有效减低，且身体每一个局部都处于调动状态，以消耗最低能量，获得最大的锻炼效果。

⑤动作实施符合健美训练特点。在健美训练中，为使肌肉训练达到最佳的效果，在训练动作的实施过程中，就要突出主动肌的用力。从理论上讲，集中主动肌用力，限制其他协同肌活动，才能使所训练的肌肉达到最有效的刺激。实践中，协同肌却不可避免地要参与工作。在训练时应注意利用正确的身体姿势、握距、握法或“意念”等，尽量避免协同肌参与工作，而忽略集中主动肌的用力。基本动作训练应在平时训练周期或初中级水平训练中占一定比重。

4.1.7.2 训练动作选择

①复合动作与孤立动作。全身有十几个部位，每个部位都有若干个动作可选择。动作按训练时肌肉参与的多少可分为复合动作(基本动作)和孤立动作两种。基本练习可以活动到很多关节，可以锻炼许多肌肉。如卧推，它主要锻炼胸大肌(特别是外侧和上下缘)，其次是使三角肌前部、肱三头肌(受到强烈刺激)和背阔肌得到锻炼，属复合动作。孤立练习通过将运动限制于一个关节来重点锻炼一块肌肉。如仰卧飞鸟主要锻炼胸大肌，属孤立动作。基本动作能促使肌肉协调发展，整体效果好。而孤立动作对局部肌肉刺激集中明显，使单块肌肉发展较快，并能刻画肌肉形状和线条。在训练初期，每个部位应选择一个基本动作，当力量和训练水平提高到一定程度后，可将孤立动作与基本动作相结合进行练习，以提高训练效果。不同的基本练习和孤立练习如表 4.10 所示。

表 4.10 **练习类型**

练习类型	练习动作
基本练习(复合动作)	蹲起(壶铃蹲跳) 蹬伸练习 弓箭步蹲起 卧推(平卧推举、上斜推举、下斜推举) 颈后推举 屈臂撑 引体向上
孤立练习	坐姿伸腿 腿弯曲 健身器夹腿 仰卧飞鸟 哑铃侧平举 颈后屈伸 双臂弯举

②全程动作与半程动作。在训练中，采用1/4动作幅度或1/2动作幅度做动作都不能提高训练效率与质量。必须明确，要给肌肉合适的强度从而使肌肉受到最大限度的刺激。肌纤维的生长需要通过充分施展其功能以及全程收缩和伸展才能实现。

4.1.7.3 训练动作顺序安排

①先练大肌群。腿部、胸部和背部的肌群属于大肌群，这些肌群的练习需要使用较重的负荷，否则难以取得效果。当精力充沛、能够克服较重负荷时，就要先练这些肌群。若等到训练课快结束时再练这些肌群，那就力不从心了，效果也会大打折扣，甚至会出现伤害事故。

②肌肉要轮流交替训练。轮流交替训练是指对同一块肌肉不要进行连续练习。交替练习的肌群在每一次练习后能得到一定的恢复，因此在每两次练习时能相对承受更大的负荷。由于肌肉力量与体积发展与训练强度紧密相关，所以交替练习更有利于肌肉体积和力量的增长。

4.1.7.4 动作速度

任何阻力练习的目的都是通过举起重物使肌肉超量负荷。快速的急动、急停都会使重物的动量产生变化。这个额外的力量可以帮助举起重物，因此，肌肉的工作量就会减少，最终从训练中获得的训练效果会被削弱。进一步讲，随着动量的增加，要停止运动就变得更困难。当疲劳产生时，增加动量会在运动范围的末端过度拉伸或者撕裂关节组织，从而导致受伤。应始终在控制负荷强度下进行运动，避免任何剧烈的摆动动作。

降低重物的运动速度不仅可以减小动量，而且可以增加重物作用于身体的时间，以及运动量。

4.1.7.5 动作质量

动作质量主要指在健美训练时，完成动作的准确性、节奏性和速度等。影响动作质量的主要因素有完成动作时的身体姿势、器械或身体轨迹、练习时间、练习速率、练习速度、练习力量和练习节奏等。动作的规范与准确，对保证训练效果至关重要。不要用自己控制不了的重量练习，否则动作的准确性、节奏性和速度都会受到影响。

4.1.8 健美器械

健美器械的选择是影响训练效果的因素之一。健身房有各种各样的器械，如杠铃、哑铃、壶铃、橡皮条、弹簧拉力器、组合器械等。一般可分为两类：一是单个练习器械，如杠铃、哑铃、壶铃等；二是力量健美专门训练组合器械。

4.1.8.1 器械选择

同一肌肉训练可选择多种器械，如发展股四头肌，可选择杠铃、健美专门训练组合器械；其动作有前深蹲、后深蹲，箭步蹲、半蹲、坐蹲、腿举等。为提高训练效能，选择器械时要考虑诸多因素，如选用何种动作、锻炼哪些肌群、动作与器械如何配合等。

初练者常在各种器械面前不知所措，热衷于组合器械练习。其实，任何训练装置都不能与重量练习的效果相比，机械会限制练习者的动作，使动作不自然，尽管省事，但会影响训练效果。“一切从简”是健美运动最好的格言，在其他运动项目中，再找不到比此逻辑更简单的开始了。

克里斯·艾科特认为，用自由重量训练(指用杠铃、哑铃训练，以别于在组合器械上训练)能最大限度地激发神经系统的兴奋性，复合动作能刺激全身主要肌群，并能促进合成代谢激素的释放。

4.1.8.2 器械运动轨迹

器械动作轨迹是指器械运动的路线，有直线运动与曲线运动，与其起始位置有较大关系。健美运动中，器械的起始位置较多，如体前、体后、胸前、颈前、颈后、膝上、膝下、垫铃等。不同的起始位置，同一动作锻炼的肌群不同，如颈后推举主要发展肱三头肌，颈前推举主要发展背阔肌。

①握法。按举重握杠方法分类，有锁握、普通握、空握；按体操握杠方法分类，则有正握、反握、正反握、翻推。同一动作的握法不同，发展的肌群不同，如表4.11所示。在健美训练中，应根据需要和器械特点选择握法。

表4.11 握法分类

分类	握法	动作要点	说明	动作举例
1	锁握	握杠时四指共同压住拇指	锁握最牢固	高抓
	普通握	握杠时拇指在食指和中指上	常用握法	分腿上挺
	空握	握杠时五指并拢在同一方向	空握最无力	主要用于握较粗的器械
2	正握	两个大拇指相对，握住器械		正握胸前杠铃弯举
	反握	两臂旋外，两大拇指向外握器械，掌心向上		反握胸前杠铃弯举
	正反握	一手正握，另一手反握		正反握屈腿硬拉
	翻握	两臂内旋，两手大拇指翻向外握器械		翻握单杠颈后引体向上
	交叉握	两臂交叉握器械		交叉握单杠颈后引体向上
	深握	靠近腕关节的掌根握器械		深握单杠颈后引体向上
	其他握法	从内握、从外握、全握		

②握距。握距指运动员两手握杠间的距离，握距有宽握、中握、窄握与并握，如表4.12所示。不同握距，锻炼的肌肉部位与效果不同，如卧推、窄握距主要锻炼肱三头肌，中握则主要锻炼胸大肌。

表4.12 握距分类

握距	动作要点	动作举例	
		动作名称	主要锻炼肌肉
宽握	两手握杠，肘关节大于90°，两手间距离比肩宽	宽握仰卧推举	胸大肌、肱三头肌
中握	两手握杠，肘关节成90°，两手间距离同肩宽	中握仰卧推举	胸大肌
窄握	两手握杠，肘关节小于90°，两手间距离比肩窄	窄握仰卧推举	肱三头肌
并握	握杠时两手并拢	并握仰卧推举	肱三头肌

4.1.9 呼吸方式

健美锻炼是一项以有氧代谢为主、无氧代谢为辅的运动。锻炼时要求练习者掌握正确的呼吸方法，否则易产生头昏、恶心、过早疲劳等现象。呼吸方法：同步式呼吸法、非同步式呼吸、自由调节式呼吸法。

4.1.9.1 同步式呼吸法

每做一次动作进行一次呼吸，呼吸是在动作过程中完成的。

在肌肉收缩时，瞬间闭气并快速呼气，肌肉伸展时慢速吸气。一般在负荷较重、仰卧位做动作或需固定肩带和胸腹部时采用这种呼吸方式。比如做颈后宽推、仰卧推举、腿举等动作时采用此方法。胸部练习时，为达到尽可能挺胸沉肩的要求，允许深吸气，如仰卧飞鸟动作，闭气时间一定要短，呼气为喷吐式。

在肌肉收缩时快速吸气，肌肉伸展时慢速呼气。此呼吸方式与上式相反，吸气时快速有力，呼气时缓慢深长。一般在负荷较轻及退让性练习时采用。比如，做哑铃弯举、立姿飞鸟等动作时采用，这一方式强调的是意念集中。

4.1.9.2 非同步式呼吸

呼吸频率与动作次数不相等，呼吸是在动作间歇时进行的。

几次动作一次呼吸。连续做几次动作后暂停，做一次呼吸，再连续做几次动作后再做一次呼吸。此方式在一次训练的开始阶段，重量轻、速度快、精力充沛时，或做准备活动时常采用。比如做俯卧撑、双杠臂屈伸等动作时采用。

一次动作伴随几次呼吸。在大重量负荷(所能承受重量的90%以上)或身体接近疲劳时，调整一下呼吸，以便再努力完成一次动作练习。比如做杠铃深蹲、腿举等动作时采用。这种呼吸方式强调的是超负荷训练。

4.1.9.3 自由调节式呼吸法

在进行小强度训练时，呼吸常采用自由调节式。如提踵、慢跑、骑功率自行车时一般采用此法呼吸。

健美练习时的呼吸方式应随动作而变，正确的呼吸不仅能起到给氧作用，而且能固定肩带，起到调整体位和协助完成动作的重要作用。

4.1.10 训练频率

美国运动医学学会（ACSM，2009）建议，以增加肌肉大小为目标时，每周应进行2~3次、每次各肌群2~4组的肌力训练。美国肌力与体能训练协会（National Strength and Conditioning Association）针对老年人肌力训练的立场声明指出，健康老年人的肌力训练可以从每周2~3次、每次3组、8~12次反复、强度20%~30%、1RM开始，逐渐增加到80%、1RM、8~10个不同肌群的肌力训练（Fragala等，2019）。每周2~3次肌力训练，似乎是共通的肌力训练建议频率。

相同的每周肌力训练量，在一天，或者分成3天训练，对训练效果的影响是否有差别，Schoenfeld等（2015）以有肌力训练经验的男大学生为对象，依据肌力、随机分配到Split组、Total组，为期在8周、每周3次、强度为8~12 RM的训练过程中，Split组3次训练分别针对2~3个特定肌群进行多次训练，Total组3次训练则针对每个肌群进行一次训练，两组八周内对每个肌群都训练18组。研究结果发现，卧推和深蹲的1 RM肌力都有显著进步，两组间没有显著差异；前臂屈肌的肌肉厚度则有Total组显著大于Split组的现象。将相同肌力训练量，分成每周1次肌力训练，以及每周3次肌力训练，并不会影响肌力训练的效果（有相同的肌力进步效益），每周分成3次训练可以提升训练肌群的肌肉量。

每周肌力训练量、训练频率不同时，对训练效果的影响是否有差别，Pina等（2019）以39名老年妇女（≥60岁）为对象，随机分为两组（G2x组每周训练2次、G3x组每周训练3次），训练分两阶段，每阶段12周。第一阶段8个动作中，进行1组10~15次重复，第二阶段同样是8个动作，进行2组10~15次重复。研究发现，两组的1 RM肌力（G2x增加19.5 %、G3x进步22.2 %）、肌肉量（G2x增加3.0 %、G3x进步1.6 %）、肌肉质量指数（G2x增加16.0 %、G3x进步21.1 %）的进步相似。以老年妇女为训练对象时，无论每周训练2次还是3次，尽管训练3次的肌力训练量相比训练2次的有增加，但都会造成相同的训练效果。由此可见，每周2次肌力训练的训练效果，具备与每周训练3次（肌力训练量也增加）同样的训练效果，每周训练2次的训练效率显然较高。

Schoenfeld（2016）整合10篇有关每周肌力训练频率的研究发现，以肌肉量为训练目标时，训练频率会显著影响肌肉量的训练效果。在每周肌力训练量相等的条件下，每周2次的训练频率比每周1次的训练效果更好。研究结果显示，主要肌群应该每周至少训练2次，以便最大化肌肉量的训练效益；每周训练3次是否会比2次训练效果好，还没有一致的研究结果。每周超过3次的肌力训练频率是否效果更好，待进一步研究。对于一般没有肌力训练的经验者来说，似乎两次训练效果即有训练效益，经常进行肌力训练者则可能需要每周3次、更多的肌力训练量，才会呈现更好的训练效果。

Dankel等（2017）整合文献数据发现，增加每周训练频率，且减少每次肌力训练量，似乎可以获得更好的肌肉训练效果。研究文献并没有每周训练7天的研究设计，这种现象似乎与美国运动医学会建议，相同肌群在两次训练间至少有48小时休息有关。由肌肉蛋白质合成的反应来看，增加训练频率似乎可以提升肌肉蛋白质合成，进而可能提高肌肉量，只是这样的推论，需要搭配肌力训练负荷强度、反复次数、组数等肌力训练变项，并且进一步透过实验设计来进行研究确认。

肌力训练频率以每周 2~3 次的建议最为常见。对于有肌力训练经验的人来说，以肌力为目标训练时，一天之中完成肌力训练量的训练效果，与分成 3 天训练的肌力训练效果相同。没有肌力训练经验的一般社会大众，每周 2 次训练即可。每周 3 次以上的肌力训练频率，训练效果仍然需要进一步的研究确认。

4.2 影响健美训练效果的各因素关系

各因素关系相互作用，形成训练目标不同的组合，如表 4.13 所示。

影响健美训练效果的各因素间是相互制约、相互促进的。身体训练时各因素构成健美训练的运动量，即每次训练给予人体全身肌肉的生理负荷，构成了健美分离的特点，如表 4.14 所示。

表 4.13 训练目的不同时的各因素组合(马克・韦勒)

因素组合 训练目的	次数 (每周)	持续时间 (分钟)	训练强度 (1~10 级)	训练次数 (每组)	训练组数	组间休息 时间(秒)
初练者	2	20~45	5~7	8~12	1~2	30~60
减肥	2~4	15~30	4~6	15~30	1~2	15~30
心血管循环系统	2~5	15~30	5~7	12~25	1~3	15~60
肌肉耐力	3~5	20~45	3~8	12~30	2~3	30~120
肌肉伸缩性	3~5	20~45	6~7.5	12~15	2~3	30~120
健美训练	3~6	40~75	7~8.5	6~12	4~6	30~90
肌肉力量训练	3~6	40~75	8~10	1~8	4~5	2~8 分钟
肌肉张力训练	3~6	20~45	3~9	1~6	4~5	2~8 分钟

注：进行心血管循环系统训练(跑步或骑车)时，持续时间不要参考该时间，应根据实际具体制订。

表 4.14 最大肌肉发展训练与最小肌肉发展训练的各因素比较

训练项目	最大肌肉发展	最小肌肉发展
强度	60~80	85~100
次数	6~20	1~5
组数	3~6	5~12
组间休息(分)	2~4	4~5
向心收缩节奏(单次反复时间)	1~10	1~4
离心收缩节奏(单次反复时间)	4~10	3~5
每组持续时间(秒)	40~70	小于 20
每次训练运动数	6~12	1~4

由于训练中各因素的影响，世界各健美优秀选手也形成了自己的训练特点，如表 4.15 所示。

表 4.15 世界优秀健美运动员训练编排特色

姓　名	重　量	次　数	组　数	频　率	动作质量
1979 年环球先生赛重量级冠军 约瑟夫・威尔科兹	大重量	少次数，8~10	多组数	快速	严格，直到最后 1~2 次数才允许助力，精神集中
5 次世界健美混双冠军 多尼・皮尔逊	相当轻	多次数	多组数	强烈快速	严格
“奥林匹亚先生” 李・哈尼	大重量（85%+）	6~8	4	快速	严格姿势
1982 年“奥林匹亚先生” 克里斯・狄克森	轻重量	中等次数，12 次左右	多组数，6 组以上	快速 高频率	十分严格
1983 年“奥林匹亚先生” 塞米尔・巴诺德	大重量	多次数		快速 高频率	严格
1985 年“奥林匹亚先生” 阿尔伯特・贝克尔斯	轻重量	12 次以上	5 组以上	频率快 组间歇 30~45 秒	严格，精神集中
克里斯・艾科特	大重量	2~3	6~8（小肌群） 10~12（大肌群）	120 秒 180 秒	严格

4.3 健美训练原则

健美训练原则是健美训练客观规律的反映，是健美训练实践普遍经验的总结和概括，是健美训练必须遵循的准则。

4.3.1 循序渐进原则

循序渐进原则是指在训练过程中，训练动作要由易到难，训练方法要由简到繁，训练负荷要由小到大。逐渐增加杠铃重量、练习次数与组数，减少间歇时间，增加训练时间，从而逐步稳固地提高训练水平和效果。健美训练是一个缓慢的过程，如果不顾健美训练的科学规律，急于求成，追求大运动量，既练上肢又练下肢，既练屈肌又练伸肌，不但不会达到预期的健美效果，反而会适得其反，造成运动损伤，导致失去对健美的信心，正所谓“欲速则不达”。

坚持不懈地进行系统训练是在健美运动中获得成功的关键，成绩的取得有早有晚，但是如果不坚持训练，断然不会有任何收益。

如何坚持不懈地进行系统训练呢？

(1)制订健美目标和计划

训练对身体造成的变化是缓慢的，特别是在初级训练阶段，人们很容易打退堂鼓，所以要树立坚定的信心，要有毅力。在训练前，要确定目标，这对于坚持训练很有帮助，目标一定要切合实际，否则一旦实现不了就会产生自卑感，目标定得要低一些，完成起来也快一些。目标有两种：一种是长远目标，另一种是近期目标。制定目标的关键是确定每个目标实现的时间范围，并且每年拍几张体格照片，提醒自己已经取得的成绩，以后该向哪个方向努力，鼓励自己坚持训练。将训练目标写在纸上，贴在醒目的地方，训练中每完成一个目标，就在该目标旁边画星号，以促进进步。坚持写训练日记，写训练日记的好处是可以形成自我竞争。日复一日、年复一年，日记记录内容包括每次训练的项目、组数、次数及所举重量、训练时的感觉以及包含营养、伤病等各方面情况，并需要一两个月进行一次体检测量，对膳食营养的变化、轻微的伤病和所服补药作详细记录，另外应将训练中是否有偷懒行为记下来，这样可使人在最大限度上取得进步。

(2)训练中利用音乐伴奏

健美训练是一项艰苦而又枯燥的运动，科学研究结果证明，音乐能使人迅速完成枯燥无味的训练，因此，在训练中可选择令自己感到舒心的音乐伴奏训练。

4.3.2 全面训练与肌肉平衡训练原则

全面训练是指健美训练应根据人体的生理和解剖特点，采用各种有效的训练方法，促使全身各部位肌肉群、各器官系统的机能得到全面、协调平衡、匀称的发展。专项训练原则是指在全面发展的基础上对身体的某一部分进行训练时，要多下功夫。在健美训练过程中，要坚持全面训练与专项训练相结合。

在全面训练中，为改进身体不发达部分的肌肉，要突出专项训练。

①专项重点部分可以安排在训练课前部分，在精力旺盛时先练这一部分。

②在训练课中，重点专项部分用大运动量来训练，而其他部分用中等运动量进行。

肌肉平衡训练原则主要指在健美训练中要均衡地发展全身各部肌肉的围度与力量。如上下肢平衡、胸腹与腰背的平衡、前臂与上臂的平衡、大腿与小腿的平衡、大肌群与小肌群的平衡、屈肌与伸肌的平衡等。另外，同一训练动作的各肌力要平衡。如卧推135kg，与之匹配的某一肩袖动作(肩袖部位主要有冈上肌、风下肌、小圆肌和肩胛下肌)应能用15kg完成8次，如果这种匹配不成立，说明肩袖部位过于薄弱，容易造成肩部或胸部运动损伤。对于每一个动作，尤其是复合动作，所涉及的不同部位都需要符合一定能力配比。这种能力主要包括力量、柔韧性甚至耐力。健美训练中很多人由于训练的偏好而存在肌肉失衡的情况，结果会产生运动损伤。

在开始负重练习计划时，还有一个需要考虑的重要因素就是身体现有的肌肉平衡状态。经过日复一日的身体活动，人们习惯于使用某些肌肉，而对其他肌肉则使用不充分，这样就造成一种不平衡状态。有些肌肉很强健而有些肌肉则不够强健，这些强健的肌肉(即经常使用的肌肉)就会变紧，并试图支配身体的运动(这些肌肉一般都是些运动肌)；那些不常使用、不够强健的肌肉通常是固定肌，它们会变得松弛、松懈下来。原助肌、协同肌与对抗肌如表4.16所示。

腹部深层的肌肉、臀部肌群以及肩胛肌群容易松弛，那些长时间坐着工作，又很少进行身体锻炼的人通常骨盆底部肌肉和腹部肌肉都会松弛，而且常常会含胸弓背。这是因为上述这些肌肉没有很好地工作，而变紧的运动肌却试图包揽所有的肌肉工作。同样是这些人，还经常会由于大腿后侧的腘绳肌以及肩部的背阔肌紧张而产生疼痛，甚至在工作后发展为痉挛。

当人们开始练习时，强健的运动肌都会试图支配运动并包揽所有的工作，而比较薄弱的固定肌却往往不参与工作。为矫正这种不平衡，躯干以及肩膀的固定肌必须作为最基础运动参与工作。要等它们能够正确地发挥作用后再开始更困难的练习。

表 4.16　**原助肌、协同肌与对抗肌**

<table>
<tr><th colspan="2">原助肌</th><th>对抗肌</th><th>协同肌</th></tr>
<tr><td colspan="2">胸锁乳突肌</td><td>斜方肌、颈背部肌肉</td><td>颈长肌、头长肌</td></tr>
<tr><td colspan="2">肱二头肌</td><td>肱三头肌、三角肌后部</td><td>三角肌(前部)、胸大肌(胸肋部分)</td></tr>
<tr><td colspan="2">肱三头肌</td><td>肱二头肌、三角肌(前部)</td><td>背阔肌、三角肌(后部)</td></tr>
<tr><td rowspan="3">旋转肌套</td><td>肩胛下肌</td><td>冈下肌、三角肌(后部)、小圆肌</td><td>胸下肌、背阔肌、三角肌(前部)</td></tr>
<tr><td>冈下肌</td><td>肩胛下肌、背阔肌、胸大肌、三角肌(前部)</td><td>小圆肌、三角肌(后部)</td></tr>
<tr><td>冈上肌</td><td>胸大肌、背阔肌、肱三头肌(长头)</td><td>三角肌(中部)、肱二头肌(长头)</td></tr>
<tr><td rowspan="3">三角肌</td><td>前部</td><td>三角肌(后部肌束)、背阔肌、胸大肌(胸肋部)</td><td>胸大肌(锁骨部)</td></tr>
<tr><td>中部</td><td>胸大肌、背阔肌、肱三头肌(长头)</td><td>冈上肌、肱二头肌(长头)</td></tr>
<tr><td>后部</td><td>三角肌(前部肌束)、肱二头肌(长头)、胸大肌(锁骨部)</td><td>背阔肌、肱三头肌(长头)</td></tr>
<tr><td colspan="2">胸大肌</td><td>三角肌中束、冈上肌、冈下肌、肱二头肌长头</td><td>背阔肌、肱三头肌长头</td></tr>
<tr><td colspan="2">胸小肌</td><td>胸锁乳突肌、斜方肌上部纤维</td><td>大菱形肌、小菱形肌、背阔肌</td></tr>
<tr><td colspan="2">菱形肌</td><td>前锯肌、斜方肌(下部纤维)、胸大肌(胸肋部位)</td><td>肩胛提肌、斜方肌(上部纤维)</td></tr>
<tr><td colspan="2">前锯肌</td><td>大小菱形肌、斜方肌(中部纤维)</td><td>胸大肌、胸小肌</td></tr>
<tr><td rowspan="2">斜方肌</td><td>上部纤维</td><td>斜方肌上部纤维、大菱形肌、小菱形肌、胸锁乳突肌</td><td>胸小肌、胸大肌、背阔肌</td></tr>
<tr><td>下部纤维</td><td>斜方肌下部纤维、胸大肌、胸小肌、背阔肌</td><td>三角肌前束和外侧、胸锁乳突肌、大菱形肌、小菱形</td></tr>
<tr><td colspan="2">髂腰肌</td><td>臀大肌、腘绳肌</td><td>阔筋膜张肌、缝匠肌、股四肌、耻骨肌</td></tr>
<tr><td colspan="2">臀大肌</td><td>髂腰肌股、四肌耻骨肌</td><td>半膜肌、股二头肌、腰方肌、内收大肌</td></tr>
<tr><td colspan="2">臀中肌</td><td>内收肌群、股方肌</td><td>臀小肌、阔筋膜张肌、梨状肌</td></tr>
<tr><td colspan="2">耻骨肌</td><td>臀中肌、臀小肌、阔筋膜张肌、梨状肌</td><td>内收肌群、髂腰肌、股方肌</td></tr>
<tr><td colspan="2">内收大肌</td><td>臀中肌、臀小肌、阔筋膜张肌、梨状肌</td><td>内收肌群、股方肌</td></tr>
</table>

续表

原助肌	对抗肌	协同肌
梨状肌	内收肌群、臀中肌(前侧)	臀中肌(外侧和后侧)、臀小肌、阔筋膜张肌
股方肌	臀中肌(前侧纤维)、臀小肌、阔筋膜张肌	内收肌群
股二头肌	腿后肌群(腓肠肌、缝匠肌、股薄肌)	髂腰肌、阔筋膜张肌
腘绳肌	股二头肌、髂腰肌	臀大肌、缝匠肌、股薄肌腓肠肌
腹直肌	竖脊肌、腰方肌	彼此协同(作用于腹部深层)
腹斜肌	同侧肌肉旋转对抗	对侧肌肉是旋转协同
背阔肌	三角肌前束、胸大肌(锁骨部位)、二头肌的长头	三角肌后束、三头肌长头、胸大肌(胸胁部位、伸层肱骨)

4.3.3 区别对待与合理安排负荷原则

区别对待原则是健美训练中根据训练对象的不同性别、年龄、不同目的和不同体形，分别采用不同的训练方法选择不同的器械和动作，安排不同的运动进行训练。如何实现区别对待原则呢?

①对训练对象有全面的了解。主要内容包括：性别、年龄、身体、形态、身体素质状况和身体机能等。

②对训练对象的训练目的、目标要明确。

③根据训练者基本情况和训练目标制订训练计划，监督训练，并通过训练做适当调整。

合理安排运动员负荷是指健美训练中要根据任务对象水平，有节奏地、逐步地加大训练负荷，从而达到最佳健美效果。运动负荷包括负荷量和负荷强度两个方面。影响负荷的主要因素是练习的组数、次数、时间、负荷总量等，而影响负荷强度的主要因素是练习密度以及完成每个动作所用的速度和负荷量。不同训练对象在训练中要根据自身情况合理地安排运动员负荷。

4.3.4 意念集中与精神力量原则

开始进行身体某部分肌肉训练时，意念与注意力都应集中在该肌群上，要觉得整个身体好像都是由该肌群组成的。唯一要做的就是收缩、伸展，忘记生活中的其他事，最重要的就是让肌群突起。

健美专家比尔·雷诺兹说："精神是世界上最强大的力量。如果运用恰当，精神会帮助身体练成世界上最伟大的体格。"①无疑，精神可以完全控制身体对外界刺激的反应。精神调节得好，身体适应力就强。比如当一种恐惧感突然产生的时候，由于精神作用，可使肾上腺素的分泌增加，所以在健美训练中不可忽视精神力量的作用。

---

① 曾维祺. 世界最佳健美法[J]. 健与美，1986(6).

不论生活情况如何，一切成功者都是善于积极思考的，要告诉自己可以练出漂亮的身体，不要被困难吓倒。优秀健美运动员雷切尔·麦克利什说："对大多数人来讲，最危险的敌人是自己。"①

进行身体训练时，大脑要积极思考。如果态度漫不经心，成功永远不会到来。训练一定要认真进行，训练间歇时，绝不能去看书、看电视，训练时不宜说话。

每组训练之前，要在心里复述一下将要练多少次。这倒不是说每组训练都要全力以赴，但一定要心中有数，做到精神集中。要态度正确、目标专一，这样才能改善神经肌与神经通路的功能。精神与肌肉的关系改进，能提高训练水平，取得最佳效果。

在训练过程中，如果热情有所下降，就该重新鼓起劲来，此刻起决定作用的是精神而不是物质。为鼓励自己，可以读些健美书籍，欣赏和研究优秀健美运动员的照片或录像，观赏健美比赛，鞭策激励自己，运用精神力量来为成功制订计划。

4.3.5 合理进行营养补充原则

合理的营养是健美运动的基本保证。美国加利福尼亚圣莫尼卡营养工程负责人邦尼·莫杜格诺说，初学者常犯三种错误：

①不合理的节食，这样就无法摄取成长所需的足够热量。

②吃得不够，肌肉增长迟缓或停滞。

③训练过度，训练太频繁或运动量过大，导致热量消耗过多，因此不能促进肌肉生长。

4.3.6 女子特殊时期训练原则

4.3.6.1 女子经期训练原则

女子经期可以进行适量的训练，但要注意以下几点：

①少做使腹压增大、影响子宫位置的练习，如大重量的下蹲练习、负重跳跃练习等。

②多做局部肌肉练习，少做综合肌群练习。

③少做多组数的负重训练，多做形体练习和配乐舞蹈练习，或模拟成套自选动作练习。

④练习时呼吸力求顺畅，不长时间憋气；不做绷紧肌肉、憋气、运气练习。

⑤少做幅度过大的动作。

⑥训练后要做好放松练习，特别是腰部的放松按摩。

4.3.6.2 女子孕期训练原则

随着女性孕期的身体变化，练习类型与练习量也应相应地改变。怀孕期间大部分女性体重将增加10~15kg，她们的身体重心会改变，姿态也会相应地改变。随着子宫的生长，由盆腔进入腹腔，骨盆倾斜度也会增加。其结果是人体重心位置升高了，同时作为一种补偿，腰椎的弯曲度加强了。在妊娠后期，由于乳房重量的增加导致上背部隆起(胸部驼背)加剧，并使头部向前突出。除了上述由于身体重力分配改变引起的补偿效应外，身体开始分泌荷尔蒙

① 曾维祺. 世界最佳健美法[J]. 健与美，1986(6).

来放松骨盆处韧带，以便于胎儿出生，然而荷尔蒙的影响不会局限于骨盆组织，所有的韧带都会变得更加松弛，因此关节更容易被拉伤。

在怀孕后期，脊柱力学结构的改变与韧带的松弛结合在一起，通常会导致腰部疼痛。适当科学的力量训练可以通过保持肌肉力量、维持关节稳固性来缓解这种不适感。

在怀孕期间，女性身体组成成分会发生改变。液体的含量会提高，新陈代谢的速度、体温以及代谢废物的生成都会增加。这些反应会因为剧烈的运动而加剧，导致过多的热量生成并降低经过胎儿的血流量。这两个因素都会减少对胎儿的氧供应。鉴于以上原因，女性运动员在训练时应降低以往的训练强度，并在妊娠后期完全避免大强度的身体练习。

某些姿势，尤其是仰卧，会阻碍血液向心脏的回流，因此像仰卧起坐这种要求练习者长时间保持仰卧姿势的练习，应该尽量避免。当身体姿势突然改变时，容易头昏眼花，因此运动员应做好准备，当发生这种情况时应静静地休息来缓解。

研究表明，怀孕期间进行有控制的练习具有很多好处：分娩时间会缩短，通常会更容易；降低剖宫产的可能性，平均住院时间也会缩短；经常有规律地进行锻炼的母亲生产后恢复得更快。作为一般性原则，可按照表 4. 17 指导练习。

表 4. 17　**怀孕期间的健身指导**

1	不要突然增加运动量
2	避免危险性高的运动项目，例如滑水、身体接触性运动和轻装潜水
3	避免高强度、耗竭性的运动
4	练习时不要憋气
5	练习时要做好充分的热身活动和坚持完整的整理活动
6	注意控制心率并保持在推荐的心率范围内
7	练习时有规律地补充水分
8	避免仰卧于地板上练习
9	避免对抗性运动项目
10	不要突然改变身体姿势，避免导致头昏眼花
11	穿上有良好支撑并能够缓冲冲击力的鞋子，选择对乳房有良好支撑作用的胸罩
12	怀孕期间始终保持良好的营养
13	怀孕后期关节比较松弛，避免过度的柔韧练习

4.4 健美训练方法

健美训练方法是指健美运动员和教练员为完成训练任务，达到健美目的而采取的途径和方法。几十年来，国外许多教练都有他们自己的一套方法和理论依据。例如美国《铁人》(*Iron Man*) 杂志发行者 Rader (匹阿赖 · 兰特) 有一套自己的训练法；《力与健》(*Strenght and Hearh*) 杂志总编辑、约克杠铃公司总裁鲍勃 · 霍夫曼也有自己的一套训练法；资格最老的密洛杠铃公司也有自己的一套方法。当前国际健美训练权威乔·韦德通过近半个世纪的研究与探索，概括出一套系统完整的科学健美训练法，被众多的健美爱好者称为“韦德训练法”；国内许多健美运动员和研究者也有自己的训练方法。

健美训练方法主要是根据力量训练法衍生而来，理论上有动力性力量练习、离心性力量练习、超等长力量练习、静力性力量训练等，在具体运用中有各种各样、千变万化的练习。运动员训练水平的提高，在很大程度上取决于训练方法的运用。在健美训练中，一般是多种方法的综合运用，根据运动员训练水平及训练条件，选择其有自身特点的训练方法，不能机械地使用。

4.4.1 渐增负荷训练法(超负荷训练法)

要促使人体机体功能逐步提高，肌肉体积和力量不断增大，就必须去完成或承受超量工作负荷或运动强度，即超负荷原则。只有不断进行超负荷训练，达到并适应这种增加的负荷，即所谓“超量恢复”，如图4.2所示，才能实现组织和功能的不断加强。进行“超负荷”训练是健美训练的根本法则。

渐增负荷训练主要是通过增加试举重量、加大动作难度、提高训练的组数和次数、调整组间间歇时间以及训练课间的间歇时间等来实施的。进行超负荷训练的方法是：在练习某一动作时，从第2组开始，每组所完成的重量(或次数)要较以前一次有所增加，主要包括以下三种方案。

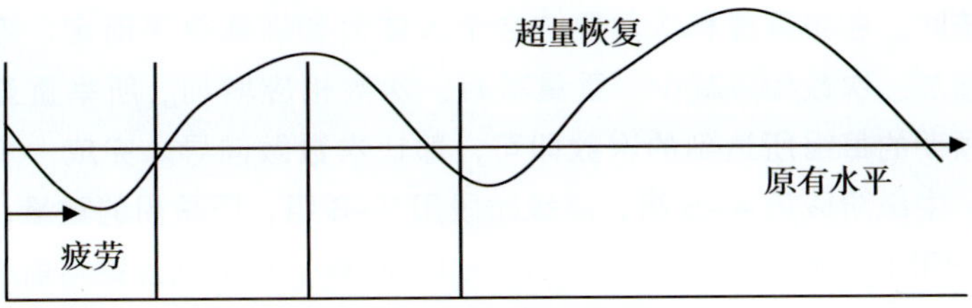

图4.2 超量恢复过程

4.4.1.1 第一种方案：重量固定训练法

(1)重量固定，次数和组数固定

这种训练法是指在每次训练时先选定一个固定的重量，然后每个项目练习若干组，一项练完后再换另一项练习若干组，直到练完全部项目为止，每项练完后不再重复。

这种训练方法的特点是：练习比较枯燥，肌肉局部负担较重，要求局部肌肉群具有一定的耐力，对于发展肌肉力量、提高肌肉耐力和增长肌肉体积均有特效，适用于有一定训练基础的人。

重量的选定，一般以个人最大力量的80%为宜。重量确定后，练习的次数可按本人能够完成的最多次数来定，一般每个项目练习3~4组，每组练习的次数，最多不超过15次，最少不低于8次，每组练习间休息30秒，每个项目练习间休息60秒。

(2)重量固定，增加次数或组数

重量固定，逐渐增加次数(或组数)，主要在自身重量练习时使用(如斜板仰卧起坐、双杠双臂屈伸、单杠引体向上等)。

4.4.1.2 第二种方案：重量递增训练法

(1)增加重量，次数和组数不变

该方法主要用于进行自由重量练习时，以深蹲练习为例，练习时逐渐增加负荷，到每组只能重复3~5次为止。休息片刻，开始采用渐增训练法，以能重复3~5次的重量为准，深蹲起一次，休息10秒，然后做第2次，休息10秒，直到不能比前一组更多一次为止。如练到能连续蹲起8次时，证明肌肉力量和体积比以前只能连续蹲起3~5次时增加了4%。通常在深蹲、卧推等一般练习中，采用以能连续蹲起3~5次的重量为基本重量；在肱二头肌、三角肌等专门练习中，则以能连续做10次的重量为基本重量。

(2)重量递增，次数相应减少(金字塔式训练法)

这种训练方法也称锥形加重法或斜线负荷训练法，是指练习某一动作时，随着练习的进行，器械重量随之增加，相应减少每组的重复次数，直到重量加到预先安排的最大重量，次数减少到预先安排的最低次数为止，这样练习的重量就形成一个上小下大的塔式，且每组练习之间没有间歇时间。

这种训练方法的特点是：训练密度和强度较大，局部肌群负担较重，对肌肉刺激也很大，能最快速地提高肌肉力量和耐力，是增加肌肉力量和体积的有效方法。该方法对训练者的身体素质要求较高，适合有一定训练基础的人。

采用上述方法时，各组重量和次数要结合个人体力和训练效果而定，练习次数与重量增减成反比。重量增加、次数相应减少；重量减轻、次数相应增加。所举重量因人而异，只要所加重量能完成预期的每组所达到的次数即可，即让次数做向导。完成一个动作练习，初级阶段一般用3组，中级阶段用4~5组，高级阶段用3~6组，所采用的重量，以本人竭尽全力能举起8次为准(8RM)，每组间的休息时间为60~90秒，每个项目练习前后休息3~4分钟。

体现在课的计划中，金字塔式训练法所选择的负荷重量一般由极限重量的50%~60%开始，逐渐增加到极限重的80%~90%。如一个动作做4组，即1×15RM、1×12RM、1×10RM、1×8RM，关键是第1组，若第1组的重量能尽力完成14~15次较为合适，若超过15次以上则增加重量，若低于15次则减少重量。国内外著名健美运动员在安排自己的肱三头肌训练时采用金字塔式训练法。一共3个动作，第1个动作做3组(15次/12次/10次)，第2个动作做3组(12次/8~10次)，第3个动作做1组(8~10次)。

另外，在训练过程中，两边最好有人协助增加重量，这样不仅可以起到辅助与保护作用，也能节省时间。

查尔斯·波里库恩提出“改善法则”(Kaizen Principle)，它要求着眼于一件事情的每个细节，争取在每个细节上获得哪怕是微小的进步，即使是1%。查尔斯·波里库恩在处理渐增负荷量时，必备0.5kg铃片。实践证明，每次训练保持微量的超负荷是十分有效的。

4.4.1.3 第三种方案：重量递减训练法(多负荷递减训练法)

这种训练方法在练习形式上与重量递增法相似，只是每组练习的重量不是增加，而是不断地减轻，动作练习的重复次数相应减少，每组练习之间没有间歇时间。这种训练方法的特点是训练密度较大，但强度不如重量递增法，主要用于提高肌肉耐力和长时间训练的能力，是促使肌肉达到饱和的有效方法。

重量递减可以逐渐减少，形成多负荷递减训练法。多负荷递减训练法是当肌肉处于活动过程中，逐渐将所持重量减下来，以使肌肉更加紧张而达到饱和状态，仅在一般动作练习采用。

在练习开始前，应选择好重量合适的杠铃，以便练习结束即可速减去重量。一般认为，若要取得较好的效果，在深蹲、蹬腿、硬拉等大重量的腿部练习中，每次练习后，杠铃两边各减 5kg 杠铃片，即总共 10kg；而其他一般动作练习如卧推、躬身划船等，则每组总共减 5kg 为佳。为保持大强度练习，在一般重量时，应减少间歇时间，一般不得超过 3~5 秒，为此，训练时最好有同伴帮助。

多负荷递减训练法的最大特点是有规律地递减负荷重量，最大效益是每组练习都相对使肌肉受到最大的负荷量，使肌肉在整个练习过程中一直受到强有力的刺激，对心血管及呼吸系统的承受力又要求较高。最明显的是在第 4、5 组时，心血管系统承受力接近极限，完成练习就主要靠毅力和信心了。

以屈腿硬拉为例，先做 2 组准备活动，重量为最大重量的 2/3，每组做 8~10 次，组间休息 1~2 分钟，然后增加到用全力只能做 2 次的重量(即最大重量的 95%左右)，做完 2 次后立即减少重量，再尽力做到不能做为止。再减轻重量，直到总重量次数达到 25~30 次为止。

4.4.2 间歇训练法

间歇训练法就是运动员在进行一定练习后，严格按间歇时间进行休息，再进行练习的方法。

4.4.2.1 构成间歇训练法因素

构成间歇训练法有五个因素：每次练习的时间、距离等；重复次数和组数；负荷强度；每次或每组练习的间歇时间；间歇时的休息方式。

4.4.2.2 间歇训练法主要特点

①负荷与休息交替进行，休息时间有严格的规定，3 次连续的 100%10RM 休息 2~5 秒，2 次连续的 120%10RM 休息 2~5 秒，1 次连续的 130%10RM 休息 2~5 秒。

②每次负荷时间不长，负荷强度可根据实际安排和调整。

③间歇中可采用积极休息方式。

4.4.2.3 安排间歇训练时的注意点

①根据训练任务安排间歇训练方案。若要发展健美运动员的肌肉力量和耐力，则可采用重量轻、强度不大、练习次(组)数较多的训练方案；若要发展肌肉体积与力量，则要贯彻超量负荷原理，提高每次练习的强度，增加练习的重复、次数和调整间歇时间。

②间歇训练要求运动员身体在尚未恢复时就进行下一次练习。

4.4.2.4 健美训练中的间歇训练方法

①固定重量的间歇训练法。固定重量，渐减次数地进行练习。先用最大重量的 60%做一

组准备活动练习，用最大重量的75%~80%做5组：75%~80%×10、75%~80%×9、75%~80%×8、75%~80%×7~2、75%~80%×1。间歇时间：准备活动休息1分钟，第1~3组休息10秒，第4~5组休息10~20秒。

②固定组次数，渐减(增)重量的间歇训练法。以10组杠铃卧推为例。每组推5次，先用最大重量的60%做一组准备活动练习。每组练习休息1分钟，接着增加5%的重量做下一组，到第5组时，杠铃重量增加到100%，每组再减少5%的重量，做完另外5组。

练习时应注意：当做完第5组或第6组时，很难再完成5次，这主要是由于休息时间短，体力得不到恢复。因此，可适当改变休息时间，休息3~8秒，然后再做。不管采用什么形式休息，每组必须尽力完成5次，但要尽量缩短休息时间，然后增加重量，进行下一组练习。

③固定负荷重量、次数、组数，增加间歇时间。此方法是进行6组练习，每组练习10次，练习时有规律地延长间歇时间。选择至少能重复10次的杠铃重量，然后在此基础上加10%的重量，第1组做10次，休息30秒，第2组后休息45秒，每组间歇比前一次多15秒，如果第6组能做10次，就应增加负荷重量。

④固定负荷重量组数、休息时间，改变次数。如选择能做10次的杠铃重量，然后减少5%的重要，练习间歇时间固定不变，均为30秒。第1组做10次，第2组做8~9次，以后每组都有可能减少重复次数，如果第6组能做10次，就应增加负荷。经过一段时间的训练，肌肉的力量和耐力都会有所提高。

4.4.3 多动作组合与变化训练法

多动作组合与变化训练法(多组练习法)是对身体某一部位和相对的两个部位的肌肉群进行4~6个动作训练的组合练习方法。它是两个或两个以上动作接连起来的练习，是一种从不同角度使局部肌肉群和临近肌肉群获得强化刺激和发胀饱和的多重训练方法。组合的练法在平时的周期中采用较少，主要是在赛前训练周期中为了加强肌群刺激以增加肌肉而选用的。

4.4.3.1 双组练习法

双组练习法是高一级运动员最常用的训练方法。第1组练习时先后锻炼两种功能相反的肌肉，第2组练习时连续锻炼一块功能相同的肌肉。由于两个练习同练一块肌肉，因此，组间应休息15~30秒。一般认为最好不要用2个，练习动作结合起来训练。最常见的模式是先用一般训练动作，再用专门练习动作。如图表4.18所示。

表4.18 双组练习法

<table>
<tr><th></th><th>组别</th><th>肌群功能</th><th>环节运动肌群</th><th>动作举例</th></tr>
<tr><td rowspan="2">先后锻炼两种功能相反的肌肉</td><td>第1组</td><td>屈肌、外展、旋前</td><td>肱二头肌</td><td>坐姿斜板弯举</td></tr>
<tr><td>第2组</td><td>伸肌、内旋、旋后</td><td>肱三头肌</td><td>仰卧臂屈伸</td></tr>
<tr><td rowspan="4">连续锻炼一个功能相同的肌肉</td><td>第1组</td><td rowspan="2">伸大腿</td><td rowspan="2">股四头肌</td><td>深蹲</td></tr>
<tr><td>第2组</td><td>腿屈伸</td></tr>
<tr><td>第1组</td><td>使上臂屈伸、内旋</td><td rowspan="2">三角肌</td><td>颈后推举、滑轮单臂内旋</td></tr>
<tr><td>第2组</td><td>外旋及外展</td><td>侧平举、滑轮单臂外旋</td></tr>
</table>

4.4.3.2 三组练习法

三组练习法是三个动作连接起来对某一肌肉群进行循环训练，组与组之间不休息，三组练习完成后休息 1~2 分钟，再循环练习。如胸大肌练习，上斜卧推接平卧飞鸟接重锤拉力器夹胸；三角肌练习，颈后推举接哑铃侧平举，再接俯卧哑铃侧平举。

4.4.3.3 多组练习法

多组练习法是对身体某一部位和相对两个部位的肌群进行 4~6 个动作训练的组合练习。练习时，选择练习动作十分重要，并且每个动作之间不得休息，以使肌肉获得最大刺激。多组练习主要有以下两种：

①一般练习之后接专门练习：第一个动作采用一般练习，主要发展肌肉的体积和力量；第二个动作采用专门练习，即用较轻的负荷来孤立练习，以发展肌肉形状，循环交替进行。

②专门练习之后接一般练习：如胸部肌群多组练习，有平卧哑铃推举、35°上斜杠铃推举、下斜哑铃推举、下斜杠铃推举；背部肌群多组练习，有弓身哑铃侧平举、弓身杠铃划船、俯卧斜板杠铃划船、滑轮下拉、俯卧山羊挺身、直腿硬拉。

对于相对两个部位的肌群，可用两种预先疲劳法进行训练。如练胸部和背部可安排胸部动作，接着练背部动作，或只练胸部，接着练背部。可以都用专门练习动作组成多组练习，而用 4~6 个专门练习来训练某一部位或各用 2~3 个专门练习动作训练两个相对部位。如：平卧杠铃推举、胸前引体向上、上斜飞鸟、“T”形杠铃划船、下斜杠铃推举、仰卧屈臂上拉。

多动作组合训练应根据不同训练水平和条件等进行合理的选择。开始时练两个循环，逐渐增加至 3~4 个循环，最多不超过 5 个循环，6 个循环时增加重量 2.5~5kg。每个动作间的间歇时间为 10~20 秒，每个动作练 8~10 次。各组合循环的间歇时间为：两个动作组合是 60~80 秒；三个动作组合是 80~100 秒；四个以上动作组合 120~180 秒。

4.4.3.4 动作多变训练法

动作多变训练法是指在平时的训练周期中、肌肉因习惯于某种固定的动作方式、角度、重量、次数以及某程序的排列，感受不到强烈的、新颖的刺激而不能引起良好的反应。为促使肌肉不断地发展，应去旧立新。在平时的训练周期中，务必经常交换动作、运动量和训练程序，使肌肉感到新的刺激，增加训练时的兴奋性，避免枯燥乏味感，取得健美训练的最佳效果。这一训练方法非常适合初练者选用，应始终贯穿于整个健美训练过程中。

4.4.4 优先训练法

优先训练法是为改进身体某一不够发达的部分，在训练中对部分肌肉优先进行训练，以弥补不足。

优先训练法则又称肌肉优先训练法则，是一种具有侧重性的分化锻炼形式，是将身体发展较薄弱或发达程度不够而需要重点加强的部位，优先安排在体力和精力充沛、能够承受较大负荷强度和负荷量，并有足够的时间保证在课程前期进行针对性锻炼的训练原则和要求。除部位外，优先法还可以引申为训练的阶段性或周期目标的优先、负荷强度的优先、机能能力发展的优先以及训练手段的优先等。优先法的运用非一次、两次的浅尝辄止，而应该是能够获得效果的较长时间的计划实施。

健美运动所追求的是健与美的和谐与统一。为此，最基本的要求就是全身各部位肌肉发展匀称、比例协调，越是高水平的运动员，这种和谐协调与统一也就体现得越完美。优先训练法实际上就是一种纠偏和强化训练法，是一种不断追求与实现人体和谐、完美，能体现健美运动的本质与特点及其训练过程，是提高竞技水平的重要方法。对于训练对象而言，不同训练阶段与训练水平，优先训练的内容与目标各有不同与侧重。

4.4.4.1 初级阶段优先训练

初级阶段优先训练一般多体现在"补差填缺"上，由于体格的差异及基础条件的不同，训练者身上先天和后天形成的发育和发展失调，某些部位相对薄弱等情况即有赖于优先的锻炼和特别的加强。譬如，某些青少年的上身显得单薄，较之大腿股四头肌，不少人的大腿后侧股绳肌群需要在课程前期进行重点锻炼。

4.4.4.2 中级阶段优先训练

中级阶段优先训练一般是"纠偏正畸"，由于认识上的偏差和训练中的疏忽，有些人到了中级阶段身体上会出现多处薄弱、失衡、不匀称的细节，如胸背失调、躯干与颈项失衡躯干与四肢不成比例，特别是上下肢的反差较大等，如若不及时纠正就会形成畸态或造成误区，严重违背健美运动初衷。纠正的方法是先改变观念，在充分认知健与美的含义，承认身体发展缺陷的基础上，即可用优先法则逐一攻克薄弱环节，以求得身体全面均衡的发展。

4.4.4.3 高级阶段和赛前阶段优先训练

高级阶段和赛前阶段优先训练强调"精雕细琢"，即对肌肉线条、某些可形成特色的小肌肉群及肌肉形状的完美度进行重点练习、雕琢等。肤色是该阶段需要纳入重点行列并优先关注的训练活动内容之一。优先训练法是一种全程或称健美生涯训练法，适用于健美训练的各个阶段，或者说，只要有可持续发展的空间，优先训练法就有存在与使用的价值。

4.4.4.4 优先训练方法

①优先安排顺序：可将放在课的最前，以保证时间充裕。

②优先安排动作：在操作实践中，除了在时间上的充分保证外，练习者的精力充沛与心理准备也是重要的前提。采用优先训练法锻炼某一身体部位时，原则上应比其他部位多练一些，负荷强度与负荷量要大一些，动作的角度、路线、形式等应该多变一些，但运用优先训练法时须防止局部负担过重，避免优先训练的部位优先出现慢性劳损隐痛和伤病而影响训练进程。进行优先训练时，必须具备严格的时间意识与大局意识，不能因为侧重优先部分而忽略和影响计划内其他内容的执行与实施力度。

相对来说，分化程度较高的课程较为容易体现部位优先训练内涵，有时甚至一个课程就专门针对或侧重某一个部位，因此在部位上不需要专门的优先安排，其优先内容可体现在其他方面，如减脂、塑型，增进肌肉弹性、突出肌肉线条、提高肌肉耐力等方面。一般而言，优先训练法多适用于分化程度较低的训练活动之中。表 4. 19 为高级阶段优先训练计划范例。

4.4.5 局部孤立训练法

局部孤立训练法是指在锻炼某部位肌肉时，尽可能排除协作肌的作用与帮助，使其独立承受运动负荷和获得集中刺激，不借用身体其他部分力量，以达到重点发展该部位肌肉的目的。局部孤立训练法的动作安排以专门力量训练单一孤立动作为主，主要目的是加强某一部分肌肉和重点改进身体某一部分缺陷。

表 4.19 高级阶段优先训练计划范例

锻炼日	主要锻炼部位	序号	动作名称	运动负荷(次)	备注
周一、周四	肩部	1	坐姿颈后推举	15*、10、8、6、8	①本计划采用“六天、三分化”的基本分化模式 ②周一、周四的优先训练部位是肩部；周二、周五的优先训练部位是背部；周三、周六的优先训练部位是腘绳肌群 ③有“＊”的组为预热准备组 ④表内内容仅为参考，练习者务必根据自身情况决定优先部位并安排计划内容 ⑤提倡结伴训练，优先训练部位每个动作的最后 1~2 组建议采用“助力次数”或者“强迫次数”法 ⑥负重训练结束后，须安排有目标肌群的拉伸整理，以及 15 分钟左右的低强度有氧运动等
		2	前平举	10、8、6、10	
		3	拉力侧平举	10、8、8、10	
		4	俯坐哑铃侧平举	10、8、6、8	
	胸部	5	卧推	15*、10、8、10	
		6	器械夹胸	15*、10、8、8	
		7	下斜哑铃飞鸟	10、8、8、10	
		8	拉力夹胸	10、10、8、8	
	小腿	9	立姿负重举踵	15、12、12、15	
		10	坐姿举踵	10、10、8、8	
		11	踝举	10、10、8、8	
周二、周五	背部	1	负重引体向上	15*、12、10、10	
		2	俯立划船	15*、8、6、8	
		3	胸前下拉	15*、8、6、8	
		4	哑铃单臂划船	8、6、6、6、8	
		5	哑铃耸肩	8、6、6、8	
	肱二头肌	6	曲杠弯举	15*、12、10、12	
		7	斜靠交替弯举	15*、8、6、6、8	
		8	蹲坐弯举	8、8、6、6、	
		9	拉力弯举	8、6、8	
	前臂	10	杠铃腕弯举	15、12、10、12	
		11	哑铃腕伸腕	15、12、15	
	下背部	12	负重伸背	15、10、10、12	
周三、周六	腘绳肌群	1	直腿硬拉	15*、8、6、8	
		2	坐姿腿下压屈伸	8、6、6、6、8	
		3	俯卧腿弯举	8、6、6、8	
		4	箭步蹲(大步幅)	10、8、8、10	
	股四头肌	5	前蹲	15*、10、8、8	
		6	腿举	10、8、8、6	
		7	腿屈伸	10、8、8、10	
	肱三头肌	8	颈后臂屈伸	15、10、8、10	
		9	绳索拉力下压	12、10、8、8	
		10	俯立单臂屈伸	12、10、8、10	
	腹部	11	屈膝举腿	25、20、20、NR	
		12	搁腿仰卧弯起	25、20、20、NR	
		13	下斜仰卧弯起	25、20、20、NR	
周日	完全或积极性休息				

做任何动作时，除了需要收缩发力完成动作的原动肌外，还需要协同肌参与作用。根据肌群在动作中的作用，可分为原动肌、对抗肌、固定肌和中和肌几类。直接完成动作的肌群

叫作原动肌，其中起主要作用的叫作主动肌，帮助完成动作或在某个阶段收缩的次要原动肌叫副动肌或次动肌。与原动肌作用相反的肌群叫作对抗肌。在动作过程中，固定原动肌所附着骨骼的肌群叫作固定肌或稳定肌。用来抵消某些肌肉部分的运动方向或功能，以保证另一部分的运动方向或功能的肌肉叫作中和肌。例如，在站姿杠铃弯举时，肱二头肌、肱肌、肱桡肌和旋前圆肌是屈肘关节的原动肌，其中肱二头肌和肱肌是主动肌，肱桡肌和旋前圆肌是次动肌，肱三头肌是对抗肌，在肩关节处固定肱骨的伸肌群和屈伸肌是固定肌。

局部孤立训练法则要求集中主动肌的收缩力量完成动作，尽量减少副动肌、中和肌、固定肌的协作作用，使主动肌接受专门的强化刺激，以实现训练效果。局部孤立训练法在不同训练阶段的作用不同。初级阶段，局部孤立训练法主要是了解主动肌的位置及功能，在逐步建立神经肌肉联系的过程中实现局部肌群的强化刺激。中级阶段，主要是将各肌肉分离开来，使各自的形态清晰起来，如练习仰卧飞鸟用来分离三角肌前束和胸大肌上部连片的状态。高级或赛前阶段，局部孤立训练法的主要作用是结合意念，采用专门动作对局部肌群或肌肉局部进行精雕细刻的集中刺激，使之发展成最理想状态，同时通过肌肉在锻炼中的反应与感觉来提高控制和充分展现肌肉能力。

4.4.6 巅峰收缩与退让训练法

巅峰收缩训练法要求某个动作完成负荷感到最重时，有意加强肌肉收缩，使其达到最高强度并保持3~5秒，然后慢慢地回到动作的初始位置。在用弹性拉力条做动作时，应用这一方法比较合适。

退让训练法是指肌肉完成顶点收缩动作后，让这部分肌肉处于退让过程中，有意识地使重量慢慢恢复到开始位置。退让训练应注意如下几点：

①动作速度不宜太快也不要太慢。快的重复，只在动作的小部分（开始和结束）用力；要平稳地慢重复，整个动作过程都用力，力量稳定。

②应特别注意各种练习的下降部分。研究表明，要增长肌肉力量和体积，降低阻力比升高阻力重要。大略的估计是，升起重量2秒，下降4秒（时间长一倍），做一套10次重复动作耗时1分钟左右。

③每次重复的动作幅度（从全伸到全屈）应尽可能大，如果动作不是最大幅度的收缩，那么肌肉各部分就不能都参与工作。

④每次重复应从预先伸展状态开始。只有肌肉预先伸展，才能使肌肉质量以更大的百分比进行每次重复。

巅峰收缩与退让训练法可用于刻画肌肉线条，使肌肉线条清晰明显。

4.4.7 预先疲劳训练法（预加动作训练法）

预先疲劳训练法（或预加动作训练法）是指要先练由某一局部肌肉来完成的孤立动作，再接着做由大部分肌肉来共同完成的基本动作，最大限度地训练原动肌，最小限度地刺激协同肌。这种训练方法的特点是给肌肉以最大刺激，对专门发展某部位肌肉效果较好，适合有一定训练基础的人或中级水平的运动员选用。

根据预先疲劳训练法的特点，以训练胸大肌为例说明。仰卧推举是训练胸大肌的主要动作，但又必须依靠肱三头肌的力量把杠铃举起来，这样不仅刺激原动肌（胸大肌），也刺激协同肌（肱三头肌）。常有的情况是：臂部已经力竭且不能再举下去，可胸大肌还未感到酸胀，为使胸大肌得到更大、更多的刺激，可预先做几组对臂力要求较低但对胸大肌影响较大的动作，如在平卧推举之前先用专门练习动作（孤立动作）平卧飞鸟重点刺激胸大肌，使胸大肌疲劳，接着再用杠铃做平卧推举练习，使胸大肌较为酸胀，这样胸大肌所得到的训练刺激要比单一做平卧推举的刺激大得多，而且相对来说，协同肌（肱三头肌）所得到的刺激较小，用这种方法训练胸大肌更有效。

预先疲劳训练法在应用时，有两种方法：第一，连续做几组预加动作，然后做基本动作；第二，做一组预加动作后做一组基本动作，循环重复进行。如先做一组平卧飞鸟动作，重复10~12次，然后立刻进行平卧推举杠铃练习，重复6~8次，休息2~3分钟，接着按照以上方法再进行练习。

4.4.8 借力训练法（借力强行训练法）

要使肌肉在训练中受到最大限度的刺激，就必须在做每一个动作时，练到再无力去多做一次为止。练习到这种强度时，要继续增加训练强度，必须借助保护帮助完成动作。借力的方式有两种：

①自我保护帮助借力训练法。借用自己身体其他部分力量，在稍偏离原来姿势要求的情况下多做几次。例如进行肱二头肌练习，直立弯举，当前臂弯起时，力量完全来自肱二头肌，不得借用身体其他任何部分的力量，肘部和躯干都不可晃动。当按这种正确姿势做到无力完成下一次时，再助借身体和肘部晃动力量继续完成几次。

②他人保护帮助借力训练法。办法是在自己无法完成时，可在动作完成一半或遇到困难时，由同伴保护帮忙稍稍帮上一把力，以便完成动作。一般来说，借力训练法采用第一种方式较多，即在同伴保护下，帮助自己来完成动作。

4.5 训练编排方法

动作模式是基于其生物力学需求对动作进行分类的一种方式，通过这种方式进行分类，使教练更容易选择针对性的训练动作。

虽然不同的动作多种多样、五花八门，但绝大多数可以被归类为以下基础动作模式：以髋为轴的动作模式、以髋主导的动作模式、以膝主导的动作模式、垂直推的动作模式、垂直拉的动作模式、水平推的动作模式、水平拉的动作模式、旋转和对角的动作模式、抗旋转的动作模式、抗屈的动作模式、抗伸的动作模式、抗侧屈的动作模式。训练编排方法是根据动作模式、训练目的、训练者个性等进行多种形式的组合。

4.5.1 同类动作组合训练

同类动作组合训练指组合练习使用三组或者三组以上的动作对身体的同一块肌肉进行练习，组与组间有很短的休息时间或者不休息。这种训练方法优点在于对同一块肌肉使用几种不同方法进行练习，这样富于变化性，避免了枯燥乏味。在对肩部的训练中，要连续进行6组哑铃侧平举练习，并保持注意力高度集中和强烈的练习动机是很难的。然而进行三种练习，如哑铃侧平举、哑铃前平举和滑轮侧平举，每种练习2组，便会增加练习的变化性并保持练习兴趣。另外，每种练习虽然都针对三角肌，却以不同方式作用于肌肉本身。哑铃侧平举主要锻炼肩关节外展和内旋，而滑轮侧平举则是将外展与侧旋组合在一起。前平举则是肩关节外展与前屈组合，重点练习三角肌前部。每种动作练习一组，组与组间不休息。复合组间休息然后再重复练习一大组。要更好地进行组合训练，必须做到在器械间快速转换，并保证单独使用器械。表4.20所示为肩部、胸部、背部、大腿同类动作组合训练实例。

表4.20 同类动作组合训练实例

训练肌群	组合训练动作
肩部	哑铃侧平举、哑铃前平举、滑轮侧平举
胸部	斜卧上推、仰卧哑铃飞鸟、练习器夹胸
背部	坐姿颈后下拉、站姿划船、拉力器颈后下拉
大腿部	深蹲、斜靠深蹲、坐姿蹬腿

4.5.2 交错练习法

要对身体某一大块区域进行锻炼，比如躯干，需要多种练习才能够使这一区域全部参与工作。以躯干为例，需要练习上腹肌、下腹肌、躯干旋转肌以及躯干侧屈肌。如果说每个区域练3组，合起来共需要练习12组。假设一组组地重复练习，会极度单调。解决方法就是交错练习，这样可以在身体每个部位的练习之间进行一组肱三头肌的练习，然后回来练一组腹肌，再去练一组前臂肌，再回来练一组腹肌。这样做的好处首先是将腹肌练习分隔开了，其次是在练习腹肌时，刚刚练习的身体部位得到了休息。交叉练习缓解了无法像分散练习一样集中注意力专门练习腹肌的情况，如表4.21所示。

表4.21 躯干交错练习法实例

训练肌群	动作名称	组数(或时间)
	热身与伸展	5分钟
	有氧训练	15分钟
胸大肌	卧推	3组
腹肌	仰卧起坐	1组
背肌	颈后下拉	3组
背肌	背肌练习	1组
肱三头肌	颈后推举	3组
躯干侧屈肌	哑铃体侧屈伸(轻重量)	1组

续表

训练肌群	动作名称	组数(或时间)
三角肌	滑轮侧平举	3 组
躯干旋转肌群	躯干转动练习	1 组
肱二头肌	手臂弯举	3 组
三角肌	哑铃侧平举	1 组
肱三头肌	仰卧颈后臂屈伸	3 组
躯干旋转肌群	躯干旋转练习	1 组
大腿肌群肌群	深蹲	3 组
躯干侧屈肌	低滑轮体侧屈(大重量)	1 组
小腿肌群	提踵练习	3 组
腹肌	仰卧起坐(超慢速)	1 组
	整理运动	5 分钟

4.5.3 健美训练循环训练法

循环训练法是指在每次训练时，把多个训练身体不同部位动作及训练器械按一定的顺序编排好，训练者按事先编排的内容、程序，逐项依次练习至完成所有动作，即完成一个循环的训练。一个循环通常应包括 6~14 个身体不同部位的练习，每个动作练习间歇为 45~60 秒，每个循环之间休息 2~3 分钟。

4.5.3.1 循环训练方法特点

能全面地影响身体各器官、系统，提高身体素质，增长肌肉力量和体积。对于练习者来说，既有趣味又无枯燥感，肌肉局部负担量不重，不易疲劳，且能调动训练者的积极性和激发训练兴趣。在人多、器械少的情况下，可随时调整练习项目、调节运动量。另外，负重练习、分组练习和其他活动组成的循环训练，对于发展肌肉力量、肌肉线条、改善心肺功能和减肥去脂都有显著作用。

4.5.3.2 循环训练方法设计

(1)循环练习设计原则

力量训练项目总体来说只是为了增加力量和发达肌肉而设计的。如果训练的目的是健身，重点是提高心血管系统的健康程度，那么，循环练习提供了一个更合适的练习方法。循环练习是由许多练习按一定的程序组成的，练习时需连续完成所有练习，每项练习间几乎没有休息。这种类型的练习更强调身体素质中的耐力素质，保持心率一直保持较高的水平，增加有氧练习量。

循环练习可以被看成一系列练习的组合形式；它是一种规范的有氧练习组合，可以很容易地被指导者所控制，并能够在一个狭小的空间完成。与每组练习后进行休息，可使肌肉得到恢复，心率得以回落。循环练习的目标是提高心率，并使心率保持较高的水平。这就需要有次序地练习身体的不同部位(手臂/腿/躯干)，中间没有任何休息，防止心率明显地回落。通过不断地改变工作肌肉群，可以避免局部肌肉疲劳，但是连续的肌肉活动却保持了施加在心血管系统上的负荷量。

(2)总体素质循环练习设计

许多徒手练习和器械练习方法可以与其他身体素质共同练习，力量练习可以与柔韧、耐力、速度和技巧练习相搭配，共同组成一个完整的练习单元。在循环练习中，单独动作如俯卧撑、屈膝仰卧起坐会更有趣味，并可以通过模仿特殊运动中的动作使运动所需要的特殊素质得以提高。例如，一个循环练习可能会在一块足球场上开始，内容除上身和躯干练习外，还包括短距离冲刺跑、“之”字形跑、带球过人和射门等动作。

通过改变不同练习的频度(一个完整循环中的练习数量)，强度(阻力大小、心率、动作幅度)和耐力(重复次数)，可以发展出不同的循环练习。要么设定重复次数，目标是在尽量短的时间里完成预定次数；要么限定一个时间，目标是完成尽可能多的次数。

①循环训练的主要内容要根据现有条件有目的地突出重点任务。动作应该是基本上掌握的，由4~10个动作组成一个循环系统，设计合理、目的明确。

②因人而异地确定负荷。每组训练负荷要根据训练具体任务、对象情况、肌肉训练要求和每站训练特点来确定。

③节与节间的安排顺序。一般来说，从大肌群到小肌群，从下肢到上肢，从胸到背。

④动作准确，质量达到要求。

⑤循环训练计划的调整。所设计的每一套循环训练可作为某一阶段训练课的内容，要根据具体情况进行调整。调整方法一般有：增加循环周数；循环时间固定，增减每节的重量或训练次数；每节练习时间不变，缩短或延长一周循环时间。

4.5.3.3 各阶段循环练习方法

根据循环训练的特点，各阶段循环练习方法不同，如表4.22所示。

表4.22 **各阶段循环练习方法**

	循环重量法			超量循环法		
	初级	中级	高级	初级	中级	高级
次数/周	3	3~5	3~6	3	3~5	3~6
训练强度	40%FMax	50%FMax	60%FMax	40%~60% FMax	60%~70% FMax	70%~80% FMax
训练次数	15	12~15	10~15	15	10	6~8
循环周数	2~3	3	3~4	1~3	2~3	3~4
训练周期	2~3周	2~4周	4~6周	4~12周	4~8周	4~8周

4.5.3.4 循环练习组织

组织循环练习的方法之一是每个人先进行一个身体测试，测试内容就是循环练习中的各种练习。测试者以自己的最大能力工作，获得的分数决定循环练习时的重复次数。通过这种方式，每个具有不同健康水平的个体可以一起训练，每个人都练习同样的内容，但是练习强度各不相同。每项练习所获得的分数可以形成对身体素质整体估价，每隔一个阶段重复一次这样测试，便可以对训练进程做出评价。

循环练习前可以先将每项练习画成草图，然后在每项练习下面注上简明的解释。把这些说明放在每个练习的节点上。应该使用大而清晰的数字，同时为便于识别，可使用颜色进行区分，将参加练习的人分成初级(蓝色)、中级(绿色)和高级(红色)。在每项练习节点处，练习的类型和重复的次数可以通过颜色来表示，如表 4.23 所示。

表 4.23　循环练习的组织

同样的练习，不同的重复次数	同样的重复次数，不同的开始姿势
蓝色　10 次	蓝色　膝盖点地俯卧撑
绿色　12 次	绿色　标准俯卧撑
红色　15 次	红色　脚部垫高俯卧撑

4.5.3.5 循环练习范例

(1)负重循环训练法

负重循环训练使用阻力练习器械进行训练，与普通负重训练相反，负重循环训练不强调单个肌群的负重量，而更注重整体健身的练习程序。交替练习手臂、腿部和躯干，以防止任何一个肌群产生疲劳，同时保持连续的活动，使心率保持在较高的水平。要改变工作类型，可以通过采用不同的休息比例实现。典型的组合应包括 8 次或更多的练习，使用 1 次最大重量的 40%~55%的重量练习。例如，可以在 30 秒内完成尽可能多的重量次数，中间休息 15 秒。

通过这种类型的训练，对心肺功能只有很小的提高作用，负重循环练习在维持身体健康方面已经表现出特殊的效果，在身体康复方面具有重要的地位。由于这种练习的可操作性，便有可能集中练习身体的某些特殊部位或者在练习身体其他部位的同时排除身体某些部位练习，这在受伤期间尤其重要，可以在不给受伤部位施加压力的情况下，保持身体的整体健康状况。例如，如果是腘绳肌受伤，在腿部可以采用局部理疗法，而对于上身和躯干则可以通过负重循环练习来保持健康，康复后可以开始全面的循环练习来发展整个身体的竞技能力。

在采用上述方法安排练习项目时，注意不要把训练同一肌肉群的动作连接在一起，而应交叉安排，以防局部肌肉疲劳。

(2)超级负重有氧循环训练法

超级负重有氧循环训练法，因其运动强级较大，不适用于未成年人、身体素质和体质差的人选用。表 4. 24 是超级负重有氧循环训练法范例。

表 4. 24　　**超级负重有氧循环训练法范例**

序	训练内容	运动量	序	训练内容	运动量
1	跑步	400 米	8	上下台阶	30 次
2	引体向上	4 次	9	跳绳	1 分钟
3	纵跳	20 次	10	俯立划船	10 次
4	仰卧起坐	25 次	11	跳绳	2 分钟
5	卧推	10 次	12	跑楼梯时一层一上一下为 1 次	共 5 次
6	跑步	400 米	13	握肘拉	10 次
7	仰卧举腿	左右各 15 次	14	弯举	10 次

(3) 整体健身循环训练

这种循环训练按照手臂、腿部、躯干的顺序完成三个部位的练习，随着健康程度的提高增加练习次数。换言之，可以保持练习次数不变，增加练习重量。练习与练习间的休息时间由 40 秒减少到 30 秒，随着训练的进展，最终减少到 20 秒。在开始阶段，一个简单的循环每周练习三次，练习两周，然后每次练习两个循环，每周练习三次，保持练习两周。这一阶段过后，练习者可以进入如表 4. 25 所示的练习。高级练习者可以增加练习次数或者练习重量，并减少休息时间。在两次循环间可以有 2~3 分钟的恢复时间，进行恢复行步，可以沿着健身馆周围行走并持续活动，同时这也是一段休息时间。以一两分钟伸展练习作为整理活动结束训练程序。

表 4. 25　　**整体健身循环训练**

运动量 / 练习内容	初级练习者 休息 40 秒	中级练习者 休息 30 秒	高级练习者 休息 20 秒
热身活动/交叉健步机	3 分钟	5 分钟	7 分钟
坐姿平推	8 分钟	10 分钟	12 分钟
坐姿负重蹬腿练习	10 分钟	12 分钟	15 分钟
躯干旋转练习	8 分钟	10 分钟	12 分钟
坐姿颈后下拉	8 分钟	10 分钟	12 分钟
弓箭步蹲起(只用木棍，没有重量)	10 分钟	12 分钟	15 分钟
腹肌练习器	8 分钟	10 分钟	12 分钟
哑铃侧平举	10 分钟	12 分钟	15 分钟
分腿练习器	8 分钟	10 分钟	12 分钟
挺身练习器	10 分钟	12 分钟	15 分钟

(4) 针对特殊部位循环训练

针对特殊部位，比如针对臀部和腹部，循环训练练习也是一个非常好的方法(见表4.26)。针对身体的某些区域集中练习几个动作，如果是一个人练习，会非常单调。然而，同样的练习放在循环训练中就会更有动力和趣味。循环训练中群体的力量会刺激运动员更努力训练，提高训练强度。

表 4.26　**针对臀部和腹部循环训练**

练习内容 / 运动量	初级练习者 休息 40 秒	中级练习者 休息 30 秒	高级练习者 休息 20 秒
热身活动：交叉健步机	2 分钟	4 分钟	6 分钟
反向动作蹲起	10 分钟	12 分钟	15 分钟
后抬腿器械练习	8 分钟	10 分钟	12 分钟
屈体练习	10 分钟	12 分钟	15 分钟
躯干旋转练习	8 分钟	10 分钟	12 分钟
弓箭步蹲起	8 分钟	10 分钟	12 分钟
分腿练习	8 分钟	10 分钟	12 分钟
哑铃体侧屈练习	8 分钟	10 分钟	12 分钟
健身球成桥练习	8 分钟	10 分钟	12 分钟

(5) 伤后进行恢复循环训练

循环训练中可以包含专项运动或者工作与生活中某项活动中经常进行的动作。这种类型的训练称为功能性循环训练，是特殊运动能力训练的一种形式，它直接影响进行某一运动时的运动表现。循环训练被用作受伤后的恢复练习，功能性循环训练可以是针对特殊部位的循环训练，表 4.27 所示为背部受伤后恢复期的循环训练。

表 4.27　**背部受伤后恢复期的循环训练**

练习内容	初级练习者 休息 40 秒	中级练习者 休息 30 秒	高级练习者 休息 20 秒
热身活动：坐式单车骑行	3 分钟	5 分钟	7 分钟
长凳上徒手蹲起	8 分钟	10 分钟	12 分钟
挺身练习器	8 分钟	10 分钟	12 分钟
脊椎稳固性练习	12 分钟	15 分钟	20 分钟
坐姿颈后下拉	8 分钟	10 分钟	12 分钟
弓箭步蹲起	8 分钟	10 分钟	12 分钟
体前屈练习	8 分钟	10 分钟	12 分钟
坐姿划船(器械练习)	8 分钟	10 分钟	12 分钟

4.6 分段系统训练

分段系统训练就是将身体有机地划分为几个部分，安排在同一小周期（如周训练计划）内完成的系统训练方法。随着训练水平的提高，训练内容随之增加，训练运动量不断增大，而每次训练课的时间有限，不可能既将身体每个部位都锻炼到，同时又保持身体最大限度的能量和长时间肌肉紧张强度，解决方法就是利用分段系统训练，将身体分为几个有机部分，分多次课逐渐完成。分段系统训练广泛流行于国内外健美训练中，它适用于健美训练的各个阶段，被公认为健美训练原则之一。

4.6.1 身体各部分的分段方法

分段系统训练的设计主要考虑两个因素：第一是每周训练天数，第二是将身体有机地划分成几部分，如表4.28所示。

表4.28 健美训练分段系统训练方案

设计原理	分段方法	分段方案
用力方式	"拉—推"方案或屈伸方案	依据肌肉运动功能，即肌肉用力方式设计
身体部位	以上体和下肢划分	把身体划分上、下两类：上背、肩、手臂；腿部、下背、腹部
	以躯干和四肢来划分	把躯干部位的背、腹、肩为一类；把四肢的上臂、前臂、大腿、小腿部分为一类
	以身体各部位交叉划分	身体上下各部位交叉划分来编排
训练时间	以每周训练时间划分	三天分段、四天分段、五天分段、六天分段

"拉—推"方案设计主要是依据肌肉运动的功能，即肌肉用力的方式设计的。肌肉在运动时，有的肌肉在"拉"（屈）时起作用，如肱二头肌、背阔肌和前臂肌；有的肌肉在"推"（伸）时起作用，如肱三头肌、肩肌、胸肌等。"拉—推"方案系统，就是在一次课中全部安排以拉肌（屈肌）为主的训练，而另一次课则安排以推肌（伸肌）为主的训练，这样屈肌、伸肌都有72小时的休息时间，能充分得到恢复。

"拉—推"方案（或屈伸方案）被许多著名健美运动员推崇与运用。如美国麦克·克里斯在公开他的成功秘密时说，"拉—推"是一种最佳方式，即使初练者也适用。人体在经过训练后需要约48小时才能充分恢复，"拉—推"方案能使各部分肌肉在一次训练后获得充分恢复，同时又能使这些部分得到最强烈的训练而不浪费时间。如麦克·克里斯平时每逢星期一、星期四训练拉肌，星期二、星期五训练推肌，星期三、星期六训练腿与腰腹，星期日休息。比赛临近时仍然采用这一系统，只是减轻重量，但动作姿势的正确性要求更为严格。再如美国列契·盖斯派列介绍四天分化训练系统为：星期一、星期四训练腹、胸、肩、肱三头肌、前臂、小腿；星期二、星期五训练大腿、背、肱二头肌、前臂肌。

4.6.2 分段系统训练编排实例

中高水平的健美运动员，每周可安排3~6次训练，其休息时间可根据计划和个人其他因素而定。

4.6.2.1 三天分段训练

三天分段训练方案实例如表4.29所示。腹和小腿是薄弱部位，可考虑方案A；方案B是按“推—拉肌训练法”设计的。经过一次循环后，身体各部位有72小时的休息恢复时间，第一周按方案A训练，第二周按方案B训练，如此循环练习。方案C是曾维祺先生设计的，腹部和小腿每周训练4~6次。

表4.29 三天分段训练方案实例

方案 星期	方案A （娄琢玉设计）	方案B （罗伯特·肯尼迪设计）	方案C （曾维祺设计）
星期一	胸、肩、肱三、前臂、小腿、腹肌	胸肌、三角肌、肱三头肌、腹肌	大腿、腓肠肌、背部、肱二头肌
星期二	休息	休息	休息
星期三	背、肱二头肌、前臂、腹肌	大腿、腓肠肌、背部、肱二头肌	胸肌、三角肌、肱三头肌、腹肌
星期四	休息	休息	休息
星期五	大腿、小腿、腹肌	胸肌、三角肌、肱三头肌、腹肌	大腿、腓肠肌、背部、肱二头肌
星期六	休息	休息	休息

4.6.2.2 四天分段训练

四天分段训练系统适合训练周期达6个月至两三年的运动员。四天分段训练方案实例如表4.30所示。

方案1由列契·盖斯派列设计，以肌肉用力方式设计“拉—推”方案；方案2~4由曾维祺设计，按身体上下各部位交叉划分来编排；方案5按躯干和四肢来划分编排；方案6由罗伯特·肯尼迪设计，按身体上下部分分段编排。表4.31是“美国先生”凯塞·维托介绍的第一年训练课中的四天分化实例。

表4.30 四天分段训练方案实例

星期 方案	星期一	星期二	星期三	星期四	星期五	星期六
1	腹肌、胸肌、肩部、肱三头肌、前臂、小腿	腹肌、大腿、背部、肱二头肌、前臂、小腿	休息	同星期一	同星期二	休息

续表

星期 方案	星期一	星期二	星期三	星期四	星期五	星期六
2	胸肌、腹肌、背部、肩部、小腿	腹肌、大腿、上臂、前臂、小腿	休息	同星期一	同星期二	休息
3	腹肌、胸肌、肩部、肱三头肌、肱二头肌、小腿	腹肌、大腿、背部、前臂、小腿、颈部	休息	同星期一	同星期二	休息
4	腹肌、大腿、下背、胸肌、肱二头肌、前臂、小腿	腹肌、背部、肩部、肱三头肌、前臂、小腿	休息	同星期一	同星期二	休息
5	腹肌、胸肌、肩部、背部、小腿	腹肌、大腿、上臂、前臂、小腿	休息	同星期一	同星期二	休息
6	身体上部	身体下部	同星期一	同星期二	休息	休息

表 4.31 **四天分段实例**

	星期一、星期四训练内容		星期一、星期四训练内容	
	动作名称	组×次	动作名称	组×次
1	仰卧起坐	3×20～30	悬垂腿举	2×20～30
2	俯卧挺身弯起	3×15～20	平卧推举	5×6～10
3	深蹲	5×6～10	平卧飞鸟	3×6～8
4	腿弯举	3×6～8	站立推举	4×6～8
5	俯立划船	4×6～8	站立直拉	3×6～8
6	重锤颈后下拉	3×6～8	俯立侧平举	3×6～8
7	杠铃耸肩	3×10～15	仰卧臂屈伸	3×6～8
8	直腿硬拉	3×15～20	俯立臂屈伸	3×6～8
9	正握弯举	3×6～8	反握腕弯举	4×10～15
10	反握弯举	3×6～8	颈屈伸(如需要)	3×10～15
11	正握腕弯举	4×10～15	坐姿举踵	4×10～15
12	托架站立起坐	5×10～15	单腿举踵	3×10～15

4.6.2.3 五天分段训练系统

五天分段训练方案实例如表 4.32 所示。方案 1 由美国佛朗哥·哥伦布博士设计，按身体上下部分划分，连续训练四天，然后休息两天。方案 2 由罗伯特·肯尼迪设计，第一周执行方案 A，身体上部训练 3 天，而身体下部训练 2 天；第二周执行方案 B，身体上部训练 2 天，而身体下部训练 3 天。方案 3 由罗伯特·肯尼迪设计，连续训练 2 天，然后休息一天。

表 4.32　　五天分段训练方案实例

方案＼星期		星期一	星期二	星期三	星期四	星期五	星期六	星期日
1		身体上部	身体下部	身体上部	身体下部	身体上部	休息	休息
2	A	身体上部	身体下部	身体上部	休息	身体下部	身体上部	休息
	B	身体下部	身体上部	身体下部	休息	身体上部	身体下部	休息
3		胸肌、腹肌、腓肠肌	三角肌、肩部	休息	大腿、腹肌、背部	胸肌、腹肌、腓肠肌	休息	三角肌、肩部、腹肌
		大腿、腹肌、背部	休息	胸肌、腹肌、腓肠肌	三角肌、肩部、腹肌	休息	大腿、腹肌、背部	胸肌、腹肌、腓肠肌

4.6.2.4　六天分段训练系统

六天分段训练方案实例如表 4.33 所示。六天分段训练系统的编排一般有两种，一种是每周主要肌群练两次，另一种是每周主要肌群练三次，前者常在平时训练周期中采用，后者一般只在临赛前 4~6 周采用。

方案 1，第一周执行方案 A，连续训练四天，然后休息一天，再连续训练二天；第二周执行方案 B，连续训练二天，然后休息一天，再连续训练四天。

方案 2，第一周执行方案 A，第二周执行方案 B，第三周执行方案 C。

方案 3~4，每周每个部位训练 3 次。方案 5~6 每周每个部位训练 2 次，它可作为一个 3 周训练计划，接着再改成每周每个部位训练 2 次，星期三、星期六、星期日休息的方案。

表 4.33　　六天分段训练方案实例

方案＼星期		星期一	星期二	星期三	星期四	星期五	星期六	星期日
1	A	身体下部	身体上部	身体下部	身体上部	休息	身体下部	身体上部
	B	身体下部	身体上部	休息	身体下部	身体上部	身体下部	身体上部
2	A	胸肌、背部、臂肌	腿部、腰部	三角肌、腹部	同星期一	同星期二	同星期三	休息
	B	三角肌、臂肌、腹部	腿部、腰部	背部	同星期一	同星期二	同星期三	休息
	C	胸肌、臂肌	背部、腹部、三角肌	腿部、腰部	同星期一	同星期二	同星期三	休息
3		胸肌、三角肌、上背部、肱三头肌、前臂肌 腹肌	大腿、腓肠肌下背部肱二头肌	同星期一	同星期二	同星期一	同星期二	休息

续表

星期 方案	星期一	星期二	星期三	星期四	星期五	星期六	星期日
4	胸肌、背部、三角肌、腹肌、腓肠肌、前臂肌	大腿、臂肌、腹肌	同星期一	同星期二	同星期一	同星期二	休息
5	胸肌、背部、三角肌、	肱二头肌、肱三头肌、前臂	大腿 腓肠肌	同星期一	同星期二	同星期三	休息
6	胸肌、背部、腓肠肌、腹肌	三角肌、肱三头肌、肱二头肌、腹肌	大腿、腓肠肌前臂肌	同星期一	同星期二	同星期三	休息

4.7 强化系统训练

4.7.1 肌肉强化训练作用

肌肉强化训练是指在健美训练中，通过局部大强度训练使肌肉体积、形状及力量获得迅速提高的训练方法。强化训练目的主要是在短时间内改变或修正肌肉的体积、形状，突出肌肉线条的清晰度和整体匀称性。

强化训练主要运用于薄弱环节的加强与修正、停滞训练阶段的突破，也用于赛前强化局部肌肉训练。

①薄弱环节的加强与修正。由于肌肉增长速度不同，若给大肌群同样的强度，其肌肉增长速度不同，会导致薄弱环节的存在，或某些缺陷的存在。由于运动员对身体不同部位的重视程度不同，特殊的训练习惯与爱好不同，也会造成某些肌群缺乏训练，导致薄弱环节的存在与缺陷。通过强化训练则可以改变或修正这一现象。

②停滞阶段的突破。健美训练的某时期或某段时间内，个别动作力量有所下降，肌肉增长速度停滞，这就是所谓的训练停滞阶段。导致停滞阶段的原因主要有两点。一是由于训练时，中枢神经系统和肌肉同时接受负荷刺激，使身体发生必要的自然生理性变化，然后通过恢复使运动员的力量、耐力和体形发生改变，且中枢神经系统和肌肉适应了训练强度，这时肌肉就暂时停止增长。美国人文斯·吉龙达认为：要使肌肉体积增大、力量增强以及肌肉供能充分，需要强大的神经脉冲。因此，要通过强化训练，加强肌肉强烈刺激，从而度过停滞阶段。二是训练强度。由于训练强度过大，没有足够的时间使疲劳得以消除，在下一次训练时，体能达不到以前的水平，从而使肌肉不能超量恢复，出现精神、肌肉疲劳，导致停滞。在这种情况下，则应该暂停安排强化训练，休息3周左右。

③赛前局部肌群突破与精雕细琢。为在短时间内改变肌肉形状和体积，突出肌肉线条清晰度及整理匀称性，赛前6~10周开始强化训练，为比赛做准备。

4.7.2 影响强化训练编排的主要因素

强化训练具有较广泛的适应性，它可作为中高级健美训练人员在一个周期中的训练方法，一般只安排一个身体部位加强训练。影响强化训练编排的主要因素如表 4.34 所示。

表 4.34　影响强化训练的编排的主要因素

时间安排	优先安排：优先安排在训练课的开头，充分保持旺盛精力和最佳体力 分开安排：分开安排在训练外。如早晨或其他人离开时 单独安排：单独安排在训练课之外，如星期天
训练周期	一次强化训练周期一般为 6~8 周，至少为 4~6 周
动作选择	中级阶段：选择 3~4 个动作，从各个角度刺激肌肉的动作 高级阶段：选择 4~5 个动作，选择的内容最好要适合自己
动作组数	高级阶段每个动作 4~5 组，总组数为 18~24 组 中级阶段每个动作 4 组，总组数为 12~15 组
训练频率	间隔进行训练 3 次/周，腹肌和腓肠肌如有需要，每周安排训练 5~6 次

4.7.3　强化训练方法

4.7.3.1　突击法

突击法是一种确能突击增加肌肉的短期训练法，需要安排一整天(12 小时)来实施制订计划。其方法是：选择合适的一般练习和专门练习各一种，在 12 小时内，整点时做一般练习 3 组，每组 6~8 次，每组间休息 3 分钟左右；在第 30 分钟时，开始做专门练习 3 组，每组 10~12 次，各组间间歇 60~90 秒。每隔 3~4 小时要补充蛋白质 20~30g，并且要求是易吸收消化的蛋白质，如摄入蛋白质饮料，要适当食用水果，以便提高矿物质吸收水平。

4.7.3.2　赞恩训练法

弗兰克・赞恩(Frank Zane)是三次“奥林匹亚先生”获得者，他发现了一种强化训练方法，如表 4.35 所示，一般训练 3 周会取得显著效果。

表 4.35　赞恩强化训练方法(以背部为例)

指标＼星期	星期一	星期二	星期三	星期四	星期五	星期六	星期日
强度	大强度	中强度	中强度	0	小强度	最小强度	0
动作	5 个动作	5 个动作	5 个动作	休息	5 个动作	1~2	休息
组数	各 5 组	各 3 组	各 2~3 组		各 2~3 组	总 3~4 组 伸展练习	
次数	12~15	15	10~15		10~15	8~10	

4.7.4 身体各部位强化训练方案

身体各部位强化训练方案，如表 4.36 所示。

表 4.36　**身体各部肌群强化训练方案**

肌群名称	方案一		方案二	
	动作名称	组×次	动作名称	组×次
前臂肌群	1. 卷绳(正握、反握) 2. 斜板正握弯举 3. 斜板坐姿反握屈腕	6×10~12 6×10~12 6~8×10~12	1. 坐式杠铃腕弯举 2. 旋腕练习(卷力器)	6~8×10~12 6~8×10~12
肱二头肌	1. 大重量杠铃弯举 (重量依次逐增) 2. 坐姿哑铃交替弯举 3. 哑铃弯举	3×12　2×6 3×4　2×2 4×12	1. 杠铃弯举 2. 上斜哑铃弯举 3. 哑铃弯举 4. 坐姿哑铃交替弯举	4×6 4×6~8 4×6 4×12
肱三头肌	1. 仰卧颈后臂屈伸 (重量逐增) 2. 重锤下压臂屈伸	2×12　2×8 2×6　2×4 2×10	1. 重锤下压臂屈伸 2. 仰卧臂屈伸 3. 拉力器俯立臂屈伸	4×20 5×15 4×12~15
三角肌	1. 坐姿杠铃推举(肩宽) 2. 杠铃前平举 3. 坐姿杠铃颈后推(宽握) 4. 躬身哑铃后侧平举	4×8 2×12 4×8 2×10	1. 杠铃推举(肩宽) 2. 上斜哑铃推举(80°) 3. 上斜交替哑铃平举(80°) 4. 躬身哑铃后侧平举	6×8~8 5×6~8 5×10 3×10~12
背肌肌群	1. 正握引体向上(齐胸) 2. 杠铃躬身划船 3. 水平拉力划船 4. 单臂哑铃划船	5×6~8 4×6~8 4×8~10 4×8~10	1. 宽握引体向上(齐胸) 2. 双臂下拉至胸 3. 长拉距划船	①每 8 次为一个循环 ②每组约 5 次 ③组间间歇 30~45 秒 ④做 4~6 个循环
胸部肌群	1. 卧推(重量逐增) 2. 上斜哑铃飞鸟 3. 上斜宽握杠铃卧推 4. 卧式双臂上拉(轻)	2×6 2×4 2×10　4×12 4×8　2×20	1. 上斜杠铃卧推(卧推) 2. 下斜哑铃飞鸟 3. 上斜哑铃卧推 4. 双杠臂屈伸	4×6 10~12 4×6~8 3×8~15
股四头肌	1. 杠铃前转 2. 坐凳腿屈伸 3. 非锁式腿举 4. 小腿屈伸	5×8~10 5×12 2×8~10 5×10~15	1. 负重坐凳腿屈伸 2. 身体自重蹬跳起 3. 负重坐凳腿屈伸 4. 小腿屈伸 5. 蹲跳起	2×8 4×4 2×8 2×8，站立姿势 3×12+1×1，至力竭

4.8 有氧运动与无氧运动

4.8.1 运动供能系统

人体运动有三大供能系统：磷酸原系统、糖酵解系统、有氧氧化系统。

磷酸原系统：主要在运动开始后 30 秒内由磷酸肌酸为身体进行供能，在短时间和大强度的运动中，磷酸原系统是主要供能系统。

糖酵解系统：主要在运动开始后 6 秒 ~3 分钟为身体供能。在中高强度的运动中，主要有糖酵解系统参与。糖酵解系统又分为快速糖酵解和慢速糖酵解。快速糖酵解是无氧反应，慢速糖酵解是有氧反应。

有氧氧化系统：主要在运动开始后 2 分钟内由糖、碳水化合物、脂肪和蛋白质氧化为身体进行供能，它需要大量的氧气参与，如表 4.37 所示。

表 4.37 人体有供能系统

供能系统	可维持时间		输出功率	生成 ATP 速率	生成 ATP 能力
ATP-CP 系统	6~8 秒		大	快	小
糖酵解系统	2 秒 ~3 分钟		中等	中等	中等
有氧系统	糖	1.5~2 小时	小	慢	大
	脂肪	—			
	蛋白质	—			

常说的有氧运动、无氧运动，是按照运动中不同供能系统供能比例来划分的。以下以跑步为例来说明运动时间和三大供能系统的关系。在跑步时，最开始的 6 秒，大部分是磷酸原供能；6 秒后糖酵解系统开始为运动供能，磷酸原供能减少；到 30 秒时糖酵解成为主要供能系统；2 分钟后有氧氧化系统开始为运动供能，糖酵解供能逐渐减少。事实上，在任何情况下，哪怕是在家躺一天，三大供能系统都在运转，身体会消耗堆积的脂肪，每个人都有基础代谢（Basal Metabolism，BM），只不过光靠基础代谢消耗的能量十分有限。

开始运动时，糖原和脂肪是一起供能的，只不过在不同阶段二者比例稍微有差别而已。

基础代谢是指人体维持生命所有器官所需要的最低能量需要。测定方法是在人体清醒而又极端安静的状态下，不受肌肉活动、环境温度、食物及精神紧张等影响时的能量代谢率。

根据《运动生理学》（*Sports Phisiology*，Fox，Edward L）书中的解释，有氧运动前 30 分钟，供能比例中糖原大于脂肪；30 分钟时两者相同，糖原和脂肪供能比例各占一半，如图 4.3 所示；30 分钟后脂肪供能比例开始大于糖原。

如果说跑步时间越长，消耗热量（脂肪）就越多是对的，那么 30 分钟的跑步后脂肪才会燃烧显然是不对的，因为 30 分钟时脂肪供能的比例只是恰好到达峰值而已。

运动时糖原与脂肪同时消耗，而不是肌肉里的糖原先消耗完，再消耗脂肪。人体内含糖量大约为 505g(5g 血糖来自血液，100g 肝糖原来自肝脏，400g 肌糖原来自肌肉)，而这些糖原都可被消耗以提供热量。每 1g 糖原能够分解 4 大卡热量，最终可以计算出，人体内的糖原可以提供 2020 大卡热量。正常人要消耗完体内的糖原需要整整 3.5 个小时。2020 大卡热量是怎样一个概念，举例来说：一个体重 60kg 的跑者，以 6 分钟/公里配速，跑 1 小时大概可以消耗 600 大卡热量，也就是说要想消耗掉体内所有的糖原，足足需要 3.5 小时。这就很好地解释了为什么在马拉松比赛时，体力不支的情况容易在 3~3.5 小时发生，因为此时人体内的糖原消耗殆尽，就会出现明显的体力不支。

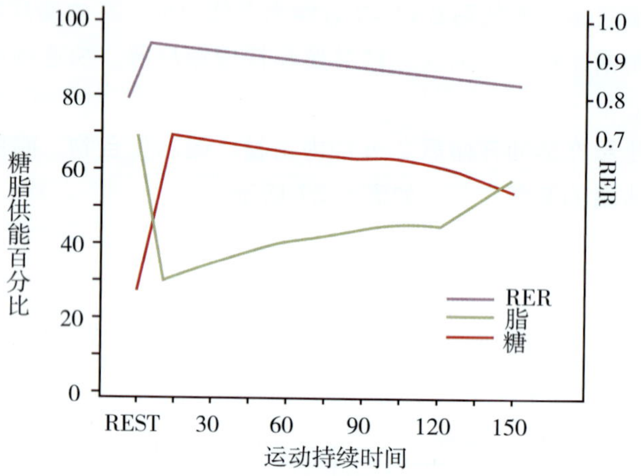

图 4.3　糖原和脂肪的供能比例

运动中基本不存在一种能量物质单独供能的情况，肌肉可以利用所有能量物质，只是时间、顺序和相对比率随运动状况而异，不是同步利用。先耗尽糖原再开始消耗脂肪的说法明显是不对的。

4.8.2　有氧运动

有氧运动是指以有氧供能为主的运动，通常具备大肌肉群参与的特点，持续运动时间要在数分钟以上。有氧运动通过心脏、肺脏和代谢系统，改善氧的供应和代谢，为肌肉供应能量。比较常见的有氧运动包括走路、跑步、游泳、舞蹈、某些球类运动，等等。

有氧运动分为高强度有氧运动、中等强度有氧运动、低强度有氧运动。高强度有氧运动以糖的有氧氧化供能为主，中等强度有氧运动以糖和脂肪的有氧氧化供能为主，低强度有氧运动以脂肪的有氧氧化供能为主。

在做运动时，需要 ATP 来提供能量，而人体预存的 ATP 能量只能维持 15 秒，接下来的 90~120 秒，就必须由血糖在无氧状态下合成 ATP 来提供能量。90~120 秒之后，则会由血液中的糖分、脂肪酸、氨基酸等营养分子在有氧状态下合成 ATP 来提供能量。所谓有氧运动，就是指持续时间超过 90~120 秒，必须由有氧代谢合成能量的运动。

在实际锻炼过程中，心跳速率达到最大心跳速率的 70%时，就可称为在做有氧运动。最大心跳速率的计算公式为220减去年龄，举例来说，一个30岁的人，最大心跳速率为190次/分，运动时心跳速率达到每分钟133次/分，就算是在做有氧运动。

有氧运动的效果和运动时长非常有关系。每次运动至少要20~30分钟，心跳在每分钟120~130次/分，或达到最大心跳速率的70%，才算是有效的有氧运动。有氧运动有利于提高心肺功能，增加每日消耗的热量。在相同时间内，低强度有氧运动消耗的热量要远高于高强度的力量训练，有氧运动消耗脂肪要多于消耗糖原。有氧运动最普遍的一种训练方法是中强度持续训练。

中强度持续训练(Moderate Intensity Continuous Training，简称MICT)可以有效提高脂肪消耗、改善体内糖脂水平和提高有氧适能，成为一种广为接受的减肥和健身方法。中强度持续训练是指运动负荷强度相对较低，运动负荷持续的时间也比较长，无间断连续进行练习的运动训练方法。运动强度的大小通常以心率(HR)、最大摄氧量(VO_2max)等指标来衡量。一般情况下，运动时平均负荷心率的指标应在130~170次/分，运动强度控制在40%~60% VO_2max。中、低强度持续训练是运动量较小，运动节奏有规律且较为缓慢，同时也是全身肌肉同时参与的动力型的运动方式。美国运动医学会(ACSM)建议每周运动3~5次，每次活动时间约为30~60分，才能达到减肥的目的。有研究认为当有氧运动强度大约在25% VO_2max强度上，脂肪供能比例最高，进行有氧训练可以帮助调节减重时的能量平衡。每天至少30分钟的中强度持续训练或者60分钟的中低强度持续训练，十分有利于减重，而更大的运动量对于减重效果更佳，但是强度不宜过高。

有氧运动可直接影响体内能量平衡，促进脂肪燃烧供能并使体脂下降；抗阻力运动刺激神经-内分泌系统，促进肌肉蛋白质合成，非常有利于瘦体重的保持，有氧运动与抗阻力训练相结合，不仅可以使体重下降，同时身体成分也可以得到改善，体脂率下降，瘦体重保持不变或增高，因此，抗阻训练加有氧训练是控制体重和保持去脂体重的首选。

有氧运动的好处主要有：

①减重。运动所需要的能量由ATP提供，而ATP是由分解体内养分而来的。一般养分分解顺序为：肌肉中的肝醣→血液中的葡萄糖→肝脏中的肝醣→血液中的三酰甘油。由此可见，运动消耗热量越多，就可以促进体内脂肪分解，达到减脂效果。

②提升心肺能力。心肺能力是可以被训练的。如果缺乏运动习惯，一开始运动可能会觉得吃力，随着运动时间增加，心肌会被训练得更有力，肺部会有更多空间让氧气进入，从而提升心肺能力。当心肺能力增加后，运动的时间会增长，能进一步帮助减脂。

③预防骨质疏松。许多中年人，尤其是中年女性，都有骨质疏松的困扰。做有氧运动时，骨骼受力增加，骨细胞和骨骼生长因子被唤醒，可以刺激骨骼生长，对于预防骨质疏松有帮助。

④缓解忧虑。现代人压力大，心情郁闷、低落的情形不少。运动时身体会产生内啡肽，从而舒缓心情，帮助缓解压力。

⑤帮助睡眠。面对失眠，许多人选择吃安眠药来解决，长期服药造成的副作用不容小觑。有氧运动可以帮助肌肉放松，得到适当休息，不用像吃药那样担心伤害健康，也能解决失眠的困扰。根据研究显示，失眠的人在傍晚做有氧运动，晚上入眠速度提高54%，睡眠时间也会比平常多37%。

4.8.3 无氧运动

无氧运动一般是最大强度运动和次剂量运动，这些运动不依赖于氧给正在工作的肌肉群供能，这注定了无氧运动不能持续，其大多是依靠爆发力的运动，比如冲刺和举重。无氧运动的能量供应方式是利用磷酸肌酸和葡萄糖无氧酵解来给肌肉供能。

无氧运动指的是身体利用无氧代谢产生的 ATP 作为能量的运动，时间在 90~120 秒。无氧代谢的过程中会产生乳酸，运动后常会感觉肌肉酸痛，这就是乳酸堆积的结果。无氧运动就是运动时间短、强度高，心跳速率达到最大心跳速率 85%~90%或以上的运动。运动期间无法讲话和顺畅呼吸，无法长时间运动，时间通常在 1~2 分钟以内。

无氧运动也称作肌力运动，由于强度高的运动比较容易破坏肌肉，造成肌纤维受损，可以促进肌肉生长的循环，对于增长肌肉非常有帮助。

严格来说，无氧运动增长白肌，而有氧运动增长红肌，白肌主要影响爆发力，红肌主要影响耐力。一般来说，增肌就是指增长白肌。一般运动强度大、时间短的运动都是无氧运动，如卧推、硬拉、深蹲、俯卧撑还有各种器械动作，都是无氧运动。

无氧运动和有氧运动作用的最大区别，就在于无氧运动不只在短时间消耗热量，还可以帮助锻炼肌肉。无氧运动就是常说的力量训练，在大负荷的力量训练过程中，肌肉会产生乳酸，肌纤维受到破坏，肌糖原被耗竭等；而在恢复期，肌肉氧化并清除乳酸、修复肌纤维、重新合成肌糖原等，这些恢复是需要大量能量的，将由脂肪燃烧提供。

无氧运动的好处主要有：

①提升肌肉量。无氧运动可以促进肌肉生长，增加肌肉维度和力量。有氧运动虽然可以帮助减脂，却无法帮助增加肌肉。

②消耗热量。和有氧运动一样，无氧运动可以帮助消耗热量。只是由于无氧运动的运动时间短，消耗能量来源仅限于肝醣，不像有氧运动可以直接消耗脂肪。一般会建议先做无氧运动，再做有氧运动，这样可以增加脂肪消耗的效率。

③提升代谢速率。无氧运动使肌肉量增加之后，体温会跟着上升，而体温每上升 1℃，基础代谢率会提升 12%。此外，体内生长激素分泌量会增加，间接帮助分解脂肪。

无氧运动的强度大，一般可持续做 10 分钟。要想消耗更多热量，可以用间歇的方式来做更多的无氧运动。虽然无氧运动可以帮助训练肌肉，但运动过度会使肌肉受伤，适得其反。

有氧运动和无氧运动的顺序：当身体运动需要能量的时候，会先进行无氧代谢，再进行有氧代谢，当体内的肝醣被无氧代谢消耗到一定程度之后，脂肪消耗的速率会增加。无氧运动可以帮助血液大量进入肌肉的微血管中，促进代谢速率，使减脂效果更好。反过来说，如果先做有氧运动，消耗大量肝醣，之后做无氧运动的时候就没有肝醣可以消耗，运动的效果较差。以 1 小时运动时间来规划，可以先做 10 分钟热身运动，接下来做 20 分钟俯卧撑、深蹲等无氧运动，接下来再进行 30 分钟的跑步、动感单车或有氧体操等有氧运动，最后伸展 5 分钟，这样下来就是一个均衡的健身计划。

瘦身最主要的目的就是消耗热量，这点不论有氧运动还是无氧运动都可以做到，其实瘦身还有另一个目的，那就是提升基础代谢率，这必须由增加肌肉量来达成，就要靠无氧运动。

减肥不能单减去脂肪而已，必须增加肌肉量，才能拥有均匀的身体线条。光减去重量只会让脂肪和肌肉一起减少，身材反而会变差。如果只靠有氧运动来燃烧脂肪，对于想要拥有匀称身材是不够的。临床研究证实，有氧运动对于增加肌肉没有帮助，太长时间的有氧运动反而会减少肌肉(当脂肪减少到一定程度，又没有补充足够营养，接下来身体消耗的就是肌肉)。当身体的肌肉组织变少，代谢会变低，如果这时暂停运动，反而更容易变胖。

有氧运动可以直接帮助消耗大量热量，而无氧运动则可以帮助增加肌肉，同时促进消耗热量的速率。为达到最好的减肥效果，两种运动都不可以忽略。一般刚开始做运动的人，由于心肺能力还不够，建议可以先从有氧运动做起，一边消耗脂肪，一边增加心肺能力。在减肥停滞期，则可以安排无氧运动，增加肌力和代谢率，提升有氧运动的效率。

不管是有氧运动还是无氧运动，运动完之后一定要补充营养，尤其是肌肉生成所需的蛋白质，肌肉增长是在恢复阶段，没有足够的营养，肌肉是没有办法进行超量恢复的，身体状态只会越来越差。

4.8.4 高强度间歇训练

有氧运动和无氧运动的区别主要在于运动强度的大小，减脂同时又增加肌肉，合适的方式是有氧运动+无氧运动+饮食结合，即高强度间歇训练。

高强度间歇训练(High Intensity Interval Training，简称 HIIT)，一般的定义是：进行多次短时间高强度训练，在每两次高强度之间以较低的强度运动或完全休息形成间歇期。常采用全力冲刺或 90%左右的 VO_{2max} 强度，单次运动时间和间歇期可持续几秒到几分钟不等。高强度间歇训练方法是发展糖酵解供能系统的供能能力、磷酸盐与糖酵解供能混合代谢系统的供能能力的一种重要训练方法。高强度间歇训练方法的应用特点为：一次练习的负荷时间在 40 秒内；负荷强度很大；心率控制在 190 次/分左右；间歇时间极不充分；当心率降至 120~140 次/分时，可作为开始下一次练习的依据。

HIIT 是一种在短时间内进行全力、快速、爆发式锻炼的训练技术。HIIT 让身体在短期内提高心率并且燃烧更多热量，它是一种高强度训练，使得身体对氧气的需求增加，并且制造缺氧状态，导致运动后过量耗氧，相对于普通有氧训练和稳定状态锻炼，高强度训练会帮助身体燃烧更多的脂肪和卡路里，加速代谢。满足两个条件的运动就可以称为 HIIT，一个是高强度，另一个是间歇性。典型的 HIIT，就是高强度运动与低强度运动循环训练。例如 30 秒深蹲，休息 30 秒，再换 30 秒的箭步蹲，休息 30 秒，结合无氧运动和有氧运动，其效果比只做有氧运动更好。

HIIT 是一种训练模式，而不是几套固定的训练内容。ACSM 针对 HIIT 给出的评论是：HIIT 适用于广大人群。运动持续时间从 5~8 分钟不等，可以以个人的最大估计心率的 80%~90%进行。恢复阶段可以使心率保持在最大估计心率的 40%~50%并继续运动。恢复阶段应该比大多数健身教练规定的时间长，ACSM 指出：长间歇训练法应当使运动与恢复时间相同，持续高强度运动 1~5 分钟，然后同样用 1~5 分钟来恢复。有一种流行的弹性间歇训练法，即运动员一次做 30 秒近乎全力的高强度运动，然后进行 4~4.5 分钟的恢复，这种组合可以重复 3~5 次。

高强度间歇性训练的好处主要有：

①有效减肥。美国魁北克省拉瓦尔大学 1994 年的一项研究指出，就减肥来说，HIIT 比跑

步或骑行这样温和的有氧运动更有效。科学家们还发现 HIIT 是一种刺激运动后过量耗氧（EPOC）现象发生的有效方式。EPOC 是一种生理现象，是身体持续以高速率消耗热量。运动后过量耗氧会使身体在运动结束后继续以很高的速率吸收氧气。一次训练后的几个小时里，身体储存的脂肪都能一直被“燃烧”。有效减肥同样是在控制饮食前提下进行的，因为运动原因增加食量，很可能无法实现有效减肥。

②改善心血管健康。由于 HIIT 对身体的要求很高，研究表明，相比于中等强度的运动，如慢跑，高强度运动能够使心血管健康得到更大程度的改善。高强度运动还能提高最大摄氧量。

③提高耐力水平。HIIT 可用于提高运动员的耐力水平。很多运动员在马拉松比赛前，特别是那些马拉松成绩在 3 小时以内的运动员，会急剧减少跑量。为能达到一定的训练强度，在训练时间减少的同时可增加 HIIT 的运动量。

④增加人类生长激素（HGH）的分泌。人类生长激素被称为“青春的汁液”，作用是维持与优化身体结构（肌肉以及其他软组织）的正常功能，并调节新陈代谢。它在血液中的分泌有助于维持理想的血糖水平。

在一次 HIIT 中，HGH 的分泌量会增加 10 倍之多，这对肌肉组织的生长发育是非常有益的。

人类生长激素是人体内分泌系统的重要组成部分。在儿童和青少年时期，HGH 的作用是促进身高和体重的增长。成年时，它的角色就自动转变为维持瘦体重、强健骨骼、刺激头发和指甲生长的因子。事实上，人类生长激素既能使身体真正地感觉到内在的好处，又能让身体在外表的审美上看起来十分健康。

从 30 岁开始，HGH 产量会开始下降，这是一种自然现象，身体系统中的人类生长激素以及一些影响青春的激素会随着时间的流逝变得愈发稀缺。

HIIT 对人类生长激素在人体内产量的影响分为长期的和短期的，而低强度运动却没有一点类似的效果。在 HIIT 期间，人体血液中的 HGH 水平可以增加至高达 700%。

⑤提高血液质量。HIIT 所引发的一系列附属效应，会对血液产生积极影响，其中包括血液吸收氧气的能力与无氧能力的提升，使有害的低密度脂蛋白胆固醇减少，使有益的高密度脂蛋白胆固醇增加。提高静脉回流系统的效率，将利用后的血液输送回心脏和肺部系统。

⑥增强大脑功能。HIIT 可以在多个方面对大脑及其功能产生重要影响。其中包括提高神经的可塑性，这一点与大脑的神经元细胞修复相关。大脑结构的修复只有在受到反复的刺激后才会发生，HIIT 恰好能刺激一种必需的激素产生，进而提高神经的可塑性。

研究表明，脑源性神经营养因子（BDNF）在人体中的含量是通过高强度运动来增加的。BDNF 可以避免大脑在其老年时萎缩。运动强度与频率足够的话，可以逆转大脑衰退以及与年龄相关的肌肉萎缩，HIIT 可以帮助神经细胞产生一种被称为神经营养因子（NF）的蛋白质。高强度运动后，大脑会产生这种化学物质，它对大脑来说是丰盛养料，可以激活干细胞，使它们到达各个细胞后转化为新的神经元和新的肌肉细胞。除此之外，NF 还能保护神经系统免于衰退。

⑦改善情绪。HIIT 使人体产生更多的内啡肽，可对情绪和精神产生即时影响，还能帮助

应对一些突发状况。长时间的训练，会增加皮质醇分泌，进一步造成血糖升高、食欲增加、体重上升、性欲减退以及极度疲劳等。有研究者认为在有氧运动 20 分钟之后，人体皮质醇分泌会显著增加，HIIT 的纯训练时间很短，不会引起皮质醇显著上升。

第 5 章

健美阶段与周期训练

5.1 健美训练阶段

5.1.1 健美训练阶段的划分

为便于训练计划的制订和训练的安排，健美教练员习惯把运动员的训练分为初级阶段、中级阶段和高级阶段。划分的方法主要有 4 种：根据时间划分，如表 5.1 所示；根据力量来划分，如表 5.2 所示；根据体型来划分，如表 5.3、表 5.4 所示；根据体能来划分。

表 5.1 健美训练阶段的划分

阶段划分	参考指标
根据时间划分	初级阶段：初练到 6 个月；中级阶段：6~12 个月；高级阶段：1 年以上
根据力量来划分	主要依据深蹲、卧推、硬拉、站立推举、杠铃弯举五项力量测评，划分方法如表 5.2 所示
根据体型来划分	主要依据颈围、胸围、臂围、腰围、髋围、腿围等形态指标测评，划分方法如表 5.3 所示
根据体能来划分	主要依据 50 米、1000 米、立定跳远、后抛铅球、引体向上、仰卧起坐等体能素质测评

表 5.2 不同训练阶段力量检验标准表（力量单位：kg）

项目 体重(kg)	深蹲		卧推		硬拉		站立推举		杠铃弯举	
	男子	女子	男子	女子	男子	女子	男子	女子	男子	女子
48~54	141	101	118	66	163	108	77	43	32	18
55~61	154	111	129	72	177	118	86	48	39	22
62~70	168	121	141	79	191	127	95	53	48	27
71~77	181	130	152	85	204	136	104	58	54	30
78~84	195	140	163	91	218	145	114	64	61	34

续表

体重(kg) \ 项目	深蹲		卧推		硬拉		站立推举		杠铃弯举	
	男子	女子	男子	女子	男子	女子	男子	女子	男子	女子
85~93	209	150	175	98	232	155	120	67	70	39
94~102	222	160	186	104	245	163	175	70	79	44
103~110	236	170	195	109	259	173	129	72	89	50
112 以上	250	180	200	112	272	181	134	75	93	52

根据力量来划分训练阶段时，其检验方法是：初级阶段，单次最大练习重量达到每项的60%，如体重为80kg的运动员，负重深蹲117kg；在能用力量标准的60%这个最低限度的负重练习做表5.2中的所有练习时，才能转入中级阶段训练。中级阶段的目标应是单次重量达到每项力量标准的80%~85%。高级阶段，运动员一生的顶峰，高级阶段力量达到表格中的起点力量标准。

根据体型围度来检验所进入的阶段，如表5.3所示，为不同训练阶段男子体型检验标准，表5.3为不同训练阶段女子体型检验标准。

表5.3　**不同训练阶段男子体型检验标准表(围度单位：cm)**

级别(kg)	阶段	体型指标																	
		颈围	肩围	胸围		大臂围				小臂围		腰围	髋围	大腿围		小腿围	
				常态	吸气	左		右		左	右			左	右	左	右
						伸直	弯曲	伸直	弯曲								
60	初级	35	110	96	103	31	35	32	36	27	27	67	70	51	51	34	34
	中级	36	112	101	104	34	38	34	38	28	28	65	71	53	53	36	36
	高级	37	113	102	105	34	39	34	39	29	29	67	80	54	54	37	37
65	初级	36	113	101	105	34	36	33	37	28	28	69	71	52	53	35	36
	中级	37	116	103	106	36	39	36	39	29	29	68	72	54	54	36	36
	高级	38	119	103	110	37	40	37	40	30	30	69	83	55	55	38	38
70	初级	36	115	101	109	34	37	34	38	28	28	70	73	54	54	35	36
	中级	38	123	106	111	37	40	37	40	30	30	71	74	55	55	38	38
	高级	39	124	108	114	38	42	38	42	32	32	72	85	57	57	39	39
75	初级	38	118	103	109	35	38	35	39	28	29	73	75	55	55	36	36
	中级	39	125	109	115	38	41	38	41	30	30	71	76	59	59	39	39
	高级	40	127	110	116	38	42	38	42	33	33	74	88	60	60	40	40

续表

级别(kg)	阶段	体型指标															
		颈围	肩围	胸围		大臂围				小臂围		腰围	髋围	大腿围		小腿围	
				常态	吸气	左		右		左	右			左	右	左	右
						伸直	弯曲	伸直	弯曲								
80	初级	38	118	101	105	34	37	34	38	27	27	75	82	56	55	38	38
	中级	39	122	103	106	36	38	36	39	29	29	74	83	58	58	40	40
	高级	40	125	108	119	39	42	39	42	31	31	76	89	60	60	41	41
85	初级	38	122	108	111	36	38	35	39	29	30	75	85	58	58	39	39
	中级	41	124	107	114	38	41	38	41	31	31	78	85	61	61	41	41
	高级	42	130	111	119	40	43	40	43	33	33	80	92	62	62	42	42
90	初级	39	122	112	114	38	40	38	41	29	30	77	87	59	59	40	40
	中级	42	127	112	119	39	42	39	42	32	32	81	87	61	61	41	41
	高级	43	133	115	121	41	44	41	44	34	34	82	93	64	64	42	42
90+	初级	39	124	113	115	39	41	39	42	31	31	80	91	60	61	40	40
	中级	42	130	115	121	41	44	41	44	32	32	84	92	62	62	41	41
	高级	44	136	117	123	42	45	42	42	45	35	35	85	98	65	65	43

表5.4　**不同训练阶段女子体型检验标准表(围度单位：cm)**

级别(kg)	阶段	体型指标															
		颈围	肩围	胸围		大臂围				小臂围		腰围	髋围	大腿围		小腿围	
				常态	吸气	左		右		左	右			左	右	左	右
						伸直	弯曲	伸直	弯曲								
46	初级	28	91	77	80	23	25	24	25	20	21	58	65	46	47	32	32
	中级	30	96	82	86	25	28	25	28	22	22	59	74	48	48	33	33
	高级	32	97	85	89	26	29	26	29	24	24	60	77	49	49	33	33
49	初级	30	95	79	81	24	25	25	26	20	21	59	72	45	45	31	31
	中级	31	97	84	88	26	28	26	28	23	23	60	78	49	49	34	34
	高级	33	98	87	92	26	28	26	28	23	23	62	80	50	50	35	35
52	初级	30	96	84	86	24	26	24	26	21	21	61	77	49	49	33	33
	中级	32	99	85	89	27	31	27	31	23	23	63	82	51	51	34	34
	高级	34	100	89	97	27	31	27	31	23	23	65	84	52	52	36	36

续表

级别(kg)	阶段	体型指标															
		颈围	肩围	胸围		大臂围				小臂围		腰围	髋围	大腿围		小腿围	
				常态	吸气	左		右		左	右			左	右	左	右
						伸直	弯曲	伸直	弯曲								
55	初级	31	95	83	86	24	25	24	26	22	22	63	84	49	50	33	33
	中级	32	98	85	87	25	27	25	27	22	22	65	86	52	52	34	34
	高级	33	100	90	95	28	31	28	31	24	24	66	88	53	53	35	35
58	初级	31	96	84	87	25	27	26	28	23	23	65	85	52	52	34	34
	中级	32	100	86	89	27	29	27	29	23	23	66	87	53	53	35	35
	高级	34	103	92	98	30	33	30	33	25	25	67	90	55	55	36	36
58+	初级	32	98	88	90	25	27	26	28	23	23	66	87	52	52	35	35
	中级	33	104	91	94	29	31	29	31	24	24	67	90	54	54	36	36
	高级	35	107	94	99	33	35	33	35	26	26	68	91	56	56	37	37

5.1.2 阶段训练计划编排

在编排训练内容时，并不是简单地选择几个练习动作组合在一起，而是有许多因素需要考虑。

①要使身体各部分都得到锻炼：训练中应将身体的每一基本部分都练到。

②训练时间要控制好：训练必须根据自己的恢复能力和身体能量来进行。如果训练时间过短，身体各主要部分就不能全部得到训练；反之时间过长，训练就会过度，会使身体疲劳不堪，效果会更差，训练过度不仅会对身体产生副作用，而且会使身体免疫系统受到损害。本·韦德建议每天应该(并非绝对)在同一时间训练，这样可以调整体内的生物钟，使身体对定期训练有所准备，练习几个星期后，身体就会适应训练，每当训练临近时，身体就会兴奋起来。

③训练频率要合实际：训练频率并无严格规定，但有一条指导原则应当遵循，即每块肌肉每周必须训练 2~3 次。训练频率变化有数百种，最常见的且仍然为训练者所采用的训练频率是每周训练全身各部分肌肉 3 次，2 次间至少休息 1 天，通常是在星期一、星期三、星期五训练。训练频率设计要根据训练水平的不同来进行编排，如“推—拉”隔日训练法等(参见分段训练系统)。

5.2 初级阶段训练方案

初级阶段是指从未受过力量训练或训练时间不满 6 个月。初级阶段应从全面发展的基础训练开始。四届世界冠军约翰·库克说，要想达到世界健美大师的水平，必须通过 12~15 个月的基础训练，使骨骼、肌肉和肌腱为适量强度训练做准备，并进行力量储备，为中级训练做好准备。锻炼的目的和要求有：

①逐步提高全身各部位肌肉的均匀发展程度，注意避免并纠正发展偏向。

②设法突破停滞不前的胶着点，力求正确掌握更多的可锻炼身体各部位的动作，要通过自身实践来确定锻炼效果。

③开始练习健美比赛的规定动作，培养表演健美体格的造型能力，并提高欣赏水平。

5.2.1 初级阶段主要任务

5.2.1.1 动作技术学习阶段

前 6~8 周的训练，主要是学习掌握正确的锻炼方法，即利用轻器械，学习并掌握各身体部分肌肉正确的锻炼方法，纠正错误动作。训练方案如表 5.5 所示。

表 5.5 **初级阶段前 6 周训练动作学习技术阶段**

训练阶段	动作数目	组数	次数	重量
第 1 周	1	1	8~12 次	以能连续 15 次而不勉强的重量为佳
第 2~3 周	1	2	大肌群可增加适当次数	
第 4~5 周	1	3	8~15	
第 6 周	1	4	8~20	

5.2.1.2 适应性阶段

通过 6~8 周训练后，可调整训练方案，进入适应性阶段。从第 6 周到 1 年内，可按下列指标制订训练计划，如表 5.6 所示。

表 5.6 **初级阶段不同时间和锻炼组数安排**

训练阶段	大肌群	上肌群	重量	备注
3 个月以内	3 组	2 组	每个动作重量应是举起 8~12 次的重量	大肌群：背阔肌，胸肌，大腿肌；小肌群：上臂肌（肱二，肱三头肌）、前臂肌、腹肌、颈肌等
3~6 月	4~5 组	3~4 组		
6~12 月	6~8 组	4~5 组		

5.2.1.3 使肌肉初步形成轮廓

初级阶段训练后，肌肉初步形成轮廓，主要肌肉力量得到增强，肌肉耐力得到发展，使之逐渐适应高强度训练。

5.2.2 初级阶段训练方案

初级阶段训练一般进行隔天的全身肌肉训练，每周练习 3 次，如星期一、星期三、星期五训练或星期二、星期四、星期六(星期日休息)，训练时间一般在 60~90 分钟，初级阶段训练方案如表 5.7、表 5.8 所示。

5.2.2.1 罗伯特・肯尼迪和尼斯・韦恩初级阶段训练方案

罗伯特・肯尼迪和尼斯・韦恩初级阶段训练方案如表 5.7、表 5.8 所示。

表 5.7　罗伯特・肯尼迪初级阶段训练方案

序号	肌肉群部位	第一套方案	第二套方案	说明
1	腿部	深蹲	深蹲	①该方案为 12 周训练计划 ②每周轮流训练 3 天，时间安排在星期一、星期三、星期五
2	胸部	杠铃卧推	杠铃卧推	
3	骶棘肌(下背部)	直腿硬拉	杠铃卧推	
4	菱形肌(中背部)	躬身杠铃划船	杠铃卧推	
5	背阔肌(上背部)	拉力双臂下拉	宽握引体向上或拉力双臂下拉	
6	三角肌	杠铃推举	颈后推举	
7	斜四方肌	杠铃耸房	颈后推举	
8	肱二头肌	双臂杠铃弯举	双臂杠铃弯举	
9	肱三头肌	站立颈后臂屈伸	站立颈后臂屈伸	
10	腓肠肌	提踵	站立提踵	
11	腹肌	屈膝仰卧起坐	仰卧起坐	

表 5.8　尼斯・韦恩初级阶段训练 12 周方案

训练阶段		组数	次数	组数×次数	重量
1~2 周		1	深蹲 20 次 腹肌 20 次		5 组等同重量
3 周		2			
4~7 周		3			
8~9 周		3	12~20	1×8~12　1×8~12 1×12~20	第 1 组恒定，第 2 组增加，第 3 组减少
10 周	第 1 次课	4	6	4×6	恒定
	第 2 次课	4	6~7	1×7　3×6	等同
	第 3 次课	4	6~8	1×8　3×6	等同
11 周	第 1 次课	4	6~8	1×8　1×7　2×6	等同
	第 2 次课	4	6~8	2×8　2×6	等同
	第 3 次课	4	6~8	2×8　1×7　1×8	等同
12 周	第 1 次课	4	6~8	2×8　1×6	等同
	第 2 次课	4	7~8	3×8　1×7	等同
	第 3 次课	4	8	4×8	等同

5.2.2.2 乔·韦德初级阶段训练方案

乔·韦德为初级者制定了全身锻炼课程。课程方案有 3 种，练习者可选用某课程练习 1~2 个月后再换另一课程，也可每练一次后就换用另一课程，每周练 3 次或隔日练习，各个动作及所用的重量、组数、次数方案如表 5. 9 所示。

表 5. 9　乔·韦德初级阶段训练方案

序号	动作名称	重量	第 1 个月		第 2 个月		第 3 个月		说明
			组数	次数	组数	次数	组数	次数	
1	平卧推举	35%	1	8	2	8~8	2	5~9	①建议开始重量按体重的百分比 ②第 2 个月次数为 8×8，指每组各做 8 次 ③第 3 个月 5~9 次，指第 1 组以最大重量做 5 次，第 2 组减轻重量做 9 次，以此类推
2	飞鸟	10%	1	8	2	8~8	2	5~9	
3	侧平举	3%	1	8	2	8~8	2	5~9	
4	颈后推举	20%	1	8	2	8~8	2	5~9	
5	深蹲	35%	1	8	2	8~8	2	5~9	
6	腿屈伸	15%	1	8	2	8~8	2	5~9	
7	腿弯举	5%	1	8	2	8~8	2	5~9	
8	全方位颈部	0	1	8	2	8~8	2	5~9	
9	屈体划船	23%	1	8	2	8~8	2	5~9	
10	杠铃弯举	20%	1	8	2	8~8	2	5~9	
11	肱三头肌屈伸	20%	1	8	2	8~8	2	5~9	
12	上斜弯举	10%	1	8	2	8~8	2	5~9	
13	卷身	0	1	12	2	15~15	2	25~25	
14	仰卧起腿	0	1	12	2	15~15	2	25~25	
15	提踵	35%	1	8	2	8~8	2	5~9	

5.2.2.3 佛朗哥·哥伦布初级训练方案

方案中肌肉练习的顺序依次是：肩部、脖子、上背、胸脯、大腿、小腿、三头肌、二头肌、小臂和腹部，每周练习 3 次，每个动作重量选择以能坚持做 15 次且不感到勉强为宜。第 1 周每个动作只做 1 组，第 2~3 周每个动作做 2 组，第 4~5 周每个动作做 3 组，第 6 周每个动作做 4 组，表 5. 10 所示是该方案的具体内容。

表 5.10　　佛朗哥·哥伦布初级训练方案

序	肌肉部位	动作名称	第 1 周	第 2~3 周	第 4~5 周	第 6 周
1	肩	直立杠铃推举	每个动作做 1 组，每组重复 10 次左右	每个动作做 2 组，每组重复 10~12 次	每个动作做 3 组，每组重复 10~12 次	每个动作做 4 组，每组重复 10 ~ 20 次
2	脖子和脊椎	勾颈、躬身				
3	背阔肌	屈体划船				
4	胸肌	平卧推举				
5	大腿	深踵				
6	小腿	提踵				
7	三头肌	俯卧撑				
8	二头肌	哑铃慢弯举				
9	前臂	哑铃反手弯举				
10	腹肌	单机悬垂举腿				

5.2.2.4　本·韦德女子初级训练方案

本·韦德《女子超级健美法》一书中，介绍了女子初级训练方案，如表 5.11 所示。

表 5.11　　本·韦德女子初级训练方案

序	肌肉名称	动作	组×次	说明
1	胸肌	卧推	3×8	准备活动：跳绳 90 秒，做 2 组
2	大腿肌	深蹲	3×10	
3	三角肌	哑铃卧推	3×8	
4	背阔机	宽握直臂下拉	3×10	
5	腓肠肌	站立提踵	3×20	
6	腹肌练习	屈腿仰卧起坐	3×15	
7	三头肌	卧姿三头肌伸展	3×10	
8	二头肌	杠铃弯举	3×8	

5.3　中级阶段训练方案

5.3.1　中级阶段主要目的和要求

①为锻炼健美体格打下基础，要求半年内健康水平和体力有明显提高，体格形态有明显

改进。

②增大肌肉体积，全身各部分肌肉获得均匀增长与发展。

③不断提高力量素质，为进入高级阶段进行必需的力量储备。

④具有健美运动基本知识，掌握各项基本动作的正确做法。

为实现目标，通常训练中安排的是一般练习与专门练习相结合。具体要求是：一般练习 4 组，每组 6~8 次；专门练习 3~4 组，每组 8~12 次。每周可安排 3~4 次训练，每次课的时间可增加到 90~120 分钟。

运动员经过 2 年以上中级阶段的系统训练，便可进入高级阶段。

5.3.2　中级训练方案

5.3.2.1　罗伯特·肯尼迪中级训练方案

罗伯特·肯尼迪在《突起的肌群》一书中详细介绍了他的中级训练方案，如表 5.12 所示。

表 5.12　罗伯特·肯尼迪中级训练方案

		第一套方案	第二套方案
次数与组数		一般练习 4 组，每组 6~8 次	专门练习 2~3 组，每组 10~12 次
动作名称	1. 大腿部	深蹲、负重坐蹬腿屈伸	深蹲、小腿屈伸或箭步蹲起
	2. 胸部	卧推、仰卧哑铃	上斜卧推、上斜哑铃飞鸟
	3. 背阔肌	俯卧哑铃划船	拉力用双臂下拉、45°拉力划船
	4. 三角肌	坐姿颈后推举、坐姿哑铃侧举	哑铃推举、哑铃侧举
	5. 肱二头肌	站立哑铃弯举、上斜哑铃弯举	坐姿哑铃举、坐姿斜板哑铃弯举
	6. 肱三头肌	双杠臂屈伸、拉力器三头肌屈伸	站立推举、拉力器胸前下推
	7. 腓肠肌	站立提踵、双人驴式提踵	站立提踵、坐姿提踵
	8. 腹肌	屈膝仰卧起腿、单杠悬垂直腿上举	屈膝上斜仰卧起腿、坐姿屈膝抬腿、仰卧抬腿起坐

5.3.2.2　佛朗哥·哥伦布中级训练方案

佛朗哥·哥伦布中级训练方案的关键是次数多，每个动作都要做 15~20 次，21 个动作(3 个动作练背，3 个动作练大腿，3 个动作练腰腹肌，其他部位各练 2 个动作)要求在 90 分钟内完成。重要的是在完成动作中注意控制休息时间，一般组间间歇时间少于 30 秒，如果需要在每组间休息 30~45 秒，说明重量偏大，需减轻重量，直到能不停地做完全部动作为止。具体训练方案如表 5.13 所示。

表 5.13　　佛朗哥·哥伦布中级训练方案

序号	肌肉部位	动作名称	组数×次数	说明
1	小腿	站立提踵 坐提小腿肌	3×20 3×20	①本方案的关键是次数多，每个动作都要做 15～20 次 ②21 个动作：3 个动作练背，3 个动作练大腿，3 个动作练腰腹肌，其他部位各练 2 个动作 ③训练时间：要求在 90 分钟内完成 ④组间休息：一般少于 30 秒，如果需要在每组间休息 30～45 秒，说明重量偏大，需减轻重量，直到能不停地做完全部动作为止
2	大腿	深蹲 腿伸展 俯卧屈腿	3×20 3×20 3×10	
3	背颈肌	单杠引体向上(宽窄) 划船 反弓练习(背起)	3×10 3×15～20 3×15	
4	胸肌	卧推(握距比肩宽) 双杠屈背伸	3×20 3×20	
5	肩肌	侧平举(站式，俯身) 前平举(两臂轮流做)	3×20 3×20	
6	肱二头肌	杠铃慢弯举(推距与肩宽)	3×20	
7	肱三头肌	卧姿肘屈伸 窄握距卧推(16kg)	3×20 3×20	
8	前臂肌	哑铃反握弯举	3×20	
9	腹肌	背侧屈 抬腿 仰卧起坐	5×25 5×25 5×25	

5.4　高级阶段训练方案

5.4.1　高级阶段主要目的

①增长肌肉体积和刻画肌肉线条：要求通过进一步加大锻炼强度和增多动作变化，使身体各部位肌肉发展得更加粗壮结实，线条更加明显突出。

②塑造完美体型：重点改进任何不足之处，使全身上下、左右发展得更加均匀、更加完美，达到一般人达不到而其他运动项目难以达到的程度，体力和健康水平大大提高。

③健美比赛：更多练习健美比赛的规定动作，并设计出一套或几套能较好表现自己体格和姿势特点、富有艺术性造型的自选动作，以备参加表演和比赛。

④广泛学习和研究有关体格锻炼的理论知识，从实践中掌握科学训练方法。

5.4.2　高级阶段训练方法

高级阶段的训练，主要是根据运动员的身体情况进行多种编排，如采用分段系统训练法。

高级阶段训练的强度比中级要大，一般每个发展部位安排 3～5 个动作(其中专门动作 2～3 个)，每个动作做 3～6 组，每组练习 6～12 次。各肌群训练组数可参照表 5. 14 所示。

表 5. 14　　高级训练中各局部最高组数表

肌肉	大腿	小腿	背部	胸部	肩部	肱二头肌	肱三头肌	前臂	腰腹
组数	10～12	4～6	10～12	10～12	8～10	6～8	6～8	4～6	2～4

我国健美专家娄琢玉先生认为，各个局部肌群训练，12 个动作总组数，在一次训练中不宜太多，各阶段训练相关参数如表 5. 15 所示。

表 5. 15　　各阶段训练参数

	大肌群			小肌群			每次训练时间	每周训练次数	每周综合组数
	动作数	总组数	次数	动作数	总组数	次数			
初学至 1 年	2～3	3～8	8～12	1	2～5	10～20	60～80	3	60～80
1～2 年	2～4	8～12	8～10	1～2	4～6	10～15	80～100	3～4	90～100
2～3 年	3～4	10～14	6～10	2	6～8	8～12	90～120	4	120～140
3 年以上	3～5	12～18	4～10	2～3	8～10	8～10	110～130	4～6	140～180
重　量	第 1 年	每个动作选用重量应最少能完成 8～12 次							
	第 2 年	每个动作选用重量应最少能完成 6 次							
	第 3 年	每个动作选取重量，最少完成 4 次，最多不超过 12 次							

5.5　周期训练

5.5.1　周期训练概述

总是使用同样的方法训练会导致厌烦，从而使身体发展停滞。问题的关键是每周做同样的练习会非常枯燥。训练变成了习惯而失去了挑战的味道。

解决的方法是通过周期训练将训练分解，以适应每个人的目标。周期训练产生于 19 世纪 60 年代后期的俄罗斯。它可以使运动员在一年中的特定时期专注于某种类型的训练，然后由一个阶段训练进入另一个阶段。周期训练通常分为四种：①赛季前训练；②竞赛准备期训练；③竞赛高峰期训练；④淡季训练。

其目的是促使身体状态在比赛或者某个特定时期刚好达到一个高峰，所有周期训练加在一起通常会持续一年，这一年称为一个大周期，如表 5. 16 所示。

表 5.16 周期训练分类

大周期			
中周期 1	中周期 2	中周期 3	中周期 4
小周期	小周期	小周期	小周期
赛季前期	赛前准备期	竞赛高峰期	竞赛淡季

第一阶段是准备阶段，进一步被划分为赛季前期和赛前准备期。赛季前期大约持续 4 个月；赛前准备期大约有一个月的时间。对于一名教练员来说，在竞赛高峰期应更多地安排技术训练以及专项训练。在高峰期或者说竞赛期，训练安排应着眼于专项体质以及比赛所需要的运动技术的保持。

淡季训练应以恢复为主，从心理上使运动员重新振作起来，同时让身体从激烈的比赛中平静下来。这一阶段所需要的时间取决于运动的类型。在淡季训练中应该保持中等程度的运动，以保持在其他训练阶段中取得的训练成果。从为期一年的大周期中分割出来的这四个阶段分别称为一个中周期。

虽然这种类型的训练起初是为运动员比赛设计的，作为健身爱好者同样可以从中获得益处。例如，对于一名非正式的运动员在赛季前期可以集中进行力量训练，以建立较好的力量基础。在赛前准备期开始进行体质训练，然后是技术训练，技术训练一般在竞赛高峰期之前开始，这时力量训练的时间通常要减少。

在淡季训练中不应该再练习技术，为了使练习者有一个心理上的间隔时间，而轻度力量训练又重新开始，这是为下一阶段赛季前期的大重量训练做好准备。

这四个中周期还可以再分为典型的以一周为一个单元的小周期。小周期一般用来安排个人在健身馆中的训练内容。

5.5.2 健美周期训练

在一年的大周期训练中所采用的训练类型和强度是有变化的。刚开始应该主要使用轻重量和小强度训练。随着身体素质和身体健康状态的提高，可以采用较少的练习次数，因此运动量会降低，但要使用更大的重量，或许还要采用某些高级的训练方法，使肌肉达到超量负荷。随着在力量练习中动作技术的提高，训练强度也不断地增加。如图 5.1 所示。

全年计划可分为四个阶段或中周期：第一个阶段由秋季至元旦；第二个阶段从新年到春季；第三个阶段从晚春到夏季，再到暑假；第四个阶段包括暑假本身的几个星期，这时不再去参加训练，此阶段为恢复期或休息期。

要运用周期训练，首先应为自己准备一张为期一年的计划表，并把它挂在墙上，在上面标上一些特殊的日子，比如暑假或者比赛日，并定下在这一天想达到的目标，这就是需要逐渐完成的目标，而墙上的计划就代表着个人的训练大周期。

想要降体重很耗费时间，因此可以紧张的心血管系统训练开始第一个中周期，比如说在

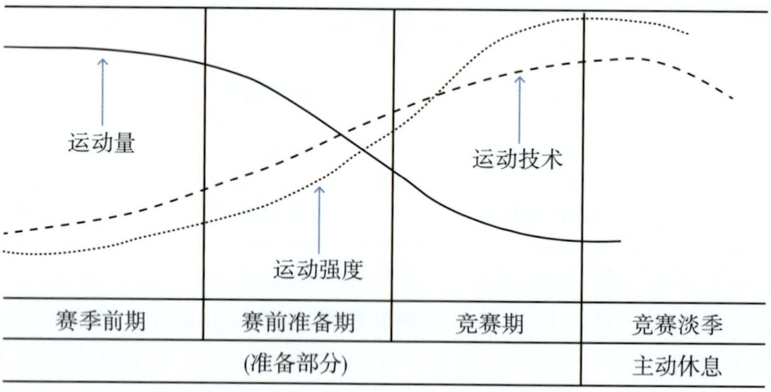

图 5.1　健美训练周期(运动强度、运动技术、运动量)

健身馆中采用 20~30 分钟中等强度的自行车以及交叉健步机练习。也可以采用轻重量的负重循环练习来燃烧能量和增进健康。在第二个中周期，会感觉到一些训练效果：体重下降及肌肉力量增强。若继续进行心血管系统练习，要增大运动强度，可以进行 20 分钟的高强度练习。力量练习将更多地侧重于臀部、大腿和腹部训练。由于训练更加激烈，必须注意饮食，不能过度节食，要确保摄入足够的高品质食物。

在第三个中周期中，要降低所使用的重量，保持肌肉围度和健康状况。与此同时，增加心血管系统训练的比例，来维持身体素质和继续燃烧脂肪，有氧训练和大幅度拉伸练习搭配，以确保有一个肌肉饱满匀称、线条清晰、轮廓分明的身材。

5.6　优秀健美运动员训练计划

5.6.1　乔 · 卡特训练特色与训练计划

杰森 · 艾萨克 · 卡特勒(Jason Isaac Cutler)，我国国内一般称之为乔 · 卡特，他获得过 4 次"奥林匹亚先生"(健美界最高荣誉)头衔，是健美史上最伟大的运动员之一。

健美是一项竞技型运动，冠军只有一个，要想在世界顶尖的健美舞台上获得冠军并不是一件容易的事情。乔 · 卡特曾经多年屈居亚军，他被称为"千年老二"，但是他从未放弃对冠军的渴望，最终他还是成功了。从弱势到王者，成功绝非偶然。

5.6.1.1　乔 · 卡特的训练特色

(1)超人的训练量

乔 · 卡特每天训练 2 次。在腿部训练日，上午练腿后肌群，奋力做 18 组，下午练股四头肌，做 24 组，总共做 15 个动作，这还不包括针对腹肌的训练。许多职业选手只在赛前针对腹肌做很少几组练习，乔 · 卡特却终年锻炼腹肌，每天上午训练后做 9 组腹肌练习。他并不是大运动量训练的积极倡导者，因为每个人对训练的反应不同。人们必须了解自己的身体能适应何种运动量的训练，我们所做的是应尽力适应训练的强度。

乔·卡特在平时和赛前都能保持一种紧凑的训练节奏。他用8~10次/组的训练使肌肉充血，用大运动量(约20组)和很少的间歇时间(45~50秒)使肌肉处于持续运动状态，并通过逐降组或巨型组来增加强度。例如，当他用大重量做8次/组的上斜卧推时，即使第5次已感到吃力，也要奋力做到8次。他总是努力反复地推进次数，但不是超越，因为人所进行的是大运动量训练，如果将每组次数推到最大化，就会造成训练过度。震撼肌肉和使之力竭，然后再给肌肉营养、休息和恢复。应该通过肌肉感觉去获得力竭，而不是通过重量。

乔·卡特的大运动量双循环训练非常艰苦，是多数职业选手训练量的两倍。如果普通健美爱好者想尝试，则可能会导致训练过度，但可采用乔·卡特所提供的训练原理去完成中级或高级训练计划。

①降低运动量：不要尝试做大组数或像卡特那样一天练2次。可每天练1次，每周练3~5天，大的身体部位(如股四头肌)每次只做4个动作，练习不超过16组。小的身体部位(如肱三头肌)每次只做3个动作，练习不超过12组。

②练习种类多样化：尽量从各种角度刺激每块肌肉。

③强化落后的身体部位：卡特对落后的身体部位经常进行强化，如腹部、前臂、股二头肌和后背下部。

④充分伸展：乔·卡特在每次训练前、训练期间和训练后会对主要身体部位进行伸展练习。

⑤注意饮食和休息：全年不变地吃一种高碳水化合物，中等量蛋白质和低脂肪饮食；除腹肌外，对身体任何部位不要做每周多于5天的训练。

(2)弥补薄弱环节

为了备赛，乔·卡特对双臂和背部肌肉的轮廓和线条进行了改进，目的是展现精致的高质量的体格。乔·卡特把背部训练分成两部分：上午主练上背部，下午主练下背部和斜方肌，从而使落后的区域由弱变强。另外，通过全年做杠铃和哑铃箭步蹲来改进腿部肌肉的轮廓和线条，他认为腿部的改进应归功于充分的伸展充分。

(3)关注伸展和放松训练

乔·卡特从2000年中期起就非常关注伸展训练，这是他体格改进的一个关键因素，因为伸展能促进肌肉更好地收缩。他说自己曾做过160磅的哑铃站立推举和700磅的深蹲，却幸运地避免了受伤，因为他总是花时间去热身和伸展。每次训练结束后他都会再做大约15分钟的伸展练习。整个身体的伸展很像练瑜伽功，乔·卡特与妻子一起训练时常练瑜伽功。还做神经、肌肉治疗，即进行肌肉深层按摩，每周用1个小时伸展和放松全身的肌肉。

5.6.1.2 乔·卡特训练计划

如果准备实施一种中等运动量的训练计划，那么建议每周训练3天，每次只练一个身体部位，同时要关注饮食，每天吃5~6顿饭，确保摄入一些高质量的碳水化合物，如大米、土豆和燕麦片，另外还要有高品质的蛋白质、蔬菜和至少4.6升水。

(1) 中级或高级训练循环计划

中级或高级训练循环计划，如表 5. 17 所示。

(2) 备赛训练计划

乔・卡特 2004 年“奥林匹亚先生”比赛的训练安排，如表 5. 18 所示。

表 5. 17　　**乔・卡待针对中级或高级训练循环**

时间任务	动作	组数×次数	要求	备注
第 1 天：胸部肌群 肱三头肌	杠铃卧推 斜板杠铃卧推 * 平板哑铃飞鸟 窄握杠铃卧推 仰卧曲杆杠铃臂屈伸 直杠重锤下拉	3×8～10 3×8～10 3×8～10 3×8～10 3×8～10 3×8～10	* 每隔一次训练，斜板杠铃卧推和斜板哑铃卧推交替进行	对于每一个锻炼部位，训练组数的总数要达到 9 组，每组做 8～10 次。每组训练次数少于或等于 6 次更多的是帮助提升力量，而每组训练超过 12 次可能阻碍使用更大的重量进行训练。所以训练安全范围是 8～10 次。在开始每个训练的第一个动作之前，要做额外的 2 组热身组，每组用较轻的重量做 12～15 次。帮你完成准备运动，避免运动受伤
第 2 天：背部肌群 肱二头肌	杠杆下拉或者宽握引体向上 低位重锤划船 * 哑铃划船或者俯身杠铃划船 站姿杠铃弯举 交替哑铃弯举 **	3×8～10 3×8～10 3×8～10 3×8～10 3×8～10	* 低位钢线划船，哑铃划船和俯身杠铃划船对于肱二头肌的锻炼效果非常明显。在训练背部之后再训练肱二头肌，很可能导致肱二头肌过度锻炼。过度训练可能导致肌肉增长缓慢 ** 哑铃弯举可以采用站姿或者坐姿。每周选择两种弯举方式之一，交替进行	
第 3 天：腿部肌群	腿屈伸 深蹲 硬拉(或者俯卧腿弯举)	3×8～10 4×8～10 3×8～10		
第 4 天：肩部肌群 斜方肌 腹部肌群 小腿肌群	坐姿哑铃推举 * 坐姿哑铃侧平举 俯身哑铃侧平举 ** 杠铃耸肩 坐姿提踵 站姿提踵 借助腹肌板的仰卧起坐 屈膝悬垂举腿	3×8～10 3×8～10 3×8～10 3×8～10 3×8～12 3×8～12 3×12～15 3×12～15	* 或者杠铃颈前推举 ** 或者反向夹胸器侧平举	
第 5 天	休息			
第 6 天	重复循环			

表 5.18　乔·卡特 2004 年“奥林匹亚先生”比赛的训练安排

时间		肌群	训练动作	组数×次数
第 1 天	上午	三角肌	坐姿侧平举，推肩(哑铃或者杠铃)，拉力器侧平举，坐姿哑铃前平举，背部三角肌器械飞鸟，背部三角肌拉力器飞鸟	3×8~10
		斜方肌	哑铃耸肩，背后杠铃耸肩	4×8~10
	下午	肱三头肌	钢线下压，双杠屈伸，直杆下压，颈后哑铃屈伸，钢线单臂后屈伸	3×10~12
第 2 天	上午	股四头肌	坐姿前抬腿，蹬腿(腿举)，斜板深蹲(或称哈克深蹲)，哑铃跨步蹲，颈前深蹲，坐姿抬腿(大重量)	3×8~10
		腹部肌群	仰卧起坐，拉力器卷腹，悬垂举腿	3×15
	下午	背部肌群	硬拉，T 杠划船，坐姿拉力器船划船	3~4×10~14
		股二头肌	俯卧腿弯举，直腿硬拉，器械牵引(坐姿腿弯举)，腿弯举	3×10~12
第 3 天	休息			
第 4 天	上午	胸部肌群	平板哑铃飞鸟，杠铃斜板上推，拉力器飞鸟，斜板飞鸟，平板哑铃(杠铃)卧推	3×10~14
		小腿肌群	站姿提踵，坐姿提踵，骑驴提踵	2~3×12~15
		腹部肌群	仰卧起坐，拉力器卷腹，悬垂举腿	3×15
	下午	肱二头肌	站姿杠铃弯举，单臂哑铃弯举，双臂牧师凳哑铃弯举，双臂高位拉力器弯举，坐姿锤式弯举	3×10~12
		前臂肌群	杠铃腕弯举	3×10~12
第 5 天	上午	背部肌群	引体向上(力竭)，杠铃硬拉，窄握 T 杠划船，哑铃硬拉	3~4×10~14
第 6 天	休息			
第 7 天	重复上述计划			
备注	背部每周两次，第 2 天背部的训练强度大约是第 5 天全部训练强度的 80%；每天早晨，在第 1 次训练之前，在楼梯上挑战高强度的增强心肺功能的有氧运动；乔·卡特针对不同的计划设计了多变的组数和次数			

5.6.2　多里安·耶茨高强度训练计划

多里安·耶茨(Dorian Yates)，1962 年 4 月 19 日出生于斯塔福德郡赫尔利，英国健美运动员。曾连续获得六届(1992—1997)“奥林匹亚先生”荣誉，1998 年因伤退役。

多里安·耶茨的训练观念被证明是有效的，而且在肌肉的块头和协调性上获得了巨大的进步。高强度的训练包括训练之前完整的拉伸训练，还有严格控制的热身训练以适应重量，这些将成为正式锻炼之前寻找运动感觉的一个整体训练。在完成了热身训练之后，就可以开始正式训练了。完成事先设定的组数(通常是 1~2 组)，竭尽全力，让身体达到绝对的极限，并且要努力锻炼事先设定的目标肌肉。在锻炼的过程中要排除无关肌肉参与提拉重量，让所关注的肌肉发挥极致的作用。

根据 HIIT 训练，次数应该保持较低的程度，训练的过程中要更注重运动的轨迹还有运动强度的控制，从而使肌肉获得尽可能多的增长。任何超过 12 次的训练组被认为是维持性训练计划。如果不能让肌肉得到完全的利用，就不可能激发肌肉增长的全部潜力。在至少严格地坚持 6~8 周的训练后，这套计划将带来可观的肌肉增长并且推进体格进一步发展。多里安·耶茨高强度的 6~8 周训练计划，如表 5. 19 所示。

表 5. 19　**多里安·耶茨高强度 6~8 周训练计划**

训练计划	训练方案			备注
	任务Ⅰ(组×次)	任务Ⅱ(组×次)	任务Ⅲ：有氧运动	
星期一：胸部小腿有氧运动	上斜杠铃卧推：2×10~12(热身组) 上斜杠铃卧推：2×6~8/4~6 平卧哑铃卧推：2×8~10(热身组) 平卧哑铃卧推：1×5~7 坐式器械夹胸：2×10~12(热身组) 坐式器械夹胸：1×6~8 站姿钢线夹胸：2×6~8/4~6	骑驴提踵：1×10~12(热身组) 骑驴提踵：1×6~8	动感单车：10 分钟 跑步机：10 分钟 登山机：10 分钟	对目标肌肉进行拉伸 10 ~ 15 分钟，同时应该用较轻的重量做训练前的热身组
星期二：股四头肌股二头肌	坐姿腿屈伸：2×10~12(热身组) 坐姿腿屈伸：2×6~8 仰卧腿举：2×12~15(热身组) 仰卧腿举：2×6~8 斜板机械哈克深蹲：1×10~12(热身组) 斜板机械哈克深蹲：1×6~8	直腿硬拉：2×8~10(热身组) 直腿硬拉：1×6~8 俯卧腿弯举：1×10~12(热身组) 俯卧腿弯举：1×6~8 站(跪)姿单腿弯举：2×8~10/5~7		在动感单车上热身组 5~10 分钟。针对需要训练的肌群拉伸调理 10~15 分钟，在训练前采用轻重量做热身组
星期三：肩部斜方肌有氧运动	哑铃肩上推举：2×10~12(热身组) 哑铃肩上推举：2×6~8/4~6 俯身单侧哑铃钢线下压：2×8~10(热身组) 俯身单侧哑铃钢线下压：1×6~8 哑铃前平举：1×8~10(热身组) 哑铃前平举：1×4~6 坐姿俯身飞鸟：2×6~8/4~6	身后杠铃耸肩：2×8~10(热身组) 身后杠铃耸肩：2×6~8/4~6	椭圆机：10 分钟 登山机：10 分钟 动感单车：10 分钟	对目标肌肉群做 10~15 分钟拉伸，并在训练前使用轻重量做热身组

续表

训练计划	训练方案			备注
	任务Ⅰ(组×次)	任务Ⅱ(组×次)	任务Ⅲ：有氧运动	
星期四：休息日(前臂、腹肌和有氧运动)	身后杠铃腕弯举：2×10~12(热身组) 身后杠铃腕弯举：1×6~8 正手哑铃腕弯举：1×8~10(热身组) 正手哑铃腕弯举：1×4~6	跪姿绳索负重卷腹：1×15~20(热身组) 跪姿绳索负重卷腹：1×10~15 悬垂举腿：2×10~15 下斜仰卧起坐：2×10~15	40码短跑：1×5次 30~45秒跳绳：1×5次 椭圆机：5~10分钟	首先对目标肌肉机型拉伸10~15分钟，在训练前使用轻重量做热身组
星期五：背部小腿肌有氧运动	正握宽握引体向上：2×8~10(热身组) 正握宽握引体向上：2×4~6 杠铃俯身划船：2×6~8(热身组) 杠铃俯身划船：1×4~6 哑铃俯身划船：2×6~8(热身组) 哑铃俯身划船：1×4~6 哑铃仰卧屈臂上提：2×6~8/4~6 负重山羊挺身：2×8~10/6~8	脚尖蹬腿举器：2×12~15(热身组) 脚尖蹬腿举器：1×6~8	跑步机：10分钟 动感单车：10分钟 登山机：10分钟	对于目标肌肉群进行充分拉伸10~15分钟，并且在训练前使用轻重量做热身组
星期六：肱二头肌肱三头肌腹肌有氧运动	直杆杠铃弯举：2×10~12(热身组) 直杆杠铃弯举：2×6~8/4~6 锤式弯举：2×8~10(热身组) 锤式弯举：1×4~6 仰卧拉杆弯举：2×6~8	三角杆(V杆)下压：2×10~12(热身组) 三角杆(V杆)下压：2×6~8/4~6 仰卧哑铃臂屈伸：1×8~10(热身组) 仰卧肱三头肌哑铃臂屈伸：1×4~6 负重双杠臂屈伸：2×6~8次/4~6 悬垂举腿：1×12~15(热身组)	悬垂举腿：1×10~15 坐姿肩扛长杆扭腰(锻炼腹外斜肌)：2×10~12 仰卧起坐:2×10~15 登山机：15分钟 跑步机：15分钟	对于目标肌肉群进行充分拉伸10~15分钟，并且在训练前使用轻重量做热身组
星期日：休息	谨记：在训练之后的肌肉拉伸活动也很重要，大约进行5~10分钟			

5.6.3 菲尔·希斯训练计划

菲尔·希斯(Phil Heath)曾经是一个有着远大抱负但默默无闻的业余健美选手，他在一家健身房里一边从事营养顾问的工作，一边刻苦训练。通过经过艰苦的训练，他终于成为世界级优秀健美选手，连续获得2011—2017年"奥林匹亚先生"健美大赛冠军。

菲尔·希斯的训练秘诀主要是：

①掌握正确的次数。菲尔·希斯一般做8~12次/组，很少做低于8次/组，仅仅在硬拉的时候，做过6次1组的练习。

②不要退缩。从来不在训练中偷工减料，如果能在1组中做到12次，那么就会要求再来4次。

③稳步前进。菲尔·希斯总是采用金字塔增重训练法，虽然他也曾尝试极限力量训练法，但是训练后肌肉没有任何感觉。所以他把注意力都集中在中等次数重量的练习，因为它能够使肌肉稳步增长。

④使用器械。每当要参加比赛时，总是大量使用器械，在备赛期间的训练安排是非常紧

凑的，所以即使没有训练伙伴，在器械上使用大重量也是非常安全的。

⑤参照偶像的训练方法。通常都参照那些符合心目中最佳形体的选手的训练方法，如肖恩·雷、弗兰克斯·惠勒。

菲尔·希斯周训练计划，如表 5.20 所示。

表 5.20　**菲尔·希斯周训练计划**

时间/任务	动作	组数×次数	要求
周一 胸大肌	上斜杠铃卧推 杠铃/哑铃平板卧推* 上斜飞鸟* 拉力器夹指	3×8~12 4×8~12 3×12~15 3~4×15~12	*如使用杠铃，最后一组使用助力带，在每组的最后几个飞鸟动作中，2 秒时间打开，5 秒时间收缩
周二 1. 股四头肌 2. 股二头肌 3. 小腿	深蹲/史密斯机深蹲* 单腿腿举 哈克深蹲 腿举 俯卧腿弯举 站姿单腿弯举 直腿硬拉 站姿提踵/器械骑驴提踵	4~5×8~10 4×8~10 4×8~10 3×20 4×20 4×8~10 4×8~10 3×力竭组	*颈后深蹲和颈前深蹲，每周交替进行
周三 背部	宽握引体向上 杠铃划船 硬拉 颈前下拉* 坐姿绳索划船** 哑铃/器械耸肩	5~7×10~12 3×8~10 3×6~8 4×20 3×10 4×10~12	*宽握和窄握交替进行，每种握法各做 10 次 **最后一组使用递减法做至力竭
周四 三角肌	坐姿哑铃推举 哑铃侧平举* 上斜俯卧飞鸟 杠铃前平举	5×8~10 3~4×20+15+10+8+6 4×12 3~4×8~10	*金字塔增重训练法：20 磅哑铃 20 次，25 磅 15 次，30 磅 10 次，35 磅 8 次，40 磅 6 次
周五 1. 肱二头肌 2. 肱三头肌 3. 前臂	哑铃交替弯举 杠铃斜托弯举 上斜哑铃弯举 杠铃弯举 绳索下压* 站姿颈后哑铃臂屈伸 哑铃俯身臂屈伸 双杠臂屈伸 哑铃腕弯举	5×10~12 4×10 3×8~10 3×30（窄、中、宽各 10 次） 3~4×10+10+10 3×10~12 3×10 3×10 2~3×10~12	*每组 30 次练习，每做到 10 次就增加重量，如用 150 磅做完 10 次，立即增加到 160 磅做 10 次，再增加到 170 磅做 10 次

续表

时间/任务	动作	组数×次数	要求
周六、周日休息			
腹肌训练	菲尔·希斯的腹肌训练由4个动作组成，两头起30次，标准仰卧起坐30次(最高点顶峰收缩)，折叠式仰卧起坐30次，双腿交替仰卧腹压30次，4个动作为1组，做3~4组，每周训练2次 在非赛季，每周进行2小时有氧训练。备赛时，每天进行1.5小时有氧训练，采用匀速和变速两种方法		

第 6 章

健美运动训练损伤防治与保护帮助

6.1 健美运动损伤

6.1.1 健美运动训练损伤的原因

健美运动训练损伤的原因，主要体现在如下几个方面，如表 6.1 所示。

①缺乏健美运动理论和预防知识：大部分学员缺乏健美运动理论知识和预防健美运动损伤的基础知识，以及教练员的专门指导，导致训练方法不正确，从而造成机体损伤。

②在训练中由于准备活动不充分：准备活动的运动量过小或过大，神经、肌肉、内脏等器官没有充分动员起来，以及准备活动与正式训练间的时间拉得过长，都有可能造成肌肉急性拉伤和关节扭伤。

③技术上的错误：不重视动作姿势或对技术动作的掌握，急于求成，盲目追求大强度，违背训练原则，忽略自身条件，喜欢模仿明星的训练方法等。由于肌肉弹性差，关节不灵活，动作不协调，必然影响技术动作的掌握，致使动作变形、僵硬，造成损伤。

④场地器械、保护工具、运动服装等不符合运动要求。

⑤学员在训练时不熟悉训练器械的性能，保护与帮助不到位。

⑥训练后没有养成良好的放松习惯或没达到放松身体的要求：久而久之就会使肌肉弹性下降，关节僵硬，容易引起身体疲劳而使自己受伤。

⑦心理状态起伏不定：一是心理兴奋过度，急于求成，导致健美运动损伤；二是心理疲劳，容易造成对运动目标产生犹豫不决、害怕和恐惧心理，导致中枢神经系统缺乏对肢体动作的控制而引起健美运动损伤。

⑧缺乏运动医学知识和医务自我监督：机体疲劳、精神不振、训练时思想不集中或者某块肌肉受伤尚未痊愈就投入高强度训练，同样会造成肌肉急性拉伤。身体机能状态低下，身体极度疲劳、运动能力低下，肌肉力量较差，在运动时使身体各关节的灵活性和稳定性受到破坏，从而导致动作不到位、不协调，甚至出现动作错误而使机体运动损伤。由于睡眠不足或休息不好，肌肉没有得到有效恢复，也会引起损伤。

⑨由于营养摄入不足引起肌肉生长滞缓，造成肌肉疲劳而导致损伤。

⑩由于注意力不集中或不小心而造成意外损伤。

表 6.1 **健美运动损伤调查表**①

损伤原因	损伤人数	运动损伤率(%)	轻度	中度	重度
技术动作不正确	122	40.70%	30%	10%	0.70%
训练负荷过大	108	36.00%	32.30%	2.70%	1.00%
身体状态不佳	92	30.70%	24.00%	5.00%	1.70%
心理状态不稳定	86	28.70%	20%	8.70%	0
营养摄入过量	84	28.00%	23.70%	2.30%	2.00%
未掌握器械性能	79	26.30%	18.00%	7.30%	1.00%
保护帮助不到位	78	26.00%	18.30%	5.70%	2.00%
营养摄入不足	73	24.30%	19.70%	4.00%	0.70%
准备活动不充分	73	24.30%	20%	4.30%	0.00%
休息和睡眠不足	72	24.00%	18.00%	4.30%	1.70%
放松方法不合理	69	23.00%	19.00%	3.00%	1.00%
其他意外受伤	28	9.30%	5.70%	3.30%	0.30%

6.1.2 健美运动训练损伤的预防

①要从思想上重视健美运动训练的损伤，并且要依据人体解剖学和运动生物力学原理，加强对健美运动理论知识和预防健美运动损伤基础知识的学习，以及遵从教练员的专门指导进行练习。在健美训练前应做好常规性的准备活动及肌肉拉伸等准备活动，使全身肌肉和各关节的应激性和柔韧能力得到有效增强，并积极地消除工作和学习等给健美训练带来的压力，让自己能专心致志地进行健美锻炼，熟悉器械性能，反复练习体会，同时这能在很大程度上预防健美锻炼带来的各种损伤。

②在进行健美锻炼时，应科学、合理地安排每次训练课的运动负荷。即肌肉部位、训练动作、组数、次数、呼吸、组间歇时间等内容以及重量的合理安排和正确掌握。要规范、正确地熟练掌握训练技术动作，同时应注意技术动作的稳定性，合理使用各种训练器械。这样不仅能较好地预防健美运动损伤的发生，还能通过健美锻炼来增强体质、改善体形、促进身心的健康发展。初学者要制订适合自己的初级训练计划，根据训练计划进行合理训练，预防不必要的训练损伤。

③在健美训练后，应重视身体处于疲劳期的各种放松练习和手段。例如桑拿、按摩等物理放松疗法，预防肌肉出现的各种酸痛，使肌肉能较快地恢复到训练前的正常水平，有助于消除精神疲劳感。同时要重视休息与恢复、营养与睡眠、保护与自我保护等措施。此外，应

① 唐云鹏. 健美运动训练损伤的防治[J]. 贵州商业高等专科学校学报，2005(3).

定期进行身体检查，了解身体的机能状况，科学合理地安排适合自己的训练计划和饮食计划，防止健美运动训练损伤的意外发生。

④各健身俱乐部在做好宣传健美运动损伤的预防工作的同时，应组织学员进行长期的专业培训和指导，采用班级开课的方式进行授课，让学员在正确掌握训练动作技术的基础上，认真做好准备活动，在熟练掌握器械性能的前提下，合理安排训练计划、饮食计划和训练日志，规范、正确地进行健美训练，保证休息与充足的睡眠时间，使健美运动损伤得到有效预防。

6.1.3 防止肌肉急性拉伤的措施

在健美训练中，严重的运动损伤现象比较少见，甚至没有，但肌肉急性拉伤却时有发生，据有关资料统计，肌肉损伤约占各种运动损伤的 25%。健美爱好者在训练中采用专门性练习手段，旨在最大限度地发展肌肉、增长力量、改变体形。但是，如果在健美运动过程中不重视运动损伤的预防，缺乏具体的预防措施，就容易导致肌肉急性拉伤事故。这不仅会影响个人的身体健康、学习和工作，有碍运动技术水平的提高，也会对体育运动的开展造成不良影响。了解肌肉拉伤的原因并采取一些有针对性的防治措施，认真总结运动损伤工作经验，不断改进教学、训练方法，对预防和减少肌肉急性的拉伤、增强全民身体素质和迅速提高我国运动技术水平都具有积极作用。

①认真做好准备活动。正确而充分的准备活动可以防止伤害事故发生和缩短进入训练状态的时间。活动量和强度应适宜，以身体微出汗及自感到身体机能充分调动起来为宜。使用负重练习器械前应注意的要点，如表 6. 2 所示。

②适量的全身性有氧运动。适量的全身性有氧运动不仅能克服内脏器官的生理"惰性"，提高全身的机能水平，而且能增强肌肉神经、内脏等器官的兴奋性和协调性，为正式训练做好准备。

③充分拉伸全身肌肉和韧带。拉伸肌肉能增加肌肉内的血流量，拉伸韧带的柔韧性，最重要的是要充分拉伸原动肌、对抗肌、协同肌及其周围的韧带。主动性拉伤的肌肉多为原动肌或协同肌，被动性拉伤的肌肉多为对抗肌，它们的柔韧性、伸展性提高了，伤害事故就会减少。

④针对训练肌群做一些相应的准备活动。运动方式最好与训练相同，强度不宜过大，负荷不超过训练负荷的 2/3，重复次数及组数不宜过多。准备活动后的时间不宜过长，最好不超过 3~5 分钟，使由准备活动激发的良好机能状态适时用于训练。

表 6. 2 **在使用负重练习器械前应注意的要点**

要 点	说 明
热身	充分做好热身活动，直到微出汗为止，将每个大关节和肌肉活动到适宜的运动幅度。任何练习的第一组可以使用轻重量，并作为热身活动来演练动作技术

续表

要 点	说 明
调整器械	根据体格大小调整器械。可能包括：座位高度、坐垫和滚轮
用力呼气	重物被举起时要呼气(无论是被推起还是被拉起)
在力所能及的范围内练习	不要试图模仿其他人的做法。练习时应该有一定的挑战性，同时又应该在有控制的情况下完成
不要为了重量牺牲技术	如果技术变形，就停下来，并降低重量重新练习
注意身体姿态	坐姿或站姿时确保高位，拉长脊柱。在做腿部练习时，屈腿时要确保膝关节位于脚的中心点上方，避免八字脚和弓形腿姿势

⑤讲究科学训练，克服盲目性。对与锻炼有关的生理、解剖知识，肌肉增长原理，时间安排，动作选择，负荷量和强度，以及自己锻炼基础和体能状况等都应有所了解，唯此才能使锻炼达到适度和有效。

⑥目标明确。往往有什么样的目标，就会产生什么样的效果。不论你是想当健美运动员还是想减肥、增重或改善体形，都必须有个明确的目标。目标明确，锻炼才有方向和针对性，才有动力和兴趣，才能取得更好的效果。

⑦大肌群先练。腿部、胸部和背部的肌群属于大肌群，这些肌群练习需要使用较重的负荷，否则难以取得效果。当精力充沛、能够克服较重的负荷时，必须先练这些肌群。若等到训练快结束时再练大肌群，那就力不从心了，效果也会大打折扣，甚至会出现伤害事故。

⑧轮流交替训练。轮流交替训练是指同一块肌肉不要连续进行练习。交替练习的肌群在第一次练习之后得到一定的恢复，因此在第二次练习时能承受相对更大的负荷。由于肌肉力量与体积的发展、训练强度紧密相关，交替练习更有利于肌肉体积和力量的增长。训练者若有意对同一块肌肉进行连续刺激，那就要注意恢复时间必须足够，预防伤害事故的发生。

⑨避免过度伸展肌肉。按理说，每个动作应使肌肉充分收缩和伸展，以刺激毛细血管扩张，为肌肉提供更多的营养。但这并不意味肌肉拉得越长，锻炼效果就越好。任何一种材料超过弹性极限都会变形，甚至断裂。肌肉也一样，伸展过度就会损伤，负重状况下尤其如此。

6.1.4 加强医务监督

医务监督是用医学知识内容、方法帮助和指导健美运动员合理进行训练和比赛，使健美运动获得更大的效果。

带伤后应以徒手练习为主，2 周后再进行适应性负重练习。伤后训练应严格遵循循序渐进原则，否则将前功尽弃。伤病初愈者要根据医生的意见进行训练。一般来说，轻度肌肉拉伤者，应停止训练 2~3 天，然后以徒手静力性练习为主，一周后进行适应性练习，待症状消失后再进行正规训练；肌肉严重拉伤者，应立即中断训练，并使拉伤的肌肉处于相对松弛的状态，自我医务监督内容与指标如表 6.3 所示。

表 6.3 自我医务监督内容与指标

类别	内容	反应	备注
自觉状态	身体感觉	正常 一般 较差	本监督表每周记录，并作综合评价
	运动情绪	正常 一般 较差	
	睡眠	正常 一般 较差	
	食 欲	正常 一般 较差	
	排汗状况	正常 一般 较差	
生理指标	脉搏(次/分钟)	有规律 不规律	
	体重(kg)	增加 保持 减轻	
	肺活量(ml)	增加 保持 减轻	
	便尿情况	正常 混稀	
	女子经期状况	正常 不正常	
运动成绩 训练效果	素质成绩	提高 保持 下降	
	专项成绩	提高 保持 下降	

其他伤病情况(记录伤病原因、程度)

会员姓名： 性别： 年龄：
职业： 单位： 住址：
联系电话：
日期：

健身教练员签名：

年 月 日

6.2 运动性疲劳

6.2.1 运动性疲劳的产生

身体疲劳时，生理机能都相对降低，肌肉力量较弱，动作协调性下降。疲劳是肌体或某一部分由于长时间地工作或反复受到刺激而出现应答能力或机能的减退。导致疲劳的原因是多方面的，包括生理方面引起的疲劳、心理方面引起的疲劳、生活方式引起的疲劳。肌肉运动能力下降是运动性疲劳的基本标志和本质特征。日本著名生理学家猪饲道夫提出疲劳公式：疲劳 =F. K−R(M) +S。公式中，F 代表疲劳，K 代表身体素质和运动能力的变化，R 代表生理功能下降和能源贮备的减少，M 代表精神因素，S 代表疲劳感。从公式中可以了解到它导致的工作能力和身体机能的下降也是暂时的，在运动训练中一旦发现疲劳的产生，要即刻采取科学的对策消除疲劳。

运动科学中，疲劳更多的是被定义成肌肉产生力量的下降。疲劳并非过度训练，而更多的是具有积极的意义。各种各样的原因都会导致疲劳，但归根结底都与运动强度与持续时间有关，两者其实是决定能量系统的关键因素，也是疲劳产生的关键。

6.2.1.1 能量系统耗竭

①磷酸肌酸(CP)与ATP。如果训练是无氧训练，那么与磷酸肌酸和ATP这两个因素密不可分。二者为高强度训练提供物质能量基础，可以在短时间内保持高强度运动，由于CP与ATP在人体内的储备有限，剧烈运动会迅速减少活跃肌细胞的供应，导致疲劳，从而被迫停止运动。因此，高强度运动中，疲劳的产生更多地还是受限于两者的身体储备量。而肌酸的补充也被认为可以提高运动水平，延缓疲劳感的发生。

②糖原储备。人体通常意义上的疲劳，不管是运动还是忙碌一天的疲劳，都与糖原储备下降有直接关系，特别是运动时，糖原耗竭的速度更快。

运动时，肌肉每一次的收缩都需要糖原的支持与消耗，葡萄糖源源不断地进入糖酵解系统，产生ATP，于是便有了运动能量。当糖原水平较低时，就会感觉运动困难或者疲劳。运动的强度决定了肌糖原分解的速度，强度越大，分解速度就越快。

当肝糖原储备不足时，血糖水平就会下降，导致低血糖。人体血糖浓度不仅对于运动时的肌肉收缩有影响，更为重要的是人体的大脑和神经对于葡萄糖也是完全依赖的。葡萄糖是大脑中枢神经的唯一燃料。当人体整体血糖不足时，运动能力下降，产生疲劳，实际上这是人体的一种自我保护机制，血糖必然优先供给大脑与神经。这也就是为什么有的人运动时间过长或者强度过大时会觉得头晕眼花的原因，因为大脑神经得不到足够的能量来源，就无法正常工作。所以运动时身体产生的疲劳，不要认为是不好的信号，它更多的是让你慢下来、停下来，这是身体给出的决策，它要优先保证你的生命体征。

6.2.1.2 水合状态与体温

运动时的水合状态不足也会导致疲劳，脱水会损害身体的生理功能，特别是大量出汗时，很多电解质都会流失。当电解质失衡时，人体细胞处于紊乱状态，整体运动能力下降。

水合状态不足的影响之一是会导致体温过高。体温过高对于运动并不是一件好事情。过高的体温对心血管系统、肌肉、大脑会产生很多不利因素，肌糖原分解也会加快，心脏必须给皮肤输送更多的血液以帮助其降低温度，这样就会减少流向目标肌肉的血液供给。脱水的时候，大脑反应也慢，从而最终降低运动能力，导致疲劳感的产生。保持充足的水分是延缓疲劳感的关键。

6.2.2 运动性疲劳判断

疲劳是一种主观不适感觉，在日常生活中，总是会出现这样的感觉。在健身运动过程中也会感到疲劳，觉得可能是运动性疲劳。是否真的属于运动性疲劳还需要科学的判断分析。

运动性疲劳的判断方法主要有以下几种。

6.2.2.1 健身者自我感觉：主观感觉判断疲劳

发生运动性疲劳的必要条件就是运动量大，运动后感觉累，是健身者自我感觉最为敏感的指标，如果在运动中出现累，则应该降低运动强度，减少运动量，及时阻止运动性疲劳的发展。适量的运动会提高睡眠质量，但是过量的运动则会导致全身疲劳、酸痛等不舒服现象，甚至导致睡眠质量下降。这也是属于运动性疲劳的表现。另外有些人运动后食欲会下降，累得连饭都吃不下，这也可能是运动性疲劳的表现。

主观感觉判定：锻炼后感到头晕、恶心、胸闷、食欲减退、厌恶运动等，说明运动量过大，疲劳程度较严重。

自我测试判定：具体方法是，锻炼者在运动过程中根据 RPE 表（运动强度与运动自觉量表）指出自我感觉的等级，以此来判断疲劳程度。如果用 RPE 的等级数值乘以 10，相应的得数就是完成这种负荷的心率。

用一些简单的自我感觉来判断肌体是否疲劳，判别方法如表 6.4 所示。

表 6.4 疲劳自我感觉症状分类表

	体力症状	精神症状	神经感觉症状
1	头痛	头脑不清，头发热，兴奋	眼睛疲劳（眼花）
2	头重	思想不集中，不愿思考	眼湿、眼干
3	全身酸痛	孤僻、不愿讲话	动作不灵活，动作错误
4	机体某部分发酸	情绪波动	头重脚轻，步履维艰
5	机体某部分作痛	困倦嗜睡	味觉改变，感到有臭味
6	肩关节酸胀	感到泄气	眩晕
7	呼吸困难、胸闷	对事缺乏热情	眼皮发跳
8	脚酸手软	健忘	耳朵失聪、耳鸣
9	咳不出痰、嘴发干	做事无信心、差错多	手足发抖
10	打哈欠、出冷汗	牵挂、担心	坐立不安

6.2.2.2 他人感觉

无论在运动过程中还是日常生活中，发生运动性疲劳后，总会有一些异常举动，如运动动作不协调、配合不到位、运动速度下降、幅度变小、动作不到位、运动能力减小等。他人的观察也是不确定的，即便出现这些举动也不一定就是运动性疲劳。

6.2.2.3 机能指标测定：测定运动中的心率来评定疲劳

心率测定法：心率是评定运动性疲劳最简易的指标，一般常用基础心率、运动后即刻心率和恢复期心率对疲劳进行诊断。基础心率正常情况下都相对稳定，如果大负荷运动训练后，经过一夜的休息，基础心率较平时增加5~10次/分以上，则认为有疲劳累积现象，如果连续几天持续增加，则应调整运动负荷。按照“训练-适应”理论，随着训练水平的提高，若一段时间内从事同样强度的定量负荷，运动中心率增加，则表示身体机能状态不佳。

生理机能判定法：肌力降低，动作协调性下降，特别是完成精细动作时的失误增加。

6.2.3 疲劳的恢复

在健美运动中出现的疲劳称为运动性疲劳，是人体在运动过程中体力暂时下降的正常生理现象，它对机体并无损害，且正是对机体的一种保持性信号或称保持健康的保险阀，它提示人们注意不要过度疲劳。关注运动强度与持续时间的同时，更要关注运动后的疲劳恢复。

当识别肌体疲劳后，应对症下药消除疲劳。消除疲劳的方法有三种：一是保证充足的睡眠和休息时间。二是积极性(活动性)休息。三是适当地减少或降低练习难度和强度。

6.2.3.1 睡眠

要保证充足的睡眠时间，肌肉恢复及增长是在休息中完成的。日本筑波大学铃木教授说，所有高强度的训练对肌肉组织都有较大的损害。除肌肉损失肌蛋白外，其中储存的氧和肌红蛋白在训练中大量涌入血液，使肌肉内的红细胞因血红蛋白减少，供氧能力随之降低，肌肉力量会因氧代谢力下降而减小，损伤的肌肉亟待修复。以往人们只注意到修复损伤时所需要的蛋白质，却没有注意到人体更需要的是能增加这种蛋白质合成所需要的生长激素。现在已经知道，生长激素不仅在运动中加速生成，在睡眠时也十分活跃。上午从事健美运动的人需要比常人多一些午睡时间，以利于生长激素在睡眠中生成。生成的激素需要在2小时才能达到高峰，午睡时间不能太短。另外，运动中消耗的肝糖原，需要2~3小时才能补足，不然疲劳无法恢复。

不论如何强调睡眠都不为过，睡眠是最重要的合成代谢的手段。缺乏睡眠将导致你的训练强度下降，而且恢复更慢，更容易受伤。对于疲劳恢复来说，睡眠不仅会让你的体力恢复，而且身体内的各种代谢激素，特别是参与合成肌肉的激素，如生长激素、睾酮素浓度都会升高。而且可以缓解身体疲劳带来的皮质醇的副作用。睡眠因人而异，7~9小时的睡眠是比较推荐的，在保证时间之外，睡眠质量越高，疲劳恢复度就越好。

6.2.3.2 饮食

疲劳状态恢复期间补充碳水与蛋白质最为重要。

①碳水化合物：任何形式的运动都会消耗能量，这些被消耗的能量必须在下次训练前予以补充，促进机体恢复。训练期间，肌肉更倾向于使用糖原储备作为第一燃料，而且糖原利用效率比较高。在机体恢复过程中，碳水为肌肉合成提供最有力的热量环境作为保障。特别是训练后，迅速补充一顿高热量食物，有利于缓解疲劳，降低皮质醇带来的身体压力，有利于肌肉的合成环境。对于增肌与体重过轻、想要增重的人来说，每天的热量盈余要保证500~1000大卡，这样不仅能够使机体恢复，而且能够有效达成运动目标。而对于减脂来说，计算好每日热量盈亏，训练后要补充200~400大卡热量且全天热量缺口不宜过大，才能在维持瘦

体重的同时避免过度疲劳，并恢复体力。

②蛋白质：有效率的训练不可避免地会导致蛋白质分解，产生疲劳。肌肉的合成取决于肌肉内的蛋白质合成速度是否大于分解速度，如果蛋白质无法在饮食中获得足够身体恢复的数量，那么就会从自己身体里分解蛋白质使用，这样不仅会导致身体恢复变慢，而且瘦体重会流失。蛋白质不足，无论是增肌还是减脂期间，都会严重影响身体恢复。因此，运动期间，正常人 1kg 体重补充 1.5~1.8g 的蛋白质，是比较推荐的。训练后应加强蛋白质的补充(日均量以 1.5g/kg 体重为宜)。

③有益脂肪：人体无法合成不饱和脂肪酸 Omega-3 与 Omega-6，这两种脂肪对于人体结构的完整性起着重要作用，因此必须进行补充。Omega-3 对人体的恢复极为重要，不仅支持合成代谢而且具有调节人体炎症水平的作用，Omega-3 在正常饮食中比较匮乏。建议通过坚果、橄榄油或三文鱼来补充。Omega-6 一般在饮食中不缺乏，但错误比例的 Omega-6 脂肪酸将加剧炎症，影响机体恢复。

④水合状态：水分必不可少，运动人群 1kg 体重推荐 40ml 左右的水分补充，运动期间也要少量多次补充，这样可以防止身体脱水并且加速机体恢复。

⑤维生素与矿物质：加强微量元素及矿物质的补充，可多吃一些新鲜的蔬菜和水果，还可口服一些维生素制剂，如施尔康等。水果和蔬菜不仅能够提供可溶性膳食纤维，还具有大量的抗氧化剂，能够提供相当数量的矿物质和维生素。土豆、香蕉、橘子、橙汁和葡萄干等含有丰富的钾元素和维生素 B 和 C 有助于把人体内积存的代谢产物尽快处理掉，故食用富含维生素 B 和 C 的食物能消除疲劳。可多食用碱性食物，如新鲜蔬菜、瓜果、豆制品、乳类和含有丰富蛋白质与维生素的动物肝脏等。这些食物经过人体消化吸收后，可以迅速地使血液酸度降低，中和平衡达到弱碱性，从而消除疲劳。

6.2.3.3 强化训练后的恢复措施与恢复性训练

强化训练后的恢复措施主要包括健身运动后拉伸肌肉群放松、全身按摩放松、沐浴放松。

恢复性训练最容易被忽略，除充足的睡眠与良好的饮食外，还应该做一些积极性恢复或被动性恢复。积极性恢复，指的是在大负荷训练后，依然做一些有利于身体恢复的低强度运动，比如低强度的打篮球、慢跑、快走等。而被动性恢复，就是指按摩、拉伸或者冷水浴等。需要说明的是，恢复性训练最好单独抽时间去做，非单次训练后接着完成。最好是计划用一两天或者在休息日单独安排进行恢复性训练。

恢复性训练，对于身体疲劳后的恢复不但重要，而且不可或缺，与其他恢复手段同等重要。恢复性训练虽然也是训练，但更多的是给身体一种缓冲，让激素水平恢复正常的同时保持身体状态。

疲劳后恢复至关重要，没有好的恢复，不仅训练质量无法提升而且会更容易受伤。让身体发挥最大的潜能，一个完整的计划应囊括营养、训练与恢复，三者缺一不可，这样才能带来最大的受益。缺少某一因素的训练计划必然是有安全隐患的。无论是增肌减脂，还是运动表现，掌握的知识越多，就越有利于不断挑战自我，最终实现自己的目标。

6.2.4 乳酸与肌肉酸痛

无氧运动后产生的疲劳，通常都伴随有肌肉酸痛感，但这种酸痛感并非真正来自乳酸。

人体通过糖酵解可以快速产生 ATP，这个代谢过程发生在细胞质内，其中葡萄糖并不能够完全被分解，而是产生了一种叫作丙酮酸的物质，这种物质后续会被有氧氧化系统利用并产生能量。然而，无氧糖酵解通常是氧气不足，供能时间通常在 1~2 分钟。此时丙酮酸还可以转化成乳酸盐，也就是乳酸，这是无氧糖酵解的代谢物。事实上，当肌肉细胞内的乳酸迅速堆积时(清除乳酸的速度慢于活跃肌肉产生乳酸的速度)，会进一步分解成乳酸分子和氢离子，乳酸分子会继续转化成丙酮酸，帮助产生更多的 ATP，而氢离子是身体疲劳的根源所在，如图 6.1 所示。

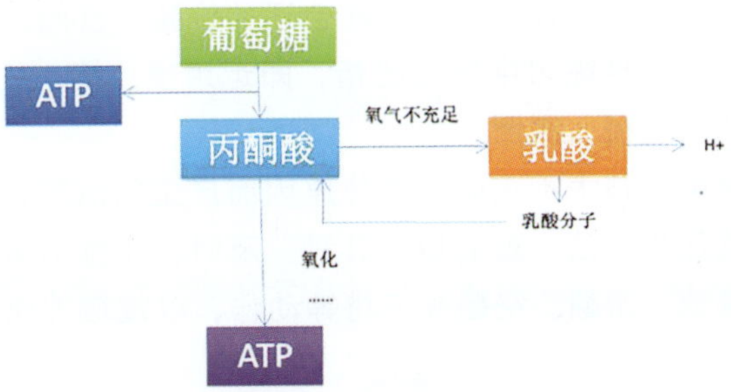

图 6.1 无氧糖酵解

当氢离子在肌肉细胞内不断累积时，细胞的 pH 值就会迅速下降，pH 值的降低，会影响肌肉收缩过程中钙离子的功能(肌肉收缩依赖于肌浆网释放钙离子)。而任何影响钙离子进出肌浆网并与肌钙蛋白相互作用的物质都会导致疲劳，从而减少肌肉的收缩，降低细胞在糖酵解系统中产生 ATP 的能力，整体力量就不得不降低，运动疲劳就会产生，如图 6.2 所示。

因此，乳酸并非第二天身体酸痛的主要原因，更多的原因是无氧运动影响肌浆网里的钙离子状态，以及其他一些原因，如肌肉的高强度离心收缩，导致肌肉损伤，从而产生酸痛等。

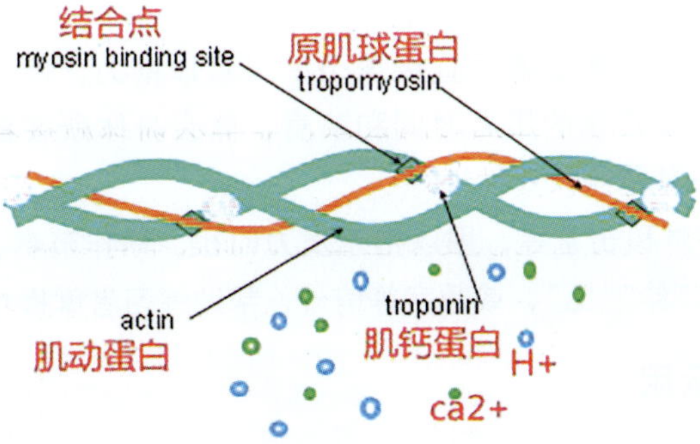

图 6.2 肌肉收缩中的钙离子释放

6.3　保护与帮助

6.3.1　保护

为防止练习中意外事故的发生而采取的安全措施叫作保护。它包括发生危险时的安全措施、未发生危险时的预防措施，包括自我保护措施及他人采取的安全措施。保护分为他人保护和自我保护两种：

①他人保护。为防止由于技术不正确或意外等原因而出现的危险所采取的安全措施叫作他人保护。他人保护方法一般有以下几种：单人保护法、双人保护法、多人保护法。

保护者应根据项目的特点和动作结构，站在合适的位置，自始至终地仔细观察完成动作的情况，做好保护的准备，一旦练习中发生险情，即运用接、抱、拦、挡等手法，使其停止或减缓运动速度，避免撞击器械、摔倒。

②自我保护。为避免由于技术不正确或意外原因而产生的危险，运用特定的技巧摆脱危险就叫作自我保护。自我保护方法一般有以下几种：及时停止练习或采取合理姿势；利用惯性顺势做屈臂、团身、滚动、滚翻、空翻或下蹲等动作，以减缓冲击地面的力量；改变身体姿势或动作性质。

6.3.2　帮助

在练习过程中及时给予助力、信号或放标志物和限制物等，使其更快地建立正确的动作概念，更好地掌握、改进和提高动作技术的措施叫作帮助。帮助方法分为直接帮助和间接帮助两种：

①直接帮助。帮助者直接加助力于练习者，使其更快地建立正确的动作概念，更好地掌握、改进和提高动作技术的措施，叫作直接帮助。直接帮助是一种最基本、最简便、最常用的帮助方法。其一般方法是：帮助者站在合适的位置，运用托、顶、送、挡、拨、拉、扶、推、按等手法，帮助练习者完成动作。不同的项目、不同的动作有不同的帮助方法，要根据具体动作的具体情况灵活运用。

②间接帮助。间接帮助是帮助者不直接给予练习者以助力，而是通过信号、标志物和限制物等手段，使练习者掌握正确的用力时间和节奏，体会身体所在的空间方位，尽快地学会动作和提高动作质量的一种措施。

信号，包括语言、呼声和击掌等，用以指示发力时机、动作节奏，利于建立正确的时间概念。如帮助者发出“用力”“伸”“压”，或数字等信号，帮助练习者掌握用力时机和动作节奏。

6.3.3　保护与帮助运用

6.3.3.1　借助专门器材进行保护与帮助

无论是保护还是帮助，都可以借助专门器材进行。利用专门器材设备进行保护与帮助尤为重要。目前常见的器材设备主要有：保护滑车、保护腰带、护掌、保护手套，泡沫海绵垫、海绵包以及各种形式与高度的保护凳等。使用专门保护器材，更能达到保护与帮助的目的，其最大特点是安全、可靠，有助于消除紧张、害怕心理，大大增强安全感，促进运动技术的发展。在使用保护器材前，必须严格、细致地检查；在操作中，保护者要全神贯注。

保护与帮助在健美教学训练中只是一种手段，最终目的是在保障练习者安全的基础上，加速动作学习过程，促进技术提高，最后独立完成动作。在教学过程的不同阶段中，对保护与帮助的运用应有所侧重，在运用中必须遵循某些基本原则。

6.3.3.2 不同教学阶段中保护与帮助的运用

运动生理学中指出，动作技能的形成可分为泛化、分化、建立动力定型三个阶段，即分为粗略掌握动作阶段、改进提高动作阶段和巩固与运用自如阶段。在不同阶段，练习者对动作掌握的程度不同，其练习者任务不同，对保护与帮助的运用也不同，尽管练习者对象千差万别，在具体运用中也不尽相同，但从总体来说，在第一阶段中，一般以帮助为主；在第二阶段中，保护与帮助交替运用；在第三阶段中，以保护为主，最后脱离保护，独立完成动作。

6.3.4 保护与帮助运用原则

6.3.4.1 位置要合适

位置是指保护者所站的部位。一般而言，站立的位置应靠近容易发生危险的地方，具体位置必须根据各个项目的特点及各具体动作的结构而定。在练习时，保护帮助者应相应站在器械的前侧方或后侧方，必须根据动作变化而相应改变站立位置，移动时步法要敏捷而平稳。可根据练习者的掌握情况进行重点保护、帮助，必要时采用两人配合的方式进行保护、帮助。保护与帮助站位如表6.5所示。

表6.5 保护与帮助站位

练习名称	搭档(帮助者)站位
卧推	站在练习者头后
坐姿推举	站在练习者头后的练习凳上
坐姿颈后下拉	站在练习者后方，握住拉杆中间位置
引体向上	站在练习者后方，抓住练习者膝关节
双臂屈伸	站在练习者后方，练习者屈膝，抓住胫骨处
器械蹲起	站在练习者后方，扶住练习者手臂下方(背阔肌)
双臂弯举	站在练习者前方，抓住杠铃杆的中间位置
站姿滑轮双臂屈伸	站在练习者侧面，抓住拉杆的中间位置
仰卧起坐	站在练习者侧面，扶在两个肩胛骨之间的位置

6.3.4.2 部位要正确

部位是指助力的作用点。正确的部位就是最能发挥助力最大效应的地方，根据具体动作结构而确定。一般而言，主要的助力作用点均在人体重心附近的部位或运动轴两侧的身体部分的重心附近。

6.3.4.3 时机要恰当

时机是指给予助力的时机。掌握好时机，是保护帮助的关键，是促、帮技巧的关键所在。只有恰到好处的助力时机，才能充分起到保、帮的积极作用。过早、过晚的助力都会成为阻力，从而影响动作的完成，甚至造成人为伤害。

6.3.4.4 力量要适度

力量是指助力的大小。助力的大小必须根据学习过程、学生技术水平、身体素质以及动作难易程度而定。一般情况下，初学阶段帮助要大些，随着动作能力的提高，逐渐减小助力，直至最后独立完成。此外，对技术水平较差、能力较弱者，所给助力相应要大，反之则小。若不论对象，不管具体情况，均给予同样大的助力，或以为助力越大越好，都会影响动作技术的掌握。

6.3.4.5 重点要明确

保护的重点是身体要害部位和最易受伤部位。首要是头颈部，其次是上肢，要避免头部直接着地和直臂手撑地。

6.3.5 对保护帮助者的要求

6.3.5.1 要有高度责任感

保护者对保护、帮助的意义要有足够的认识。必须意识到本身的工作对安全负有全面责任。其具体表现为：在保护中应耐心细致、精神集中，并有任劳任怨的工作态度；在关键时刻应有舍己救人的精神，能全力以赴地确保学生的安全。

6.3.5.2 熟悉动作技术，掌握正确方法

不同的项目、不同类型的动作，都有各自的技术特点，也有一定规律。首先要掌握技术的一般规律，同时又熟悉每个动作技术的特点，才能明确完成动作的关键及可能发生危险的情况。这样才能正确地运用保、帮的一般原则，做到位置合适、部位正确、时机恰当、力量适度。总之，熟悉动作技术是掌握正确的保护与帮助方法的基础。

6.3.5.3 了解学员特点，区别对待

学员的情况不同，各具特色，保、帮者必须根据不同的特点给予区别对待。首先，要熟悉对动作技术的掌握情况；其次，要根据学生的性别、年龄了解其身体素质和心理素质的特

点；最后，还要了解当时的体力与思想状态。只有全面了解，保护与帮助才能恰到好处。

保护与帮助是一项较为复杂的工作，它具有一定的技巧性和艺术性。作为保护者，需要有敏锐的观察力、积极的思维、正确的分析和及时的判断，并应以无比的热情，从精神上、助力上给予学生诚挚的保护与帮助。

第 7 章

健美训练营养

7.1 健美营养素

运动与营养是促进健康的两大基本要素，运动与营养又是相互促进、相互影响、密切相关的。所谓合理的营养，应与每个个体的身体技能需求相适应，运动过程中还应适应个体参加运动训练的需要，提供足够的能量、维生素、水、无机盐等营养素以弥补消耗，促进机体的恢复，因此，在运动中应该重视运动前、运动中、运动后的营养策略与干预措施。

健美科学训练既讲超负荷、高密度的训练，又讲营养和恢复以获得超补偿。美国著名健美教练文斯认为健美训练 85%与饮食营养有关。

合理营养可以保证运动中能源物质的良好利用，为运动员提供适宜的能量，任何运动均以能量消耗为基础，但人体内可被快速动用的能量储备是有限的。

合理营养是机体代谢平衡的保障，能源物质在人体内合成或分解需要一系列的酶的催化，维生素和微量元素多数是辅助酶的组成部分和催化剂。

合理营养有利于预防运动损伤，肌纤维中糖原的水平与运动损伤的发生有直接的关系。

合理营养可延缓运动性疲劳的发生。无论是日常健身锻炼，还是健美运动员的专项训练，都有一个疲劳与恢复的问题，以及一个疲劳与恢复的过程。运动性疲劳即运动能力下降，而有效地补充可以延缓疲劳，加快机体的恢复。

加利福尼亚圣莫尼卡营养工程负责人邦尼・莫杜格诺说，初学者常犯三种错误：不合理节食，无法摄取成长所需的足够热量；吃得不够，肌肉增长迟缓或停滞；训练过度，训练太频繁或运动量过大，导致热量消耗过多，因此不能促进肌肉生长。

7.1.1 碳水化合物

碳水化合物(Carbohydrate)由碳、氢和氧三种元素组成，由于它所含的氢氧的比例为 2∶1，和水一样，故称为碳水化合物。碳水化合物亦称糖类化合物，是自然界存在最多、分布最广的一类重要的有机化合物。其是以糖原的形式存储在肝脏和肌肉中，称为肝糖原和肌糖原。当人体需要能量时，肝糖原便转化为葡萄糖并溶解在血液中来提供能量。

7.1.1.1 碳水化合物的分类

所有碳水化合物均由糖类构成，根据其形式及数量可分为几种类型，如表 7.1 所示。

表 7.1 碳水化合物的分类

类型	实 例
单糖(1 单位)	①葡萄糖 ②果糖 ③半乳糖
双糖(2 单位)	①蔗糖 ②乳糖 ③麦芽糖
低聚糖(3~20 单位)	①棉籽糖(3 单位) ②木苏糖(4 单位) ③毛蕊糖(5 单位) ④低聚果糖 ⑤商业用葡萄糖聚合体/麦芽糊精(5~15 单位)
多糖(20~1000 单位) 淀粉	①直链淀粉 ②支链淀粉
非淀粉多糖	①纤维素 ②半纤维素 ③果胶 ④B-葡聚糖 ⑤B-果聚糖 ⑥树胶 ⑦胶浆 ⑧海藻多糖

注：单位即葡萄糖单位

7.1.1.2 碳水化合物的主要功能

①供给热能。碳水化合物是人类从膳食中获取热能最经济和最主要的来源，它在体内消化、吸收、利用较其他热源物质迅速、完全并且安全。维持人体健康所需的膳食总能量中，55%~65%由糖提供；葡萄糖是最直接的供能物质，1g 葡萄糖在体内氧化分解可产生 16.7kJ(4kcal)能量。碳水化合物在体内主要以肝糖原和肌糖原的形式储存，如果机体需要，即动员体内储备的糖原氧化分解以供给机体的能量需要。肝糖原用以维持血糖浓度，供应全身利用；肌糖原供给肌肉本身产生能量，维持收缩功能。

除了供给和储存能量外，糖还是机体的重要碳源，糖代谢的中间产物可转变成其他的含碳物质，如氨基酸、脂肪酸、核苷等。

②组成人体细胞组织。所有神经组织及细胞核中都含有碳水化合物。主要以糖脂、糖蛋白和蛋白多糖的形式存在，如糖脂是神经组织与细胞膜的重要成分；糖蛋白是某些重要生理功能的物质的组成成分(抗原、抗体、酶、激素)；核糖和脱氧核糖是细胞中核酸的成分。

③参与肝脏对毒物的解毒作用。肝脏中糖原贮存充裕时，能提高对酒精、四氯化碳、砷等有毒化学物质的解毒能力，从而有利于保护肝脏免受有害物质的损害。同时还能提高对各种细菌感染引起的毒血症的解毒作用。

④防止酸中毒。如碳水化合物摄入量不足，或身体不能利用碳水化合物时(如患糖尿病)，身体所需热能将大部分依赖脂肪供给。脂肪氧化不全时即产生酮体，多余的酮体积存在血液及组织中，即可引发酮症酸中毒。

⑤提供食物纤维。食物纤维包括纤维素、半纤维素、木质素和果胶等。人体不能吸收纤维素，但它能促进肠道蠕动，增进消化腺的分泌，有利于食物得到消化和排泄，减少粪便在

大肠停留的时间，从而减少中毒症和肠癌的发生。

⑥保护大脑，维持大脑正常功能。大脑内贮存的葡萄糖和糖原极少，脑功能活动复杂、频繁，需要的能量特别多，它完全依靠血液循环随时供给葡萄糖，以维持大脑的正常机能。

不同组织中的碳水化合物具有四个重要功能：碳水化合物是神经细胞和红细胞的代谢能量燃料；碳水化合物是骨骼肌，特别是参与运动的骨骼肌的代谢能量燃料；在碳水化合物代谢时，碳水化合物可以作为脂肪进入三羧酸循环的引物；在运动和强度训练过程中，碳水化合物起到节省蛋白质的作用。

7.1.1.3 健美运动员的碳水化合物摄入

(1) 碳水化合物摄入量

健美运动员是一个具有碳水化合物特殊摄入需求的群体，要满足训练期间、比赛和恢复期对能量的需求。在有氧和无氧运动过程中，碳水化合物是一种重要的能量来源。机体中糖的主要贮存形式是肌糖原，它和肝糖原一起提供运动肌所需要的能量。在各种强度运动的开始阶段，糖被用作提供能量的燃料，同时，当受试者进行 50%~60% Vo_2 以上强度的运动时，糖是维持运动所必需的燃料。

健美训练碳水化合物摄入量：碳水化合物是增加肌肉体积的主要物质，但过多摄入碳水化合物会增加身体的脂肪含量，所以要注意碳水化合物的摄入量，健美运动员的摄入标准是 8~10g/kg(体重)碳水化合物，不可以再多，不然只会使消化不了的食物变为脂肪。训练日把碳水摄入量保持在 9g/kg(体重)左右，在高强度体能训练期间，运动员每天的碳水化合物摄入量可能高达 10g/kg(体重)。在训练小肌群或者休息日的时候，可以把碳水减少至 8g/kg 体重，低于这个摄入量很难发挥肌肉的全部“生长”潜力。

在运动中，如果身体中的碳水化合物减少，运动员的表现就会变差，而且身体也容易疲劳。

饮食中的碳水化合物是运动准备、运动表现和运动恢复的一个重要部分。因为运动员每天重复训练，对碳水化合物的要求也在不断提高。

如图 7.1 所示，运动员可以食用高 GI 和低 GI 的食物来达到最佳表现，运动员在长时间运动后或者在运动结束后立即摄入高 GI 的食物，从而获得最佳运动表现并快速恢复。

当运动员摄入低 GI 的碳水化合物时，能避免体内血糖的剧烈波动，同时还能使此前运动过的肌肉长时间、缓慢地利用血糖。

通过规划碳水化合物的摄入，运动员能够确保在运动或训练课之前优化肌糖原存储，在运动过程中及时补充碳水化合物，以及在运动后和再次比赛前及时补充可快速恢复肌糖原。

在长时间训练课(尤其是比赛)中要想增加燃料(能量)的可利用率，运动员应在训练课前 1~4 个小时内通过富含糖的用餐摄入 1~4g/kg(体重)的碳水化合物。

在长时间中等或高强度运动中要想摄入额外的碳水化合物，运动员应在运动中每小时补充 30~60g 碳水化合物。

训练后使肌糖原得到最大限度的恢复以增强训练的能力，或者在长时间比赛之前采用糖原填充法，运动员每24小时内按照每千克体重补充7~10g的碳水化合物。

要想在运动后缩短恢复期，运动员应在训练课结束后30分钟内至少补充1g/kg体重的碳水化合物。

抗阻训练过程中摄入碳水化合物，还要考虑另外一个因素，那就是碳水化合物的促胰岛素分泌效应。

胰岛素是葡萄糖和氨基酸抵达血流后进入肌肉组织所必需的一种合成代谢激素。当它与适当的营养相结合时，它的唯一作用便是促进肌肉的生长。葡萄糖来自碳水化合物，而氨基酸则来自蛋白质。胰岛素在力量训练期间帮助形成肌肉糖原和养料储备，并通过增加肌肉对氨基酸的吸收，促进蛋白质合成。摄入碳水化合物(特别是高血指数的碳水化合物)会极大地促进内源性胰岛素的分泌。胰岛素可以增强抗阻练习的合成代谢刺激，胰岛素对参与运动的肌肉具有明显的促合成功效。其作用方式包括：①促进蛋白质合成；②降低蛋白质分解；③促进葡萄糖摄入；④刺激葡萄糖存储。

(2)增肌与减脂

①增肌增重：遵守“2~3”法则。“2~3”法则是指运动员每1磅的体重每天需要吃2~3g的碳水化合物(1kg=2.2lb)，这些碳水化合物在5~6餐之间分布。举个例子，一个90kg左右的健美者每天需要咽下400~600g的碳水化合物。

②减脂：遵守“3-2-1”法则。增肌之后来到了减脂阶段，可以采用“3-2-1”法则：第一天每磅的体重吃3g碳水化合物，第二天每磅体重吃2g，第三天每磅体重吃1g。用这个法则进行碳水循环直到肌肉细节出现。用“3-2-1”法则可以降低卡路里和糖原储备来燃烧脂肪，和低碳水化合物的减脂方法相比可以更好地防止减脂时候的肌肉流失。

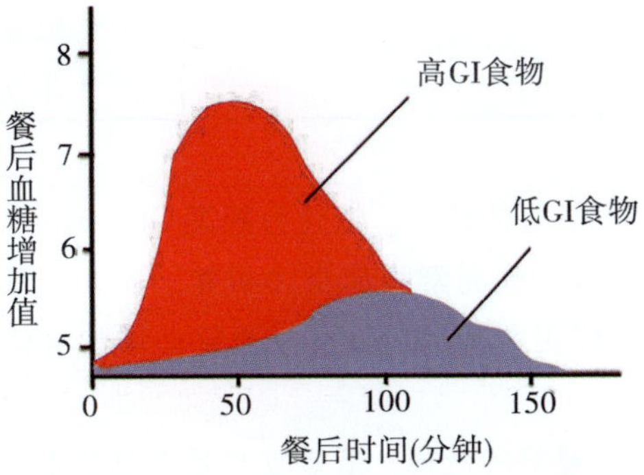

图7.1 血糖指数

(3)高GI与低GI

按照食物对血糖的影响和食物血糖生成指数GI(Glycemic Index)，可将食物分为三个等级：低GI食物，即GI<55；中GI食物，即GI为55~70；高GI食物，即GI>70。如表7.2所示。

GI值可以帮助健身者在运动前中后期选择合适的碳水化合物。在运动前摄入低GI食物能更好地维持运动中的血糖浓度，会稍微提高脂肪氧化或燃烧速率，同时耐力会得到改善。高 GI 食物容易迅速被身体吸收和消化，更快地获得能量，高 GI 食物适合在锻炼期间和锻炼之后食用。

表 7.2 **高 GI 食物举例**

GI 高 (GI>70)		GI 适度 GI(55~70)		GI 低 (GI<55)	
食物	GI	食物	GI	食物	GI
葡萄糖	100	全麦面包	69	成熟香蕉	52
脆玉米片	84	速溶麦片	66	麦片粥	49
Cocopops	783	牛奶什锦早餐麦片	68	杂麦面包	45
速食马铃薯泥	7	松饼(蛋糕的一种)	62	全麸	42
烤马铃薯	85	软饮料	68	夹生的米饭	47
运动饮料	95	黑米/白米	59	牛奶	27
豆冻胶(Jelly Beans)	80	竹芋粉(葛粉)饼干	66	酸奶	33
白面包	70	冰淇淋	61	巧克力	49
Weetbix 牌麦片	70	芒果	55	生香蕉	30
西瓜	72	橙汁	57	苹果	36
蜂蜜	73	蔗糖	65	橙子	43
				意大利面食	41
				烤豆	40
				菜豆(肾形豆)	27
				红扁豆	26
				果糖	20

①高 GI 碳水化合物是增肌最好的选择。快速分解高 GI 的碳水化合物，糖分消化吸收的速度快，在短时间内会使血糖升高，胰岛素唤起身体机能。比如土豆泥、白面包是增重最好的选择。因为材质是软软的，这样更助于消化，可以更好地增加身体内的胰岛素水平来帮助增肌。

②低 GI 碳水化合物是减脂最好的选择。低碳饮食是严格控制碳水化合物的摄入，从而达到减脂瘦身的效果；而低 GI 饮食并不限制碳水化合物的摄入，而是提倡碳水化合物的合理选择。低 GI 的碳水化合物消化吸收速度会相对较慢，让血糖值维持在比较稳定的状态，能带来更长时间的饱腹感，正常供应给身体细胞，不会过多地改变身体里的胰岛素水平，不会囤积过多脂肪，防止肌肉丢失的同时保持身体里的胰岛素水平来帮助减脂。

7.1.1.4 补充碳水化合物时机

越接近健身训练时间就要进食越快吸收的碳水化合物，越远离健身训练时间就要进食越慢吸收的碳水化合物。

训练前2~3小时进食中等吸收至慢吸收的碳水化合物。训练前15~30分钟如果感到疲惫或状态不佳，可以摄入快吸收的碳水化合物，如一小块白面包。

健身训练过程中，如果时间超出1小时，比如进行1.5~2小时的持续训练，建议在训练过程中补充吸收最快的碳水化合物，如运动饮料，以维持健身运动的状态。

健身训练结束后30分钟内，常说的最佳吸收时间，建议补充快吸收的碳水化合物。训练后的加餐应该在训练之后1小时内吃完，这餐每磅体重最好吃0.9 g的碳水，要求易吸收的碳水化合物食品，最好是葡萄糖，比如土豆泥、香蕉等。训练后的理想食品是能迅速地被消化吸收、易分解的碳水，目标是快速增加身体内的胰岛素水平。

健美运动员每天最重要的两餐，分别是训练后的那一餐，以及早餐。这是两个摄入大量碳水化合物的最佳时机。这样的饮食可以帮助恢复肝和肌肉的糖原储备并且加强蛋白质生产，防止分解代谢并且减少碳水被转换成脂肪的危险。

碳水化合物对健身训练起着关键作用，健身前后都需要进行补充，它是身体最主要及最有效率的能量来源。不同的碳水化合物对于健身训练状态、力量、肌肉饱满度、持久力及恢复能力等方面都有一定的影响。如果在饮食中可以更好地搭配碳水化合物，必定可以改善健身训练及其效果。

曾6次荣获“奥林匹亚先生”荣誉的多里安·耶茨说：“我喜欢每磅体重摄入1g蛋白质。然而，我每天吃相同数量的碳水化合物。对我来说，可能需要500~600g。如果我的体重每星期不能增加半磅，我就摄入更多的热量，主要从诸如土豆、燕麦或面类食品中摄取复合碳水化合物。”①

7.1.2 脂肪

7.1.2.1 膳食脂肪分类

食物中的脂肪主要有三种，即饱和脂肪、单不饱和脂肪，以及多元不饱和脂肪酸。胆固醇和油脂等其他脂肪是在不饱和油(氢化油和反式脂肪)加工过程中形成的。

脂肪种类繁多，其中一部分为必需脂肪酸。脂肪的分类方式包括饱和程度(碳碳双键的数目)、碳碳双键的位置(双键的位置从脂肪酸链的两端计算)、链长(组成脂肪酸的碳链长)和脂肪酸排列(连接在脂肪分子甘油主链上的脂肪酸链的差异)。了解这些差异能帮助运动员选择适当类型的脂肪以促进健康和运动表现，如表7.3所示。

---

① [EB/OL]. [2015-03-11]. http://www.fx120.net/fitness/200311/fitness_1490.html.

表 7.3　　**膳食脂肪分类**

脂肪种类和实例	碳原子量：碳碳双键	饮食来源	推荐摄入量
饱和脂肪酸			
丁酸	4：0	牛油	—
各种中链类型(如癸酸和月桂酸)	6~12：0	热带油脂、膳食和药物	每次小于 30g 补充可防止肠道疾病
软脂酸	16：0	动物脂肪、棕榈油	饱和脂肪小于脂肪摄入量的 33%；小于热量摄取的 10%
硬脂酸	18：0	动物脂肪、可可黄油	饱和脂肪小于脂肪摄入量 的 33%；小于热量摄取的 10%
单不饱和脂肪酸			
(顺式结构，n–9)油酸	18：1	橄榄油、菜籽油、花生油	大于脂肪摄入量的 33%；约为热量摄取的 15%
(反式结构，n–9)反油酸	18：1	部分氢化油、人造黄油、饼干、薯条、甜点、炸鸡等	最小量
多元不饱和脂肪酸			
(顺式，n–6)亚油酸 *	18：2	大部分植物油、休闲食品、瓶装油、包括玉米、棉籽、红花	(人体必需脂肪酸)男 1.6g/天，女 1.1g/天
(顺式+反式，n–6/n–7)共轭亚油酸	18：2	牛肉、奶制品、膳食补充剂	研究剂量 3.5~7.5g；小于 250mg
(顺式 n–3)亚麻酸 *	18：3	核桃、亚麻制品、菜籽油和大豆油	(人体必需脂肪酸)男 1.6g/天，女 1.1g/天
(顺式)亚麻油酸	18：3	樱草花、黑加仑子油、膳食补充剂；在体内由其他脂肪产生	研究剂量 500mg/天
(顺式 n–3)二十碳五稀酸(EPA)	20：5	鲑鱼、沙丁鱼、鲱鱼、膳食补剂	160mg/天(估算；剂量多，效果更明显；EPA+DHA 总量小于 3g/天
(顺式 n–3)二十碳六稀酸(DHA)	22：6		
不常见的(2–3 个腊肪酸+甘油结)			
构化三酰甘油	—	研究和医学配方	10g 口服研究剂量
甘油二酯	—	依诺瓦(Enova)油	每汤匙 14g

7.1.2.2 脂肪在人体内的主要功能

①脂肪在生物体内储存和供给能量。它是安静和低强度运动时的主要燃料。1g 脂肪在体内分解成二氧化碳和水并产生 38kJ(9kcal)能量，比 1g 蛋白质或 1g 碳水化合物高 1 倍多。在低强度运动时($25\%Vo_2max$)脂肪组织释放入血的脂肪酸表明，当脂肪分解很少或没有分解时，它是肌肉收缩时的主要能量来源。在中等强度运动时($65\%\ Vo_2max$)，脂肪分解率最高，其中外周脂肪细胞和肌内三酰甘油在脂肪氧化中占的比例基本相等。在高强度运动时($85\%\ Vo_2max$)，脂肪酸进入血中速度明显下降，肌内三酰甘油的利用并没有增加。在这种情况下，肌糖原分解和乳酸增加抑制了体内的脂肪分解。

②构成一些重要生理物质，脂肪是生命的物质基础，是人体内的三大组成部分(蛋白质、脂肪、碳水化合物)之一。磷脂、糖脂和胆固醇构成细胞膜的类脂层，胆固醇又是合成胆汁酸、类固醇激素等的原料。

③维持体温和保护内脏、缓冲外界压力。皮下脂肪可减少身体热量散失，维持体温恒定。也可以阻止外界热能传导到体内，有维持正常体温的作用。内脏器官周围的脂肪垫有缓冲外力冲击、保护内脏的作用，能减少内部器官之间的摩擦。

④提供必需脂肪酸，脂溶性维生素的重要来源：鱼肝油和奶油富含维生素 A、D，许多植物油富含维生素 E。脂肪还能促进这些脂溶性维生素的吸收。

⑤增加饱腹感：脂肪在胃肠道内的停留时间长，所以有增加饱腹感的作用。

7.1.2.3 健美运动员的脂肪摄入

(1)健美运动员脂肪的供给量

对于运动员来说，摄入多少脂肪才算合理呢？遗憾的是，还没有脂肪最佳摄入量的标准。脂肪作为宏量营养元素，可接受范围为总能量摄入的 20%~35%(IOM，2005)。当人体摄入的脂肪达到总热量的 30%时，《美国膳食指南》建议，脂肪酸的构成为 10%的饱和脂肪酸、10%的多不饱和脂肪酸和 10%的单不饱和脂肪酸，且应含有必需脂肪酸来源(美国卫生和公众服务部、美国农业部，2005)。在通常情况下，运动员的平均脂肪摄入量占总热量的 35%。大多数运动员需要考虑的问题是脂肪源构成，因为要做到饱和脂肪、多不饱和脂肪和单不饱和脂肪之间的平衡摄取并不是件容易的事情。饮食中含有大量的饱和脂肪，它们存在于动物脂肪中，如牛肉以及家禽等深色肉类中。单不饱和脂肪存在于植物油中，如橄榄油、菜籽油和花生酱。坚果、奶酪和鱼中则含有多不饱和脂肪。运动员需确保选择品种多样的食物，以获得各种脂肪之间的平衡。

有限的研究表明，作为人体总热量的一部分，脂肪摄入量即使改变，也并不影响运动表现。与总热量的 40%相比，20%的脂肪摄入量对经过中等训练强度的男性的训练或力量表现没有影响(Van Zant et al.，2002)。研究表明，总能量摄入中脂肪摄入量的百分比对运动表现似乎不会产生过大的影响。但在大部分情况下，运动员需要注意自己的饮食，避免膳食脂肪摄入过多或过少。脂肪摄入过多导致总热量摄入过多，会造成体内脂肪堆积和体重增加。脂肪组织在人体运动过程中不会产生任何作用，这种运动的“累赘”会造成相对力量的下降，体格较大的运动员可能更容易出现超重或肥胖问题。另外，脂肪摄入量过低也会降低运动能力。

建议运动员每天的饮食中脂肪摄入保持在20%~30%的目标比例。在这20%~30%中，饱和脂肪、多不饱和脂肪以及单不饱和脂肪各占10%。遵循这个科学建议，可以避免摄入过多或过少的膳食脂肪。

脂肪具有营养方面的益处，包括保持性激素、调节情绪、减少炎症，并协助体内脂肪的控制。饮食中的脂肪含量过低会降低睾酮的浓度和影响运动表现。应帮助维持睾酮水平在最佳范围内，而睾酮是调节肌肉增长非常关键的激素。适当合理的脂肪摄入还有如下好处：①改善胰岛素敏感性；②提高mTOR路径的活性，这是一种蛋白质合成的触发机制；③通过降低“泛素蛋白酶体系统”（涉及肌肉分解的关键路径）来降低肌肉分解代谢并且降低皮质醇水平；④降低肌肉酸痛来帮助更好的恢复和运动表现；⑤减轻炎性关节疼痛，降低受伤风险，提高训练寿命。

低脂肪饮食能提高三酰甘油水平，同时降低胆固醇（HDL）水平。采用低脂肪饮食的人还会经历高水平的饥饿感，并影响精神健康（拥有更高的焦虑和抑郁水平）。因此，脂肪摄入过低不是一个明智的选择。

脂肪无供给量标准。不同地区由于经济发展水平和饮食习惯的差异，脂肪的实际摄入量有很大差异。我国营养学会建议膳食脂肪供给量不宜超过总能量的30%，其中饱和、单不饱和、多不饱和脂肪酸的比例应为1∶1∶1。亚油酸提供的能量达到总能量的1%~2%即可满足人体对必需脂肪酸的需要。

脂肪摄入过量表现：脂肪摄入过量将导致肥胖甚至一些慢性病的发生；膳食脂肪总量增加，还会增大某些癌症的发生概率。

脂肪摄入缺乏症：必需脂肪酸的缺乏，可引起生长迟缓、生殖障碍、皮肤受损等；还可引起肝脏、肾脏、神经和视觉等多种疾病。

（2）脂肪的来源

脂肪的主要来源是烹调用油脂和食物本身所含的油脂，例如，几种食物中的脂肪酸含量如表7.4所示。

表7.4　**食物脂肪中的脂肪酸含量**

名称	饱和脂肪酸（%）	单不饱和脂肪酸（%）	多不饱和脂肪酸（%）
豆油	14	23	58
花生油	17	46	32
橄榄油	13	74	8
玉米油	13	24	59
棉籽油	26	18	50
葵花子油	13	24	59
红花油	9	12	75
改良菜籽油	7	55	33

续表

名称	饱和脂肪酸(%)	单不饱和脂肪酸(%)	多不饱和脂肪酸(%)
椰子油	86	6	2
棕榈油(核)	81	11	2
棕榈油	49	37	9
葡萄子油	11	16	68
核桃油	9	16	70
奶油	62	29	4
牛脂	50	42	4
羊油	47	42	4
猪油	40	45	11
鸡油	30	45	21

7.1.3 蛋白质

膳食蛋白质(Dietary Protein),蛋白质是由20多种氨基酸按不同顺序和构型组成的。人们每天必须摄入一定量的蛋白质,以获得一定量的氨基酸和一定量的氮元素,从而合成组织蛋白质。食物蛋白质所含氨基酸的量和相互比值各异,机体利用它们来改造成为组织蛋白质的效率也不相同,因此存在着食物蛋白质营养价值的差异。合理选用和调配食物蛋白质,能提高混合膳食中蛋白质的营养价值。蛋白质是构成机体各种重要成分的原料,在其分解代谢过程中也是供给机体能量的一种来源。

7.1.3.1 蛋白质分类

营养学中根据食物蛋白质所含氨基酸的种类和数量将食物蛋白质分三类:

①完全蛋白质:这是一类优质蛋白质。它们所含的必需氨基酸种类齐全、数量充足、比例适当。这一类蛋白质不但可以维持人体健康,还可以促进生长发育。母奶、蛋、鱼、肉中的蛋白质都属于完全蛋白质。

②半完全蛋白质:这类蛋白质所含氨基酸虽然种类齐全,但其中某些氨基酸的数量不能满足人体的需要。它们可以维持生命,但不能促进生长发育。食物中所含与人体所需相比有差距的某一种或某几种氨基酸叫作限制氨基酸。小麦、谷类蛋白质中赖氨酸含量多半较少,它们的限制氨基酸是赖氨酸。

③不完全蛋白质:这类蛋白质不能提供人体所需的全部必需氨基酸,单纯靠它们既不能促进生长发育,也不能维持生命。例如,肉皮中的胶原蛋白便是不完全蛋白质。

氨基酸分为人体必需氨基酸、条件必需氨基酸和非必需氨基酸,如表7.5所示。

表 7.5 氨基酸分类

分类	氨 基 酸	氨基酸含量高的食物
人体必需氨基酸	异亮氨酸、亮氨酸、赖氨酸、甲硫氨酸(蛋氨酸)、苯丙氨酸、苏氨酸、色氨酸、缬氨酸	鸡蛋、鸡肉、牛肉、金枪鱼、大豆、三文鱼、沙丁鱼、对虾、扇贝、羊肉
条件必需氨基酸	精氨酸、半胱氨酸(胱氨酸)、谷氨酰胺、组氨酸、脯氨酸、牛磺酸、酪氨酸	
非必需氨基酸	丙氨酸、天冬酰胺、天冬氨酸、瓜氨酸、谷氨酸、甘氨酸、丝氨酸	

7.1.3.2 蛋白质来源

关于最佳的蛋白质种类，现在十分明确的是动物蛋白质(牛肉、鸡肉、牛奶、鸡蛋)要优于植物蛋白质。动物蛋白质含有人体必需氨基酸，因此被认为是完全蛋白质的来源。而一些植物蛋白质缺失一些人体必需氨基酸(也就是不完全蛋白质)。由于氨基酸种类不一样，不同类型的蛋白质的质量也不一样。完全蛋白质含有更多的人体必需氨基酸，因此蛋白质的质量也普遍较高。特别是根据蛋白质评级系统，鸡蛋、牛奶、乳清和牛初乳类的蛋白质被认为是高质量的蛋白质。根据蛋白质评级系统，大豆蛋白虽然是植物蛋白质，但也是一种高质量蛋白质。瘦肉，例如鸡胸肉、火鸡肉、金枪鱼和脱脂牛奶由于相对较多的蛋白质含量和相对较少的脂肪含量，也是很好的蛋白质来源。如表 7.6 所示。

蛋白质补剂也是获取高质量蛋白质的一种很好的方式。市场上面向运动员出售的大部分蛋白质补剂都含有乳清蛋白、酪蛋白、卵蛋白和大豆蛋白。蛋白质补剂含有高质量的蛋白质，并且相对容易准备，方便性是其最主要的优点。

表 7.6 食物和补剂中含有的各种蛋白质的近似质量

蛋白质	PDCAAS*	PER**	备 注
明胶(胶原)	0.08		20 世纪 70 年代和 80 年代盛行的营养补剂，蛋白质的质量不好。现在一些液体蛋白质补剂中依旧含有明胶
小麦	0.43	1.5	小麦蛋白的质量相对较低。小麦是谷氨酰胺肽的初始原料，谷氨酰胺肽是一种含有大量谷氨酰胺的蛋白水解物
牛肉、家禽、鱼	0.8~0.92	2.0~2.3	肉类是一种比较好的蛋白质来源。有些肉类中的脂肪含量相对较高，所以有时候肉类也不会作为饮食中蛋白质的主要来源
大豆	1.00	1.8~2.3	尽管缺乏氨基酸蛋氨酸，但是大豆是一种极好的蛋白质来源。对素食主义者而言，浓缩大豆蛋白(70%的蛋白质)和分离大豆蛋白(90%的蛋白质)都是特别好的蛋白质来源。大豆蛋白所含的异黄酮糖苷，也会有一些潜在的健康功效

续表

蛋白质	PDCAAS*	PER**	备　注
卵清蛋白(鸡蛋)	1.00	2.8	在比较蛋白质质量的时候，通常用鸡蛋蛋白中的蛋白质作为标准
牛奶蛋白	1.00	2.8	牛奶蛋白含有80%的酪蛋白和20%的乳清蛋白；牛奶蛋白含有90%的蛋白质
酪蛋白	1.00	2.9	酪蛋白是从脱脂牛奶中提取出来的。酪蛋白含有钠、钾和酪蛋白酸钙。酪蛋白含有高质量的蛋白质，与乳清蛋白相比，酪蛋白的氨基酸释放得更慢一些
牛初乳(BC)	1.00	3.0	牛初乳是目前两种最高质量的蛋白质补剂之一。牛初乳含有高浓度的生长因子、免疫球蛋白和抗菌化合物，与其他形式的蛋白质相比，牛初乳可能拥有更多的功效。使用低温的方法可以保持生物活性蛋白质的完整性。牛初乳可能在运动训练中更好地促进力量和肌肉质量的增加
乳清蛋白	1. 00	3. 0~3. 2	乳清蛋白是目前两种含有最高质量蛋白质的蛋白补剂之一。乳清蛋白可以被人体快速消化，有利于快速摄取氨基酸。乳清蛋白的形式有乳清蛋白水解液、离子交换乳清蛋白分离物和微滤乳清蛋白分离物。乳清蛋白是目前进行抗阻训练的运动员最常用的蛋白质补充剂

*PER(Protein Efficiency Ratio)：蛋白质的功效比值是指以体重增加为基础的方法，是指实验期内，动物平均每摄入1g蛋白质所增加的体重克数，又称蛋白质效率比值。P. E. R=试验期内动物体重增加克数/试验期内摄入的蛋白质克数。

**PDCAAS(Protein Digestibility-Corrected Amino Acid Score)：蛋白质消化率校正后的氨基酸分数。用PDCAAS来评价食物蛋白质的质量是从以下三方面考虑的：①食物蛋白质的必需氨基酸组成；②食物蛋白质的消化率；③食物蛋白质能提供人体必需氨基酸需要量的能力。

7.1.3.3 健美运动员的蛋白质摄入

蛋白质摄入量一直是运动营养领域的一个热门话题。对普通人而言，每天摄入0.8~0.9g/kg(体重)的蛋白质就足够了。对健美爱好者和其他运动练习者来说，则需多补充一些。由于不同人的运动强度和运动量差别很大，目前还没有一个统一的标准。一般来说，蛋白质热量占总热量的12%~18%时是安全且充足的。

运动员比非运动员需要更多的蛋白质，蛋白质是肌肉生长的营养来源。研究表明，运动员1kg体重大约需要不少于1.5~2.0g的蛋白质，从事力量训练的运动员每天需要2g/kg体重的蛋白质。当蛋白质的要求得到满足以后，肌肉增长则取决于总热量，蛋白质产生的热量是一天总热量摄入(大约3000kcal)的20%。

健身运动员每天蛋白质摄入1.5~2.5g/kg体重。国际运动营养食品学会主席建议那些想增加肌肉体积的运动员，每天摄入大约2.0g/kg体重的蛋白质，且这些蛋白质应该均摊到每天的饮食中。以75kg体重为例，那么每天需要摄入150g左右蛋白质。运动员每天吃五餐，那么每餐应该食用 30g 蛋白质。每天有规律地摄入高质量的蛋白质，能够确保骨骼肌具有合成代谢所需的结构单元(氨基酸)来支持瘦体重的增加。

赛前 2~3 个月需要减少总热量摄入，以达到瘦身目的。由于热量摄入的减少，有可能引起肌肉丢失。为减少这种损失，必须摄入充足的蛋白质，此阶段可增加到 1.8~2.5g/kg 体重，素食者则应增加到 2~2.5g/kg 体重。

摄入蛋白质是否过量，血尿素(BUN)可作为判断指标之一。国外专家认为，血尿素在 10~14mgh 水平是健康的，当此值高于 21 时即应降低蛋白质摄入。

在运动训练和运动健身中何时摄取蛋白质，被称为蛋白质的时机。运动前与运动后建议使用蛋白粉来进行补充。研究表明，乳清可提供许多健康益处，包括增加肌肉肥大和肌肉力量(与抗阻训练相结合)和骨骼生长。并且在 10 周的强化抗阻训练计划后联合补充酪蛋白和乳清可提供最大的肌肉力量改善效果。在运动后立即摄入蛋白质有助于肌肉蛋白质的修复和合成，这一点对于运动后的人群尤为重要。

食物的消化吸收太慢，而蛋白粉是水解后的产物，能更快地进入血液和肝脏，帮助肌肉修复和合成，营造一个良好的环境。还有一点我们应该知道，训练中和训练后 80%以上的血液会涌入到肌肉中(包括参与胃肠道工作的血液)，如果在训练前与训练后没有选择较好消化吸收的蛋白质与碳水化合物为身体补充能量，很容易导致食物对胃肠道造成损伤。

7.1.4　维生素和矿物质

7.1.4.1　维生素

维生素和矿物质是人体内进行新陈代谢最基本的营养物质，主要起催化作用，使其他营养物质能更快更充分地被人体吸收利用。

维生素是人体所必需的物质，人体又不能自行合成，必须从食物中才能获取。维生素参与人体许多重要的生化过程。例如，参与人体的能量、蛋白质和碳水化合物的转换，是天然的人体保护剂(它能抗氧化)。维生素还可作为一种酶起作用。运动员随着运动量的增加，对维生素的需求量会随之增加，出汗多，消耗的维生素也多。1kg 汗水中大约含有 50mg 维生素。

伴随运动员在体育训练中对蛋白质和能量的需要增加，他们对 B 族维生素的需要量会增加，B 族维生素被看成能量维生素。人体要想从脂肪、碳水化合物中获得能量并从食物中获取蛋白质，缺少维生素是绝对不行的。

维生素 C 维持人体的保卫系统和结缔组织。假如运动员在训练中出汗过多，它会随着汗液被排出体外，必须及时给运动员补充维生素 C。

维生素 E 保护人身不受外来恶劣环境的侵害，尤其是由于过度劳累和紧张、环境破坏以及训练等对人体的侵害，同时维生素 E 能促进肌肉对氧气的吸收。

要满足人体对维生素的需要，只有通过食用富含维生素的新鲜食物，如水果、蔬菜和全麦制品。

7.1.4.2　矿物质

根据人体已有的量和人体的需要可以将矿物质分为两组，即量元素和微量元素。量元素有钠、钾、氯、钙、磷和镁；微量元素有铁、铜、碘、硒、锌、铬、钴、锰和钼。矿物质用来构成人体的骨骼和牙齿，参与人体肌肉活动，并且是血液组成成分之一。除此之外，它们同水分一起维持体液的储备和酸碱平衡。矿物质也被称为电解质，它们在体液中是带电的小微粒。要想获得理想的运动成绩，人体始终需要有足够的矿物质。

钙：是构成人体骨骼和牙齿最主要的矿物质，主要在牛奶、奶制品、胡桃、谷物和硬壳果中含量丰富。

镁：镁是酶的重要来源，对肌肉活动十分重要。镁主要存在于绿色蔬菜、土豆、水果和硬壳果实中。

磷：是人体内磷酸盐合成的重要成分，是构成人体骨骼、牙齿和细胞的基本物质。牛奶、奶制品、各种蛋清、肉、鱼、胡桃、可乐型饮料及烤制食品内含有丰富的磷。

钾：钾在人体内的水分分配中起着重要作用，同时对体内的碳水化合物储存，即保护体内的糖原十分重要。钾主要存在于蔬菜、土豆、硬壳类果实、水果和干果之中。

钠：钠对人体的渗透压十分重要。食用盐、香肠、奶酪、肉、面包中均含有钠。

由于长时间的运动，运动员的失水量增加，使血清、铜、钾、钙浓度升高。运动员除应在运动中适量多次饮用合适饮料外，还可在赛前0.5~1小时饮500mL左右的低渗饮料，赛后2小时内应优先分次补充液体，恢复水、电解质平衡，促进废物排除，以利于体力的恢复。对于那些平时维生素摄入不足、膳食不平衡的人群，可服用维生素补剂、矿物质、巨能物质。微量营养素的功能与推荐膳食摄入量(RDA)、适当摄入量(AI)，如表7.7所示。

表7.7　微量营养素的功能与推荐膳食摄入量(RDA)适当摄入量(AI)(19~50岁)

营养物质	功能	RDA（AI）		是否考虑到身体活动	身体活动对需求的影响	运动员
		男性	女性			
维生素						
硫胺素(B1)，mg	能量产生过程中的化学反应	1.2	1.1	是	证据有限	3~4mg
核黄素(B2)，mg	有氧能量代谢过程中的电子传递	1.3	1.1	否	影响较小	4~5mg
烟酸，NE	有氧能量代谢过程中的电子传递	16	14	否		30~50mg
吡哆醇(B_6)，mg	氨基酸和糖原分解	1.3	1.3	是	影响较小	4~5mg
钴胺素(B12)，μg	叶酸循环和血红蛋白合成	2.4	2.4	否		
叶酸，μg DFE*	细胞再生和血红蛋白合成	400	400	否		400mcg
抗坏血酸(维生素C)，mg	抗氧化	90	75	是		180mg
视黄醇(维生素A)，μg RAE	抗氧化	900	700	否		0.8~1.1mg
生育酚(维生素E)，mg	抗氧化	15	15	是		15~30mg
泛酸，mg	糖原合成	5	5	否		15~18mg

续表

营养物质	功能	RDA（AI）		是否考虑到身体活动	身体活动对需求的影响	运动员
		男性	女性			
胆碱，mg	乙酰胆碱、肌酸和磷脂酰胆碱形成	550	425	是	可能有影响	
维生素 D，μg	钙吸收和钙利用	5	5	否		
维生素 K，μg	凝血和骨骼形成	120	90	否		
生物素，μg	糖异生	30	30	否		
矿物质						
铁，mg	有氧能量生成	8	18	是	增加需求	12~20mg
镁，mg	有氧能量生成	400	310	是	影响有限	380~400mg
锌，mg	能量代谢和气体交换	11	8	否	影响有限	15mg
铜，μg	铁代谢，有氧能量产生和抗氧化	900	900	否		
磷，mg	能量新陈代谢	700	700	否		1200mg
硒，μg	抗氧化	55	55	否		50~55μg
碘，μg	能量代谢	150	150	否		150μg
钼，μg	未知	45	45	否		
钙，mg	骨骼形成	1000	1000	是	证据不充分	1200mg
氟化物，mg	未知	4	3	否		
铬，μg	促进胰岛素分泌	35	25	否		
锰，mg	抗氧化	2.3	1.8	否		
钠，g	体液调节、神经传导和肌肉收缩	1.5	1.5	是		
钾，g	体液调节、葡萄糖转运、糖原存储和 ATP 产生	4.7	4.7	否		
氯化物，g	体液调节、神经传导和肌肉收缩	2.3	2.3	是		

＊"NF＝烟酸当量；DFE＝膳食叶酸当量（1μg 的食物叶酸或者来自强化食物或补品的 0.6μg 的叶酸）；RAE＝视黄素当量（1μg 视黄素＝12μg B–胡萝卜素）（美国医学研究所、食品和营养委员会，1998）

7.2 健美营养补剂

营养补充剂，是专门针对运动健身人群设计的在日常基础饮食之外补充具有不同作用的功能性食品（不属于药物）。比较常见的运动补剂大致可以分成增肌（重）类、减脂类、供能类和调节机能类等。例如蛋白粉、肌酸、氮泵、支链氨基酸(BCAA)，左旋肉碱等，药物如合成类固醇等不在此列，如表 7.8 所示。合理的服用运动补剂可以有效补充人体所需营养成分，在无特殊情况下，一般的健身人群可以根据自己的需要具体适量服用。

表 7.8 **健身营养补剂**

健身营养补剂		特 点
蛋白类	乳清蛋白粉	吸收速度快，适合刚刚锻炼完后食用，训练后食用乳清蛋白粉吸收效果最好 建议用量：每餐蛋白质不超过 25~30g
	酪蛋白粉	吸收速度慢，在身体里停留时间比较长，缓慢吸收进入血液后，提供能量，提供蛋白质，酪蛋白粉适合睡前吃 建议用量：每餐蛋白质不超过 25~30g
增肌(重)类	肌酸	是爆发性用力动作的能量来源。它可以增加力量，再造 ATP，并使 11-B 型肌纤维保持水分，达到肌肉增加的目的。肌酸在训练前 20~30 分钟补充可以提供力量，在训练时将会更有动力和持久力，训练状态和训练时间可以得到有效提高。有研究报道每天服用肌酸 20g(或 0.3g/天/kg 体重)，连续补充 4 至 7 天，肌肉内肌酸和磷酸肌酸的浓度可增加 10%~30% 建议用量：运动后女性应补充 5g，男性补充 7~10g
	增肌粉 增重粉	增重粉和增肌粉是一类高热量的营养补充品，主要成分包括大量碳水化合物、蛋白质、各种维生素和微量元素，有的还加入肌酸、谷氨酰胺、支链氨基酸、肉碱、甲基铬等，可最大限度地补充健美训练所需的各种营养元素。其碳水和蛋白比例为 2∶1。蛋白质含量在 33%以上的属于增肌粉，33%以下的是增重粉。适合在训练后吃，增重粉吸收速度非常快，其中含有身体易吸收的糖和乳清蛋白
减脂类	左旋肉碱 丙酮酸盐	可以起到帮助脂肪代谢的效果，有效地辅助减肥。合理食用左旋肉碱配合科学运动，可以有效地提高减脂效果。一天 2 次，一次放在训练前 20~30 分钟为佳。另外一次放在全天食物热量摄入最高的一餐前吃 建议用量：左旋肉碱 250~500mg，丙酮酸盐每日服用 4~5g
促进恢复类	支链氨基酸	支链氨基酸能释放胰岛素，并能刺激激素增长。预防中枢疲劳，减少运动中产生的蛋白质分解流失现象，同时加速肌肉蛋白的合成。增强肌肉抗强能力。支链氨基酸中最重要的是亮氨酸，即酮异己酸(KIC)和 HMB 的前身。KIC 和 HMB 可增加肌肉，减少脂肪，并为人体提供营养。乳清蛋白的支链氨基酸含量较高。训练前后食用，训练后效果最佳，建议用量：补充 4~6g
	谷氨酰胺	谷氨酰胺可以提高身体抗氧化能力，帮助免疫力提高。在训练后和睡前食用，训练后食用效果最好。 建议用量：训练后补充 7~15g
	精氨酸	可提高体内生长激素的水平，建议用量：临睡前补充 10~20g

续表

健身营养补剂		特　　点
调节机能类	鱼油	防止肌肉减少的特别营养素。强度训练的压力、饱和脂肪和单糖的消耗产生 E2(一种加快蛋白质分解的分解代谢激素)。鱼油产生的 E1 可抑制 E2，刺激生长激素产生，使人体能更有效地处理胰岛素。建议用量：每日 4~6g
	维生素 C	抗氧化剂，可像海绵一样吸附血液中的自由基，可抑制分解代谢激素皮质(甾)醇 建议用量：每日 2000mg。训练后立即服用 1000mg
	维生素 E	抗氧化剂。它在保护细胞膜免受氧化损害的同时，可增强肌肉利用胰岛素的能力，因胰岛素的受体在细胞膜上。建议用量：每日 200~400 国际单位
	微量元素：锌	缺锌妨碍蛋白质合成。睾酮和生长激素的产生均需有足够的锌。建议用量：男性每日 20mg
	微量元素：镁	合成 ATP 离不开镁。镁参与肌肉收缩，改善耐糖能力，可增强力量。建议用量：每日 400~600mg

7.3　营养补充时机

7.3.1　运动前

运动前运动员可以通过富含碳水化合物的饮食(600~1000g 或 8~10g/kg 体重/天)来最大化糖原储备。运动前 4 小时食用富含碳水化合物的食物可以提高运动表现、运动或两者兼之。一般来说，运动员应在有氧耐力运动或比赛前摄取 1~4g/kg 体重的碳水化合物。运动前 60 分钟摄入碳水化合物对运动表现或血糖状态似乎并没有任何不利影响。相反，在许多情况下，可能会提升运动表现。在持续时间长的运动前补充食物会增加血糖，但这不会给运动表现或肌糖原利用率带来不利影响，结合有规律的抗阻训练，运动前后补充碳水化合物和蛋白质、氨基酸都可以增加力量、爆发力、体重、去脂体重和改善肌肉增长的标记物。

7.3.2　运动期间

对于持续时间超过 60 分钟的运动或比赛，运动员应每小时补充 30~60g 的碳水化合物，通常以含有 6%~8%碳水化合物的溶液的形式进行补充，每 10~15 分钟喝 1~2 杯(224~450g)(每 100 毫升液体含有 6~8g 碳水化合物)。研究证明，混合不同类型的碳水化合物可以促进肌肉碳水化合物的单化，这种效果与计时赛运动表现的提高有关。葡萄糖、果糖、蔗糖和麦芽糖糊精可以混合使用。但由于可能会与胃肠不适，不推荐大量使用果糖。

单次运动和随后的有氧耐力运动期间补充比例为 4∶1 的碳水化合物与蛋白质的混合物可以增强有氧耐力表现，并且有助于预防肌肉损伤。在抗阻训练期间只摄入碳水化合物，或补充碳水化合物和蛋白质的混合物，可以促进肌糖原储备，并提高长时间和单次抗阻训练后的训练适应性。

7.3.3 运动后

为了促进糖原再合成，运动后 30 分钟内，最迟不能超过 2 小时，摄入 1.5g/kg 体重的碳水化合物。如果运动员不需要快速补充糖原以反复进行热身赛、计时赛或正式赛，富含碳水化合物(8~10g/kg 体重/天)的饮食足以促进肌糖原达到峰值水平。

在运动后 3 小时补充氨基酸，特别是必需氨基酸，可以促进蛋白质合成。将碳水化合物添加到蛋白质中可以提高肌肉蛋白合成速率。在抗阻训练前即刻补充这种混合物时，效果最佳。抗阻训练期间，在运动后补充碳水化合物和蛋白质可以增加肌肉力量和改善人体成分。将肌酸(0.1g/kg 体重/天)添加到碳水化合物和蛋白质补剂中，可以提高抗阻训练的适应性。但是，在这一点上不同学者并未达成共识。

运动员可以在训练后立即摄入碳水化合物，最大化糖原水平，为下一次运动做准备。

为了确保在比赛前存储最多的糖原，运动员应该每天摄入 8~10g/kg 体重的碳水化合物，并在比赛前充分休息(少量训练或没有训练)。为了优化碳水化合物的利用率，运动前的膳食应主要是富含碳水化合物的食物或液体。当运动员无法完全恢复时(例如，膳食中碳水化合物摄入量低、不能休息或减少训练量)，这种做法更加重要。除了高碳水化合物饮食和休息，在运动前几小时(4~6 小时)补充高碳水化合物膳食(200~300g)有助于维持最高肌糖原和肝糖原水平。

如果运动前没有摄取足够的碳水化合物，那么运动员需要在运动的前 1 小时内更多地摄入碳水化合物，以满足对碳水化合物的需求。虽然许多食物都含有碳水化合物，运动员需要在平时训练过程中进行实验，找到不会使自己胃肠不适的最佳食物。例如，摄入多种类型的糖、麦芽糖糊精和果糖比摄入单一类型的糖更有裨益。这可以增加身体在特定时间段内的可利用碳水化合物量。除了摄入不同类型的碳水化合物，运动员还需要注意，相比于在运动前一次性摄入大量的碳水化合物，运动期间频繁地补充碳水化合物更有利。

抗阻训练课前或期间摄入蛋白质的同时需不需要摄入碳水化合物，这是一个新的研究领域。初步的研究结果表明，同时摄入碳水化合物使力量、去脂体重、体脂百分比、重要合成代谢(肌肉合成)激素的血清水平，以及肌肉增生的肌内标记物都有很大提高。运动员应在有氧耐力运动后的前 30 分钟内摄入 1.5g/kg 体重的碳水化合物，或在运动后的前 30 分钟内摄入 0.6~1.0g/kg体重/小时的碳水化合物，然后在接下来的 4~6 小时每 2 小时摄入碳水化合物，以促进糖原充分恢复。如果推迟 2 小时补充碳水化合物，就会减少 50%的肌糖原合成。

运动后可以补充固态或液态的碳水化合物，但不可以大量补充果糖，因为与其他碳水化合物相比，这种类型的碳水化合物糖原再合成速率较低。

在运动后富含碳水化合物的正餐中添加蛋白质对运动员有益。与只补充碳水化合物相比，补充碳水化合物和蛋白质更能促进糖原再合成(以及蛋白质合成)。尽管尚未明确最佳剂量，动员补充的碳水化合物与蛋白质的比例一般为 4∶1，并且，通常采用的剂量为每天补充 5g/kg体重的碳水化合物和 0.3~0.5g/kg 体重的必需氨基酸或全蛋白质。研究人员认为，在有规律的抗阻训练后 1 小时内尽快摄入高质量蛋白质(例如乳清蛋白、酪蛋白、卵蛋白)为身体提供 10~12g 的人体必需氨基酸量。这种做法可以更好地改善体成分，并且在运动前后摄入这些剂量的蛋白质的同时，再摄入 30~40g 碳水化合物可以有效地提高抗阻训练的适应性。

表 7.9 所示，是一名经常进行抗阻训练的运动员(体重为 82kg)的营养补充时机。最为重要的是，所有运动员都应该围绕自己的训练目标来确定营养补充的时机。

表 7.9 抗阻训练运动员营养补充时机

	推荐摄入量	食物类型
日常饮食	8~10g CHO/kg 体重；409~654g CHO/天 1.2~1.5g PRO/kg 体重；98~123g PRO/天	复合碳水化合物、意大利面、淀粉、面包、蛋白(鸡、牛肉、火鸡、脱脂牛奶、鸡蛋)
运动前 2~4 小时	4g CHO/kg 体重 200~300g CHO	全麦饼或吐司、燕麦粥、谷类食品、675g 运动饮料
运动前 30~60 分钟	1.2~1.5g CHO/kg 体重 60~80g CHO	小的能量棒或者食物棒，运动饮料
运动期间	含有 6%CHO 的溶液和 6g 必需氨基酸(EAAs) 每 15~20 分钟补充 1.5~2 杯，每次 22.5~30mL	运动饮料、运动凝胶包加水
运动后 在 30 分钟内或 30 分钟	补充 30~40g 碳水化合物和能提供 8~12g EAAs 的 20~25g 蛋白质，然后每 2 小时补充一次	运动饮料、面包卷饼、水果、乳清蛋白

注：所有数值均基于对体重为 82kg 运动员的研究结果。CHO 是指碳水化合物，PRO 是指蛋白质。

抗阻训练期间宏量营养素的摄入时机对肌肉增长和体成分改善有重要作用。蒂普顿(Tipton)2001 年证实，在训练前补充碳水化合物和必需氨基酸溶液可能比在训练结束后即刻补充这些物质更能促进训练后的肌肉合成。这一研究组于 2007 年也对比了抗阻训练前和抗阻训练后补充乳清蛋白的功效，以探究补充时机对蛋白质合成的影响。结果发现，训练前和训练后补充乳清蛋白都会在一定程度上促进蛋白质合成，但是二者无显著差异。其他大量研究也证实了蛋白质摄入时机的重要性，以及摄入时机对最大化抗阻训练的合成代谢刺激物的影响。

7.4 健美饮食

7.4.1 能量平衡

健身健美训练就是通过训练与饮食来重新塑造体形。随着体形的改变，身体成分也随之发生改变。人们可以通过改变营养摄入量，主要是摄入的能量和供能类型，来减轻体重和减少脂肪。改变体成分最简单的方法就是改变能量平衡。根据能量平衡公式，在平衡状态下，摄入的能量(即摄入的食物)等于通过正常的代谢和活动/锻炼消耗的能量。当运动员处于能量平衡状态，意味着他摄入了等热量膳食。

由于体重会发生变化，这个方程式也不总是处于完全的平衡状态。如果食用的食物较多，而消耗的能量较少，能量就处于正平衡状态，体重就会增加。相反，饮食摄入的热量少于正常日常活动和新陈代谢所需的热量，那么就会出现能量不足，如表7.10所示。导致能量不足的膳食称为低能量膳食(或低热量膳食，LCD)；导致正能量平衡的膳食称为高能量膳食(或高热量膳食)。

等热量膳食，指含有维持现有体重所需的日常总能量的膳食。如果摄入的总能量等于人体的总能量消耗，就会实现等热量膳食。

表7.10 **膳食摄入**

膳食	摄入：总能量消耗(TEE)	能量平衡状态	体重
等热量膳食	摄入能量=总能量消耗	能量平衡	体重不变
低能量膳食 超低热量膳食(VLCD)	摄入能量〈消耗能量	能量负平衡	体重减少
高能量膳食	摄入能量〉消耗能量	能量正平衡	体重增加

研究表明，每天摄入的热量只要大于活动中所消耗的热量，就可以保持促进肌肉组织所需的氮平衡。理论上讲，对一个初学者来说，如果摄入的热量超过维持所需的水平，就可以保持积极的氮平衡，每kg体重每天只需1.5~1.8g的蛋白质。

7.4.1.1 低热量膳食

低热量膳食指含有的热量远远低于维持现有体重所需的热量的膳食，也被称为能量限制膳食或低能量膳食。低热量膳食，通常含有常规食物，每天能提供1000~1500kcal的能量。吉尔登·蔡(Gilden Tsai)等人对超低热量膳食和传统低热量膳食减轻体重的功效进行了Meta分析，发现超低热量膳食的早期减重效果更好。但与之前的Meta分析结果不一样的是，吉尔登·蔡等人认为膳食能量限制一年之后，超低热量膳食与传统低热量膳食的减重效果没有显著性差别。从实际的角度出发，对每天坚持节食的大多数人而言，低热量膳食更实用。

能量限制膳食对肌肉有不利影响，不推荐采用超低热量膳食。超低热量膳食的运动表现会下降得非常厉害。因为大幅降低的总能量摄入会导致骨骼肌糖原含量下降，此外超低热量膳食会降低绝对力量和肌肉耐力，这些潜在的不利影响可能会降低进行高强度训练的能力，影响运动员训练后的恢复程度。对于想要减轻体重的运动员而言，低热量膳食是这两种膳食中更好的一种，因为其导致的能量缺乏不是很严重，可以更好地保持肌肉。虽然低热量膳食对糖原水平有所影响，但是糖原也没有完全耗尽，其对训练强度的影响没有超低热量膳食那么大。

7.4.1.2 超低热量膳食

超低热量膳食是一种特殊的膳食，通常情况下是以液体的形式存在，每天的膳食热量

≤800kcal。在通常情况下，这种膳食中含有相对较多的膳食蛋白质(70~100g/天或者0.8~1.5g/kg理想体重)，中等含量的碳水化合物(80g/天)和较少的脂肪(15g/天)。在通常情况下，超低热量膳食能够提供达到推荐量(RDA)的所有必需维生素和矿物质。人们经常利用液体的形式来补充这些物质。超低热量膳食通常只适用于肥胖人群，BMI≥30，而且必须在心理学家、营养学家和运动生理学家的指导下使用。在通常情况下，超低热量膳食先进行12~14周，然后在接下来的2~3个月内重新进行正常膳食来维持体重。采用超低热量膳食每周可使体重平均下降1.5~2.5kg，12~16周后体重可以减轻20kg，但是这种体重减轻很难维持。

7.4.1.3 高糖低脂膳食

长期以来，人们对以何种碳水化合物、蛋白质和脂肪的比例进行减重争论不休，至今也没有达成共识。富含碳水化合物的低脂食物在运动员人群中已流行多年。然而，随着高蛋白低碳水化合物膳食的出现，这种膳食在过去几年内的流行度下降，特别是在非运动员人群当中。研究表明，低碳水化合物的膳食可能比高碳水化合物的膳食更能在短期内改善体成分。但是目前长期研究(大于12个月)的结果表明，高碳水化合物低脂膳食和高蛋白低碳水化合物膳食的减重功效基本相同。有关膳食中何种碳水化合物(即高血糖指数、高血糖负荷、低血糖指数或低血糖负荷)减重效果最佳，目前还没有定论。虽然很多有关减重的研究采用的研究对象为运动员和受过训练的人群，但是在大部分研究中，受试者都是超重或者肥胖的非运动员人群。因此，大部分与减重相关的研究结论只能外推到运动员人群。

7.4.1.4 高蛋白膳食

高蛋白膳食通常是伴随限制碳水化合物摄入来实施的，这种膳食方法是一种用来减重、改善体成分、抑制饥饿和改善某些血脂特征和胰岛素敏感性的方法。由于蛋白质的饱食效应和产热效应，高蛋白膳食最有可能帮助减重。实际上，约翰·斯顿已经证实蛋白质含量相对较高的膳食(复合碳水化合物、单糖、蛋白质和脂肪分别提供30%、10%、30%和30%的能量)的产热效应大约是高碳水化合物膳食(复合碳水化合物、单糖、蛋白质和脂肪分别提供50%、10%、15%和25%的能量)产热效应的两倍。

由于高蛋白膳食能带来更强的饱腹感，采用这种膳食的人更有可能在随后的膳食中摄入更少。研究发现，一餐高蛋白膳食可能导致人体在下一餐时少摄入12%和31%的能量。与脂肪和碳水化合物相反，高蛋白膳食更具饱腹感的原因之一是蛋白质是一种相对较强的饱腹胃肠激素胆囊收缩素(CCK)刺激物。CCK水平上升会抑制食物摄入量。当高蛋白膳食(46%碳水化合物、25%蛋白质和29%脂肪)或高碳水化合物膳食(59%碳水化合物、12%蛋白质、29%脂肪)的受试者都被允许随意摄入食物(即想摄入多少就摄入多少)时，研究期间食用高蛋白膳食受试者摄入的能量明显更少。并且高蛋白膳食的受试者减重幅度更大，其体重和脂肪分别减少了8.9kg和7.6kg，而高碳水化合物膳食的受试者的体重和脂肪分别减少了5.1kg和4.3kg。蛋白质含量较高的膳食能够更多地减少脂肪和保持去脂体重，并最终能改进体成分。

高蛋白膳食比低蛋白膳食更能减轻体重、保持去脂体重和改善几种心血管风险因素。因此，适当增加蛋白质和限制碳水化合物和脂肪的膳食对体重和体成分可能有益。

高蛋白膳食会对健康产生负面影响，但前提是饮食非常不均衡(不摄入蔬菜、水果，或者同时伴随着高饱和脂肪)。高蛋白膳食会加速钙流失，前提是本身钙元素不足；只要保证饮食中含有足够的钙元素，高蛋白对骨骼健康反而是有正面影响的。高蛋白膳食的关键，是要保证足够的蔬菜、水果的摄入，以避免代谢性酸中毒的潜在影响。

7.4.1.5 高热量膳食

改变体成分的另一个目的是增加体重，特别是增加去脂体重。有趣的是，如果未经训练的个体摄入过量的能量(即高热量膳食)，即便其没有参加抗阻训练，他的脂肪和肌肉含量也会增加(Forbes，2000)。此外，最初的体成分也会影响体重增加的类型(即增加肌肉还是脂肪)。福布斯(Forbes)在2000年的一篇综述中指出，较瘦的人增加的体重中60%~70%属于非脂肪组织(持续3周的过量膳食)。相反，肥胖人群增加的体重中只有30%~40%是非脂肪组织。

高热量膳食是含有的热量超过维持现有体重所需热量的膳食，也被称作富含能量的膳食或高能量膳食。如果主要目的是增加去脂体重，那么必须发生两件事情。首先，必须对骨骼肌施加适当的刺激以促进肌肉的增生。在通常情况下，这可以通过良好设计的周期性抗阻训练计划来实现。其次，摄入的能量应该大于所消耗的能量。摄入的能量类型也可以影响体重增加的类型。一般情况下，如果想要尽可能多地增加肌肉和减少脂肪，那么增加的能量摄入应该主要来自蛋白质、氨基酸和碳水化合物，而尽可能少地来自脂肪(特别是饱和脂肪)。适当的合成代谢刺激(抗阻训练)和补充充足的物质(蛋白质)可以实现正氮平衡。当蛋白质合成超过蛋白质降解(即分解)时，就会出现正氮平衡。需要注意的是，骨骼肌的蛋白质合成离不开剂量适当的20种氨基酸。因此，必须通过膳食补充充足的氨基酸。每周增加113~675g的体重是一个比较实际的目标。但是，实际能够增加的非脂肪组织的比例却存在很大差异。

在所有运动中，很少有运动像健美运动一样关注肌肉量的增加。兰伯特(Lambert)建议健美人士的宏量营养素比率应为55%~60%的碳水化合物、25%~30%的蛋白质和15%~20%的脂肪。该建议能保证摄入充足的蛋白质来促进肌肉增长，也能摄入充足的碳水化合物来为高强抗阻训练提供充足的能量，还能够提供充足的脂肪来保证血液中含有充足的睾酮。蛋白质的合成需要ATP，所以能量不足的膳食会减少蛋白质的合成。建议采用一种稍高热量膳食来促进肌蛋白的合成(即肌肉增长)。这种稍高热量膳食比维持体重所需热量膳食多出大约15%的能量。

7.4.2 健美饮食

有人说练健美70%靠营养，30%靠训练，这种说法很荒唐。健美运动有三个要素，即100%的营养、100%的训练和100%的心理动力，每个方面同等重要，忽视其中之一，效果绝不会理想。

初学者往往将全部精力投入训练而忽视营养，其实，没有适宜的营养，任何训练都是白费。应该根据自己的体格特点，制订一个计划，并持之以恒地遵照实行。

健身健美运动员在安排饮食时要注意以下几个问题。

7.4.2.1　做营养记录

制订一个营养记录表，记录下什么食物有效，吃下后的肌肉感觉，什么食物无效等是非常必要的。长期坚持下去，根据以往的资料对食物营养做出精确的、合理的、明智的评估与调整，以使营养摄取保持最佳状态。一定要做营养记录，如进食时间、食物类型，蛋白质、糖、脂肪、钾、钠、钙、维生素等基本摄入量等以及自己的身体状态。为此需要有关食物营养的书，以便随手查阅。

7.4.2.2　食物平衡搭配

不平衡在现今世界无处不在，饮食也不例外。营养学家所说的食物平衡与健美界所说的食物平衡有所不同。要根据自己的目标，力求每餐总热量平衡、营养成分平衡、食物种类平衡、多餐中每餐平衡。

①宏量营养素比率应为 55%~60%的碳水化合物、25%~30%的蛋白质和 15%~20%的脂肪，并要适度补充维生素及矿物质。

②不能忽视碳水化合物的摄入，碳水化合物应每餐都有。高碳水化合物有助于保持肌肉肝糖储存量，使运动员能够承受高强度训练。

吃少量水果，它们含有单糖，易转变成脂肪。建议每天不超过 1~2 份水果，还应吃一些蔬菜，蔬菜主要由碳水化合物构成。

③把蛋白质摄入分成 4~5 次，人体一次只能吸收 30g 左右。蛋白质并非多多益善。超过需要量的蛋白质会被排泄掉，不仅会加重肾脏的负担，还会转化为脂肪贮存在皮下。每一餐都应摄入一些优质蛋白质(含有全部人体必需氨基酸的蛋白食品，如鸡蛋、鸡肉、牛肉、高蛋白饮料及乳制品等)。此外，蛋白质和碳水化合物是协同作用，要把氨基酸输送到肌肉需要胰岛素，而胰岛素的释放是身体摄入碳水化合物的反应。

④选择少量的不饱和脂肪，如每天一汤勺橄榄油。此外，推荐使用鱼油补剂，它有助于控制胆固醇水平及提高肌肉对胰岛素的接受性。注意少用烹调油，中式炒菜中的脂肪往往不被人注意。

7.4.2.3　选择多餐摄入能量

高水平运动员可选择 5~7 餐分次分量摄入，两餐间隔约 3 小时。饭餐时间：大强度，运动前 4 小时；中强度，运动前 3 小时；小强度，运动前 2 小时；一般性活动，运动前 1 小时；早餐应补充较多的碳水化合物，因为已空腹几个小时。此外，训练后身体比其他时间需要更多的营养。第 1 餐和第 5 餐较其他餐更重要。营养是整体性，不要忽视其他任何一餐，它取决于吃的每一餐。

根据需要，在训练准备阶段、备赛阶段及调整恢复阶段选择不同的膳食方式。

7.4.2.4　正确认识营养补剂与辅助食物

正确认识营养补剂与辅助食物，科学合理地利用营养补剂与辅助食物，它们对恢复、增加训练强度和完善体格等有帮助。

7.4.2.5 足量饮水

水分子参与全身的新陈代谢。多饮水可使微血管保持清洁、畅通。经常清洗身体细胞组织，可使肌肉细胞得到再生。每人每天喝2~3L水为好。

食物的量要根各营养素比率进行调配，健身健美运动员各营养素供给量及来源如表7.11所示。

表7.11 营养素功能、供给量及来源表

营养素	需要量(克/千克体重)		食物来源
	正常值	健美运动员需要量	
碳水化合物	4.9~6g	8~10g	谷类、豆类、面包、点心、巧克力、面食
脂肪	1.3~1.5g	1.5~2.0g	黄油、猪油、猪肝、鱼油、香肠、向日葵油
蛋白质	1.2~1.3g	1.5~2.5g	鸡、肉、鱼、蛋、豆类、奶制品、谷类、麦芽
维生素B1	2~3mg	8~10mg	肝、土豆、猪肉、黑面包、粗粮、豆类
维生素B2	2~3mg	6~8mg	鸡蛋、肉、牛奶、肝、蔬菜
维生素B6	2~3mg	6~12mg	麦芽、肝、香蕉、花生、蛋、肉
维生素C	50~100mg	150~200mg	新鲜水果、酸枣、土豆、蔬菜
维生素E	10~30mg	30~50mg	肝、蛋、粗粮、黄油、豆油
钙	1.0~1.2g	2~3g	牛奶、奶制品、虾米皮、豆类、萝卜
磷	1.4~1.6g	3~6g	在所有食物中
钾	2~3g	4~6g	蔬菜、水果
钠	3~10g	20~25g	食盐
铁	20~25mg	40~50mg	肝、蛋、菠菜、芝麻、黑木耳、动物内脏、花生、瓜子、大豆、猪血
锌	15mg	20mg	海产品、鲜肉
镁	5~8mg	7~15mg	干果、海产品、豆类、水果

7.5 健美饮食方案

7.5.1 训练后饮食

训练后的饮食对健美运动员是至关重要的。摄入恰当的碳水化合物(燃烧肌肉供给能量)转变为合成代谢状态(增大肌肉体积)。成功与否取决于如何摄入碳水化合物。

训练后摄入碳水化合物能促进胰岛素(一种合成代谢激素)的分泌，胰岛素在肌肉恢复过程中起十分重要的作用:

①能把来自碳水化合物食物的糖“驱动”到肌肉中，为下次训练储备能量。

②能把来自蛋白质食物的氨基酸“驱动”到肌肉组织中，促进肌肉生长。

③能抑制肾上腺皮质激素(人体在高强度训练时分泌的一种激素)的促分解代谢作用。碳水化合物摄入量一般为女性每天每 kg 体重 6.0~8.0g，男性 8.0~10g。为最大限度地利用训练后合成代谢的机会，最好把每天碳水化合物总量的 25%安排在训练后立即食用。

训练后按 3∶1 的比例摄入复合碳水化合物和简单碳水化合物，有利于胰岛素快速和持久地释放，并可避免低血糖。不要光摄入简单碳水化合物，因为它们消化得很快，并使胰岛素的分泌很快达到高峰并回落；其副作用是刺激代谢分解，身体为防止胰岛素水平的快速下落，将分泌另一种激素，这种激素可导致分解代谢，破坏肌肉组织。

大负荷训练会耗尽肌肉的氨基酸和糖原储备(后者是训练时的主要能量来源)。随着训练的进行，身体不断消耗肌肉的糖原储备，如果糖原储备过低，就会迫使身体改变能量来源，用更多的蛋白质作为燃料。一部分蛋白质来自食物，而大多数来自肌肉组织。

训练后的一餐应避免摄入较难消化的蛋白质食物，如鸡肉、牛肉、牛排等，而应选择牛奶、鸡蛋、高蛋白粉等容易消化的食物。此时食用的目的是输送充足的氨基酸给肌肉，为肌肉生长提供原料。

7.5.2　赛前饮食

队员们进入赛前饮食期，为降低体脂，保持瘦体重，每天进餐 5~6 次，每 2~3 小时进餐一次，并采用蔬菜以生吃为主、肉食水煮的烹调方法，以尽可能地保存食物中的维生素，降低盐、油的摄入量。除多次进餐外，每天还要补充营养品：增肌粉 1 天 2 次，每次运动后即刻服用 25~50g；蛋白粉 1 天 2 次，早晨起床后用 25g；谷氨酰胺 1 天 5g，分 2 次分别在早晨起床后和晚上睡前服用；左旋肉碱 1 天 4g，分 2 次分别在上下午运动前 20~30 分钟服用；支链氨基酸 1 天 4g，分 2 次分别在上下午运动前服用。另外还可食用其他补充品，如促进肌肉恢复的活性糖、补充维生素的维他保等。

2006 年 9 月，为参加第 15 届亚运会健美比赛而组建的中国健美集训队，在北京进行为期 4 个月的集训，其间由运动营养师为队员设计营养膳食指导方案，如表 7.12 所示。

表 7.12　　中国健美集训队日常运动营养膳食实施方案①

营养膳食		实施方案
进餐次数		平均每天进餐 6~7 次，每 2~3 小时进餐一次
食物种类	碳水化合物	谷类食物，以米饭、馒头为主
	蛋白质	肉蛋类以蛋清、无皮鸡胸、鱼、豆腐为主
	蔬菜/水果	以西红柿、小白菜、芹菜梗、油麦菜、黄瓜为主；水果以香蕉、西瓜和草莓为主
烹调特点		肉类食物以水煮或清蒸为主，蔬菜以生吃为主，限制烹调用油和盐以及含盐量高的作料如酱油等

① 古桥. 健美理论与实践[M]. 北京：人民体育出版社，2000.

续表

营养膳食		实施方案
营养品食用方案	矩阵蛋白	上午、下午训练后各 25g
	超级乳清蛋白	早晨，睡前各 25g
	谷氨酰胺粉	上午，下午训练后、睡前各 1 勺(13.5g)
	维他保	2 粒/天
	电解质活力胶囊	2 粒/天
	激励皂苷	每日 3 次，每次 2 粒，两餐之间服用
	支链氨基酸	上午、下午训练前各 6 粒
	左旋肉碱	每次 8~10 粒，训练前用

7.5.3 增肌减脂饮食方案

体重变化不能准确反映出体内肌肉含量的变化。理由如下：①训练期间，肌肉增长与脂肪减少可能同时发生，体重变化不大；②经过训练后，肌肉储存肌糖原的能力会提升(肌糖原为中高强度运动提供能量)。但是肌糖原本身也有很强的储水能力，1kg 的肌糖原大约可以吸附 2.7kg 的水。经过一段时间的训练，体重还有可能会上升，水分的增加还可以使肌肉外观更加饱满。因此不要通过体重变化判断肌肉是否增加。

影响增肌两个常见的因素，首先是训练强度、训练频率直接关乎训练效果。其次是饮食，有“2 分练、8 分吃”的说法，摄入热量饮食占 80%，补剂大概占到饮食中的 20%。

如表 7.13 所示，是一天饮食案例。它含有 3200kcal 热量和 268g 蛋白质，进餐时间仅供参考，可根据训练时间和生活习惯做适当调整。热量和蛋白质克数应根据自身情况进行调整。这个饮食方案将帮助增肌减脂。如果以前没有摄入足够蛋白质，调整后将获得更多的肌肉。肌肉新陈代谢很活跃，随着肌肉增多，将比以前消耗更多的热量，这有利于减少脂肪。

表 7.13　**增肌减脂饮食案例**

进餐	进餐时间	饮食内容	热量(kcal)	蛋白质(g)
第 1 餐	上午 7：00	六个鸡蛋清、2~3 个蛋黄	200	27
		燕麦片	200	8
		水果	80	
		两片全麦面包	140	6
第 2 餐	上午 10：00	蛋白质和碳水化合物饮料	250	30
		面包	200	8
		水果	80	
第 3 餐	下午 1：00	鸡胸脯肉 225g	280	54
		米饭	200	4
		蔬菜	60	6

续表

进餐	进餐时间	饮食内容	热量(kcal)	蛋白质(g)
第 4 餐	训练前，下午 3：30	蛋白质和碳水化合物饮料	250	30
第 5 餐	训练后，下午 6：00、7：00 训练完后即刻	乳清蛋白质补剂及简单碳水化合物 230g		20
	约一小时后	牛肉，牛排 225g	430	44
		烤土豆	220	5
		蔬菜	60	6
第 6 餐	晚上 10：00	燕麦片	200	8
		4 个鸡蛋清	60	12

根据乔・卡特官网资料，整理出其平时训练期和备赛期饮食方案如表 7. 14 所示，仅供借鉴与参考。

表 7. 14　　乔・卡特平时训练期和备赛期饮食方案①

饮食方案 (Meal)	非赛季饮食计划 (Off-Season Meal Plan)	备赛饮食计划 (Pre-Contest Meal Plan)
第 1 餐	15 个鸡蛋白、2 个整蛋、4 片新鲜 Ezekial 面包、1 杯干鲜 Ezekial 麦片、一杯咖啡冲饮 1 份 Aplodan(muscle tech 的 AP 增肌素)	20 个鸡蛋白、1 杯 Ezekial 麦片； LEUKIC Hardcore 增肌素、 Hydroxycut Hardcore 强效燃脂剂
第 2 餐	10 盎司②牛排、2 碗饭	10 盎司牛肉、1 碗糙米； CREAKIC Hardcore
第 3 餐		16 盎司鱼肉、1 碗糙米
训练之前 Pre-workout	1 份 Aplodan(AP 增肌素)、1 份 naNOX9 或者一份 naNO Vapor(均为 muscle tech 的合成代谢补剂)	Hydroxycut Hardcore
训练之后 Post-Workout	1 勺 Cell-Tech Hardcore 肌酸、3 勺 Anator-p70 增肌粉	Nitro-Tech Hardcore、CREAKIC Hardcore
第 4 餐	10 盎司肌肉、4 碗熟米	16 盎司鱼肉、1 碗糙米
第 5 餐	10 盎司水牛肉、2 碗熟米	16 盎司牛肉、1 碗糙米
第 6 餐	10 盎司火鸡、1 杯 Ezekial 麦片、2 片 Ezekial 面包 1 份 Aplodan(Ap 增肌素)	16 盎司鱼肉、蔬菜
第 7 餐	3 勺 Nitro-Tech Hardcore 蛋白粉；4 片 Ezekial 面包	20 个鸡蛋白； Nitro-Tech Hardcore、LEUKIC Hardcore

① [EB/OL]. [2019-01-25]. http：//www. jaycutler. com/.

② 盎司为国际单位，1 盎司 = 28. 350g。

第 8 章

前臂肌群训练

8.1 前臂肌群解剖结构

前臂肌位于尺、桡骨的周围，分为前后两群，每群又分深浅两层，大多数是长肌，肌腹位于近侧，细长的腱位于远侧，前臂的上半部膨隆，而下半部逐渐变细。前群位于前臂的前面及内侧，主要功能是屈腕、屈指和使前臂内旋；后群位于前臂的后面及外侧，主要功能是伸腕、伸指和使前臂外旋。其解剖结构如表 8.1 所示。

表 8.1　　前臂肌群解剖结构

<table>
<tr><th colspan="3">肌　肉</th><th>起　点</th><th>止　点</th><th>主要功能</th></tr>
<tr><td rowspan="9">掌侧屈肌：屈肌群</td><td rowspan="6">浅层</td><td>肱桡肌</td><td>肱骨外髁</td><td>桡骨茎突</td><td rowspan="2">屈前臂并稍旋前</td></tr>
<tr><td>旋前圆肌</td><td rowspan="5">肱骨内髁</td><td>桡骨中部前外面</td></tr>
<tr><td>桡侧腕屈肌</td><td>第二掌骨底前面</td><td>屈腕和屈前臂</td></tr>
<tr><td>掌长肌</td><td>掌腱膜</td><td>屈腕</td></tr>
<tr><td>指浅屈肌</td><td>第 2~5 指中指骨底</td><td>屈掌、指关节和腕关节</td></tr>
<tr><td>尺侧腕屈肌</td><td>豌豆骨</td><td>屈腕、使手内收</td></tr>
<tr><td rowspan="3">深层</td><td>指长屈肌</td><td>桡骨及骨间腴</td><td>拇指末节指骨底</td><td>屈拇指</td></tr>
<tr><td>指长伸肌</td><td>尺骨及骨间腴</td><td>第 2~5 指末节指骨底</td><td>屈各指骨屈、掌指关节、屈腕</td></tr>
<tr><td>旋前方肌</td><td>尺骨下 1/4 前面</td><td>桡骨下 1/4 前面</td><td>使前臂旋内</td></tr>
<tr><td rowspan="10">背侧肌：伸肌群</td><td rowspan="5">浅层</td><td>桡侧腕长伸肌</td><td rowspan="5">肱骨外上髁</td><td>第二掌骨底背面</td><td>伸腕、使手外展</td></tr>
<tr><td>桡侧腕短伸肌</td><td>第三掌骨底背面</td><td>伸腕</td></tr>
<tr><td>捎总伸肌</td><td>第 2~5 指中节和末节指骨底</td><td>伸腕、伸指</td></tr>
<tr><td>小指固有伸肌</td><td>小指指背腱膜</td><td>伸腕、伸小指</td></tr>
<tr><td>尺侧腕伸肌</td><td>第五掌骨底</td><td>伸腕、使手内收</td></tr>
<tr><td rowspan="5">深层</td><td>旋后肌</td><td>肱骨外上髁及尺骨</td><td>桡骨上部</td><td>使前臂旋后</td></tr>
<tr><td>指长展肌</td><td rowspan="4">桡骨背面</td><td>第一掌骨底</td><td>外展拇指</td></tr>
<tr><td>拇短伸肌</td><td>拇指第一节指骨底</td><td>伸拇指第 1 节</td></tr>
<tr><td>拇长伸肌</td><td>拇指末节指骨底</td><td>伸拇指</td></tr>
<tr><td>食指固有肌</td><td>食指第二节指骨</td><td>伸食指</td></tr>
</table>

8.1.1　前群

前群位于前臂的前面和内侧面，包括屈肘、屈腕和腕的收展、屈指以及前臂旋前的肌肉，共 9 块，分 3 层排列。图 8.1 为前臂肌群屈肌群，8.2 为前臂肌群伸肌群。

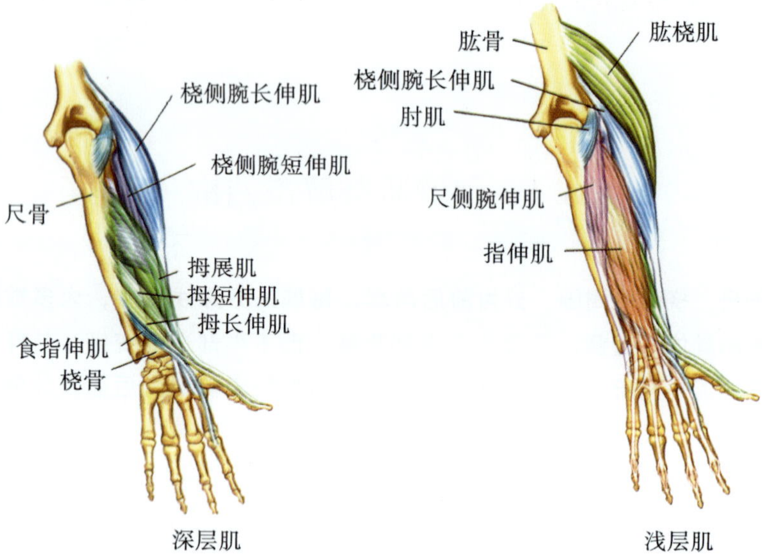

图 8.1　前臂肌群屈肌群

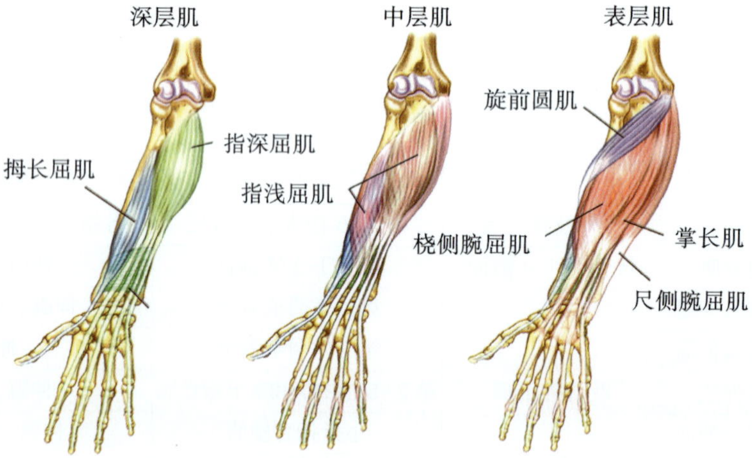

图 8.2　前臂肌群伸肌群

第一层：有 5 块肌，自桡侧向尺侧依次为肱桡肌（Brachioradialis）、旋前圆肌（Pronator Teres）、桡侧腕屈肌（Flexor Carpi Radialis）、掌长肌（Palmaris Longus）、尺侧腕屈肌（Flexor Carpi Ulnaris）。肱桡肌起自肱骨外上髁的上方，向下止于桡骨茎突，作用为屈肘关节。其他 4

块肌共同起自内上髁和前臂深筋膜，其中旋前圆肌止于桡骨外侧面的中部，作用为屈肘关节和使前臂旋前。桡侧腕屈肌以长腱止于第二掌骨底，作用为屈肘、屈腕和使挠腕关节外展。掌长肌的肌腹很小而腱细长，连于掌腱膜，作用为屈腕和紧张掌腱膜。尺侧腕屈肌止于豌豆骨，作用为屈腕和使桡腕关节内收。

第二层：有1块肌，即指浅屈肌(Flexor Digitorum Superficialis)。上端为浅层肌覆盖，起自肱骨内上髁、尺骨和桡骨前面。肌束往下移行成4条肌腱，通过腕管和手掌，分别进入第2~5指的屈肌腱鞘。每一个腱在近节指骨中部分为二脚，止于中节指骨的两侧，作用是屈近侧指间关节、屈掌指关节、屈腕和屈肘。

第三层：有2块肌，位于桡侧的拇长屈肌(Flexor Pollicis Longus)和位于尺侧的指深屈肌(Flexor Digitorum Profundus)。起自桡、尺骨上端前面和骨间膜。拇长屈肌止于拇指远节指骨底，作用为屈拇指指间关节和掌指关节。指深屈肌向下分成四个腱，经腕管入手掌，在指浅屈肌腱的深层分别进入第2~5指的屈肌胆鞘，在鞘内穿经指浅屈肌腱二脚之间，止于远节指骨底，作用为屈第2~5指的远侧指间关节、近侧指间关节、掌指关节和屈腕。

8.1.2 后群

后群位于前臂后面，为伸腕、伸指、腕收展和前臂旋后肌，分为浅、深两层。

浅层：有5块肌，自桡侧向尺侧依次为桡侧腕长伸肌(Extensor Carpi Radians Longus)、桡侧腕短伸肌(Extensor Carpi Radialis Brevis)、指伸肌(Extensor Digitorum)、小指伸肌(Extensor Digiti Minimi)和尺侧腕伸肌(Extensor Carpi Ulnaris)，这5块浅层肌以一个共同腱起自肱骨外上髁。桡侧腕长伸肌和腕短伸肌向下移行于长腱，分别止于第二、第三掌骨底，作用主要为伸腕，腕外展作用。指伸肌向下分为四条肌腱，经手背，分别到第2~5指。在手背远侧部，掌骨头附近，之间有结合相连，各腱越过掌骨头后，向两侧扩展，包绕掌骨头和近节指骨的背面，称指背回膜。它向远侧分为三束，分别止于中节和远节指骨底，作用为伸指和伸腕，还可协助伸肘。小指伸肌是一条细长的肌，长腿经手背到小指，止于指背腱膜，作用为伸小指。尺侧腕伸肌止于第五掌骨底，作用主要为伸腕，还有内收腕。

深层：有5块肌，一块位于前臂后部，位置较深，称旋后肌(Supinator)，起自肱骨外上髁和尺骨外侧缘的上部，肌束向外下，止于桡骨前面的上部。另外4块肌位于此肌的下方，自桡侧向尺侧依次为拇长展肌(Abductor Pollicis Longus)、拇短伸肌(Extensor Pollicis Brevls)、拇长伸肌(Extensor Pollicis Longus)和食指伸肌(Extensor Indicis)，它们均起自桡骨和尺骨后面以及骨间膜。拇长展肌止于第一掌骨底，拇短伸肌止于拇指近节指骨底，拇长伸肌止于拇指远节指骨底，食指伸肌止于食指的指背腱膜。

前臂屈肌：主要负责手腕的弯曲和手掌向下翻转。

前臂伸肌：主要负责手腕的伸展和手掌向上翻转。

肱桡肌：它与二头肌一起完成手肘的屈曲。

前臂伸肌和屈肌共同负责手腕的内收和外展。

8.1.3 腕关节

腕关节(Wrist Joint)是人体的一个部位，又称桡腕关节(Radiocarpal Joint)，是典型的椭圆关节。腕关节是由多关节组成的复杂关节，包括桡腕关节、腕骨间关节和腕掌关节，三个关节都相互联系(除拇指的腕掌关节外)，统称为腕关节。它们在运动上是统一的，腕关节位于腕管的深处，是完成上肢功能的主要部分。

桡腕关节可作屈、伸、展、收及环转运动，其中伸的幅度比屈小，这是由于桡腕掌侧韧带较为坚韧，使后伸的运动受到限制；内收的运动幅度大于外展。腕与手最常做斜向运动：屈与内收并存，伸与外展并存。如表 8.2 所示。

表 8.2　　腕关节运动方式

运动方式		参与完成动作的主要肌群
屈	掌面与前臂前面互相靠近为屈。向手心方向运动称为屈腕，也叫掌的屈曲	主要肌群为前臂屈肌群：桡侧腕屈肌、掌长肌、尺侧腕屈肌、指浅屈肌、指深屈肌
伸	掌背伸，掌背与前臂后面相靠近为伸	主要肌群为前臂伸肌群：桡侧腕长伸肌、桡侧腕短伸肌、尺侧腕伸肌、指伸肌、食指伸肌
外展	手外侧缘与前臂相互靠近的运动称为外展或桡侧屈，也叫桡偏	桡侧腕屈肌、桡侧腕长伸肌、桡侧腕短伸肌、食指伸肌
内收	手内侧缘与前臂相互靠近的运动称为内收或尺侧屈	前臂伸肌和屈肌共同负责手腕外展

8.2 前臂肌群训练动作方法

臂弯举、腕弯举是前臂肌群训练的基本动作，使用的器械有杠铃、哑铃、曲柄杠铃、专用训练器械等；体位姿势有站姿、坐姿、俯姿、卧姿、蹲姿与跪姿等；根据练习目的，握法有正握、反握等。

训练前臂的作用：增强小臂力量和肌肉群，可以帮助提高我们的腕力，更能辅助完成引体向上、弯举动作、硬拉等训练。

前臂对应训练动作：

①针对前臂屈肌，采用反握的形式。选用动作：站姿背后杠铃手腕弯举。

②针对前臂伸肌，采用正握的形式。选用动作：坐姿哑铃手腕弯举。

③针对肱桡肌，则需要抬起小臂，采用正握弯举的形式。选用动作：正握哑铃交替弯举。

在此三个动作基础上变化动作，全方位对前臂进行训练。前臂肌群训练动作如表 8.3 所示。

表 8.3　　前臂肌群主要训练动作

<table>
<tr><th>动作名称</th><th>身体姿势</th><th>器械选择</th><th>握法</th><th>主要锻炼部位(肌群)</th></tr>
<tr><td>臂弯举</td><td>站姿</td><td rowspan="7">杠铃
曲柄杠铃
哑铃
专用训练器械</td><td>反握</td><td>前臂屈肌群</td></tr>
<tr><td rowspan="4">腕弯举</td><td rowspan="2">站姿</td><td>正握</td><td>手腕以及前臂伸肌肌群</td></tr>
<tr><td>反握</td><td>前臂屈肌群</td></tr>
<tr><td rowspan="2">坐姿</td><td>正握</td><td>主要锻炼手腕和指的屈肌肌群</td></tr>
<tr><td>反握</td><td>主要锻炼腕伸肌和指伸肌</td></tr>
<tr><td rowspan="2">斜板弯举</td><td>坐姿</td><td>正握</td><td>前臂桡侧肌群</td></tr>
<tr><td>坐姿</td><td>反握</td><td>深层屈指肌</td></tr>
<tr><td>击锤式弯举(侧弯举)</td><td>站姿</td><td>哑铃</td><td>对握</td><td>拇长屈肌</td></tr>
<tr><td rowspan="2">卷绳</td><td rowspan="2">站姿</td><td rowspan="2">绳</td><td>正握</td><td>前臂伸肌</td></tr>
<tr><td>反握</td><td>前臂屈肌</td></tr>
<tr><td>背后腕弯举</td><td>站姿</td><td>杠铃</td><td>正握</td><td>前臂屈肌</td></tr>
<tr><td rowspan="2">旋腕练习</td><td rowspan="2">站姿</td><td rowspan="2">卷力器</td><td>反握</td><td>屈手肌群</td></tr>
<tr><td>正握</td><td>伸手肌群</td></tr>
</table>

8.2.1　站姿杠铃正握臂弯举

主要作用：主要锻炼伸腕肌和伸指肌：桡侧腕长伸肌、桡侧腕短伸肌、指伸肌和尺侧腕伸肌。同时锻炼肱肌和肱桡肌，对肱二头肌有轻度锻炼作用，如图 8.3 所示。

动作过程：两脚自然站立，与肩同宽，两手正握杠铃（掌心朝下，两拇指相对），握距同肩宽。身体正直，两臂伸直下垂至腿侧，杠铃在大腿上，动作过程中两上臂应紧贴体侧，不得动摇。屈肘时杠铃从腿前慢慢举到颌下，然后按原路返回。

注意要点：

①杠铃正握臂弯举是增强腕关节力量的最佳训练。腕关节屈肌力量明显强于伸肌，这削弱了腕关节的稳定性和力量，许多项目的运动员比较重视腕伸肌力量训练。

②建议训练强度：持续训练 3~5 组，每组完成 15~20 次。

动作变化：

a. 可采用窄握距或用滑轮拉杆来做此练习。

b. 坐姿杠铃反握臂弯举

动作过程：两脚自然站立，与肩同宽，两手反握杠铃屈肘，前臂与地面平行，向上屈腕到最高点后稍停，然后放下。放下时手始终紧握杠铃，整个动作过程中，上臂、前臂均固定。

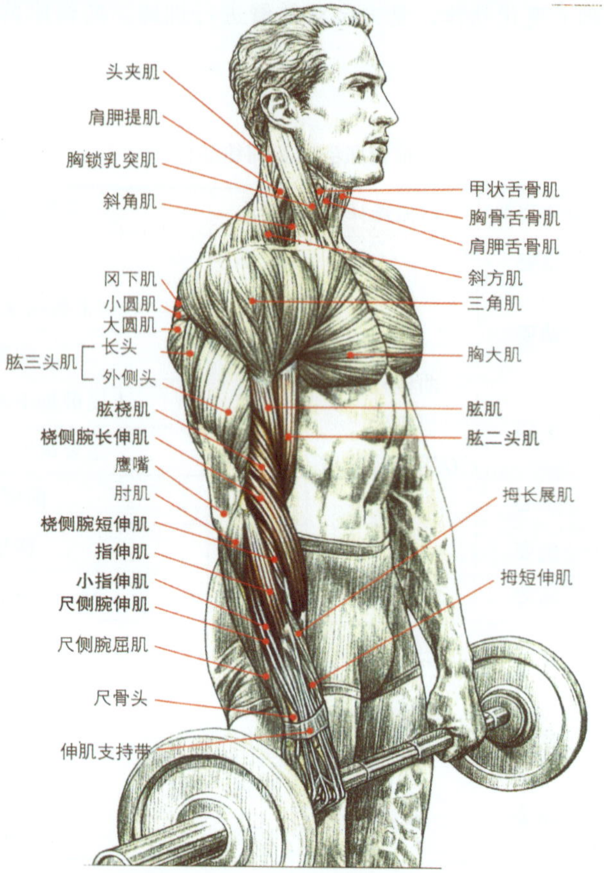

图 8.3　站姿杠铃正握臂弯举

8.2.2　坐姿杠铃正握腕弯举

主要作用：如图 8.4 所示，正握杠铃腕弯举侧重于伸肌训练。主要锻炼桡侧腕长伸肌、桡侧腕短伸肌、指伸肌、小指伸肌和尺侧腕伸肌。可以加强伸腕力量，增强腕关节力量。

起始姿势：坐在凳上，两腿分开，双手正握杠铃或哑铃（手心向下），握距同肩宽，手腕和手掌放在两腿间（或将前臂放在凳上）。双手放松地握持杠铃或哑铃，前臂贴在大腿或凳面上，腕部以下空出，顺着重力方向最大限度地放低器械。

动作过程：屈腕将杠铃向上弯举到最高点，并使前臂内侧的屈指肌群进入并保持“顶峰收缩”状态约 1~3 秒，然后放下，两前臂不得抬离大腿面（或凳面），放下时始终紧握杠铃，手指不可松开。然后再以目标肌群控制住重量慢慢地伸腕放低器械，将前臂内侧肌群伸展至可能的最长，再收缩为可能的最短。

8.2.3　坐姿杠铃反握腕弯举

主要作用：如图 8.5 所示，主要锻炼手腕和指的屈肌肌群（即前臂的掌侧面和内侧面）。主要刺激桡侧腕屈肌、掌长肌、尺侧腕屈肌、指浅屈肌和指深屈肌。侧重于屈肌训练。指浅屈肌和指深屈肌位于前臂深层，却是最大的屈腕肌群。

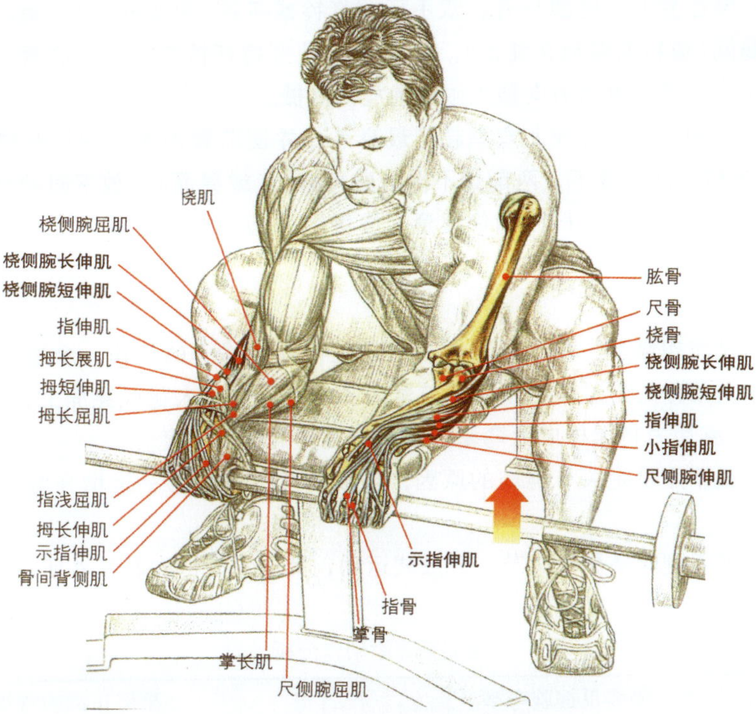

图 8.4　坐姿杠铃正握腕弯举

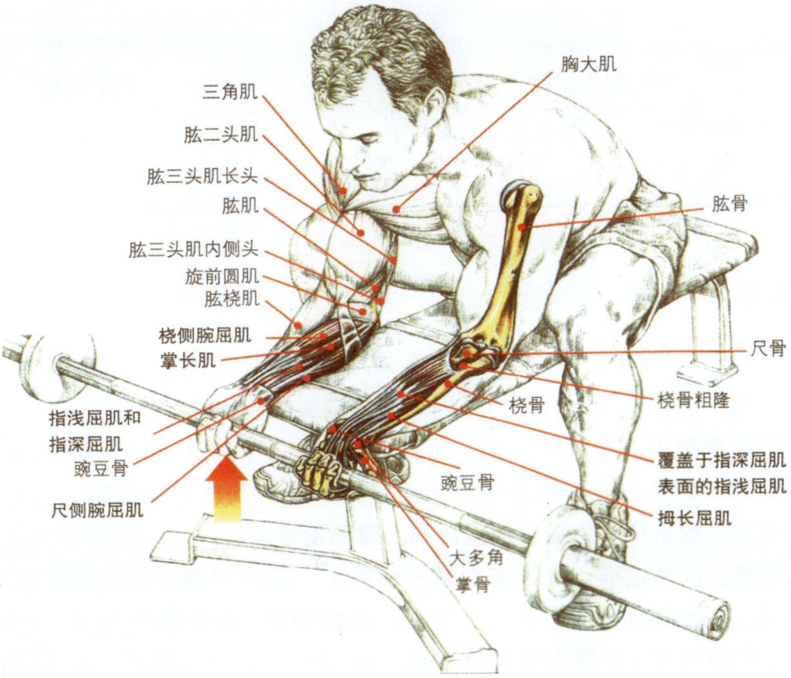

图 8.5　坐姿杠铃反握腕弯举

开始姿势：坐在凳上，两腿分开，双手反握杠铃或哑铃(手心向上)，握距同肩宽，手腕和手掌放在两腿间(或将前臂放在凳上)。双手放松地握持杠铃或哑铃，前臂贴在大腿或凳面上，腕部以下空出，顺着重力方向最大限度地放低器械。

动作过程：屈腕，将杠铃向上弯举起到最高点，并使前臂内侧的屈指肌群进入并保持顶峰收缩状态 1~3 秒，然后放下，两前臂不得抬离大腿面(或凳面)，放下时始终紧握杠铃，手指不可松开。然后再以目标肌群控制住重量，慢慢地伸腕并放低器械，使前臂内侧肌群伸展至最长，再收缩至最短。

注意要点：

①屈腕是涉及肌肉最多、刺激最集中、最易进行锻炼操作的动作。全过程用力是腕弯举练习的基本要求，动作的全过程必须保证前臂内侧始终紧贴在大腿或凳面上，杜绝出现“杠杆撬重”的动作；屈腕用力将器械向上弯举起至可能达到的最高程度。

②伸腕肌力量不足是腕关节脆弱的原因，坐姿正握杠铃腕弯举是增强腕关节力量的良好训练方法。

动作分析：坐姿腕弯举是单关节、开放式运动，其动作分析如表 8. 4 所示。

表 8. 4 坐姿腕弯举动作分析

动作分析	坐姿反握腕弯举 双手正握杠铃或哑铃(手心向上)	坐姿正握腕弯举 双手反握杠铃或哑铃(手心向下)
运动关节	腕关节 向上：屈 向下：伸	腕关节 向上：伸 向下：屈
运动肌群	桡侧腕屈肌、尺侧腕屈肌、桡掌长肌	桡侧腕长伸肌、桡侧腕短伸肌、尺侧腕伸肌
固定肌群	全部躯干肌群	

8. 2. 4 侧弯举

侧弯举是训练者借用哑铃、绳索等自由器械，对于目标肌肉进行深度刺激的一种运动模式。主要锻炼肱肌和前臂肌(拇长屈肌)，同时对肱二头肌起到锻炼作用。

在训练中经常接触的有哑铃侧弯举、哑铃交替侧弯举(Alternating Hammer Curl)、哑铃斜托侧弯举以及绳索侧弯举。在锻炼中，为使目标肌肉得到很好的锻炼，为达到锻炼目的，必须保持脊椎中立，收紧核心力量，使肩部和上臂不发生移动。

①哑铃侧弯举。动作过程：身体直立站在地面上，保持双脚之间的距离与肩部同宽，两手伸直对握哑铃，哑铃横放在膝盖以上，手掌心朝向身体，拇指朝前如握一把锤子，保持身体的稳定，运动时呼气并收紧腹部和背部肌肉，肩部和上臂保持不动，双手以肘部为轴，将哑铃朝肩外侧举起哑铃，使哑铃垂直地面，当到达胸椎处时，顶峰收缩 1~3 秒，吸气，使哑铃回到原来的位置，双臂向下伸直，如图 8. 6 所示。

建议训练强度：持续训练 3~5 组，每组完成 15~20 次。

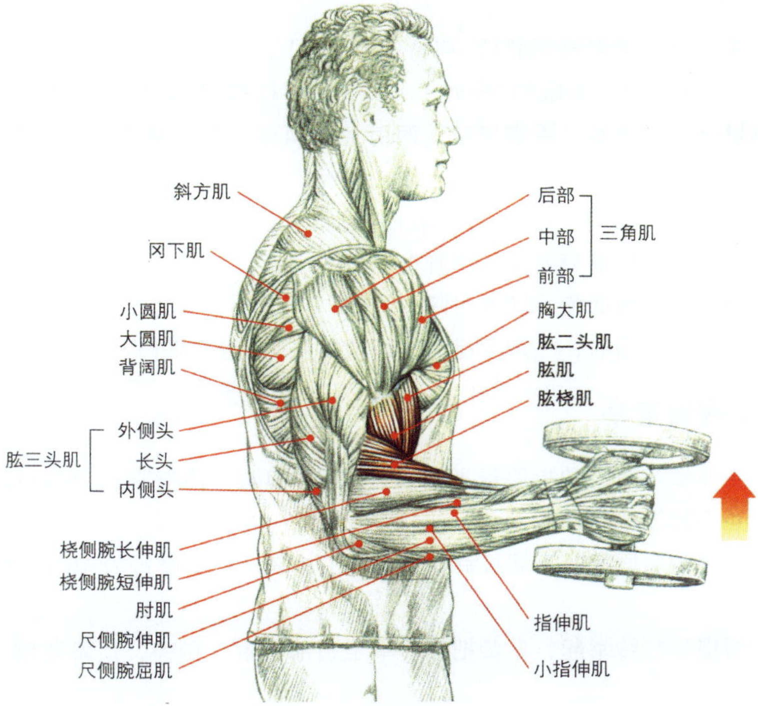

图 8.6　哑铃侧弯举

②哑铃交替侧弯举。动作过程：站姿，双手各持一只哑铃，垂于身体两侧，掌心相对。双腿之间的距离不发生变化，保持与肩部同宽。运动时稳定核心力量，持铃的臂膀屈肘，使哑铃向胸椎处抬起，当到达最高点时，保持动作 1~3 秒，然后缓慢降下哑铃，同时吸气，换手臂进行。

最高点的位置是：前臂和地面垂直，大拇指对着肩膀。训练强度要求左右臂各练 3 组，每组做 12~15 次，注意在动作进行中保持肩部和上臂的稳定。

③哑铃斜托侧弯举。动作过程：身体坐在罗马椅上，使胸部贴紧椅背，双臂伸直，同时双手竖握住哑铃，手掌心朝里相对，双臂平行放在靠背上，保持双腿分开和肩部一样宽，上半身紧贴在前椅背上，保持脊椎的中立位置。运动时头部要正，收缩核心肌群，双臂屈肘将哑铃向上举起，当前臂和上臂垂直，保持动作 1~3 秒，哑铃由竖握变成横握，手掌心相对，然后慢慢伸直双臂，使哑铃回到起点。

建议训练强度：持续做 4 组，每组做 10~15 次。

④绳索侧弯举。动作过程：固定好拉力器的滑轮，使它处在最底端，选择好自己的负重量，训练者面向拉力器站立，双手反握住拉力器的手柄，双臂向体下伸直，运动时双臂屈肘向上拉动绳索，当达到胸椎处的时候，保持动作 1~3 秒，然后伸直双臂，使绳索回到起点，再次进行动作。

建议训练强度：3~4 组，每组做 12~15 次。

8.2.5　斜板坐姿反握屈腕

主要作用：主要锻炼前臂桡侧肌群（前臂内侧肌肉）。

起始姿势：坐在斜板上（高低约 25cm），双手反握杠铃（杠铃/哑铃/曲杆），前臂平贴大腿，两臂放在两膝之间，手腕、手掌悬空，两肘放在两膝之间，把手腕向前伸出，垂于膝盖前，两手也可正握杠。也可把上臂贴靠在平板或斜板上做，或用哑铃左右轮流做。

动作过程：手腕尽力向上、向内屈转（收缩屈指肌），直到不能再屈转时，顶峰收缩 1～3 秒。手始终紧握杠铃，放松前臂肌肉，手腕向前回落。

呼吸方法：屈转手腕时吸气，回落时呼气。

注意要点：屈转到最后时，一定要尽力收缩前臂肌肉（屈指肌）1～3 秒，再逐渐放松。

8.2.6　斜板正握臂弯举

主要作用：主要锻炼前臂伸指肌群即前臂外侧（伸腕肌、伸指肌），同时锻炼肱桡肌、肱肌，对肱二头肌也有轻度锻炼作用。

开始姿势：双手与肩同宽，正握杠铃，把肘关节放在一块斜度约为 45°的木板的上缘，掌心朝上。

动作过程：慢慢将杠铃举起，尽量把杠铃举至颈部位置，稍停，顶峰收缩 1～3 秒，再逐渐放松。

8.2.7　背后腕弯举

主要作用：主要锻炼前臂屈肌（前臂内侧屈指肌群）。

起始姿势：身体直立，两腿自然开立，挺胸、收腹，稍屈膝、髋。双手与肩同宽，两臂下垂，手握杠铃放在臀部后侧，双手身后掌心背向臀部，直臂，调整好身体重心。

动作要领：呼气，卷曲手腕，慢慢将杠铃以一个半圆形的轨迹朝向天花板移动，向上弯起至屈指肌收缩为止，再慢慢放下还原。目标肌群用力屈腕弯举杠铃至顶峰收缩极限位置，停 1～3 秒，有控制地还原动作。动作全过程须始终保持目标肌的持续紧张状态，禁止摆动或借用惯性完成动作。

注意要点：

①背后腕弯举在技术结构和锻炼效果上接近孤立动作，其动作感觉较为强烈，在训练中可按孤立动作性质将其编入课程计划中。

②全程只有手腕移动。

③背后腕弯举可以用哑铃执行动作，另一个选择是使用一只哑铃以达到更好的专注效果。

8.3　前臂肌群训练方法

前臂是人体常显露在外的部位之一，前臂健美十分重要。前臂训练在健美界有不同的看法，有教练员、运动员认为：健美训练中几乎每一项练习都已经不同程度地使前臂得到了锻炼，不安排专门练习，从不做专门性的前臂练习，高强度训练时，前臂已经得到它所需要的足够刺激了，而另一种观点则认为有必要安排专门训练。

前臂专门训练是必不可少的，特别是前臂低于正常水平时，就必须把专门性的前臂练习作为基础来做。一般认为，前臂是较难练锻炼的部位，在训练方法上必须遵循多重复次数的递增练习法，并不断地提高负荷，这样才能使前臂肌锻炼起来。特别是在一段时间训练后，前臂围度就会停止增长，这时只有增加负荷，用大负荷给前臂充分刺激，才能使前臂得到锻炼。

前臂练习，应安排在训练结束前进行，而且练习节奏很重要。前臂练习应做得缓慢、有节奏，尽量减少组与组之间的间歇时间，使前臂充分充血。一组练习后，间歇几秒，抖动双手，使肌肉放松后，随即进行下一组练习。练习时，动作要正确规范，将负荷集中在前臂上，这样才能使前臂围迅速增长。前臂肌群各阶段训练方案如表 8.5 所示。

表 8.5 **前臂肌群各阶段训练方案**

训练阶段	训练原则			
	动作数	总组数	次数/组	训练次数/周
初级阶段(适应 1~6 个月)	1~2	4~6	8~12	3
中级阶段(适应 6~12 个月)	2~3	7~10	8~12	2~3
高级阶段(适应 12 个月以上)	4~5	10~15	8~20	2~3
临赛阶段	4~5	12~20	8~20	2~3

第 9 章

上臂肌群训练

9.1 上臂肌群解剖结构

臂肌覆盖肱骨，形成前、后两群，有内侧和外侧两个肌间隔。前群主要为屈肌，后群为伸肌，如表 9. 1 所示。

表 9. 1　　上臂与前臂肌群解剖结构

肌肉名称		位置	形状	起点	止点	主要功能
前群屈肌	肱二头肌	上臂前面	梭形肌	长头：肩胛骨的盂上结节 短头：肩胛骨喙突	桡骨粗隆和前臂筋膜	屈肘，使前臂旋后
	缘肱肌	肱二头肌上半部内侧	长梭形肌	肩胛骨喙突	肱骨中部内侧	使上臂屈和内收
	肱肌	肱二头肌深层	羽状肌	肱骨前面下半部	尺骨冠突	屈肘关节
后群伸肌	肱三头肌	肱骨后面	梭形肌	长头：关节盂结节 内侧头：挠神经沟以下骨面 外侧头：肱骨后面	尺骨鹰嘴	近固定：伸前臂和上臂 远固定：肘关节
	肘肌	肘关节后面	呈三角形	肱骨外上髁	尺骨背面上部	伸肘关节

9.1.1 前群

前群包括浅层的肱二头肌和深层的喙肱肌，如图 9. 1 所示，为上臂肌群解剖结构。

肱二头肌(Biceps Brachil)：位于上臂前面，上部被三角肌、胸大肌遮盖，呈梭形。起端有两个头，长头以长腱起自肩胛骨盂上结节，通过肩关节囊，经结节间沟下降；短头在内侧，起自肩胛骨喙突。两头在臂的下部合并成一个肌腹，并以一个腱止于尺骨粗隆。作用：屈肘关节，当前臂处于旋前位时，能使其旋后。此外，还能协助屈上臂。

喙肱肌(Coracobrachialis):比较弱小,在肱二头肌短头的上半部内侧,并与短头共同起自肩胛骨喙突,止于肱骨中部的内侧。作用:协助上臂前屈和内收。

肱肌(Brachialis):位于肱二头肌下半部的深面,起自肱骨下半的前面,止于尺骨粗隆。作用:屈肘关节。

肱桡肌(Brachioradialis):位于前臂肌的最外侧皮下,呈长扁形。近固定时,可使前臂屈。远固定时,可使上臂向前靠拢。采用负重弯举和引体向上等练习可发展该肌肉的力量。肱二头肌及肱肌是肘屈曲后,有使肘关节保持屈曲的作用,亦可能有半旋前、半旋后的作用。

9.1.2 后群

后群包括肱三头肌,如图 9.2 所示。

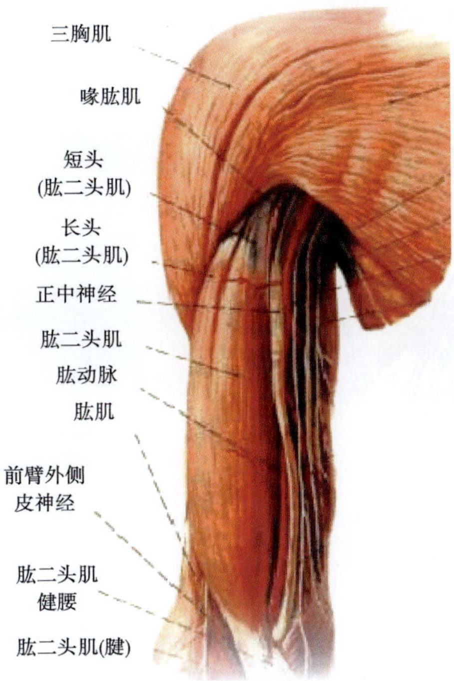

图 9.1 上臂肌群解剖结构(前群)

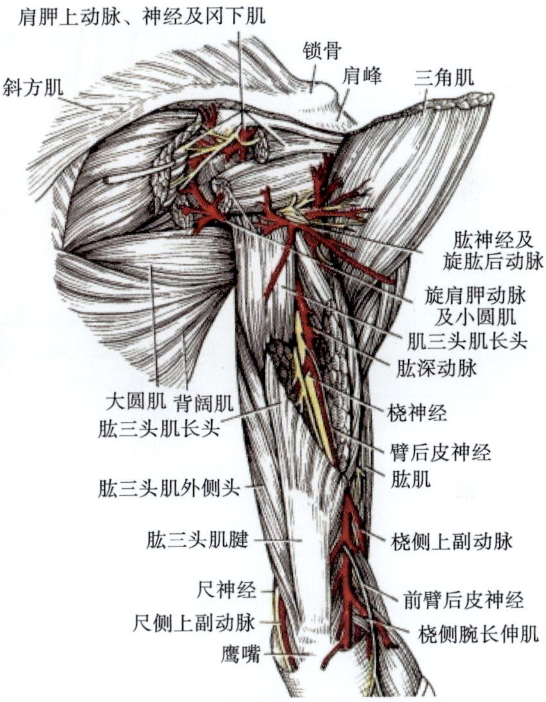

图 9.2 上臂肌群解剖结构(后群)

肱三头肌(Triceps Brachii):起端有三个头,长头以长腱起自肩胛骨盂下结节,向下行经大、小圆肌之间,外侧头起自肱骨后面桡神经沟外上方骨面,内侧头起自挠神经沟以下的骨面。向下肱三头肌的三个头会合以一个坚韧的腱止于尺骨鹰嘴。作用:伸肘关节,长头尚可使上臂后伸和内收。

肘肌(Anconeus):位于肘关节后面,呈三角形。起点:起于肱骨外上髁。止点:止于尺骨背面上部。功能:近固定时,使肘关节伸并加固肘关节;远固定时,使上臂在肘关节处伸。协助肱三头肌伸肘,使肘关节完全伸直;可避免伸肘关节时肘关节囊被挤压于鹰嘴窝;还有外展尺骨和增强关节囊的作用。

9.1.3　肘关节

肘关节(Elbow Joint)，肘关节是一个复合关节。由肱尺关节、肱桡关节、桡尺近侧关节三个单关节共同包在一个关节囊内构成。肘部结构如图 9.3 所示。

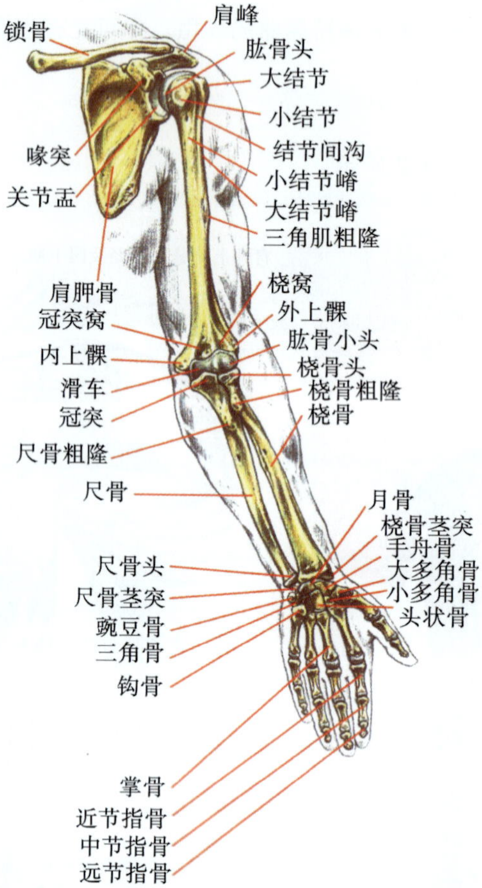

图 9.3　肘部结构

①肱尺关节(Humeroulnar Joint)：由肱骨滑车与尺骨滑车切迹构成。属滑车关节，可绕额状轴作屈、伸运动。

②肱桡关节(Humeroradial Joint)：由肱骨小头与桡骨头关节凹构成，是球窝关节，可作屈、伸运动和回旋运动。因受肱尺关节的制约，其外展、内收运动不能进行。

③桡尺近侧关节(Proximal Radioulnar Joint)：由桡骨环状关节面与尺骨的桡切迹构成。为圆柱形关节，只能作内旋、外旋运动。

上述三个单关节被包在一个关节囊内，形成一个关节腔，因而构成了一个复合关节。无论从结构上，还是功能上讲，肱尺关节都是肘关节的主导关节。所以肘关节的主要运动形式是屈、伸运动，其次是由桡尺近侧关节与桡尺远侧关节联合运动，完成前臂的内旋、外旋运动。肘关节的屈、伸幅度，平均为 135°~140°。由于肱骨滑车的关节轴向内下倾斜，当伸前臂时，前臂与上臂中轴之间，形成一个向外偏斜的角，称为提携角，约 15°。

肘关节是典型的复关节，关节囊前后薄而松弛，两侧紧张。加固关节的韧带有：

①桡侧副韧带（Radial Collaterallig）：位于肘关节囊外侧，起自肱骨外上髁，分成两束，从前后包绕桡骨头，止于尺骨的桡骨切迹前后缘。

②尺侧副韧带（Ulnar Collaterallig）：在肘关节囊内侧，起自肱骨内上髁，纤维呈扇形分布，止于尺骨滑车切迹前后缘。

③桡骨环状韧带（Annular Lig of Raelius）：呈环形，由前后和外侧三面环绕桡骨小头，附着于尺骨的桡骨切迹前后缘。所有肘关节韧带皆不抵止于桡骨，从而保证了桡骨能绕垂直轴作内旋和外旋运动。

从肘关节整体运动来说有两个运动轴，即绕额状轴作屈伸运动，这一运动轴为肱尺关节和肱桡关节所共有，绕垂直轴可作旋内和旋外运动，这一运动轴为肱桡关节和桡尺近侧关节所共有。

肘关节可作屈和伸、内旋和外旋运动。肘关节角度应力争达到：主动屈曲>130°，主动伸直受限<40°，主动后旋>60°，主动前旋>60°。如图 9.4 所示，为正常肘关节活动范围。附着于多块骨上的肘关节屈伸肌如表 9.2 所示。

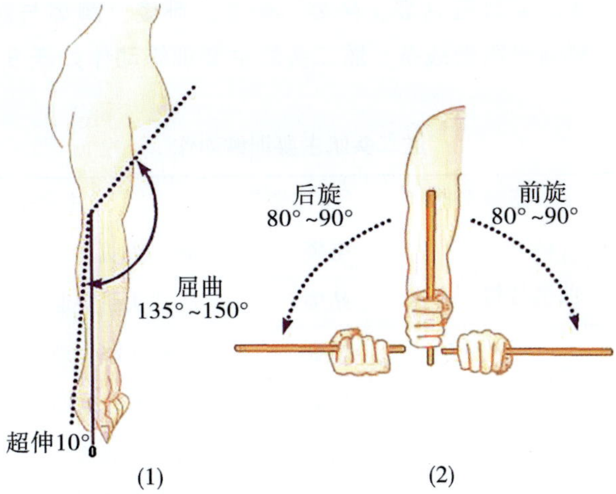

图 9.4 正常肘关节活动范围

表 9.2 **附着于多块骨上的肘关节屈伸肌**

运动	屈	伸
肩胛骨	肱二头肌	肱三头肌
肱骨	肱肌、肱桡肌 桡侧腕长伸肌与桡侧腕短伸肌、指深屈肌、旋前圆肌、掌长肌、桡侧腕屈肌与尺侧腕屈肌	肱三头肌 肘肌、指伸肌与小指伸肌、尺侧腕伸肌

续表

运动	屈	伸
尺　骨	肱肌 旋前圆肌、指深屈肌	肱三头肌 肘肌
桡　骨	肱二头肌、肱桡肌	
手　骨	桡侧腕长伸肌与桡侧腕短伸肌、桡侧腕屈肌与尺侧腕屈肌、掌长肌、指深屈肌	指伸肌、小指伸肌、尺侧腕伸肌

9.2 肱二头肌训练动作方法

9.2.1 肱二头肌训练动作分析

锻炼肱二头肌的基本动作是反握胸前弯举，使用的器械有杠铃、曲柄杠铃、哑铃、拉力器、专用训练器械等；体位姿势有站姿、坐姿、俯姿、卧姿、蹲姿与跪姿等；再通过局部动作训练分离肱二头肌，刻画出肌肉线条。肱二头肌主要训练动作如表 9.3 所示。

表 9.3 肱二头肌主要训练动作

动作名称	器械选择	身体姿势	主要锻炼部位(肌群)
杠铃胸前弯举	杠铃 曲柄杠铃	坐姿	肱二头肌
		站姿	肱二头肌突起
哑铃胸前弯举	哑铃	站姿	主要是锻炼肱二头肌长头
		坐姿	肱桡肌、肱肌、肱二头肌、三角肌前部
交替弯举	哑铃	站姿 坐姿	肱二头肌长头
坐姿斜板弯举	杠铃	坐姿	肱二头肌下部、肱肌
	哑铃		肱二头肌短头
俯姿托臂弯举	哑铃、曲柄杠铃	俯姿	肱二头肌后段和尖峰
锤击式臂弯举 锤击式哑铃交替弯举	哑铃	站姿	肱肌、肱桡肌
肘固定斜板弯举	曲柄杠铃、杠铃	坐姿	肱二头肌
仰卧弯举	拉力器	仰卧	肱二头肌中部
俯卧弯举	哑铃	俯卧	肱二头肌

续表

动作名称	器械选择	身体姿势	主要锻炼部位(肌群)
站立侧平弯举	哑铃、杠铃片	坐姿	肱二头肌
低位重锤拉力器弯举	拉力器	低位	肱二头肌
高位重锤拉力器弯举		高位	肱二头肌长头、肱肌
俯身拉力器单手弯举	拉力器	俯身	肱二头肌
前臂绕环	哑铃、杠铃片	站姿	肱二头肌、肱肌、旋前圆肌
反握引体向上			肱二头肌突起

肱二头肌的训练动作主要是利用杠铃、哑铃做胸前弯举类动作，反握胸前弯举是一种最有效的肱二头肌锻炼方式，主要运动环节是肘关节屈伸，如图 9.5 所示，身体其他部位保持固定，是单关节、开放式训练，其动作方法如表 9.4 所示。

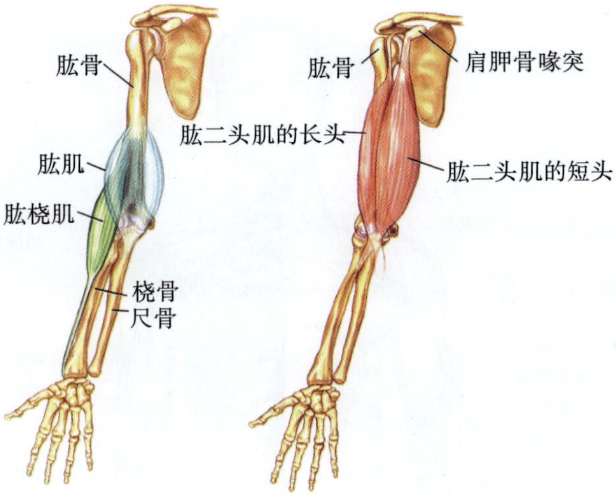

图 9.5　肱二头肌起止点

表 9.4　**胸前弯举类动作分析**

动作分析	关节和身体部位				
	肘关节	肩关节	肩胛骨	前臂	躯干
运动关节	向上：屈 向下：伸	固定	固定	固定	固定
运动肌群	肱三头肌、肱肌、肱桡肌				

续表

动作分析	关节和身体部位				
	肘关节	肩关节	肩胛骨	前臂	躯干
固定肌群		三角肌、肌腱袖、胸大肌	前锯肌、菱形肌、斜方肌中部和下部	屈腕肌	腹肌、竖脊肌、腰方肌

9.2.2 肱二头肌练习动作

9.2.2.1 站姿杠铃弯举

主要作用：主要锻炼肱二头肌、肱肌，并在一定程度上锻炼肱桡肌、旋前圆肌以及腕部和手指所有屈肌，如图9.6所示。

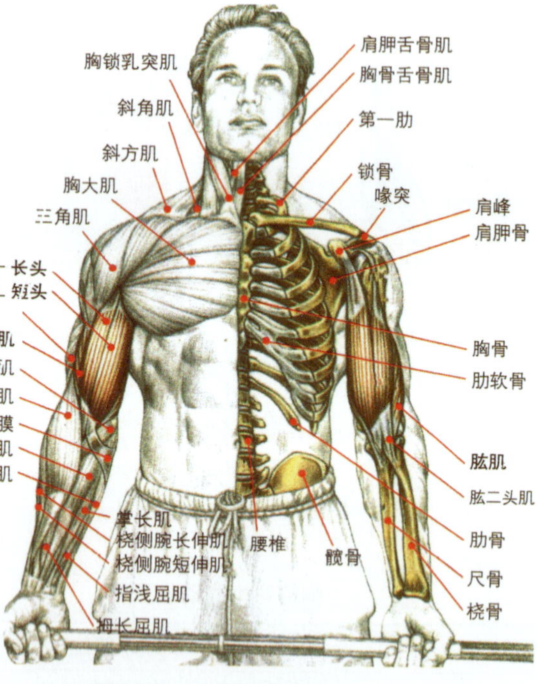

图9.6 站立杠铃弯举

起始姿势：身体直立，双脚分开与肩同宽，两手反握杠铃，两臂下垂。

动作过程：上臂保持固定(肘固定)，吸气屈肘，弯起前臂到可能的最高点，同时收缩肱二头肌，顶峰收缩1~3秒，然后松展肘关节，让前臂缓慢下落到两臂完全伸直，呼气。

注意要点：要依靠肱二头肌的力量使前臂向上弯起，在前臂弯起到最高点时，彻底收缩肱二头肌2~3秒，而不是立即放松它。在弯起前臂时，不要让两肘随之向前上方摆动来使前臂上弯得更高。为了使动作更加精确可控，可使肩胛骨紧贴于墙壁上。

当杠铃举起时上抬肘部，可使肱二头肌得到更好的收缩，同时使三角肌前部得到锻炼。

动作变化：如图 9.7 所示，肘部位置变化及握距变化，以及身体姿势变化（坐姿、仰卧）、器械变化（杠铃、哑铃、曲柄杠铃）。

①宽握距杠铃弯举：主要锻炼肱二头肌长头。

②窄握距杠铃弯举：主要锻炼手臂肱二头肌的内侧头和外侧头，同时也能够锻炼到手臂的肱肌。

替代动作：

①拖拉式弯举：肘关节向后和向上移动，逐步把杠铃贴着身体从腿部拖拉到下胸部，然后把杠铃放到起点，这个动作可以在史密斯机上做。

②站立曲柄杠铃弯举：主要作用是减轻腕部紧张，主要锻炼肱二头肌、肱肌，并在一定程度上锻炼肱桡肌。在整个动作过程中，手腕必须保持伸直，上臂保持固定。

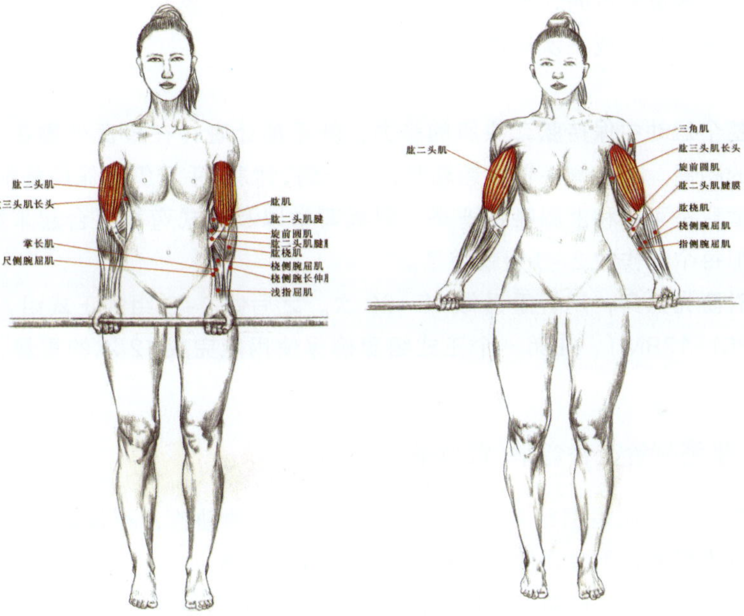

图 9.7　站立杠铃弯举的握距变化

9.2.2.2　坐姿杠铃弯举

杠铃弯举是训练肱二头肌维度最好的动作，坐姿杠铃弯举要点和站立杠铃弯举动作相同，区别就在于动作的严格程度。坐姿弯举所能借的力会更少，坐在板凳上，很难对腿和背部反冲，动作会更标准，但负重减少。杠铃弯举坐姿相比站姿的好处就是下肢稳定，一定程度上降低了身体晃动，能集中精力锻炼肱二头肌。

主要作用：直立的坐姿弯举跟站姿弯举变化是基本一致的，肘屈、小臂外旋、肩屈等是比较全面地刺激肱二头肌长头和短头的动作。

起始姿势：直立坐姿弯举的坐垫一般会选择直角凳或平板凳，区别主要是腰背有没有依靠，选择直角凳，后背可以靠在后面，能够将更多的精力放在肱二头肌的训练上。

动作过程：坐在直角凳或平板凳上，手臂肘关节在大腿内侧，双手握住杠铃杆。集中手臂肱二头肌的力量快速将杠铃举起至颈部锁骨位置，然后稍微停顿，再用肱二头肌的力量控制住杠铃，慢慢还原到起始位置。

注意要点：一定要保持胳膊肘锁定到位，真正专注于用肱二头肌来完成动作。在回到起始位置时，手臂保持微曲，减少对手臂关节的伤害。

9.2.2.3 站姿哑铃交替弯举

主要作用：主要锻炼肱二头肌、肱肌。

起始姿势：两脚与肩同宽站立，双手掌心向内握住一对哑铃，置于大腿两侧，保持肩部下沉后展。

动作过程：吸气，同时抬起一侧手臂，始终保持掌心朝向身体，抬高肘部，将哑铃慢慢向上弯举，到可能的最高点时，彻底收缩肱二头肌 1~3 秒，然后伸展肘关节将哑铃匀速下放到开始位置，呼气。每完成一次动作交换一下手臂。

注意要点：

①要想在整个运动中保持肱二头肌的张力，就不能让哑铃在最低处靠在大腿上，让哑铃离身体有一定的距离。当一侧手臂在运动时，另一侧“休息”手臂仍然保持着张力。

②哑铃交替弯举可以和上斜哑铃弯举、斜板弯举以及锤式弯举组合起来练。如果打算这些动作都做，那每个动作做 2~3 组就够了。

③做动作时要先热身，用轻重量做 15~20 次。之后做 2~3 组的正式组，每组 10~12 次（重量选择 10RM~12RM），在第一个正式组里确保使用能完成 12 次的重量，之后 2 个正式组可以增加重量。

9.2.2.4 坐姿哑铃交替弯举(臂弯举)

用哑铃锻炼肱二头肌是很经典的、很多人都会采用的动作，不仅效果好，动作也多变，采用的辅助器械也很多，不会让健身过程那么的枯燥、乏味。

主要作用：主要锻炼肱桡肌、肱肌、肱二头肌、三角肌前部，使喙肱肌、胸大肌上部得到一定程度的锻炼，如图 9. 8 所示。

起始姿势：坐在凳上，双脚平放在地板上，背部直立挺拔。双手各握持一个哑铃，在身体两侧垂挂并且两个掌心向内。上臂贴在大腿内侧，前臂向下垂直。

动作过程：吸气，同时抬起一侧手臂弯举哑铃，扭曲（即仰转）手腕向外向上的方式。掌心转向上，抬高肘部，继续弯举哑铃。到可能的最高点时，彻底收缩挤压肱二头肌，在顶部保持 1~3 秒，然后伸展肘关节，让哑铃缓慢下落到开始位置，呼气。

注意要点：

①在哑铃上升时呼气，还原时吸气。动作过程中手大臂固定在身体两侧；整个动作过程要求缓慢，在还原动作时手臂可以微屈以保护肘关节。

②哑铃弯举可比较全面地锻炼整个手臂的肌肉，练习时肘部必须在身体的两侧。它对于

肱二头肌的长头刺激效果最大，肱二头肌长头是决定手臂肌峰的关键因素。

③初级阶段一般采用 1~2 组、12~15 次/组的训练。中级阶段可以采用 2~3 组、8~15 次/组的训练。组间休息 90~120 秒。

动作变化：弯举哑铃的 3 种握法如图 9.9 所示。

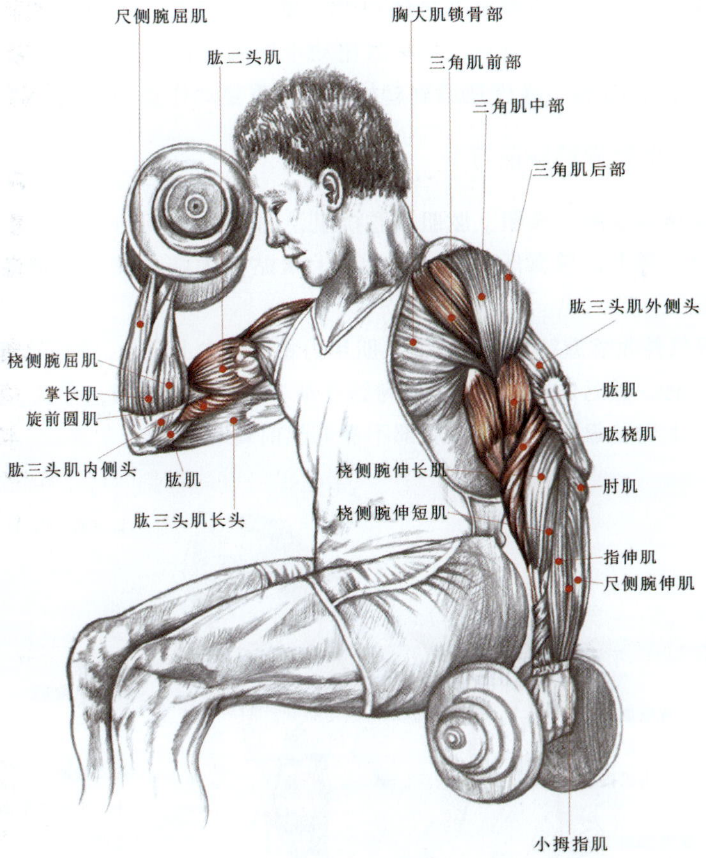

图 9.8　坐姿哑铃交替弯举（臂弯举）

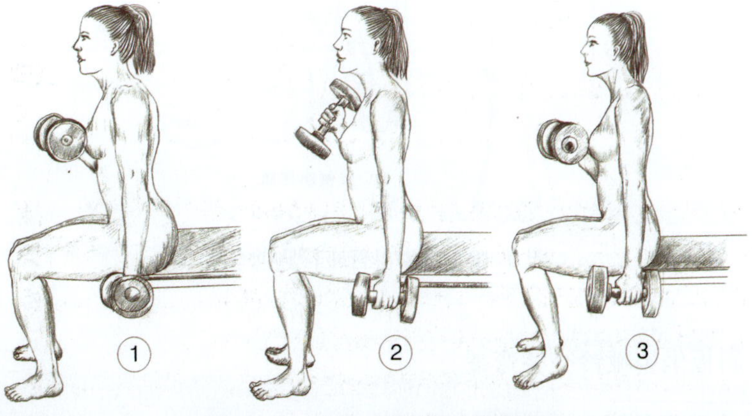

图 9.9　坐姿哑铃交替弯举握法

①掌心向上握哑铃：主要锻炼肱二头肌。

②掌心向内握哑铃：主要锻炼肱桡肌。

③掌心向内握哑铃，弯举过程中外旋至掌心向上：主要锻炼肱二头肌和肱肌。

替代动作：坐姿单臂搁腿哑铃弯举。

主要作用：主要锻炼肱二头肌。

动作过程：坐在平凳上，双腿分开身体前倾。单手持哑铃，手掌朝内，胳膊肘垂在大腿内侧。一只手弯曲，手臂向上举哑铃，弯举时扭动手腕的外侧（即旋后），在峰顶时尽量靠向肩膀，挤压肱二头肌 1~3 秒，缓慢还原到起始动作，重复动作直到完成。

9.2.2.5 坐姿单臂哑铃胸前弯举

主要作用：主要锻炼肱二头肌、肱肌、肱桡肌，如图 9.10 所示。

起始姿势：坐在凳上，单臂低手握哑铃，让上臂贴在大腿内侧，前臂向下直垂。另一只手扶压在另一大腿上。

动作过程：吸气并收缩握铃臂，使肱二头肌用力将前臂向上弯起，到可能的最高点时，彻底收缩肱二头肌 1~3 秒，然后伸展肘关节，让哑铃逐渐下落到开始位置，呼气。两手交替进行。

注意要点：让上臂贴靠大腿，确保肘部不在弯起前臂时移动。

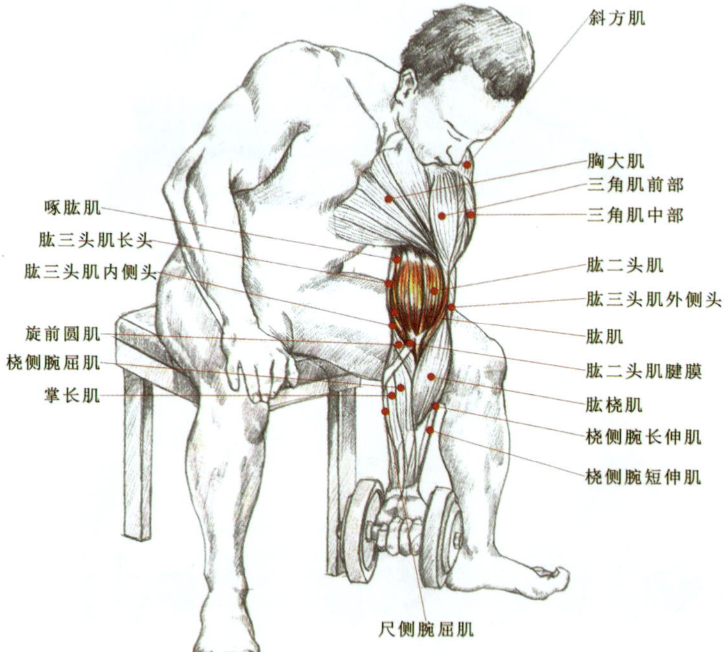

图 9.10 坐姿单臂哑铃胸前弯举

9.2.2.6 斜板坐姿哑铃交替弯举

主要作用：主要锻炼肱二头肌后段和尖峰，如图 9.11 所示。肱二头肌的短头和肱肌能得到一定程度的锻炼。

起始姿势：坐在凳上，背靠斜板（倾斜角度约为45°），双手握哑铃，掌心向内，让上臂贴在大腿内侧，前臂向下直垂。

动作过程：斜板坐姿哑铃弯举可以进行三面弯举。第一面，掌心向前，手臂自然垂直，肘关节伸直不锁死，弯举到最大限度，然后下放。第二面，大臂向外旋转45°，向斜前方45°做弯举，弯举时小臂外旋。第三面，锤式弯举，掌心相对，大臂夹紧身体，弯举到最大程度。到最高点时，彻底收缩肱二头肌1~3秒，然后伸展肘关节，让哑铃缓慢下落到开始位置，呼气。

注意要点：凯文·莱弗隆在评价这个动作时说发明此动作的人是天才，在背靠斜板进行弯举时，手臂有后展的余地，肱二头肌上缘与肩部交接的肌腱始终处于受牵拉的紧张状态，这对肱二头肌后段和尖峰极为有利。

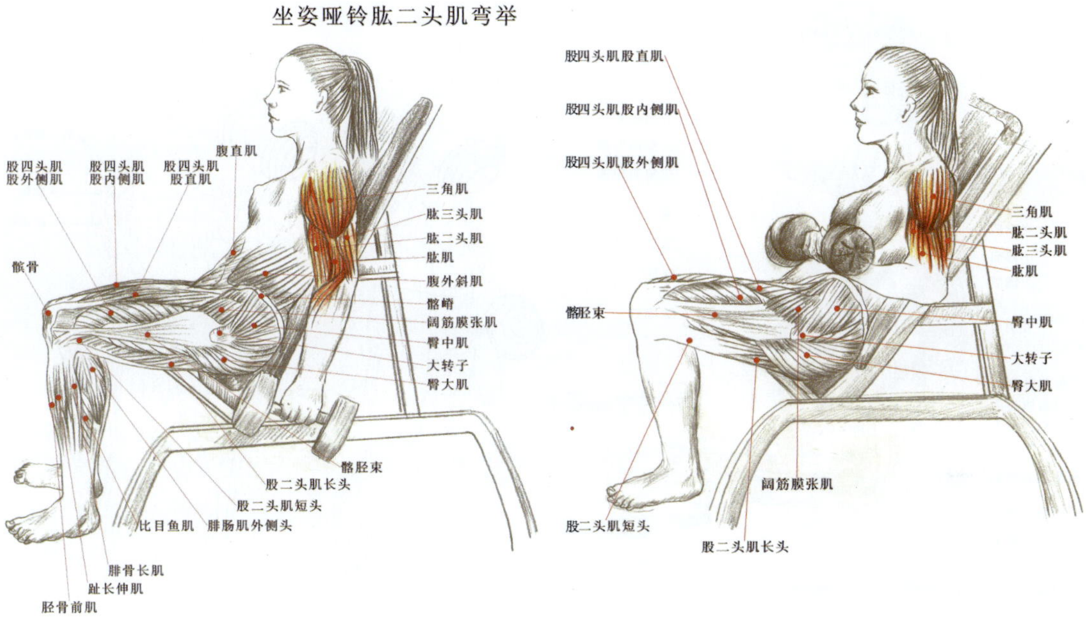

图 9.11　斜板坐姿哑铃交替弯举

9.2.2.7　锤击式臂弯举

哑铃击锤式弯举（Hammer Curl）和哑铃弯举（Dumbbell Curl）区别在于弯举不外旋手臂。锤式弯举在整个过程中手掌始终掌心相对，而哑铃弯举在弯举的过程中手掌心会向上。

主要作用：锻炼肱肌和肱桡肌（外侧上臂）的最佳方法，同时对肱二头肌和肱肌有锻炼作用，长短头、前三角肌以及中上斜方肌都能够起到稳定的作用，如图9.12（a）所示。

动作过程：采用站姿或坐姿均可，掌心向内（双手掌心相对），双手握哑铃。吸气，臂弯举哑铃至肩部，可两手同时弯举或交替进行。动作完成时呼气。

注意要点：

①哑铃弯举，哑铃锤式弯举都是手臂训练的经典动作，两个动作虽然形式上差别不大，主要是手腕角度的区别，但对于手臂肌肉的刺激区别还是非常明显的。锤式弯举可以给予手臂肌肉更多的立体感。

②哑铃锤式弯举手腕角度几乎是人体自然站立时的手臂角度，动作执行起来更加舒适和容易。其对于肱二头肌的刺激明显减少，对于肱肌和肱桡肌的刺激增大。

③肘部应该始终在两侧，即使弯举到最高处。不要借助背的力量完成动作。

动作变化：可做站姿交替锤式弯举。站姿，双手各持一只哑铃，垂于身体两侧，掌心相对。在保持肘部固定的情况下，一只手向前向上举起哑铃，一直做到最高点的位置，在顶部收缩肱二头肌。最高点的位置是：前臂和地面垂直，大拇指对着朝向肩膀。有控制地按照原来的轨迹下放，两手交替进行，如图 9. 12(b) 所示。

另外，还有横向锤式弯举、环形杆锤式弯举、绳索锤式弯举等动作。

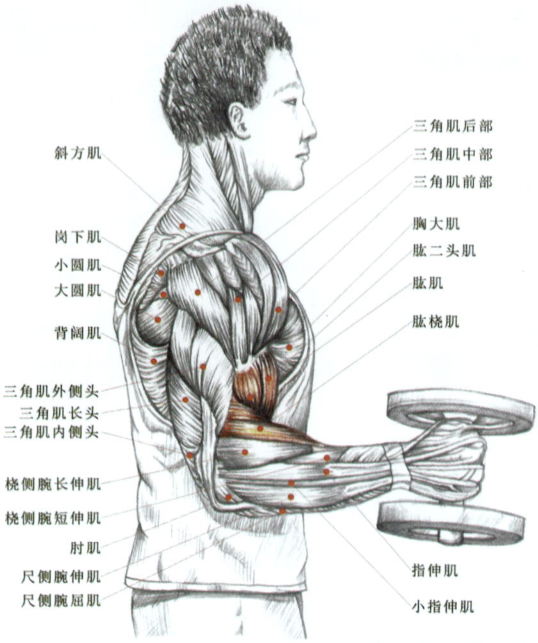

(a)锤击式臂弯举

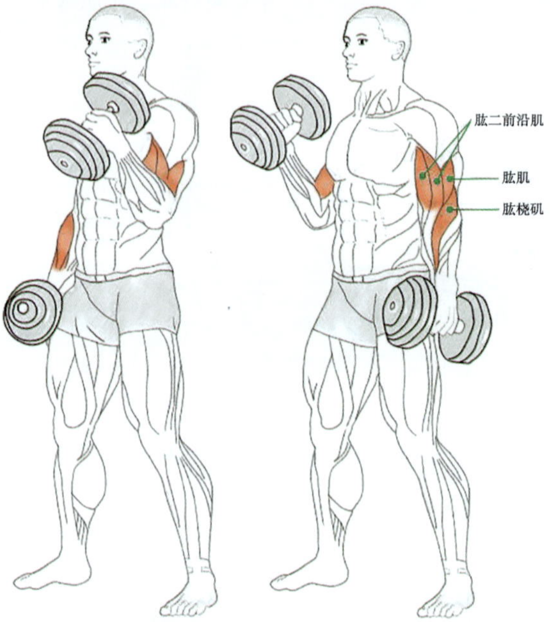

(b)站姿交替锤式弯举

图 9. 12　锤击式臂弯举与站姿交替锤工弯举

9. 2. 2. 8　斜板托臂弯举(传道士弯举)

主要作用：斜板托臂弯举又称传道士弯举，也称牧师椅杠铃弯举，相比站姿杠铃弯举，很难借助其他肌肉的力量，是独立锻炼肱二头肌最好的方法，能增加肱二头肌的厚度，使肱二头肌更饱满，造型更完美，阿诺德·施瓦辛格和近年的菲尔希斯都认为它是锻炼肱二头肌最好的动作，如图 9. 13 所示。

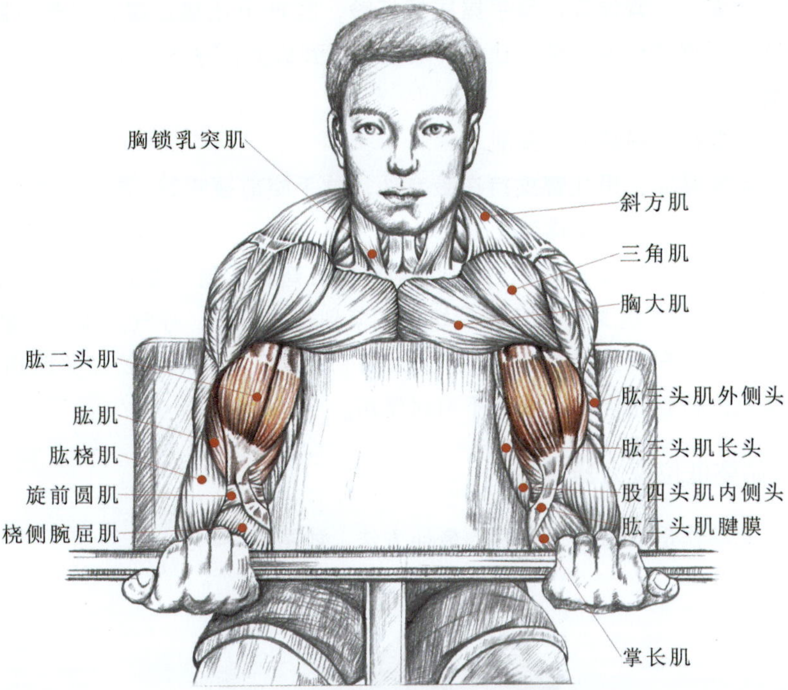

图 9.13　斜板托臂弯举(传道士弯举)

起始姿势：调节垫子高度，使自己能够坐在(或站在)斜板后。两手反握杠铃，手心向上，将整个臂部或上臂平贴在斜板上，腋窝靠在斜板顶部，双臂伸直。肘关节不要锁死，腕关节伸直与小臂呈一条直线。

动作过程：收缩肱二头肌，屈肘，将前臂有控制地向上弯起，直到可能的最高点时，保持顶峰收缩肱二头肌 2~3 秒，然后慢慢松展肘关节，让杠铃缓慢回落到斜板上。

呼吸方法：弯起前臂时吸气，杠铃落下时和至最高点时呼气。

注意要点：

①起始姿势：上臂平贴在斜板上，要尽量向下伸直，整个运动过程中，上臂始终平贴在斜板上。弯起前臂时，肩部固定，弯举高度至少要使小臂与地面呈垂直。

②握距区别：窄握主要锻炼肱二头肌的外侧，宽握主要锻炼肱二头肌的内侧。交替进行练习，手臂肌肉才会饱满。

③为了减小手腕关节的压力最好选择曲柄杠铃，手臂向上抬起时注意身体一定要保持稳定，避免靠身体借力。

动作变化：

①斜板托臂正握弯举：正握杠铃，手心向下，主要锻炼肱肌、肱二头肌和肱桡肌。可采用杠铃、曲柄杠铃、哑铃等完成动作。

②平板托臂弯举(肘固定斜板弯举)。

主要作用：锻炼肱二头肌的最好训练方法之一，同时锻炼肱肌长，对肱桡肌、旋前圆肌有锻炼作用。

动作过程：坐姿，双臂伸直，反手握屈柄杠铃，肘抵于托垫边缘，吸气，屈臂用力牵拉杠铃，直到最高点后慢慢松展前臂，让杠铃缓慢回落到板上，呼气。

③俯姿托臂哑铃弯举。

主要作用：主要孤立锻炼肱二头肌。

起始姿势：俯身站立，用托臂支持在腋窝处，单手旋前握哑铃(掌心向上)，肘关节保持一定的角度。另一只手扶压在支撑架上。

动作过程：吸气并收缩肱二头肌，用力将前臂向上弯起，到可能的最高点时，顶峰收缩肱二头肌 1~3 秒，然后伸展肘关节，让哑铃缓慢下落到开始位置，呼气。双手交替练习。

注意要点：俯姿弯举的关键是保持肱骨(上臂)固定不动，强迫肱二头肌得到独立锻炼，可以在对肱二头肌进行强化训练和停滞不前时使用。

9.2.2.9　站姿低位拉力器弯举

主要作用：此动作是锻炼肱二头肌的最佳方法，如图 9.14 所示。

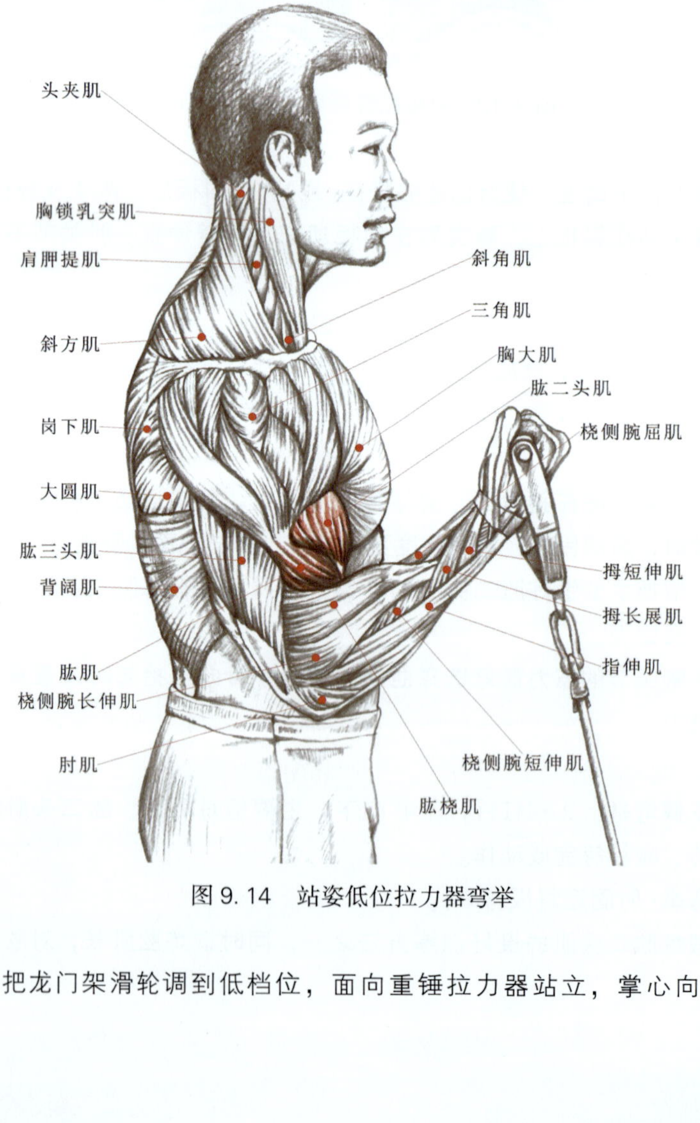

图 9.14　站姿低位拉力器弯举

动作过程：把龙门架滑轮调到低档位，面向重锤拉力器站立，掌心向内，反手握住拉力器手柄。肘关节锁定并尽量贴近身体。吸气，屈臂上拉手柄至肩部，可两手同时上拉或交替进行。动作完成时呼气。要注意的技巧是：在顶部向外稍稍旋转手腕，把身体重心稍稍向后，这样在进行绳索弯举练习时能够给肱二头肌更大的活动范围，并且能够让身体保持稳定。

9.2.2.10 站姿高位绳索弯举（过顶绳索弯举）

主要作用：锻炼肱二头肌，显著地刺激肱二头肌短头，同时锻炼肱肌。

动作过程：站姿高位绳索弯举（High Cable Curls），也叫过顶绳索弯举（Overhead Cable Curl）。把龙门架两边的滑轮调到一致的高度，都要高于肩部。站于两侧拉力器之间，两上肢伸直，掌心朝上，各自反手握D形握把。注意让手臂充分伸展，两边的手肘抬的位置约比肩部稍高，大致与地面平行，然后固定在空中。双脚站立与肩同宽。

吸气，肱二头肌发力，屈臂上拉手柄，使小臂朝向自己的头部，一直弯到肱二头肌完全收缩为止。缓慢地将握把弯举至前臂和肱二头肌轻触，顶峰收缩1~3秒，让小臂慢慢伸直，缓缓放松落下，但是不要落到底部。动作完成时呼气。可两手同时上拉或单手交替进行。建议训练强度：3~4组，每组8~15次，如果把动作放在最后的话可以选择做到力竭为止。

注意要点：

①站姿高位绳索弯举是一个孤立动作，能更显著地刺激肱二头肌的短头，会更加凸显强化手臂肌峰。进行站姿高位绳索弯举时，肩膀预先做一个肩外展的动作，在这个情况下肱二头肌的长头属于被动缩短的情况，而短头则被拉到最长。

②必须注意保持身体稳定，如果重量过大或者站姿没调整好，都可能会影响到身体稳定，从而影响手臂的锻炼效果。应选择合适的重量。

③肩膀在水平位置需要固定，手肘在空中固定，手肘是发力的支点，以更好地让肱二头肌工作。

④动作幅度要做得完整，在训练肱二头肌的时候，手臂整个弯曲的幅度只有90°，所以在训练时，如果训练动作没做完全，那么肱二头肌的伸展幅度就会变小，从而导致训练效果变差。

⑤试着改变双手握把的方向，握把的手掌掌心不要固定在一个方向，试着改变方向，以此全面刺激肱二头肌的长头与短头。

动作变化：站姿侧平拉力器弯举。

9.2.2.11 俯身拉力器单手弯举

主要作用：主要锻炼肱二头肌，同时对前臂肌有锻炼作用。

起始姿势：将水平长凳放在拉力器架前60~90cm的地方，将钢索滑轮挂至低位滑轮上。坐在长凳的一段，身体侧面对着拉力器架。用内侧手握住D形握把，将外侧腿弯曲90°，并与拉力器架平行，将内侧腿放在拉力器钢索前面，让钢索从腿下穿过，肱三头肌紧贴大腿内侧。

动作过程：收缩肱二头肌，吸气，将握把慢慢拉向胸部，上臂与地面保持垂直，只在肘关节处发生运动。在运动最高点做1~3秒顶峰收缩（可将手腕外旋以获得更高强度的收缩），慢慢地使握把回到起始位置（在最低点时肘关节保持略微弯曲），动作完成时呼气，两手交替进行。

注意要点：

①大臂一定要保持固定，不要随绳索的上升或下降而晃动，肘部内收，手掌朝前。单侧锻炼时要注意保持身体稳定。在运动过程中头部不要过度向前弯曲，要尽量保持手腕平直，避免过度弯曲或伸展，上身要保持固定不动。

②与俯身哑铃弯举不同，它不是将重量直接向上举，而是先克服阻力让手向侧方运动，然后向上运动。

③手掌向内旋转握把做俯身拉力器弯举。

9.2.2.12 阿诺德集中弯举(俯身哑铃弯举)

阿诺德·施瓦辛格常常使用的一种动作，称为阿诺德集中弯举（Arnold Standing Concentration Curls），或俯身哑铃弯举。

主要作用：极佳地锻炼肱二头肌。主要锻炼的是肱二头肌的肌峰，尤其是肱二头肌的外侧。

动作过程：站姿，微微向前俯身，一只手抓住哑铃悬挂于身前，另一只手可以靠在大腿上或者找个其他的东西固定，以保持身体稳定。在保持大臂完全垂直地面的情况下，将重量上举到肩膀的高度，上臂和肘部绝对不要移动。肘部要始终垂直于地面且没有任何依靠，在上举过程中，转动手腕，向外侧旋，确保在最高点时你的小拇指高于大拇指。在动作的最高处缩紧肱二头肌。然后有控制地将重量下放，在放下的过程中要对抗阻力，一直到肌肉完全伸展，再重复上面的过程。

注意事项：

①大臂始终处于悬垂不动的状态，不能有任何的依靠。

②要将重量弯举到另一侧的肩膀部位，而不是胸部。

③这个动作更多的是发展肱二头肌的高度而不是清晰度，可以用尽可能大的重量来完成。

④要严格地完成动作，确保集中精力在肱二头肌的收缩上。

替代动作：坐姿集中弯举。

阿诺德集中弯举和普通的集中弯举的区别在于，前者是站姿、俯身，后者是坐姿；前者是手臂悬垂状态，后者则是大臂及肘部靠在大腿内侧。按照阿诺德·施瓦辛格的说法，他更喜欢做站姿俯身哑铃集中弯举动作。

9.3 肱二头肌训练方法

9.3.1 肱二头肌训练原则

9.3.1.1 有氧训练

有氧训练对健美训练是一种有益的补充。胳膊很粗，且没有线条的话，感觉会很难看。训练计划中应包含辅助性的有氧训练，一般是每周 3~4 次，每次 30 分钟。

9.3.1.2 基本动作

肱二头肌由两个部分组成，即肱二头肌的长头和短头。长头是沿着手臂外侧的那条肌肉，当弯举时高高耸起的肌肉就是它。短头是沿着手臂内侧的那条肌肉，短头决定了从侧面看时肱二头肌的厚度。肱肌是一个隐藏在肱二头肌长头和短头下的很小的一块肌肉，它可以使肱二头肌看起来更大，但不能和长头的效果相比。

要想使肱二头肌体积增大、围度增粗，必须进行多种基本动作练习，最基本的动作就是各种杠铃和哑铃弯举，另外可选择一些动作来雕刻肱二头肌的线条，使其形态完美。事实上，所有的弯举动作哑铃交替弯举、上斜哑铃弯举、斜板弯举、锤式弯举、杠铃弯举都非常相似，但是在刺激肱二头肌的长短头的作用上有轻微的不同。站姿哑铃弯举或者反握弯举通常是锻炼手臂时的第一个动作，也是最经典的手臂锻炼动作。最受欢迎的两个训练肱二头肌的动作就是哑铃弯举(普通弯举)和锤式弯举，几乎所有的健身爱好者或者健美运动员都会把这两个动作放到日常的手臂健身计划中。

站姿弯举和锤式弯举的区别在于这个动作弯举时掌心是向上的(不论使用杠铃、哑铃、拉力器或者斜板时都是)。哑铃弯举和其他弯举动作一样，肘部必须在身体两侧。这个动作主要训练肱二头肌的长头(这就是区别)，也就是前面说的，从侧面看决定肱二头肌长度和高度的肌肉。

要想让肱二头肌得到最好的发展，需要在手臂健身计划中加入其他各种各样的动作，例如，斜托弯举、交替哑铃弯举、坐姿哑铃弯举、上斜哑铃弯举、杠铃弯举、集中弯举都是非常不错的动作。不停地变换训练动作以及运用各种健身技巧甚至健身训练法则也是非常必要的，一个优秀的手臂健身计划中应该包括训练短头(斜板弯举、绳索弯举)、长头(交替哑铃弯举、集中弯举)，以及肱肌(锤式弯举、绳索锤式弯举)的动作，这样肱二头肌才能得到全面发展。

另外，肱二头肌训练可以安排在背部训练后面，这样可以让肱二头肌更好地达到力竭状态，先做背部的一些多关节动作，比如引体向上、单臂哑铃划船，之后再补上几组锤式弯举来最大化地训练肱二头肌。

9.3.1.3 训练法则

借力训练：每次都给肱二头肌以强刺激，可用借力训练法(借力强行训练法)。通常在每组练习的最后才借力，只有这时才能感到多做一次肱二头肌就会极度酸胀。

持续紧张：为了每次都能给肱二头肌以强刺激，练习中还必须使肱二头肌一直保持紧张。方法是全神贯注于练习动作，看着肱二头肌慢慢地收缩，慢慢地伸展，而不要通过迅速摆臂把重量举上去。冈持・施克拉坎普主张每一个动作上升和还原的节奏保持一放，正是这种持续紧张，肱二头肌才得以生长。

顶峰收缩法：这实际上是使肱二头肌保持紧张、延伸，效果是能使肱二头肌像山峰一样高耸，肱二头肌收缩到极限时，会把每一根肌纤维都调动起来，从而最大限度地刺激肱二头肌生长。

孤立原则：肱二头肌训练多数是两只胳膊分开练，这样可以把注意力集中到所练的那只胳膊上，做一些复合练习时就要采用孤立原则。譬如，站立杠铃弯举无法将两手分开做，可尽量不借用三角肌、前臂肌和胸肌上部量，只用肱二头肌收缩力量来完成动作，练习中，越孤立肱二头肌，它受到的刺激就越强。

直觉训练：通过长期的健美训练，能感觉到在哪一天采用什么形式的训练会使收获更大，是用大重量还是超大重量，练习组数、重复次数是多是少，甚至组间应休息多长时间都应心里有数。这种直觉是在总结每次训练后的身体反应的基础上得来的。要做到这点得有相当长时间的经验积累，一旦掌握了这一方法，就会取得显著的进步。

9.3.1.4 休息与营养

肌肉增长的三要素是：训练、营养、睡眠。人在睡眠时体内能分泌更多的生长激素，每天保证 9~10 个小时的睡眠。为最大限度地增大臂围，除艰苦训练外，还必须加强营养。

9.3.2 肱二头肌训练方法

9.3.2.1 采用多次数和少次数训练

很多人习惯于每次训练采用相同的次数范围，既采用多次数又采用少次数训练，通常分为轻重量训练日和大重量训练日，可以把两者安排在同一天。

交替采用多次数(12~20 次)和少次数(6~9 次)同时刺激快速和慢速肌肉纤维，同时增加肌肉充血量和力量。可以以多次数的固定器械动作开始训练，这样可以为随后的大重量训练充分热身。

9.3.2.2 充分照顾到内侧头和外侧头

肱二头肌有一个长头(外侧头)和一个短头(内侧头)，它们通常一起工作，很难完全独立刺激内侧或外侧头，做窄握弯举，或者扭转手腕，使食指高于其他手指，就主要刺激外侧头，相反，采用宽握距做弯举，或者扭转手腕，使小手指达到至少和其他手指一样高的程度，就主要刺激内侧头。

在收缩过程中尽量旋转手腕，使小手指尽可能地高。

9.3.2.3 充分照顾到上部和下部

如同无法完全独立刺激肱二头肌内侧头和外侧头一样，也无法单独刺激它的上部和下部，可通过侧重弯举动作的伸展或收缩来侧重刺激肱二头肌的上部或下部。斜托弯举侧重于伸展阶段，而集中弯举或高位拉力器弯举则侧重于收缩阶段。

9.3.2.4 使肱二头肌极度充血

2004 年 NPC 全美健美锦标赛冠军得主克里斯·库克喜欢在两次常规的肱二头肌训练之间采用极度充血训练法训练肱二头肌。具体做法是在练完其他部位之后，用一个独立动作训练肱二头肌，采用多次数的方式练习，每组 15~25 次，做 3~4 组。

库克通常采用的独立训练动作是集中弯举、单臂固定器械弯举或直握弯举，他认为采用极度充血训练法是他近年来肱二头肌突飞猛进的关键因素。采用极度充血训练法训练最好与正常的肱二头肌训练间隔两天时间。

9.3.2.5 一切为了充血

很多人都发现肱二头肌对充血型训练方式的反应最好，提高充血量的最佳方式是采用多次数训练以及采用高强度训练法则，如递减组数法、极短组间休息时间法(组间休息时间低于45秒)等，此外，训练前提高碳水化合物摄入量以及使用精氨酸、肌酸等营养补剂都有助于肌肉更好地充血。

9.3.2.6 采用超级组训练法

许多人认为肱二头肌是一块小肌肉，无法单独对它进行超级组训练，通常的做法是把肱二头肌和肱三头肌联合起来进行超级组训练。把功能相反的肌肉块结合起来进行超级组训练，效果非常好。

较高水平的健美运动员不应害怕偶尔单独对肱二头肌进行超级组训练，“高强度”应该是朋友而不是敌人。曾经有“肱二头肌之王”美称的拉里斯科特(1965—1966年“奥林匹亚先生”称号获得者)，就经常单独对肱二头肌进行超级组训练。

9.3.2.7 训练动作多样化

肱二头肌功能相对简单，就是弯曲肘关节和旋转前臂，也许有人会认为每次训练采用何种弯举动作无关紧要，但实际上，每一种弯举动作刺激肱二头肌的方式都稍有差别，有些动作重点刺激内侧头，有些动作重点刺激外侧头，有些动作侧重于收缩阶段，有些动作则侧重于伸展阶段。

经常变化训练动作应该成为肱二头肌训练的特点，所在的健身房有多种弯举器械，不妨每个都尝试一下，下面列举的一些弯举动作很少有人做，但几乎在任何健身房都能做到，可以有选择地或者全部增加到目前的训练计划中去。

①拖拉式弯举肘：关节向后和向上移动，逐步把杠铃贴着身体从腿部拖拉到下胸部，然后把杠铃放到起点，重复进行。这个动作可以在史密斯机上做。

②俯卧上斜弯举：以肱二头肌顶峰非常突凸而闻名的动作。具体做法是，俯卧在上斜卧推凳上，手持一对哑铃，手臂自然下垂，然后做弯举，保持肘关节稳定。

③仰卧哑铃弯举：仰卧在一个较高的平凳上(如果凳子高度不够可在下面垫东西)，手臂自然下垂，然后保持肘关节稳定，弯举哑铃。

④高位拉力器弯举：在大飞鸟机中间站好，然后手臂向两侧伸开，抓住拉柄做弯举，这个动作与比赛时做的前展肱二头肌很相似。

肱二头肌各阶段训练方法如表9.5所示。

表9.5 **肱二头肌各阶段训练方法**

训练阶段	训练原则				训练组合实例	
	动作数	总组数	次数/组	训练/周	动作	组数×次数
初级阶段(适合1~6个月)	1~3	4~6	8~12	3	直立曲柄杠铃弯举	3~4×8~12
中级阶段(适合6~12个月)	3~4	6~9	8~12	2~3	直立哑铃交替弯举 哑铃弯举	3×8~12 2×8~12

续表

训练阶段	训练原则				训练组合实例	
	动作数	总组数	次数/组	训练/周	动作	组数×次数
高级阶段（适应 12 个月以上）	4~5	10~15	8~20	2~3	直立曲柄杠铃弯举 直立沿轮拉力器弯举 哑铃弯举	3×6~10 2×8~12 2×8~12
临赛阶段	4~5	12~20	8~20	2~3	站立杠铃弯举 斜坐弯举(哑铃) 斜托弯举(杠铃) 俯立单手弯举	4×10~12 4×10~12 4×10~12 4×10~12

肱二头肌训练方法范例，如表 9.6 所示。

表 9.6 **肱二头肌训练方法范例**

训练计划范例	训练动作	组数×次数	训练计划范例	训练动作	组数×次数
极度充血训练法	单臂固定器械弯举 坐姿哑铃弯举 固定器械弯举 臂拉力器弯举	3×15~25 4×15~20 5×10~12 2×15~20	高次数和低次数训练	固定角度器械弯举 杠铃弯举 单臂拉力器弯举 哑铃弯举	3×15~20 2×6~8 3×15~20 3×6~8
训练内侧和外侧头	窄握曲柄杠铃弯举 宽握杠铃弯举 直握哑铃弯举 旋转哑铃弯举	3×8~10 3×8~10 3×10~12 3×10~12	超级组训练法	后倾坐姿哑铃弯举+集中弯举 反握斜托弯举+斜托弯举	3×10~12 3×10~12
训练上部和下部	双臂高位拉力器弯举 曲柄杠铃斜托弯举 集中弯举 哑铃斜托弯举	3×10~12 3×10~12 3×10~12 3×10~12	动作多样化训练法	拖拉式弯举 仰卧上斜弯举 仰卧哑铃弯举 高位拉力器弯举	3×8~10 3×8~10 3×10~12 3×10~12

9.3.3 肱二头肌训练案例

9.3.3.1 多里安・耶茨的肱二头肌训练方法

多里安・耶茨使用的使肱二头肌获得最快增长的训练方法如下：

①训练时完成一些高质量的组数和次数练习。由于肱二头肌相对较小，训练中可选择能在 6~9 次/组的范围内达到的重量。

②限制每次肱二头肌练习数量不超过 3 种，而且要保持规范动作。

③每组练习之间有充分的间歇时间。

④努力培养肌肉联系意识，战胜肌肉粘着点(肌肉粘着点是指肌肉力竭的临界状态)。

多里安・耶茨肱二头肌训练计划，如表 9.7 所示。

表 9.7　　多里安·耶茨肱二头肌训练计划

练习	组数×次数	目　　的
斜哑铃弯举	1×10～8(热身)+3×6～8	最大强度和最具有影响的孤立动作，提前使肱二头肌力竭
曲柄杠铃弯举	1×8～10(热身)+3×6～8	给肱二头肌带来强烈冲击，有利于两臂肱二头肌均衡训练
单臂哑铃斜托弯举	3×6～8	使肱三头肌和肘部贴靠在与地面成 30～45°角完成，战胜肌肉粘着点

9.3.3.2　国外优秀健美运动员的肱二头肌训练方法

优秀健美运动员的肱二头肌训练，基本上每次都会选择 4 个动作，对于肱二头肌的训练一般以大重量的自由器械为主，一个周期内训练 2 次。每次练肱二头肌之前都要做一组轻重量的热身练习，然后加点重量再做一组热身练习，目的是提高机体兴奋性同时避免受伤。分化训练时，每周的最后一次训练课单独练胳膊，包括肱二头肌、肱三头肌和前臂肌群。如果把锻炼肱二头肌作为重点，在训练时应该先练习肱二头肌，并且尽量不要安排在胸、背训练之后。因为胸背练习消耗精力很大，练完后就无法全力投入肱二头肌训练。

乔尔·斯塔布斯认为，肱二头肌训练的最好方式一定是站姿杠铃弯举，以适当的形式和技术增加负重将带给人更大的纬度，而且可以增加更多负重，当然，如果手腕有问题，EZ 杠是完全可以接受的替代品。

阿尔伯特·比克尔斯更强调弯举时的顶峰收缩。在进行弯举的过程中，他会将手腕外旋，在顶部尽可能用力地挤压肱二头肌，这将获得更大的收缩程度，暂停并挤压 1～2 秒是最有效的。

罗比·罗宾逊认为，要用绝对的力度进行弯举，将注意力全部放到弯举时的杠铃上，在弯举时躯干与地面平行，慢慢地弯举杠铃，沿着运动轨迹感受杠铃每一毫米的阻力，坚持几秒钟的时间，直到二头肌有颤抖抽搐感，这的确非常痛苦，但它建立了肌肉的密度。

拉里·斯科特：可能在二头肌的训练上会采用 4 个不同的练习动作，每个动作 5～6 组，重复 8～10 次，这将让二头肌进行 24 组训练，这种方式大约会花费 2 小时，当然还有肱三头肌和三角肌，通常安排在一天，基本没有组间间歇，这样的感觉很棒，一直都有进步。

国外部分优秀健美运动员的肱二头肌训练方法如表 9.8 所示。

表 9.8　　国外优秀健美运动员的肱二头肌训练方法

姓名	肱二头肌训练方案		姓　名	肱二头肌训练方案	
	动作选择	训练量(组×次)		动作选择	训练量(组×次)
阿诺德·施瓦辛格	杠铃弯举 坐姿哑铃弯举 托臂集中弯举	6×6～10 6×6～10 6×6～10	乔尔·斯塔布斯	站姿杠铃弯举 哑铃弯举 步道式弯举 托臂集中弯举	8×12 4×12 5×12 3×12

续表

姓名	肱二头肌训练方案		姓 名	肱二头肌训练方案	
	动作选择	训练量(组×次)		动作选择	训练量(组×次)
阿尔伯特·比克尔斯	坐姿哑铃弯举	4×8~10	罗比·罗宾逊	俯身杠铃弯举	4×6~10
	绳索弯举	4×8~10		杠铃斜板弯举	4×8~10
	托臂集中弯举	3×8~12		托臂集中弯举	4×8~10
	单臂绳索弯举	3×8~12		俯身杠铃弯举	4×6~10
弗雷迪·奥尔蒂斯	杠铃弯举	5×10	菲尔·希思	杠铃或哑铃弯举	4×10
	坐姿交替哑铃弯举	5×10		传教士弯举	4×10
	窄握杠铃弯举	4×8		仰卧上斜弯举	4×10
	龙门架杠铃弯举	5×10		锤式弯举	4×10
麦克·克里斯	杠铃弯举	3×10~12×95	柯丽娜·艾芙孙	托臂弯举	4~5×8~20
	仰卧斜板弯举	4×10~12		坐姿弯举	4×8~20
	双臂机上做机械弯举	4×10~12		重锤拉力器弯举	5×12~15
	卧式或橡皮条弯举	4×10~12		站立弯举	4×8~15
	斜板托臂弯举	4×10~12		俯坐弯举	5×10~12
迈克·安东里诺	杠铃弯举（热身）	1~2×20~25，重量中等	冈特·施克拉坎普	站立杠铃弯举	4 组，次数：15、12、10、10
	杠铃弯举（正式）	6×12，每组增加相应重量		站立曲杠弯举	4 组，次数：15、12、10、6~9
	哑铃弯举(或站立或坐姿)	2×10~12×25		交替哑铃弯举	4 组、次数：10~12
	斜板哑铃弯举	2~3×8~12		坐姿交替哑铃弯举	4 组，次数：10、8、8、6~8
罗尼·科尔曼	杠铃弯举	4×12	布莱恩·布坎南	杠铃弯举	5×6~8
	坐姿哑铃弯举	4×12		坐姿哑铃弯举	5×6~8
	布道式弯举	4×12		弧形杠铃弯举	5×6~8
	绳索弯举	4×12		托臂哑铃弯举	5×8~10

9.4 肱三头肌训练动作方法

肱二头肌和肱三头肌相对，主要功能是伸臂，如图 9.15 所示。任何抵抗一定阻力的伸臂动作都会刺激这部分肌肉，许多练习胸部、背部等动作都会程度不同地使肱三头肌得到训练，围度增加，要使肱三头肌进入超级水平，需要用专门的肌肉训练方法来训练，特别是采用专门训练，对肱三头肌的三个头都进行单独训练，从而使肱三头肌轮廓分明，三个头线条清晰，肱三头肌主要训练动作如表 9.9 所示。

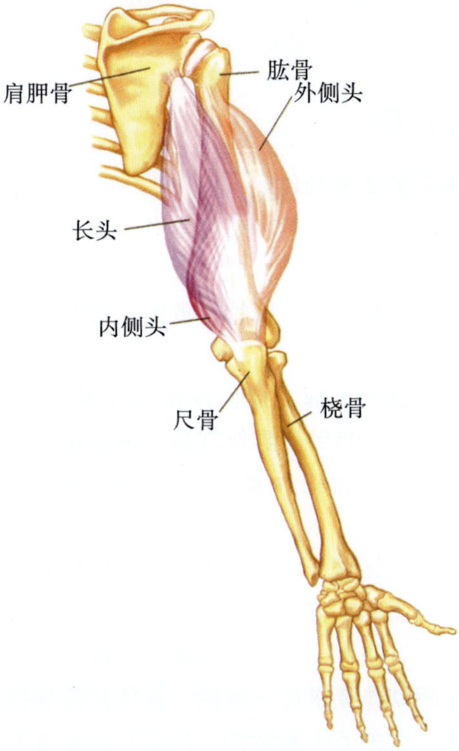

图 9.15 肱三头肌解剖结构

表 9.9 **肱三头肌主要训练动作**

主要训练动作名称	身体姿势	器械选择	主要运动环节	主要锻炼部位(肌群)
颈后臂屈伸	坐姿 站姿	杠铃 曲柄杠铃	伸前臂	肱三头肌上部，外侧部
		哑铃	伸前臂	肱三头肌长头
颈后单臂屈伸	坐姿单臂	哑铃	伸前臂(单臂)	肱三头肌长头
固定器械臂屈伸	坐姿 站姿	固定器械	伸前臂	肱三头肌
仰卧臂屈伸	仰卧	杠铃 曲柄杠铃	伸前臂	肱三头肌
		哑铃	伸前臂	肱三头肌三个头
俯身后举	俯身	哑铃	伸前臂	肱三头肌上部
重锤反握下拉	站姿	重锤	伸前臂	肱三头肌下部
	站姿单臂		伸前臂(单臂)	肱三头肌下部
仰姿反屈伸	仰姿		伸前臂	肱三头肌、胸大肌、三角肌前部
窄握距卧推	仰姿	杠铃	屈上臂、肩带外展、伸前臂	肱三头肌外侧后、肘肌、三角肌前部、胸大肌(主要是锁骨部)
双臂屈伸		负重	伸肘关节、躯干向上靠拢	肱三头肌上部、三角肌、胸大肌、背阔肌
俯卧撑		负重	伸肘关节、外展肩带	肱三头肌、三角肌、前锯肌

9.4.1 颈后臂屈伸

9.4.1.1 颈后臂屈伸动作要点

颈后臂屈伸是锻炼肱三头肌的主要动作。

起始姿势：坐姿、站姿、跪姿和仰卧等。站姿动作需要更好地保持身体的稳定性，因此会需要较多的核心参与，所以在基础功效薄弱的情况下，建议从坐姿开始训练。

器械选择：主要使用杠铃、曲柄杠铃、哑铃、重锤、固定器械等器械进行训练。

持器械动作差异：

①用直杠杠铃练习时限于正握和反握，持哑铃等器械练习时则握法可多样化。持哑铃练习时在方向上可供选择的范围较大，持铃手异侧耳后、颈后或直接向后均可。

②正握杠铃对肩和手腕等部位的柔韧性要求较高，若柔韧性差，可采用曲杠、U 形杠铃来有效弥补。

③与杠铃颈后臂屈伸相比，哑铃臂屈伸能够更大限度地刺激长头。

④固定器械训练，运动轨迹固定，安全可靠，适合初学者及女性训练。类似训练：坐姿拉力器颈后臂屈伸、杠杆器过顶臂屈伸、坐姿杠杆器交换臂屈伸。

⑤尽管所持器械有差异，但动作要求是一致的：身体始终保持直立；头、肩部保持正直，避免歪斜；上臂垂直向上伸直，肘关节不要外张；肘关节始终固定。

9.4.1.2 颈后臂屈伸动作分析

颈后臂屈伸是单关节、开放式运动，动作分析如表 9.10 所示。

表 9.10　　颈后臂屈伸动作分析

动作分析	关节和部位			
	肘关节	肩关节	肩胛骨	躯干
运动关节	向上：伸 向下：屈	固定	固定	固定
运动肌群	肱三头肌、肘肌			
固定肌群	屈腕肌(前臂)	三角肌、肌腱袖、胸大肌	前锯肌、菱形肌、斜方肌下部	腹肌、背阔肌、大圆肌

如图 9.16 所示，根据肱三头肌结构，在训练当中，通过双臂与身体角度的改变来刺激不同的肌头：颈后臂屈伸(过顶、双臂上举)，重点锻炼肱三头肌长头；仰卧臂屈伸(大臂与身体垂直)，对肱三头肌的三个肌头形成同等的刺激；俯身臂屈伸与下压动作(大臂贴紧身体)，会较好地刺激肱三头肌内侧头与侧面头。

在三个肌头当中，对于长头的训练则应该给予更加足够的重视。从功能上看，长头是一块跨越双关节的肌肉，长头除具有伸肘的功能以外，还有伸肩、内收肩和外旋肩的功能；从对外形的影响上看，长头位于大臂的底部，正是手臂容易松弛下垂的部位，长头训练是有效解决大臂松弛，从而消灭“蝴蝶袖”的方式。

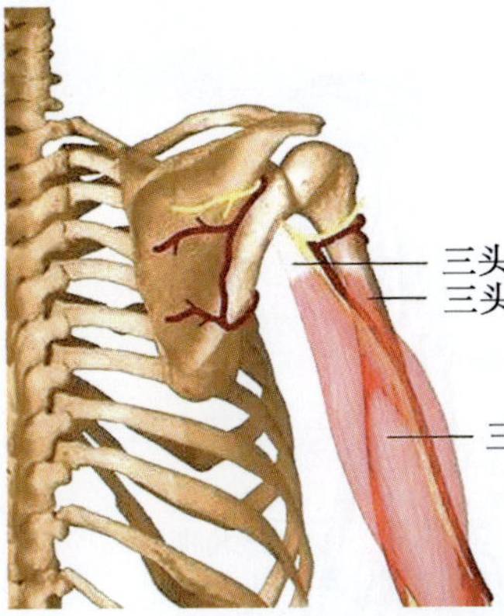

图 9. 16　肱三头肌的结构

9.4.1.3　肱三头肌长头训练

从长头训练的动作上看，所有颈后臂屈伸都可以通过大臂的完全伸展来最大限度地刺激肱三头肌的长头。在颈后臂屈伸过程中，为了对长头形成更有效的刺激，需要注意以下几点：

①无论是颈后臂屈伸还是其他类型的臂屈伸，在动作过程中都要注意保持大臂固定不动，这样才能有效地让目标肌肉得到充分的收缩与伸展。所以在动作过程中要时刻注意保持大臂不动。

②手肘向两侧打开会使动作更轻松地完成，但会导致刺激力向肩部转移，并且在动作下放过程中对于肱三头肌的拉伸感并不强。在动作过程中可有意识地让大臂与肘部靠近头部，并保持不动来完成动作。

③保证肱三头肌发力带动小臂向上移动，而不是手掌发力。具体做法是让哑铃与地面垂直，并找到一个舒服的姿势来进行训练。

④保持背部挺直，或者是贴紧椅面。在动作过程中，为了让动作较为轻松地完成，会发生背部反弓现象，此时就会发生代偿问题而减少对目标肌肉的刺激。

⑤动作全程中要保证动作幅度，如果幅度过小就会导致肱三头肌不能受到充分的挤压与伸展。所以在动作过程中要全程完成动作并用心体会。在重量的选择上，不能采用过大的重量，重量过大必然会限制动作幅度。

9.4.2　肱三头肌训练动作

9.4.2.1　坐姿哑铃颈后臂屈伸

主要作用：哑铃颈后臂屈伸主要锻炼肱三头肌长头、肘肌，如图 9. 17 所示。

动作过程：身体直立或保持坐姿，单手或双手持哑铃，伸臂上举，将其高举过顶后，屈肘，让前臂向后下垂。两上臂贴近两耳，保持直立，不摇动；收缩三头肌，逐渐伸展肘关节，把前臂向上挺伸，直到臂部完全伸直，三头肌彻底收紧；静止 2~3 秒，屈肘，让前臂逐渐下垂到开始位置，使三头肌尽量伸展。

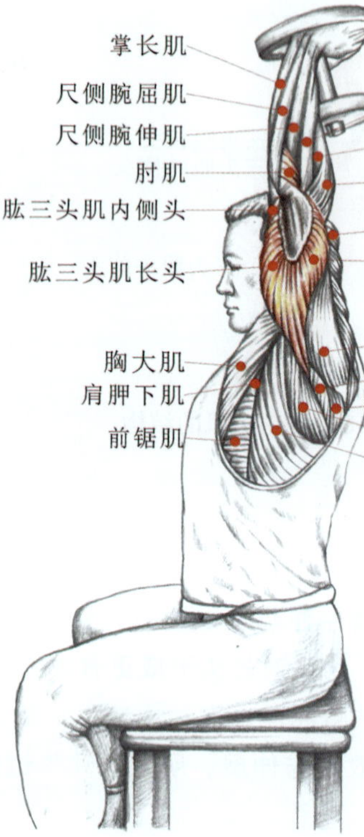

图 9. 17　坐姿哑铃颈后臂屈伸

呼吸方法：伸前臂时吸气，屈臂时呼气。

注意事项：

①练习时正握哑铃，掌心始终向前。

②下放时持哑铃向异侧耳后，而不是直接向后。

③尽量往下放，直至拳眼向下。快速上举，顶峰收缩 2~3 秒，控制下放。

动作变化：

①坐姿哑铃颈后单臂屈伸。如图 9. 18 所示，单臂动作可以有效地解决两侧发展不均衡的问题。动作全程保持身体稳定。

动作过程：正坐在凳上，两脚平踏在地上，右手持铃，掌心向前，伸直在头顶上方；左手托于左侧腰间。右上臂紧贴右侧耳旁，不准移动；持铃以半圆弧落下至左肩上方，持铃下落得越低越好；用右臂肱三头肌的收缩力，持铃向上举起还原；重复做，并且左、右手交替做时，要完成同样的次数。

②单臂拉力器颈后臂屈伸。

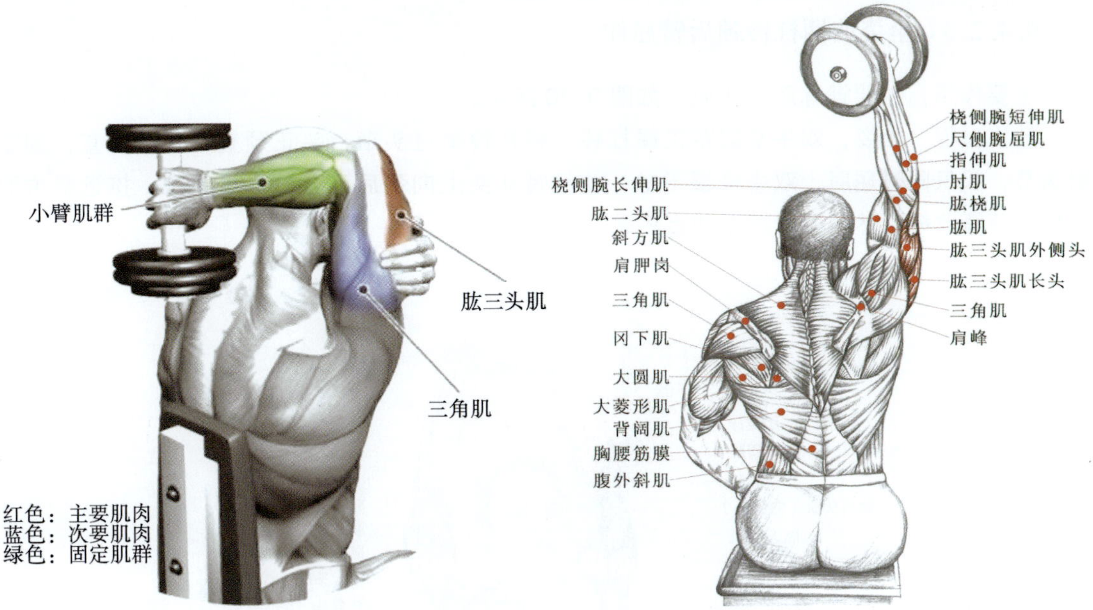

图 9.18　坐姿哑铃单臂颈后臂屈伸

9.4.2.2　坐姿杠铃颈后臂屈伸

主要作用：前臂和臂成直角时可充分伸展肱三头肌长头；双手反握杠铃并高举过头，有助于锻炼肱三头肌外侧头，如图 9.19 所示。

图 9.19　坐姿杠铃颈后臂屈伸

动作过程：坐姿，双手正握杠铃，握距要窄，将杠铃举过头顶，头正颈直，两臂伸直，肘关节固定，吸气同时屈肘，双手慢慢下放，使杠铃从头上向颈后下落，尽量放低，接近斜方肌部位，然后手臂逐渐伸直还原，同时呼气。

9. 4. 2. 3　坐姿曲柄杠铃颈后臂屈伸

主要作用：主要锻炼肱三头肌，如图 9. 20 所示。

动作过程：坐姿，双手窄握距正握杠铃，将杠铃举过头顶，头正颈直，两臂伸直，固定肘关节，吸气同时屈肘，双手慢慢下放，使杠铃从头上向颈后下落，尽量放低，接近斜方肌部位，顶峰收缩，然后手臂逐渐伸直还原，同时呼气。

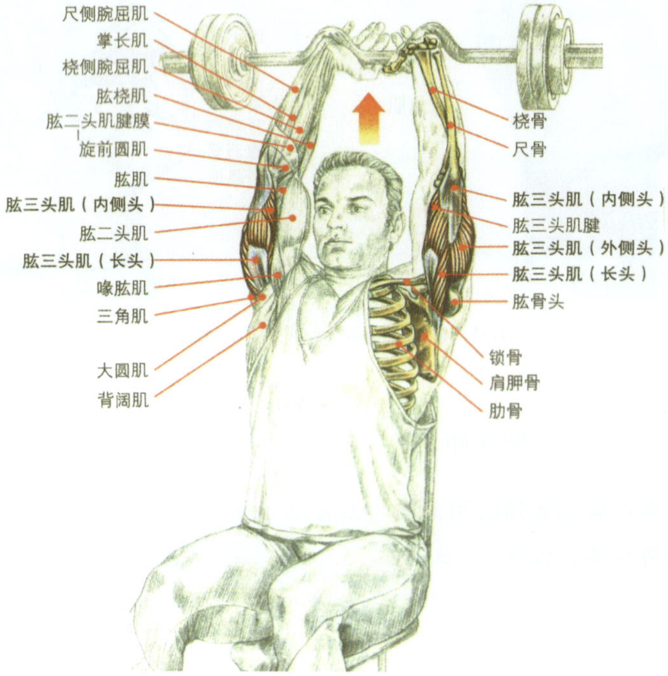

图 9. 20　坐姿曲柄杠铃颈后臂屈伸

9. 4. 2. 4　站姿颈后臂屈伸

主要作用：主要锻炼肱三头肌，塑造整个肱三头肌的弧线。

动作过程：可以使用哑铃、壶铃、杠铃、曲柄杠铃和环形杠铃进行训练。两脚与肩同宽站立，双手手掌心朝上，握住杠铃，双手间距大约 25. 4 厘米。如果选择哑铃，双手合成一个三角形的姿势托住哑铃。固定住肘部，并把肘部往头部靠。在保持肘部不动的情况下将哑铃往后放，尽可能地放低，肘部尽可能地向头部靠。以同样的轨迹，有控制地将哑铃举回头顶，然后手臂逐渐伸直还原。伸前臂时吸气，屈臂时呼气。

动作变化：站姿杠铃颈后臂屈伸，站姿曲柄杠铃颈后臂屈伸，站姿哑铃颈后臂屈伸，如图 9. 21 所示。

9. 4. 2. 5　站姿重锤反握下拉

主要作用：主要锻炼肱三头肌下部肌肉，如图 9. 22 所示。

预备姿势：两脚自然开立，两手握住重锤拉力把，两臂完全向上弯曲，将重锤拉至肩胸位(前下压)或两臂向上弯举拉把至腰背位高度。

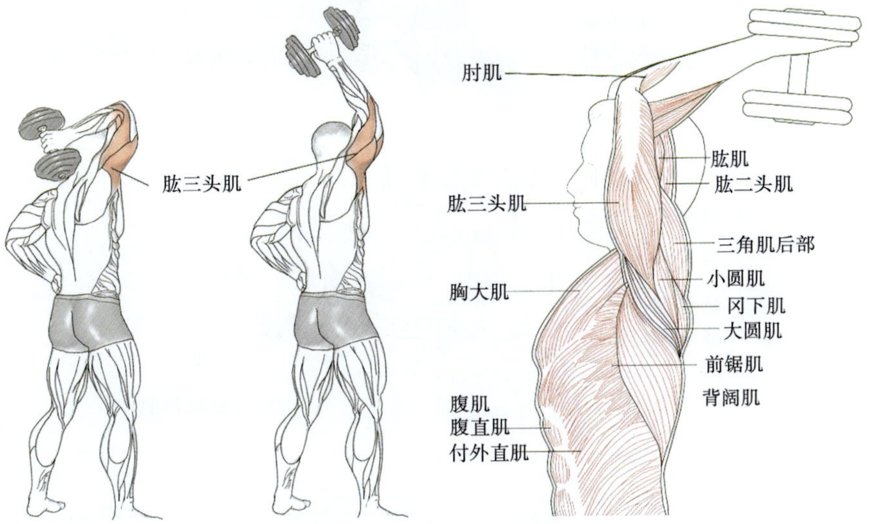

图 9.21　站姿哑铃颈后臂屈伸

动作过程：两臂紧贴体侧，以肘关节为轴心，使前臂在身前作半圆划弧的屈伸。重锤拉力器的绳束向上，前臂做向上运动，肱三头肌得到充分伸展；绳束向下时，前臂向下运动。

呼吸方法：弯把下压时吸气，缩回时呼气。

动作变化：站姿单臂重锤反握下拉，如图 9.22 所示，站姿单臂重锤正握下拉，如图 9.23 所示。

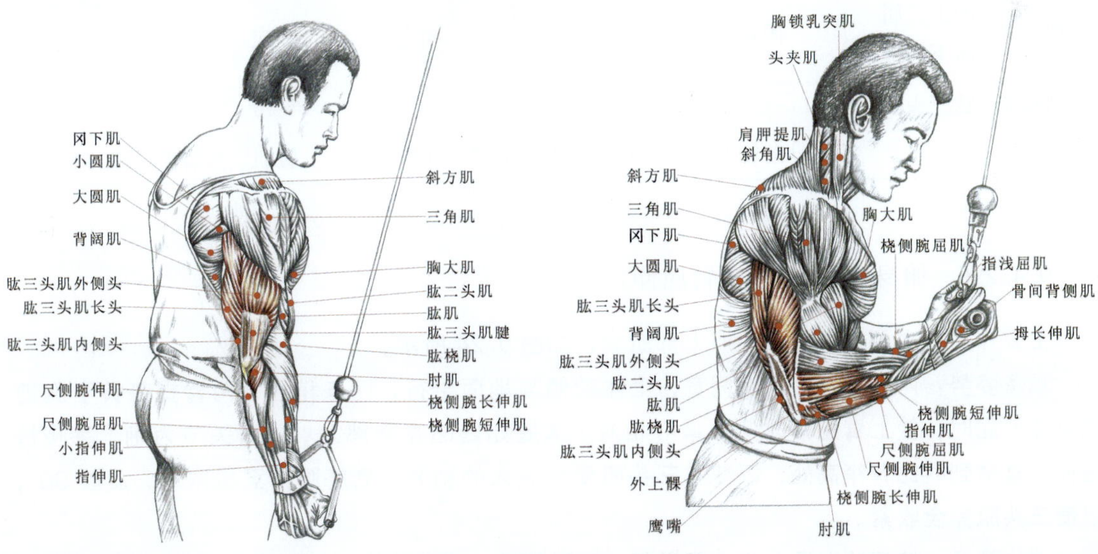

(a)　　(b)

图 9.22　站姿单臂重锤反握下拉

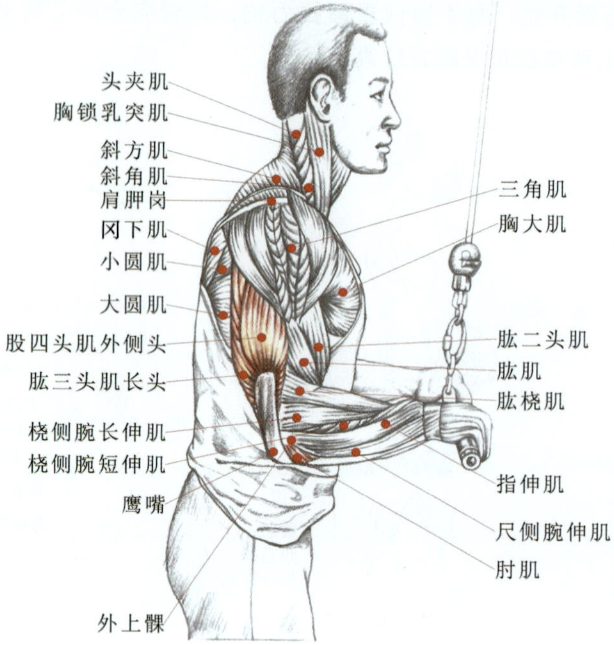

图 9.23　站姿单臂重锤正握下拉

动作分析：站姿重锤下拉是单关节、开放式运动，动作分析如表 9.11 所示。

表 9.11　**站姿单臂重锤下拉动作分析**

动作分析	关节和部位			
	肘关节	肩胛骨	前臂	躯干
运动关节	向上：屈 向下：伸	固定	固定	固定
运动肌群	肱三头肌、肘肌			
固定肌群		前锯肌、菱形肌、斜方肌下部	屈腕肌	腹肌、竖脊肌、腰方肌

9.4.2.6　俯身后举(俯立前臂屈伸)

主要作用：主要锻炼肱三头肌上部肌肉，如图 9.24 所示。

预备姿势：两脚开立，与肩同宽，上体前倾与地面平行，两膝稍屈，两臂提哑铃于胸前或身体前屈时，使上臂贴紧体侧，掌心相对。大腿始终贴在胸部上。以肘关节为轴，举哑铃后伸，直举到时比背稍高处，以使肱三头肌受到更大的刺激。到胳膊伸至极限时，旋腕 90°，以使三头肌完全收紧。

动作要领：持哑铃向后上方直臂举起，同时翻腕，掌心向上，顶峰收缩 1～3 秒，还原成预备姿势。屈臂和直臂后举时上臂必须始终紧贴体侧运行，后举时手腕应尽量向上翻转，促使肱三头肌紧张收缩。

动作分析：俯身后举是单关节、开放式运动，动作分析如表 9.12 所示。

表 9.12 **俯身后举动作分析**

动作分析	关节和部位				
	肘关节	肩关节	肩胛骨	前臂	躯干
运动关节	向上：伸 向下：屈	固定	固定	固定	固定
运动肌群	肱三头肌、肘肌				
固定肌群	屈腕肌（前臂）	三角肌后部、肌腱袖、背阔肌	前锯肌、菱形肌、斜方肌中部和下部	屈腕肌和伸腕肌	腹肌、竖脊肌、腰方肌

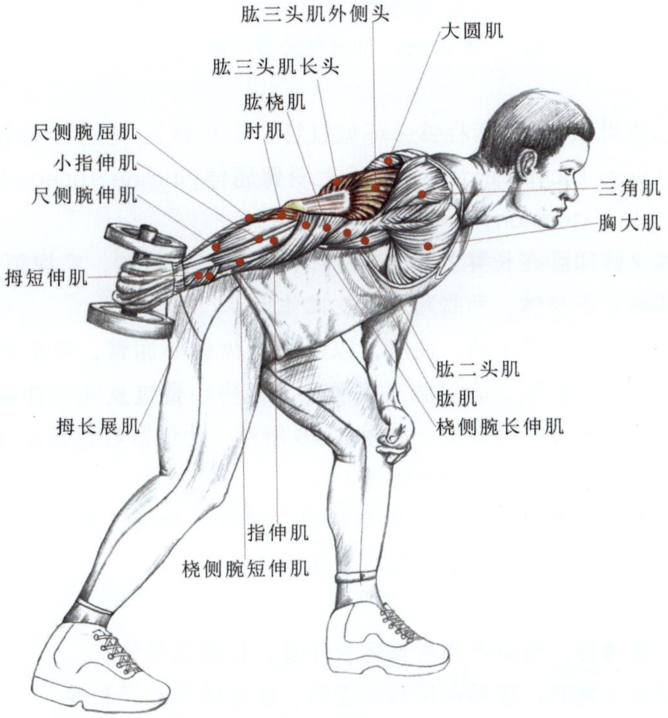

图 9.24 俯身后举（俯立前臂屈伸）

9.4.2.7 仰卧杠铃臂屈伸

主要作用：仰卧杠铃臂屈伸（Barbell Lying Triceps Extension）是锻炼肱三头肌最基础的重要动作，贯穿肱三头肌练习各个阶段，也是最有效的动作之一。主要锻炼肱三头肌、肘肌，对胸大肌、前锯肌和背阔肌也有锻炼作用，如图 9.25 所示。

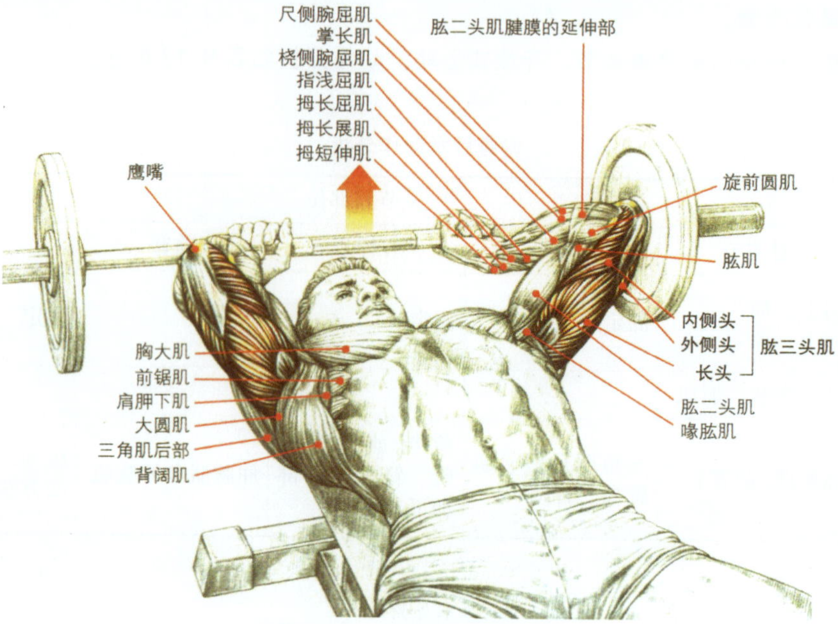

图 9.25　仰卧杠铃臂屈伸

仰式臂屈伸可以使用杠铃(曲柄杠铃、环型杠铃、小杠铃)、哑铃、壶铃。根据躺卧姿势可分为平躺臂屈伸(Lying Triceps Extension)、上斜臂屈伸(Incline Triceps Extension)、下斜臂屈伸(Decline Triceps Extension)三种。

起始姿势：身体平躺仰卧在长凳上，向前屈体，两手正握杠铃，窄握距(30cm)，两臂伸直，保持与肩同宽并垂直于身体，两脚蹬地起支撑作用。

动作过程：吸气，此时上臂不动，曲肘，以肘关节为轴心屈臂，使前臂缓慢向头部上方下落，杠铃下降至头顶或头前下，运用肱三头肌的力量将小臂挺直完全伸展，顶峰收缩1~3秒，呼气，伸前臂，还原成开始的姿势，如图9.26所示，为仰卧杠铃臂屈伸动作过程。

呼吸方法：挺伸前臂时吸气，下垂时呼气。

动作变化：杠铃下降位置对于锻炼肌肉有差异。将杠铃放低至前额，主要锻炼肱三头肌肉、外侧头；将杠铃放低至头后，主要锻炼肱三头肌长头。

注意事项：

①如果肘关节力量薄弱，可以不将手臂完全伸直，以避免受伤。

②大重量练习挺直手臂时，应尽量用意识克制，使身体不离开长凳。

③接近力竭的时候，垂直的大臂可以稍稍向头的方向倾斜，借一点上胸的力量再做几次，可以让肱三头肌得到更多的刺激。

④双臂起落时双肘的距离要保持不变，保证刺激的是肱三头肌的中部位置。

固定器械上的类似动作：仰卧拉力器臂屈伸(Cable Lying Triceps Extension)、上斜拉力器臂屈伸(Cable Incline Triceps Extension)、下斜拉力器臂屈伸(Cable Decline Triceps Extension)、仰卧杠杆器臂屈伸(Lever Lying Triceps Extension)。

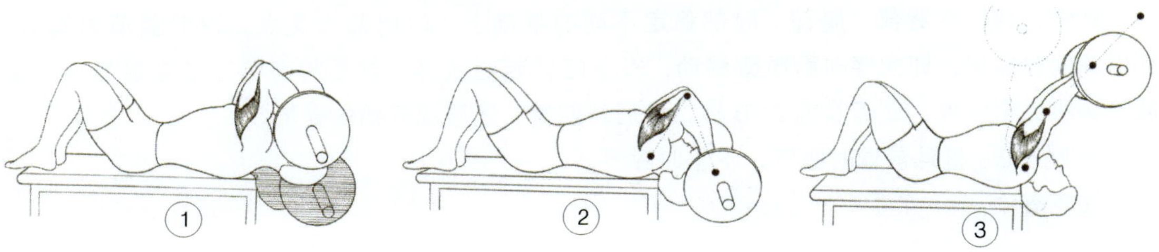

图 9.26 仰卧杠铃臂屈伸动作过程

9.4.2.8 仰卧哑铃臂屈伸

主要作用：肱三头肌的核心训练动作，锻炼肱三头肌三个头，如图 9.27 所示，主要是刺激长头。

起始姿势：身体仰卧在平板健身凳上，向前屈体，屈肘，双臂向上伸展，与凳面垂直，两脚蹬地起支撑作用。双手伸直，正握执哑铃并置于胸前，与卧推时差不多；核心区域收紧，背部肩胛骨收紧。

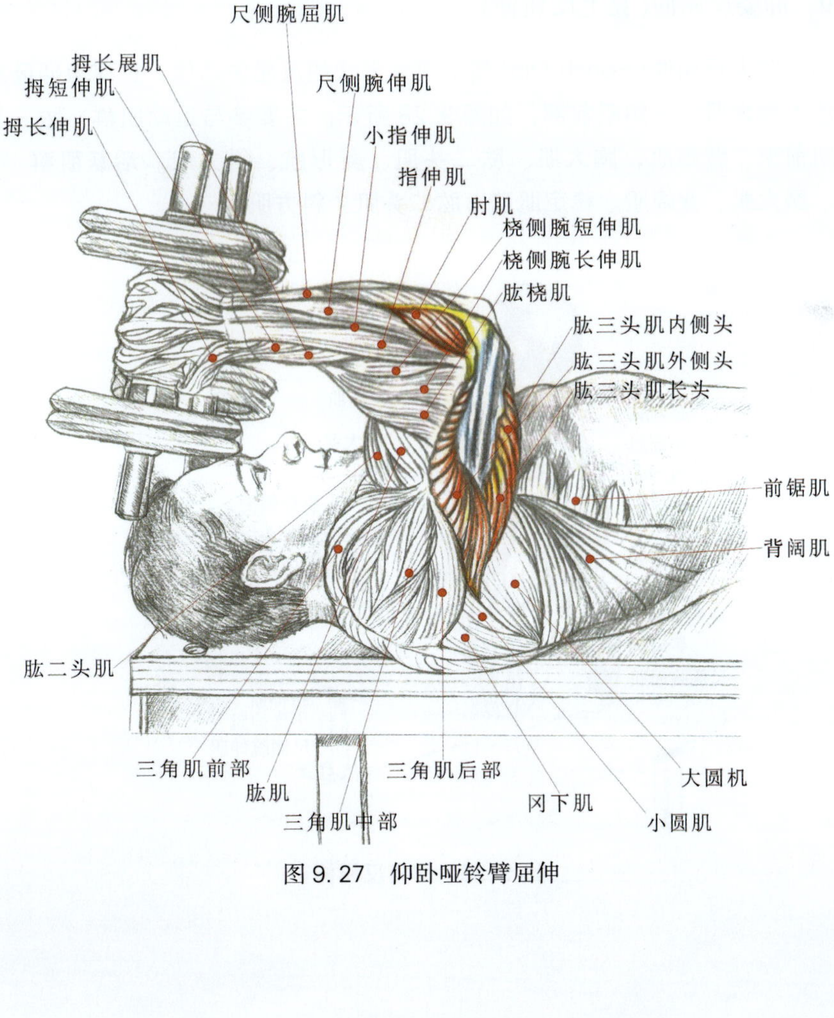

图 9.27 仰卧哑铃臂屈伸

动作过程：在背部、肩部、肘部稳定不动的基础上，以肘部为支点，以肘关节为轴心，屈肘的同时屈肩，即大臂向后微微移动，直至哑铃越过头部，然后将哑铃下放至最低点，使肱三头肌完全伸展，顶峰收缩 2~3 秒，然后伸前臂，还原成开始的姿势。

呼吸方法：挺伸前臂时吸气，下垂时呼气。

注意事项：

①动作到达顶峰时不要锁死肘部。当杠铃通过臂屈伸到达最高点时，不要让手臂完全伸直，即肘部处于锁死状态。因为如果手臂一旦伸直，肱三头肌就会出现卸力现象，所以在杠铃上升到最高点时，让手臂始终保持微曲，这样肱三头肌就能够一直处于张力状态，从而更好地刺激目标肌群。

②不要让肘部处于肩部正上方。肘部处于肩部正上方会造成两个不良后果：一是在动作过程中容易砸到头部，尤其是小臂本身就短的健身者。二是肘部的压力会加大，在动作过程中会有一种肘部被撕裂的感觉。

③固定肩部，禁止参与过多的发力。最容易出现借力的情况就是背部肩胛骨没有收紧的同时肩部来回晃动，一旦肩部开始参与发力，肱三头肌的刺激效果将会大打折扣。出现这种情况最主要的原因就是所选用的杠铃重量过大。

9.4.2.9　仰姿反屈伸(凳上反屈伸)

主要作用：凳上反屈伸(Bench Dip)属于孤立形式的反屈伸动作，也称为仰卧后撑。主要锻炼肱三头肌、胸大肌、三角肌前部，如图 9.28 所示。主要参与运动肌群：肱三头肌、肩胛提肌、三角肌前束、背阔肌，胸大肌、肱二头肌、菱形肌、斜方肌。活跃肌群：肱三头肌、三角肌前束、胸大肌、背阔肌。稳定肌群：肱二头肌、斜方肌。

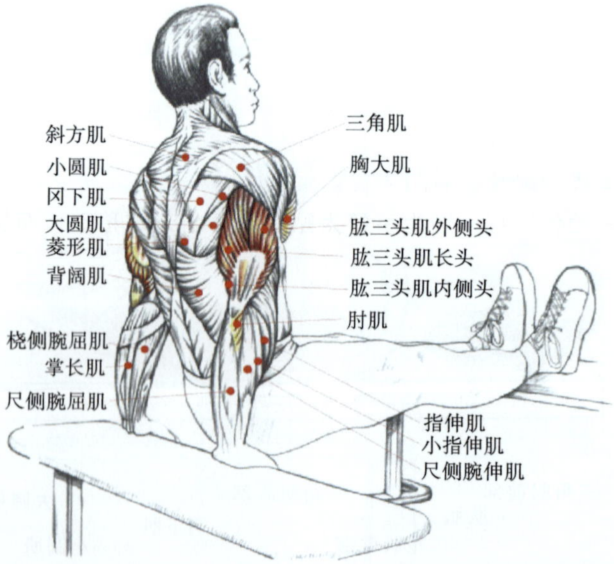

图 9.28　仰姿反屈伸

动作过程：在两个长凳间进行，身体仰卧，两手背后撑在稍高的长凳边缘上，双脚放在较矮的凳子上，身体其他部分悬空。上身与腿约呈90°角。

呼气，两肩放松，两臂慢慢屈肘，身体尽量下沉（尤其要沉臀，臀部位置下降大约10~20cm的位移距离），动作到达最低点时，顶峰收缩2~3秒。在身体下沉时，动作要平稳，始终控制住肱三头肌，使其慢慢下降，直至感到肱三头肌充分伸展。

吸气，用力伸两臂撑起身体，伸直双臂回到起始位置。以肱三头肌收缩力，使手臂伸直和肱三头肌处于顶峰收缩位，稍停。然后重复以上动作过程。

动作分析：仰姿反屈伸动是多关节训练、闭路式运动，动作分析如表9.13所示。

表9.13　仰姿反屈伸动作分析

动作分析	关节和部位			
	肘关节	肩关节	肩胛骨	前臂
运动关节	向上：伸 向下：屈	向上：屈 向下：伸	固定	固定
运动肌群	肱三头肌、肘肌	三角肌前部、胸大肌		
固定肌群		三角肌、肌腱袖、胸大肌	前锯肌、菱形肌、斜方肌下部	屈腕肌

注意事项：

①臂屈伸时中速平稳，身体要直，两肘要向内夹臂。

②对身体平衡性的要求较高。仰卧反屈伸的躯干平衡不好掌握，只有手掌和脚作为支撑点，做动作时身体不是直立，也不是平躺，而是靠双手支撑做仰姿臂屈伸。

③该动作对手臂力量要求较高。动作较难控制，需要肱三头肌达到一定力量，如果力量不够，可以降低腿的高度。

④最合适的双手支撑距离是与肩同宽或者略宽于肩。双手支撑距离太宽，则支撑难度大。双手间距过窄，会影响动作位移，因为手臂太贴近躯干将无法移动；而位移缩短，肱三头肌的刺激就减弱。

⑤抬高脚的高度或负重（腰上负重铃片）可提高训练难度，加大负荷刺激。

动作变化：

①直腿反屈伸：在仰姿反屈伸基础上把腿伸直，动作就变成直腿反屈伸。相比于原始的仰卧反屈伸，直腿反屈伸对肱三头肌等目标肌群的刺激更强。

②单腿反屈伸：单腿反屈伸的特点是用一只脚作为支点，另一只脚抬起，降低支撑点的作用，提升仰卧反屈伸的动作训练效果。

③凳上反屈伸/负重凳上反屈伸：通过抬升脚支撑点增加难度。脚的支点抬升后，支撑作用就会减弱，肱三头肌等肌群得到的刺激会更强。

9.5　肱三头肌训练方法

锻炼肱三头肌是健美运动中最令人惊叹的动作之一，肱三头肌不仅要显得粗壮，而且要轮廓分明，三个头线条清晰。美国健美教练文斯·吉龙等主张把肱三头肌的训练重点放在练外侧头(外侧头位于肩部正侧下方)。在进行肱三头肌练习的所有动作中，凡是两肘关节间距离明显大于两手间距离的动作，都能从一定程度上锻炼肱三头肌外侧头，肱三头肌外侧头充分锻炼后，上臂才显得厚实，更加健美出众。

9.5.1　肱三头肌训练原则

9.5.1.1　基本动作

肱三头肌分为长头、外侧头和内侧头。长头体积最大，基本上决定了肱三头肌的大小；外侧头次之，决定了肱三头肌正面的宽度；内侧头最小。肱三头肌的长头在很大程度上决定了臂围的大小，要想让臂围增大，除了锻炼肱二头肌，还要多锻炼肱三头肌长头。

锻炼肱三头肌长头，主要选择各种臂屈伸为主，比如双杠臂屈伸、坐姿或站姿哑铃或杠铃臂屈伸，俯身龙门架或哑铃臂屈伸。力量较强的锻炼者可以将双杠臂屈伸作为热身或锻炼结束后增加肌肉发力感的动作，如果作为正式锻炼中的一个动作，可以适当增加负重。

锻炼肱三头肌外侧头，主要选择下压类动作，比如直杆或绳索下压。

锻炼肱三头肌内侧头，主要选择推举类动作，比如窄握杠铃推举。

肱三头肌是小肌群，做任何动作时都能锻炼到整个肱三头肌，只不过不同动作对三个头的锻炼各有侧重，锻炼时至少做 3 个各有侧重的动作，再有选择地做侧重性的锻炼。长头是首先必练部位，也是重点锻炼部位，其次是外侧头，最后是内侧头。

9.5.1.2　避免超强度或大强度连续练习

肱三头肌练习应避免超强度或大强度连续练习，大强度训练会使肘关节损伤而产生强烈的疼痛，即“网球肘”，它主要是由韧带发炎引起的。最容易引起肘关节受伤的动作是单臂肱三头肌伸和在练习架或练习器上做肱三头肌下推练习，最安全的动作是一些复合训练，如窄握距卧推和双杠双臂屈伸。

9.5.1.3　缩短组与组之间的休息时间

肱三头肌训练中，缩短组与组之间的休息时间，对孤立动作而言，通常休息 60 秒，复合动作需要更多的恢复时间，最长休息 90 秒。

9.5.1.4　训练中固定手腕

在臂肌训练中，重量越大，固定手腕就越重要。在窄握距卧推和仰卧臂屈伸练习中，手腕应该是垂直固定，既不向前也不向后旁屈。在诸如单臂拉力器弯举练习中，手腕可略松。

9.5.1.5 有氧训练

对男性来说，强悍的手臂、粗大的臂围肯定少不了强壮的肱三头肌。对女生来说，锻炼肱三头肌能起到增加上肢力量、塑形等作用。很多女生的胳膊有“蝴蝶袖”，如图 9.29 所示，指的就是肱三头肌位置上脂肪较多。

有蝴蝶袖的人，上半身大多数脂肪比较多，而且松垮。想减掉蝴蝶袖，首先可做中等强度有氧运动来减脂，并配合全身运动，比如游泳、跑步等有氧运动。其次需要力量训练，特别是对手臂的锻炼。肱三头肌的力量训练必不可少，肱三头肌的肌肉量一般比较小，可以用小重量或中小重量做增肌锻炼，主要可选择颈后臂屈伸、钻石俯卧撑、反身臂屈伸、单侧绳索下压等动作。

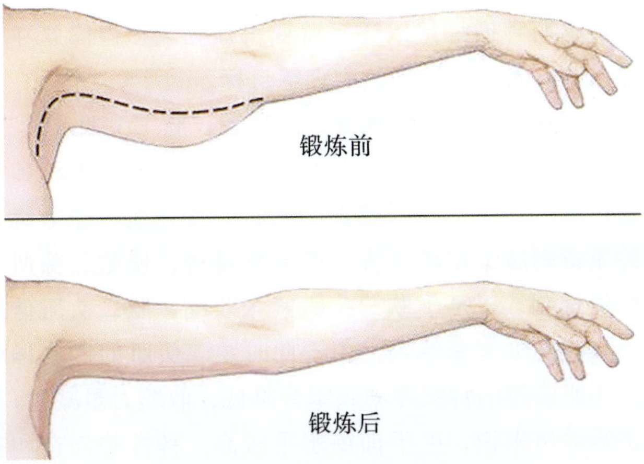

图 9.29 胳膊上的“蝴蝶袖”

9.5.2 各阶段肱三头肌训练方法

肱三头肌训练，不同阶段、不同水平的健美运动员可根据自身特点来安排训练。高水平运动员一般选择 4 个动作，平均总组数在 10~15 组，每组次数一般在 9~20 次，如表 9.14 所示。

表 9.14 健美运动员肱三头肌训练方案

训练阶段	动作数	总组数	次数	训练/周	训练组合实例	
					动作选择	组数×次数
初级阶段（适合 1~6 个月）	1~2	4~6	9~12	3	坐姿颈后臂屈伸 双杠两臂屈伸	4×9~12 2×9~10
中级阶段（适合 6~12 个月）	2~3	7~10	9~12	2~3	站立推举 拉力器胸前下推	4×6~9 4×6~9
高级阶段（适合 12 个月以上）	4~5	10~15	9~20	2~3	坐姿颈后臂屈伸 双杠两臂屈伸 重锤下压臂屈伸 仰卧臂屈伸	4×9~12 2×9~12 3×9~12 2×9~12

续表

训练阶段	动作数	总组数	次数	训练/周	训练组合实例	
					动作选择	组数×次数
临赛阶段	4~5	12~20	9~20	2~3	仰卧臂屈伸 哑铃单手臂屈伸 重锤下压臂屈伸 双杠两臂屈伸	4×9~12 2×9~12 3×9~12 2×9~12

9.5.3　肱二头肌和肱三头肌训练方法

对于手臂上的肱二头肌，常用的锻炼方式就是弯举。对于手臂上的肱三头肌，常用的锻炼方式就是臂屈伸。其实这两种锻炼足以让手臂变得很强大，但问题在于要去改变常练的动作，不要按模板去训练，这样可以更快地达到训练目标。

对于初级健美运动员来说，由于身体恢复能力较差，肱二头肌和肱三头肌应该分开训练。脊髓前角有支配伸肌活动的神经元，有支配屈肌活动的神经元。当杠铃或其他负荷刺激支配伸肌的感觉神经时，通过神经传导，在脊髓前角转换，使伸肌兴奋收缩，屈肌抑制。如做仰卧窄握距推举时，杠铃重量刺激支配肱三头肌的感觉神经，使肱三头肌运动神经元兴奋，肱二头肌运动神经元被相对抑制，以至于肱三头肌紧张收缩，肱二头肌伸展放松。在仰卧窄握距推举结束后立即进行杠铃站立弯举练习，由于此时肱二头肌的运动神经元还处在相对抑制状态，训练中指令肱二头肌收缩的神经冲动频率会降低，收缩力量减弱，训练效果会降低。

对于中、高级健美运动员来说，由于训练水平较高，神经的兴奋和抑制转换较快，肌肉恢复能力强，针对肱二头肌和肱三头肌可以安排组合训练，如表 9. 15 所示。

表 9. 15　**肱二头肌、肱三头肌训练方法**

训练阶段	训练方法	训练方案实例		
		动作名称	组数	次数
初级阶段 (6 个月以内)	肱二头肌最多练 4~5 组 肱三头肌练 5~6 组 每周练 3 次	杠铃站立弯举 仰卧臂屈伸 重锤下压臂屈伸	4 3 2	9~12 9~12 9~12
中级阶段 (6~12 个月)	肱二头肌最多练 6~9 组 肱三头肌练 7~9 组 每周练 2~3 次	哑铃弯举 反握弯举 重锤下压臂屈伸 双杠两臂屈伸	3~4 3 4 3~4	9~12 9~12 9~12 9~12
高级阶段 (1 年以后)	肱二头肌最多练 10~12 组 肱三头肌练 12~14 组	肱二头肌： 杠铃站立弯举 哑铃弯举 拉力器弯举 反握弯举	4 3 2 2 4	9~12 9~12 9~12 9~12 9~12

凯文·莱夫隆，经过多年的锤炼，他的形体近乎完美，但背部的轮廓、厚度与多里安·耶茨、罗尼·库尔曼相比缺少了厚度和震撼力。凯文作为多里安时代和罗尼时代比较有影响力的一位健美选手，从健美体型上对健美标准的影响还是很大的，比如他的肱三头肌、胸肌、肩部三角肌等在健美界都是屈指可数的完美代表。凯文·莱夫隆说："我使用多种不同的训练动作以全面刺激肱三头肌的各个头，我的大多数训练是基于本能和感觉进行的。"优秀健美运动员肱三头肌训练方案如表 9.16 所示。

表 9.16　**优秀健美运动员肱三头肌训练方案**

运动员	主要动作	组数×次数		运动员	主要动作	组数×次数
菲尔·希斯	绳索下压 站姿颈后哑铃臂屈伸 哑铃俯身臂屈伸 双杠臂屈伸	3~4×10+10+10 3×10~12 3×10 3×10	每组逐渐增加 10 次	柯丽娜·艾芙荪	重锤下压臂屈伸 重锤站立前下压 仰卧臂屈伸 坐姿哑铃臂屈伸	4×10~12 4×15~20 3×10~15 5×10~20
弗莱克斯·刘易斯	绳索下压① 绳索臂屈伸② 正握拉索下压③ 反握拉索下压④ 史密斯机窄握距卧推 器械双杠臂屈伸	3~4×15~20 3~4×15~20 3~4×15~20 3~4×15~20 3~4×8~12 3~4×15~20	把①~④四个动作联合在一起做巨型组，中间不休息。总共做3~4个巨型组	凯文·莱夫隆	仰卧臂屈伸 仰卧曲柄杠铃臂屈伸 拉索下推 双臂哑铃臂屈伸 弧形手柄反握下压	3×8~10 1×12 4×12 4×10~12 4×12

第 10 章

肩部肌群训练

10.1 肩带肌群解剖结构与功能

上肢带肌配布于肩关节周围，均起自上肢带骨，能运动肩关节，并能增强关节的稳固性，如表 10.1 所示。

表 10.1 肩带肌群解剖结构与功能

肌　群	位　置	形　状	起　点	止　点	主要功能
三角肌	肩关节前、外、后方	中部多羽状肌，前后为单羽状肌	锁骨外侧半肩峰、肩胛冈	肱骨体三角肌粗隆	使上臂屈伸、内旋外旋及外展
冈上肌	肩胛骨冈上窝内，在斜方肌深面	羽状肌	肩胛骨冈上窝	肱骨大结节	上臂外展
冈下肌	肩胛冈下方	三角形	冈上窝	肱骨大结节	使臂内收、外旋
小圆肌		圆柱形			
大圆肌	肩胛骨窝和下角	圆形	肩胛骨下角背面	肱骨小结节嵴	使臂内收、后伸
肩胛下肌		多羽肌	肩胛骨前面	肱骨小结节	使臂内收、内旋

三角肌：位于肩部，呈三角形。起自锁骨的外侧段、肩峰和肩肿冈，肌束从前、外、后包裹肩关节，逐渐向外下方集中，止于肱骨体外侧的三角肌粗隆。肱骨上端由于三角肌的覆盖，使肩部呈圆隆形。作用：使上臂外展，三角肌的前部肌束可以使上臂屈和内旋，而后部肌束相反，能使上臂伸和外旋，如图 10.1 所示。

冈上肌：位于斜方肌深面，起自肩胛骨的冈上窝，肌束向外经肩峰和喙肩韧带的下方，跨越肩关节，止于肱骨大结节的上部。作用：使上臂外展。

冈下肌：位于冈下窝内，肌的一部分被三角肌和斜方肌覆盖。起自冈下窝，肌束向外经肩关节后面，止于肱骨大结节的中部。作用：使上臂外旋。

小圆肌：位于冈下肌的下方，起自肩胛骨外侧缘上 2/3 的背侧面，止于肱骨大结节的下部。作用：使上臂外旋。

大圆肌：位于小圆肌的下方，其下缘被背阔肌包绕。起自肩胛骨下角的背侧面，肌束向上外方，止于肱骨小结节嵴。作用：使上臂内收和内旋。

肩胛下肌：扁而广阔，临近前锯肌，起自肩胛下窝，肌束向上经肩关节的前方，止于肱骨小结节。作用：使上臂内收和内旋。

肩胛下肌、冈上肌、冈下肌和小圆肌在经过肩关节的前方、上方和后方时，与关节囊紧贴，且有许多腱纤维编入关节囊内。这些肌肉的收缩对稳定肩关节起着重要作用，如图10.2所示。

肩关节指上肢与躯干连接的部分，包括臂上部、腋窝、胸前区及肩胛骨所在的背部区域等身体很大的一部分。由肩胛骨关节盂和肱骨头构成，属于球窝关节，是上肢最大、最灵活的关节。运动过程中肩关节肌肉的功能如表10.2所示。

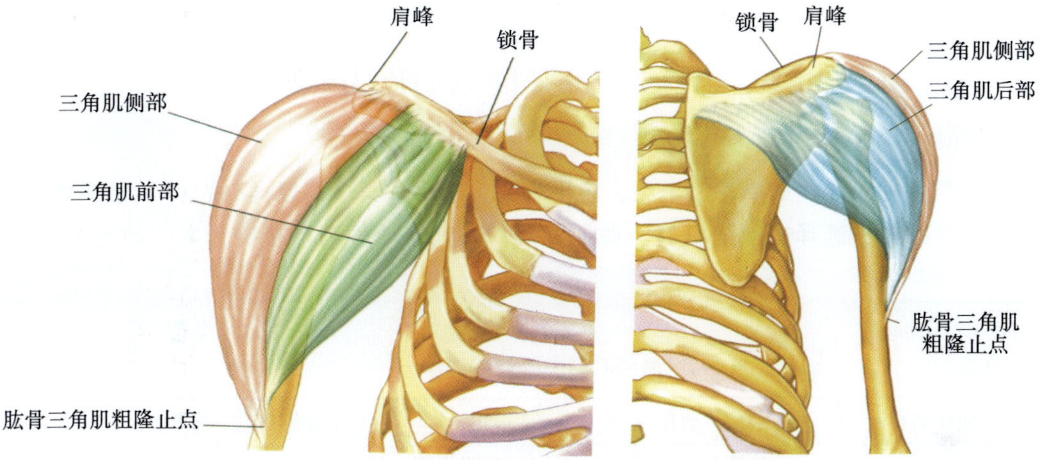

图10.1 三角肌(前面、后面)

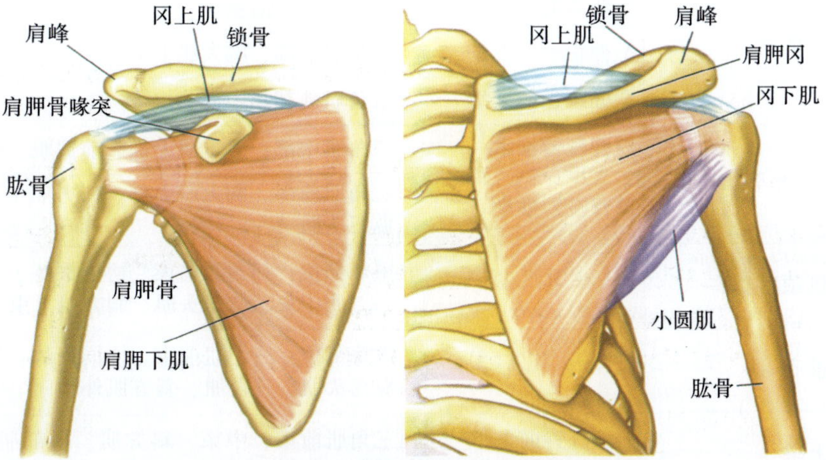

图10.2 肩旋肌(前面、后面)

表 10.2　　肩关节运动过程中的肌肉功能

运动功能	肌　肉
前屈	三角肌前束、胸大肌锁骨部、喙肱肌、肱二头肌、肩胛下肌。其中，三角肌前束作用最大
后伸	三角肌后束、背阔肌、大圆肌、胸大肌的胸肋部和肱三头肌长头。其中，三角肌后束作用最大
外展	三角肌(主要是其中间束)及冈上肌完成。附带冈下肌、肱二头肌长头。当肩处于内旋或外旋位置时，三角肌在最外侧的部分是外展的主要肌肉
内收	背阔肌、胸大肌、大圆肌、喙肱肌、附带小圆肌、肱二头肌短头、肱三头肌长头、喙肱肌，此外三角肌前后部纤维也有内收作用
内旋	肩胛下肌，当肩关节处于特定体位时胸大肌三角肌前束、大圆肌及背阔肌内旋作用
外旋	冈下肌、小圆肌及三角肌后束

10.2　肩部肌群训练动作方法

肩部肌群训练动作，主要有上举类、侧平举类、前平举类、划船类(提拉)、绕环类。上举与提拉动作的器械选择主要是杠铃、曲柄杠铃，而其他动作则以哑铃为主，如表 10.3 所示。

表 10.3　　肩部肌群主要训练动作

动作名称		动作变化	主要锻炼部位(肌群)
上举类	杠铃颈后推举	站姿颈后推举 坐姿颈后推举	三角肌中部、斜方肌上部、肱三头肌和前锯肌，此外菱形肌、冈下肌、小圆肌和冈上肌也能得到锻炼
	杠铃颈前推举	站姿颈前推举 坐姿颈前推举	三角肌前部和中部、肱三头肌、胸大肌上部、斜方肌上部、前锯肌
		窄握距颈前推举	三角肌前部、胸大肌上部
		宽握距颈前推举	三角肌前部和中部
	哑铃推举(坐姿)	双臂哑铃推举	三角肌中部、斜方肌上部、前锯肌、肱三头肌
		单臂哑铃推举	三角肌前部、胸大肌上部、斜方肌上部、前锯肌、肱三头肌
	史密斯机颈后推举		锻炼部位：三角肌前束。协同锻炼：三角肌中束、斜方肌中束、肱三头肌、斜方肌下束、前锯肌
	推举机推肩		锻炼部位：三角肌前束。协同锻炼：胸大肌锁骨、肱三头肌、三角肌、斜方肌外侧
	上斜前上举	上斜杠铃前上举 上斜哑铃前上举	三角肌前束、中束、斜方肌、胸部肌群、肱二头肌短头和前锯肌

续表

	动作名称	动作变化	主要锻炼部位(肌群)
侧平举类	站姿哑铃侧平举	双臂飞鸟	最有效地锻炼三角肌中束(展肩肌群)和腱袖肌(转肩肌群)
	站姿单臂侧平举	单臂飞鸟	
	俯立哑铃侧平举	俯卧侧平举(屈体)	三角肌后部
	站姿拉力器单臂侧平举	拉力器双臂侧平举	三角肌中部
	屈臂侧平举		三角肌
	俯立拉力器侧平拉		三角肌后部
前平举类	哑铃前平举	站姿双臂哑铃前平举 站姿单臂哑铃前平举 俯卧哑铃单臂前平举 侧卧单臂哑铃前平举	三角肌前部、胸大肌上部、颈侧斜方肌
	杠铃前平举		三角肌前部、胸大肌上部、冈下肌
	拉力器前平拉		三角肌前部、胸大肌上部
	并握哑铃前平举		三角肌前部、胸大肌上部、肱二头肌短头
	坐姿双臂平拉	蝴蝶机双臂平拉	三角肌后部、冈下肌、小圆肌
划船类	站姿宽握杠铃上提	站姿杠铃划船	三角肌、斜方肌、肱二头肌
	站姿划船	站姿曲柄杠铃划船 站姿哑铃划船 站姿史密斯机划船	三角肌前部、三角肌中后部、斜方肌上部
绕环和旋转类	臂绕环	站姿直臂绕环 仰卧直臂绕环	肩关节周围肌群
	滑轮单臂旋外	站姿滑轮单臂旋外 跪姿滑轮单臂旋外	孤立练习腱袖肌(转肩肌群)
	滑轮单臂旋内	站姿滑轮单臂旋内 跪姿滑轮单臂旋内	
	哑铃单臂旋外	侧卧哑铃单臂旋外 站姿哑铃单臂旋外	

10.2.1 上举类

上举类动作是一项复合型动作，是双关节、开放式训练。任何的推举动作都会锻炼三角肌中束、后束和肱三头肌短头、外头，还有棘上肌、背阔肌和前锯肌等。

基本动作是颈后推举和颈前推举。常见的肩部推举训练一般分为颈前杠铃推举，哑铃推举和颈后推举，前面两者刺激更多的是三角肌前束和中束，只有颈后推举对三角肌后束的刺激最到位。颈后推举对很多著名运动员来说都是不可缺少的一部分，Reg Park、Arnold 等人都热衷于这个动作，Ted Arcied 甚至颈后推举过重达 700 磅(约 635 斤)的重量。

上举类动作变化有身体姿势(站姿和坐姿)、起始位置、握距变化、运动轨迹等，任何变化都将影响训练部位。上举类动作器材可以选择使用标准杠铃、曲柄杠铃、环形杠铃、哑铃、史密斯机、固定专用推肩训练器。

10. 2. 1. 1　杠铃颈后推举

主要作用：站立杠铃颈后推举(Standing Barbell Press Behind Neck)锻炼三角肌中部、斜方肌上部、肱三头肌和前锯肌，此外也能锻炼菱形肌、冈下肌、小圆肌和冈上肌，如图 10. 3 所示。

起始姿势：身体直立，正手握杠铃，将杠铃置于颈后肩上，抬头挺胸直腰。

动作过程：两臂向上垂直，将杠铃推举至头的正上方完全伸直，静止 1~3 秒，放下杠铃，让它缓慢回落到颈后肩上。保证杠铃始终在控制之下，并且在整个过程中让肘部尽量靠后。

呼吸方法：上举时吸气，完成动作时呼气。

注意要点：①头部在上举过程中低头，给杠铃让出足够空间。上举时则要抬头，避免给颈椎太多压力；②上举和下放杠铃时，身体不要摆动；③肩关节比较脆弱，为避免损伤，可根据训练水平、自身素质和柔韧性，对杠铃在颈后放置的高度进行调整；④练习时肌腱袖负重较大，应注意保护与帮助。

动作变化：坐姿颈后推举、坐姿深蹲架颈后杠铃推举。

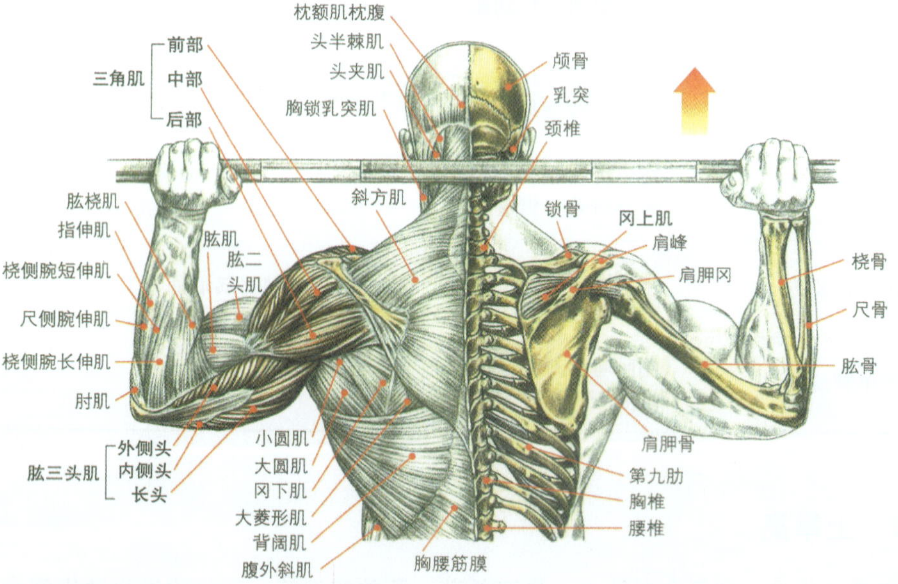

图 10. 3　杠铃颈后推举

动作分析：颈后推举类动作分析如表 10. 4 所示。

表 10.4　　颈后推举类动作分析

动作分析	关节和部位			
	肘关节	肩关节	肩胛骨	躯干
运动关节	向下：屈 向上：伸	向下：内收 向上：外展	向下：向下方旋转 向上：向上旋转	固定
运动肌群	肱三头肌、肘肌、肱桡肌	三角肌	前锯肌、斜方肌	
固定肌群	屈腕肌(前臂)	腱袖肌	前锯肌、菱形肌、斜方肌下部	腹肌、竖脊肌、腰方肌

10.2.1.2　杠铃颈前推举

主要作用：锻炼三角肌前部和中部、肱三头肌、胸大肌上部、斜方肌上部、前锯肌，如图 10.4 所示。

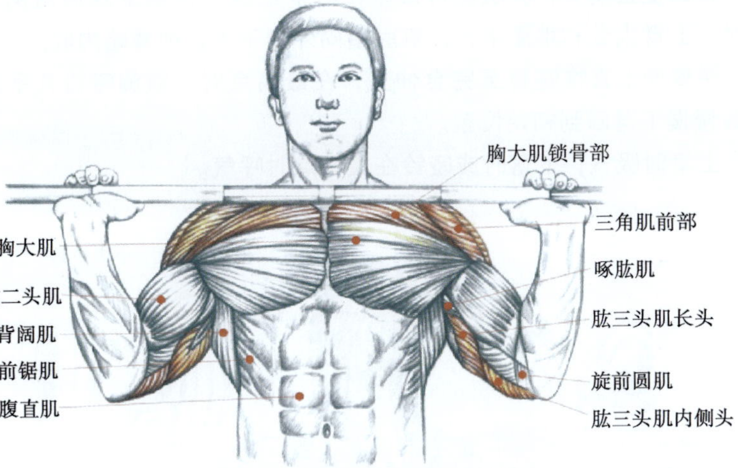

图 10.4　站姿杠铃颈前推举

起始姿势：背部挺直端坐，正手握杠铃，将杠铃置于上胸部。

动作过程：两臂向上直推杠铃至完全伸直，静止 1~3 秒，让杠铃缓慢回落到胸上。

呼吸方法：上举时吸气，下落时呼气。

注意要点：上举和下放杠铃时，身体不要摆动。

动作变化：

①杠铃窄握距颈前推举：肘部向前，主要锻炼三角肌前部、胸大肌上部。

②杠铃宽握距颈前推举：肘部外展，主要锻炼三角肌前部和中部。

③坐姿杠铃颈前推举：如图 10.5 所示，注意避免脊柱过伸。

动作分析：杠铃颈前推举动作分析如表 10.5 所示。

表 10.5　**杠铃颈前推举动作分析**

动作分析	关节和部位			
	肘关节	肩关节	肩胛骨	躯干
运动关节	向下：屈 向上：伸	向下：内收、伸 向上：外展、屈	向下：向下旋转 向上：向上旋转	固定
运动肌群	肱三头肌、肘肌	三角肌(前部和中部)、胸大肌(锁骨部)	菱形肌、斜方肌	
固定肌群	屈腕肌(前臂)	腱袖肌	前锯肌、菱形肌、斜方肌下部	腹肌、竖脊肌、腰方肌

10.2.1.3　坐姿哑铃推举

主要作用：主要锻炼三角肌中部、斜方肌上部、前锯肌、肱三头肌，如图 10.5 所示。

起始姿势：背部挺直端坐，腹肌保持紧张，两手正握哑铃举至双肩两侧，掌心向前。哑铃在最低位置时，上臂大致和地面平行，双肘指向外侧下方，前臂略内收。

动作过程：两臂向上直推哑铃至完全伸直，在最高点时，双侧哑铃几乎相互接触，静止 1~3 秒，让哑铃慢慢下落回到初始位置。

呼吸方法：上举时吸气，下落时或哑铃在最低点时呼气。

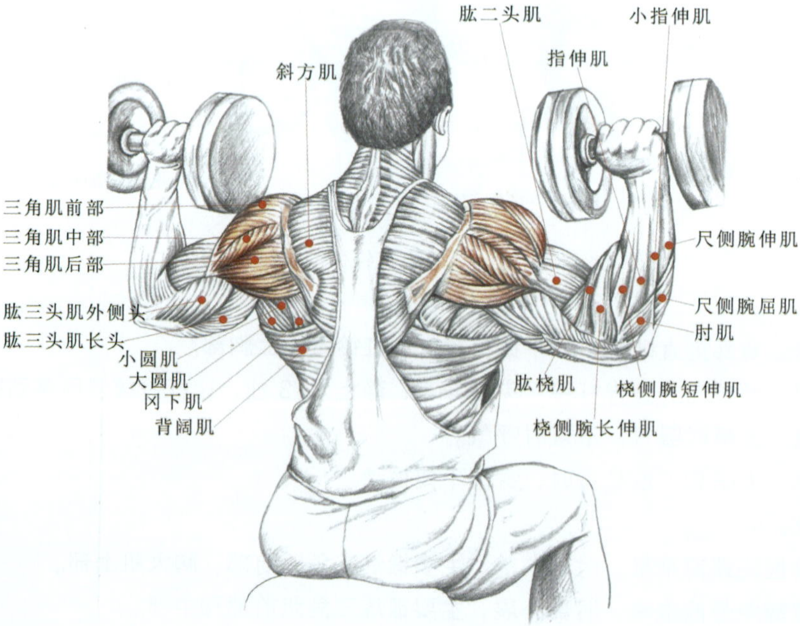

图 10.5　坐姿哑铃推举

注意要点：两手正握哑铃，掌心向内时，双肘指向前方，这样能够更好地训练前部三角肌和上部胸肌。

动作变化：

①变换握法推举哑铃：重复训练时可采用三种不同的握姿。

②站姿哑铃推举。

10.2.1.4 坐姿哑铃颈前推举

主要作用：坐姿哑铃交替推举被誉为三角肌增肌神技，是一种简单、高效的无氧增肌动作。除主要锻炼三角肌前部(上要是三角肌前束和中束)以外，也能锻炼到肱三头肌、胸大肌上部、斜方肌上部、前锯肌、肱三头肌，如图 10.6 所示。

起始姿势：两手各握一只哑铃放在肩上，并坐在长凳上，腿钩住坐凳。背部挺直，紧贴椅背坐下，避免脊柱过伸，反手握哑铃置于双肩(颈前)。

动作过程：大臂与肩同高，屈肘至臂弯呈 90°，掌心向前。吸气，向颈前上举，举起后的双臂位于头部两侧(不内撇也不外撇)，且与身体侧面在同一平面，同时旋转手腕使掌心向前，直至手臂完全伸直。动作完成时呼气，左右两臂交替。

呼吸要领：轻重量时自然呼吸，尽量不要憋气；大重量时则注意在用力前吸一口气，然后憋气，直至完成动作后再调整呼吸。

注意要点：

①可以将哑铃凳靠背调至 80°~85°，比垂直状态略靠后，以避免下肢和躯干借力。

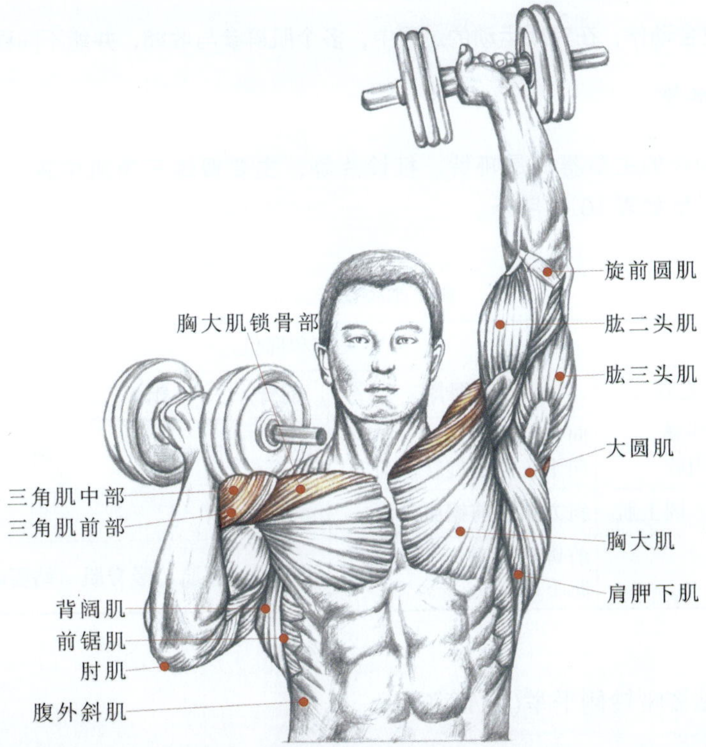

图 10.6 坐姿哑铃单臂交替颈前推举

②臀不离凳，夹肘上推。

③中等或大重量时，肘关节一定不要伸直，容易受伤；腰部也开始分担肩部的力量，因此最好带上腰带比较安全。

④坐姿哑铃推举可以双手进行，也可以单手交替进行。

动作变化：站姿哑铃单臂颈前推举。

10.2.1.5 仰卧上斜杠铃前上举

主要作用：主要锻炼三角肌前束和中束，以及斜方肌、胸部肌群、肱二头肌短头和前锯肌。

起始姿势：头朝上斜(45°)仰卧在长凳上，双肩和背部紧贴长凳，两脚平放在地面。两手正握杠铃，握距与肩同宽，两肘微屈，两臂尽量伸直，将杠铃置于大腿部上方(稍离大腿)。

动作过程：吸气，经体前将杠铃向上举起，上举至两臂完全伸直，杠铃与地面垂直时止，静止1~3秒，慢慢下落至起始位置。

呼吸方法：上举时吸气，落到原位时呼气。

注意要点：

①上斜杠铃前上举与上斜杠铃卧推相似，更能有效地强化对三角肌前束的锻炼。在前上举过程中，由于两臂产生的抗力较大，能对三角肌产生更大的刺激，从而加速三角肌前束的生长。

②当两臂抬起与地面平行时，动作不要停下来，应将杠铃上举过头顶，最大限度地刺激三角肌前束。

③不要使用过重的杠铃，在两臂伸直上举时，动力臂更长、杠铃过重会使肘部弯曲、动作变形。

④该动作是复合动作，在完成运动的过程中，多个肌群参与收缩，并能不同程度地得到锻炼。

10.2.2 侧平举类

上侧平举类动作的主要器械是哑铃、杠铃片等，主要锻炼三角肌中束，是单关节、开放式训练，其动作分析如表10.6所示。

表10.6 侧平举类动作分析

动作分析	关节和部位				
	肩关节	肩胛骨	前臂	躯干	下肢
运动关节	向上：外展 向下：内收	向上：向上旋转、回缩 向下：向下旋转、前突	固定	固定	固定
运动肌群	三角肌、冈上肌	斜方肌、前锯肌			
固定肌群	肌腱袖	前锯肌、菱形肌、斜方肌下部	屈腕肌	腹肌、竖脊肌	站姿时所有下肢肌

10.2.2.1 站姿哑铃侧平举(双臂飞鸟)

主要作用：能最有效地锻炼三角肌中束。三角肌中束的大小直接关系到上身整体形态的观感，它能使肩部显得极宽、腰部变细，如图 10.7 所示。

动作过程：持哑铃于体前下垂，掌心相对，缓缓将哑铃举至与肩齐平的高度。

注意要点：练习时腿要站直，以防止借力，不要突然发力或受力，一定要始终使三角肌中束受力，迫使三角肌中束承受所有的负荷，三角肌在动作终末(即手臂将哑铃举至与肩齐平的高度)时的训练强度最大。训练过程中，每组 8~12 次，每次课做 4~5 组。

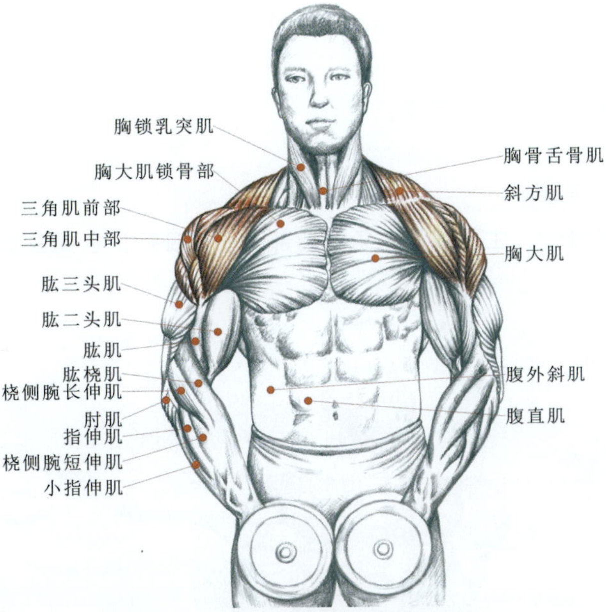

图 10.7 站姿哑铃侧平举(双臂飞鸟)

动作变化：

①站姿单臂侧平举(单臂飞鸟)：清晰地将三角肌和肱二头肌彻底分离开。

②哑铃起始位置变化、双臂伸展位置的变化，如表 10.7 所示。

表 10.7 站姿哑铃侧平举动作变化对锻炼部位的影响

变化因素		主要锻炼部位
哑铃起始位置	身体两侧	三角肌
	臀部后方	三角肌中后部
	大腿前方	三角肌前部
双臂伸展位置	水平伸展(肩平)	三角肌
	高于水平位置(肩高)	三角肌后部、斜方肌前部
	低于水平位置(肩低)	三角肌前部

10.2.2.2 坐姿哑铃侧平举

主要作用：主要锻炼三角肌中部、斜方肌，如图 10.8 所示。

起始姿势：背部挺直端坐，腹肌保持紧张，双脚平放在地面，两腿并拢，为坐姿运动最低点时让出活动空间。两手正握哑铃(掌心向内)置于双腿两侧。

动作过程：两臂沿着一个较宽的弧形轨迹将两侧哑铃向上举至身体两侧，手臂完全伸直，在最高点时(即肘关节与肩在同一高度)静止 1~3 秒，让哑铃慢慢下落回到初始位置。

呼吸方法：上举时吸气，下落时或哑铃在最低点时呼气。

注意要点：

①在整个运动过程中，可将肘关节锁定在一个微小的弯曲角度之内，身体保持稳定，不要前后晃动。

②上举时双手不要超过双肘的高度。

动作变化：

①坐姿哑铃单臂侧平举。

②变换握法：反握哑铃，主要锻炼三角肌前部；正握哑铃，主要锻炼三角肌侧部。

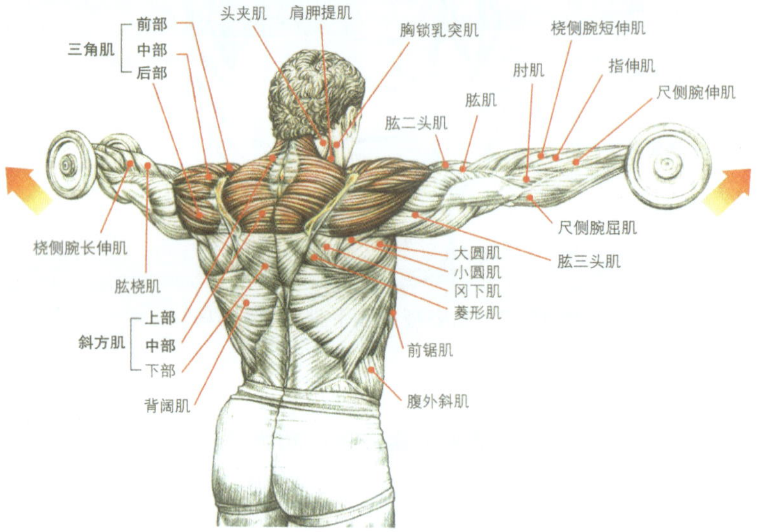

图 10.8　坐姿哑铃侧平举

10.2.2.3　站姿拉力器单臂侧平举

主要作用：主要强化锻炼三角肌中部。变换该动作角度，可加强三角肌各部分的训练，如图 10.9 所示。

动作过程：单手于体侧紧握拉力器柄，吸气，向外平举手臂至肩部水平，动作完成时呼气。

动作变化：

①上举高度：上举在 30°范围内，冈上肌协助三角肌做功；扩大动作范围，斜方肌协助三角肌做功。

②运动轨迹：手直接向体侧举时，对三角肌各部分的训练最好；手直接向身体前方举时，可以激活三角肌前部；手直接向身体后方举时，可以激活三角肌后部，如图 10.10 所示。

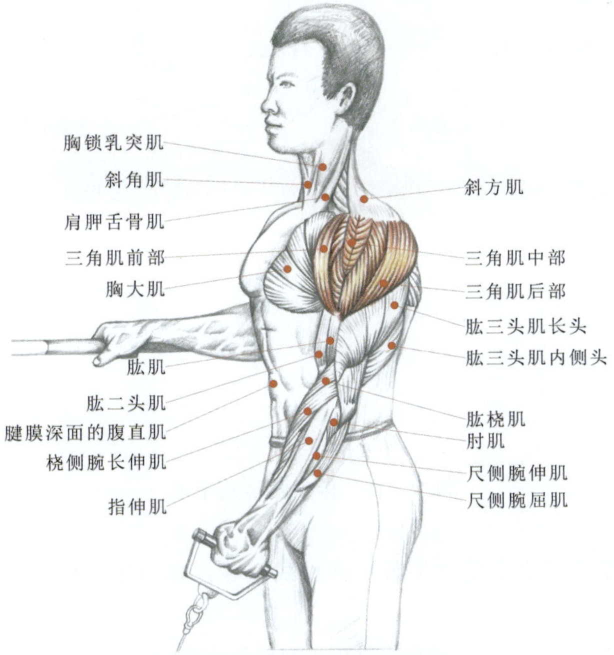

图 10.9　站姿拉力器单臂侧平举

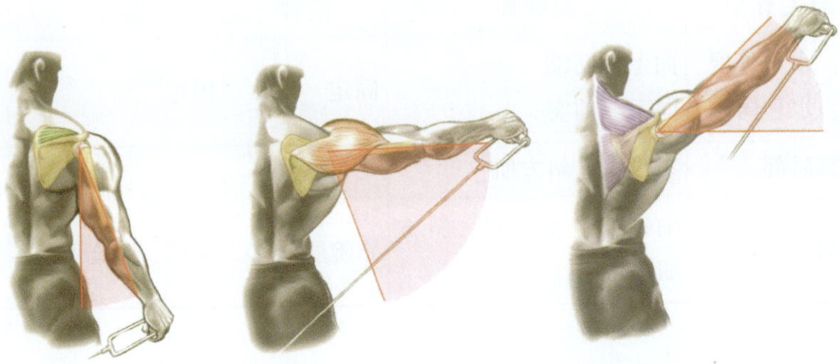

图 10.10　站姿拉力器单臂侧平举运动轨迹变化

10.2.2.4　俯坐哑铃侧平举

主要作用：能有效地锻炼三角肌后部，如图 10.11 所示。

动作过程：俯坐，使脚的位置于膝关节稍前方。躯干前倾，趴在膝盖上，尽可能地位于水平位置。挺胸，前锯肌收缩，将肩胛骨拉向前。手持哑铃置于身体两侧、腿的下方，肘关节固定，保持屈曲±10～20°，向侧上方平举手臂与肩同高。肘关节高于肩关节，哑铃下降。动作过程中，避免上抬躯干，缓慢地进行可控制的全方位运动。上举哑铃时吸气，下降时呼气。

注意要点：在训练中增加重量后，试图通过屈肘来侧举哑铃是无益的。屈肘时，杠杆的有效长度缩短，增加的哑铃重量补偿了缩短的杠杆长度，因而实际做功不变。

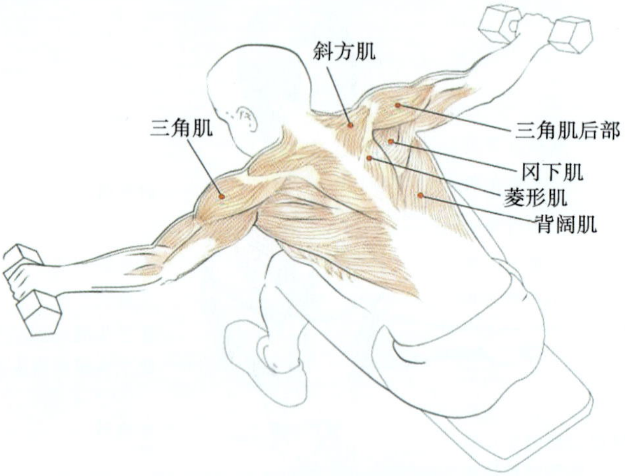

图 10. 11　俯坐哑铃侧平举

动作分析：俯坐哑铃侧平举是单关节、开放式训练，其动作分析如表 10. 8 所示。

表 10. 8　**俯坐哑铃侧平举动作分析**

动作分析	关节和部位				
	肩关节	肩胛骨	前臂	躯干	下肢
运动关节	向上：水平外展 向下：水平内收	向上：回缩 向下：前突	固定	固定	固定
运动肌群	三角肌后部	菱形肌、斜方肌			
固定肌群	肌腱袖	前锯肌、菱形肌、斜方肌下部	屈腕肌	腹肌、竖脊肌	所有下肢肌

10. 2. 2. 5　俯身哑铃侧平举(俯立飞鸟)

主要作用：锻炼整个肩部。能有效地锻炼三角肌后部，动作末尾需要斜方肌下部、菱形肌、小圆肌以及肩胛提肌共同收缩，使两肩胛骨向脊柱靠拢，如图 10. 12 所示。

动作过程：两脚分开站立，膝部微屈，腰部向前弯曲(俯身)并保持背部挺直，肘部稍屈，手持哑铃体前下垂，掌心相对，缓缓将哑铃举至与肩齐平的高度。

动作变化：俯身哑铃侧平举练习中，不同握法对三角肌部位有不同的锻炼效果。

①旋前握法：当双手前旋(掌心向后)握哑铃时，小臂内部肌肉就会前旋，同时上臂肌肉在一定程度上会前旋，这时迫使训练重点转移到三角肌后部。

②中性握法：掌心相对握哑铃时，使小臂和上臂处于解剖学上的中立位置(没有旋转)，训练重点转移到三角肌中部。除俯卧哑铃侧平举以外，这些原则还适合类似动作，如表 10. 9 所示。

表 10.9　　俯身哑铃侧平举握法变换对锻炼部位的影响

动作	握法	主要锻炼部位
俯卧哑铃侧平举 坐姿哑铃侧平举	旋前握法(掌心向后)	三角肌后部
	中性握法(掌心相对)	三角肌中部
哑铃前平举	旋前握法(掌心向下)	三角肌后部
	中性握法(掌心相对)	三角肌前头
侧面下拉	掌心向上	三角肌下侧头
哑铃平板卧推	中性握法(掌心相对)	上胸肌和三角肌正面
曲杠拉力器下压	掌心向上(反式握法)	三角肌中头和肱三头肌

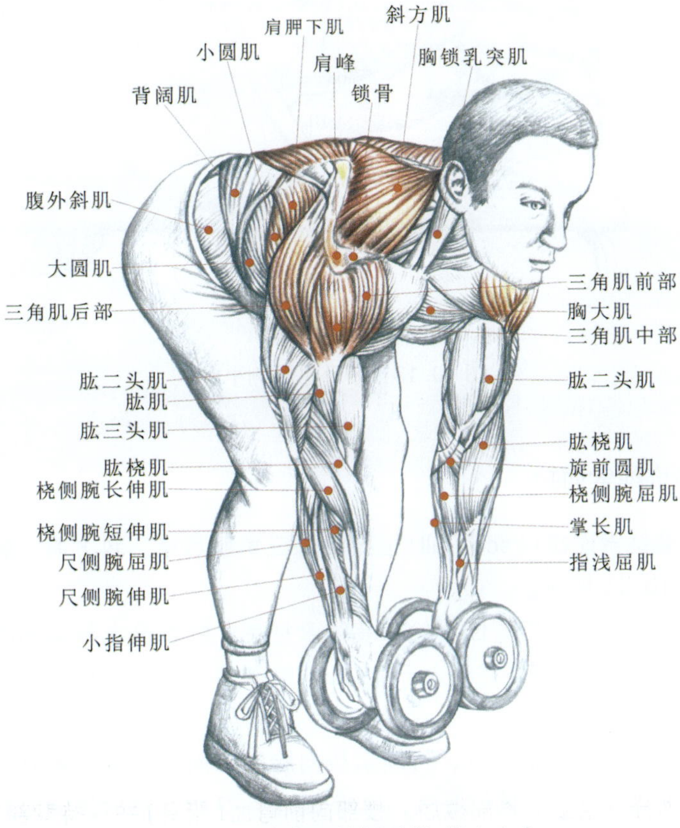

图 10.12　俯身哑铃侧平举(俯立飞鸟)

10.2.2.6　俯卧单臂侧平举

主要作用：主要锻炼三角肌，该动作之初能强化冈上肌，如图 10.13 所示。

动作过程：侧卧于地或长条凳上，单手正握哑铃于体侧，缓缓将哑铃举至与肩齐平的高度。在动作之初三角肌最为用力。

动作变化：变化动作起始时哑铃的位置(置于身体前方、臀部后方、大腿上方)，可强化训练三角肌三个头。

注意要点：上举和下放哑铃时，全身保持稳定，不要摇摆，意念集中在三角肌后部。上举前，要彻底放松，到达最高点时，要彻底收缩。

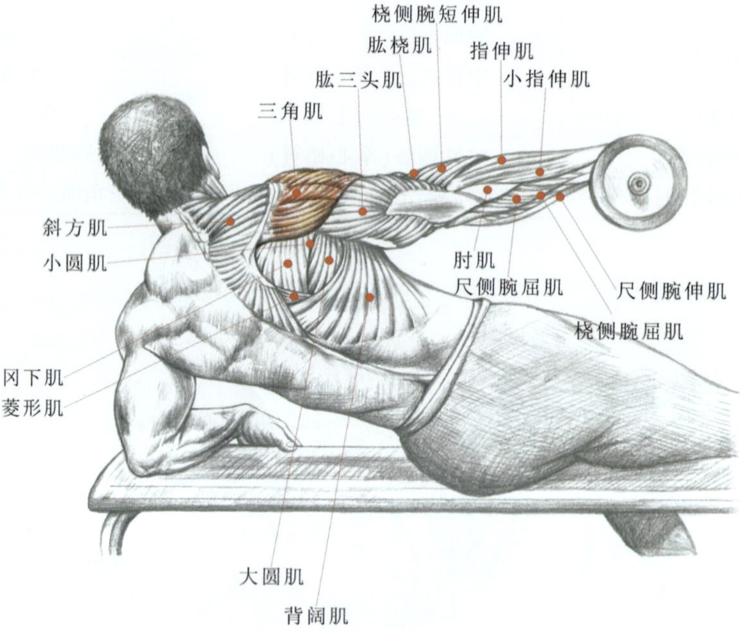

图 10.13　俯卧单臂侧平举

10.2.2.7　站姿绳索面拉

主要作用：站姿绳索面拉(Face Pull)主要锻炼三角肌后束、斜方肌、肩袖肌、菱形肌和背阔肌上部，如图 10.14 所示。

起始姿势：在龙门架固定器高位滑轮上装绳索把手，位置设在与头部同高的地方。站姿面对龙门架，双脚距离与肩同宽(或略大于肩)，膝盖微曲，双手正握住绳索两段，向后走两步并站稳。

动作过程：用肩作为第一发力点，将绳索拉向脸的方向，尽量将手肘向外打开，手臂向前平举，上臂保持与地面平行，同时呼气，顶峰收缩 1~3 秒，然后慢慢回到起始位置，同时吸气。然后重复动作。

注意要点：

①注意上拉时，肩胛骨先做后移、固定，将背部收起，肩部顺势外展，接着把手拉到脸前(拉向面部大约与眼睛齐平的高度)，然后再有控制地还原，直到双臂伸直。

②注意发力次序，主要力量来自后肩的收缩，而不是手臂，保持身体的稳定性，收紧核心肌群，不要晃动。站姿身体重心稍微向后移动，身体略微后倾，确保动作过程稳定。

③如果希望更加针对三角肌的后束部分，应该在动作开始之前先做一个肩胛后收的动作，能够帮助三角肌后束以及中背部肌群更好地参与，避免过多地使用肱二头去驱动整个动作。

动作变化：反握站姿绳索面拉，主要锻炼肩袖。练旋转肌袖的动作就是反握站姿绳索面拉，将绳索滑轮反手前拉到脸部的高度，完成动作如同前展肱二头肌，双手拉到耳朵后方。如此才会真正练到旋转肌袖，动作不正确的话就只能练到后三角和上背部分。

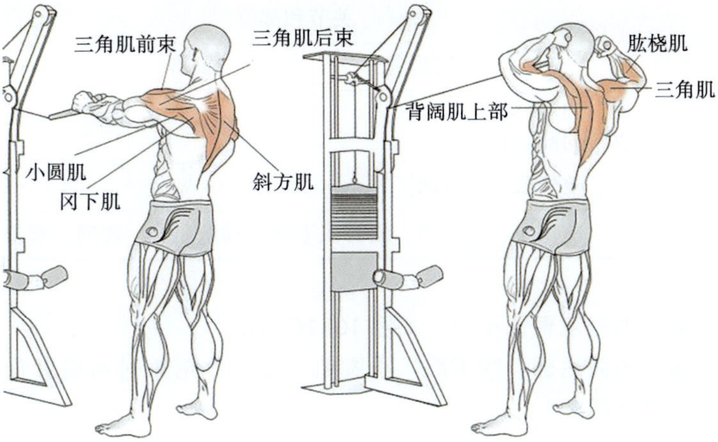

图 10.14　站姿绳索面拉

10.2.2.8　坐姿双臂侧平拉

主要作用：锻炼三角肌后部，如图 10.15 所示。

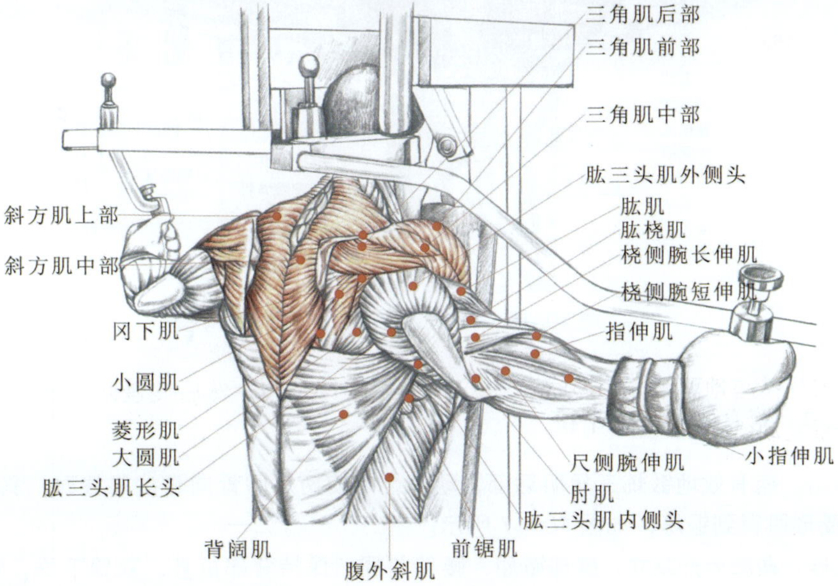

图 10.15　坐姿双臂侧平拉

动作过程：面向双肩平拉力器正坐，握住手柄，保证手柄位置与肩部同高。挺胸，背部挺直，肘关节固定，保持±10°，手握手柄尽力后拉。动作过程中，避免耸肩或弓背，保持抬头挺胸和双肩下沉。后拉时吸气，还原时呼气。

动作分析：坐姿双臂侧平拉动作分析如表 10.10 所示。

表 10.10　**坐姿双臂侧平拉动作分析**

动作分析	关节和部位			
	肩关节	肩胛骨	前臂	躯干
运动关节	向后：水平外展 向前：水平内收	向后：拉向后 向前：拉向前	固定	固定
运动肌群	三角肌后部	菱形肌、斜方肌		
固定肌群	肌腱袖	前锯肌、菱形肌、斜方肌下部	伸腕肌	腹肌、竖脊肌

动作变化：站姿拉力器双臂侧平拉，如图 10.16 所示。

主要作用：锻炼三角肌后部、冈下肌、小圆肌，在动作结束时两肩胛骨相互靠拢，可以锻炼斜方肌和深面的菱形肌。

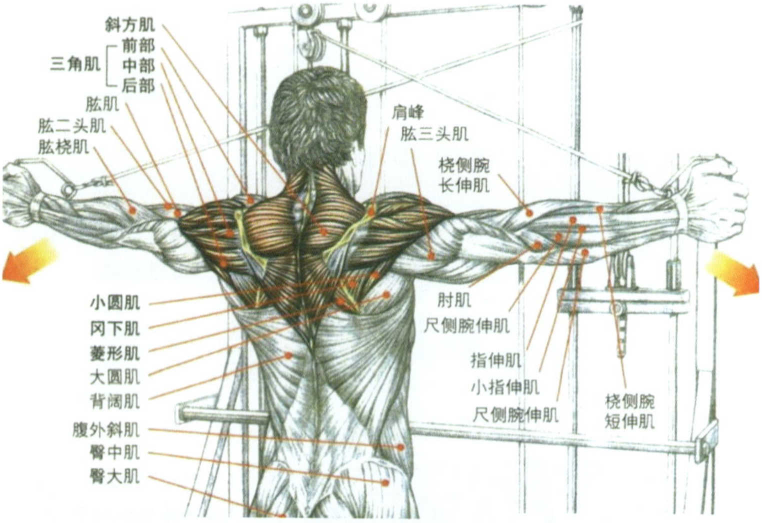

图 10.16　站姿拉力器双臂侧平拉

10.2.2.9　俯立拉力器侧平拉

主要作用：能有效地锻炼三角肌后部，动作之末使两肩胛骨向脊柱靠拢时，斜方肌(中部及前部)和菱形肌得到锻炼，如图 10.17 所示。

动作过程：两脚分开站立，膝部微屈，腰部前屈，保持背部挺直，双臂下垂，双手抓住拉力器手柄，使拉索交叉。吸气，两臂缓缓侧拉伸直，至双手的高度超过肩部，动作完成时呼气。

10.2.3　前平举类

前平举类动作主要发展三角肌前部，是单关节、开放式训练，其动作分析如表 10.11 所示。

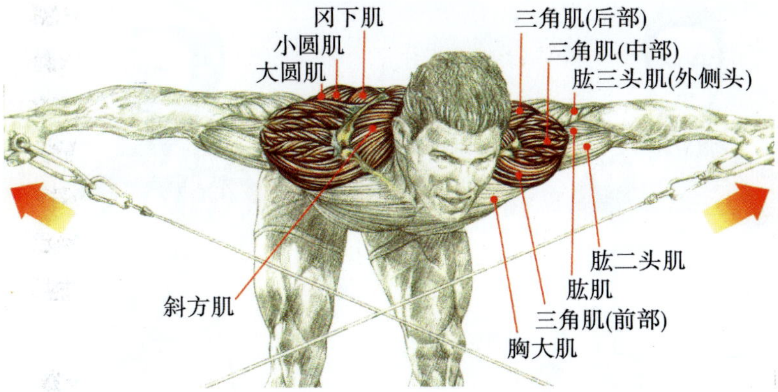

图 10.17　俯立拉力器侧平拉

表 10.11　**前平举类动作分析**

动作分析	关节和部位				
	肩关节	肩胛骨	前臂	躯干	下肢
运动关节	向上：屈 向下：伸	向上：回缩 向下：前突	固定	固定	固定
运动肌群	三角肌(主要是前部) 胸大肌(主要是锁骨部)	斜方肌、前锯肌			
固定肌群	肌腱袖	前锯肌、菱形肌、斜方肌下部	屈腕肌	腹肌、竖脊肌	站姿时所有下肢肌

10.2.3.1　站姿哑铃前平举

主要作用：锻炼三角肌前部和中部、胸大肌上部，每次举臂动作需要前锯肌、菱形肌等连接肩胛骨与胸廓的肌肉参与，如图 10.18 所示。

起始姿势：两腿分开站立，挺胸收腹，两手正握哑铃，两臂下垂于腿前或外侧。

动作过程：直臂持铃向上举起，至稍高于肩，静止 1~3 秒，再直臂徐徐放下，还原至腿前。如用哑铃，可左右手各一次，连续交替做。

呼吸方法：上举时吸气，下落时呼气。

注意要点：上举和下落时全身保持直立，两臂直伸，意念集中在三角肌。

动作变化：直立双臂哑铃前平举。

10.2.3.2　站姿杠铃前平举

主要作用：锻炼三角肌前部、胸大肌上部、冈下肌，使斜方肌、前锯肌和肱二头肌短头得到一定的锻炼。如果将杠铃举得更高，可锻炼三角肌后部，如图 10.19 所示。

动作过程：两腿分开站立，挺胸收腹，两手正握杠铃，两臂下垂于大腿前方。吸气，直臂前举杠铃，杠铃在体前沿着弧形轨迹平滑向上举，稍高于肩或与地面平行，静止 1~3 秒，再直臂徐徐放下，还原至腿前，呼气。

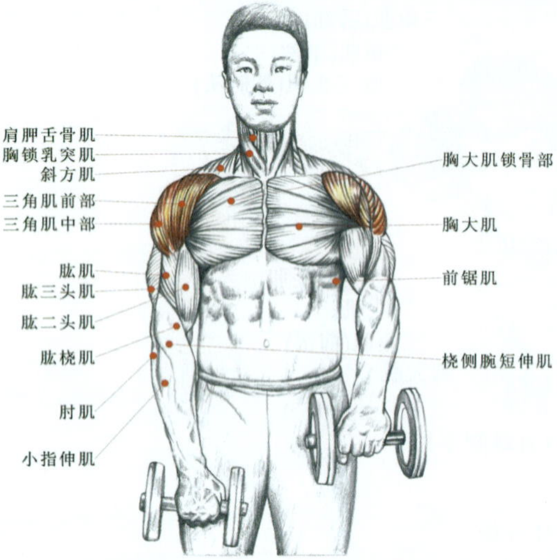

图 10.18 站姿哑铃前平举图

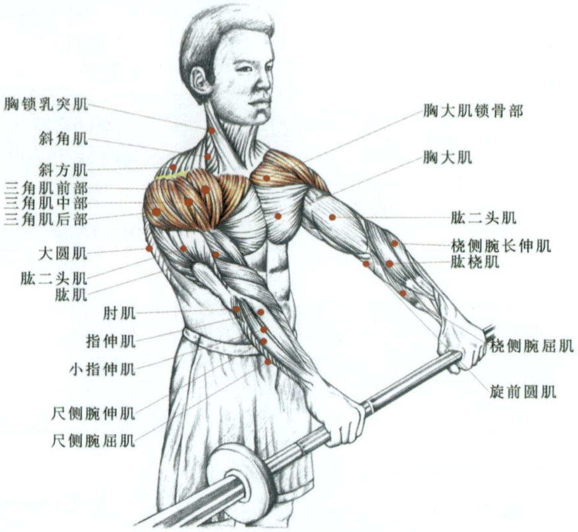

图 10.19 站姿杠铃前平举

呼吸方法：在最高点呼气或动作完成时呼气。

注意要点：

①尽可能地保持双臂伸直，肘关节的弯曲将缩短力矩，降低动作难度及锻炼效果。

②肘关节不要向外锁死。

③身体稳定，不要使用身体动作来帮助杠铃前平举。

④杠铃上升的最高点为手臂稍高于肩或与地面平行位置，如果将杠铃举过头顶，斜方肌将得到更多的锻炼，而降低三角肌锻炼效果。

⑤如果三角肌前部相对于后部和中部薄弱，可将该动作安排在后部和中部三角肌运动之前优先训练。

10.2.3.3 拉力器前平拉

主要作用：锻炼三角肌中部，如图 10.20 所示。

起始姿势：全身直立，背对拉力器，一脚踩套住拉力器的一个握柄或胶皮条的一端。

动作过程：收缩三角肌，将拉力器或胶皮条向侧上方拉到与肩齐高，身体保持平衡。上拉到最高点后，静止 1~3 秒，在三角肌继续用力的控制下，让拉簧或胶皮条徐徐收缩到开始位置，单臂时重复交换练习。上拉时吸气，落到最低点后呼气。

动作变化：双臂拉力器前平拉、单臂拉力器侧平拉。

10.2.3.4 并握哑铃前平举

主要作用：锻炼三角肌前部、胸大肌上部肱二头肌短头，如图 10.21 所示。

动作过程：两腿分开站立，挺胸收腹，掌心向内，双臂伸直，两手重叠握哑铃置于大腿前方。吸气，直臂前举哑铃至于肩高，静止 1~3 秒，再直臂徐徐放下，还原至腿前，呼气。

10.2.4 划船类

站姿划船类动作主要发展三角肌，它的特点是利用“拉”的运动方向，去刺激肩部肌肉。

用杠铃、W 杠，还是哑铃、史密斯机都可以锻炼。其动作分析如表 10.12 所示。

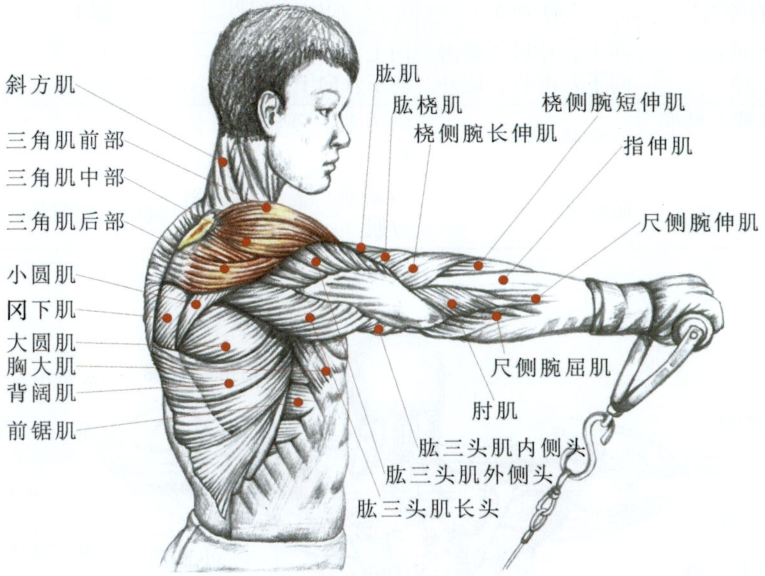

图 10.20　双臂拉力器前平拉

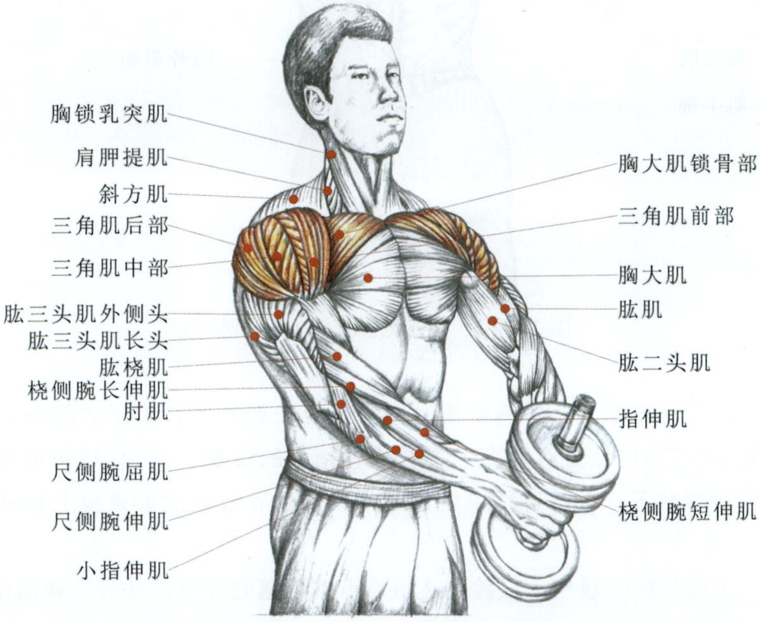

图 10.21　并握哑铃前平举

10.2.4.1　站姿宽握杠铃划船

主要作用：站姿宽握杠铃划船（上提）主要锻炼三角肌前部和中部、斜方肌和肱二头肌，同时可强化前臂肌群，如图 10.22 所示。

表 10.12　　　　　　**站姿划船类动作分析**

动作分析	关节和部位				
	肘关节	肩关节	肩胛骨	躯干	下肢
运动关节	向上：屈 向下：伸	向上：外展、旋内 向下：内收、旋外	向上：向上旋转 向下：向下旋转	固定	固定
运动肌群	肱二头肌、肱肌、肱桡肌	三角肌前部和中部	斜方肌、菱形肌、前锯肌		
固定肌群	屈腕肌(前臂)	肌腱袖	前锯肌、菱形肌、斜方肌	腹肌、竖脊肌	所有下肢肌群

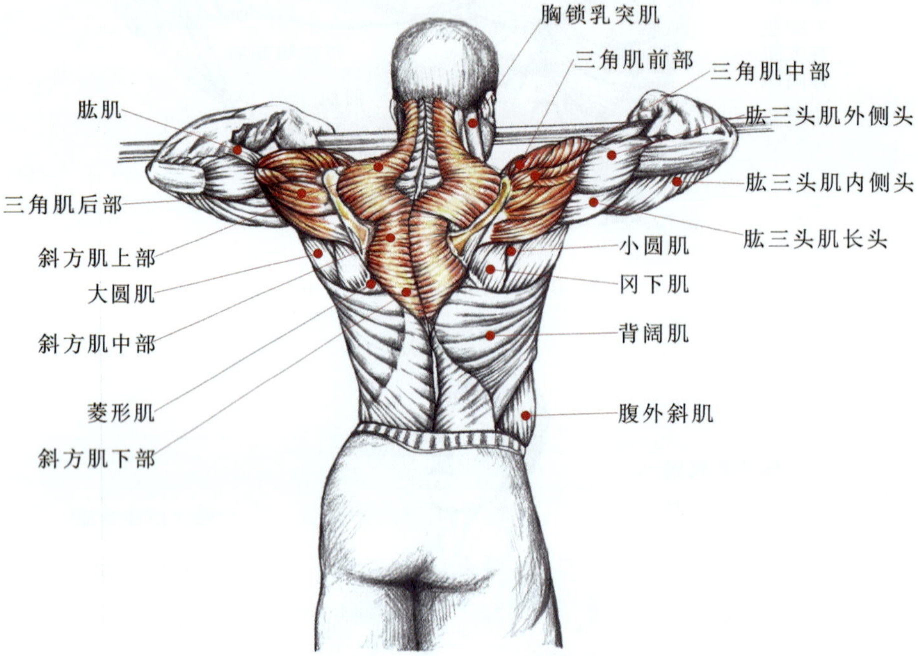

图 10.22　站姿宽握杠铃上提(划船)

动作过程：两腿分开站立，挺胸收腹，宽握距，正握杠铃，置于大腿前方。吸气，贴身提拉杠铃至下颌高(杠铃的位置可能在下胸部或者稍高的位置之间)，尽可能抬高肘部。静止1~3 秒，将杠铃徐缓放下，下落过程中缓慢进行，落到底位后立即重复上拉动作。还原至起始位置，呼气。

呼吸方法：上拉杠铃时吸气，杠铃到达最高点或下落时呼气。关注三角肌中束是否收紧。

注意要点：

①宽握距(肩宽的 1.5~2 倍)能优化肌肉活动度，减轻手腕和肩部压力。

②身体的生理构造决定了肘关节的活动范围，所以不必强行加大肘关节的上提幅度。三角肌将上臂提升至水平位置，斜方肌使肩胛骨发生旋转运动，上臂由此可以抬得更高。

③将杠铃紧贴于身体，可以保证动作受力点，放在三角肌中束上面。如果想让三角肌前束受力多一些，在向上提起杠铃时，离身体稍微有一些距离，这样能刺激到三角肌前束。

动作变化：

a. 站姿中握杠铃划船(上提)：与肩同宽即可，上臂运动轨迹和运动方向确保在身体两侧，与身体冠状面在同一平面内运动，不要让肘关节离开身体两侧这个平面，如果发现与肩同宽的位置不能够满足这一点，调整握距是必要的，确保能够有效地刺激到三角肌中束。

b. 站姿窄握杠铃上提(划船)：上臂会在身体前方进行上下的运动，而非身体两侧，活动范围要比宽握更大，而且重量更大。这个动作主要锻炼三角肌前束，而小臂、斜方肌也会有更多地参与，对于窄握直立划船，双手距离大概在 15~20cm 左右(比肩略窄)，取决于是否能够更好地平衡杠铃。

10.2.4.2 站姿曲柄杠铃划船

主要作用：主要锻炼三角肌前部和中后部、斜方肌上部，其次锻炼肱二头肌、前臂屈肌，如图 10.23 所示。

起始姿势：两脚自然开立，与肩同宽，收腹，双肩后展。两手握杠(正手上握法，掌心向下)，握距与肩同宽。双臂伸直，将曲柄杠铃放在大腿前面。

动作过程：把杠铃徐徐向上拉起，直到横杠几乎触及下颌部。上拉过程中，使曲柄杠铃贴身或在距身体几厘米的平面内运动，双肘尽可能地上提，肘关节指向身体两侧，并始终保持双肘位置高于杠铃。在最高点时静止 1~3 秒，让杠铃徐徐下垂到两臂完全伸直，重复动作。

呼吸方法：上拉杠铃时吸气，曲柄杠铃到达最高点或下垂时呼气。

注意要点：上拉时要让横杠尽量贴近身体。如果握距较宽，杠铃上提时要让两肘尖向上。上拉时身体不要摆动。下垂杠铃要徐徐而行，最后要让杠铃尽量下垂到最低点。

替代动作：站姿哑铃划船、站姿单臂哑铃划船。

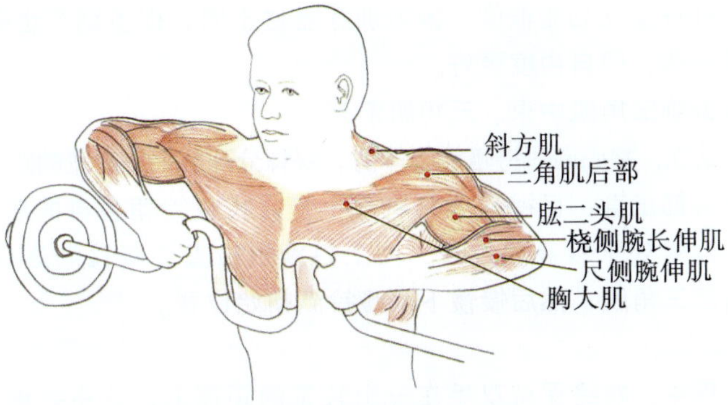

图 10.23 站姿曲柄杠铃划船

10.2.4.3 站姿史密斯机划船

主要作用：史密斯的固定轨迹，要比自由杠铃更有利于孤立肩部。主要锻炼三角肌前部和中后部、斜方肌上部，其次锻炼肱二头肌、前臂屈肌。

起始姿势：紧靠史密斯机横杠站立，将史密斯机挡板调到膝盖高度或更低位置。宽距站姿，身体从臀部开始向前俯，稍弯双膝，直到上半身与地面成 45°角，双肩向前超过横杠。双手采用正握法(掌心向里)，握距比肩稍宽，双臂完全伸直。

动作过程：在拉起杠铃之前，收缩后背肌肉，保持脊骨正常弯曲，同时要收缩臀大肌和胴绳肌，这样可以保持身体成 45°角不变。深吸气，在放下杠铃过程中要屏住呼吸。开始时双臂伸直，但不要锁住。以肘部带动器械，用后背和肩部的肌肉将杠铃拉起，并尽可能地拉高，直到其触到上腹部。稍停，然后将杠铃有控制地降到初始位置。用肩带肘、肘带手的顺序发力。全程压住肩胛骨，不要有肩胛骨上移的趋势。这个动作本身也很容易带到斜方肌，如果耸肩的话可以训练斜方肌。

注意要点：

①在动作过程中，不要抬起上半身，应一直保持与地面水平或稍向上倾的姿势，特别是在拉起的动作过程中。

②在动作顶点处收缩双肩并挤压，静止 1~3 秒，使斜方肌完全收缩，以此来打造肌肉厚度。

③握距比肩宽才能使肘部超过背部，并在拉起中充分收缩，这是最大限度地收缩背阔肌的关键，特别是背阔肌上半部分。

④在这一训练中，双脚和身体位置一定要规范，杠铃的运动路径已经被固定，可向前或向后移动身体作适当调节，以保证动作的有效性。先用较轻的负重来练习，直到熟练掌握这一动作。

⑤为了防止下背部受伤，要一直保持后背绷紧。如果在上拉时脊柱完全弯曲，对下背部来说是非常危险的。

训练要素包括训练顺序和运动量。训练顺序：在背部训练早期做史密斯机俯身划船动作，做完这一动作后做重锤下拉或坐姿绳索划船动作。运动量：3~4 组，每组 6~10 次。

10.2.4.4 哑铃直立划船

哑铃直立划船和杠铃直立划船很像，因为训练器材不同，很多细节也有区别。相比杠铃，哑铃的稳定性要更差一些，但自由度更好。

主要作用：主要锻炼三角肌中束、三角肌前束。

起始姿势：竖直站立，掌心向后持哑铃于体前。双脚分开至大约肩宽的距离，双膝微微弯曲。

动作过程：保持头部正直，目视前方和胸部上挺，将哑铃朝各自的肩部向上提拉，保持哑铃始终接近身体，双肘处于较高的位置，向上持续提拉直到哑铃到达或稍高于肩部为止。在动作的顶点努力挤压三角肌，然后慢慢下降哑铃到初始位置。

注意要点：

①在整个动作过程中，始终保持双手在一个较宽的距离上，这将会更多地刺激三角肌中束并限制前三角肌和斜方肌的参与。

②注意将手肘保持在一个竖直的平面上。不要让双肘指向后方，稳定肩关节。

③肘部高于前臂，将哑铃尽可能地靠近身体，上挺胸部收紧，腹部能够帮助保持躯干的稳定，不要向前或向后摆动身体。

④不要试图过快地增加重量，正确的动作形式是单独训练目标肌肉的关键要素，并能避免受伤。

动作变化：单手哑铃直立划船。它侧重于训练单侧肩部中束。调整哑铃凳为上斜位，单手扶着哑铃凳上斜位脚，另一只手握着哑铃，掌心向内。身体略微前倾，然后向外侧上提哑铃。

替代动作：可以采用杠铃、壶铃、低位滑轮来代替哑铃。

10.2.5 绕环和旋转类

肩袖又称旋转肌袖，腱袖肌是位于皮下深处的重要肌群，可以使肩关节内旋和外旋，还有助于使肱骨头牢固地处于肩关节窝中，只要是用到上半身推和拉的动作，都会使用旋转肌袖。腱袖肌力量薄弱或不均衡会影响训练效果或引起损伤。这常常会导致肩关节旋外肌力量薄弱(冈上肌、冈下肌、小圆肌)，旋内肌紧张(肩胛下肌)，这时腱袖肌的稳定性会变差。例如肩关节脱臼后，腱袖肌会变得非常薄弱，需要在理疗师的监护下恢复其力量。腱袖肌还可以引导肱骨在运动时维持在肩关节窝中。薄弱的腱袖肌会导致受伤，造成肩部结构的凹陷和萎缩。因此，在健身计划中加入腱袖肌练习对于肩部的整体健康非常有益。肩关节绕环动作可以使肩关节周围的肌群得到锻炼，内旋、外旋动作可以使肩关节深层的腱袖肌得到较好的锻炼。当腱袖肌得到充分的锻炼后，肩关节损伤的概率将大大降低。

10.2.5.1 站姿哑铃单臂旋外

主要作用：孤立锻炼腱袖肌(转肩肌群)，如图 10.24 所示。

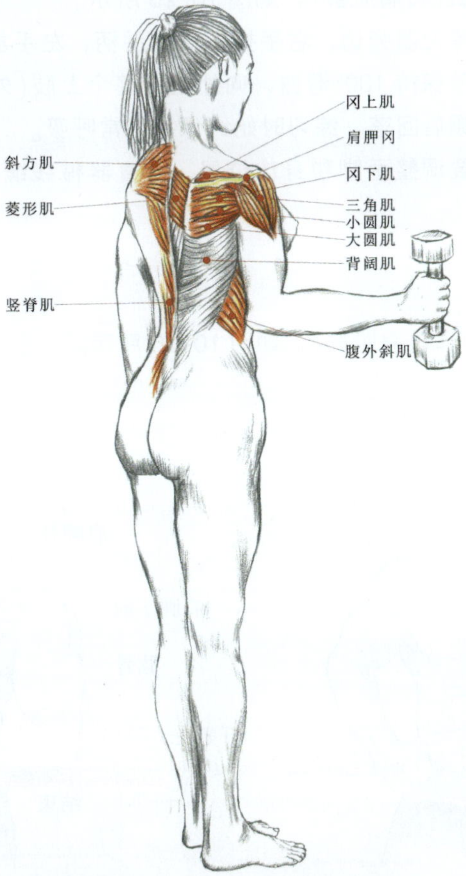

图 10.24 站姿哑铃单臂旋外

动作方法：两脚前后站立，与肩同宽，抬头挺胸，前锯肌收缩，拉肩胛骨向前，膝部放松。手持哑铃(单臂)，屈肘成 100°，肘部位于身体两侧(要避免紧贴身体)。保持肘部弯曲，向外旋转肩关节。然后还原，进行重复训练，每次训练一侧，8~12 次后交换。

动作分析：哑铃单臂旋外动作是单关节、开放式运动，其动作分析如表 10.13 所示。

表 10.13　**站姿哑铃单臂旋外动作分析**

动作分析	关节和部位					
	肘关节	前臂	肩关节	肩胛骨	躯干	下肢
运动关节			向上：旋外 向下：旋内	固定	固定	固定
运动肌群			冈上肌、冈下肌、小圆肌、三角肌后部			
固定肌群	肱二头肌、肱肌、肱桡肌	屈腕肌	肌腱袖	前锯肌、菱形肌、斜方肌下部	腹肌、竖脊肌	所有下肢肌群

10.2.5.2　滑轮单臂旋外

主要作用：孤立锻炼腱袖肌(转肩肌群)，如图 10.25 所示。

动作方法：站或跪于滑轮练习器旁边，右手抓住滑轮手柄，左手放于器械架上保持平衡，右臂肘关节屈曲，上臂与髋关节保持 100°弯曲，向外扭转整个上肢(外旋)，从而使前臂水平移动。外转至最大位置稍稍停顿后回落。练习时始终保持正常呼吸。

注意要点：练习开始时需要调整两脚和身体位置，拉直器械线缆，确保整个运动过程中阻力都能起作用。

10.2.5.3　滑轮单臂旋内

主要作用：孤立练习腱袖肌(转肩肌群)，如图 10.26 所示。

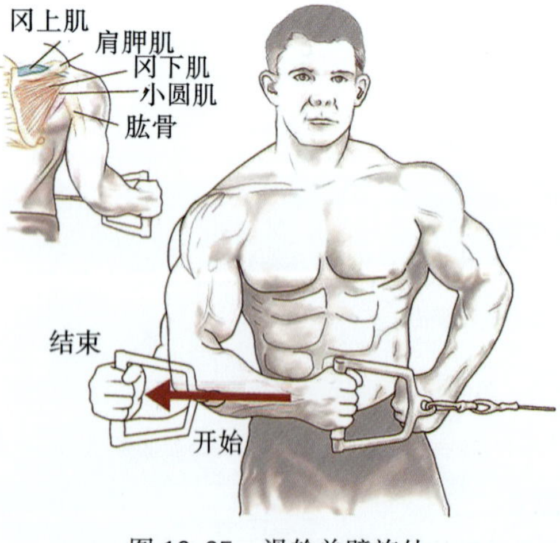

图 10.25　滑轮单臂旋外

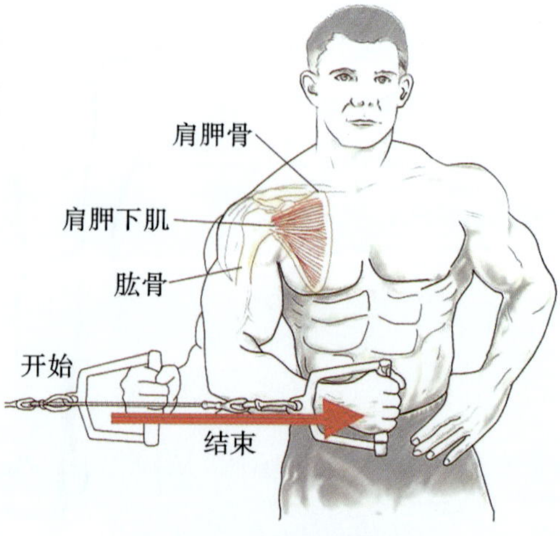

图 10.26　滑轮单臂旋内

动作方法：站或跪于滑轮练习器旁边，左手抓住滑轮手柄，右手放于器械架上保持平衡，左臂肘关节屈曲，上臂于髋关节上方贴紧身体。练习过程中始终保持肘关节100°弯曲，向内扭转整个上肢(内旋)，从而使前臂水平移动。内收至最大位置停一下，然后回落重物。练习时始终保持正常呼吸。

注意要点：练习开始时需要调整两脚和身体位置，拉直器械线缆，确保整个运动过程中重物阻力都能起作用。

10.2.5.4 侧卧哑铃单臂旋外

主要作用：孤立锻炼腱袖肌(转肩肌群)。

动作方法：左侧位于体操垫上，右手与体侧持一轻哑铃。右臂肘关节屈曲，上臂于髋关节上方贴紧身体。练习过程中始终保持肘关节100°弯曲，向外扭转整个上肢(外旋)，从而使前臂垂直移动。外展至最大位置停1~3秒，然后使哑铃回落。练习时始终保持正常呼吸。

注意要点：刚开始时向上运动的幅度可能会很小。然后这个练习的部分作用是提高肩关节的运动幅度，随着练习时间延长，向上运动幅度应逐渐增加。

10.3 肩部肌群训练方法

10.3.1 肩部训练法则

肩部肌群训练的主要目标是增加肩部的宽度。不但男子应该具备宽阔的肩膀，女子也应该具有肌肉丰满的双肩。

肩部宽度主要取决于锁骨长度，通过训练锁骨末端的三角肌，可明显地增宽肩部，但肩宽还是会受到骨骼宽度的制约。肩部肌群训练主要是以三角肌、大圆肌训练为主。三角肌有三束，分为前部、中部、后部，合起来围绕着肩形成一个圆球，每一束肌肉都必须有专门的训练方法，并且单独地练习，这样才能使整个三角肌全面发展。

肩部训练的关键是增加宽度，对于脖子较短的运动员，宽阔健壮的双肩反而会使体型看上去不协调，对颈短的人来说，过分锻炼双肩无益于改进体型外貌。

肩部训练应遵从以下法则：

①对肩部肌群解剖结构全面了解，尤其是三角肌、肩关节。

②肩部训练应从三角肌开始。

③哑铃推举和侧平举是肩部三角肌训练的主要内容。推的动作刺激三角肌的全部，使其变大，形成宽厚的肩膀；而侧平举则发展侧束，能增加肩的宽度，增强视觉效果。宽肩细腰，上体就能形成漂亮的“V”形。

④不要无视三角肌与斜方肌后束。匀称在健美训练中至关重要，在三角肌的训练中，要求三角肌与斜方肌后束、三角肌前束及中束相配，在肩部的训练计划中可将俯身飞鸟与直立划船列入进来。

⑤避免肩关节受伤。训练中，要求控制重量，严格规范做动作，注意力高度集中，正式

动作前做 1~2 组、20~25 次/组热身练习。

⑥恢复调整十分重要，一般每周安排一次严格的三角肌训练即可，使三角肌有充分的恢复时间。

⑦初级阶段肩部训练可选择 2~3 个动作，每组次数 8~12 次；高级阶段可选择 4~5 个动作，每组次数 6~15 次。

10.3.2 肩部训练方法

10.3.2.1 各阶段肩部训练肌群方法

不同训练阶段的肩部训练方法不同，各阶段肩部训练方法可用表 10.14 所示。

表 10.14 **各阶段肩部训练方法**

阶 段	动作总数	总组数	次数/组	频率(课次/周)
初级阶段	2~3	6~10	6~10	3
中级阶段	3~5	12~3	6~12	2~3
高级阶段	5~7	12~3	8~3	2
临赛阶段	5~7	20~30	3~20	2

世界上优秀运动员各阶段的肩部肌群训练方法实例，如表 10.15 所示。

表 10.15 **世界上优秀运动员各阶段的肩部肌群训练方法实例**

训练阶段	训练计划范例					
	[美]却利斯·格拉期		[美]密基·克列斯汀		[美]杰夫·金	
	训练动作	组数×次数	训练动作	组数×次数	平时非赛季	组数×次数
初级阶段	站立推举 直立上拉	3~4×6~10 3~4×6~10	直立上拉 站立推举 俯立侧平举	3×8~10 3×8~10 3×8~10		
中级阶段	坐姿颈后推举 侧平举 俯立侧平举 直立上拉	4×5~10 3×8~10 3×8~10 2~3×8~10	拉力器直立上拉坐姿 颈后推举 侧平举 俯坐侧平举	3×8~10 3×6~8 3×8~10 3×8~10		
高级阶段	坐姿哑铃推举 直立上拉 侧平举 俯立侧平举 耸肩	4×5~10 4×5~10 4×8~10 4×8~10 4×8~10	直立上拉 坐姿哑铃推举 前平举 侧平举 俯立侧平举	4×8~12 4×8~12 4×8~12 4×8~12 4×8~12	颈后推举 直立划船 哑铃侧平举 挂铃耸肩	3×8 3×8 3×8 2~3×10~12

续表

训练阶段	训练计划范例					
	[美]却利斯·格拉期		[美]密基·克列斯汀		[美]杰夫·金	
	训练动作	组数×次数	训练动作	组数×次数	平时非赛季	组数×次数
临赛阶段	坐姿颈后推举 侧平举 耸肩 直立上拉 俯立侧平举 坐姿转腕推举 哑铃交替前平举	3~4×3~20 4×3~20 4×3~20 4×3~20 4×3~20 4×3~20 4×3~20	直立上拉 侧平举 坐姿颈后推举 坐姿胸上推举 俯立侧平举	4~5×10~12 4~5×10~12 4~5×10~12 4~5×10~12 4~510~12	颈后推举 直立划船 哑铃侧平举 挂铃耸肩	3×8 4×8 4×8 4×10~12

10.3.2.2 优秀运动员、教练员介绍肩部肌群训练

世界上优秀的职业运动员、教练员对于肩部训练，提出了自己的方案或者有自己的选择，各具特色。下面介绍国外优秀职业运动员，教练员对于肩部训练方案。

①Amit Sapir(IFBB 职业运动员，力量举世界纪录保持者)：推荐多种元素混合训练法。

肩部训练需要多种元素混合：三角肌相比于那些依靠基本动作就能生长的肌肉，需要更多的训练元素。因为三角肌的不同区域对不同类型的刺激有不同的反应。

构建肩膀有两个关键：一是多样性(从不同的角度)；二是持续紧张时间。

举起的重量在三角肌训练中是最次要的，用完美的技术进行严格的控制，在这基础上附带可观的重量。

三角肌后束对高次数和长时间持续紧张的训练的反应最好。要想获得厚重的前束和中束，必须做一些繁重的颈前或颈后推举。

使用吃力的多次数，配合三合组或巨型组，从不同的角度、节奏来训练三角肌：从大重量杠铃推举开始，假如每组做 10 次，每次杠铃下放时在耳朵下面停 2~3 秒，用这个节奏完成 5 次，然后再用正常平稳的速度做另外 5 次。

然后做两种侧平举变式，一个倾斜、一个直立、从两个不同的角度打击三角肌中束。最后，做一个多次数的三角肌后束动作，集中注意力去挤压肌肉。每一组的前半段次数保持 2~3 秒的顶峰收缩，后半段用正常的节奏做完。

②Christian Thibaudeau(力量教练，运动表现专家)：推荐"生长因子训练组"训练法。

三角肌比想象的复杂，它有超过三个神经支配点，更不用提肩关节是人体中最灵活的关节，所以，无论是出于增长肌肉，还是出于维持肩关节健康的目的，使用不同角度来训练它是很重要的。

主要精力应放在孤立动作上，并采用很多角度：喜欢采用"生长因子训练组"，连续训练 2~4 个肩部动作，无间歇。这样做的目的是让三角肌在紧张状态下至少保持 1~2 分钟的时间。

毫无疑问的是，使用大重量、少次数卧推和推举会增加三角肌的体积。但它主要集中开发了三角肌前束，你的前束越强壮，想要刺激三角肌中束就越困难，因为前束总是想要代偿用力。

颈后推举实际上击中了三角肌的三个束，但除非你的肩颈柔韧性异于常人，否则这个动作负重上升潜力是有限的。

高强度的颈前推举，使用 80%~85%的负重，每组做 3 次。足够大的重量会激活神经系统，然后用“生长因子训练组”来完成余下的大部分工作。

③Joel Seedman，Ph. D(博士，力量教练，运动表现专家)：推荐“强调离心收缩的借力推举”训练法。

想要构建巨大的肩膀，关键是战略性的超负荷、离心肌肉损伤，以及持续紧张的时间。

Joel Seedman 强调离心收缩的借力推举，配合大重量，慢速离心。这是最有效的肩部肌肉量增强方案，包括三角肌、斜方肌和上背部的训练。

运用下肢和上肢同时发力，将杠铃举过头顶。在顶部停留几秒钟，然后慢慢地用 4~5 秒使杠铃下降。重复做 3~6 次。

由于借力推举的负重会比常规严格推举高出 15%~25%，意味着虽然动作的向心过程有借力，但离心过程是肩部全受力的，这强化了肌肉损伤，是常规推举达不到的效果。

除了刺激肌肉肥大的效果外，借力推举对力量和神经效率也有神奇的效果。根据“举重教父”格伦·潘德雷的实践，借力推举可以使每个上肢动作的力量都得到显著提高，比如在连续多周的借力推举训练之后，卧推和常规推举的力量都会提高(哪怕这期间你从未训练卧推和推举)。

由于持续紧张时间的延长(每个次数应至少持续 8 秒)，一组结束后该持续大约 30 秒。长时间紧张加大重量也是增肌的利器。

④Eric Bach(力量教练，运动表现专家)：推荐“等长收缩侧平举”训练法。

如果想要改善虚弱的三角肌中束，并增长肩部力量，那么用等长收缩侧平举来结束训练再好不过。手持哑铃摆成“十”字状，做出静态收缩，给三角肌中束造成超负荷效果。

由于三角肌中束是出了名的难以募集，这种方法将帮助募集迟钝的肌纤维，带来大量的代谢压力，刺激生长。

开头的静力收缩持续 10~20 秒，然后立即做 10~15 次连贯动作。重复 3~5 组，间歇 30~60 秒。

⑤Paul Carter(力量，健美教练)：推荐“25-15-10”训练法。

使用一对轻的哑铃做 25 次侧平举(未力竭)，然后立即抓住一个更重的哑铃做 15 次(至接近力竭)，然后再拿一对更重的哑铃，做 10 次(至彻底力竭)。

然后休息几分钟，重新开始，将刚才的负重倒过来：先做 10 次，然后 15 次，最后 25 次。每周这么做两组，会令人的三角肌中束带来突变。

⑥Michael Warren(力量教练，运动表现专家)：推荐“三合组”训练法。

三角肌是由 50%的快肌纤维和 50%的慢肌纤维组成的(Madidis et al.，2007)，因此，针对这两种类型的纤维，使用各种次数范围，并同时包含大重量、中重量和轻重量。

“三合组”配合大中小重量：三角肌对多个动作结合的训练(即“三合组”)反应最好，配合很短的间隔，以及不同的负重和不同的阻力性质(自由重量、器械、绳索)。

动作 1：哑铃侧平举，6~8 次，休息 10 秒。动作 2：器械侧平举，10~12 次，休息 10 秒。动作 3：绳索侧平举，15~20 次，休息 120 秒。然后重复动作。

如何让这“三合组”更具挑战性？不应该持续增加重量，这通常会导致动作变形。可以改变一些细节，比如将哑铃侧平举由站姿改为坐姿，这就显著增加了难度。或者在器械侧平举中加入更长的顶峰收缩时间、更缓慢的离心收缩时间等。

10.3.2.3 优秀运动员肩部肌群训练方案

“奥林匹亚先生”菲尔·希斯不是天生就有宽大的肩膀，他的肩是通过无数个小时和数不清次数的训练练出来的。首先完成 3 个孤立的变式动作，然后安排 3 个超级组。每个动作之间有足够的休息时间。前三个训练动作是一个孤立的肩部训练，可以添加到胸部或背部训练的开始或结束。如果在肩部训练日使用，前三个动作完成 5~7 组，组间休息 90 秒。

埃迪·罗宾逊的肩部非常完美，他的健身计划是星期一练腿部，星期二练肩部，星期四练背部，星期五练胸部，星期六练臂部。星期三和星期日为休息日。埃迪·罗宾逊的三角肌训练通常是从坐姿哑铃推举开始，再转向侧平举练习。练习的顺序是坐姿哑铃推举、站立哑铃侧平举、俯立哑铃侧平举、哑铃耸肩。有时也会做一些单臂练习，保证每个动作都做到位。

埃迪·罗宾逊通常喜欢先做最难的动作，只有这样才能使整个肩部肌肉斜方肌、三角肌前束、中束和后束都得到锻炼。尽量用自己能够承受的最大重量进行训练，训练后一周内三角肌都会感到有些酸痛。用最大重量进行训练时，应先从热身开始，然后再做规定动作。每个动作重复 9~10 次，做 4 组。

赛前集训时，埃迪·罗宾逊会先做站立哑铃侧平举，接着做站立单臂哑侧平举。每个动作重复 5~16 次，依然做 4 组。动作完成后，整个肩部肌群会有一种烧灼感，表示已出色完成了训练任务。三角肌后束是肩部肌群中最不容易练的，体积并不很大，埃迪·罗宾逊做俯立哑铃侧平举时，总是十分注意使动作准确到位，选择的重量也比较适中。

在做完肩部训练后，埃迪会安排 4 组斜方肌训练，一般是用重量较轻的哑铃做一些辅助热身练习，接下来用稍重的哑铃做耸肩练习，重复 9~10 次，共做 4 组，耸肩动作做到极限，还原时动作要尽量缓慢。

菲尔·希斯、埃迪·罗宾逊及我国国内优秀运动员肩部肌群训练方案如表 10.16 所示。

表 10.16　　优秀运动员肩部肌群训练

运动员	训练动作	组数×次数	备注	频率
菲尔·希斯	坐姿绳索前平举	共 5~7 组，每组 8 次以上	组间休息 90 秒	肩部训练日，每周训练 1 次
	过头哑铃侧平举	共 5~7 组，每组 10 以上	向上倾斜 45~60°	
	上斜俯卧哑铃推举	共5~7组，每组5~6次以上	超级组 1：合共 4 组	
	哑铃侧平举+直立划船	动作各每组 8~12 次	超级组 2：合共 4 组	
	坐姿哑铃推举+哑铃前平举	动作各每组 8~12 次	超级组 3：合共 4 组	
	绳索面拉+杠铃耸肩	动作各每组 8~12 次		

续表

运动员	训练动作	组数×次数	备注	频率
菲尔·希斯	器械推肩	5 个动作，共 4 组，每组 8~12 次	正式组前用来高效热身	5 个动作，每个动作 4 组，每组动作 8~12 次，一周练习 2 次。选择适合自己的重量，肩部并不需要用特别大的重量去刺激
	站姿杠铃前平举		训练三角肌全部三个头	
	俯卧器械飞鸟(俯身哑铃飞鸟)		训练三角肌后束	
	哑铃侧平举		训练三角肌中束	
	蝴蝶机反向划船(双侧单侧)		训练三角肌后束	
埃迪·罗宾逊	坐姿哑铃推举	4 个动作，共 4 组，每组 9~10 次	使整个肩部肌肉斜方肌、三角肌前束、中束和后束都得到锻炼	每周 1 次训练
	站立哑铃侧平举			
	俯立哑铃侧平举			
	哑铃耸肩			
我国优秀运动员	坐姿杠铃推举(颈前+颈后)	3~4×12~15	组间颈前、颈后各一次	重量逐渐递增，每个动作做 3~4 组，组间休息 60~90 秒，动作间休息 90~120 秒。每周训练 1 次
	站姿 V 绳做前平举	3~4×12~15		
	站姿绳索+曲杆/直杆提拉	3~4×12~15		
	站姿哑铃侧平举	3~4×15~25	多次数、轻重量，逐渐递增	
	俯卧健身椅哑铃反飞鸟	3~4×15~25		
	站姿绳索单侧侧平举	3~4×15~25		

第 11 章

背部肌群训练

11.1 背部肌群解剖结构

背肌位于躯干后面的肌群。肌群的数目众多，分层排列，可分为浅、深两群。浅群主要为阔肌，如斜方肌、背阔肌、肩胛提肌和菱形肌。深群位于棘突两侧的脊柱沟内，可分为数层。浅层有夹肌，主要是长的竖脊肌；深层为节段性比较明显的短肌，能活动相邻的椎骨，也能加强椎骨间的联结。其解剖结构如表 11.1 所示。

表 11.1 背部肌群解剖结构

<table>
<tr><th colspan="3">肌肉</th><th>位置</th><th>形状</th><th>起点</th><th>止点</th><th>功能</th></tr>
<tr><td rowspan="4">背浅层肌</td><td colspan="2">斜方肌</td><td>项部（顶部）和背上部</td><td>一侧呈三角形，两侧合成斜方形</td><td>枕外隆、项韧带、全部胸椎棘突</td><td>分上中下三部分，分别止于锁骨外侧 1/3 处、肩胛冈和肩峰</td><td>使肩胛骨向脊柱靠拢，提肩、降肩</td></tr>
<tr><td colspan="2">背阔肌</td><td>腰背部皮下和胸侧部</td><td>三角形扁肌</td><td>下六个胸椎及全部腰椎棘实、髂嵴后部</td><td>肱骨为结节脊</td><td>使肱骨内收、外旋和后伸</td></tr>
<tr><td colspan="2">肩胛提肌</td><td>斜方肌深层</td><td>带状长方形肌</td><td>第 1~4 颈椎</td><td>肩胛骨上角</td><td>上提肩胛骨</td></tr>
<tr><td colspan="2">菱形肌</td><td>位于斜方肌深层</td><td>呈菱形</td><td>第 6～7 颈椎和第 1~4 胸椎棘突</td><td>肩胛骨内侧缘</td><td>牵肩胛骨向上</td></tr>
<tr><td rowspan="5">背深层肌</td><td rowspan="2">夹肌</td><td>头夹肌</td><td>位于斜方肌</td><td rowspan="2">菱形肌</td><td rowspan="2">项韧带及胸椎棘突</td><td rowspan="2">乳头和 3 个颈椎横突</td><td rowspan="2">使头颈向同侧回旋，后仰</td></tr>
<tr><td>颈夹肌</td><td>上锯肌深层</td></tr>
<tr><td rowspan="3">骶棘肌</td><td>髂肋肌</td><td rowspan="3">背肌中最长、最大的肌</td><td rowspan="3">长索状</td><td rowspan="3">骶骨背面及髂嵴后部</td><td>肋骨</td><td rowspan="3">伸直脊柱及仰头</td></tr>
<tr><td>最长肌</td><td>横突和乳突</td></tr>
<tr><td>棘 肌</td><td>棘关</td></tr>
</table>

斜方肌（Trapezius）：位于项部和背上部的浅层，为三角形的阔肌，左右两侧合在一起呈

斜方形，起自上项线、枕外隆凸、项韧带、第 7 颈椎和全部胸椎的棘突，上部的肌束斜向外下方，中部的肌束平行向外，下部的肌束斜向外上方，止于锁骨的外侧 1/3 部分、肩峰和肩胛冈。作用：使肩胛骨向脊柱靠拢，上部肌束可上提肩胛骨，下部肌束使肩胛骨下降。如果肩胛骨固定，一侧肌收缩使颈向同侧屈，脸转向对侧，两侧同时收缩可使头后仰。

背阔肌(Latissimus Dorsi)：全身最大的扁肌，位于腰背的下半部及胸的后外侧，以腱膜起自下 6 个胸椎的棘突、全部腰椎的棘突、骶正中嵴及髂嵴后部等处，肌束向外上方集中，以扁腱止于肱骨结节间沟底。作用：使肱骨内收、内旋和后伸。当上肢上举被固定时，可引体向上。

肩胛提肌(Levator Scapulae)：位于颈项两侧，肌肉向上部位于胸锁乳突肌深侧，下部位于斜方肌的深面，为一对带状长肌，起自 1~4 块颈椎的横突，肌纤维斜向后外下行，止于肩胛骨上方和肩胛骨脊柱缘的上部。有上提肩胛骨并使肩胛骨下回旋的作用。它是颈椎上负担很重的一块肌肉。作用：近固定时，使肩胛骨上提和下回旋；远固定时，一侧收缩，使头向同侧屈和轻度回旋；两侧收缩，使颈伸。

菱形肌(Rhomboid)：呈菱形状，斜方肌中部深面。作用：牵拉肩胛骨移向内上方。起点：第 6、7 颈椎和第 1~4 胸椎棘突。止点：肩胛骨内侧缘。功能：近固定时，使肩胛骨上提、后缩和下回旋；远固定时，两侧收缩，使脊柱胸段伸。随着手臂举起和落下，菱形肌在接近脊柱的地方会变得膨胀，相反，远离脊柱时，则会形成浅凹沟。

骶棘肌(竖脊肌)(Erector Spinae)：背肌中最长、最大的肌，纵列于躯干的背面，脊柱两侧的沟内，位于上述 4 块肌的深部。起自骶骨背面和髂嵴的后部，向上分出三群肌束，沿途止于椎骨和肋骨，并到达颞骨乳突。作用：使脊柱后伸和仰头。竖脊肌深部为短肌，有明显的节段性，连于相邻两个椎骨或数个椎骨之间，加强椎骨之间的联结和脊柱运动的灵活性，图 11.1 所示为背部肌群，图 11.2 所示为背部肌群解剖结构。

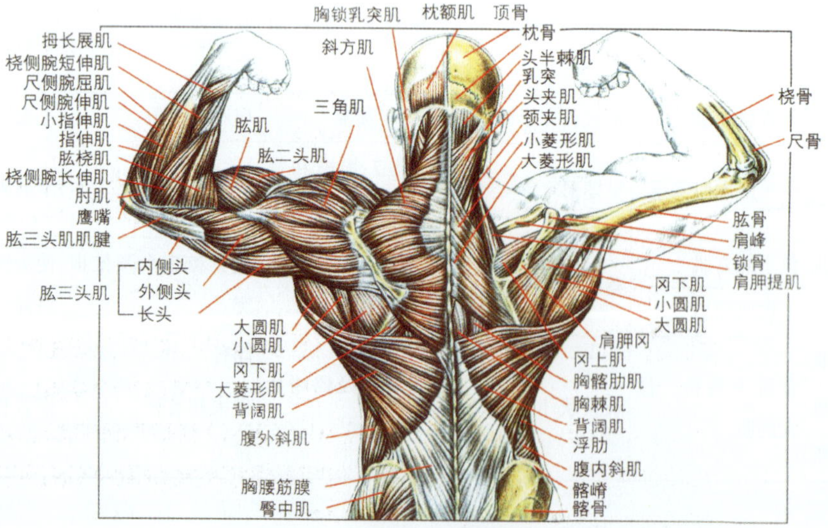

图 11.1　背部肌群

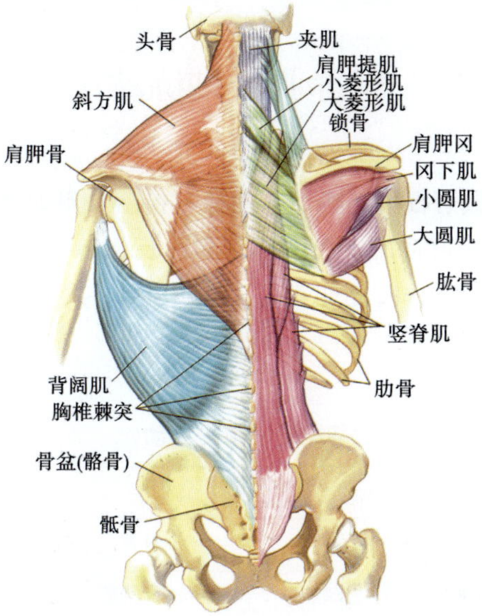

图 11.2 背部肌群解剖结构

肩胛骨(Scapula)为三角形扁骨，贴于胸廓后外面，介入第 2~7 肋骨之间。可分为二面、三缘和三个角。腹侧面或肋面与胸廓相对，为一大浅窝，称肩胛下窝，背侧面的横嵴称肩胛冈。冈上、下方的浅窝，分别称冈上窝和冈下窝。肩胛冈向外侧延伸的扁平突起，称肩峰与锁骨外侧端相接。上肢下垂时经肩胛骨下角所作的垂线为胸部标志线。肩胛骨的运动包括上提、下拉、内旋、外旋、前伸、后伸。如表 11.2 所示。

表 11.2 **肩胛骨运动过程中的肌肉功能**

运动功能	主要肌肉
上提	斜方肌上部纤维可上提肩胛骨外角；肩胛提肌及大小菱形肌可上提肩胛骨脊柱缘
下拉	胸小肌、锁骨下肌、背阔肌、斜方肌下部纤维、前锯肌、胸大肌都参与该动作。只有前锯肌有使肩胛骨下角外旋的作用，其余均有使肩胛骨内旋的作用
外旋	指肩胛骨下角外旋，由斜方肌及前锯肌协同完成
内旋	指肩胛骨下角内旋，主要由菱形肌、肩胛提肌提升肩胛骨内侧缘，而胸大肌、胸小肌、背阔肌及上肢的重力作用使肩胛骨外角下降共同完成。肩胛骨内旋多伴有肩胛骨下降动作以协助上肢向下伸的动作
前伸	指肩胛骨沿胸壁向前外侧移动，由前锯肌、胸大肌、胸小肌共同完成
后伸	指肩胛骨沿胸壁向后内侧移动，向脊柱靠拢。斜方肌中部纤维或全部纤维同时收缩可使肩胛骨后伸，大小菱形肌、背阔肌也有使肩胛骨后伸的作用

11.2 背部肌群训练动作方法

背部肌群训练使用的器械有杠铃、哑铃、曲柄杠铃、专用训练器械等；体位姿势有站姿、坐姿、俯姿、卧姿等；根据练习目的，握法有正握、反握等，握距有宽握距、中握距、窄握距等。上背部肌群训练的基本动作有划船类、引体向上类等；下背部肌群的基本动作有躬身类、硬拉类等，如表 11.3 所示。

表 11.3 背部肌群训练主要动作

动作名称			动作变化	主要锻炼部位(肌群)
划船类	站姿划船(杠铃、哑铃)		单手、双手	斜方肌上部、三角肌中后部
	坐姿划船(杠铃、哑铃、训练机)			背阔肌、大圆肌、三角肌后部、肱二头肌等
	俯身划船(杠铃、哑铃)		单手、双手	背阔肌、大圆肌、小圆肌
	俯卧划船(T 形杠铃)			背阔肌、大圆肌、三角肌后部、菱形肌和斜方肌
引体向上类	单杠引体向上(体前)	正握	宽握距	背阔肌
			窄握距	主要锻炼背阔肌上部、包括菱形肌、冈下肌、大圆肌、小圆肌，使背宽阔
		反握	宽握距	肱二头肌
			中握距	主要锻炼背阔肌中上部，使背部宽厚
	单杠引体向上(颈后)		中握距	背阔肌
			宽握距	背阔肌中下部
下拉类	坐姿颈后下拉			背阔肌中部、对斜方肌中下部
	坐姿重锤拉引		颈后正下拉	背阔肌
			颈后斜下拉	小圆肌、背阔肌
			平拉	背阔肌、大圆肌
	站姿直臂下拉			背阔肌、大圆肌和肱三头肌长头
	坐姿单臂下拉			单侧背阔肌，同时对单侧前臂屈肌、肱二头肌等
耸肩类	站姿杠铃耸肩		曲柄杠铃耸肩	斜方肌
	体后握杠铃耸肩			斜方肌
	站姿哑铃耸肩		单臂哑铃耸肩	斜方肌的中上部、肩胛提肌和菱形肌
	体后握哑铃耸肩			斜方肌
侧举	体前屈两臂侧举		哑铃	背阔肌、斜方肌、菱形肌、大圆肌
	站姿颈后侧举		杠铃、哑铃	背阔肌、斜方肌和三角肌前群

续表

	动作名称	动作变化	主要锻炼部位(肌群)
躬身类	俯身杠铃躬身	直腿、屈腿	主要锻炼下背肌(骶棘肌等)
	俯卧挺身(山羊挺身)	俯身挺身	主要锻炼骶棘肌，对背部、肩部、腰部都有一定的刺激作用
	俯卧转体挺身		侧重强化侧面腰背肌群
硬拉类	直腿硬拉 屈腿硬拉 相扑硬拉 罗马尼亚硬拉 垫木硬拉	握距：宽握距、中握距、窄握距，并握； 握法：正握、反握、正反握 器械选择：杠铃、哑铃、壶铃、T形杠、六角杠、U曲杠	主要锻炼位于脊柱两侧伸躯干的竖脊肌 在伸躯干骨盆由前倾到后倾的过程中，臀大肌、大腿后群肌(股二头肌短头除外)强烈收缩；当躯干前屈时，大腿后群肌伸展 不同硬拉方式，对竖脊肌、腿部与臀部肌肉锻炼侧重不同

11.2.1 划船类

11.2.1.1 划船类动作详解

划船类系列动作中，俯身划船是最常用的动作。俯身划船也叫杠铃划船、屈体杠铃上拉。它是健美运动中难度较大和较复杂的动作之一，锻炼的部位极多，对整个背肌的锻炼效果更是其他动作无法比拟的。

(1)弓腰与直腰的比较

弯腰提重物时，因脊椎生理弯曲等原因，椎体承受的压力由上而下逐渐增加。上体用力系统形成的是一个费力杠杆，要靠腰背伸肌“吊起”重量。其中腰骶为支点，承受的负荷最大。背部伸肌(主要是骶棘肌)收缩，骶棘肌后面的腰背筋膜浅层处于紧张状态，稍加外力就容易引起该部肌肉筋膜损伤。因此，只要是弯腰提拉重物，就应直腰，或成反弓形，以避免腰背筋膜损伤。

(2)直腿与屈腿的比较

膝关节伸直，会影响躯干前屈的幅度，腘绳肌过伸，不利于弯腰提臀，难以完成直腰的姿势。加之腘绳肌伸展有限，前屈到一定角度时酸胀疼痛难忍，若再增加重量就可能拉伤肌肉。提杠铃时，直腿在腰部的支点会下移，使阻力臂增长，进一步加重腰部负担。准备动作的正确姿势应是屈腿直腰，膝关节弯曲约120°~150°，否则重量全落在腰骶部，会造成腰部疲劳甚至不必要的损伤。

(3)髋关节倾角

屈髋，即上体前倾，髋关节不同角度会产生不同的锻炼功效。上体与地面倾角范围一般在30°~70°，随着角度由小增大，杠铃的作用点也由下向上移，主要受力部位依次从背阔肌中下部向上，到背阔肌上部、菱形肌、大圆肌及小圆肌等部位。

(4) 杠铃运动轨迹

杠铃不同的运动轨迹有着不同的锻炼功效:

① 直线型: 杠铃直线向上提拉至胸下沿或上腹部。

② 斜线型; 杠铃不呈斜线，先向后拉，平行大腿拉至下腹脐处。

③ 弧线型: 杠铃呈弧线，经下腹至胸下或上腹部。

(5) 手臂与躯干的夹角

当杠铃提拉至最高点，从正背面观察，上臂和躯干会形成一个夹角; 肘关节夹紧贴住躯干，集中练背阔肌的中下部; 手臂张开，肘关节与躯干，集中练背阔肌的中下部; 手臂张开，肘关节与躯干夹角成 45°~70°，主练背阔肌中上部及大圆肌、小圆肌、菱形肌、三角肌等。

手与躯干的夹角往往和运动轨迹相结合，张肘，一般是直线型或弧线型; 夹肘，多为斜线型。练习时可根据需要选择合适的身体姿势和运动轨迹，杠铃轨迹的幅度取决于肘关节的运动。

动作要求有以下几点:

①注意力始终集中在背部，上臂屈肌处于较放松状态，做到“意守背部，以肘带臂，伸肩提肘，挺胸夹臂”。

②不借用蹬腿的力量提拉杠铃，膝关节弯曲的角度不变，避免身体有起伏。

③不借伸背的力量拉杠铃，避免躯干倾角增大。

④拉杠铃时不要屈髋上体前倾去贴近杠铃。

⑤不要屈腕抛前臂，上臂屈肌用力过大。

(6) 辅助动作

俯身划船的辅助动作如表 11. 4 所示。

表 11. 4　**俯身划船的辅助动作**

序	俯身划船的辅助动作	说　明
1	徒手俯身划船	学习标准规范动作
2	不同握距的划船练习	宽握距、中握距、窄握距，并握
3	平卧、上斜卧的划船练习	能极大减轻腰部负担，注意力更好地集中到背部
4	双手、单手哑铃划船练习	能集中练背阔肌，并有利于保护与帮助
5	臂部抵墙练习	保证动作稳定
6	不同器械划船	标准杠铃、T 形杠铃、曲柄杠铃、U 曲杠、哑铃、联合器械
7	仰卧双杠、低单杠上引体	重要补充练习，可在胸背部施以助力或阻力

(7) 动作分析

俯身杠枠划船是多关节、开放式训练，是最有价值、最全面的上半身训练项目之一，适合中级到高级训练，其动作分析如表 11. 5 所示。

表 11.5 俯身杠柃划船动作分析

动作分析	关节和部位				
	肘关节	肩关节	肩胛骨	躯干	下肢
运动关节	向上：屈 向下：伸	向上：伸、水平外展 向下：屈、水平内收	向上：内收(后缩) 向下：外展(前突)	固定	固定
运动肌群	肱二头肌(部分) 肱肌、肱桡肌	背阔肌、大圆肌、胸大肌、三角肌后部、冈下肌、小圆肌	菱形肌、斜方肌		
固定肌群	屈腕肌(前臂)	腱袖肌	前锯肌、菱形肌、斜方肌下部	腹肌、竖脊肌、腰方肌	腘绳肌、臀肌、内收肌群、股直肌

(8)俯身划船标准动作教学

提杠铃，做好准备动作，注意力集中在背部。吸气，同时收缩背阔肌、菱形肌等，肘关节带动前臂将杠铃匀速拉起。肱肌、肱二头肌稍用力。背肌继续用力，直至肘关节超过背，杠铃触及身体肘内收夹紧。抬头，促使背部伸肌紧张性加强，充分收缩至极限。静止 1~3 秒，慢慢下放还原，同时呼气。杠铃下放时，低头含胸，使背阔肌中上部、菱形肌、大圆肌、小圆肌等充分拉长，肩部放松，从侧面观察背部会有一些拱出。感到杠铃的牵拉几乎将背肌从椎骨、肩胛骨上撕剥下来，并伴有一种非常舒服的、隐隐的痛觉。握距越窄，这种感觉越明显，不过仍需直腰，腰部伸肌保持紧张。这一动作能使背深层肌及脊背中间被充分拉伸，受到强烈刺激。练习时需想象整个背部分为上下两部分，上半部分又从中一分为二，有条不紊、协调地完成放松下放和收缩上拉动作。动作节奏为上拉 2~3 秒，静止 2 秒，下放 2~3 秒。至极限后，借助蹬腿或伸背使上体抬起、下沉，自我帮助完成一次。

刚开始持杠铃练习时，宜采用 10~15RM/次，3~5 组，组间休息 30~120 秒。要体会动作，逐步达到腰背肌的收缩与放松能控制自如后，才可增加重量。初练者开始练俯身划船会有一些困难，主要是屈腿直腰的动作不易掌握，不妨先侧对镜面进行徒手练习。方法一：双脚同肩宽站立，屈腿弯腰后，腰部的背长肌、背短肌收缩，挺胸提臀抬头。方法二：双脚同肩宽站立，腰背肌收缩，挺胸提臀，躯干形成反弓形，保持姿势，慢慢屈膝屈髋弯腰，躯干前倾。

练习中还应注意将俯划船的各种轨迹相结合，经常变换，互相搭配。为避免背阔肌下部过于发达，要安排上背部练习，以利于增大肩背部宽度，造就倒三角形体型。若上背厚度不够，背阔肌下部又较突出，形体就不协调，缺乏美感。另外，腰部在俯划中承受的重量极大，如果本身力量有限，稳定性小，受伤机会增多，所以运动量和强度一定要适当，以防腰肌劳损和腰椎间盘突出。

(9)俯身划船常见错误

①上肢过于直立：上半身越直立，背阔肌参与的程度越少，上背和斜方肌参与得更多。做大重量冲击时，可以直立上身，制造惯性，重点控制下放离心过程。

②腿部过于直立：双腿过于直立，导致重心不稳定，无法发挥全部力量，且膝关节受伤

可能增大。在划船过程中，无论是抬起重量时，还是动作过程中，均要保持膝关节的微屈状态。

③肱二头肌主导发力：在做划船动作前，有效地后收肩胛骨。肩胛骨后收时，背阔肌主导发力，否则则是肱二头肌主导发力。

④下背部反弓：在重量的作用下反弓下背，会让下部脊椎处于一种非正常的生理排列，而在这种排列下去承受重量，会导致严重的下背部酸痛伤病等一系列问题。正确做法是让腰背保持平直，脊椎中立，不反弓也不过度屈伸，寻找出适合自己的背部位置及能够最大化地发挥力量的髋关节角度。

⑤选择过大的杠铃片：用手直接握住杠铃杆的情况下，如果选择较大的杠铃片，它会极大地缩短动作轨迹；而且背阔肌还未完全收缩，杠铃就已经抵到胸口位置，没法再继续做动作。正确的做法是空手握杆时，小重量杠铃片叠加使用，比大重量杠铃片有更大的动作轨迹，效果更好。

11.2.1.2　划船类动作

(1) 俯身杠枪划船

主要作用：俯身杠枪划船 (Barbell Bent-over Row) 是增加背阔肌厚度的最佳方法。主要锻炼背阔肌、大圆肌、小圆肌，兼练三角肌、冈上肌、骶棘肌、背长肌、背短肌、肱二头肌、肱三头肌及股四头肌、腘绳肌、臀肌等。在动作末尾内收肩胛骨可以锻炼菱形肌和斜方肌，如图 11.3 所示。

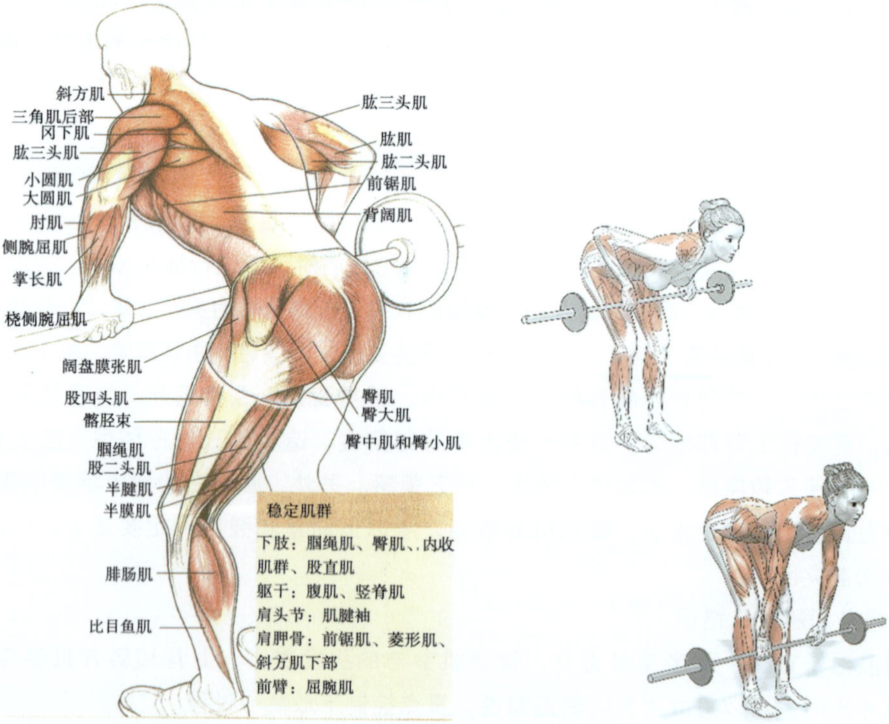

图 11.3　俯身划船(反握杠枪)

起始姿势：宽距站姿，两臂直垂正握杠，握距比肩稍宽，双臂完全伸直，使杠铃稍离地面。微微屈膝，上体前倾，头不要低垂。从髋部屈背，保持身体成45°不变；持铃在身前，稍稍低于膝盖。

动作过程：收紧肩胛骨，收缩背阔肌，收紧整个上身，将上臂上拉，把杠铃尽量拉高（杠铃提至上腹部）。静止1~3秒，让杠铃缓慢下降到两臂完全伸直下垂回复到起始位置；重复上述动作。

呼吸方法：上拉杠铃时吸气，放下时呼气。

注意要点：

①初次尝试这种方法时，可用稍轻的重量缓慢提拉，感受上背和后肩肌肉群的收缩。

②上拉时主要力量应来自背阔肌的收缩，在提拉时努力避免双腿和臀部参与发力；在整个动作过程中始终保持微微屈膝，上身角度也应当保持不变；同时腰部收紧，上体尽量不摇动，腿部用力，臀部后移，以保持平衡。提拉结束时肘部应当对着天花板，在动作的顶点收缩双肩并挤压，使斜方肌完全收缩，以此来打造肌肉的厚度。

③俯身杠柃划船容易伤到腰部和下背部，在整个提拉动作中一直要保持后背收紧，对杠铃保持良好的控制，务必不要猛提杠铃或骤然下铃。

④握法的影响：正握的握距宽，能够沿着身体将杠铃提得更高，可以增加上背阔肌、中斜方肌和菱形肌的厚度；反握的握距近到只能将杠铃提到肚脐的高度，能更好地冲击下背阔肌，肱二头肌（部分）也参与用力，相对分散了背部的力量。

动作变化：

①该动作是锻炼背阔肌的基本动作之一，可用杠铃、哑铃等来做。若用哑铃，可左右手交替练习。

②改变握距和握法可锻炼背阔肌不同位置，如表11.6所示。正握杠柃时两肘之间的距离要比反握杠柃时宽，在俯身杠柃划船运动时可将杠铃尽量沿身体提高。反握与正握相比，两手握杠位置不变，反握时两肘之间的距离要比正握杠柃时近，运动时可以沿着自然路径将杠铃提到肚脐高度。

表11.6　**俯身杠柃划船动作变化**

动作变化			主要作用	说明
杠柃俯身划船	握距	宽握距	主要锻炼上背部肌肉，斜方肌、菱形肌、三角肌的后束都可以通过宽握的方法进行锻炼，以此来增厚上背部的肌肉	将杠铃“划向”上腹部，上拉杠铃触及胸部
		窄握距	更多地锻炼到背阔肌，发展背阔肌上部肌肉	“划向”下腹部
	握法	正握杠柃	背阔肌上部、中斜方肌和菱形肌	掌心向下
		反握杠柃	背阔肌下部	掌心向上

续表

动作变化		主要作用	说明
T形杆俯身划船	握距(宽握距，中握距，窄握距)	主要锻炼中背部肌(增厚)以及背部外侧肌	倾斜角度大概是 45°。靠背部力量将杠铃提起，杠铃接触到胸部
	单手T形杆俯身划船		手臂和三角肌的参与度要高
哑铃俯身划船	单臂哑铃划船 双臂哑铃划船	背阔肌中部(即内侧)。能将两侧背阔肌独立分开来，补偿锻炼不对称于背部	将重量拉到更高，高度的增大能让肌肉更加完整地收缩

(2)俯身哑铃划船

主要作用：主要锻炼背阔肌中部(即内侧)，如图 11.4 所示。

起始姿势：双脚间距与肩同宽，膝盖微曲，脚尖朝向和膝盖方向一致。挺胸的同时屈髋，臀部向后顶出，上半身与地面保持一定的角度，收紧核心肌群。双手轻握哑铃，可选择正握(掌心向后)或对握(双手掌心相对)，大臂紧贴身体，握距与肩同宽或略宽于肩。

动作过程：肩胛收缩带动大臂提起，屈肘，将哑铃沿大腿向上提到小腹高度后停顿 2~3 秒，同时有意识地挤压背部。将哑铃缓慢放下至起始位置，同时感受背部拉伸。重复动作，每一组做 8~12 次，完成 3~5 组，组间休息 30~60 秒。

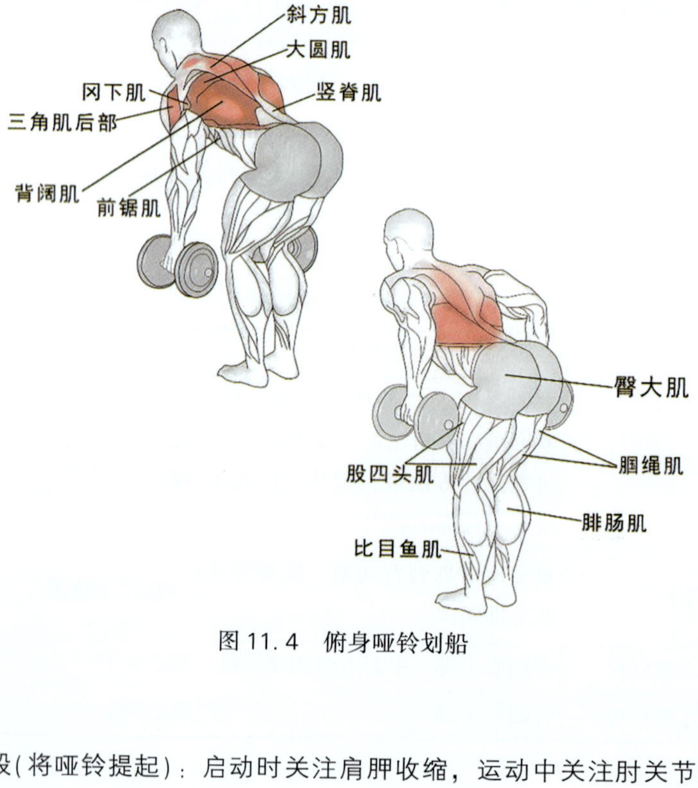

图 11.4　俯身哑铃划船

注意要点：

向心收缩阶段(将哑铃提起)：启动时关注肩胛收缩，运动中关注肘关节的位置和运动轨迹。在动作启动时，需要先正确启动肩胛骨，以此来确保背部肌群在动作行程中正常收缩。在随后的向心阶段，要注意“提肘”，不是用手拉起哑铃，这两种模式决定了更多的是背部发力还是手臂发力。以肘带动运动轨迹，可以改变肩伸的幅度，从而影响背阔肌发力感受。在动作的最高点，大臂贴近身体、肘部向上顶出，同时有意识地挤压背部，让背部的发力感更好。

离心收缩阶段(将哑铃放下)：选择合适的重量并做好离心控制，不但有助于背部发力，也能够避免腰部借力。将哑铃提起时，需要对抗它向下的重力，所以这个过程比较吃力。但是下放阶段因为运动轨迹和哑铃的重力方向都是向下的，如果不去控制下放的哑铃，很容易导致身体被哑铃的惯性所影响。尤其是当哑铃重量较大的时候，手臂感受到的下坠力增加，为保持身体稳定，腰部会主动发力来控制平衡。

(3)俯身单手哑铃划船

主要作用：主要锻炼背阔肌、大圆肌、三角肌后部、菱形肌和斜方肌。对臂部屈肌、肱二头肌、肱肌、肱桡肌也有锻炼作用，如图11.5所示。

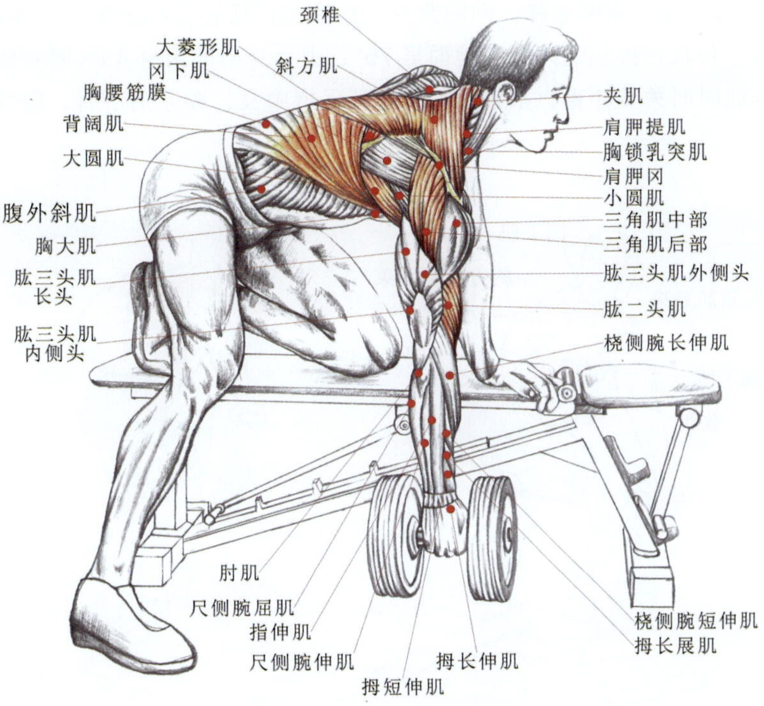

图11.5 俯身单手哑铃划船

动作过程：掌心向内，单手持哑铃，另一手掌和膝支撑于长凳上，身体保持稳定(保持身体稳定和做动作一样重要)。吸气，尽量提拉哑铃至最高处，肘部朝后。提拉手臂，与身体保持一定距离。动作完成时呼气。

动作分析：俯身单手哑铃划船是多关节、开放式训练，适合中级到高级训练，其动作分析如表11.7所示。

表 11.7 俯身单手哑铃划船动作分析

动作分析	关节和部位				
	肘关节	肩关节	肩胛骨	躯干	下肢
运动关节	向上：屈 向下：伸	向上：伸、水平外展 向下：屈、水平内收	向上：内收(后缩) 向下：外展(前突)	固定	固定
运动肌群	肱二头肌 肱肌、肱桡肌	背阔肌、大圆肌、三角肌后部	菱形肌、斜方肌		
固定肌群	肱三头肌 对侧臂部	腱袖肌	前锯肌、菱形肌、斜方肌下部	腹肌 竖脊肌	腘绳肌、臀肌、内收肌群

(4)T 形杆俯身划船

主要作用：主要锻炼中背部(厚度)以及背部的外侧，如图 11.6 所示。

起始姿势：将重量装好，将杠铃固定。站在杠铃负重端上方，双腿分开与肩同宽，杠铃在双腿中间。腰背挺直，屈髋屈膝，向前俯身，握住扣在杠铃上的把手，小腿垂直地面(膝盖不能超过脚尖)。将杠铃拉起到大腿与地面呈 75°，上半身向前俯身 45°(腰背核心强的可以加大俯身角度)。此时肘关节伸直，不锁死，腕关节保持中立，缩紧肩胛骨，腰背挺直，不能弓背，收紧核心。

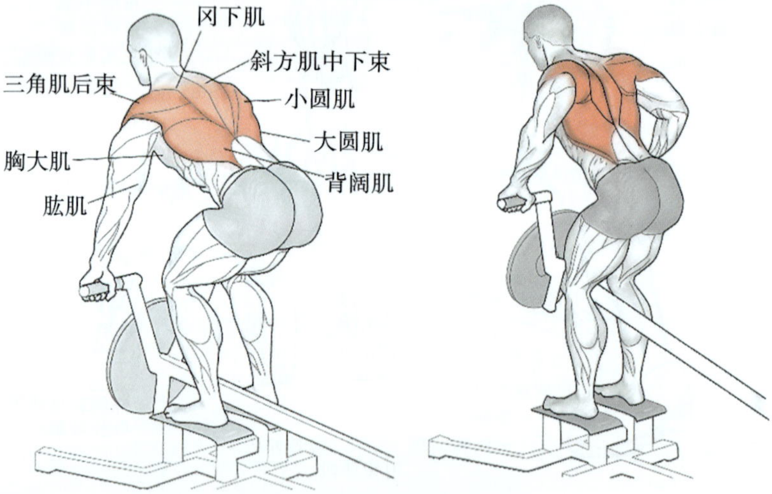

图 11.6 T 形杠铃俯身划船

动作过程：吸气，背阔肌发力将前端的杠铃片提拉到胸口位置，大臂夹紧身体，平行或略微超过背部水平面，上半身和腿部角度保持不变，小腿始终垂直地面，背阔肌有收缩感。呼气，背阔肌发力，控制手臂，将杠铃还原到初始位置。重复动作，呼吸 2~4 秒。

动作变化：俯身 T 形杆划船动作变化是非常多的，可以改变俯身的角度，可以改变握距，可以运用双手或单侧练习。单侧变式包括：

①平行站姿单臂划船：主要锻炼背阔肌下部。动作要求：沿着T形杆方向站立，单手握住T形杠铃杆头部，双腿微屈，背部平直，肘部向后带动做单臂划船。

②垂直站姿单臂划船：主要锻炼背阔肌上部。动作要求：垂直于T形杠铃杆站立，与平行站姿单臂划船同样的动作要求，只不过这次肘部稍微偏外侧带动。

(5)站姿窄握杠铃划船

主要作用：主要锻炼斜方肌上部、三角肌中后部，其次锻炼三角肌前部、肱二头肌、前臂屈肌、腹肌、臀肌及竖脊肌，如图11.7所示。

起始姿势：两脚自然开立，两手握杠(正手上握法)，握距比肩窄(可窄到两拳在杠中央相接)。

动作过程：把杠铃缓慢向上拉起，直到横杠几乎触及颏部。静止1~3秒，让杠铃缓慢下垂至两臂完全伸直，重复动作。

呼吸方法：杠铃上拉时吸气，下垂时呼气。

注意要点：上拉时要让横杠尽量贴近身体。如握距较宽，杠铃上提时让两肘尖向上。上拉时身体不要摆动。下垂杠铃要退让下行，让杠铃尽量下垂到最低点。

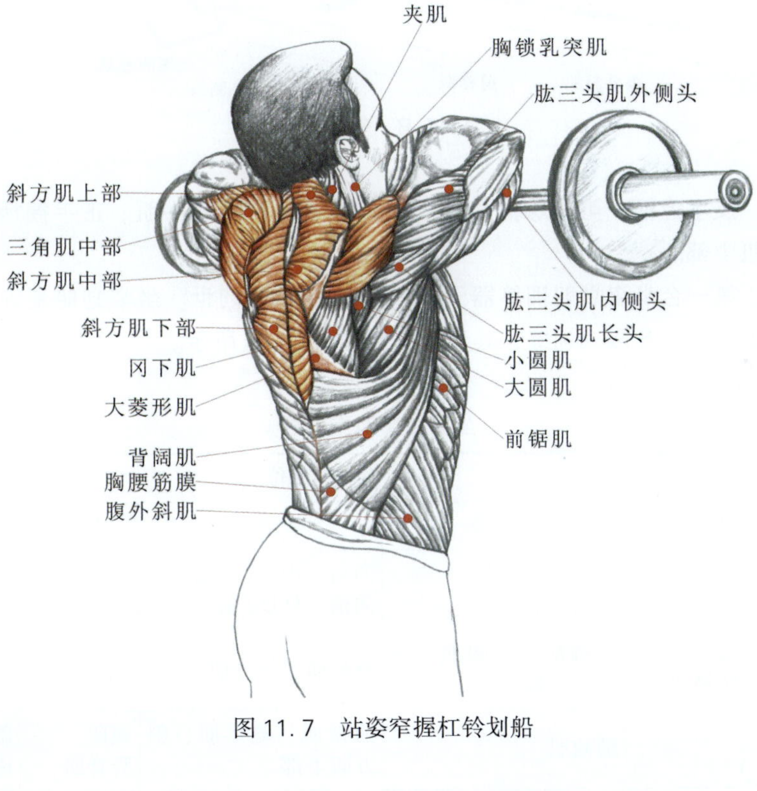

图11.7 站姿窄握杠铃划船

(6)坐姿划船

主要作用：主要锻炼背阔肌、大圆肌、三角肌后部、肱二头肌、肱肌、肱桡肌等。在动作终末肩胛骨内收也能锻炼菱形肌和斜方肌，挺胸时能锻炼竖脊肌，如图11.8所示。

动作过程：面向训练机坐下，双膝弯曲，双脚抵于挡板，双手窄握距抓握手柄，两肩下沉。挺胸，脊柱平直，盆骨处于自然位置。吸气，用力拉动手柄至胸廓下部，挺胸，肘部尽量向后(或拉至臂部呈垂直位)，呼气，还原至初始位置。

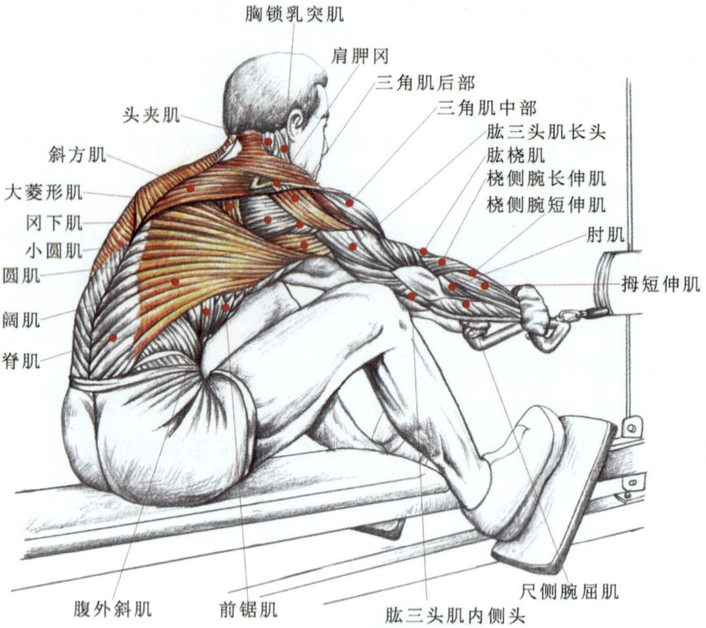

图 11.8　坐姿划船

动作变化：反手握柄，可锻炼斜方肌下部、菱形肌和肱二头肌。正手握柄，可锻炼三角肌后部和斜方肌中部。

动作分析：第一台坐姿划船训练器于 19 世纪 40 年代问世。坐姿划船是训练背部肌肉的主要动作，是多关节、开放式训练，其动作分析如表 11.8 所示。

表 11.8　**坐姿划船动作分析**

动作分析	关节和部位				
	肘关节	肩关节	肩胛骨	躯干	下肢
运动关节	向后：屈 向前：伸	向后：伸 向前：屈	向后：内收(后缩) 向前：外展(前突)	固定	固定
运动肌群	肱二头肌 肱肌、肱桡肌	背阔肌、大圆肌、三角肌后部	菱形肌、斜方肌		
固定肌群		腱袖肌	前锯肌、菱形肌、斜方肌下部	腹肌 竖脊肌	腘绳肌、臀肌、内收肌群

(7)上斜俯卧 T 形杆划船

主要作用：主要锻炼背阔肌、大圆肌、三角肌后部、菱形肌和斜方肌，如图 11.9 所示。

起始姿势：双脚同肩宽，稍外展站稳，双脚骑跨横杠，面向重端，站在垫木上，两膝稍弯，臀部向后移，两手一前一后并握在靠近杠铃铃片处。将重端稍稍拉离地面。两臂下垂，上体前倾，挺胸抬头。

动作过程：收缩背阔肌，屈肘，将杠铃的重端拉起到接近胸骨处，上端的铃片尽量靠近身体，静止 1~3 秒，极力收紧背阔肌。放松背阔肌，让杠铃重端缓慢下降。

呼吸方法：上拉时吸气，下降时呼气。

注意要点：尽量用上背阔肌的收缩力，两手握杠时要放松，以少耗臂力。上体保持不动，不要抬高借劲。起拉前，要让背阔肌完全松开，上拉到最高点时彻底收缩。胸要挺，腰要收紧，腿要用力下踏，臀部往后移。

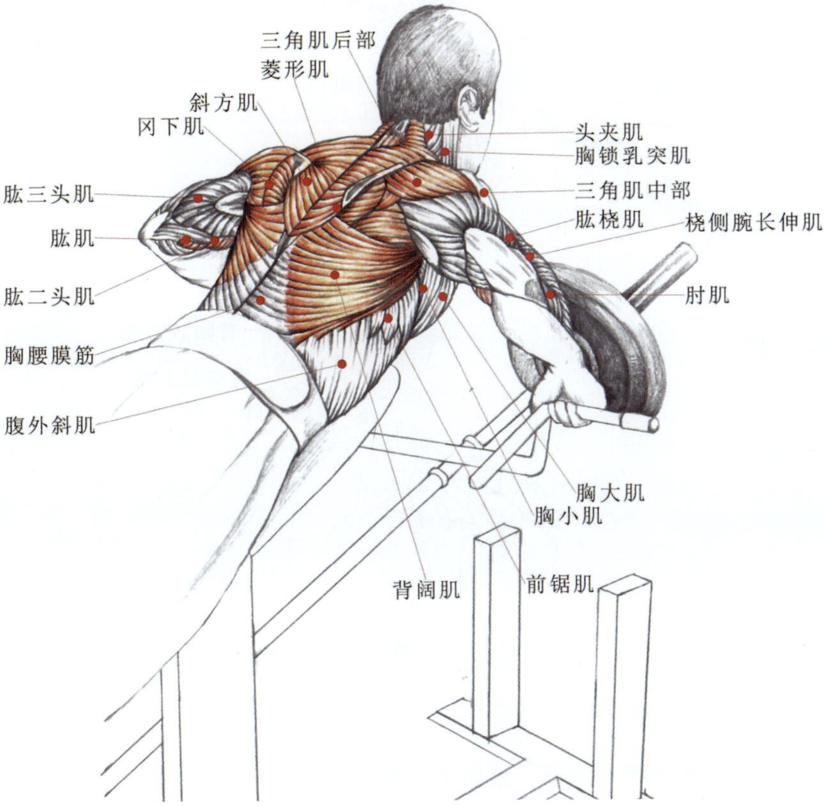

图 11.9 俯卧 T 形杆划船图

(8) 上斜俯卧哑铃划船

主要作用：上斜俯卧哑铃划船 (Dumbbell Incline Row) 是最安全的背部锻炼动作之一，俯卧在斜板凳上可以减轻脊柱的负担(无需稳定下背部)，对股二头肌的灵活性也没有任何要求。上斜俯卧哑铃划船主要锻炼中背部(背阔肌以及中部的斜方肌)、下背部还有菱形肌。肩部肌肉，肱二头肌和前臂肌群也会多少参与其中。上斜俯卧哑铃划船动作姿势正确的话，可以将上背部“孤立”开来，也就是说上背部完全不参与发力，注意防止上斜方肌借力，尤其是在将哑铃拉起的时候，如图 11.10 所示。

动作过程：选择在平板凳、上斜凳上做哑铃划船，这样相当于直接在腹部位置给出了向上的支撑，大腿后链肌群紧张导致的动作问题可以暂时得到解决。

起始姿势：将可调式哑铃椅调到差不多 30°(30°~45°的位置都合适)，将上半身斜卧在哑铃凳上，双手各持一只哑铃，掌心相对，双臂垂放。

肩胛骨向后挤压，肘部弯曲，呼气同时将哑铃提到身体两侧位置，拉到顶时停住，坚持 1~2 秒的时间，接着吸气，同时将哑铃放回至起始姿势。如此反复。

在将哑铃拉起的时候，注意防止上斜方肌借力。每一次动作反复开始时，请先确保手臂完全放到底，在动作的最顶端，一定要注意夹紧肩胛骨，否则很难感受到背部的紧缩感。

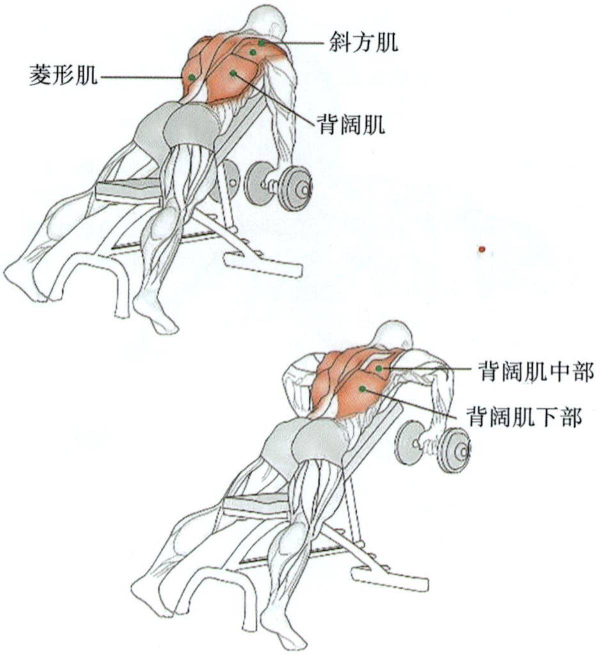

图 11.10　上斜俯卧哑铃划船

(9)俯卧杠铃划船

主要作用：主要锻炼背阔肌下部，协同锻炼斜方肌中部、菱形肌、三角肌后方、冈下肌、肱桡肌、胸大肌。

动作过程：身体俯卧在平板櫈上，两脚分于板凳两边；双手抓住杠铃的两端，握距宽于肩膀。将杠铃拉起，拉到胸部和腹部中间位置，杠铃高过背部和肩膀，尽量收紧，然后停顿 1~3 秒，然后慢慢下放到起始位置。发力时呼气，下降时吸气，还原动作时，保持手臂弯曲。

动作变化：俯卧杠铃划船采用不同杠铃，不同的运动轨迹，采用不同的握距练习，其肌肉训练效果有不同程度的差异与变化。

(10)俯卧哑铃划船

主要作用：主要锻炼上背部。能够减轻下背部的压力，更好地独立锻炼背阔肌。

动作过程：双手紧握桠铃，掌心相对，并将手部姿势调整至握锤状，俯卧在斜板上。保持背部挺直，上体静止，背阔肌收缩，手肘向体侧拉动哑铃至哑铃贴近身体；感觉背阔肌受力。始终保持双臂的肘关节与身体两侧紧贴，并将肘关节向上拉引，从而将哑铃向上抬起。然后缓慢下放哑铃，直至充分伸展背阔肌。将哑铃向下移动，恢复至初始位置，然后重复动作。

注意要点：动作过程中下背部应保持收紧且平直；向上拉起哑铃时肘部应尽可能贴近躯干；头部应平视前方。用背阔肌发力拉起哑铃到下腹部，不要太高。肩部保持稳定。

动作变化：俯卧哑铃单手划船。

11.2.2 引体向上类

11.2.2.1 正握引体向上

主要作用：主要锻炼背阔肌，对锻炼肱二头肌、肱肌、肱桡肌和胸大肌非常有效，如图11.11所示。

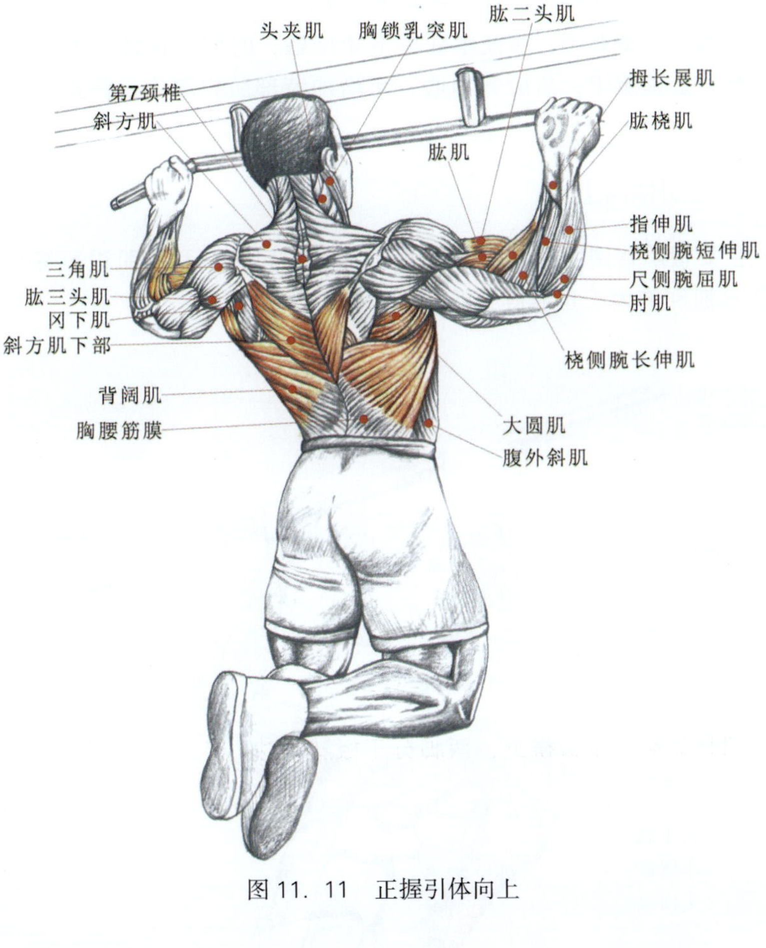

图11.11 正握引体向上

起始姿势：两手用宽握距正握(掌心向前)单杠，两脚离地，两臂身体自然下垂伸直。

动作过程：用背阔肌的收缩力量将身体往上拉起，直到单杠触及或接近胸部，静止3秒，使背阔肌彻底收缩，然后逐渐放松背阔肌，让身体缓慢下降，直到回复完全下垂，重复再做。

动作分析：引体向上类是多关节、闭路式训练，动作分析如表11.9所示。

表 11.9　　　**正握引体向上动作分析**

动作分析	关节和部位			
	肘关节	肩关节	肩胛骨	躯干
运动关节	向下：屈 向上：伸	向下：内收、微伸 向上：外展、微屈	向下：向下旋转、内收(后缩)下降 向上：向上旋转、外展(前突)	固定
运动肌群	肱二头肌、肱肌、肱桡肌	背阔肌、大圆肌、胸大肌、三角肌后部	菱形肌、斜方肌	
固定肌群	屈腕肌(前臂)	腱袖肌	前锯肌、菱形肌、斜方肌下部	腹肌、竖脊肌、腰方肌

呼吸方法：将身体往上拉时吸气，下垂时呼气。

注意要点：上拉时意念集中在背阔肌，把身体尽可能地拉高，上拉时不要让身体摆动，下垂时脚不能触及地面。可在腰上钩挂杠铃片来加重。

动作变化：挺胸，上提躯干，可使单杠与下颌接触，肘部往后伸，主要由背阔肌上部和大圆肌完成；挺胸，上提躯干，肩胛骨内收，可增加背部肌肉厚度，使菱形肌和斜方肌下部得到锻炼。

11.2.2.2　反握引体向上

主要作用：主要锻炼背阔肌和大圆肌，也可针对肱二头肌和肱肌进行练习。此外，斜方肌(中下部)、菱形肌和胸大肌也能得到锻炼，如图 11.12 所示。

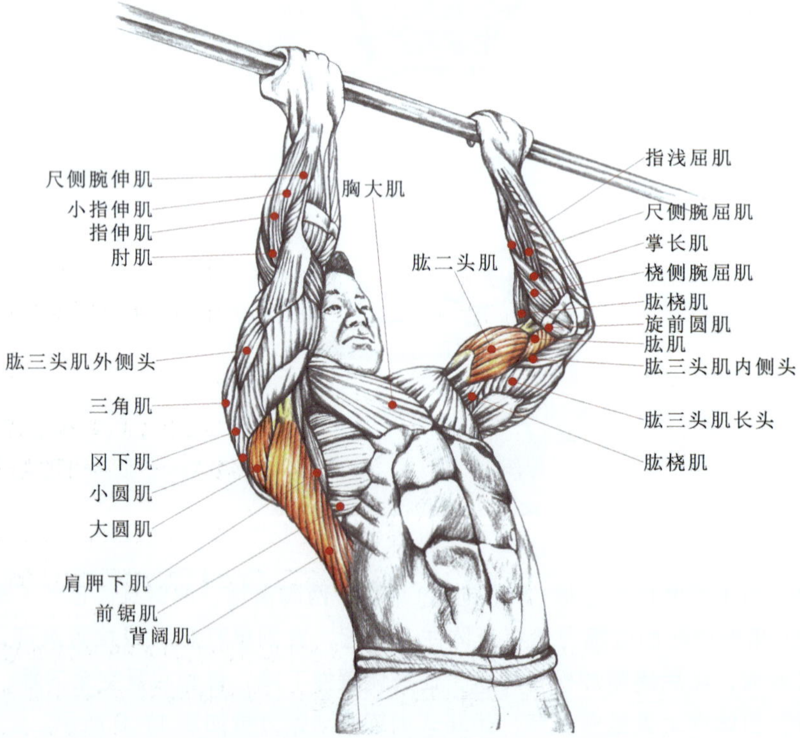

图 11.12　反握引体向上

动作过程：两手反握(掌心向后)单杠，握距与肩同宽，两脚离地，两臂身体自然下垂伸直。吸气，挺胸，上提身体，使下颌达到单杠高度，下降时呼气。

11.2.3 下拉类动作

下拉是最全面的上半身训练项目之一，有很多的变化形式，属于多关节训练。胸前(颈后)下拉是更加功能化的训练形式，也是经典的背部训练动作，主要锻炼颈后肌群。

11.2.3.1 背阔肌下拉

主要作用：背部肌增厚的极好方法。主要锻炼背阔肌中部，对斜方肌中下部、菱形肌、肱三头肌、肘肌和胸大肌也有锻炼作用，如图 11.13 所示。

动作过程：背阔肌下拉又称胸前下拉或高位下拉，先面向训练机坐下，膝部抵于固定轴下，两手用宽握距正握(掌心向前)拉杆。吸气，下拉拉杆至上胸部，肘部后伸。动作完成时呼气。

坐姿下拉分为宽握和窄握，颈前和颈后以及正手和反手都有区别。

动作分析：背阔肌下拉(胸前下拉)动作是多关节、开放式训练，属于拉类动作，动作分析如表 11.10 所示。

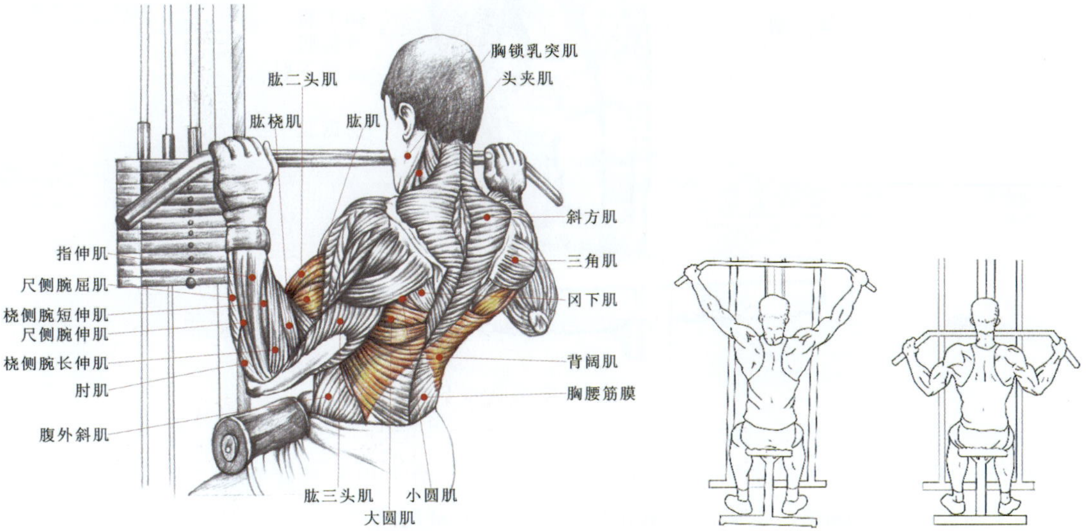

图 11.13 背阔肌下拉(胸前下拉)

表 11.10 **背阔肌下拉(胸前下拉)动作分析**

动作分析	关节和部位				
	肘关节	肩关节	肩胛骨	前臂	躯干
运动关节	向下：屈 向上：伸	向下：内收、稍伸 向上：外展、稍屈	向下：向下旋转、内收(后缩)下降 向上：向上旋转、外展(前突)	固定	固定
运动肌群	肱三头肌、肘肌、肱桡肌	背阔肌、大圆肌、胸大肌、三角肌后部	菱形肌、斜方肌		
固定肌群		腱袖肌	前锯肌菱形肌、斜方肌下部	屈腕肌	腹肌、竖脊肌

11.2.3.2　窄握胸前下拉

主要作用：主要锻炼背阔肌、大圆肌。肩胛骨内收时对菱形肌、斜方肌和三角肌也有锻炼作用。每次下拉练习都锻炼肱三头肌、肘肌，并强化肱桡肌，如图 11.14 所示。

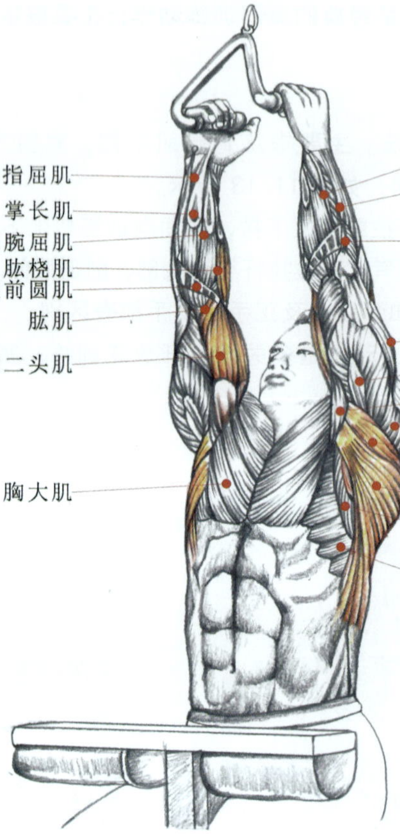

图 11.14　窄握胸前下拉

动作过程：面向训练机坐下，膝部抵于固定轴下，两手用窄握距正握（掌心相对）拉杆。吸气，下拉拉杆至上胸部，挺胸、上身稍后倾。动作完成时呼气。

11.2.3.3　站姿直臂下拉

主要作用：主要锻炼背阔肌、大圆肌和肱三头肌长头，如图 11.15 所示。

动作过程：两脚分开与肩宽，面向训练机站立，正握（掌心相对）拉杆，中握距，手臂伸直。背部固定，腹部收缩。吸气，下拉拉杆至大腿前部（接触），肘部保持伸展（或较度屈曲）。动作完成时呼气。

动作分析：站姿直臂下拉动作是单关节、开放式训练，属于拉类动作，动作分析如表 11.11 所示。

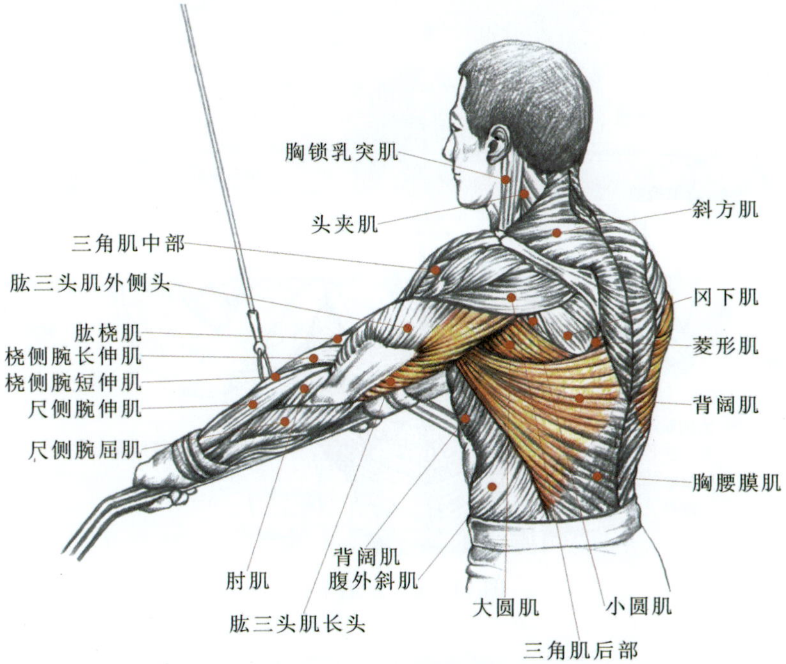

图 11.15 站姿直臂下拉

表 11.11 **站姿直臂下拉动作分析**

动作分析	关节和部位				
	肘关节	肩关节	肩胛骨	前臂	躯干
运动关节	固定	向下：伸 向上：屈	固定	固定	固定
运动肌群		背阔肌、大圆肌、胸大肌、三角肌后部	菱形肌、斜方肌		
固定肌群	肱三头肌长头、肘肌、肱桡肌	腱袖肌	前锯肌、菱形肌、斜方肌下部	屈腕肌	腹肌、竖脊肌

11.2.3.4 坐姿颈后下拉

主要作用：增加背部肌肉宽度。主要锻炼背阔肌下部，同时对三角肌后部、前臂屈肌、肱二头肌、肱肌、肱桡肌也有锻炼作用，肩胛骨内收时对菱形肌和斜方肌下部有锻炼作用，如图 11.16 所示。

起始姿势：面向训练机坐下，两手用宽握距向上伸直，正握(掌心向前)拉杆。

动作过程：收缩背阔肌，将吊棍尽力往下拉，直到触及颈后肩背部或前胸。然后慢慢放松背阔肌，让拉杆缩回到两臂伸直拉住的高度。

呼吸方法：下拉吊棍时吸气，松回时呼气。

注意要点：应将意念集中在背阔肌的收缩和放松的控制上。

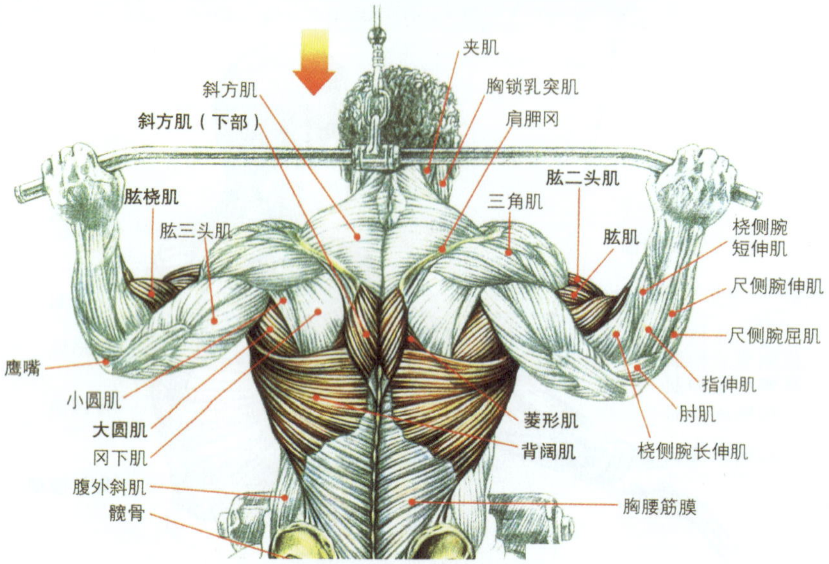

图 11.16　颈后下拉

动作变化：站姿或跪姿颈后下拉。

动作分析：坐姿颈后下拉是多关节、开放式训练，属于拉类动作，动作分析如表 11.12 所示。

表 11.12　坐姿颈后下拉动作分析

动作分析	关节和部位				
	肩关节	肩胛骨	肘关节	前臂	躯干
运动关节	向后：水平外展 向前：水平内收	向后：拉向后 向前：拉向前	向下：屈 向上：伸	固定	固定
运动肌群	背阔肌、三角肌后部	菱形肌、斜方肌			
固定肌群	腱袖肌	前锯肌、菱形肌、斜方肌下部	肱二头肌、肱肌、肱桡肌	前臂屈肌	腹肌、竖脊肌

11.2.3.5　坐姿单臂下拉

主要作用：主要锻炼单侧背阔肌，同时对单侧前臂屈肌、肱二头肌、肱肌、肱桡肌也有锻炼作用。

起始姿势：面向拉力器坐下，单手掌心向内握拉力器 D 字形握把，手臂向上完全伸直，空闲手握住膝盖靠垫上端或其他握柄，以增加身体躯干的稳定性。

动作过程：将握把垂直往下拉，手掌转向自己，保证肘部紧贴身体。收缩背阔肌，同时挺胸，身体与拉力器架保持平行，不要向任何一侧转向。当拉杆运动到最低点时，用力挤压肩胛骨，让它们相互靠近，并保持肌肉收缩 1~2 秒，然后慢慢放松背阔肌，让拉杆慢慢缩回。

呼吸方法：下拉时吸气，松回时呼气。

动作变化：改变握把角度，可采用掌心向外或向后握拉力器D字形握把的开始姿势练习。

11.2.4 耸肩类

耸肩提哑铃或杠铃是一个经典的加强斜方肌上部力量和锻炼肌肉的形体训练动作，它是单关节运动，主要动作有上提肩胛骨和锁骨，上提、下降哑铃或杠铃；耸肩是单关节、开放式训练，其动作分析如表11.13所示。

表11.13 耸肩类动作分析

动作分析	关节和部位			
	肩胛骨	肩关节	前臂	脊柱(躯干)
运动关节	向上：上提 向下：下降	固定	固定	固定
运动肌群	斜方肌上部、肩胛提肌			骶棘肌
固定肌群	腱袖肌	前锯肌、菱形肌、斜方肌下部	屈腕肌	腹肌、竖脊肌

11.2.4.1 站姿杠铃耸肩

主要作用：主要锻炼斜方肌，对三角肌也有锻炼作用，如图11.17所示。

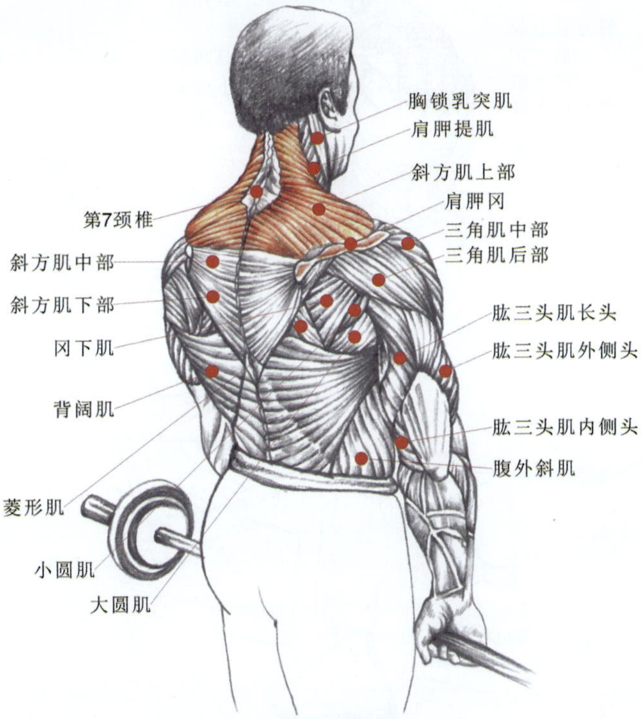

图11.17 站姿杠铃耸肩

起始姿势：身体直立，两手用正握法握杠铃或哑铃，握距稍宽于肩，上体和手臂保持伸直，腹肌收缩。

动作过程：先让肩部尽量下倾，两臂完全不使劲，向上向后耸起两肩（主要是收缩斜方肌），静止 1 秒，松下肩，重复再做。

呼吸方法：耸起肩部时吸气，松下时呼气。

注意要点：耸起肩部，将杠铃稍稍上提，要完全靠收缩斜方肌所产生的力量，两肘不能有任何弯曲。

动作变化：体后握杠铃耸肩，如图 11.18 所示。体后持杠铃，背部尽量直伸，尽可能高地耸动双肩，到最高点时进行顶峰收缩，控制 1~3 秒，然后慢降杠铃还原。

11.2.4.2 站姿哑铃耸肩

主要作用：主要锻炼斜方肌的中上部、肩胛提肌和菱形肌，如图 11.19 所示。

起始姿势：身体直立，两手正握哑铃，握距稍宽于肩，上体和手臂保持伸直，腹肌收缩。

动作过程：先让肩部尽量下倾，两臂完全不使劲，向上向后耸起两肩（主要是收缩斜方肌），静止 1 秒，松下肩，重复再做。

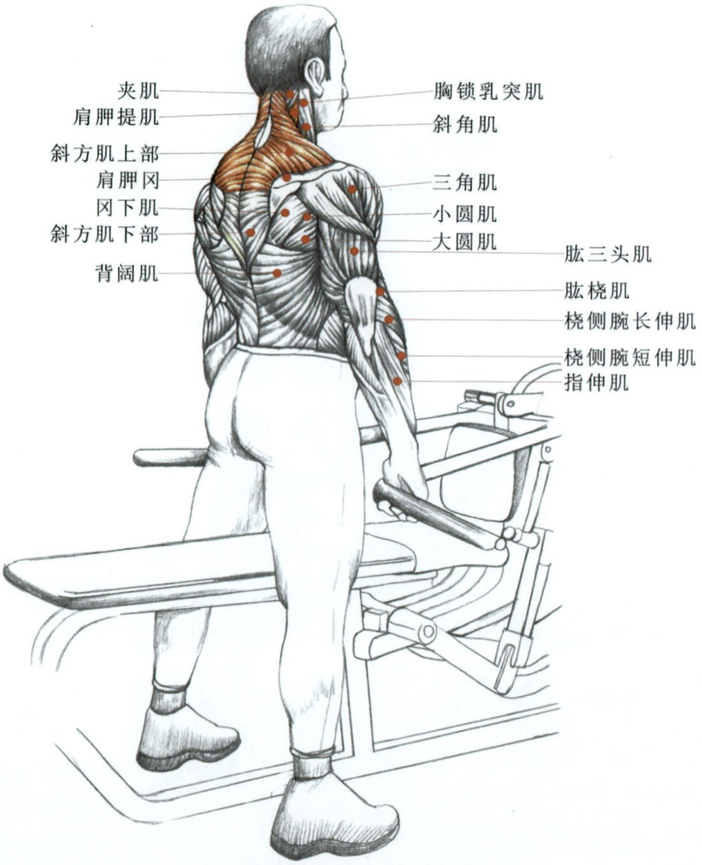

图 11.18 体后握杠铃耸肩

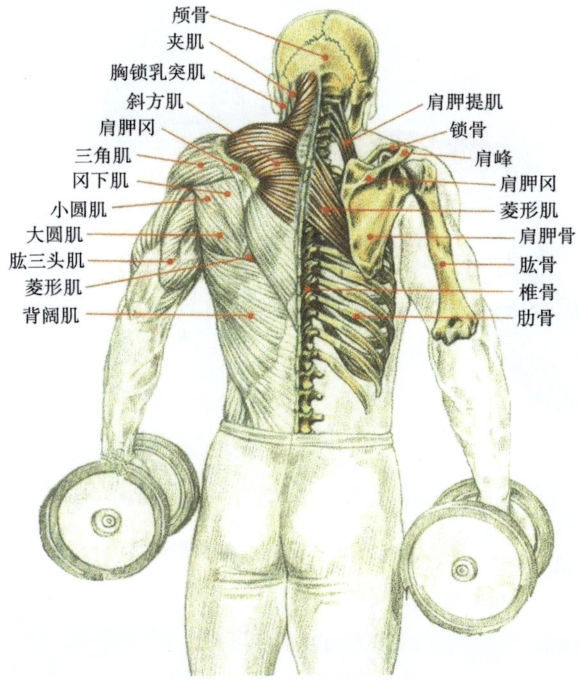

图 11.19 站姿哑铃耸肩

呼吸方法：耸起肩部时吸气，松下时呼气。

注意要点：耸起肩部，将杠铃稍稍上提，要完全靠收缩斜方肌所产生的力量，两肘不能有任何弯曲。

动作变化：单臂哑铃耸肩、体后握哑铃耸肩。体后握哑铃耸肩动作如下：体后持哑铃，尽量绷直背部，尽可能高地耸动双肩，到最高点时进行顶峰收缩，控制 1~3 秒，然后慢降杠铃还原。

11.2.5 躬身类动作

11.2.5.1 俯卧挺身

主要作用：主要是强化臀肌和股二头肌（短头除外），对发展骶棘肌和其他背部肌肉有一定锻炼作用，如图 11.20 所示。罗马椅或山羊椅挺身是训练背部竖脊肌最典型的孤立训练动作。

起始姿势：俯卧在罗马椅上，让上身前滑，直到小腹贴在凳边，向前屈体，让上体直向下垂，两手交叉放在胸前。若要增大抗力，可在胸前抱杠铃片。

动作过程：上体尽量向上挺，到最高点时，静止 3 秒，然后慢慢回复。

呼吸方法：上体挺起时吸气，前屈时呼气。

注意要点：向上挺伸时应尽力收缩骶脊肌，动作不要过快。

动作分析：俯卧挺身是多关节、开放式训练，动作分析如表 11.14 所示。

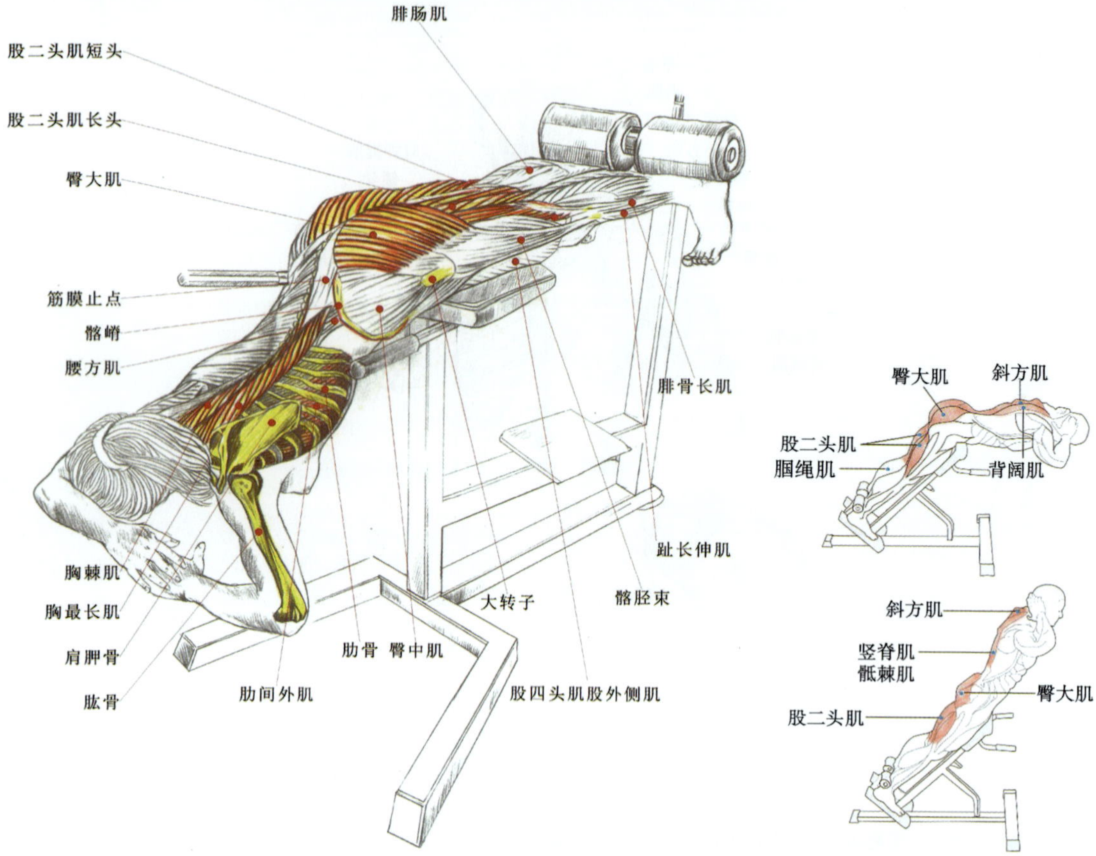

图 11.20　俯卧挺身

表 11.14　**俯卧挺身动作分析**

动作分析	关节和部位		
	髋关节	脊柱(躯干)	腿
运动关节	向上：伸 向下：屈	向上：伸 向下：屈	固定
运动肌群	臀大肌、腘绳肌	骶棘肌	
固定肌群		腹肌、竖脊肌、菱形肌、斜方肌	股直肌

动作变化：

俯卧转体挺身，如图 11.21 所示。主要锻炼臀肌和股二头肌，对骶棘肌、其他背部肌肉和腹斜肌也有一定锻炼作用。

俯卧直臂挺身，如图 11.22 所示。主要作用是对臀肌和股二头肌、骶棘肌和其他背部肌肉进行拉伸。

11.2.5.2　屈腿负重躬身

负重躬身是一项综合锻炼，根据是否屈膝分为直腿和屈腿两种情形，一般讲的躬身是指

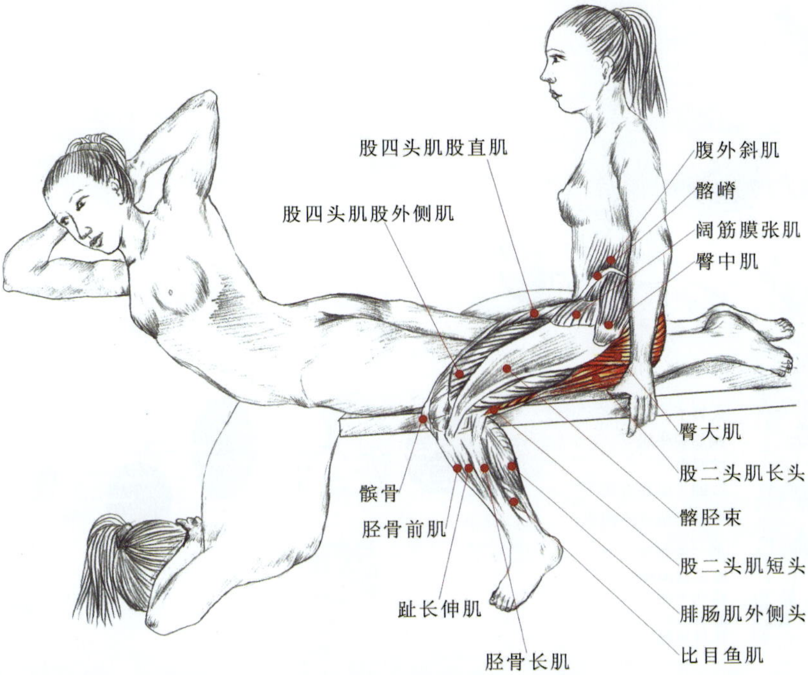

图 11.21 俯卧转体挺身

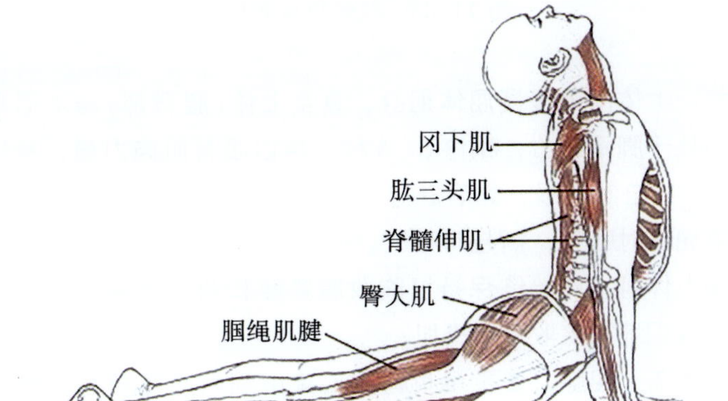

图 11.22 俯卧直臂挺身

直腿躬身。直腿躬身锻炼重心在大腿的股二头肌，而屈腿躬身锻炼重心在后腰竖脊肌和臀大肌。

动作名称：杠铃屈腿负重躬身。

主要作用：主要锻炼竖脊肌(后腰或下背)，也能锻炼到臀大肌，如图 11.23 所示。

起始姿势：两手宽握杠铃置于颈后肩上，全身直立，挺胸、收腹、紧腰，尤其注意动作过程中要保持两腿直立。

图 11.23　杠铃负重躬身

动作过程：吸气，上体向前慢慢屈体躬身，直至上体(腰背部)与地面平行为止，臀部应向后移，使身体重心处于脚跟后方，稍停 3~4 秒；再以腰背肌肉力量，身体向上挺起，直到恢复全身直立。还原后再自然呼吸，之后进行重复练习。

呼吸方法：向前屈体时吸气，挺起时呼气。

注意要点：屈伸上体时，应始终保持挺胸收腹紧腰和两脚伸直。两手紧握横杠，勿在颈椎上滑动，挺起时有意识地彻底收缩骶脊肌。

动作过程中微屈膝盖，屈腿，使重量负荷重心集中到后腰竖脊肌和臀大肌。如果动作过程中保持直腿，则锻炼重心是大腿的股二头肌。

11.3　背部肌群训练方法

11.3.1　背部肌群训练原理

背部训练一般和肱二头肌训练安排在一起。首先进行 10~15 分钟的有氧训练，以加快血液循环，然后用轻重量活动相关肌群，如三角肌、肱二头肌、肱三头肌及胸部，然后进行背部肌群训练。

11.3.1.1 背部训练肌群

躯干后面区域是由许多肌群组成的，背部有背阔肌、斜方肌、肩袖四肌、竖脊肌等；深层的还有菱形肌等与背部健康息息相关的重要肌肉。背部以背阔肌训练为主，同时注重斜方肌训练。

背部训练一般存在的问题是：第一，肩宽不够，影响背肌的发展空间和美观；第二，背阔肌位置偏上，其原因有先天所致，也有训练所造成；第三，背中肌不够发达(近脊沟部分，包括斜方肌插入部分、大菱肌、骶棘肌等)，力度与厚度较差，下背肌欠发达。

背部训练方案应该是整体与重点部位训练相结合，增肌与塑形相结合。

①背阔肌。背阔肌决定上半身宽度和背部形态，从正面和背面看过来，背阔肌让上半身呈倒三角状，感觉更有曲线。女性背阔肌练得好，可以有效美化上半身的体态，显得整个身体有变化，富有曲线美。男性所谓宽阔、有安全感的背部，很大程度上就是由背阔肌的视觉效果决定的。

背部肌肉具有独特的肌纤维方向，既不是完全水平，也不是完全垂直。它们有一个对角斜线肌肉纤维取向，利于肌肉在垂直和水平方向上同时受力，如图 11.24 所示。为了最大限度地发展背部肌肉，要在冠状面与矢状面两个方向锻炼背部。对于冠状面(平行于躯干)来说，最好的锻炼方法就是通常的拉背，比如引体向上、高位下拉等动作，主要能让背部变得更宽，尤其采用宽握拉背。对于矢状面(垂直于躯干)来说，最好的锻炼方法就是俯身杠铃划船动作，它能让背部变得更厚实，通过各种负荷划船，如杠铃划船，能最大限度地发展背部肌肉的厚度。

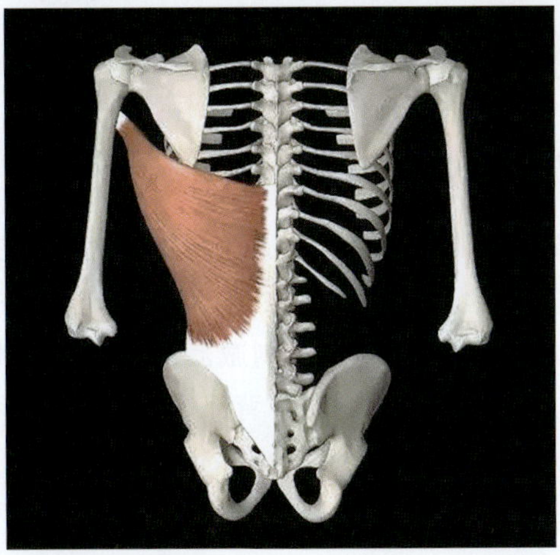

图 11.24　背阔肌

②上背肌群与肩关节。上背肌群与肩关节包括肩袖四肌和三角肌后束。对肩关节来说，其发力肌群(胸大肌、三角肌前束等)的相对力量较大，而缓冲肌群则较弱。所以肩关节很容易患有肩部撞击综合征，或者脱臼等，练好上背肌群可以很好地解决这个问题。圆肩也是由于身体前侧肌肉太强、后侧的上背肌群较弱所导致，通过训练也可以很好地得以改善。

③斜方肌群。斜方肌群纵向上从颈部一直延伸到胸椎的下部，横向上则连接着肩胛骨。

斜方肌群是背部厚度和优美体态的关键，如果说背阔肌决定了背部的宽度，那么斜方肌群就决定了背部的厚度。

女性适度锻炼背阔肌、斜方肌上部这些肌群，这样既能避免把整个人练宽，看上去虎背熊腰，同时可以让背部线条看起来优雅、丰润、挺拔。想要改善身姿和体形，如前后身姿问题，比如圆肩、高低肩、翼状肩胛等，其原因并不是因为大肌群没力量(大肌群都很有力的)，恰恰是因为中小肌群比较薄弱导致的。应着重训练斜方肌中下部、肩袖肌群、三角肌后束等中等重量、多次数的训练，除了可以塑造背部的优雅形态外，还可以更好地找到相关肌群的发力感觉，而不会导致练背不成、只练到臂的情况。

男性最该练的是背阔肌，它是背部也是上半身最大的肌群，直接决定了整个上半身的宽度和背部的整体形态。其次则应该锻炼斜方肌上部以及大圆肌，它决定着背部的厚度。男性训练应该以多肌群、大重量为主，来打造宽阔壮实的背肌厚度和形态。

斜方肌及菱形肌训练可以插入训练课的任何地方。

④竖脊肌。竖脊肌位于脊椎一侧的沟上。竖脊肌在腰部和胸部由胸腰筋膜所覆盖，在颈部则由项韧带所覆盖。在腰部，竖脊肌较大，厚且多肉，往上分成三段，直至附着脊椎骨和肋骨上，竖脊肌的尺度也会随之渐渐变小。

竖脊肌位于下背及后腰处，紧贴覆盖在脊柱上，主要用于保持脊椎的竖直，起到稳定躯干的作用。在硬拉、深蹲、高抓、高翻等全身多关节运动中，竖脊肌起到连接协调上下肢发力的作用，同时保持脊椎竖直不侧弯。在卧推时，竖脊肌也起到保持躯干稳定、不左右晃动的作用。在包含跑跳的竞技运动中，运动员更离不开发达的竖脊肌支持。在各种全身多关节技术动作中(尤其是躯干旋转时)，竖脊肌除维持稳定外还需要参与一定的主动发力，其可谓是“运动员的生命”。

下背部脊椎伸肌训练可放在最后。

11.3.1.2　背部训练方法

①注意训练动作的选择。在训练中，不少运动员将背部分为三个截然不同的身体部分：斜方肌、后背中部和后背下部，也有运动员将它们作为一个整体训练。背部训练三种训练角度(全面刺激)。从上往下拉的动作角度，主要刺激上背部，有引体向上、高位下拉、杠铃耸肩等动作；从下往上拉的动作角度，主要刺激中背部，有杠铃/T 形杆划船、哑铃划船等动作；由前向后拉的动作角度，主要刺激下背部，有坐姿划船、半程硬拉等动作。一次背部训练中，至少包含这三种角度才能较为全面地刺激背部肌肉，如表 11.15 所示。

表 11.15　**背部部位训练动作选择**

背部部位	主要动作
背阔肌 上侧和外侧部分	引体向上：宽握引体向上主要锻炼背阔肌上侧和外侧，增加背部宽度 坐姿下拉：宽握下拉主要锻炼背阔肌上侧和外侧，增加背部宽度
背阔肌下部	窄握引体向上、窄握下拉都能锻炼背阔肌下部 俯身窄握 T 形杠划船：主要锻炼背阔肌下部

续表

背部部位	主要动作
背阔肌中部	单臂哑铃划船：能将两侧背阔肌独立分开来，改善不对称背 杠铃俯身划船：一项最普遍、最受青睐的背阔肌增肌训练 T形杠俯身划船：主要锻炼中背部(厚度)以及背部的外侧 坐姿划船：锻炼整个背部肌群，能辅助训练手臂和肩部肌肉
斜方肌	负重耸肩：锻炼斜方肌的最主要动作，传统的耸肩能很好地锻炼斜方肌上部
竖脊肌(下背)	罗马椅背屈伸(山羊挺身)：动作负荷比较小，腰部不容易受伤，初级阶段腰部力量训练的最佳选择 俯卧两头起：双重挺身锻炼腰部的效果，综合锻炼下背后腰、臀部 屈腿躬身：初级阶段徒手训练；当腰部力量增加后，可适当负重。可选用器械有：杠铃、史密斯机。主要锻炼下背后腰、臀部 屈腿硬拉：提高腰部力量的练习动作中，硬拉是最有效的动作，综合锻炼下背后腰、臀部

②注意动作安排的顺序。背部训练计划的编制中，对动作安排顺序有自身的规律：

第一，先进行复合型训练动作，后进行孤立型训练动作。大多数复合型的背部肌肉的训练动作，都非常消耗体力和精神状态，比如杠铃硬拉、杠铃划船以及引体向上等。在练背的过程中，应该先去练习复合型的背部训练动作，训练完后，再去进行孤立动作训练。

第二，先练薄弱部位。背部肌肉应该都会有较强及较弱的一部分，如果强弱差距较大的话，会造成负面影响。在练背的过程中，应该要去缩小薄弱部分和强势部分的差距，让整个背部肌肉能够得到均衡的发展。

在训练中尽量整体训练背部肌群，包括形状、线条等。

③注意各类训练动作的平衡。练背肌的动作种类繁多，垂直拉的动作则主要以背阔肌为主，水平拉的动作主要是针对中背部肌群，下压类动作主要是针对背部肌群中下端，耸肩类动作主要侧重于斜方肌上部，所以在安排训练计划时要考虑到各种动作的平衡性，如果全部都是引体向上或下拉这一类“垂直拉”动作，而水平方向拉的动作却安排得太少，会导致背部肌肉发展不完全或不均衡。根据自身的训练情况，训练计划的侧重也不同。

④注意动作方式的变换。背部锻炼可以选择的动作非常多，每个部位要受到比较全面的刺激，就不能只用一个动作来进行。采用多个动作，同时进行锻炼，才能够对背部位置形成比较全面的刺激，打造良好的形态。健身中的手握方式有宽握、窄握，正握、反握、对握。身体起始姿势有站姿、坐姿、俯姿、跪姿等，变换方式就会获得不一样的感受，效果在背部训练中尤为突出。

11.3.1.3 背肌训练技巧

①正确运动肩胛骨。首先，肩胛骨的位置要正确。肩胛骨的正确位置是指在起始姿势时，肩胛骨下沉，微微后收，再开始做动作。肩胛骨不固定，动作的发力往往无法集中在背部，而是由肩部或手臂来取代。不论进行坐姿划船或引体向上等训练动作，在进行动作之前，先做一个肩胛骨后收下沉的动作，稳定好肌肉并预先启动背肌后，才开始做动作。

其次，肩胛骨的运动要正确。在背肌的训练过程中，手臂只起到辅助作用，其关键点是手臂和身体躯干的连接点——肩胛骨，如果在训练过程中不知如何用肩胛骨作引导，带动背肌加以训练，就很难找到背肌的发力点，训练效果当然不会理想。

②注意肘关节的运动。在背肌训练动作中，无论是站姿下拉类动作，还是水平划船类动作，都要想象是在将肘关节往需要运动的一侧拉，而不是用手去拉。比如高位下拉，手掌只是搭在杆上，再往下拉的是肘关节，使它靠近身体下侧，这时要感觉到背部的收缩紧张。俯身杠铃划船，杠铃顺着大腿内侧上提，也是往上提肘关节，从而带动杠铃向上运动，也是要感觉到背部的收缩紧张。

③回放的时候注意保持张力。向心收缩与离心收缩都非常重要，尤其离心收缩更能提高控制力，因此在挺到顶峰收缩时，要慢慢落下，充分感受竖脊肌的离心收缩发力。许多人在回放过程中，不用肌力加以控制回放速度，而是采用惯性完成回放过程，或者回放时速度太快，导致肌肉失去张力，这会让训练效果大打折扣。正确的做法是，用肌力控制住回放的速度，使肌肉在拉长的同时，也要使肌肉绷紧、保持张力，慢慢回到起始位置。

④训练计划中加入“硬拉”动作。肌肉训练的形式不是只有拉长和缩短，在长度不变的情况下对抗张力也是一种训练方式，最典型的动作就是硬拉。在硬拉过程中，整个背肌都在参与，斜方肌、背阔肌、菱形肌、竖脊肌群以及深层的核心肌群都在努力进行等长收缩，来保持脊柱、肩膀的稳定中立，有助于打造强悍的背肌。

11.3.1.4 斜方肌训练

斜方肌是巨大钻石形肌肉联合体，它从颈部向下向外延伸，与颈部、三角肌和背阔肌相连，如图 11.25 所示。鲍勃・帕里斯在训练斜方肌时，使用相对较小的重量，次数是 4 次，总计做 12 组。前 4 组是哑铃耸肩练习，将哑铃控制在大腿前面，做常规的直上直下的提拉动作，使斜方肌在最大范围内运动。如果把哑铃控制在大腿两侧，三角肌和锁骨的结合部会限制斜方肌的收缩。每组都采用以上方法，在最高点尽力收缩并挤压斜方肌，下落至底部伸展时斜方肌有从上背部向外下方拉伸的感觉。

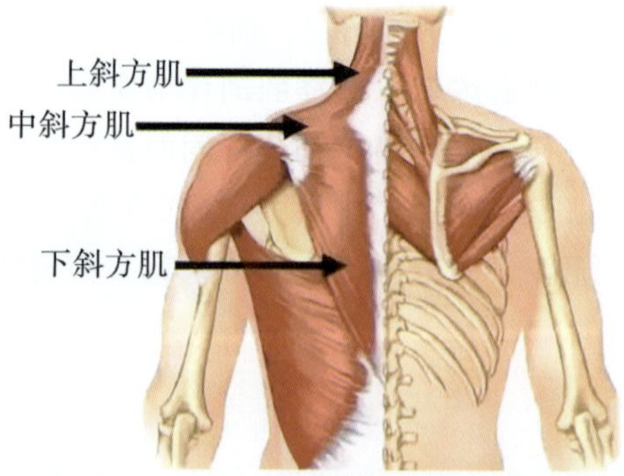

图 11.25 斜方肌

哑铃耸肩是训练斜方肌的常用方法，练习时要保持清醒的头脑，耸肩并非单纯的上下运动，既不要发狂地用力向上猛拉，也不要向下快放哑铃，那样容易拉伤肱二头肌，造成肩袖损伤，影响肩部的正常活动，对斜方肌也没有任何积极作用。单独做哑铃耸肩不能构建整个斜方肌的形状，斜方肌不只是在双肩顶部，很大一部分是在上背部。从正面看它在双肩顶部，像是一座金字塔；从侧面和背面观察时，它则像一个菱形的“锚”贴靠在背部。

T 形杠划船是发展斜方肌上背区域的最佳练习动作，合理的握法能确保整个斜方肌工作。做 T 形杠铃划船练习时，可使用两种不同的握法练斜方肌外侧和下部，使用窄握，练斜方肌内侧和上部；使用宽握，练斜方肌外侧和下部。重复练习时交换握法，斜方肌的所有区域都能练到。

做 T 形杠划船时，以臀部为轴心，使之对动作起主要稳定作用。T 形杠划船不是大范围的运动，动作不必做到臂伸直，只需在 3/4 臂长的范围运动就能保持斜方肌的紧张收缩。

训练提示：

①每个练习开始时，先做 2 组热身，然后再做 4 组正式训练，每组最少 4 次或做至力竭。

②斜方肌训练的最好时机是在背部、肩部训练刚结束时或同时进行。

③其他练习中有意识地使用斜方肌，如做杠铃深蹲或偶尔做轻杠铃深蹲时，可收缩斜方肌。哑铃弯举时有意识地使用斜方肌也是一个好的练习形式。

李·哈尼提倡体后握杠铃耸肩，可以用哑铃取代杠铃(即体后握哑铃耸肩)，轮流使用这两种练习，能使斜方肌获得不同强度的刺激，以免产生适应性。练习中要逐渐增加杠铃和哑铃的重量，不间断地使斜方肌增大、变强，线条更清晰。鲍勃·帕里斯和李·哈尼斜方肌训练方案如表 11.16 所示。

表 11.16　**斜方肌训练方案**

运动员	动作	组数	次数/组	说明
鲍勃·帕里斯	哑铃耸肩	4	4	以臀部为轴心
	窄握 T 形杠划船	4	4	
	宽握 T 形杠划船	4	4	
李·哈尼	体后握杠铃耸	5~6	10~15	①每周轮换一次，与肩部训练同时安排 ②含热身组，每组 15~20 次
	体后握哑铃耸	5~6	10~15	

11.3.2　各阶段背部肌群训练

初级阶段(第 1~6 个月)，使用低等训练量的方法，组数范围从 6~10 组，练习的角度和强度会适合中等训练量的方法。

中级阶段(第 7~12 个月)，使用中等训练量的方法。每周开始提高训练量，身体将根据在第 1 阶段的强度进行调整，将在接下来的 12 周内缓慢增加更多的训练量来保持平衡。组数通常会达到 10~15 组，每周增加更多的高强度组。

高级阶段(第 12 个月以后)，使用中高等训练量的方法，几乎都是高强度组(在充分的热身之后)，组数范围是 15~20 组，提高整体训练量与强度。

一段时间的降负荷有利于长期的高强度工作，累积的神经疲劳会很好地消除。高级阶段一般建议在 12 周之后的 2 周降负荷，进行轻松训练。

各阶段训练背部肌群训练方法如表 11. 17 所示。

表 11. 17 **各阶段背部肌群训练方法**

阶段		背部肌群训练计划范例			
		方案一		方案二	
		训练动作	组数×次数	训练动作	组数×次数
初 级 1~6 个月	初学者 (1~3 个月)	中握划船 俯身弯起	3×8~12 2×12~15	宽握划船 负重转体	3×8~12 3×15~12
	3~6 个月 (3~6 个月)	胸前引体向上 并握划船 山羊挺身	3×12~15 3×10~12 2×12~15	宽握划船 直腿硬拉 哑铃单手划船	3×8~12 3×6~10 2×8~12
中 级 6~12 个月		胸前引体向上 并握划船 山羊挺身	4×8~12 2×10~8 2×12~15	颈后引体向上 哑铃单手划船 直腿硬拉	2×12~15 3×8~12 3×8~10
高 级 (12 个月以上)		颈后引体向上 哑铃划船 正握重锤胸前下拉 山羊挺身	3×8~12 3×8~10 3×8~10 2×12~15	宽握划船 对握重锤胸前平拉 正握重锤颈后下拉 直腿硬拉	3×8~10 3×8~10 3×8~12 3×8~10

萨米尔・班诺特(1983 年"奥林匹亚先生")、李・哈尼(1984—1988"奥林匹亚先生")、克里斯・狄克森(Chris Dickerson，1982 年"奥林匹亚先生")各阶段背部肌群训练方法范例如表 11. 18 所示。非赛季背部肌群增肌塑形训练及赛前 12 周备赛训练范例如表 11. 19 所示。

表 11. 18 **世界优秀健美运动员介绍各阶段背部肌群训练方法**

运动员	世界优秀健美运动员介绍各阶段训练方法					
	初级		中级		高级(赛前)	
	训练动作	组数×次数	训练动作	组数×次数	训练动作	组数×次数
萨米尔・班诺特	杠铃划船 正握重锤胸前下拉	2~3×8~10 2~3×8~10	胸前引体向上 反握重锤胸前平拉 正握重锤胸前平拉	3×RM 3×8~10 2~3×8~10	颈后引体向上 杠铃划船 T 形杠铃划船 正握重锤胸前下拉	3~4×8~12 3~4×8~10 2~3×8~10 2~3×8~10
李・汉尼	杠铃划船 对握重锤胸前平拉	2~3×8~10 3~4×8~12	杠铃耸肩 重锤胸前平拉 正握重锤颈后下拉 直腿硬拉	2~3×10~15 3×8~12 3×8~12 3×6~10	杠铃划船 对握重锤胸前下拉 对握重锤胸前平拉 哑铃耸肩	4~5×6~12 3~4×8~10 3×8~10 3~4×10~15

续表

运动员	世界优秀健美运动员介绍各阶段训练方法					
	初级		中级		高级(赛前)	
	训练动作	组数×次数	训练动作	组数×次数	训练动作	组数×次数
克里斯·狄克森	哑铃或杠铃弯身划船 颈后下拉背阔 硬拉(山羊挺身)	3×8~10 3×8~10 3×8~10	杠铃弯身划船 颈后下拉背阔 引体向上 硬拉(次数逐步减少)	4×8~10 4×8~10 2×MAX 最后一组6次		

表 11.19　**背部训练方案**

非赛季背部训练方案(增肌，一周两次)		非赛季背部训练方案(塑形，一周两次)	
训练动作	组数×次数	训练动作	组数×次数
热身：宽握下拉	3×10	背阔肌下拉	3~4×25~30
宽距正握引体向上	2×10~12	引体向上	3~4×20~30
平行杆下拉	4×10	坐姿划船	3~4×20~30
反握坐姿划船	4×12	拉力器坐姿划船	3~4×20~30
单臂哑铃划船	3×8	单臂哑铃划船	左右各5×25~30
高位绳索面拉	3×15	俯身划船	3~4×20~30
坐姿绳索划船	4×12	脊屈曲-俯身座椅挺身	3~4×20~30
动上斜凳绳索下拉	3×15，组间歇30秒		
非赛季训练背部方案		赛前12周背部训练计划	
拉力器划船	3×8	训练动作	组数×次数
哑铃俯身划船	3×8	拉力器划船动作(宽、窄握)	4×8~10
颈后下拉背	3×8~10	哑铃身划船	3×8~10
引体向上	1×MAX	颈后下拉背阔	3×8~10
俯卧耸肩	3×8	引体向上	3×8
山羊挺身	2×10~12	俯卧耸肩	3×8
硬拉	同赛季	硬拉(重量磅：60、100、145、185)	1×12，1×10，3×8

11.3.3　优秀健美运动员背部肌群训练方案

健身圈一直流行着一句话：新手练胸，高手练背。最完美的后背不仅维度要大，还需要肌肉分离度高。除麒鳞臀是男士最性感的肌肉部位之一外，虎背熊腰、“倒三角”，背的强悍结实、起伏有致，也是健美运动员在场上备受关注的焦点，是大部分健身爱好者所喜欢和希望拥有的，如图 11.26 所示。

优秀的健美运动员都特别注重全身肌肉中较大的肌肉群，背部肌肉是由斜方肌、背阔肌、菱形肌、竖脊肌等肌肉组成的，很多“肌肉巨人”凸显的背部肌肉线条是上述前三块肌肉的分离度造成的。背部肌肉线条感清晰可见，分离度清晰的斜方肌上、中、下部都较为明显，背阔肌的肌肉线条感也超级强烈，这样几乎完美有型的倒三角不仅能让背部肌肉线条显得紧致有力，还会凸出宽阔的肩膀、纤细的腰围，这也是很多人练宽肩的原因。

图 11.26　后展背阔肌

11.3.3.1　多里安·耶茨背部训练

多里安·耶茨那巨大的背肌是他连续 6 次夺得“奥林匹亚先生”的关键，他的整个背部看起来犹如一棵圣诞树。多里安·耶茨认为不应把锻炼部位分得太细，而应把背肌当作一个整体来练，尤其要重视下背部肌肉的练习，否则会使整个背肌的发展失去平衡，无法取得好的锻炼效果，多里安·耶茨回忆 1990 年“奥林匹亚先生”大赛输给李·哈尼的原因就在于下背部不够发达，从那以后他苦练背肌，终于练成了健美史上最宽厚的背阔肌。多里安·耶茨背部训练方案如表 11.20 所示。

11.3.3.2　罗尼·库尔曼背部训练

“奥林匹亚先生”罗尼·库尔曼背肌宽阔饱满、线条清晰，当他展示背部时，呈现在人们眼前的犹如一副背部肌肉解剖图，令人惊叹不已。罗尼·库尔曼认为任何健美运动员都可以练出宽厚的背肌，仅有这些还不够，如果在比赛中不能展示从肘到背的线条清晰的二头肌、三头肌、三角肌、菱形肌、上背肌、下背肌的话，依旧不能赢得比赛。通过多年探索，他掌握了一套背部锻炼方法，并在多里安·耶茨退出后的1998年"奥林匹亚先生"大赛上击败众多高手成功问鼎。罗尼·库尔曼背部训练方案如表11.21所示。

表11.20　**多里安·耶茨背部训练方案**

动作	组数	次数/组	重量(磅)	方案说明
正握重锤后拉	热身2+正式1	6~8	最大435	①单独安排一天锻炼，从不与其他肌肉同天练，充分锻炼背部肌肉，强度更大 ②将三角肌后部练习包括到背部锻炼中，这部分肌肉参与背肌运动的很多，各种向后拉的练习都与背有关 ③练背肌的时候采用窄握距，以充分伸展肌肉 ④即使用大重量，也十分注意动作的规范性，不盲目贪重 ⑤在每次动作中要充分收缩背阔肌，在每次动作的终点充分伸展背阔肌，要控制完成动作 ⑥除热身组外，每个动作都用大重量倾尽全力地只做1组，保证在规定次数中达到体能极限
反握重锤下拉	热身1+正式1	6~8		
俯身站立划船	热身1+正式1	6~8	杠铃划船440	
单臂器械后拉	1	6~8	哑铃划船215	
坐式划船	1	6~8	坐姿划船每边270	
三角肌后束器械练习	1	8~10		
负重山羊挺身	热身1+正式1	8~12		
硬拉	热身1+正式1	6~8	440	
引体向上(有时选用)	2	8~10		

表11.21　**罗尼·库尔曼背部训练方案**

动作	组数	次数/组	重量(磅)	方案说明
宽握 颈前引体向上	4	12~15		①经常改变锻炼方式，在4个练习中将第一个练习多做1组，每组多做2~3次，以作为重点 ②背部锻炼的动作范围远远大于其他部位，每次动作都应充分伸展和完全收缩 ③为始终保持肌肉紧张，应以较慢和稳定的速度做动作 ④确保每组动作10~12次，次数过少将削弱附属肌肉的力量，不能采用6~8次的重量
单臂哑铃划船	3	12	200	
宽握T形杠下拉	3	12		
滑轮坐姿划船	4	12	420	

11.3.3.3　阿诺德·施瓦辛格背部训练

阿诺德·施瓦辛格在背部锻炼中一向使用大重量做硬拉和划船练习，且擅长于造型，他的"转体背展双二头肌"不仅展示了强健的胳膊，而且显露出宽阔的背肌，已成为健美比赛的经典动作之一。

1980年，为了参加"奥林匹亚先生"大赛，阿诺德·施瓦辛格将背肌和胸肌结合起来练，组成一个巨大的超级组，通过交替锻炼使这两部分肌肉极度充血，并得到强烈刺激，取得了极佳的效果。阿诺德·施瓦辛格告诫说：这种超高强度的大重量练习需要极好的体力和耐力，只有具备雄厚的实力并经过充分的调整之后才可以采用。阿诺德·施瓦辛格背部训练方案如表 11.22 所示。

表 11.22　**阿诺德·施瓦辛格背部超级组训练方案**

序	动作	组数	次数/组	重量(磅)	方案说明
1	平板卧推	热身 1 组+正式 5 组	30~40 次；10~20 次	220~405	组与组之间没有休息，动作之间也没有休息
2	颈后宽握引体向上	5	8~15		
3	斜板卧推	5	10~15	305	
4	T 形杠划船	5	10~15		
5	仰卧飞鸟	5	10~15		
6	宽握俯身杠铃划船	5	10~15	405	
7	双杠臂屈伸	5	15		
8	窄握引体向上	5	12		
9	仰卧直臂上拉	5	15~20		

11.3.3.4　李·哈尼与伦达·默里背部训练

李·哈尼，8 届“奥林匹亚先生”获得者，拥有巨大的背肌。李·哈尼最喜欢的动作是哑铃划船和滑轮拉力器划船。他认为背部锻炼的目标是长肌肉块，如果块头不大，线条再好也不能赢得比赛，这就意味着要用大重量做练习。如果在锻炼中感觉不到背部肌肉的收缩和伸展，则说明效果不大，也就是说动作一定要到位，否则可能是其他肌肉参与用力过多，削弱了锻炼效果。背肌块练得够大后，要使用轻重量练习来刻画背肌线条。

伦达·默里共获得 8 次“奥赛小姐”称号，拥有发达的背肌和肱二头肌。她认为不论是对于初学者还是健美运动员来说，正确的动作和集中的注意力比使用的重量更重要。她的背部训练是每周一次，在这一次中必须使肌肉达到完全力竭。默里认为：在进行大重量背部练习时，切忌屏气，呼吸应顺畅自然或尽可能接近平常水平，以使更多的氧气进入血液，否则肌肉容易产生疲劳。李·哈尼与伦达·默里背部训练方案如表 11.23 所示。

表 11.23　**背部训练方案**

运动员	动作	组数	次数/组	方案说明
李·哈尼	滑轮下拉	热身3组，正式2组	8~10	滑轮下拉超过 300 磅
	T 形杠划船或俯身划船	3	8	每组都做或交替做
	滑轮坐姿划船	3	10	尽量伸展背肌，两手交替做，循环往复，直至力竭
	俯身哑铃划船	2	8~10	275~315 磅

续表

运动员	动作	组数	次数/组	方案说明
伦达·默里	单手俯立划船	热身2组,正式3组	8~12	大重量练习
	引体向上	2	12	
	坐姿拉力器划船	2	8~10	
	器械直臂下拉	2	8~10	

第 12 章

胸部肌群训练

12.1 胸部肌群解剖结构与功能

胸部形态是以骨性胸廓为基础的，骨性胸廓由 1 块胸骨、12 块胸椎和 12 对肋借助韧带联结而成。其中，12 对肋骨呈向前外的弯曲状，使得胸部空间加大，以保证胸腔良好发育。由于胸廓的存在，再加上宽大的胸大肌覆盖，胸部就显得丰满前挺。

胸部肌群主要由胸上肢肌和胸固有肌组成，胸上肢肌包括胸大肌、胸小肌、前锯肌等肌肉；胸固有肌包括肋间外肌、肋间内肌和胸横肌等肌肉，如表 12.1 所示。

表 12.1 胸部肌群解剖结构与功能

<table>
<tr><th colspan="2">胸部肌群</th><th>位置</th><th>形状</th><th>起点</th><th>止点</th><th>主要功能</th></tr>
<tr><td rowspan="3">上肢肌</td><td>胸大肌</td><td>胸大肌浅层</td><td>多羽状扇形扁肌</td><td>锁骨内半胸骨及上 6~7 肋软骨</td><td>肱骨大结节嵴</td><td>内收、内旋肱骨；肱骨固定时可提肋，助吸气</td></tr>
<tr><td>胸小肌</td><td>胸大肌深层</td><td>三角形扁肌</td><td>第 3~12 肋骨前</td><td>锁骨肩峰下面</td><td>提肩胛骨向前下方；肩胛骨固定时可提肋，助吸气</td></tr>
<tr><td>前锯肌</td><td>胸廓侧面</td><td>锯齿状宽大扁肌</td><td>第 1~9 肋骨</td><td>肩胛骨内侧缘</td><td>提肩胛骨向前提肋，助吸气</td></tr>
<tr><td rowspan="2">固有肌</td><td>肋间外肌</td><td>肋间间隙外侧</td><td rowspan="2">扁肌，各 12 对</td><td>肋骨下缘</td><td>下位肋骨上缘</td><td>提肋，助吸气</td></tr>
<tr><td>肋间内肌</td><td>肋间外肌深面</td><td>肋骨上缘</td><td>上位肋骨寸缘</td><td>降肋，助呼气</td></tr>
</table>

12.1.1 胸上肢肌

胸上肢肌均起自胸廓外面，止于上肢带骨或肱骨。

胸大肌(Pectoralis Major)：位置较浅，覆盖胸廓前壁的大部，呈扇形，宽而厚。起自锁骨内侧半、胸骨和第1~6肋软骨等处。各部肌束聚会向外，以扁腱止于肱骨大结节嵴。作用：使肋骨内收、旋内和前屈。如上肢固定则可上提躯干，可上提肋以助吸气。

胸小肌(Inspectorate Normand)：位于胸大肌深面，呈三角形，起自第3~12肋骨，往上止于肩胛骨喙突。作用：拉肩胛骨向前下方。当肩胛骨固定时，可上提肋以助吸气。

前锯肌(Montserrat Durante)：位于胸廓侧壁，以数个肌齿起自上8或9个肋骨，肌束斜向上内方，经肩胛骨前方，止于肩胛骨内侧缘和下角。作用：拉肩胛骨向前和紧贴胸廓；下部肌束使肩胛骨下角外，助臂上举，当肩胛骨固定时，可上提肋骨以助深吸气。

12.1.2 胸固有肌

胸固有肌参与构成胞壁，如位于12个肋间隙内的肋间内、外肌。

胸间外肌(Intercollegiate Extern)：位于各肋间隙的浅层，起自肋骨下线，肌束斜向前下，止于下一肋骨的上缘，其前部肌束仅达肋骨与肋软骨的结合处，在肋软骨间隙处，有一片结缔组织膜，称肋间外膜。

胸间内肌(Intercollegiate Intern)：位于肋间外肌深面，肌束方向与肋间外肌相反，前部肌束达胸骨外侧缘，后部肌束只到肋角，自此向后为肋间内膜所代替。作用：肋间外肌能提肋以助吸气，肋间内肌可降肋以助呼气。

肋间最内肌(Intercollegiate Intermix)：位于肋间内肌深层，肌束方向和肋间内肌相同。

其肌肉解剖如图12.1所示。

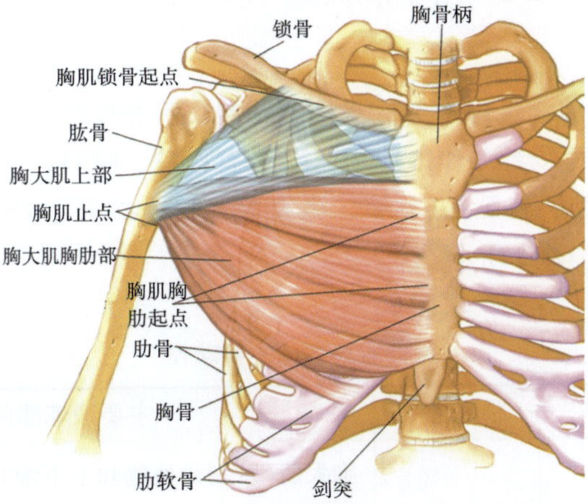

图12.1 胸部肌群解剖结构

男性胸大肌外形，分为外侧翼、下缘沟、中间沟和上胸部，胸下肌进行力量训练后，开始先形成外侧翼，再出现下缘沟，随着训练时间的增长，外侧翼逐渐向中间发展，下缘沟同时向下往上发展，最后与上胸部和三角肌前肌群相衔接，形成宽厚、结实、饱满的胸大肌。通常通过 3~4 月的训练，就可显示出胸大肌形状，经过 1~3 年的训练就可以获得满意的胸膛。

女性胸部除肌肉外，还有乳房。乳房由乳头、乳晕、乳腺、脂肪、纤维组织以及血管神经淋巴管构成。

胸部健美与否，可通过目视和胸廓测量来衡量。一般不正常的胸部类型有以下几种，如表 12.2 所示。

表 12.2 不正常胸部类型

序	类型	主要特征
1	扁平胸	胸部平坦，胸背径较小。胸背径与横径比明显小于 3/4，胸廓发育不正常，胸肌不发达，影响胸腔内脏发育和机能
2	桶状胸	胸背径过大，形状貌似肌肉发达，实际是胸廓发育不正常和各部分肌肉发展不均
3	漏斗胸	胸骨呈凹陷状
4	鸡胸	前胸骨突起程度过大
5	不对称胸	胸部左、右两则发育极不均衡
6	胸部过大	桶状胸加上脂肪过厚所致

12.2 胸部肌群训练动作方法

胸部肌群锻炼的基本动作是卧推类、双杠臂屈伸、俯卧撑等复合动作和刻画肌肉线条的飞鸟、夹胸、上拉、扩胸等局部动作，使用的器械有杠铃、哑铃、曲柄杠铃、专用训练器械等；体位姿势有卧姿（平卧、斜卧）、站姿、坐姿等；根据练习目的，握法有正握、反握等。胸部肌群训练动作，如表 12.3 所示。

表 12.3 胸部肌群训练主要动作

动作名称		器械选择	主要锻炼部位（肌群）
推举类	平卧推举	杠铃 哑铃	胸大肌（特别是外侧和上下缘）、三角肌和肱三头肌
	上斜卧举		胸大肌中上部
	下斜卧举		胸大肌中下部

续表

动作名称		器械选择	主要锻炼部位(肌群)
飞鸟类	平卧飞鸟	哑铃	胸肌外侧(动作快完成时刺激胸肌内侧)、三角肌和肱三头肌
	上斜飞鸟		胸肌上部
	下斜飞鸟		主要锻炼胸肌下部，同时锻炼三角肌前头、前锯肌、喙肱肌
	站姿扩胸	哑铃	胸大肌外侧缘
拉力器夹胸	高握把	重锤拉力器	上胸部肌肉(握把相碰的位置高)
	低握把		中、下胸部肌肉(握把相碰的位置低于腹部)
	坐姿夹胸器夹胸	夹胸器	主要锻炼和牵拉胸大肌，对喙肱肌和肱二头肌短头有锻炼作用
俯卧撑	脚平腰部位置	俯卧撑器	胸大肌两侧翼和下缘沟(两脚位置与腰部水平)
	脚高腰部位置		胸大肌上部、肱三头肌(两脚抬起位置超过腰部)
臂屈伸		双杠	胸大肌下部(特别是其下缘和外侧)、三角肌(前束)和肱三头肌为主，兼练背阔肌、斜方肌、前锯肌等
颈上推举		杠铃、哑铃	胸大肌上部肌肉
仰卧上拉	仰卧直臂上拉	杠铃、哑铃	胸大肌靠人体中线边沿
	仰卧屈臂上拉	杠铃、哑铃	胸大肌(扩大胸廓)

12.2.1 卧推类

12.2.1.1 卧推动作变化

卧推大重量是一项力量运动，不仅需要一定的肌肉量作基础，更需要中枢神经系统和大量运动神经元的参与。如何做到既能高效激发运动神经，提高肌肉神经的募集能力和效率，同时又能积极恢复，不至于过度疲劳从而影响下次训练，保持持续进步，是我们研究和关注的核心。卧推是胸部肌群练习的基本动作，是复合多关节训练动作，属于开放式训练。

(1) 卧推变化

卧推中，身体姿势、杠铃重量、握杠方式、握距、杠杆起落位置、上举角度、上举速度和组、次数等因素影响胸大肌训练效果，如表 12.4 所示。

表 12.4　　**卧推动作变化重点锻炼肌群详表**

因素	变化		重点锻炼肌群
身体姿势	平卧推举		使胸大肌(特别是外侧和上下缘)、三角肌前部和肱三头肌受到强烈刺激
	上斜卧推	A=15°~30°	胸大肌上部
		A<15°~30°	胸大肌外侧翼的中上部
		A>30°	三角肌前束
	下斜卧推	A=20°~40°	胸大肌下部
		A>20°~40°	肱三头肌
肘部变化（肘的角度：上臂与前臂的角度）			肘的角度变化越大，对肱三头肌刺激就越大。推举杠铃时肘部位于身体两侧，可使三角肌前部得到重点锻炼
肩部变化（肩的角度：上臂与躯体的角度）			运动时，肩的角度变化越大，对胸肌的刺激就越大
杠铃下降位置	下胸部	靠近胸廓边缘	胸大肌下部
	中胸部	靠近胸中部	胸大肌中部
	上胸部	靠近下颌部	胸大肌上部
杠铃握距	中握距	握距与肩宽	对胸肌正面刺激最大，胸大肌外侧翼的中部、中下部、中间沟和部分下缘沟受到刺激，肱三头肌、三角肌前束得到锻炼
	宽握距	握距比肩宽	胸大肌上部、外侧翼的中上部和三角肌前束相衔接的地方刺激最大，可加强胸大肌外侧的锻炼，使胸肌更宽
	窄握距	握距比肩窄	对胸肌内侧刺激最大，可加强胸大肌内侧的锻炼，肱三头肌得到重点锻炼，保持肘内收，可使三角肌前部得到锻炼
杠铃握法	正握杠铃		容易控制器械，主要训练胸肌
	反握反握		肱三头肌
器械选择	杠铃、哑铃、龙门架重锤		胸大肌中部、肱三头肌、三角肌前束

注：A 代表上、下斜卧推时斜板倾斜角度。

(2) 卧推速度与运动轨迹

①卧推速度。在任何时候，负重主要是由结缔组织和关节举起的。如果卧推时推起和下降的速度过快，运动势能就会削弱对于目标肌肉的刺激。合适的节奏，对胸肌的刺激会更加有效。例如在进行卧推的过程中，2 秒推起和 4 秒降下，4 秒的下降过程中要充分利用离心收缩，再加上顶峰收缩 1~2 秒的停顿时间，即 2-1-4 节奏。也就是说，花费 2 秒将杠铃举起，然后在顶端保持 1~2 秒的收缩，然后再花 2~4 秒降下，使胸肌一直处于收缩状态。

第一，采用快收缩(1~2秒)和慢伸展(2~4秒)的用力方式。

第二，缓慢连续紧张法则(韦德法则：用力收缩时间4秒，还原伸展时间2秒)。

第三，收缩上举时间与还原时间相同(2~3秒)为宜。

②杠铃位置。杠铃在底部位置：胸部位置(中胸部)、锁骨部(上胸部)、胸下部。

应尽可能使前臂垂直于地面(中胸部位置)，以维持杠杆平衡；在顶部位置，与肩膀对齐，达到力量平衡，不前倾后倒。

③运动轨迹。卧推并不是直线的上下运动，而是弧形路径。如果直接从底部向上推举，最终离顶部位置会有段距离。若杠铃从顶部垂直向下加压，会导致杠铃高过胸部，肘则在杠前。如图12.2所示。

图12.2 仰卧推举时的肩肘位置

(3)仰卧推举动作技术分析

仰卧推举是一个复合动作，运动时涵盖了三个关节动作：肩屈、肩水平内收、手肘伸展。杠铃距离肩关节正前方越远，肩屈肌(主要是前三角肌)的负荷就越重。肩水平内收则取决于握杠的宽度，握杠宽度越宽，手腕和肩膀的距离就越远，这时对于水平屈肌的挑战性就越大。

胸大肌是卧推中最重要的肌肉，主要的功能是水平屈曲，同时也可以帮助肩膀屈曲、伸展、内旋。胸大肌起始点在锁骨、胸骨和肋骨的边缘。联结锁骨的胸肌纤维一般被称为上胸部，主要负责肩关节屈曲，联结胸骨和肋骨的纤维则是下胸部，主要负责水平内收。

参与运动关节、肌群及作用如表12.5所示。

表 12.5 **仰卧推举动作分析**

动作分析	关节和部位			
	肘关节	肩关节	肩胛骨	躯干中部
运动关节	向上：伸 向下：屈	向上：水平内收、内屈 向下：水平外展、外伸	向上：肩胛骨下角稍向上旋转、外展 向下：肩胛骨下角稍向下旋转、内收	固定
运动肌群	肱三头肌 肘肌	胸大肌锁骨部和胸骨部 喙肱肌、三角肌前部	前锯肌	
固定肌群		肌腱袖、肱二头肌	前锯肌、胸小肌、斜方肌下部	腹肌和臀肌、菱形肌、斜方肌下部、背阔肌

(4)卧推效果和手肘位置有关系

卧推的主要参与肌肉是胸大肌、三头肌和三角肌前束。卧推这个动作包含以下这几个过程：肘伸(即手臂伸直的过程)、肩水平内收(即手臂从垂直体侧到体前的过程)以及肩屈(即手臂从悬于体侧到体前的过程)。在平板卧推中手肘位置的变化可以决定这三个动作所占比重的大小。

在做卧推的时候，肘关节和肩关节并不是在一条水平线上的，而是有一个微微内收的角度，角度过小，变成窄距卧推，增加了肱三头肌的参与度，胸大肌发力减少。角度过大，除了会增加三角肌前束的发力感，还会给肩关节造成额外的压力。

手肘张开(90°)：对于胸大肌的发展是最理想的。通过张开手肘，肩关节的运动主要是水平内收，与此同时，肩屈的程度最小化，胸大肌的参与度最大化，三角肌的肌纤维募集显著减少。不过要注意的是，手肘打开得越大，肩关节囊受到的压力也就越大。

手肘内收(0°)：对于三头肌和三角肌前束的发展是最理想的。手肘内收指的是手肘紧贴身体。手肘越贴近身体，胸大肌的参与程度就越小。肩关节的运动模式从水平内收切换到了肩屈，三角肌前束受到的刺激大大增加。随之而来的是三头肌的运动范围也得到了增加。

手肘与身体成 45°(手肘中立)：对于力量的发展是最理想的。在杠铃下放到最低点时，让手肘与身体成 45°可以最大化地刺激力量发展。此时，胸大肌、三角肌前束和三头肌都处于一个共同做功的模式，这样也可以减少肩关节承受的压力。在做大重量练习时可以首先考虑这样做。

(5)卧推与其相关肌群的影响

在做杠铃卧推这个动作的时候，肩关节水平内收，胸大肌和三角肌前束参与运动，而肘伸这个功能主要由肱三头肌完成。正确的发力顺序是胸大肌发力带动手臂完成卧推，主动和主要发力的是胸大肌。

在实际训练中，会出现比平时更多的肌肉(肌肉神经的募集性强)，距离配重近的肌肉会率先发力，尤其是选择大重量。所以就会出现肱三头肌率先发力，然后三角肌前束加入，提供更多的力量支持，顺带着胸大肌也会参与发力。肱三头肌和三角肌前束无疑要比胸大肌用得多。

①胸大肌与肱三头肌。在练胸大肌的同时，应加强上臂肱三头肌训练。其平卧推重量应是三头肌训练重量的3倍，没有发达的三头肌，不可能卧推起更大重量的杠铃，就不能练出发达的胸大肌。如表12.4所示，不同握距、不同起始姿势的卧推对重点锻炼肌群的影响不同。

上斜和平卧推举主要差异是角度不同，30°的上斜推举对整个胸部发展最精确、效果最好，如果角度再大一些(超过45°)，三角肌前束就会过多用力，从而减弱胸部用力。平卧推举时，应采用宽握距，杠铃慢慢降低至中胸部位置(横杠置于乳头上第4、12胸肋之间)，用力上推杠铃，垂直向上至一臂长度，支撑住，尽力呼气。上斜推举时，将杠铃慢慢降低至上胸部位置，杠铃向上的轨迹是两臂外侧分开成“弧形”运动，以便胸肌在最高点更好地进行顶峰收缩和在底部充分伸展。

卧推过程中，初练者如果在杠铃下降的时候感觉不稳定，前后左右摇晃，或者杠铃落点不确定，很可能是因为起稳定作用的背阔肌不够发达，需要强化，要重新选择能充分控制的重量。如果是推起的后半程感觉特别吃力，手臂支撑不住重量，毫无疑问，这表明肱三头肌需要加强训练。

②胸大肌与三角肌。有一些运动员的卧推重量非常大，但是胸肌却不是非常厚实。通常情况下，他们的三角肌和三头肌非常发达，这是因为卧推时依靠三角肌和三头肌发力，而不是胸肌。其解决方法是向后延伸肩膀，肩膀处于高位下拉中的底端位置，这样就可以挺起胸腔，使之处于正确的位置，从而在大多数的训练时，能够很容易地感受到胸肌的伸展和收缩。

双手的位置也非常重要。双臂需要互相平行且垂直于地面。肩膀时刻保持回缩，然后挺起胸腔，这样就很容易收缩三角肌或者向前移动肩膀。

还有一种情况是，刚开始杠铃推离胸部的时候感觉特别吃力，肩膀打开得很大，那就是胸肌没有“吃”住力量，或者肩膀前束肌群的力量不足，此时胸肌和肩膀前束的力量都需要加以强化。对整个上半身肌肉力量进行综合强化训练，是完成整体卧推训练任务的基础。

在做杠铃卧推训练时，要将更多的注意力放在胸大肌上，增加胸大肌主动发力的意识。训练前激活胸大肌和中下斜方肌、菱形肌。

(6)卧推在胸部肌群训练中的运用

斜板杠铃卧推对于发展整个上半身肌群是必不可少的。下斜卧推(20°~40°)与平卧推时，上背接触凳面，可使胸部挺起，并增大单位压力。上斜卧推用坐式弧形凳(15°~30°)可使上胸挺起，呈水平位，使杠铃垂直作用于上胸肌。在上斜动作中，最重要的一点就是角度不需要过高，一旦角度超过30°，就会开始刺激三角肌前束。

斜板杠铃卧推不仅能提高胸肌上部的丰满程度，还能直接刺激三角肌前部。实际上，除斜板杠铃卧推之外，没有其他办法能增大整个上胸部和肩部肌肉体积和分离度，没有更好的办法去增加肩膀宽度。

斜板杠铃卧推是一个复合动作，能同时刺激多个肌群，应安排在胸部训练的开始或者平板卧推之后进行，就是说，它应安排在力量水平较高时进行。

由于斜板卧推时三角肌会不可避免地受到刺激，所以要确保全面热身。德国健美重量级冠军马克思·鲁赫建议以大约30次一组开始，如果是第一个训练动作，做10~12组，金字塔式增重，最后一组做3~4次，外加一些强迫次数。如果以平板卧推开始，则把它排在第二位，做6~8组，每组6~8次。

在卧推过程中，杠杆握得越紧，整个身体就越收紧，感觉就越轻。通过收紧臀部、背部和肩膀，身体会更稳定，更易于保持对重量的控制。

胸部肌群训练应由下至上，即先练下胸(下斜卧推)，再练中胸(平卧推)，后练上胸(上斜卧推)。练习时先宽握杠，再中握杠，后窄握杠。宽握杠练胸肌宽度，窄握杠练胸肌厚度。

(7)卧推时的呼吸

用力(上推杠铃)时吸气，可使储氧的肌红蛋白和供能的肌糖原数量增加，使肌肉毛细血管扩大，以利于用力。如果用力时呼气，则会缺氧，肌糖原供能不足，肌肉力量就会减小，参与用力的肌纤维数目也会减少。另外，肌糖原“燃烧”不充分，还会产生较多的乳酸，使肌肉酸痛疲劳。所以，卧推时正确的呼吸方法是杠铃上推时吸气，杠铃下放时呼气。

12.2.1.2　卧推类动作

(1)平卧杠铃推举

主要作用：平卧推举是锻炼上体的最佳动作，它主要使胸大肌(特别是外侧和上下缘)、三角肌前部和肱三头肌受到强烈刺激，其次是使背阔肌受到锻炼，如图12.3所示。

起始姿势：仰卧长凳，保持臀部触及凳面，两脚平行放于地面，双手正握杠铃，握距与肩宽5~8cm，两臂伸直，将杠铃放在乳头上方。

动作过程：将杠铃垂直上举至两臂完全伸直，胸肌彻底收缩，静止1~3秒，然后控制性还原。不要借力完成动作。

呼吸方法：上举时吸气，下落时呼气。

注意要点：

①用轻重量热身。

②上举时背部、臀部要平贴凳面，两脚用劲下踏，上体应保持紧张，避免脊柱受伤。

③注意控制动作全过程的用力，这是发展胸部最基本、最有效的办法。

动作变化：

①挺胸弓背卧推：可增加推举重量，使胸大肌下部得到锻炼，如图12.4所示。进行仰卧推举时采用弓背用力上举方式，可限制运动的幅度，增加推举重量。主要是由最强壮的胸大肌下部用力。在比赛时不允许头部和脚活动，臀部必须始终触及凳面。腰背都有伤病者应避免做此动作。

②抬腿屈膝卧推：腰部有伤或力量较差者，如果想加强胸大肌的锻炼，可抬腿屈腿至腹部上方，如图12.5所示。抬起双腿：仰卧推举时抬起双腿可以防止过度背弓(过度背弓可能引起下背部疼痛)。此时动作锻炼重点将从胸大肌下部转移到胸大肌中都和上部。

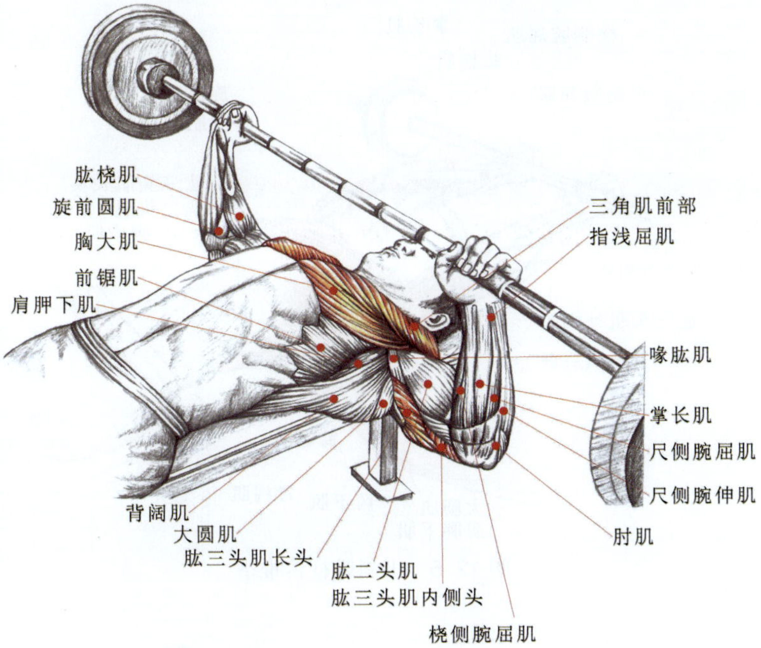

图 12.3　杠铃平卧推举

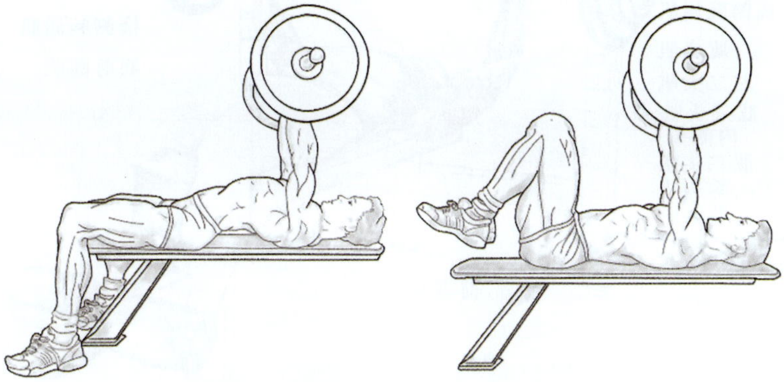

图 12.4　挺胸卧推(左)及抬腿屈膝卧推(右)

(2)上斜卧杠铃推举

主要作用：主要锻炼胸大肌上部、三角肌前部、肱三头肌和前锯肌。增加上胸部和肩部肌肉的分离度及肩部宽度，如图 12.5 所示。

起始姿势：头朝上斜仰卧长凳(10°~35°)，两手正握杠铃置于胸部上方。

动作过程：把杠铃垂直上举至两臂完全伸直，静止 1~3 秒，慢慢下落至胸部和颈根部之间。

呼吸方法：上举时吸气，静止时呼气；下落时吸气，落到原位时呼气。

(3)下斜卧杠铃推举

主要作用：主要锻炼胸大肌(特别是下部)、三角肌前部和肱三头肌。此外，将杠铃降至颈部水平，使胸大胸得到伸展，可增加其柔韧性，如图 12.6 所示。

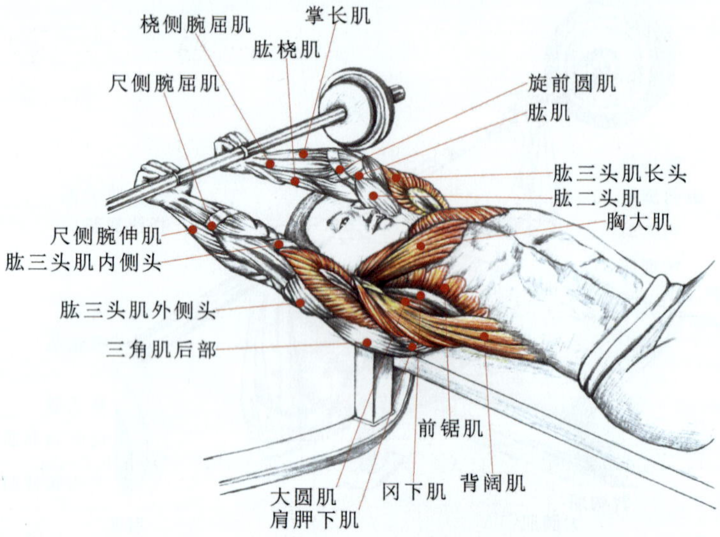

图 12.5 上斜卧杠铃推举

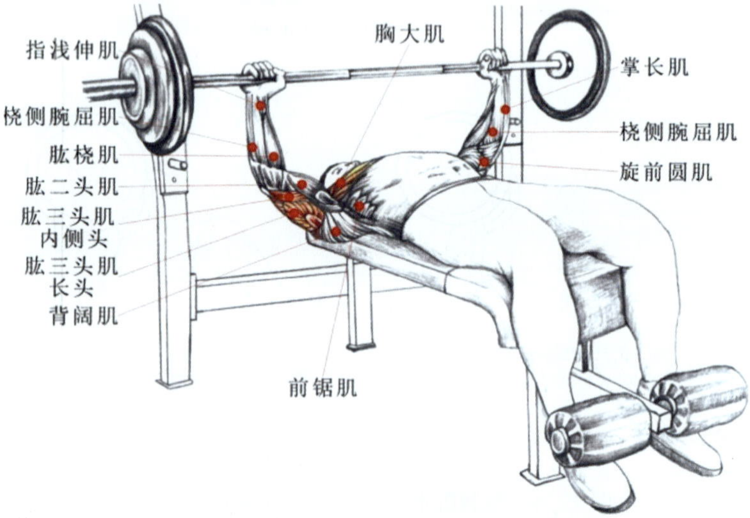

图 12.6 下斜卧杠铃推举

起始姿势：头朝下斜卧长凳(20°~35°)，两手正握杠铃置于胸部下方，双脚固定以防身体下滑。

动作过程：把杠铃垂直上举至两臂完全伸直，静止 1~3 秒，慢下落至胸大肌下缘。

呼吸方法：上举时吸气，静止时呼气；下落时吸气，落到原位时呼气。

注意要点：杠铃斜卧推举是复合动作，应安排在力量水平较高时进行。

(4)平卧哑铃推举

主要作用：主要锻炼胸大肌上部肌肉，同时使肱三头肌和三角肌前部得到锻炼，如图 12.7 所示。

动作过程：平卧于卧推凳上，宽握哑铃，拳眼相对，双臂向上伸展。吸气，屈肘并旋转前臂使双手旋前，使哑铃下降至胸部水平，慢放哑铃时两肘尽量外展，动作完成时吸气。

注意要点：此动作与平卧推相似，利用哑铃使胸大肌获得较大的活动范围，要求肌肉进行更多方位的运动。由于两手的重量需要分别控制，对稳定性的要求也更高。

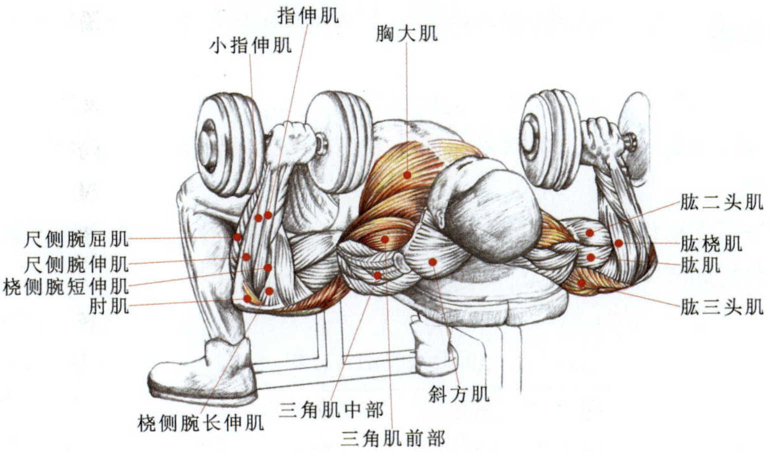

图 12.7　平卧哑铃推举

(5) 上斜哑铃卧推

主要作用：主要以锻炼胸大肌上部为主，同时使肱三头肌和三角肌前部、前锯肌和胸小肌得到锻炼，如图 12.8 所示。

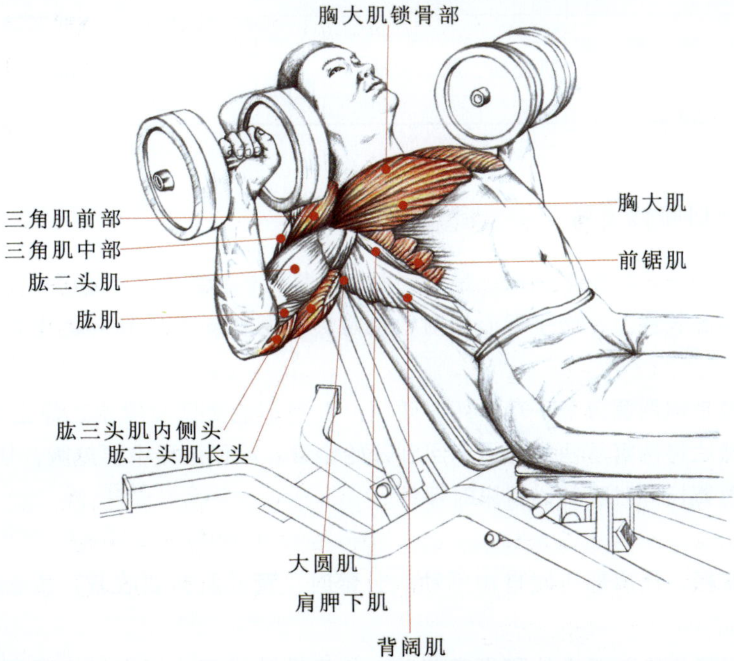

图 12.8　上斜卧哑铃推举

起始姿势：头朝上斜仰卧长凳（仰卧不超超过 60°，以免增加三角肌训练负荷），两手正握哑铃，肘部微屈，两手拳心相对，两脚平踏地面。

动作过程：吸气，两手向上推举两哑铃相接触，静止 1~3 秒，然后将两臂从两侧向下放，回到开始位置，呼气。

12.2.2 飞鸟类

多功能是飞鸟的优点，它能给胸部提供最好的热身，还能增大胸大肌外侧。飞鸟的变化很多，如仰卧哑铃飞鸟、仰卧上斜飞鸟、仰卧下斜飞鸟、单臂仰卧飞鸟、坐姿训练机器飞鸟、斜板机器飞鸟等。

仰卧飞鸟是孤立动作、单关节运动，属于开放式训练动作，需要肩和上胸有较高的平衡能力。其动作分析如表 12.6 所示。

表 12.6 **仰卧飞鸟动作分析**

动作分析	关节和部位				
	肩胛骨与胸骨连接	肩关节	肘关节	腕关节	躯干中部
运动关节	向内：轻度外展 复原：轻度内收	向上：水平内收 向下：水平外展	固定	固定	固定
运动肌群	前锯肌	胸大肌胸骨部和锁骨部、喙肱肌、三角肌前部、肱二头肌短头			
固定肌群	前锯肌、胸小肌、菱形肌	肌腱袖、肱二头肌	肱三头肌 肱肌	腕屈肌	腹肌、臀肌、背阔肌

12.2.2.1 平卧哑铃飞鸟

主要作用：该动作直接锻炼胸肌，是增强肌肉柔韧性的极好方法，如图 12.9 所示。

起始姿势：仰卧长凳上，两手拳心相对，持哑铃；两臂向上伸到与地面垂直，两脚平踏地面。

动作过程：两手向两侧分开下落，两肘微屈，直到不能更低时停止。静止 1~2 秒，让胸大肌完全伸展，然后将两臂从两侧向上，回到开始位置。动作过程中要挺胸，切忌弓背。

呼吸方法：两臂拉开时吸气，回来时呼气。

注意要点：

①两手不要紧握，让肩部可以自由活动。分臂时，背部肌肉要收紧，意念集中在胸大肌的收缩和伸展上。

②哑铃飞鸟对增大胸部肌肉体积很有帮助，与标准卧推相比，它能把更多的压力施加在胸肌与三角肌的连接处和韧带上。如果想增加卧推重量，就需要这一区域的肌肉和韧带强劲

有力。

③做哑铃飞鸟动作时，应稍微弯曲手臂，避免肘关节过直及肩部过紧。肘关节外展时，外展角度为±10°，这样不仅能使用更大的重量，而且能把压力从胸肌、三角肌连接韧带上传输到胸部，应尽力把手柄挤压在一起，使胸部获得顶峰收缩，下放时保持对哑铃的控制。

④稍微改变肘关节位置还能刺激胸部的不同区域。肘关节朝向身体时，重点锻炼胸肌下部，肘关节朝向外时，重点锻炼胸肌中部。

⑤由于哑铃飞鸟的主要作用是刺激胸肌与三角肌，并获得最大充血，最好放在练习的最后阶段完成。

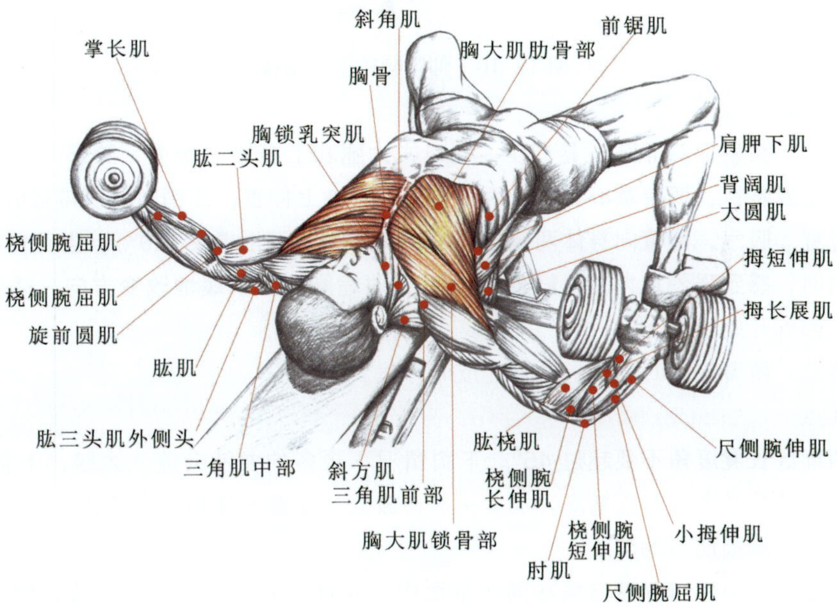

图 12.9 仰卧哑铃飞鸟

12.2.2.2 仰卧哑铃上斜飞鸟

主要作用：主要锻炼胸肌上部，如图 12.10 所示。

起始姿势：头朝上斜仰卧长凳(15°~60°)，两手正握哑铃，两手拳心相对，两臂向上伸直或稍屈肘以减轻肘关节应力，两脚平踏地面。

动作过程：吸气，两手向两侧分开下落，两肘微屈，直至肩高。静止 1~3 秒，然后将两臂从两侧向上，回到开始位置，呼气。

12.2.2.3 仰卧哑铃下斜飞鸟

主要作用：该动作主要锻炼胸肌下部，同时对三角肌前头、前锯肌、喙肱肌也有锻炼作用。

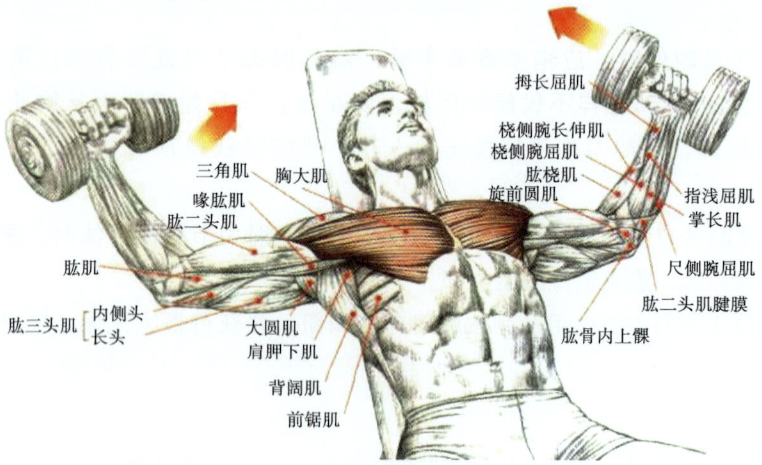

图 12.10　仰卧哑铃上斜飞鸟

起始姿势：头朝下斜仰卧长凳(30°~45°)，大腿和上身紧贴凳面，膝部弯曲，两脚平踏地面。双手正握哑铃，两手掌心相对，两臂在胸上方向上伸直，或稍屈肘以减轻肘关节应力。

动作过程：吸气，两臂向身体两侧(外侧)分开下降，两肘微屈(20°)，当上臂直至肩高处或稍低于肩时，感到强烈拉力时，静止 1~3 秒，收缩胸肌，平缓地改变方向，然后使两臂从两侧向上，回到开始位置。

呼吸方法：两臂拉开时吸气，动作完成时呼气。

注意要点：

①下斜仰卧长凳度角不要超过 45°。下斜情况下更多的血液会流入大脑，下斜超过 45°，流入大脑的血液会更多，血压增高，加上头部在极低的位置上使用大负荷训练会导致高血压，不可避免地会带来损伤与危险。

②整个过程中要保持双臂与肩在同一平面内。双臂与肩必须呈一条直线，使双臂与胸的角度小于 90°，以确保锻炼胸肌下部。

③下斜飞鸟的锻炼效果更多依赖于杠杆平衡作用而非额外负重。当双臂向外侧下降时，肘部不要过度弯曲，两肘微屈成 20°时，有效拉力会更大。

④在肩关节处不要超出正常的动作范围，如果双臂低于肩很多，会对关节、肌肉造成额外的压力。

12.2.3　夹胸类

12.2.3.1　站姿拉力器夹胸

主要作用：主要锻炼胸大肌。可通过改变上体倾斜度和肘部屈曲角度使整个胸肌得到锻炼，提高肌群间的分离度和肌肉的清晰度，如图 12.11 所示。

起始姿势：两脚分开站立，间距与肩同宽，膝稍屈，躯干自然伸直，上体稍向前倾，两手握住拉力器手柄，掌心相对，由上向下成 30°~45°，上臂上抬至稍高于肩位，肩胛骨放松上提，肘屈成 100°~120°，手腕内扣。

动作过程：吸气时以胸大肌的收缩力量使握柄贴身体相碰，两肘在整个动作中始终保持屈态；呼气时，以胸大肌逐渐伸展的力量进行控制，慢慢地向上抬起上臂，握把相碰的位置高，主要发展上胸部肌肉；握把相碰的位置低（腹部），主要发展中、下胸部肌肉。

动作分析：站姿拉力器夹胸动作分析如表 12.7 所示。

表 12.7　**站姿拉力器夹胸动作分析**

动作分析	关节和部位				
	肩关节	肩胛骨与胸骨连接	肘关节	腕关节	躯干中部
运动关节	向上：水平内收、旋内 向下：水平外展、旋外	向前：外展 复原：内收	固定	固定	固定
运动肌群	胸大肌锁骨部和胸骨部喙肱肌、三角肌前部、肱二头肌短头、背阔肌	前锯肌			
固定肌群	肌腱袖、肱二头肌	前锯肌、胸小肌、菱形肌、斜方肌下部	肱三头肌、肱肌	屈腕肌	腹肌和臀肌、背阔肌 全部腿肌维持站立姿势

动作变化：站姿拉力器夹胸，如图 12.11 所示，这是带有伸展性的动作，伸展对肌肉增长具有重要意义。肌肉增长需要空间，伸展可扩展这个空间。伸展还能使血液到达边远的肌纤维末端，更好地为肌肉提供能量。

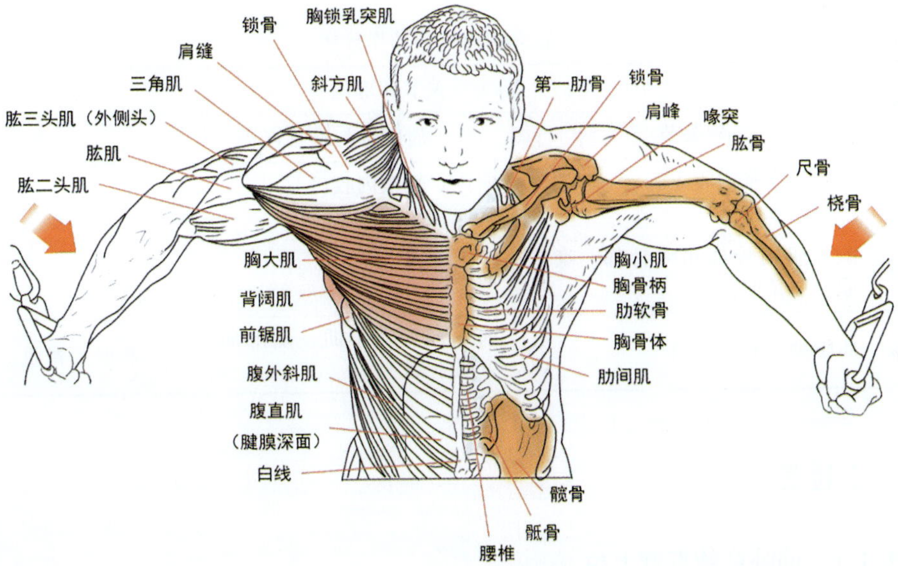

图 12.11　站姿拉力器夹胸

12.2.3.2 坐姿夹胸器夹胸

主要作用：主要锻炼和牵拉胸大肌，同时对喙肱肌和肱二头肌短头也有锻炼作用，如图 12.12 所示。

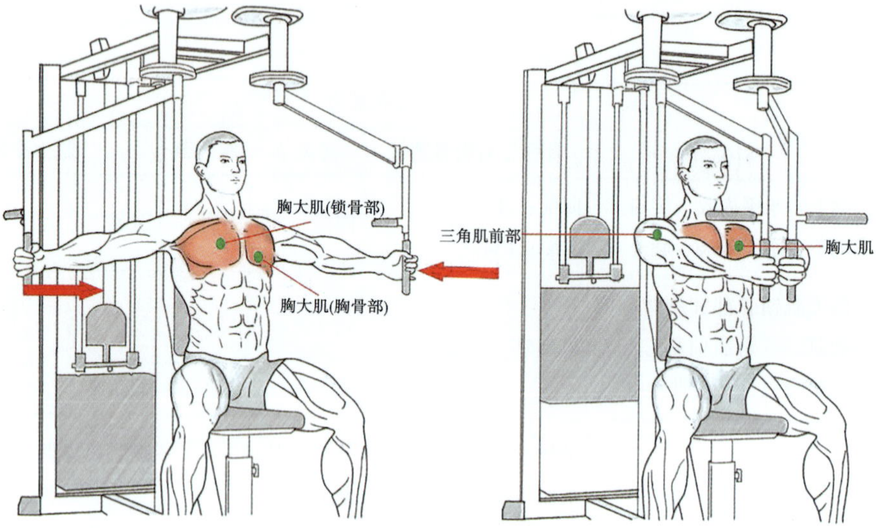

图 12.12 坐姿夹胸器夹胸

起始姿势：坐于器械椅上，肘部贴靠在活动臂垫板上，前臂和腕部放松，两手扶握横把。吸气，用力推活动臂至胸前，使两个活动臂相合。呼气，并慢松活动臂至还原。

动作分析：坐姿夹胸器夹胸动作分析如表 12.8 所示。

表 12.8 坐姿夹胸器夹胸动作分析

动作分析	关节和部位		
	肩关节	肩胛骨与胸骨连接	躯干
运动关节	向内：水平内收 复原：水平外展	向内：轻微内收 复原：轻微外展	固定
运动肌群	胸大肌锁骨部和胸骨部、喙肱肌、三角肌前部	前锯肌	
固定肌群	肌腱袖、肱二头肌	前锯肌、胸小肌、菱形肌、斜方肌下部	腹肌和臀肌、背阔肌

12.2.4 上拉类

12.2.4.1 仰卧杠铃直臂上拉

主要作用：仰卧杠铃直臂上拉被阿诺德·施瓦辛格盛赞为“扩大胸腔最好的动作”。它主要锻炼胸大肌上部和前锯肌。其次可以锻炼背阔肌、肱三头肌长头、大圆肌、菱形肌和胸小肌，并可有效牵拉胸廓，增加躯干的厚度，如图 12.13 所示。

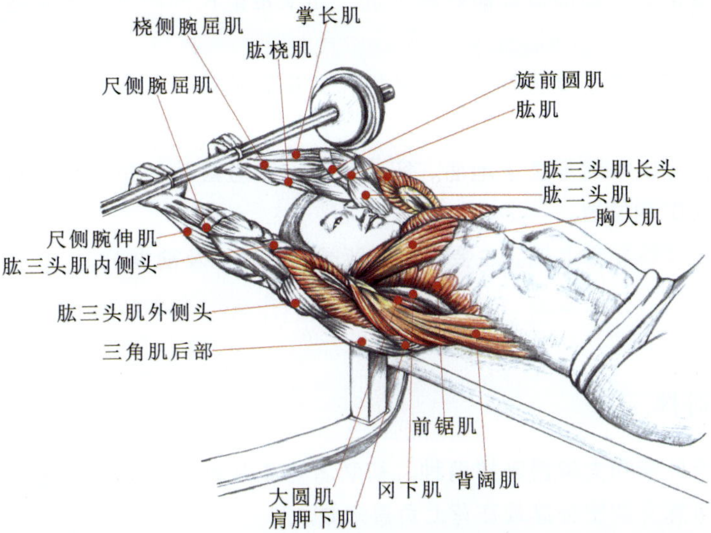

图 12.13 仰卧杠铃直臂上拉

起始姿势：仰卧长凳上，两手正握杠铃，两臂直伸，与地面平行。两脚平踏在地面或长凳上。

动作过程：两臂保持平伸，将把哑铃向上向后拉，并下落到可能的最低点。静止 1~3 秒，让胸大肌尽量拉伸。然后，收缩胸大肌，把两臂拉向上、拉向前，直至下落到腿侧开始位置。

呼吸方法：向上向后拉时吸气，向上向前回复时呼气。

注意要点：

①仰直臂上拉能同时刺激功能相反的肌群，后拉主要作用胸肌和肱三头肌，前拉时作用背阔肌和前锯肌。后拉时，让两臂充分向后直伸，前拉时，让两臂充分向前直伸。

②该动作可两手并握一只较重的哑铃来做，因两手握距较窄，重量集中在杠中央，对锻炼胸大肌靠近人体中线的边沿部分有较大作用。

动作变化：杠铃仰卧屈臂上拉。主要锻炼背阔肌下部以及前锯肌，能够拉伸胸大肌，并扩展胸腔。

12.2.4.2 仰卧哑铃直臂上拉

主要作用：主要锻炼胸大肌、前锯肌、背阔肌、三角肌、菱形肌；其次可锻炼肱三头肌、腕屈肌。

起始姿势：双脚分开踩稳地面，将上背部靠在平凳上（腰部凌空），髋关节微屈，稳定好身体。双手交叠握住哑铃一端，双手呈三角形，掌心向上，将哑铃举到头顶。

动作过程：双臂尽量保持直臂，然后有控制地放到头部后面，尽量下到底，直到胸大肌有一种很明显的拉伸感时停止。尽量不要让肘部弯曲。呼气时用力，沿着同样的弧线将哑铃拉起，直到手臂和地面垂直。注意不要挺髋，让胸肌得到最好的拉伸，从而尽可能地扩大胸腔。

注意要点：在整个过程中感受胸肌发力，并尽可能地拉伸胸肌。

①动作全程不要挺髋，髋部最好能始终下沉。如果希望拉伸的感觉更加强烈，可把髋部往下降。

②动作过程中尽量保持直臂状态，受柔韧性和力量影响可以略微弯曲，但不能弯得太厉害。

③上举的位置，可以举到垂直于地面。实践表明，刺激最强的角度是上斜角度，离双手垂直地面还差 50°~60°的位置。

动作变化：仰卧哑铃屈臂上拉。主要是锻炼背阔肌下部以及前锯肌。

12.2.5　其他类

12.2.5.1　俯卧撑

俯卧撑有地上俯卧撑和支架俯卧撑两种。初学者可先从地上俯卧撑练起，如能准确地连续做 5 次以上，也可练支架俯卧撑或在背上负重来做。

主要作用：主要锻炼胸部、肩部和手臂。动作过程不同，对胸部不同位置的肌肉刺激不同。俯卧撑能锻炼胸大肌两侧翼和下缘沟。把两脚提高到超过腰部高度，则对发展胸大肌、上胸部有利，对发展肱三头肌有助益，如图 12.14 所示。

预备姿势：两手掌支撑在地上（手指向前），两手间距与肩同宽（或稍宽半掌），两臂伸直。两脚踝靠拢，两腿向后伸直，以脚尖支地，两脚位置与腰部水平，全身挺直，头稍仰起，目视前方。

动作过程：屈臂，使身体下降至两臂完全弯曲，随即以胸大肌的收缩力，使两臂伸直还原。

注意要点：

①直臂支撑的预备姿势，必须使肩膀略向前移，使它的垂线超过手掌支撑面，前倾 10°左右。

②曲臂下降时，要以胸大肌逐渐伸长的力量控制住，使身体缓慢下降，不要突然快速下降。当两臂完全弯曲，身体下降到最低位置时，必须使胸大肌充分伸长。

③伸臂还原时，要注意在两臂全屈的状态中，以胸大肌突然的收缩力使两臂伸直。在伸直两臂过程中，要注意两上臂贴近体侧，使肘尖向后，两上臂间的夹角约为 90°~100°。胸部向前挺，使身体有意识地向前俯冲，呈弧形上升，直至两臂伸直时，两肩下沉，胸大肌处于彻底收缩状态，注意绝不能使两肩向上耸起，这会导致胸肌松弛。

④在预备姿势或动作过程中，身体要挺直，不要含胸抬臀或塌腰下沉。

⑤变换躯干角度可以改变锻炼部位：抬高双脚，可以重点锻炼胸大肌上部；抬高躯干，可以重点锻炼胸大肌下部。

呼吸方法：屈臂呼气，上撑吸气，两臂始终贴近。

①屈臂下降时呼气，伸臂还原时吸气。

②背上负重或最后 1~2 次撑起时，可使用下列呼吸方法：直臂支撑的预备姿势时，先吸气憋住，同时屈臂徐徐降至两臂完全弯曲时作短促呼气，接着吸气，在憋气的同时，伸臂撑起，直至两臂伸直还原时换气。

动作分析：俯卧撑动作属于闭路式训练、多关节运动，动作分析如表 12.9 所示。

表 12.9　俯卧撑动作分析

动作分析	关节和部位			
	肘关节	肩关节	肩胛骨与胸骨连接	躯干中部
运动关节	向上：伸 向下：屈	向上：水平内收、屈 向下：水平外展、伸	向上：肩胛骨下角轻度向上旋转、外展 向下：肩胛骨下角轻度向下旋转、内收	固定
运动肌群	肱三头肌 肘肌	胸大肌胸骨部和锁骨部、喙肱肌、三角肌前部	前锯肌	
固定肌群		肌腱袖、肱二头肌	前锯肌、胸小肌、菱形肌、斜方肌下部	腹肌、臀肌、股四头肌、腰方肌、背阔肌

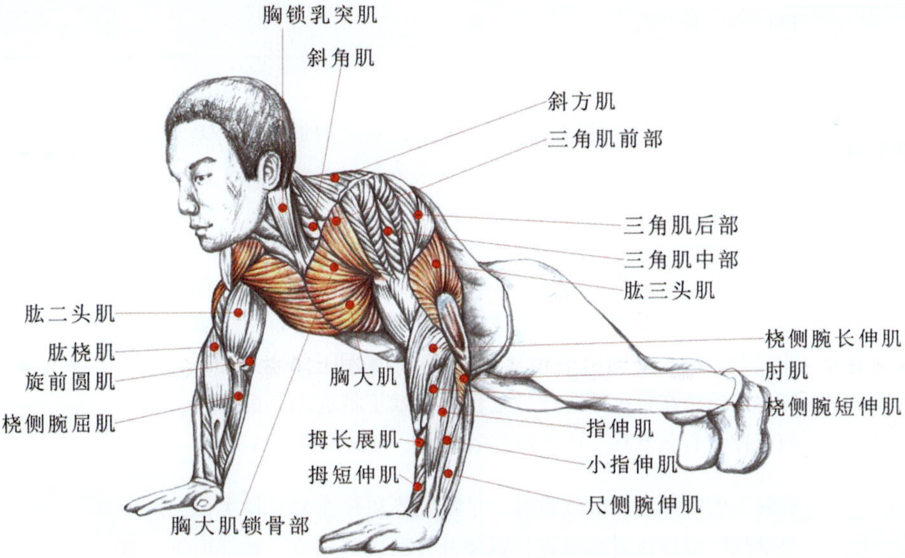

图 12.14　俯卧撑

动作变化：俯卧撑动作变化较多，动作过程不同，主要锻炼部位不同，难易程度不同，如表 12.10 所示。

表 12.10　　**俯卧撑动作变化**

<table>
<tr><th>动作变化</th><th>主要作用</th><th>动作过程</th><th>难度系数</th></tr>
<tr><td>跪姿俯卧撑</td><td rowspan="10">主要锻炼胸部，肩部和手臂。动作过程不同，对胸部不同位置肌肉锻炼侧重不同，对肱三头肌、肘肌、三角肌、前锯肌等有不同程度的锻炼</td><td>双膝关节俯卧撑地做俯卧撑</td><td>★</td></tr>
<tr><td>上肢高位俯卧撑</td><td>上肢抬起，双手位置高于脚位，头朝上使身体前倾 12°~30°</td><td>★</td></tr>
<tr><td>下肢高位俯卧撑</td><td>两脚抬起，位置超过腰部，头朝下使身体前倾 10°~12°</td><td>★★</td></tr>
<tr><td>前倾式俯卧撑（高位俯卧撑）</td><td>两脚抬起，位置超过腰部，使身体前倾 10°~15°。主要锻炼胸大肌上部、肱三头肌。减小手腕压力，练习时可手掌外转</td><td>★★</td></tr>
<tr><td>支架俯卧撑</td><td>两手掌支撑在支架上（或凳、箱上）做俯卧撑</td><td>★★</td></tr>
<tr><td>宽卧撑</td><td>两手掌支撑，两手间距比肩宽做俯卧撑</td><td>★★★</td></tr>
<tr><td>负重俯卧撑</td><td>在背部增加负重或阻力做俯卧撑</td><td>★★★★</td></tr>
<tr><td>单腿俯卧撑</td><td>单腿俯卧撑地，将一腿抬离地面做俯卧撑</td><td>★★★★★</td></tr>
<tr><td>指卧撑</td><td>用手指撑地（3~5 指）做俯卧撑</td><td>★★★★★★</td></tr>
<tr><td>单臂俯卧撑</td><td>用一只手臂撑地做俯卧撑</td><td>★★★★★★★</td></tr>
<tr><td>反手俯卧撑</td><td colspan="2">反手俯卧撑能练到整个上半身，尤其是胸部、肩部、肱三头肌和核心区。同时手部是反过来的，相应的力量集中到肩膀，能很好地锻炼肩膀肌肉</td><td>★★★★★★</td></tr>
<tr><td>击掌俯卧撑</td><td colspan="2">采用击掌俯卧撑可以保证训练负荷和训练质量。击掌俯卧撑推起时是等长收缩，下落时是超等长收缩，对于增加力量、爆发力等有非常优异的效果。对腕关节、肘关节、肩关节会产生压力。对肌肉的刺激更强、要求更高</td><td>★★★★★★</td></tr>
<tr><td>钻石俯卧撑</td><td colspan="2">得名于其动作过程中，双臂和胸部的形状如同钻石。这是高效训练胸肌的动作，能更加高效地激活胸肌上部。钻石俯卧撑手间距非常窄，甚至可以两手相触完成动作。胸肌上部连接胸锁关节，三角肌前束在标准俯卧撑的过程中贡献了将近 1/3 的力量，钻石俯卧撑将它限制住，胸大肌高效发力，激活水平自然提高</td><td>★★★★★★</td></tr>
<tr><td>蜘蛛人俯卧撑</td><td colspan="2">蜘蛛人俯卧撑主要锻炼腹部。起始姿势和普通俯卧撑类似，双手手掌间隔应该比肩部略宽，双腿分开跟髋部同宽，胸部向下，直至距离地面 3~4cm。当身体下沉时，右腿要屈膝抬起，膝盖向右手手肘靠近收缩腹肌，在整个过程中膝盖或者脚都不可触碰到地面。然后手臂迅速撑起，恢复起始姿势，右腿也伸回原位。换腿循环重复</td><td>★★★★★★</td></tr>
</table>

12.2.5.2 仰卧哑铃屈臂上拉

主要作用：该动作主要锻炼胸肌、肱三头肌长头、大圆肌、背阔肌、前锯肌、菱形肌和胸小肌，并可有效牵拉胸廓，如图12.15所示。

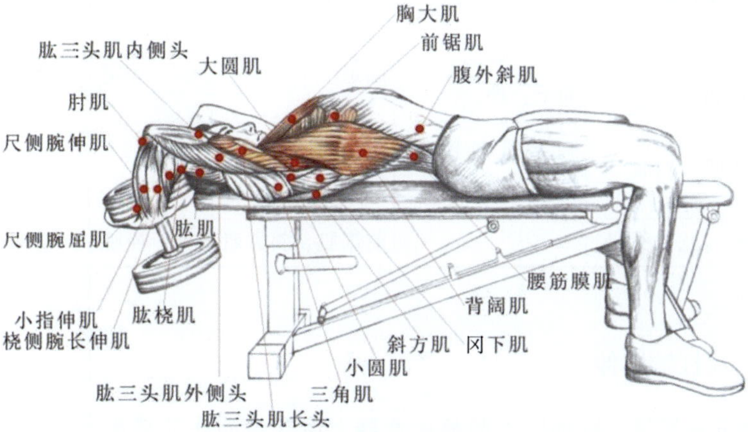

图12.15 仰卧哑铃屈臂上拉

动作过程：仰卧屈臂上拉动作是仰卧凳上，上背贴凳，腰、头部悬空，双脚着地支撑，双手握哑铃(或杠铃)，从头上向后放下去，直至上臂与地面平行，用胸肌的力量将其拉起至双臂和上身垂直，练习时双臂微屈。做动作时可请别人坐在自己腿上，以防自己用力时被拉翻过去。

动作变化：仰卧哑铃直臂上拉，如图12.16所示。

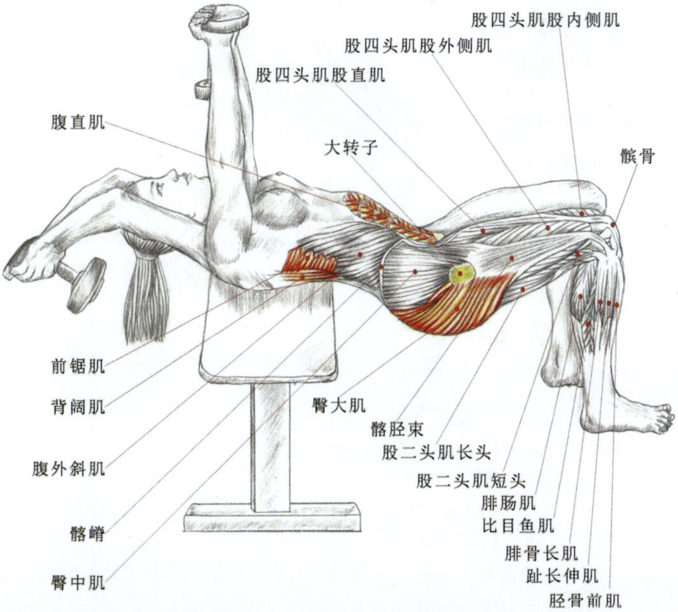

图12.16 仰卧哑铃直臂上拉

动作分析：仰卧哑铃屈臂上拉动作分析如表 12.11 所示。

表 12.11 仰卧哑铃屈臂上拉动作分析

动作分析	关节和部位				
	肘关节	肩关节	肩胛骨与胸骨连接	前臂	躯干
运动关节	向上：伸 向下：屈	向上：屈 向下：伸	固定	固定	固定
运动肌群	肱三头肌、肘肌	胸大肌锁骨部、三角肌前部			
固定肌群	肌腱袖、肱二头肌		前锯肌、斜方肌下部	屈腕肌	腹肌和臀肌、背阔肌

12.2.5.3 双杠臂屈伸

双杠臂屈伸是发展整个胸部肌肉的秘密武器，用这个动作能练出十分动人的胸肌体积，并具有较好的肌肉清晰度。

主要作用：以练习胸肌下部（特别是其下缘和外侧）、肱三头肌和三角肌（前束）为主，兼练背阔肌、斜方肌、前锯肌等，对牵拉胸大肌并增加上肢带肌的柔韧性非常有效。这一动作具有多种功能，不同的做法会产生不同的锻炼效果，如图 12.17 所示。

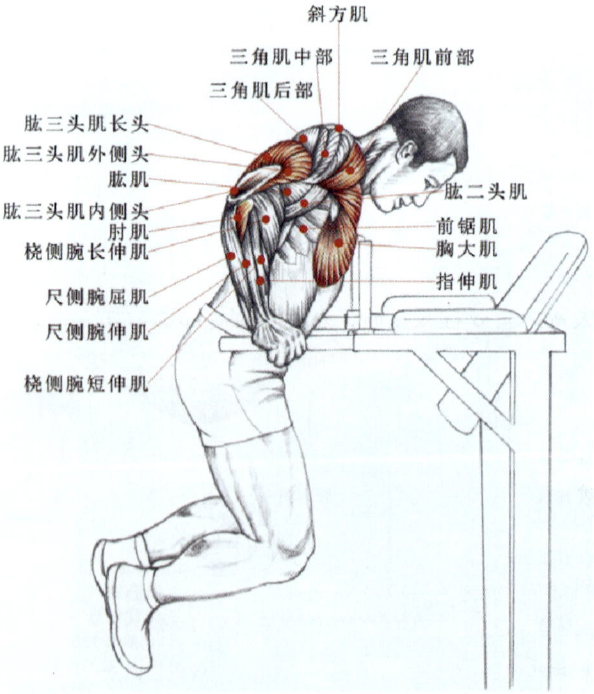

图 12.17 双杠臂屈伸

动作分析：双杠臂屈伸动作属于开放式训练、多关节运动，动作分析如表 12.12 所示。

表 12.12　**双杠臂屈伸动作分析**

动作分析	关节和部位			
	肘关节	肩关节	肩胛骨与胸骨连接	躯干中部
运动关节	向上：伸 向下：屈	向上：内收、屈 向下：外展、伸	向上：内收、轻度下降和向下旋转 向下：外展、轻度上提和向上旋转	固定
运动肌群	肱三头肌 肘肌	胸大肌、胸小肌 喙肱肌、背阔肌、大圆肌	前锯肌、斜方肌下部、菱形肌	
固定肌群		肌腱袖	前锯肌、胸小肌、菱形肌、斜方肌下部	腹肌、背肌

起始姿势：两臂伸直，支撑在双杠上，手背朝外，自然下垂，小腿并拢或向后交叉钩住，抬头挺胸直腰。

动作过程：屈肘，使身体尽可能自然地下降至最低点，然后用力支撑起身体，至两臂完全伸直。最好在能调整窄宽的双杠上练习，以便随意改变两杠间的距离。

动作节奏：下放 2 秒左右，静止 1~2 秒，撑起 2 秒。

动作要求：

①身体落下时速度要慢，放松肩胛骨，让肩膀上提，感觉胸部及肱三头肌的拉扯，避免收紧上斜方肌而使肩膀抽向耳朵方向。

②向上推时，肩关节与肘关节应同时活动，上身倾斜角度不变，让身体全程保持靠前的状态。

在撑起阶段，不同的握距、倾角及夹角等体姿变化，使胸肌和肱三头肌的受力占总负荷的比例各是多少，产生哪些相应的变化等，目前还没有详尽明确的研究结果。

③躯干不要下降得太低。如果躯干下降太低将造成额外的肩伸展（手肘在躯干后面），引至肌力不足而造成关节的不稳定，所以下降时只要手肘刚刚在身体侧后一点即可。

④双杠距离不要太宽。当双杠太宽时，会增加对肩部的剪切力的力矩（以肩部为支点），距离越大，剪切力的力矩越大，双杠宽度最好与肩同宽。

⑤手肘外展会造成肩外展的体位，这时肱骨头陷进关节窝的部分更少，因此关节更难稳定，所以手肘要贴着身旁。

⑥身体要保持平衡，不可随意晃动，一般不要在身体前后摆动中完成动作。

自助方法：体前放一个稳定的高凳，在练习中需要帮助时，收腹抬腿，把两脚轻放到凳上即可。这适合初练者用来降低练习难度。

负重练习：以体重为阻力，当一组能轻松完成 12 次以上时，就应负重练习，如将杠铃片悬挂于腰部或腿部进行练习。

动作变化：双杠臂屈伸是一个双关节运动的动作。握距的选择、上体倾角、上臂与躯干的夹角不同变化，会对主要锻炼肌肉产生不同的锻炼效果，如表 12.13 所示。

表 12.13 双杠臂屈伸动作变化

动作变化		主要锻炼肌肉	动作要领
握距选择	窄握距	对肱三头肌刺激大	握距与肩宽
	中握距	对胸肌刺激大	握距比肩宽
	宽握距	对胸肌刺激大	握距比肩窄
上体倾角选择（侧面观）	上体宜直立	主要锻炼肱三头肌	使手臂在体侧完成动作
	后仰呈反弓形	主要锻炼肱三头肌	使手臂在体后完成动作
	上体前倾	主要锻炼胸肌	使手臂在体前完成动作
上臂与躯干夹角（背面观）	夹紧	主要锻炼肱三头肌	下放时不要外张，保持两臂平行
	外张	主要锻炼胸肌	下放时则可外张

12.3 胸部肌群训练方法

12.3.1 男子胸部健美训练

男子胸部健美训练，是健美训练中的重要组成部分，高挺宽厚的胸脯是男子体形上最引人注目的部位。雕琢胸肌，一般要从身体胸肌的形态与训练阶段来编制训练计划，早期训练应注重胸部的全面发达，每次训练都要把上胸部、下胸部、中缝、胸肌内侧和外侧、胸廓等练个遍。严格的动作规范是训练的基本要求，在训练中应始终保持肌肉的紧张状态，尤其是当杠铃或哑铃被举到最高点时，要完全伸展胸肌。

12.3.1.1 胸部训练难点

胸肌训练有如下难点：上胸发达度不够，与中下胸存在明显落差，胸肌中缝不明显，厚度不能迅速增加，形状不理想，有明显缺陷。

(1) 改进上胸

上胸发达度不够，与中下胸存在明显落差，调整训练方法以改进不足。

①斜板卧推：长时间练习效果不明显，说明动作需要改进。

第一，要注重动作要领，改掉做桥式推举的习惯，否则动作不到位，练习部位会游离到中、下胸部。

第二，全程动作效果不好，可考虑半程动作，同时注意力集中在上胸部，适当加大重量，请同伴保护或助力。

第三，用杠铃做效果不好，可以哑铃为主。训练技巧：哑铃下降时不走直线，可微卷手腕，使路线略呈“C”形，这样可在切线方向产生一个分量加在上胸横截面上，要点是注意力必须集中在上胸横截面上，并且注意经脉暴起、充血良好，以强化训练效果。

②直立杠哑铃推举：不系腰带，以每组 6～8 次的负荷做推举。由于身体自然后倾，对上胸有很强的刺激效果，能很快“淹没显露的锁骨”。

③平卧推举：由于身体结构和柔韧性方面的差异，做斜板卧推收效果甚微的话，则不妨用平卧推来发展上胸。动作要点是下放杠铃时将铃杠置于颈部，注意力集中在上胸部，再就是在卧板下垫一木块，使之呈 5°～10°的小倾角，以利于挺起胸部。

④前倾式俯卧撑：垫高双脚，使身体前倾 10°左右，最多不超过 15°，否则受力重点会转至肩部。可请同伴在上背部加杠铃片。

(2) 改进胸肌中缝

职业高手们的胸肌中缝宛如一条线，既窄又深，为使胸缝深陷，必须让近胸沟处肌肉立起，关键在于充分挤压胸肌，使两侧胸肌在每次动作中充分地接近、隆起。

①直臂器械夹胸：直臂比常规的屈臂动作效果更好。坐于凳上，伸直双臂，拳眼向前，小臂抵住挡臂板。这样双臂能在胸前交叉，幅度自然大于屈臂动作。交叉双臂时坚持 1～2 秒，顶峰收缩。尽量对胸肌近中缝处进行挤压，逼胸肌“立”起来。

②拉力器十字交：立于拉力器架下，双手握柄做夹胸动作，充分交叉双臂，而不是相触即分开。可以一组左臂在上，一组右臂在上，或双臂交替上下，每组做 8～12 次。

③窄握卧推：能采用较大负荷进行练习，但幅度受限，有利有弊，需与其他方法结合进行才能取得良好效果。

哑铃飞鸟虽对练胸肌中缝有一定作用，但双臂一旦超过身体平衡，对胸肌拉伸的张力就会变小，所以胸肌中缝训练应以有滑轮的器械为主。

(3) 增加胸肌厚度

增加胸肌厚度要注意以下几点：

第一，不要总是按已经习惯的负重进行训练。一组动作的次数超过 10～12 次，就应该考虑增加负荷，人体调节机制很特别，如果某种负荷使其难受，那它就会调节神经系统储存更多的能量，以便下一次相对轻松地化解负荷。如此循环往复，肌肉才能不断增厚变大。

第二，尽可能增大动作幅度。动作幅度对增加任何一块肌肉的厚度都有着至关重要的作用。动作幅度越大，肌纤维拉伸与收缩的程度就越大，受的刺激就越强，效果自然比幅度受限的动作要好。

第三，多做一些大负重的上身动作。如硬拉、立姿推举等。这些动作在全面提高上体围度的同时，对增厚胸部肌肉也有很好的促进作用。

两个增厚胸肌的主打动作：

①杠铃平板卧推：除常规的 8～12 次练习外，应定期安排大重量训练日，用大重量甚至超负荷来打破身体的适应性，动作一般做 4～6 次，极限重量做 1～3 次。总组数为 8～10 组。极限组做 2～3 组，组间休息 90～120 秒。然后再安排一两个其他动作，如斜板卧推或飞鸟，做 12～15 次，最后做 1～2 组多次数组(15～20 次)，这样能兼顾深层肌纤维，使肌肉高度充血，与大重量训练构成相辅相成的良好效果。

②哑铃平板卧推：除了正常的起落位置外，还可刻意将哑铃放到近腰处，以增大胸廓，

刺激下胸。开始用较轻的重量体会、适应，习惯后相应增大重量，下限为竭尽全力做 8 次左右。

(4) 塑造胸形

胸形不理想，除上胸、中缝和厚度不够充分，比例不协调等原因外，还有几个直观原因，如胸肌宽阔度不够，尤其是下外侧缘狭小，下胸过分下坠或发达度不够，常态下整体轮廓不够清晰等。

关于胸肌宽阔度的改进，杠铃平卧推举要注意使用宽握，开始也许不太习惯，但很快就能适应，握距越宽，对胸肌外侧缘的刺激越强，能使胸肌充分打开、拉伸。

下外侧缘偏小可调节落杠位置，使之靠近下胸部，做哑铃卧推时可刻意使起落位置偏下，仰卧飞鸟无论是哑铃还是拉力器均要这样。架空俯卧撑对改善胸肌下外侧缘偏小有一定的作用；手应撑于体侧偏下位置，背上可加一定的重量。

下胸过分下坠者，若不是因为肥胖，则主要是下斜卧推做得过多造成的。下斜卧推的优点是能够迅速发展下胸部，缺点是常态站立时下胸过于下坠，这个动作不可过度使用。

为提高整个胸肌轮廓的清晰度，可采用下列技巧：

第一，在每组动作的间隙穿插造型训练。经过一组器械练习后胸肌已全面充血，轮廓显露，此时做造型，可使胸部轮廓更突出，对整个线条有强化作用。

第二，在动作中强化轮廓。在拉力器飞鸟、坐姿胸前推等动作的顶点时，顶峰收缩 1~2 秒，以强化胸肌轮廓线。

第三，采用孤立重量做多组练习。孤立重量 12 次可将注意力完全集中在动作要领上，对雕塑胸肌轮廓线非常重要。有时为了强化效果，可以一堂课只做一个动作。初级阶段应该对胸肌进行基本训练(时间约为 6 个月)，然后可对胸肌进行更多的强化，以增大胸肌，获得高品质的肌肉和清晰的线条。李・哈尼喜欢的胸肌训练计划是：两种增肌练习，分别是上斜和平卧杠铃推举；两种塑形练习，分别是平卧飞鸟和拉力器夹胸。

12.3.2 各阶段胸部训练

12.3.2.1 训练频率

要想练出胸肌需要长期坚持，而且因为个人体质和锻炼强度的差别，具体训练时间会因人而异，一般来说最快也需要坚持至少 1 个月才能有成效，慢的话要 3~6 个月甚至更久的时间才能见到胸肌轮廓。

胸肌锻炼不是每天都要进行，胸肌属于大肌肉群，在锻炼之后需要一定的时间来修复并且重建受损的肌肉纤维，一般 48~72 小时才能完全恢复。最好是每周锻炼 1~2 次胸肌为宜，这样不至于胸肌还未恢复就去锻炼，导致肌肉疲劳、拉伤等运动伤害。

对于初级或中级健身者来说，每周 2 次的胸肌训练是必要的。对于资深或高水平的健身运动员来说，他们的胸部已经很丰满，胸肌很厚，需要更长的恢复时间，因此可选择每周进行 1 次胸肌训练。

每次胸肌锻炼时间过短的话，对肌肉刺激作用不大，时间过长又容易导致肌肉疲劳，所以每次锻炼时间最好能控制在 40~60 分钟为宜，这样可以有效地锻炼胸肌，更快地看到效果。

12.3.2.2 胸部各阶段训练方法

初级阶段应该对胸肌进行基本训练(时间约为6个月),然后可对胸肌进行更多的强化,以增大胸肌,获得高品质的肌肉和清晰的线条。

高水平运动员为了既刺激快速肌纤维又刺激慢速肌纤维,每周对上胸部进行一次有氧训练,每次练习4组,每组25次。另外再使用无氧训练模式增加肌肉体积,每次练习4组,每组6~8次,训练后至少有3天的恢复时间,以防过度疲劳。如表12.14、表12.15所示,为运动员各阶段胸部健美训练方法。

表12.14 胸部健美训练(男子胸部各阶段训练安排)

	初级(6周)	初中级(12周)	中级(18周)	高级(18周以上)
组数(总组数)	2~3(5~6)	2~3(10)	2~4(14)	4~5(14~15)
动作(同一肌群)	2	3	3~4	4~5
次数	8~12	6~12	6~12	6~5
罗伯特·肯尼迪	每周训练2次,3个月为一个周期。平卧杠铃推举:2组*最大次数(YMAX);俯卧撑:2组*最大次数(YMAX);下次课的训练次数是前一次课的YMAX+1,组间休息时间为2~3分钟			

表12.15 胸部各阶段训练方法

方案 \ 阶段	初级		中级		高级	
	训练动作	组数×次数	训练动作	组数×次数	训练动作	组数×次数
李·哈尼	上斜杠铃卧举 平卧杠铃推举	热1×12~15+4×6~8 热1×12~15+4×6~8	平卧杠铃推 上斜哑铃卧举 双杠双臂屈伸	4~5×6~10 4~5×6~10 2~3×8~12	上斜杠铃卧举 平卧杠铃推举 平卧飞鸟 上斜飞鸟+拉力器夹胸	热1×12~15+4×6~8 热1×12~15+4×6~8 3~4×12~15 3~4×12~15
健身教练推荐(方案Ⅰ)	平卧杠铃推举 上斜哑铃卧举	3×8~12 2×8~12	上斜杠铃卧举 双杠双臂屈伸 仰卧飞鸟 卧式屈臂上拉	3×8~10 3×8~10 2×8~12 2×10~15	上斜杠铃卧举 双杠负重双臂屈伸 窄握距平卧推 仰卧屈臂上拉 平卧飞鸟	4×8~10 3×8~12 3×8~10 2×10~15 2×8~12
健身教练推荐(方案Ⅱ)	平卧杠铃推举 上斜哑铃卧举	3~4×8~12 2~3×8~12	上斜杠铃卧举 双杠双臂屈伸 仰卧飞鸟	4×8~10 3×8~12 3×10~15	上斜杠铃卧举 平卧杠铃推举 下斜哑铃卧举 仰卧屈臂上拉	5×6~15 4×6~12 3×6~12 2~3×10~15

12.3.3　优秀健美运动员胸部训练方案

12.3.3.1　凯文·莱弗隆上胸部训练方案

同阿诺德·施瓦辛格傲视群雄的胳膊、多里安·耶茨所向披靡的背部一样，“奥林匹亚先生”凯文·莱弗隆极度发达、完美无缺的胸部已在健美界传为佳话，成为众人追求的目标，如图 12.18 所示。

图 12.18　侧展胸部

胸部最难练的是上胸部肌肉，凯文·莱弗隆从实践中总结出一整套行之有效的上胸部训练方法，使上胸部训练效果非常明显，胸形与肌肉都达到最佳状态，如表 12.16 所示。

表 12.16　凯文·莱弗隆上胸部训练方案

训练要素	训练方案	方案说明
训练动作	斜板杠铃卧推	斜板倾斜度为 30°，正好把压力集中于上胸部，而不是三角肌。动作应平稳连贯，保持对重量的控制，当杠杆触到上胸部时速度放慢，然后推起，直到胳膊完全伸直
	斜板哑铃卧推	斜板倾斜度为 30°。掌心向前，把哑铃推到锁定的地方，收紧上胸部肌肉，然后把哑铃降到初始位置
	双杠臂屈伸	以体重为阻力，每次训练次数相同，第一组约做 25 次，然后降到 10 次，共做 3~4 组
训练频率	每周 2 次	为了既刺激快速肌纤维又刺激慢速肌纤维，每周用 2 个模式进行上胸部训练

续表

<table>
<tr><th>训练要素</th><th>训练方案</th><th>方案说明</th></tr>
<tr><td rowspan="2">组数和次数</td><td>有氧训练模式</td><td>每个练习 4 组，每组 25 次</td></tr>
<tr><td>无氧训练模式</td><td>每个练习 4 组，每组 6~8 次</td></tr>
<tr><td>间歇时间</td><td>3 天</td><td>训练后至少要有 3 天的恢复时间，否则会导致训练过度</td></tr>
<tr><td rowspan="2">训练计划</td><td>有氧训练模式</td><td>斜板杠铃卧推 4×25、斜板哑铃卧推 4×25、双杠臂屈伸 4×10~25</td></tr>
<tr><td>无氧训练模式</td><td>斜板杠铃卧推 4×6~8、斜板哑铃卧推 4×6~8、双杠臂屈伸 4×10~25</td></tr>
</table>

12.3.3.2 凯·格林胸部训练方案

凯·格林，2010 年阿诺德传统赛冠军、澳大利亚大奖赛冠军，他采用金字塔增重与减重训练法进行胸部训练，在达到最大重量后逐渐降低重量，如表 12.17 所示。

表 12.17 凯·格林胸部训练计划

<table>
<tr><th>训练动作</th><th colspan="2">训练方案</th><th>方案说明</th></tr>
<tr><td rowspan="9">平板卧推</td><td>第 1 组:12 次哑铃飞鸟+杠铃卧推 20 次,负重 2×20 千克</td><td>休息 60 秒</td><td rowspan="9">铃杆触胸,上推到顶点时不要完全伸直手臂。在助手的保护下做至力竭</td></tr>
<tr><td>第 2 组:12 次哑铃飞鸟+杠铃卧推 15 次,负重 2×40 千克</td><td>休息60秒,开始增加重量</td></tr>
<tr><td>第 3 组:杠铃卧推 12 次,负重 2×60 千克</td><td>休息 60 秒</td></tr>
<tr><td>第 4 组:杠铃卧推 6 次,负重 2×80 千克</td><td>休息 60 秒</td></tr>
<tr><td>第 5 组:杠铃卧推 4 次,负重 2×100 千克</td><td>最大重量,开始降低重量</td></tr>
<tr><td>第 6 组:杠铃卧推竭力,负重 2×80 千克</td><td>不休息</td></tr>
<tr><td>第 7 组:杠铃卧推竭力,负重 2×60 千克</td><td>不休息</td></tr>
<tr><td>第 7 组:杠铃卧推竭力,负重 2×40 千克</td><td>不休息</td></tr>
<tr><td>第 8 组:杠铃卧推竭力,负重 2×20 千克</td><td>不休息</td></tr>
<tr><td rowspan="5">上斜卧推</td><td>第 1 组:上斜卧推竭力,负重 2×40 千克</td><td>休息 60 秒</td><td rowspan="5">在助手的保护下做至竭力</td></tr>
<tr><td>第 2 组:上斜卧推竭力,负重 2×60 千克</td><td>休息60秒,开始增加重量</td></tr>
<tr><td>第 3 组:上斜卧推竭力,负重 2×80 千克</td><td>休息 60 秒,最大重量</td></tr>
<tr><td>第 4 组:上斜卧推竭力,负重 2×60 千克</td><td>不休息,开始降低重量</td></tr>
<tr><td>第 5 组:上斜卧推竭力,负重 2×40 千克</td><td>不休息</td></tr>
<tr><td>上斜器械飞鸟</td><td>3 组,每组 12 次左右</td><td colspan="2">手臂弯曲 90°,要保证动作的协调统一。不要一边标准,另一边变形</td></tr>
<tr><td>哑铃平卧飞鸟</td><td>3 组,每组 12 次左右</td><td colspan="2">扩胸时均应顶肩,略展胸抬头,使胸部充分伸展,以便使胸大肌得到最大限度的收缩(绷紧)和松弛</td></tr>
</table>

12.3.3.3　优秀健美运动员胸部训练方案

世界优秀健美运动员胸部训练方案如表 12.18 所示。

表 12.18　**优秀健美运动员胸部训练方案**

运动员	训练方案			
	周一(重点上胸)		周五(重点胸中下部)	
	训练动作	组数×次数	训练动作	组数×次数
高水平运动员 每周二次训练 (方案Ⅰ)	上斜卧推(哑铃) 双杠双臂屈伸 上斜杠铃卧推 上斜飞鸟 上斜窄握屈臂上拉 上斜哑铃屈臂上拉	4×10~12 4×10~12 4×10~12 4×10~12 4×10~12 4×10~12	平卧哑铃推举 平卧杠铃推举 下斜哑铃飞鸟 平卧窄握杠铃推举 重锤拉力器夹胸	4×10 4×12 4×12 4×12 4×12
高水平运动员 每周二次训练 (方案Ⅱ)	上斜卧推(哑铃) 上斜飞鸟 平卧飞鸟 上斜卧推 仰卧屈臂上拉 拉力器夹胸	6×6~12 3×10 3×10 3×10 3×15 3×15	平卧飞鸟 平卧飞鸟 上斜卧推 下斜卧推 仰卧屈臂上拉 双杠双臂屈伸	5×8~12 3×15 3×15 3×15 3×10 3×10
菲尔·希斯	上斜杠铃卧推 杠铃/哑铃平板卧推 * 上斜飞鸟 ** 拉力器夹胸	3×8~12 4×8~12 3×12~15 3~4×15~12	注：* 如使用杠铃，最后一组使用助力带 ** 在每组的最后几个飞鸟动作中，2 秒时间打开，5 秒时间收缩	
赛吉·康斯坦特	坐姿器械夹胸 上斜哑铃卧推 上斜杠铃卧推 仰卧哑铃卧推 上斜绳索夹胸 坐姿器械推胸 绳索夹胸	2~3×12~15 2~3×12~15 2~3×12~15 2~3×12~15 2~3×12~15 2~3×12~15 2~3×12~15		
乔·卡特	器械上斜卧推 哑铃上斜卧推 平板杠铃窄距卧推 器械上斜卧推 龙门架夹胸 仰卧哑铃上拉	每个动作做 3~4 组，每组 10~12 次	先训练上胸对于上胸的增长是非常有用的； 这个动作对于上胸部的收缩感非常强，注意胸部的拉伸感； 有助于胸肌整体和中缝的收缩； 以对握的方式去进行训练，发展胸肌中缝； 拉伸胸部肌肉以训练中缝的动作，注意胸部的顶峰收缩； 有助于胸肌面积的发展	
阿诺德·施瓦辛格	斜板卧推 平板卧推 仰卧飞鸟 滑轮十字下拉	5×8~10 5×8~10 5×8~10 5×10~15	组数：20 次、15 次、12 次、10 次、8 次	

12.4 女性胸部特殊训练

12.4.1 乳房解剖结构

女性胸部的特殊性，决定着女性胸部健美训练方法的独特性。乳房位于胸廓和胸肌的外面。胸肌覆盖了整个胸部，当胸肌发育良好时，会对乳房的边缘产生影响，从而改变其大小。乳房下面垫着一层脂肪，这层脂肪包围着乳腺组织。它们与其周围的体脂非常紧密地融合在一起，只有延伸到腋下并穿过胸壁肌肉的部分除外，如图 12.19 所示。

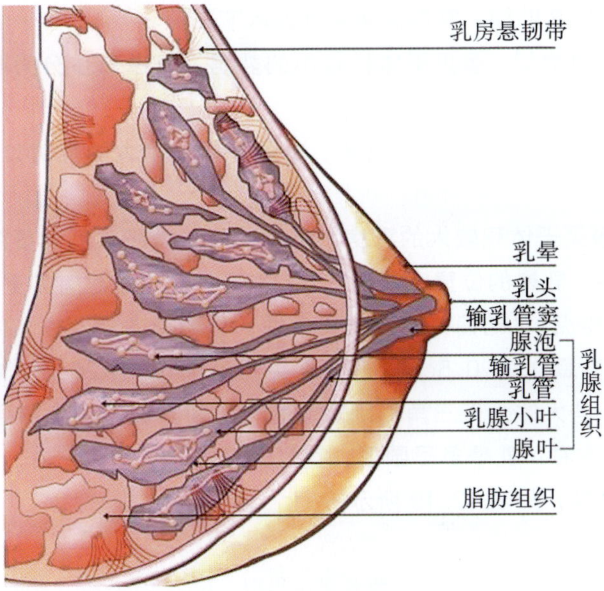

图 12.19　乳房解剖结构

乳房在胸廓上的位置：附着于两侧胸大肌肌筋膜上，位于胸前壁第 2、3 肋至第 6、7 肋之间，内缘至胸骨旁，外缘达腑前线。乳房在肌肉上的位置：乳房的内部表面紧贴着胸部肌肉，特别是胸大肌，与前锯肌和外斜肌接触范围较小。乳头位于乳晕中央，乳头上有 12～25 个乳管开口小孔，乳头周围有环形乳晕，直径 3～4cm，乳晕有色素沉着。乳头、乳晕内均富有平滑肌，当其收缩时，乳头勃起。乳腺组织、脂肪组织、纤维组织等构成丰满乳房实体。其中主要是脂肪组织和纤维结缔组织构，乳腺组织构成比例较小。正常发育健康的成年女性未孕或未授乳之乳房，呈圆锥形或半球形，丰满而富有弹性，两侧乳房基本对称，部分女性因某些原因，如内分泌失调、乳罩太紧等会造成乳房平坦、体积小、乳头不突出，甚至乳头凹陷。

丰满健美的乳房对构成女性的体型和身体、女性的自我意识等都非常重要。女性乳房从青春期开始发育，乳房的大小取决于乳腺组织与脂肪数量。10～15 周岁是女性乳房发育的最佳时期，16~18 周岁以后乳房发育基本成熟。适度地增加胸部的脂肪量，是提高胸部丰挺度最自然、健康的方法。

12.4.2　乳房形态美学

乳房美是人体美的一部分，发育正常的乳房使女性形体呈现优美的“S”形曲线。关于女性乳房的美学标准，受传统文化、宗教思想和膳食习惯等因素的影响，在不同历史时期不同种族中标准是不断变化的。尽管如此，单从乳房魅力角度考虑，人们仍倾向于以丰满、匀称为美。从全身比例考虑，乳房过度肥大不仅会破坏整体美观，也会对人体的健康带来种种危害。因此，乳房美首先表现为与全身整体均衡协调一致。

乳房形态的美学，主要表现在乳头到胸壁的高度、乳沟、乳房下皱襞、乳房外侧的弧度、腋前皱襞的形态，以及乳房皮肤的颜色光泽度、乳房的弹性等。中国女性乳房的基底径一般为 12~16cm，位于第 2~6 肋间，其形态通常分为以下三种：

①乳房上、下部分对称型：多见于体积较小的乳房，可进一步分为圆盘型、半球型、圆锥形三种。

②乳房下半部分呈弧形并大于上半部分。多见于体积稍大的乳房，呈纺锤形或泪滴形，乳头常略上翘。

③悬垂(下垂型)多见于体积较大的乳房，可进一步分为肥大型和萎缩型两种。作为乳房的重要组成部分，乳头、乳晕的位置、大小及方向在乳房美学上也有其重要性。乳头位于第 4 肋间(或相当于上臂的中点)，略偏处于乳房正中线，稍稍指向外上方。中国女性的乳头直径为 0.6~0.8cm，高于乳晕 0.3~0.5cm，两侧乳头间距为 16.5~20cm。将两侧乳头与胸骨柄上缘中点连成三角形，若大体为正三角形则较理想。但通常胸骨柄上缘中点到乳头的距离比两乳头间距长 2~3cm 左右。乳晕多呈圆形，直径为 2.6~3.5cm 左右。按乳房隆起的程度，可以大体划分为六种类型，如表 12.19 所示。

表 12.19　**女性乳房类型**

类型	主要形态	乳轴与胸壁角度
★圆盘型	乳房隆起不高，底部像薄薄的盘子挂在胸前，乳房张力大、弹性好	钝角
★★圆锥形	乳房隆起较小，底部不大，整体挺拔，呈圆锥形状，乳轴高度在 6cm 以上，大于乳房基底直径的 1/2	锐角
★★★半球型	乳房隆起较大，且饱满，形状挺拔，呈半球形。丰满、匀称、柔韧而富有弹性。位置较高，在第 2 至第 6 肋间，乳头位于第 4 肋间。两乳头的间隔大于 20cm，乳房基底面直径为 10~12cm，乳轴为 5~6cm，约为乳房基底直径的 1/2	直角
★★★★纺锤型(挺立型)	乳房隆起很高，但底部不大，使乳房向前突出并稍有垂感	夹角小于 90°，不大于 45°

续表

类型	主要形态	乳轴与胸壁角度
★★★★★ 悬垂Ⅰ型	乳房隆起但下垂，且下侧一部分碰到胸部，乳轴稍向下，柔软且富于弹性	小于45°
★★★★★★悬垂Ⅱ型	乳房顶点位置很低，整个乳房呈向下垂状，乳轴显著向下，松软而弹性较差。乳房的健美标准包括乳房形态，乳房皮肤质地及乳头形态等多方面的因素	小于45°

完美胸型，常用三个指数构成：胸围指数(Bust Index)= 胸围 / 身高，腰围指数(Waist Index)= 腰围 / 身高，臀围指数(Hip-index)= 臀围 / 身高。中国女性(经乳头)胸围与身高、(经脐)腰围、臀围及肩型肩宽的关系如下：

①胸围指数：胸围指数≤ 0.49，说明胸围过小，胸围指数 = (0.5~0.53)，标准，胸围指数≥ 0.53，美观、丰满有魅力；胸围指数>0.6，说明乳房过大。就是说，身高1.60米的成熟女性，她的标准胸围应该是84.8cm；1.70米的成熟女性，其标准胸围应为90.1cm。

②胸围与腰围、臀围的比例：为0.72~0.73；臀围与胸围的比例大致为1∶1。

③胸围与肩宽及肩型的关系：同样尺寸的胸围，溜肩的女性的乳房看上去稍大些，耸肩的女性的乳房看上去则稍小些。

据有关专家统计，中国人完美的三围指数为0.535，0.365，0.565，简称PIC(Perfect Index of China)。①

12.4.3 女性胸部健美

要达到胸部健美的目的，可以从如下几方面进行：

12.4.3.1 加强胸部专业训练

女性胸部类型一般分为两种：乳腺型和脂肪型。如果捏起来感觉到里面有米粒一样的东西，那就是乳腺型乳房，反之便是脂肪型。

脂肪型的胸就是胸上有大量脂肪，运动减脂后也会把胸上的脂肪减掉，不可能光减腰不减胸，如果运动减脂，胸自然会变小。

乳腺型的胸，乳腺腺叶占大部分，小部分为脂肪，脂肪少，自然再怎么减脂也不会减少很多的。脂肪和乳腺下有一层薄薄的肌肉，女性对胸肌进行锻炼，胸肌厚度就会增加，胸部自然就会变大。胸肌训练还可以提升胸型，防止胸部下垂和外扩，让胸看起来更加挺拔。导致胸型外扩下垂的主要原因是胸肌承托力下降，加强对胸部肌肉的专门训练，胸大肌与胸小肌发达而厚实，承托力自然更好，才能使胸部高高隆起。同时练胸肌还能消除副乳，副乳是由胸部脂肪过多堆积，肌肉含量不足，以及肌肉松弛造成的。消除多余脂肪，令肌肉紧致，副乳自然就会消失。女性不用担心多练胸肌会让胸部变硬，毕竟胸肌是在乳腺和脂肪的下面，女性的胸腺比男生发达，即使采用高强度训练使胸部增大，胸部依然会柔软而富有弹性。除

---

① 余竹生，沈勋章，朱学雷. 运动员科学选材[M]. 上海：上海中医药大学出版社，2006：43-44.

健身房专门训练外，可参加其他体育运动，如游泳等，游泳不仅能使呼吸肌得到锻炼，也会发展胸肌。还可进行适当的日光浴，在日光的温和刺激下，乳房的韧性和弹性会增强，使其结实、坚挺、饱满、秀美。

12.4.3.2　最佳丰胸时机

一般来说，女性从月经来的第 12、12、13 天是最佳丰胸时机，第 18~24 天是效果次佳的丰胸时机，在这十天当中影响胸部丰满的卵巢动情激素是 24 小时等量分泌的，这正是丰胸的最佳时机，图 12.20 所示为年龄在 17~22 周岁的女性生理变化。

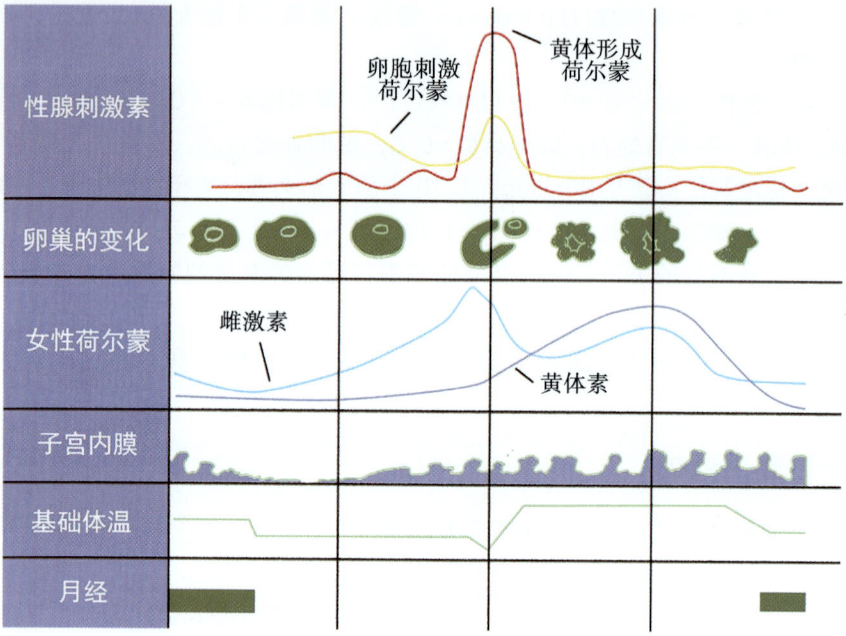

图 12.20　17~22 周岁女性生理变化图

12.4.3.3　保持正确的身体姿势

平时走路和坐立，要养成挺胸收腹的正确姿势。

12.4.3.4　加强营养

①补充脂肪：乳房组织中的脂肪较多，是贮藏脂肪的“仓库”。为了使乳房发育，应适当食用一些脂肪丰富的食品，如肉、禽、豆类等。

②补充水分：多饮水对乳房的健美作用很大，如能每天坚持饮用 8 杯水，则能对滋润、丰满乳房起到直接影响。

③补充胶原蛋白：乳房健美的标志之一是光洁度好，具有弹性且不粗糙。为此应摄取足够的胶原蛋白，含胶原蛋白的食品主要有肉皮、猪蹄、牛蹄、牛蹄筋、鸡翅等，同时还应多吃一些橘子、胡萝卜、蛋类、豆类等。

第 13 章

腹部肌群训练

13.1 腹部肌群解剖结构与功能

腹前壁、侧壁和后壁的大部分构成腹肌，腹肌上附着于胸廓，下附着于骨盆。腹前壁有一对纵行的直肌，两侧是三层宽阔的扁肌，这三层扁肌的肌束方向彼此交叉，并在腹前壁处形成广阔的腱膜。腹肌可分为前外侧群和后群。

13.1.1 前外侧群

前外侧群形成腹腔的前外侧壁，包括腹外斜肌、腹内斜肌、腹横肌和腹直肌等。

腹外斜肌(Oblique Externus Abdominis)：为宽阔扁肌，位于腹前外侧部的浅层，起始部呈锯齿状，起自下位 8 个肋骨的外面，肌束由外上斜向前下方，后部肌束向下止于髂嵴前部，上中部肌束向内移行于腱膜，经腹直肌的前面，并参与构成腹直肌鞘前层，至腹正中线并终于白线。腹外斜肌腹膜的下线卷曲增厚连于髂前上棘与耻骨结节之间，称为腹股沟韧带(Inguinal Ligament)。

腹内斜肌(Obliquus Internus Abdominis)：在腹外斜肌深面，起始于胸腔筋膜、髂嵴和腹股沟韧带的外侧 1/2 或 1/3，肌束呈扇形，即后部肌束几乎垂直上升，止于下位 3 个肋骨处，大部分肌束向前上方以不同斜度放散变成腱膜，在腹直肌外侧缘分为前后两层包裹腹直肌，参与构成腹直肌鞘的前、后两层，至腹正中线并终于白线。

腹直肌(Rectus Abdominis)：位于腹前壁正中线的两旁，居腹直肌鞘中，为上宽下窄的带形多腹肌，起自耻骨联合和耻骨嵴，肌束向上止于胸骨剑突和第 5~7 肋软骨的前面。肌的全长被 3~4 条横行的腱划(Tendinous Intersection)分成多个肌腹。腰划系结缔组织构成，与腹直肌鞘的前层紧密结合，为原始肌节愈合的痕迹。在腹直肌的后面，腱划不明显，未与腹直肌鞘的后层愈合，所以腹直肌的后面是完全游离的。

腹前外侧群肌的作用：共同保护腹腔脏器及维持腹内压，保持腹腔脏器位置的固定。当腹肌收缩时，可增强腹压以协助排便、分娩、呕吐和咳嗽等功能，还可降肋助呼气并能使脊柱前屈、侧屈与旋转。

腹横肌(Transversus Abdominis)：位于腹部侧壁，是位置最深的腹肌，该肌肉也称为“束腰肌”，肌纤维向前内方向横行，该肌肉被分为三个区域：上部纤维、中部纤维及下部纤维。

外侧附着点位于髂嵴、胸腰筋膜、第 7~12 肋肋软骨内表面以及腹股沟韧带，中线附着点位于腹白线和对侧腹直肌腱鞘。运动机能：双侧收缩的主要功能是稳定其他腹肌的附着点，起到稳定器的作用；并通过增强胸腰筋膜的张力来稳定腰部；同时肌肉收缩，压缩腹腔，增强腹内压，协助完成咳嗽、呕吐、排便等生理功能。

13.1.2　后群

腰方肌(Quadratus Lumborum)：位于腹后壁，在脊柱两侧，其后方有竖脊肌，二者之间隔有胸腰筋膜的中层。起自髂嵴的后部，向上止于第 12 肋骨和第 1~4 腰椎横突。作用：下降和固定第 12 肋，并使脊柱侧屈。

腹部肌群解剖结构与功能，如表 13.1 所示。

表 13.1　**腹部肌群解剖结构与功能**

肌群	位置	形状	起点	止点	主要功能
腹直肌	腹前壁正中线两侧	扁长带状肌	第 5~7 肋软骨前面	耻骨上缘	前屈脊柱降胸廓 增加负压
腹外斜肌	腹部前外侧面浅层	宽阔扁肌	自下位 8 个肋骨的外面，肌束由外上斜向前下方，后部肌束向下	止于髂嵴前部，上中部肌束向移行于腱膜，经腹直肌前面	前屈、侧屈并回旋脊柱，增加腹压
腹内斜肌	腹外斜肌深面	肌束呈扇形，扁阔肌	胸腔筋膜、髂嵴和腹股沟韧带外侧 1/2 或 1/3	下位 3 个肋骨	后倾骨盆，脊柱侧屈
腹横肌	腹内斜肌深面	扁阔肌	自下位 8 个肋骨的内面，胸腰筋膜、髂嵴和腹股沟韧带外侧	止于白线	维持腹压
腰方肌	腹后壁，脊柱两侧	长方形扁肌	髂嵴后部第 2~5 腰椎横突	第 12 肋骨、第 12 胸椎体和第 1~4 腰椎横突	降 12 肋，使腰椎侧屈

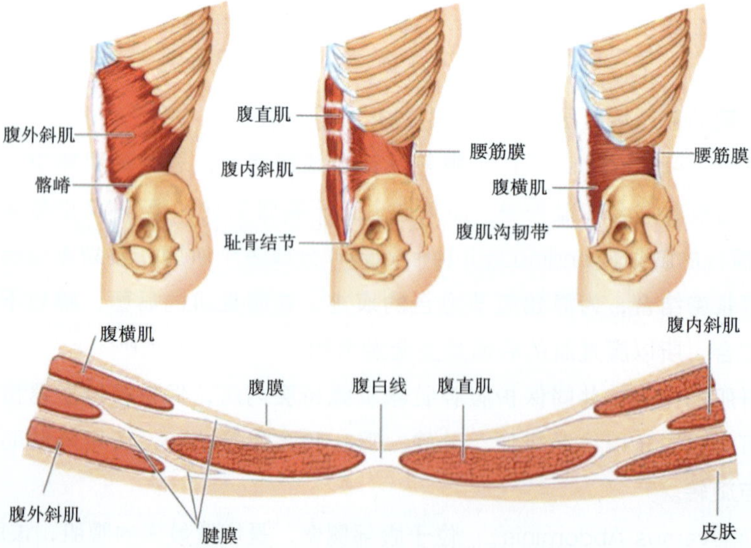

图 13.1　腹部肌群解剖结构

13.2 腹部肌群训练动作方法

大多数训练者认为，具有坚实的腹部是健美的象征。腹部肌群是重要的稳定肌，有助于保持姿势，尤其是骨盆和下背部的姿势，有助于维持呼吸系统和消化系统的正常位置和结构的完整性。举例来说，腹部肌群松弛可能加剧便秘，呼吸浅可能加剧疲劳。腹部肌群可围绕稳定肌来训练，稳定肌一般来说趋于薄弱和松弛，能长时间地进行缓慢的运动，适合做张力运动或小范围的运动，而不适合对抗阻力或负重。

在安排腹部肌群训练动作中，要根据腹肌的四大训练区域去选择合适的动作，让训练更有目的性以及计划性。

下腹部：让下半身从下往上移动，要让骨盆往上。当骨盆往上的时候，腹肌由下往上收缩，这样能够训练到下腹部的肌肉纤维。

上腹部：上腹部需要上半身由上往下地移动，双脚不动，肩膀需要离开地面，这样可以让脊柱向骨盆方向屈曲。

腹斜肌：做一些旋转动作，就可以对它进行训练。可以由上往下地进行旋转，在固定住上半身的时候旋转身体。

腹横肌：要主动让腹部收紧，并且保持平坦。只需要将上半身抬起，再将下半身微微抬起，身体要想保持这个状态，腹横肌必须发力。

从这个原理出发，腹部肌群训练动作主要是仰卧起坐类、卷腹类、腿上举和侧举类以及转体类和体侧屈类动作，如表13.2所示。

表13.2　　腹部肌群主要训练动作

动作名称		主要锻炼部位(肌群)
仰卧起坐类	平板仰卧起坐、直臂仰卧起坐双脚固定仰卧起坐	主要锻炼腹直肌上部肌肉，其次锻炼髋关节屈肌和腹部斜肌
	半仰卧起坐、直背3/4起坐	腹直肌上部
	蛙式仰卧起坐、元宝收腹	腹直肌
	转体仰卧起坐	腹直肌、腹外斜肌和对侧腹内斜肌
	屈腿仰卧起坐、屈膝仰卧起坐	腹直肌
	小腿搁凳仰卧起坐、悬空仰卧起坐、脚搁墙横杠式仰卧起坐	主要锻炼腹直肌，其次腹斜肌得到锻炼
	罗马椅后仰起坐	腹直肌
	斜板仰卧起坐	主要锻炼腹直肌，其次锻炼屈髋肌群
	斜凳仰卧起坐	主要锻炼腹直肌、髂腰肌、阔筋膜纸肌和股直肌

续表

动作名称		主要锻炼部位(肌群)
卷腹类	仰卧卷腹、反向卷腹、斜卧卷腹、交叉卷腹、触臂卷腹、触腿卷腹、瑜伽球卷腹	仰卧卷腹主要锻炼腹直肌上部肌肉，卷腹的变化动作锻炼腹直肌、腹外斜肌和对侧腹内斜肌
腿上举类	悬垂直腿上举	锻炼下腹部肌肉
	悬垂腿平举(负重)	锻炼下腹部的最好练习
	悬垂屈膝举腿	有效锻炼腹直肌、髂腰肌、阔筋膜张肌
	斜板仰卧直腿上举、仰卧直腿上举	锻炼下腹部肌肉
	坐姿屈膝上举、坐姿直腿上举	锻炼屈髋肌，特别是髂腰肌、腹部斜肌和腹直肌
侧举类	直腿侧举、屈膝腿侧举、侧卧前举	增强腹内外斜肌和肋间肌
体转类	站姿负重转体、转体机站姿负重转体	腹外斜肌和对侧腹内斜肌，对腰直肌和对侧竖脊肌也有锻炼作用
	坐姿负重转体、转体机坐姿转体	右肩转向前时主要锻炼右侧腹外斜肌、左侧深层腹内斜肌，其次是右侧腹直肌、腰直肌和左侧脊柱伸肌
	悬垂屈膝转体、负重屈体左右转体	锻炼腹外斜肌和肋间肌
体侧屈类	哑铃体侧屈(哑铃躯干侧屈)	集中锻炼侧面腹外斜肌，对腰直肌和腰方肌也有锻炼作用
	高位拉力器躯干侧屈、低位拉力器躯干侧屈	主要锻炼屈侧的腹外斜肌和腹内斜肌，对腹直肌、背深肌和腰方肌也有锻炼作用
	跪膝重锤侧收腹下拉	锻炼腹直肌
支撑类	俯身平板支撑、侧身支撑、反向支撑、平板支撑转体、平板支撑动作变化	主要锻炼核心肌群，包括腹横肌、腹斜肌、腹直肌、臀部肌肉

13.2.1　仰卧起坐类动作

仰卧起坐是锻炼腹部肌肉的主要动作，其动作变化多样：斜板仰卧起坐(斜板角度在15°~45°)、半仰卧起坐、直背3/4起坐、小腿搁凳仰卧起坐、罗马椅后仰起坐等。参与仰卧起坐的肌肉如图13.2所示。

在仰卧起坐动作过程中，一般双手抱头，为避免过度牵拉颈部，置于头后的双手不要交叉，放在耳后、头部两侧即可。双肘间距离越大，动作难度越大；双肘向前，间距越小，动作难度越小。仰卧起坐动作过程中，双眼要注视腹部，意念放在腹肌上。随着训练水平的提高，可增加负重练习。

动作幅度充分的仰卧起坐，是发展腹肌的有效动作。虽然有某些腰腹部位包括在内，但这些练习不是纯粹的腰腹练习。腹肌收缩是用来缩短骨盆底部与胸骨间的距离，在这种收缩动作幅度充分的仰卧起坐练习中，只占很小的一部分，仰卧起坐练习的动作幅度应限制在仅仅缩短骨盆与胸骨间距离的范围内。如半仰卧起坐、屈腿仰卧起坐是比较好的发展腹肌的方法。

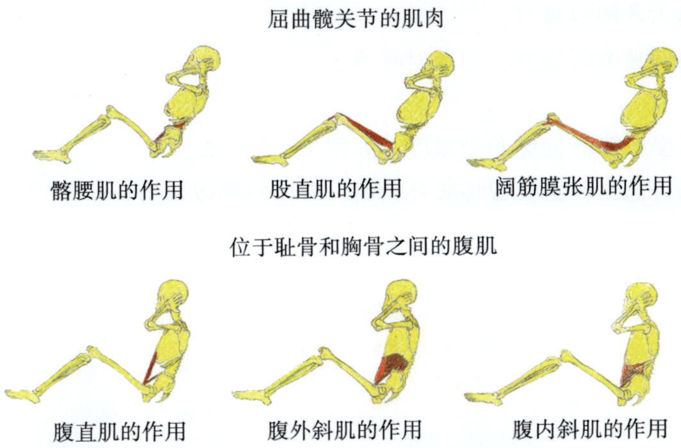

图 13.2　参与仰卧起坐的肌肉

13.2.1.1　平板仰卧起坐

主要作用：主要锻炼腹直肌上部肌肉，其次髋关节屈肌和腹部斜肌也能得到锻炼，如图 13.3 所示。

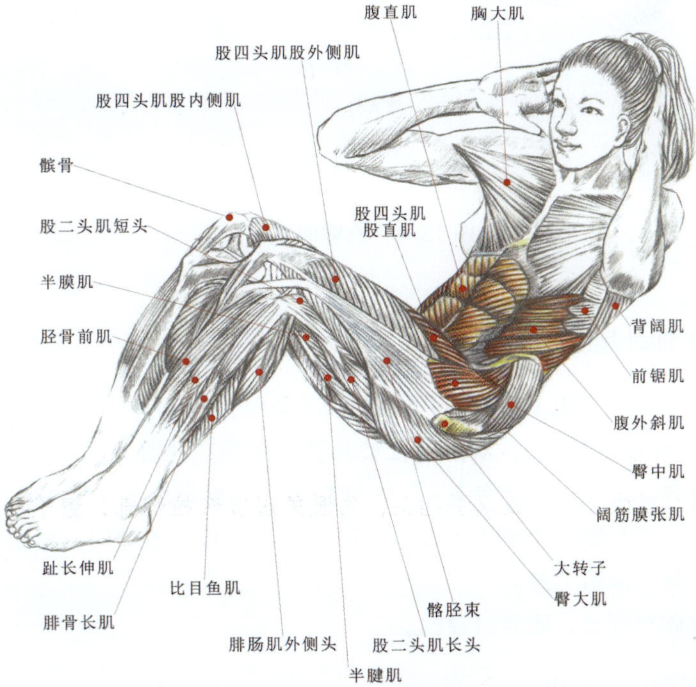

图 13.3　平板仰卧起坐

动作过程：仰卧在长凳或垫上，膝微屈，脚钩住物件，下肢固定，双手抱头。弓背使躯干抬起，躯干上抬到与大腿呈 90°的位置，缓慢还原。要有节奏地上和下，收紧肌肉并保持严格的动作规范，最大收缩时呼气。

呼吸方法：向前蜷缩时吸气，回落时呼气。

动作变化：

①直臂仰卧起坐：降低仰卧起坐难度，如图 13. 4 所示。

②双脚固定仰卧起坐：主要锻炼腹外斜肌、腹内斜肌以及腹直肌。

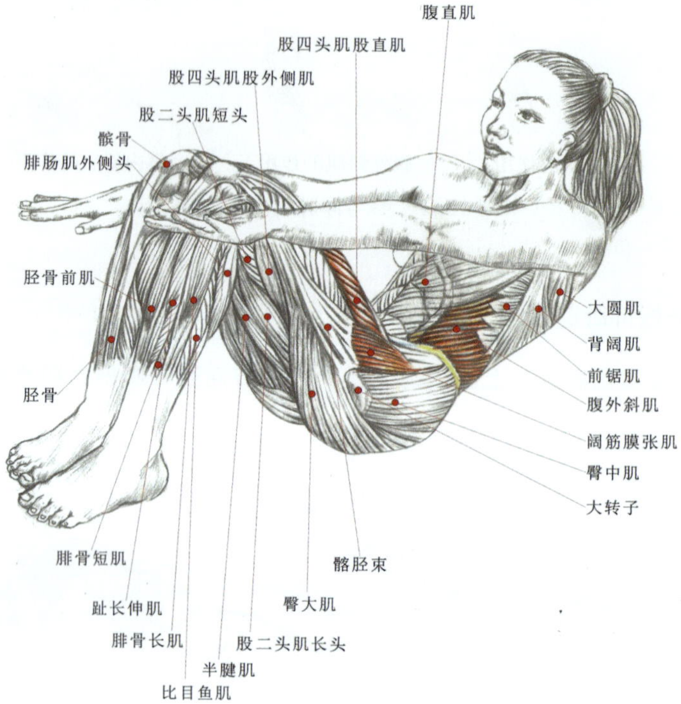

图 13. 4 直臂仰卧起坐

13. 2. 1. 2 半仰卧起坐

主要作用：主要锻炼腹肌上部肌肉，如图 13. 5 所示。

动作过程：仰卧在练习板上，双手持杠铃片置于脑后，两脚吊住皮条或其他支撑物，使之在练习时固定身体。上体向前方卷起(上体抬起幅度为全幅度的 1/4 或 1/2)，同时两膝逐步弯曲。练习时下背部和髋部不能因上体括起而离开练习板。收缩时，停留 1~2 秒。若负重练习，可将杠铃片置于胸前上部。

呼吸方法：收缩时呼气，还原时吸气。

13. 2. 1. 3 直背 3/4 起坐

主要作用：主要锻炼腹直肌，尤其是腹直肌脐上部分，如图 13. 6 所示。

动作过程：仰卧在板上，双脚并拢屈膝支撑，双手抱头。吸气，挺胸直腰，上提躯干，使躯干抬起，与地面约成 3/4 起坐时停留 1~3 秒，缓慢还原到开始位置。完成动作后呼气。

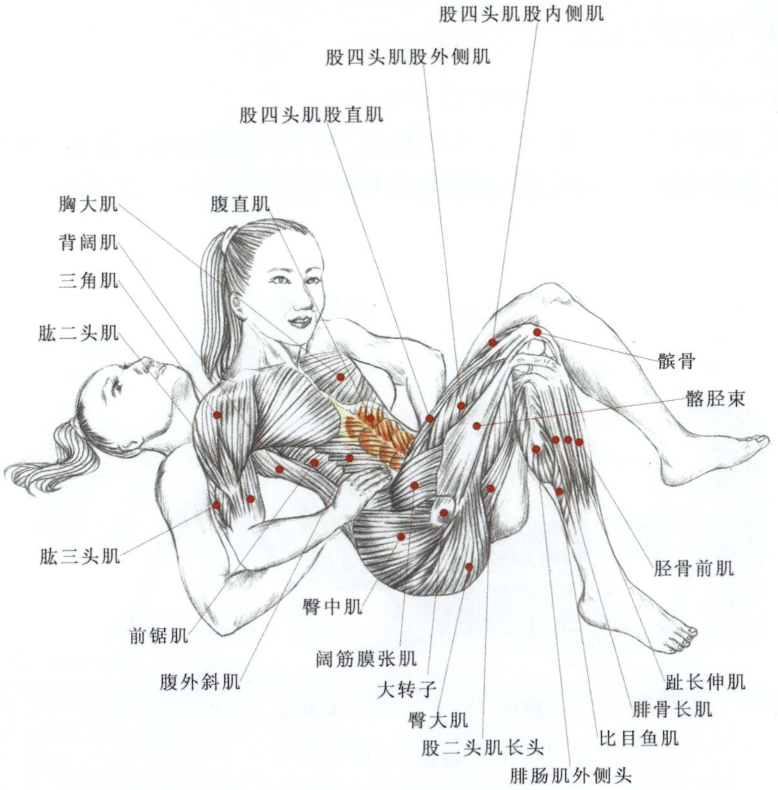

图 13.5 半仰卧起坐

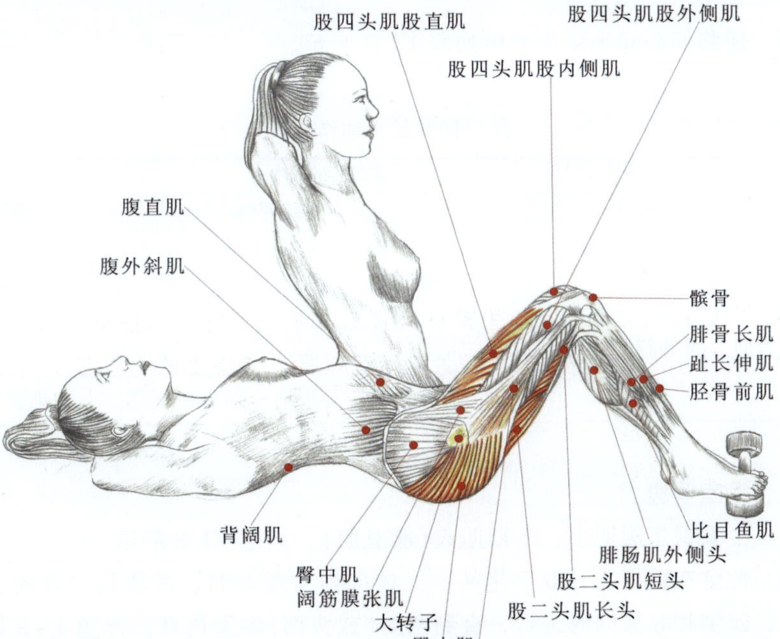

图 13.6 直背 3/4 起坐

13.2.1.4 屈膝仰卧起坐

主要作用：主要锻炼腹直肌，如图 13.7 所示。

动作过程：屈膝平躺，双手抱头，双足着地，吸气，弓背抬肩，收腹，使下颌靠近胸部，停留 1~3 秒，缓慢还原到开始位置。完成动作后呼气。

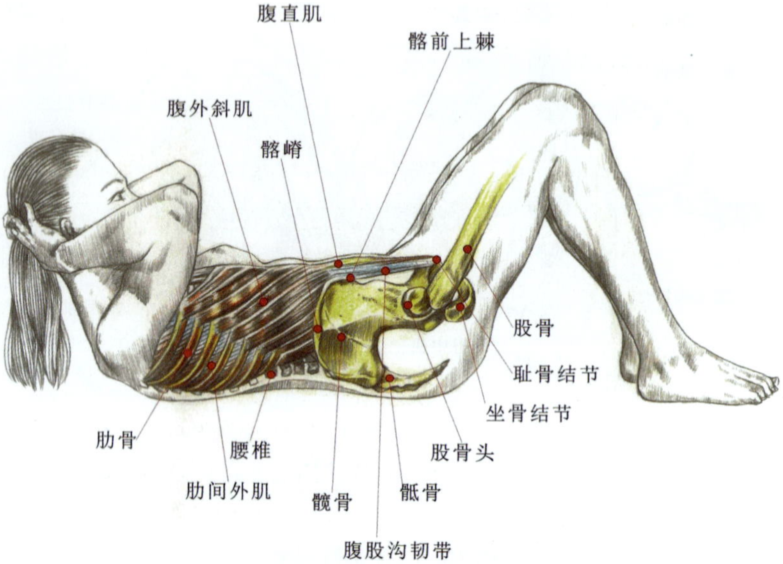

图 13.7 屈膝仰卧起坐

动作分析：屈膝仰卧起坐动作分析如表 13.3 所示。

表 13.3 屈膝仰卧起坐动作分析

动作分析	关节和部位			
	脊柱	肩胛骨	颈部	躯干
运动关节	向下：屈 向上：伸	固定	固定	固定
运动肌群	腹直肌、腹外斜肌、腹内斜肌			
固定肌群		前锯肌、菱形肌、斜方肌下部	胸锁乳突肌	腹肌

动作变化：元宝收腹。

主要作用：主要锻炼腹肌上、下部肌肉（腹直肌），如图 13.8 所示。

动作过程：仰卧在地板上，双手抱头。上体向前方卷起时，两膝同时收缩至髋关节部上方，两踝交叉，起坐和收膝同时进行，直到两肘（或头部）触及两膝，停留 1~3 秒后缓慢还原到起始位置。可将手臂伸至体前以降低动作难度。

呼吸方法：腹肌收缩时要将气全部呼出，还原时吸气。

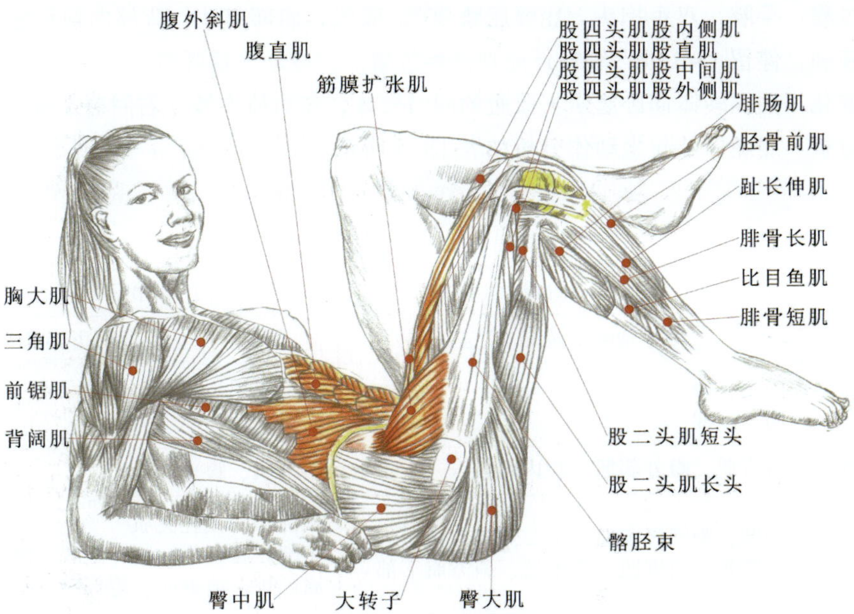

图 13.8　元宝收腹

13.2.1.5　屈腿仰卧起坐

主要作用：主要锻炼腹直肌，如图 13.9 所示。

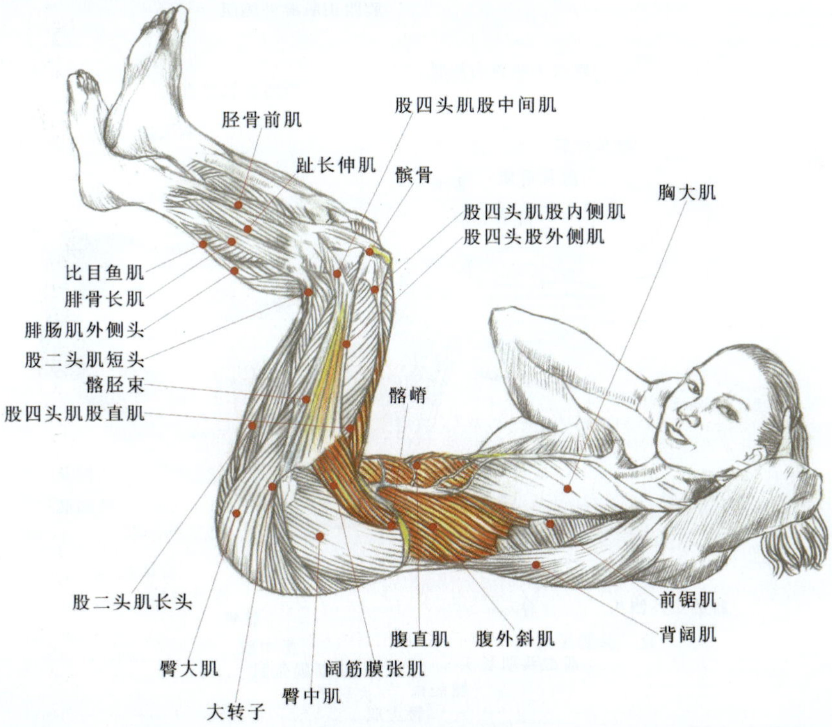

图 13.9　屈腿仰卧起坐

动作过程：平躺，双手抱头，屈髋屈膝 90°。吸气，肩部离地，背部向前弓起，收腹，使头部靠近膝部，停留 1~3 秒，缓慢还原到开始位置。完成动作后呼气。

动作变化：屈腿转体仰卧起坐：收腹的同时转体，左肘碰右膝，右肘碰左膝，交替进行。

动作分析：屈腿仰卧起坐动作分析如表 13.4 所示。

表 13.4　**屈腿仰卧起坐动作分析**

动作分析	第 1 阶段	第 2 阶段
	身体开始向上蜷缩 30°左右	抬起背的下半部
运动关节	向上：屈 向下：伸	向上：屈 向下：伸
运动肌群	腹直肌、腹外斜肌、腹内斜肌	髂腰肌、腹直肌
固定肌群	颈部：胸锁乳突肌 肩胛骨：前锯肌、菱形肌、斜方肌下部	颈部：胸锁乳突肌 腹部：腹直肌、腹外斜肌、腹内斜肌 肩胛骨：前锯肌、菱形肌、斜方肌下部

13.2.1.6　小腿搁凳仰卧起坐

主要作用：主要锻炼腹直肌，尤其是腹直肌脐以下部分（图 13.10）。

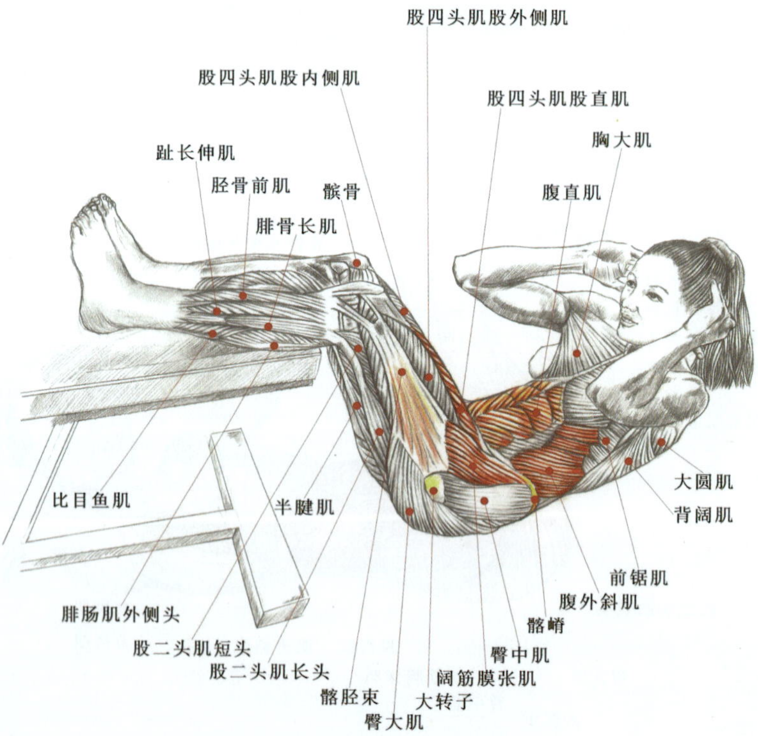

图 13.10　小腿搁凳仰卧起坐

动作过程：仰卧在板上，双脚搁在凳上，小腿伸直，双手抱头。吸气，弓背抬肩，使下颌靠近膝部，停留1~3秒，缓慢还原到开始位置。完成动作后呼气。

动作变化：①小腿搁凳转体仰卧起坐，如图13.11所示。运动肌群：腹直肌、腹外斜肌和腹内斜肌。稳定肌群：腹肌、颈部胸锁乳突肌、肩胛骨前锯肌、菱形肌和斜方肌下部。

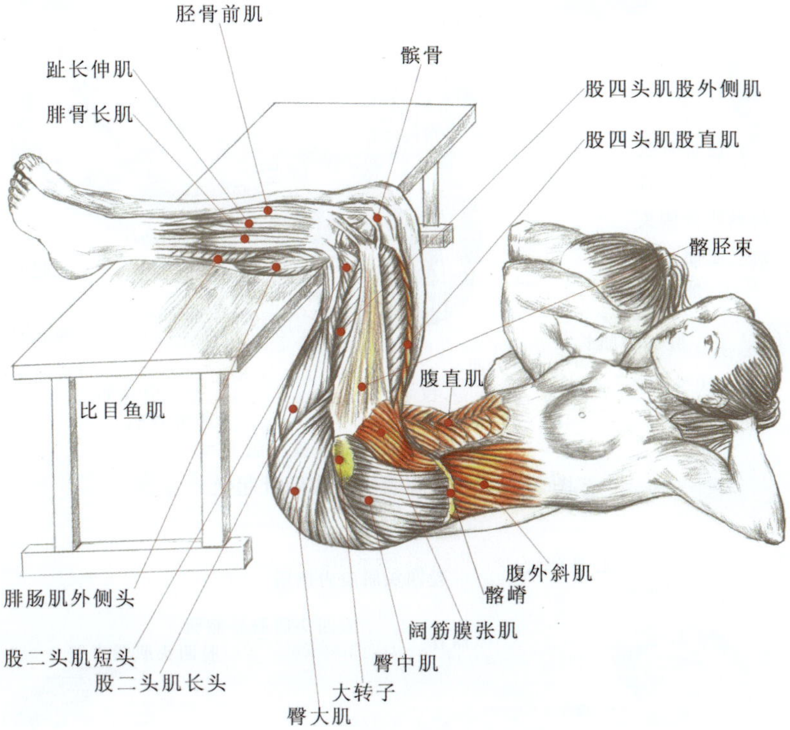

图13.11 小腿搁凳转体仰卧起坐

②脚搁墙横杠式仰卧起坐，如图13.12所示。主要作用：主要锻炼腹直肌，其腹外斜肌和腹内斜肌也将得到锻炼。

13.2.1.7 悬空仰卧起坐

主要作用：主要锻炼腹直肌，其次腹斜肌也能得到锻炼。同时，髂腰肌、阔筋膜纸肌和股直肌通过使骨盆前倾，也能得到锻炼，如图13.13所示。

动作过程：双脚钩住固横轴，双手抱头，躯干悬空。吸气，上提躯干，脊柱卷曲，弓背，使腹肌收缩，并使下颌靠近膝部，停留1~3秒，缓慢还原到开始位置。完成动作后呼气。

13.2.1.8 罗马椅后仰起坐

主要作用：主要锻炼腹直肌，如图13.14所示。

动作过程：坐在罗马椅上，双脚钩住固横轴，双手交叉于腰间，或握于胸前、颈后。吸气，背部向后倾斜，使躯干接近水平位置（或低于水平位置，弯曲不要超过20°），然后上提躯干，弓背，使腹肌收缩，缓慢还原到开始位置。完成动作后呼气。

动作变化：当躯干低于水平位置，超过20°时，腰背肌群能得到锻炼。

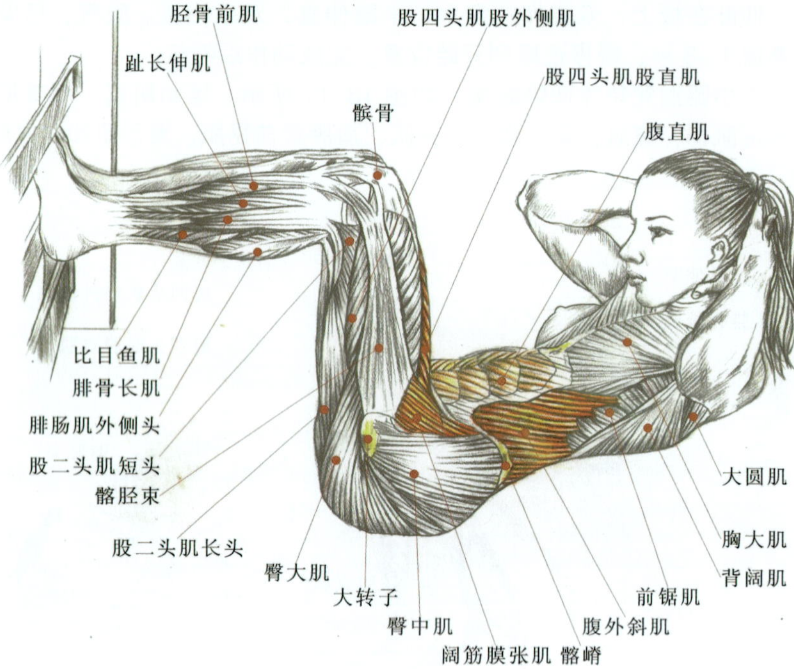

图 13.12 脚搁墙横杠式仰卧起坐

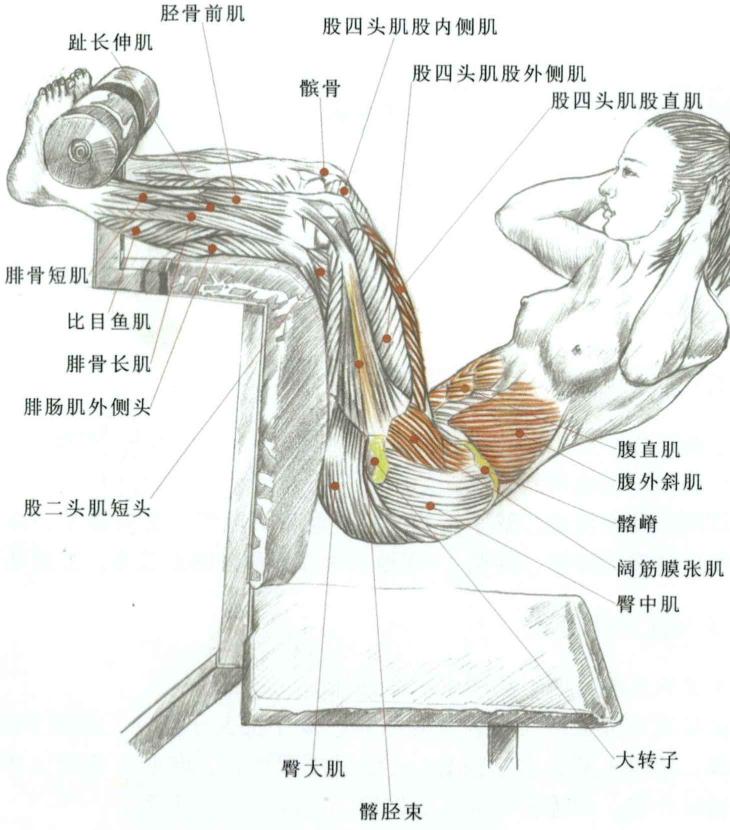

图 13.13 悬空仰卧起坐

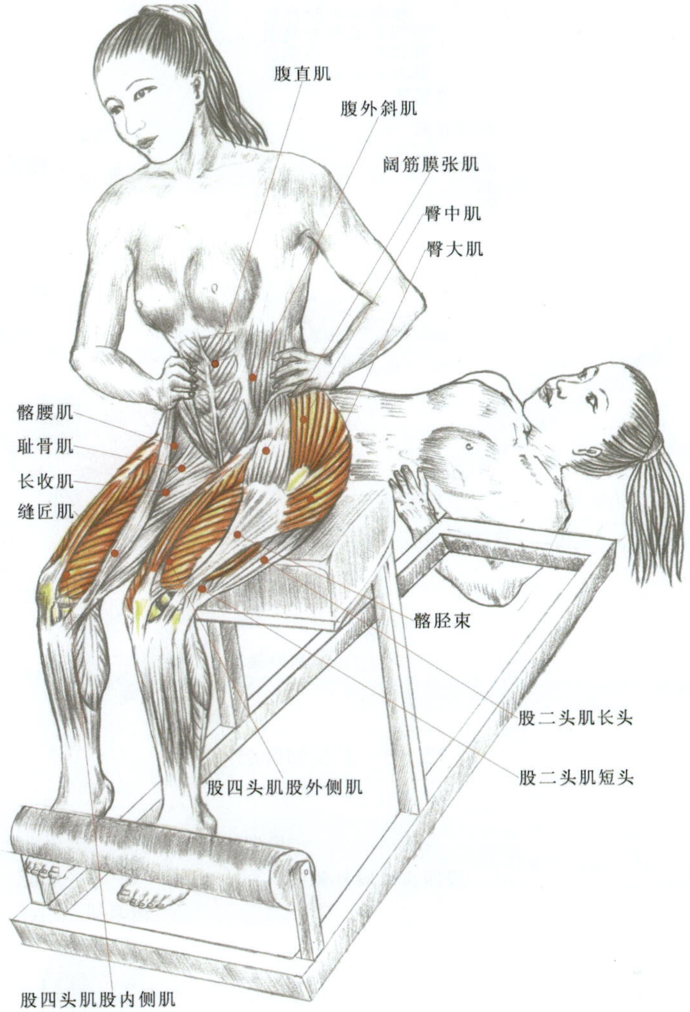

图 13.14　罗马椅后仰起坐

13.2.1.9　斜板仰卧起坐

主要作用：主要锻炼腹直肌，其次锻炼屈髋肌群（髂腰肌、阔筋膜纸肌、缝匠肌和股直肌），如图 13.15 所示。

动作过程：仰卧在斜板上，双脚钩住固横轴，屈膝，双手抱头。吸气，弓背，上提躯干，缓慢还原到躯干与大腿呈 90°~120°的位置，不要平躺在斜板上。上和下要有节奏，收紧肌肉并保持严格的动作规范。

呼吸方法：向前蜷缩时吸气，回落时呼气。

动作变化：

①斜板仰卧起坐变化：斜板倾斜角度越大，上提躯干用力越大；躯干下降还原的角度可大可小；伸直前臂可降低运动难度。

②斜板直臂仰卧起坐，如图 13.16 所示。

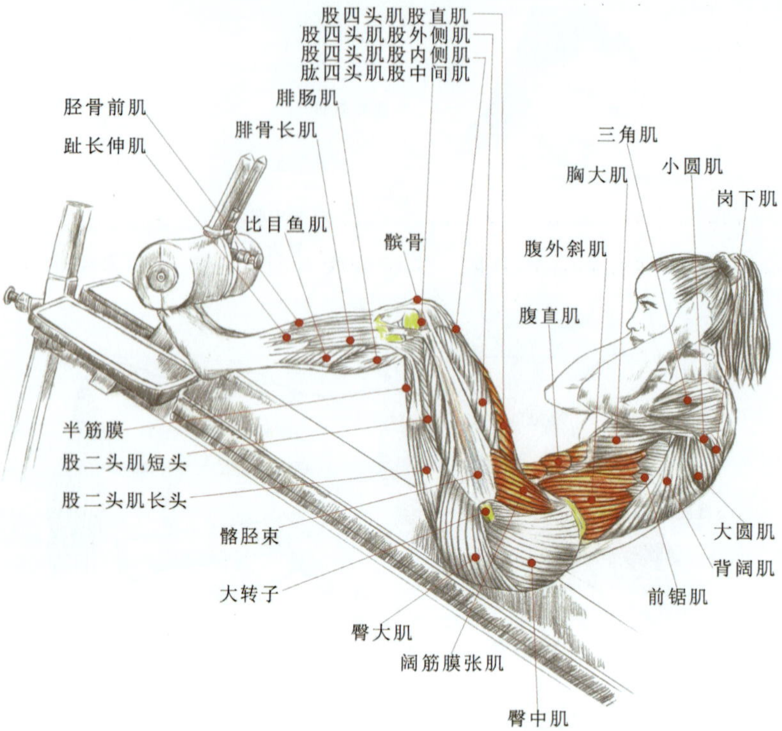

图 13.15 斜板仰卧起坐

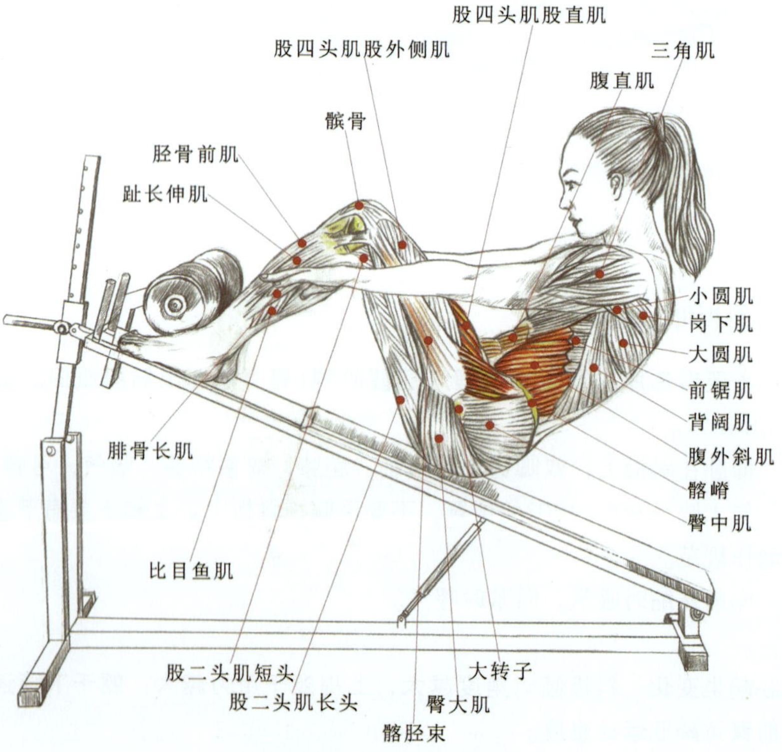

图 13.16 斜板直臂仰卧起坐

13.2.1.10 斜凳仰卧起坐

主要作用：主要锻炼腹直肌，髂腰肌、阔筋膜纸肌和股直肌，如图 13.17 所示。

动作过程：坐在斜凳上，双脚钩住固横轴，双手抱头。吸气，背部向后倾斜，不要超过 30°，然后上提躯干，弓背，使腹肌收缩，缓慢还原到开始位置。完成动作后呼气。

动作变化：斜凳转体仰卧起坐。上提躯干，弓背时半转体，锻炼腹斜肌。如向左转体，可锻炼右侧的腹外斜肌、左侧的腹内斜肌、右侧的腹直肌。转体动作可两侧交替进行，也可单侧进行。

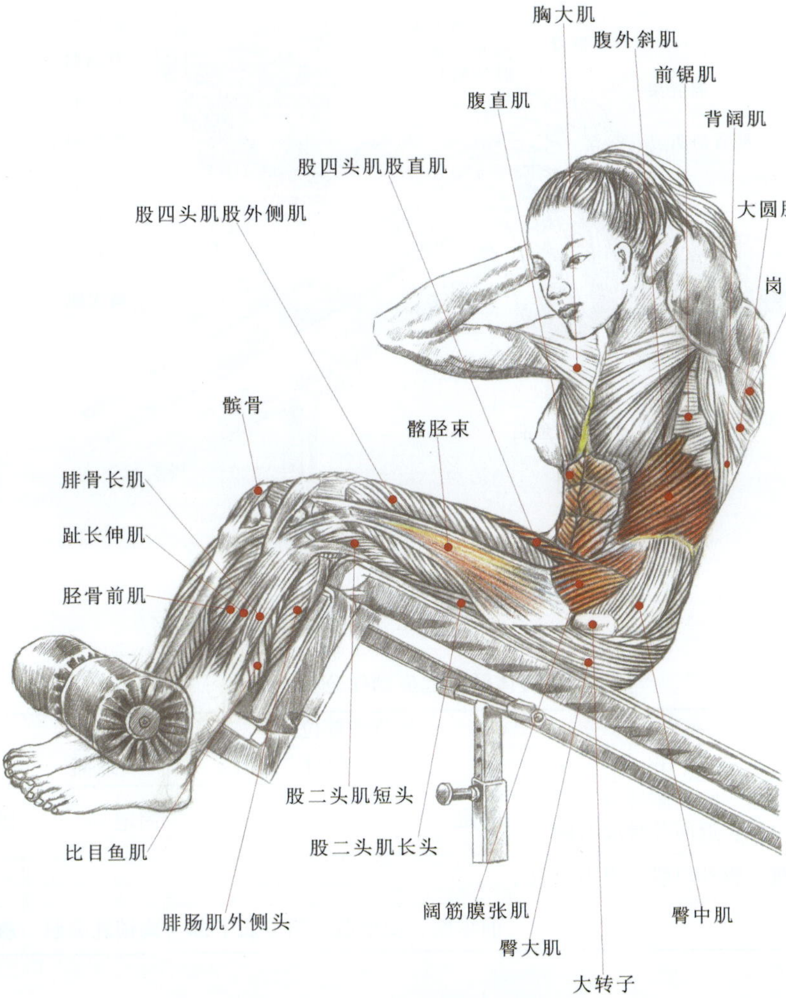

图 13.17 斜凳仰卧起坐

13.2.1.11 斜凳转体仰卧起坐

主要作用：主要锻炼腹肌上部肌群及腹外侧肌群，如图 13.18 所示。

动作过程：仰卧起坐时，同时以腹外斜肌的力量，将上体转向左侧（或右侧）成 90°，使右(左)侧肘尖触及左(右)侧膝盖或膝盖外侧。

呼吸方法：收缩时呼气，还原时吸气。

动作分析：转体仰卧起坐动作分析如表 13.5 所示。

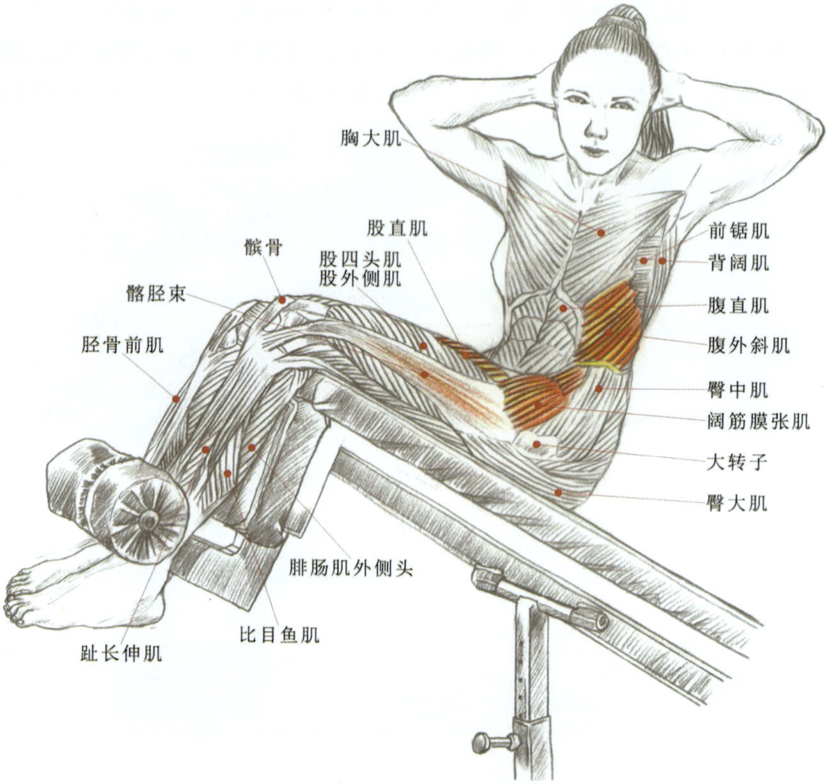

图 13.18 斜凳转体仰卧起坐

表 13.5 **转体仰卧起坐动作分析**

动作分析	关节和部位			
	脊柱	肩胛骨	颈部	躯干
运动关节	向上：屈、向一侧转身 向下：伸、返回并转向对侧	固定	固定	固定
运动肌群	腹直肌、腹外斜肌、腹内斜肌			
固定肌群		前锯肌、菱形肌、斜方肌下部	胸锁乳突肌	腹肌

13.2.2 仰卧卷腹动作

卷腹是在仰卧起坐基础上兴起的一种有别于仰卧起坐的腹部运动方式，主要锻炼腹直肌即上腹，如图 13.19 所示。卷腹运动并不是把脊椎卷起来，而是用卷曲身体的方式微微抬起上半身，眼睛看向肚脐，坐起来时下背不要离地。

卷腹是训练腹肌的基本动作之一，包括仰卧卷腹、转体卷腹、卷腹抹膝、反向卷腹。卷腹动作简单，易于操作，在初期基础阶段是最有效的动作，动作难度低，比较容易掌握腹肌发力的感觉。对于缺乏运动和腰腹力量不足的初练者来说，可先尝试卷腹运动，相比仰卧起坐，卷腹运动的幅度较小，更安全、科学和可靠，且锻炼腹部时更具有针对性。

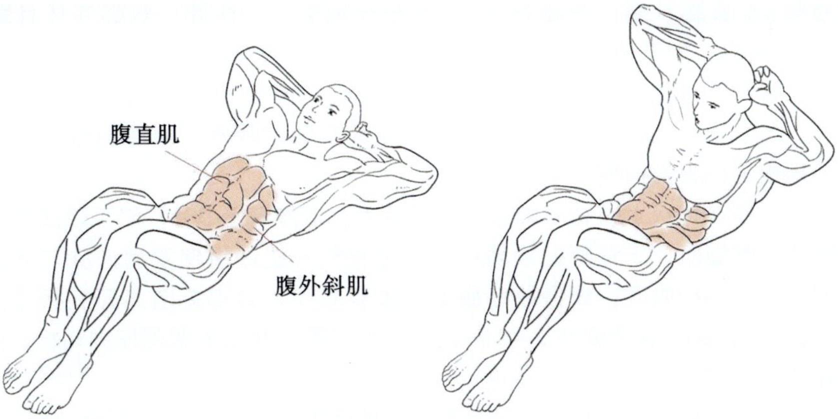

图 13.19　仰卧卷腹

13.2.2.1　卷腹动作要领

身体平躺在垫子上，双腿弯曲踩地，膝关节弯曲呈 90°，可以固定腿部，双臂屈肘，双手分别放到耳侧(可交叉放于胸前)，然后深吸气，呼气时，想象脊椎一节一节地离地起身，感觉腹肌充分发力，慢慢向上弯起双肩和躯干，使双肘尽可能地触碰膝关节，使腹部卷起到最高点，停顿 2 秒，有意给腹部以额外的挤压，以实现充分收缩。然后放松，放低双肩，回到起始位置，每次重复都要做得从容且在控制之下，如图 13.20 所示。

图 13.20　仰卧卷腹动作过程

13.2.2.2　卷腹动作变化

卷腹为健身专家所推崇，有各种花式做法。如果改变卷腹动作的起始姿势、运动轨迹等，卷腹动作就会变得多种多样，如瑜伽球卷腹、反向卷腹、平板卷腹、交叉卷腹等。卷腹的形式很多，可选择一种适合自己的，或依次轮换做来增添锻炼乐趣。

①交臂卷腹：两手掌交叉并贴在胸前。

②触臂卷腹：屈膝，两手臂贴近大腿滑动。

③并掌穿梭：屈膝，两膝稍微分开，卷腹时并掌向前上方滑动。

④触腿卷腹：平躺于垫上，大腿垂直于地面、小腿平行于地面，卷腹时手去靠近小腿位置。

⑤斜卧卷腹：有一定腹部力量后方可采用这个动作。

⑥反向卷腹（垂直腿卷腹：举腿卷腹）：平躺在地板上，屈膝、双脚并拢且距离地面约15cm，双手放在头后，做基本卷腹动作。双脚接近臀部，收缩腹肌下侧，慢慢地让膝盖朝胸部靠近，同时让臀部离开地板。尽可能地卷曲身体下部，慢慢地放低它，回到初始位置。

注意事项：当双腿向胸部移动时，呼气，双腿放下时，吸气。为增加难度，可以把双手掌心向下放在地板上的臀部两侧。

⑦平板卷腹：躺在地板上，将双脚放在平板凳上，双膝弯至 90°，双手轻放在头部两侧并深深吸气。聚焦上部腹肌，下背部贴紧地板，一边呼气一边缓缓使双肩向膝盖靠近。双肘指向双膝。随着肘部前移和内收，缓慢收缩腹肌。当双肩和上背部完全离开底板后，直至双肘距离双膝 15~20cm，保持这个姿态 2~3 秒，同时收缩腹肌并将下背部压向地板。然后缓缓吸气并回到初始位置后停顿。

注意事项：作为一种变化，可以把一只手从头侧拿开，放在身体对侧腹外斜肌的位置上，同时进行对侧的卷腹（左肘指向右膝方向）。

⑧交叉卷腹：躺在地板上，膝盖弯曲，左脚着地，右脚搭在左膝，头颈部放松，左手放在头侧面，右手放在左侧腹部旁边的地板上。扭曲并卷起身体，使左肩向右膝盖方向移动。慢慢降低背部，使肩膀和地板接触，重复动作。完成一组后，换方向重复动作。

注意事项：将空闲的手放在相反一侧肋部下方。卷起身体时呼气，回落时吸气，在动作顶端时完全呼气。一定要扭转躯干，而不只是肘部扭转到身体上方。

13.2.2.3　卷腹运动要点

①注意卷腹、仰卧起坐的区别。

抬起身体时，仰卧起坐的动作要求臀部不能离地，而卷腹的动作要求下背部不离地，起身时只要半弯背部即可，不要试着抬起整个背部，使其完全离开地面，只需向前呈蜷缩状态，让胸腔靠近骨盆即可。仰卧起坐是整个背部都要弯曲抬起来，卷腹只是半抬起（其也有半仰卧起坐之称）。卷腹要比仰卧起坐的幅度小，这就是卷腹和仰卧起坐的一个大区别。

②运动时手不要借力。

一般来说，做卷腹运动时应把手交叉在胸前，也可以选择把手放在脑后，只能虚接触，不能借力，否则会影响腹部用力的效果。最好不要抱头，以免颈椎受伤。

③仰卧躺下时脖颈不要完全贴于地面。

卷腹运动过程中，做躺下去的动作时脖颈不要完全贴合地面，脖颈与地面贴合时身体容易向脖颈借力，导致脊椎和脖颈酸痛受伤。

④做卷腹时要配合好呼吸。

做卷腹时如果能配合好呼吸，可以让效果加倍。起身时呼气，凡是挤压到胸腔的动作都应该伴随呼气，反之吸气。然后放平呼吸，躺下的时候再吸气。

⑤循序渐进。

最常用的仰卧起坐对腹部的训练效果并不大，有可能损伤脊柱，导致背部损伤，以及因脊髓受压迫而引起疼痛或麻木。开始训练腹部肌肉时，不要急于求成，以防运动损伤。从仰卧卷腹动作开始训练，一般来说，卷腹运动一组 20 次，可慢慢递增，不能降低动作质量。

13.2.3 腿上举类

腹肌锻炼的另一动作为举腿，由起始姿势的不同可分为悬垂、仰卧、坐姿；由腿部动作的不同可分为直腿、屈膝。正确的腿上举的要点是臀部略向前伸，应确保放腿过程缓慢，以防止摇摆。如果感觉完全伸直双腿做这个动作有困难，可屈膝做，等到腹肌变得有力时，再逐渐伸直双腿做。做腿上举首先应注意避免摇摆，应把身体绷紧，控制动作速度。

13.2.3.1 悬垂直腿上举

主要作用：首先能有效锻炼下腹部肌肉，其次能锻炼腹直肌、腹斜肌和髂腰肌，如图 13.21 所示。

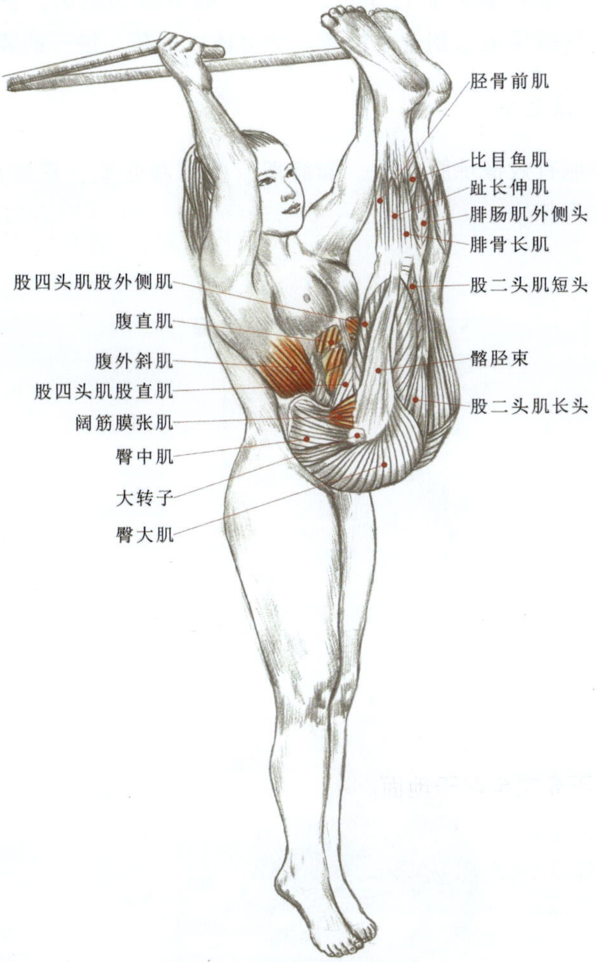

图 13.21 悬垂直腿上举

起始姿势：手握吊环屈臂(与肩同宽)，身体处于悬垂状态，膝部微弯并且下背收紧。

动作过程：两腿并拢伸直，吸气，用腹部力量尽可能高地上举双腿(最低限度也要使腿上举至与上体呈直角)，两眼平视前方，在最高点时肌肉收紧，停留 1~3 秒钟后呼气，然后有控制地缓慢将腿放下。重复 3~4 组，每组做 15~20 次。

呼吸方法：举起小腿时吸气，在最高点或降落后呼气。

注意要点：

①要最大限度地锻炼下腹部，在每次上举动作最高点时应尽量抬起臀部。

②做动作时要保持身体稳定，不要晃动双腿来获得惯性冲量，上举与下落时都要控制用力。

13.2.3.2　悬垂腿平举

主要作用：它是锻炼下腹部的最好动作。当腿部弯曲时，背部肌肉几乎无法参与用力，如图 13.22 所示。

动作过程：以稍宽于肩的握距抓住单杠，然后收缩下腹部肌肉，把腿举到与地面平行。在最大收缩时呼气，然后缓慢返回到开始位置。尽可能以规范、统一的姿势重复做下去。

13.2.3.3　悬垂屈膝上举

主要作用：提腿时能有效锻炼腹直肌、髂腰肌、阔筋膜张肌，双膝贴紧胸部时，可锻炼腹部斜肌，如图 13.23 所示。

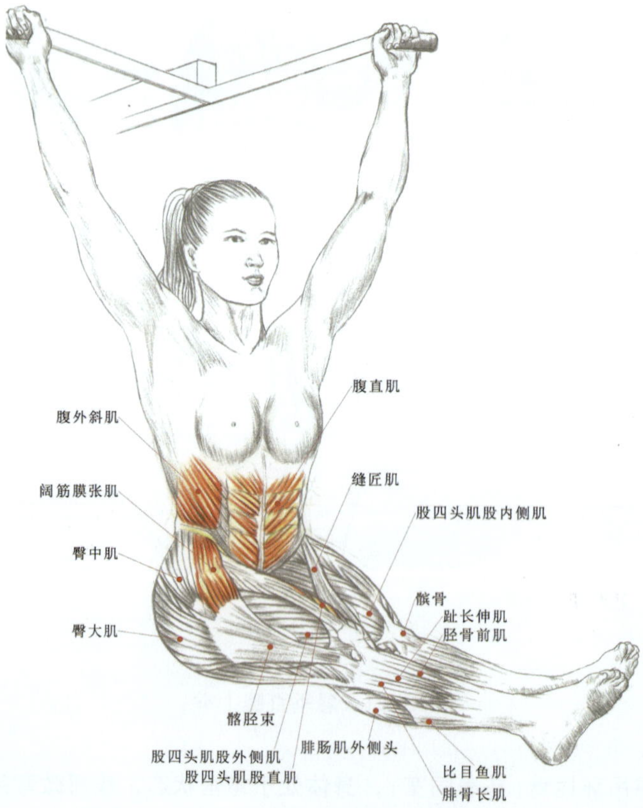

图 13.22　悬垂直腿平举

动作过程：两手正握横杠臂悬垂，吸气，两腿屈膝，收腹并举腿，腿举得越高越好，尽量贴紧胸部，以使腹肌和肋肌完全收缩。放下还原时动作要缓慢，重复3~4组，每组做15~20次。

动作分析：悬垂屈膝上举动作分析如表13.6所示。

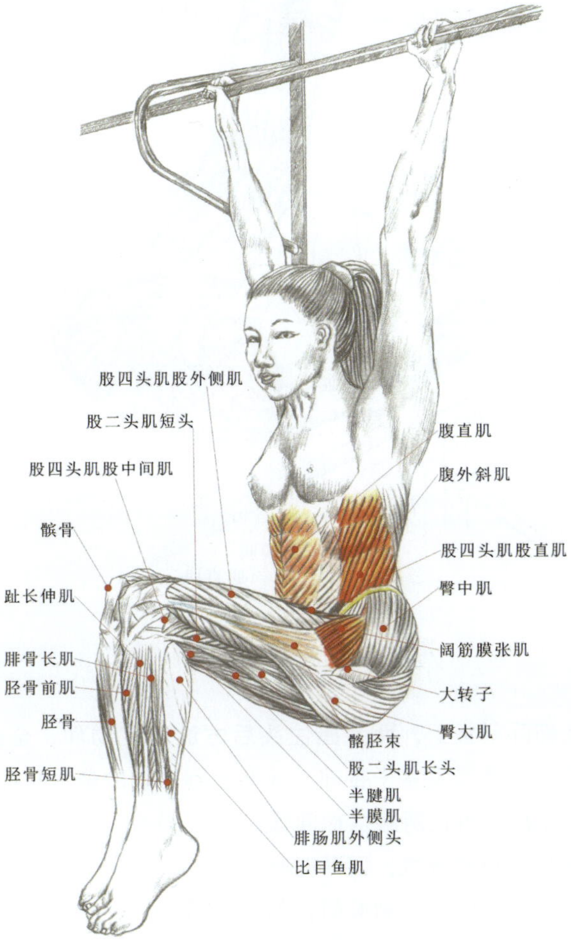

图13.23　悬垂屈膝上举

表13.6　**悬垂屈膝上举动作分析**

动作分析	关节和部位			
	髋关节	肩胛骨	肩关节	躯干
运动关节	向上时屈；向下时伸	固定	固定	固定
运动肌群	髂腰肌、腹直肌			
固定肌群		前锯肌、菱形肌、斜方肌下部	背阔肌、肌腱袖	腹肌

13.2.3.4　斜板仰卧直腿上举

主要作用：锻炼下腹部肌肉，如图13.24所示。

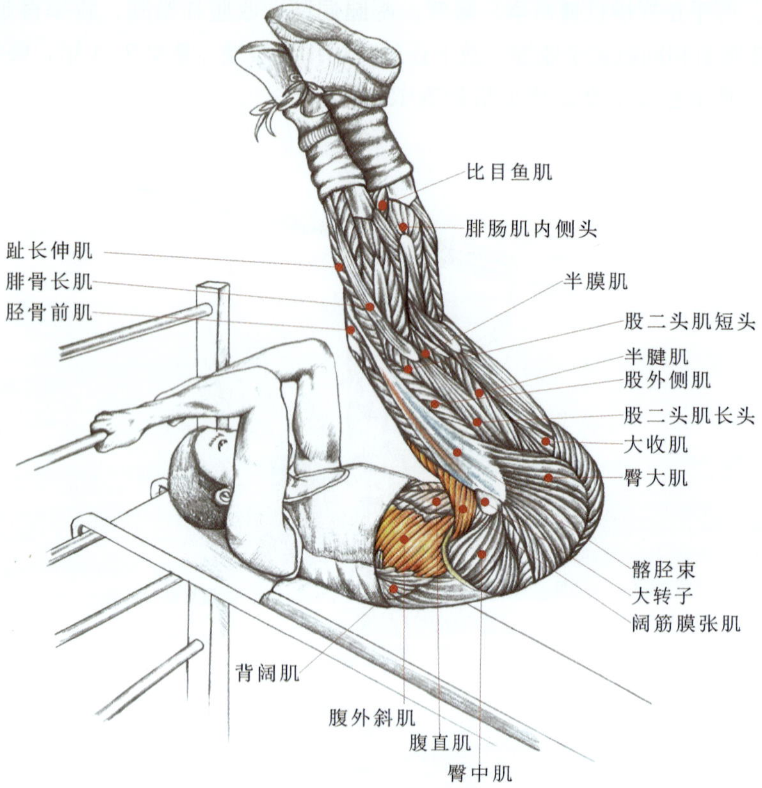

图 13. 24　斜板仰卧直腿上举

动作过程：头朝上仰卧斜板上，两手握住头后方的固定物件，全身伸直。收缩腹肌，将保持伸直的两腿向上弯起，使其垂直于臀部，或弯起到可能的最大程度(蜷身抬臀，使头部尽量触及膝部)。保持 1~3 秒，再让两腿徐徐回落。

呼吸方法：向上弯起两腿时吸气，回落时呼气。

注意要点：下落两腿时，仍要控制腹肌，勿使下落过快。

动作变化：仰卧直腿上举，如图 13. 25 所示。

13. 2. 3. 5　坐姿屈膝上举

主要作用：锻炼屈髋肌，特别是髂腰肌、腹部斜肌和腹直肌，如图 13. 26 所示。

动作过程：两肘置于肘部托垫上，两腿伸直且离地下垂，腰部贴近支撑垫。吸气，屈膝收腹，大腿尽量上抬，使大腿靠近胸部，停留 1~3 秒，然后还原。完成动作后呼气。重复 3 组，每组做 12 次。

动作变化：

①单独锻炼腹肌，可限制运动幅度，但膝部不能低于水平面，保持脊柱稍屈。

②坐姿直腿上举：此动作难度增大，需要腘绳肌有较好的柔韧性。主要作用：锻炼腹直肌和腹外斜肌、腹内斜肌。

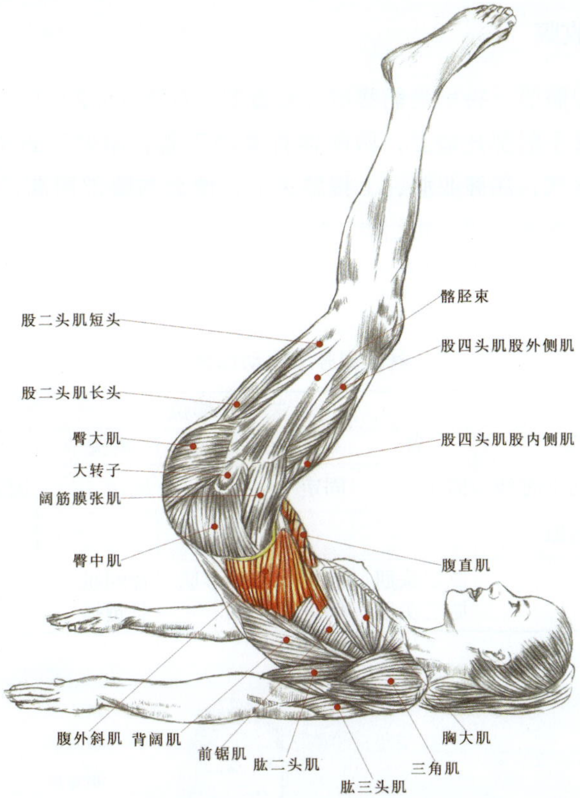

图 13.25 仰卧直腿上举

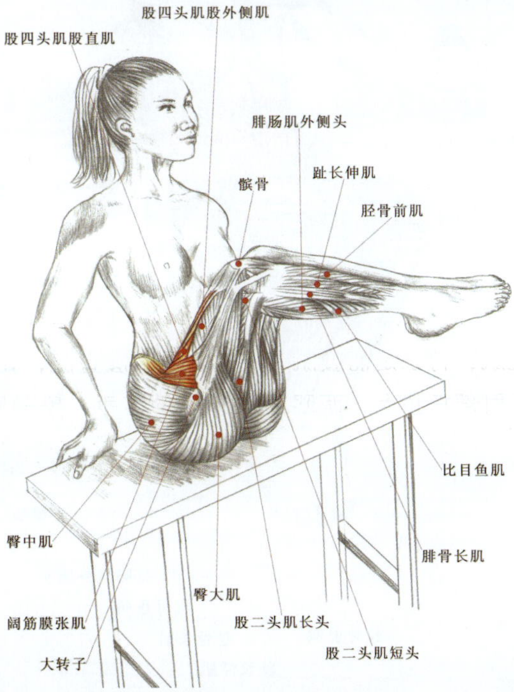

图 13.26 坐姿屈膝上举

13.2.3.6 屈髋收腹

主要作用：锻炼屈髋肌，特别是髂腰肌、股直肌，如图 13.27 所示。

动作过程：两肘置于肘部托垫上，两腿伸直离地下垂，腰部贴近支撑垫。双腿伸直，用腹肌保持骨盆稳定。吸气，屈膝收腹，上提膝关节，使之与臀部同高，停留 1~3 秒，然后还原。完成动作后呼气。重复 3 组，每组做 12 次。

动作分析：动作分析如表 13.7 所示。

表 13.7 悬垂屈膝上举动作分析

动作分析	关节和部位					
	髋关节	臂	肩胛骨	肩关节	颈部	躯干
运动关节	向上时屈；向下时伸	固定	固定	固定	固定	固定
运动肌群	髂腰肌、股直肌					
固定肌群		肱二头肌 肱三头肌	前锯肌、菱形肌、斜方肌下部	背阔肌、肌腱袖	胸锁乳实肌	腹肌

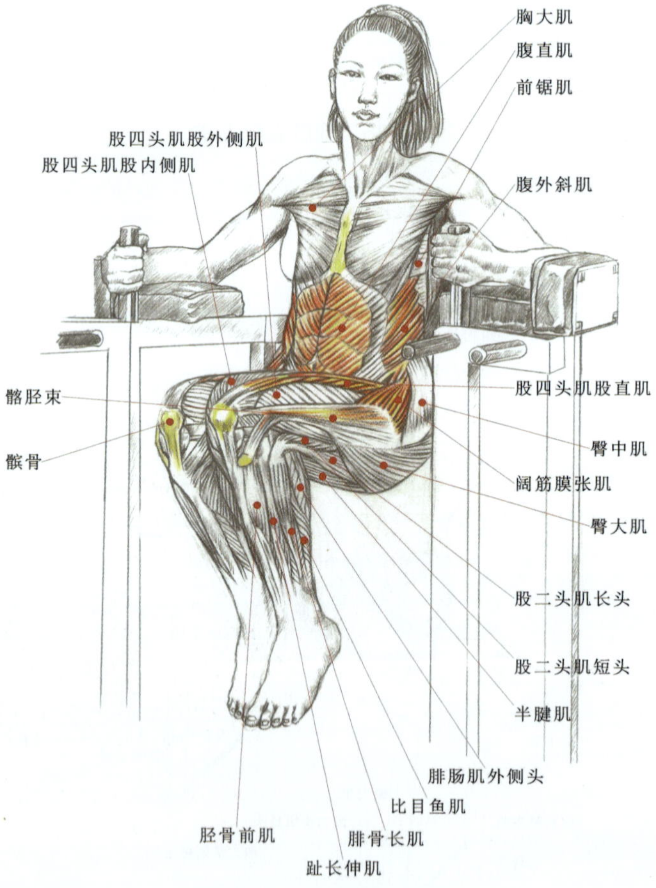

图 13.27 屈髋收腹

13.2.3.7 直腿侧举

主要作用：锻炼躯干的腹内外斜肌及肋间肌，从前面看给人一种腰细的感觉，如图13.28所示。

动作要领：向左(右)侧卧于地上，肘着地支撑，小腿弯曲，同样用来支撑身体。大腿伸直，以大腿上部肌群的力量向上举腿至不能再高为止，停顿1~3秒，然后再放下。

注意事项：放下时不要触地。一条腿完成重复次数后，转向另一侧重复这一动作。在做动作的过程中，不要让臀部移动。

易犯错误：臀部借力。

动作变化：

①屈膝腿侧举：增强腹内外斜肌和肋间肌。

②侧卧前举：增强腹内外斜肌和肋间肌。

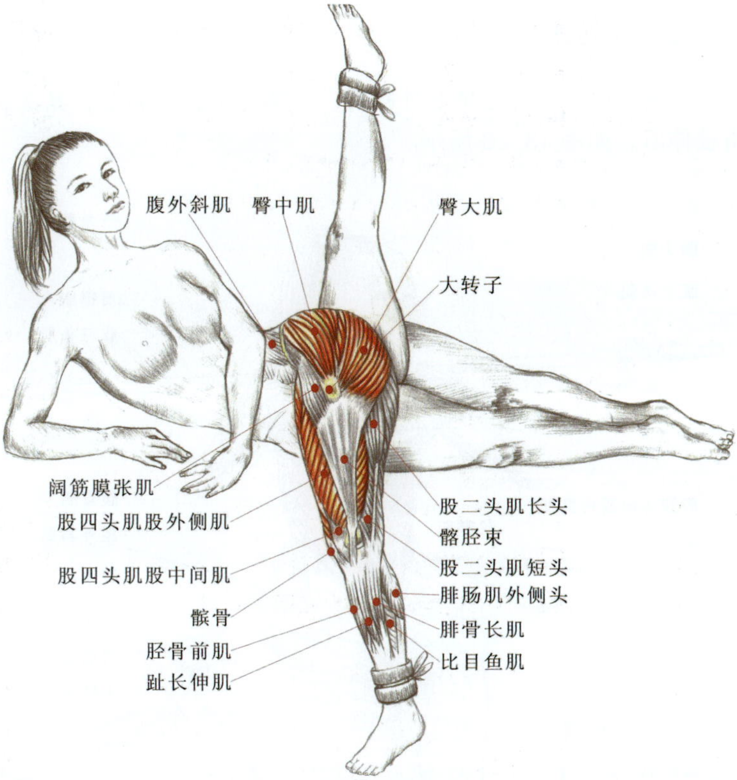

图13.28 直腿侧举

13.2.4 体转类

13.2.4.1 转体仰卧起坐

主要作用：锻炼腹直肌、腹外斜肌和腹内斜肌。

动作过程：上半身慢慢向上蜷曲，躯干屈曲并转向左侧，带动右侧肘关节转向左膝，弓背抬肩，下背部仍躺于垫子上，坚持片刻后还原。重复上述动作。左右侧交替进行。

注意要点：

①缓慢地进行可控制的全方位运动，避免强力运动。当身体向上蜷曲时，避免下颌和颈部前伸。略收下颌，维持脊柱颈部居中。避免用力牵拉躯干向上蜷曲，避免通过肩部力量牵拉肘关节转向，最好由腹肌单独完成此项训练。

②避免耸肩。保持挺胸，双肩下沉。向上屈身时呼气。

③转体仰卧起坐其实就是在正常的仰卧起坐的基础上，在每一个起来的动作后面加一个转身，要求是右手手肘超过左膝盖，反之，则左手手肘要超过右膝盖。

④转体仰卧起坐和仰卧起坐差不多，都需要慢动作，锻炼腹部肌肉的控制能力。起身时要注意呼气，这样可以使腹部较深层的肌肉同时得到锻炼。

⑤转体仰卧起坐是在仰卧起坐的基础上增加转体动作。平板仰卧起坐、斜板仰卧起坐、屈腿仰卧起坐等都可以增加转体动作，根据训练需要还可以增加负重转体。

13.2.4.2 坐姿负重转体

主要作用：右肩转向前时锻炼右侧腹外斜肌、左侧深层腹内斜肌，其次是右侧的腹直肌、腰直肌和左侧脊柱伸肌，如图 13.29 所示。

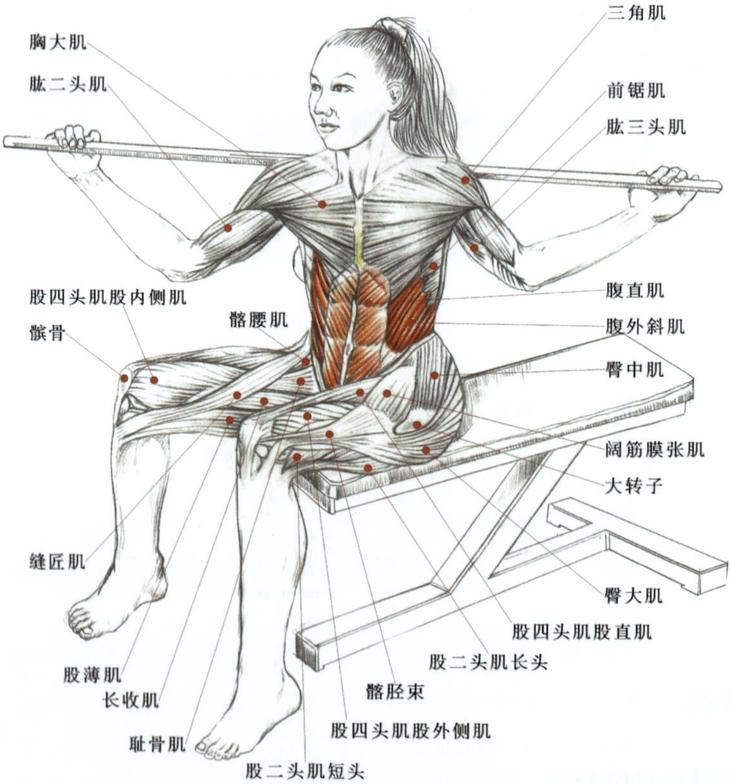

图 13.29 坐姿负重转体

动作过程：坐在凳的一端，脚平放在地板上分开，握杠铃放在两肩上，头部保持稳定。尽力向另一方向转体，感到对侧腹内、外斜肌全面收缩。回到中央，再向另一方向转体，逐渐加快速度。

动作变化：转体机坐姿转体，如图 13.30 所示。

13.2.4.3 站姿负重转体

主要作用：这是练腹外斜肌而不增加腰围的最好练习。通过这种训练，能在赛场上完全控制腹外斜肌。右肩转向前时锻炼右侧腹外斜肌和左侧腹内斜肌，对腰直肌和左侧竖脊肌也有锻炼作用，如图 13.31 所示。

动作过程：两脚分开站立，将杠铃放在颈后肩上，双手搭放在杠铃两端，然后转动躯干到左边，再到右边。只通过腰部运动来转体，不要把头从一边转到另一边，保持头部正直、稳定。转到左边时吸气，转到右边时呼气。为了增加运动强度，可稍弓背。

动作变化：

①站姿转体机转体：主要锻炼腹内斜肌，其次是腹直肌，如图 13.32 所示。

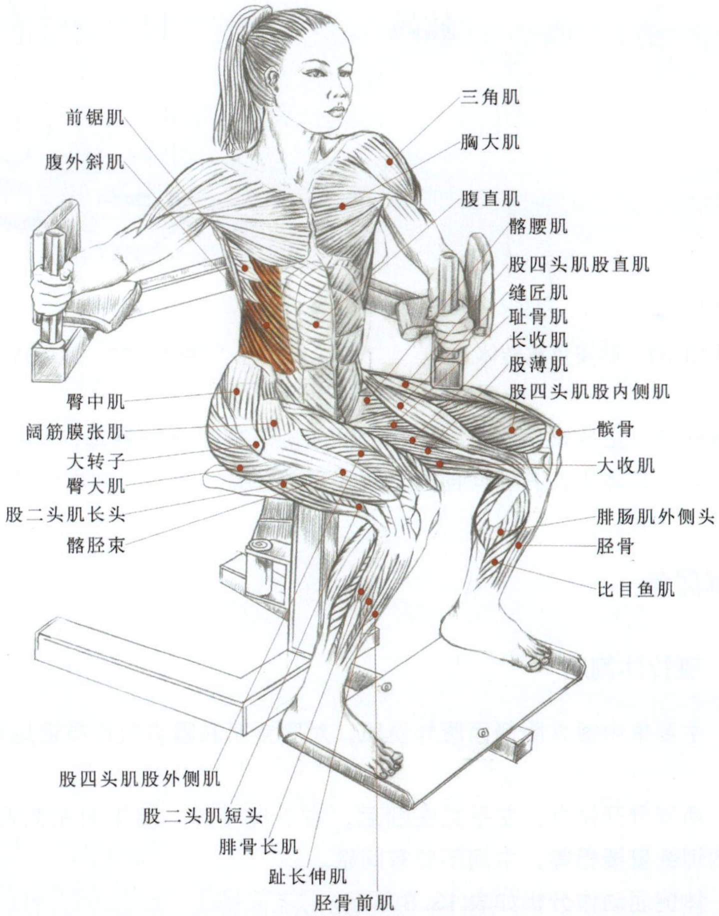

图 13.30 坐姿转体机转体

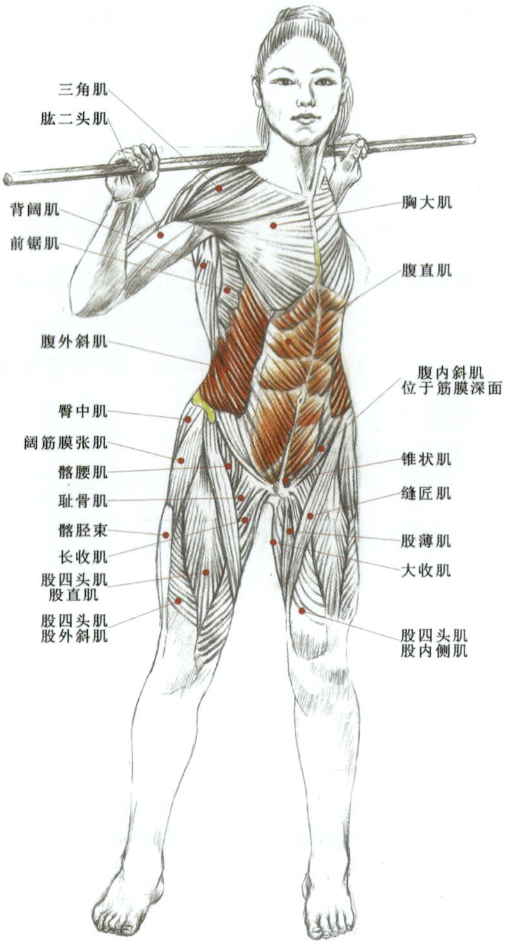

图 13.31　站姿负重转体

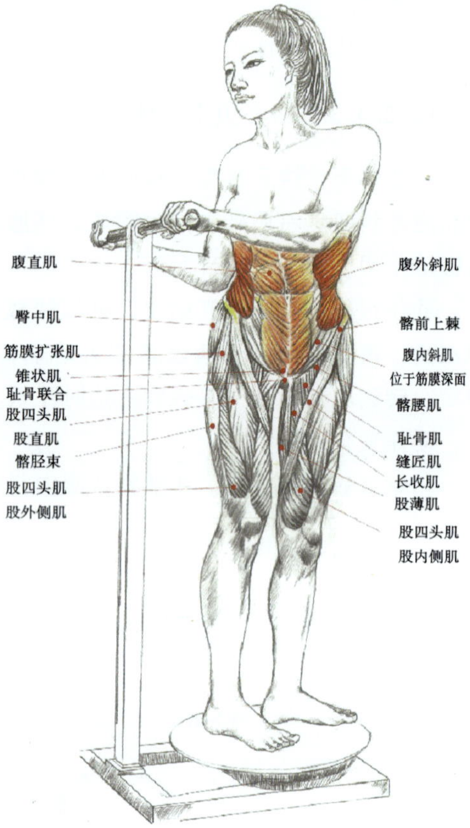

图 13.32　站姿转体机转体

②悬垂屈膝转体：主要锻炼腹外斜肌和肋间肌。下握吊带臂悬垂，两腿交叉，屈膝上举，同时髋关节向左转，身体正直并朝向前方，缓慢下放还原，然后再向右侧转髋并举腿。

③负重屈体左右转体。

13.2.5　体侧屈类

13.2.5.1　哑铃体侧屈

主要作用：主要集中锻炼腹侧面腹外斜肌，对腰直肌和腰方肌也有锻炼作用，如图 13.33 所示。

动作过程：两脚分开站立，左手放在颈后，右手握哑铃。躯干向左侧弯曲，回到起始位置。身体两侧的训练量要相等，中间不要有间歇。

动作分析：体侧屈动作分析如表 13.8 所示。

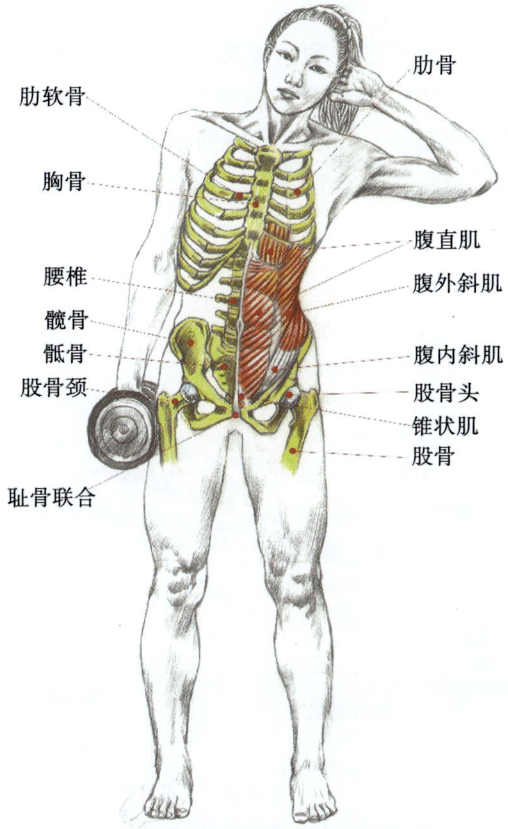

图 13.33 哑铃体侧屈

表 13.8 体侧屈类动作分析

动作分析	脊　柱	肩关节	肩胛骨
运动关节	向下：屈向右(左)侧 向上：返回	固定	固定
运动肌群	腹直肌、腹外斜肌、腹内斜肌、腰方肌(器械对侧所有肌肉)		
固定肌群	腰方肌、竖脊肌、内收肌群、臀中肌、臀小肌	肌腱袖	前锯肌、菱形肌、斜方肌下部

13.2.5.2 罗马椅体侧屈

主要作用：锻炼屈侧的腹外斜肌和腹直肌。腰方肌在躯干侧屈时可持续得到锻炼，如图 13.34 所示。

动作过程：髋部侧卧于罗马椅上，躯干悬空，双脚置于海绵固定轴的下面，双手放在颈后或胸间，躯干向上侧抬起，停留 1~3 秒，回到起始位置。身体两侧的训练量要相等，中间不要有间歇。

13.2.5.3 高位拉力器躯干侧屈

主要作用：主要锻炼屈侧的腹外斜肌和腹内斜肌，对腹直肌、背深肌和腰方肌也有锻炼作用，如图 13.35 所示。

动作过程：两脚分开站立，一手放在颈后或腰间，另一手握住拉力器手柄。躯干向拉力器侧弯曲，停留 1~3 秒，回到起始位置。身体两侧的训练量要相等，中间不要有间歇。

动作变化：低位拉力器躯干侧屈，如图 13.36 所示。

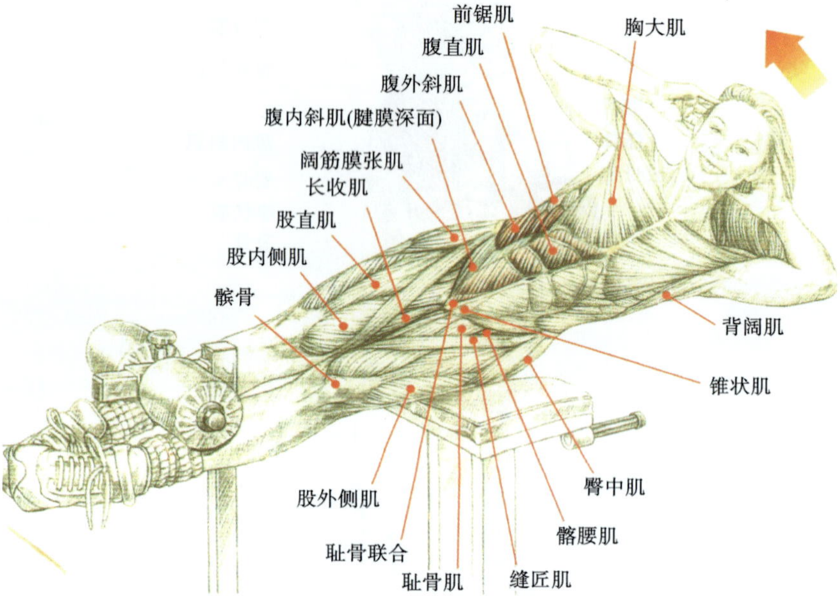

图 13.34　罗马椅体侧屈

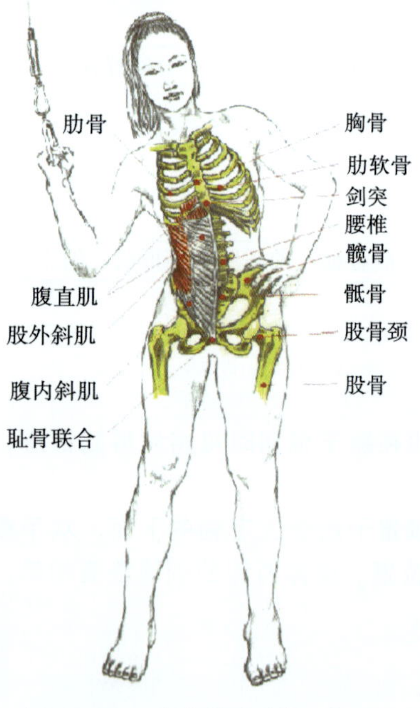

图 13.35　高位拉力器躯干侧屈

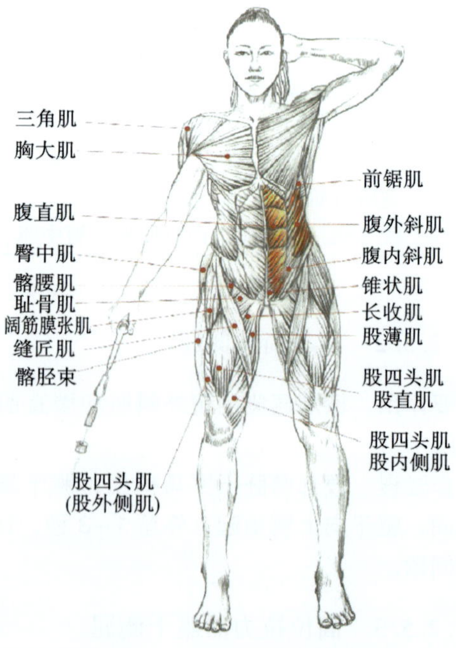

图 13.36　低位拉力器躯干侧屈

13.2.5.4 跪膝重锤颈后腹下拉（高位滑轮仰卧起坐）

主要作用：主要锻炼腹直肌，如图 13.37 所示。

动作过程：双膝跪地，双手握拉杆并置于颈后。吸气，缩身，使胸部向大腿靠近，动作进行时呼气。

动作变化：膝颈前重锤侧收腹下拉，如图13.38所示，跪膝重锤侧收腹下拉，如图13.39所示。

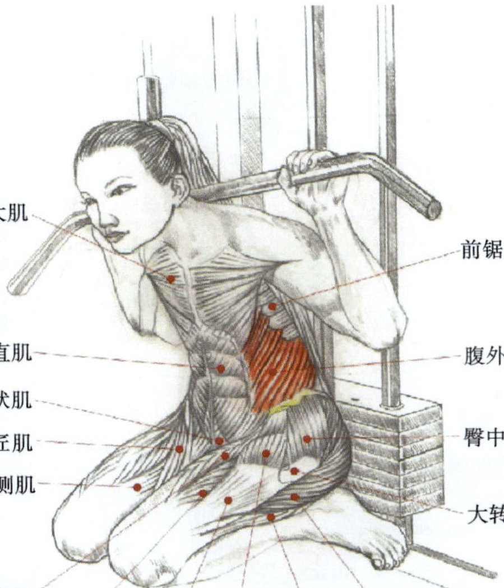

图 13.37　跪膝重锤颈后腹下拉

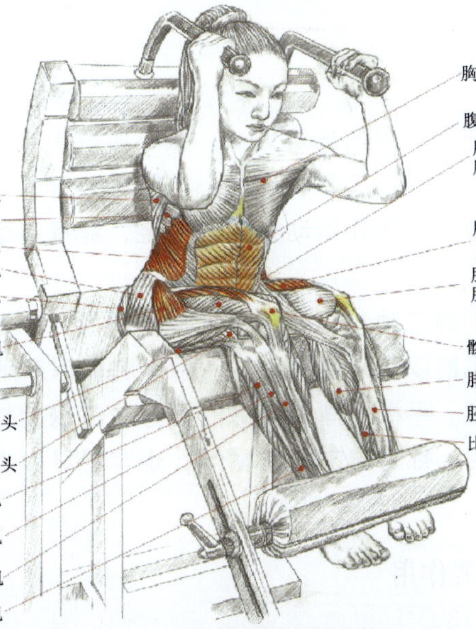

图 13.38　膝颈前重锤侧收腹下拉

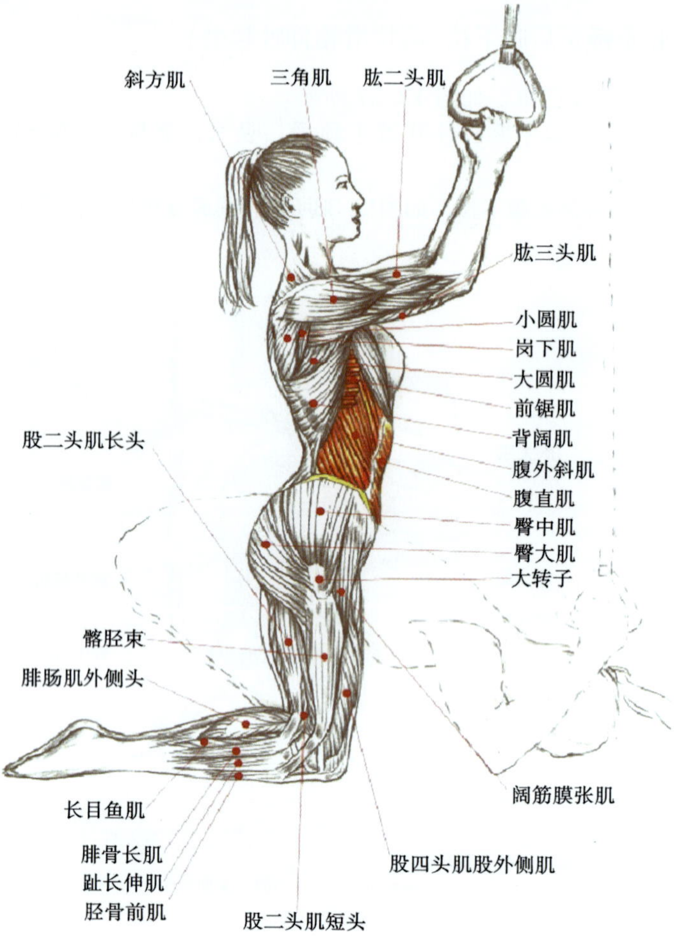

图 13.39　跪膝颈后重锤侧收腹下拉

13.2.6　平板支撑类

平板支撑是锻炼核心肌群最常用的方法之一。核心肌群是由腹直肌、腹斜肌、下背肌和竖脊肌等组成的肌肉群。核心肌群担负着稳定重心、传导力量的作用，是整体发力的主要环节；拥有较强的核心肌群的力量可以在运动中更加稳定，能提高运动表现，增强平衡性和协调性。

平板支撑动作简单，属于静态动作，做平板支撑需要发力的肌肉范围，涵盖了肩膀、胸大肌、腰腹核心肌群、大腿肌群以及小腿的肌群。手臂肌群以及背部和臀部肌群也在轻微地发力，以保持肢体的平衡稳定。平板支撑主要练的是身体前侧的核心肌群，并不能全面地激活核心，需保持长期静态练习，练习起来非常枯燥，也容易导致身体动作模式僵化，影响人体的协调性。

13.2.6.1　平板支撑主要作用

①增强核心肌群，提高运动能力。体能训练把核心训练分成四个类别：抗伸展（Anti-

Extension)；抗侧向屈曲(Anti-Lateral Flexion)；抗旋转(Anti-Rotation)；脊椎保持中立，髋屈曲(Hip Flexion with Neutral Spine)。平板支撑及其变化动作是核心训练的必要动作。平板支撑主要锻炼核心肌群，包括腹横肌、腹斜肌、腹直肌、臀部肌肉，可收紧腹横肌，提高运动能力，如图13.40所示。

②减少背部和脊柱受伤的风险。做平板支撑可以增强和巩固核心肌群，可以确保没有给脊柱和背部太多压力。根据美国运动协会的研究，平板支撑不仅可以减少背部的疼痛，还可以给背部强有力的支持，特别是上背部区域。

③提高身体基础代谢率。平板支撑练习相对于其他腰腹部练习，可以消耗更多的热量。比如仰卧卷腹、仰卧起坐等。

④改善身体姿势。平板支撑练习会训练核心肌群，它可以大大地提高站姿和稳定姿势的能力。进行一段时间的平板支撑练习后，可以始终保持正确的坐姿。核心肌群对颈部、肩部、胸部和背部的整体状况会产生深远的影响。

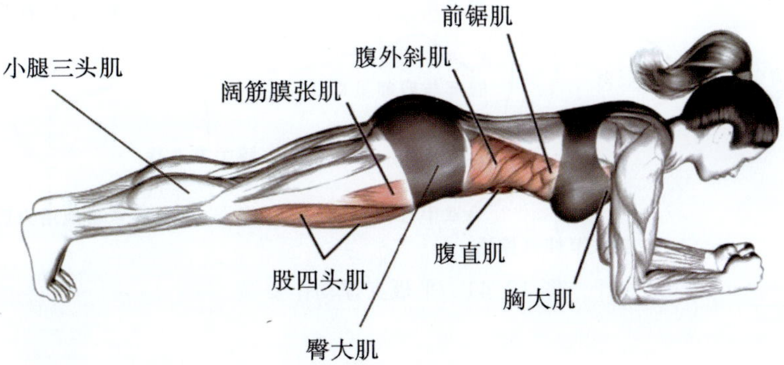

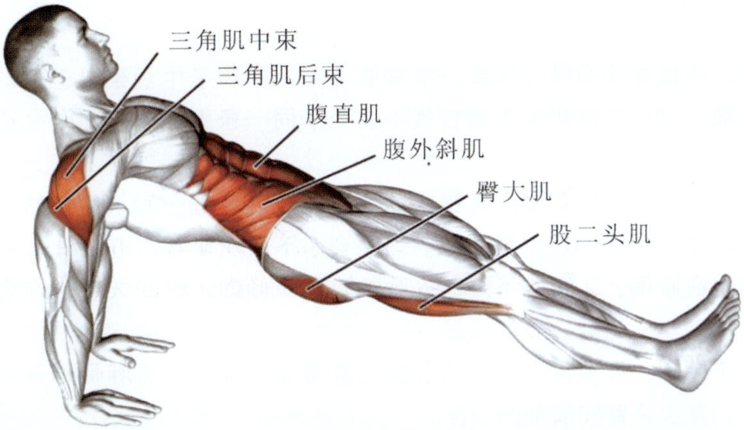

图13.40 平板支撑(正向、反向)主要锻炼肌群

13.2.6.2 平板支撑动作过程

平板支撑是一个静态动作，双肘弯曲(直臂)支撑在地面上，呈俯卧状态，肘关节和肩关节与身体都应该保持直角。双腿伸直，脚尖支撑于地面后蹬地，双脚之间的距离与肩部同宽，

身体离开地面。双臂自然下垂，手臂成弯曲状，并置于肩膀下，肘关节及肩关节与身体呈 90°。将身体的力量平均在前臂和脚尖处，而不仅仅是单纯地将力量放在手肘处，用脚趾和前臂支撑体重。

臀部不高于肩部，躯干伸直，头部、肩部、胯部和踝部保持在同一平面(头、颈、背、腰、臀、腿和踝部保持在同一平面)，腹肌收紧，盆底肌收紧，脊椎延长，眼睛看向地面，切忌抬头、塌腰，如图 13. 41 所示。

保持腹肌持续收缩发力，使脊椎延长。注意力放在腹部和腰部，任何时候都要保持身体挺直，核心肌群用力缩紧，保持均匀的呼吸。

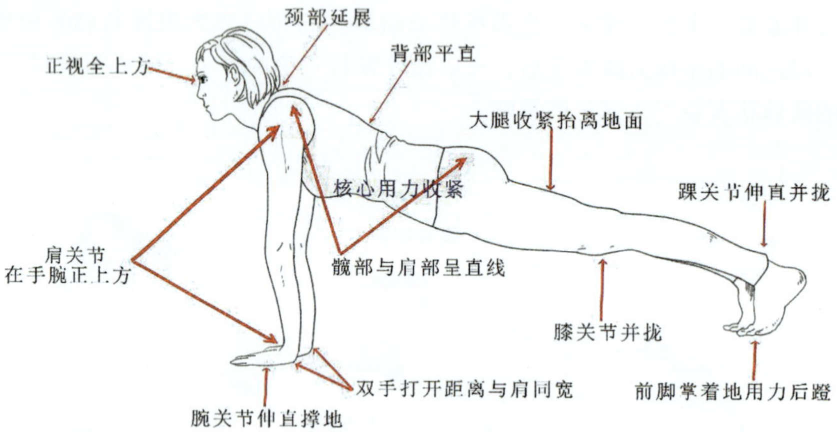

图 13. 41　平板支撑动作要领

13. 2. 6. 3　各种错误动作

①头部抬高。平板支撑初级训练者，常常要在对面的镜子中观察自己的动作，由此会养成一个抬头的习惯。这样颈椎和整条脊柱就不会处于同一条直线上，同时会造成斜方肌上部的紧张状态。

②含胸塌腰。塌腰是平板支撑所有错误动作里比较致命的一种。腹部核心力量不足，导致平板支撑累了时腰部会不由自主地下塌。这个姿态下腹肌全部打开会比较省力，所有的身体中部重量会集中在腰椎上，腰椎不好的人会加重不良倾向，时间久了也许会形成腰突的前兆。

至于肩胛骨不固定，大多是由于肩袖肌群力量薄弱造成的。肩胛骨打开的姿态会让胸大肌纤维收紧发力，减少手臂和肩部的负担。

③身体和躯干的角度过大。身体和躯干的角度会大于 90°，造成一种手掌往前推、身体向后移的视觉效果。过多的压力集中在上背部肌群，以及肩部三角肌部分，容易造成肩袖肌群劳损。正确的动作应该是双臂垂直于地面，动作相对放松。

13. 2. 6. 4　动作变化

平板支撑动作变化十分丰富，做法不同，难易程度不同，趣味性不同，如图 13. 42 所示。

动作变化主要有以下几类：身体姿势变化、支撑点变化、运动状态变化，如表 13.9 所示。

图 13.42 肘撑，侧撑，反撑(Chris Macivoe 绘图)

表 13.9　　平板支撑动作变化

动作变化		动作方法
身体姿势变化	俯身（正向）	标准平板支撑、屈肘平板支撑
	侧身（侧向）	侧身支撑挺髋、屈肘侧身支撑转体
	仰身（反向）	反向直臂支撑、反向屈膝直臂支撑
		反向屈膝直臂支撑+单脚举腿
臂（肘关节）	肘关节直	直臂平板支撑交叉手碰膝
	肘关节屈	屈肘平板桥、直臂变屈肘平板支撑
		屈肘平板支撑+单脚屈膝后抬腿
		屈肘侧身支撑+同侧肘碰膝
手指方向	向前	手指向前平板支撑
	向内	手指向内平板支撑
	向外	手指向外平板支撑
支撑点	四点支撑	双手（双肘）与双脚（双膝）
	三点支撑	单手（单肘）与双脚平板支撑
		单脚与双手（双肘）平板支撑
	二点支撑（对侧）	对侧单臂+单腿平板支撑
		同侧单臂+单腿侧身支撑
运动状态（静动结合）	臂：移动、屈伸	直臂平板支撑+侧身手碰脚
		直臂侧身支撑+单侧手碰脚
	腿：移动、屈伸、上举、侧展	直臂平板支撑+左右交替侧提膝
		直臂平板支撑+交替提膝
		屈右膝靠近右侧大臂
		单腿下犬式屈右膝支撑
		爬行平板撑

13.3　腹部审美

13.3.1　体脂率与腹肌清晰度

腹部训练目标是练出由胸廓底部到脐下整块的、结实而又排列完美、线条清晰的腹肌。训练重在刻画腹部线条。腰腹部是存贮脂肪的部位之一，不同类型的腹部存贮脂肪多少是由肌肉张力决定的，如图 13.43 所示。

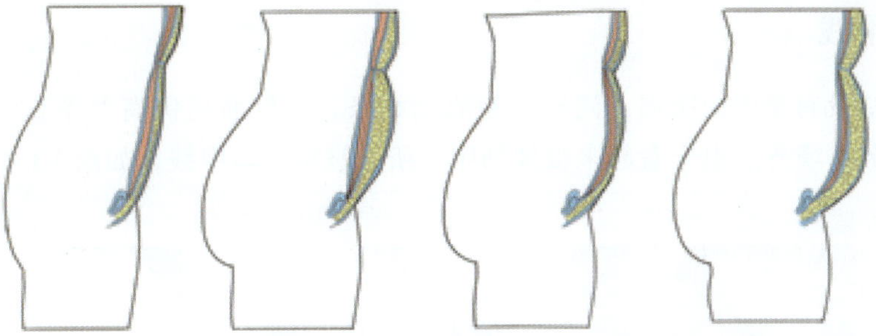

A. 肌肉张力良好的正常腹壁；
B. 正常腹壁，肌肉张力良好，皮下脂肪过多，腹壁下垂；
C. 无过多脂肪，由于肌肉张力下降，导致腹壁下垂；
D. 肌肉张力下降，伴有过多脂肪，导致腹壁下垂。

图 13.43 不同类型腹壁矢状切面图

体脂率越低，腹肌分块越明显。一般女性体脂率低于 20%，男性体脂率低于 15%时，才会开始看见腹肌，如表 13.10 所示。

不降低体脂率，腹部脂肪过多，即使练出了腹肌，也会因为赘肉过多而看不到腹肌轮廓。想要显现腹肌，男性体脂率最起码得低于 15%，女性要低于 20%，才能隐约显现腹肌线条，要想练出分块明显的腹肌，男性得将体脂降低至 12%以下，女性要降至 17%以下。

人体需要有一部分的体脂才能保持健康状态，对男性而言，3%~4%左右的体脂是必需脂肪，对女性而言，10%~12%的脂肪是必需脂肪，低于这个标准就会影响健康，在锻炼腹肌时，不宜将体脂率降至低于这个标准。

表 13.10 **不同体脂率与腹肌线条与清晰度的关系**

男性		女性	
体脂率	腹肌线条与清晰度	体脂率	腹肌线条与清晰度
25%~30%	腹肌不显露，腰围 91~100cm	35%~37%	腹肌不显露，腰围 91~95cm
22%~24%	腹肌不显露，腰围 86~90cm	32%~34%	腹肌不显露，腰围 86~90cm
19%~21%	腹肌不显露，腰围 81~85cm	29%~31%	腹肌不显露，腰围 81~85cm
16%~18%	腰腹部较松弛，腹肌不显露	28%~23%	腰腹部明显松弛，腹肌不显露
13%~15%	各部位基本不松弛，腹肌开始显露，分块不明显	20%~22	各部位不松弛，腹肌开始显露，分块不明显
10%~12%	各部位脂肪不松弛，腹肌分块明显，腹肌线条明显	14%~19%	各部位不松弛，腹肌分块，线条明显。背肌显露
7%~9%	背肌显露，腹外斜肌分块更加明显，腹肌线条清晰	11%~13%	背肌显露，腹外斜肌分块更加明显，腹肌线条清晰(健美运动员竞技状态)
4%~6%	臀大肌出现横纹，腹肌线条清晰(理想竞技状态)	8%~10%	腹肌线条清晰，极少数女运动员能达到的竞技状态

13.3.2 马甲线

马甲线是指没有赘肉的腹部，同时还有肌肉线条，在肚脐两侧有两条直立的肌肉线，这是腹部健美的最高境界。由于看起来很像马甲，所以被称为马甲线，如图 13.44 所示。

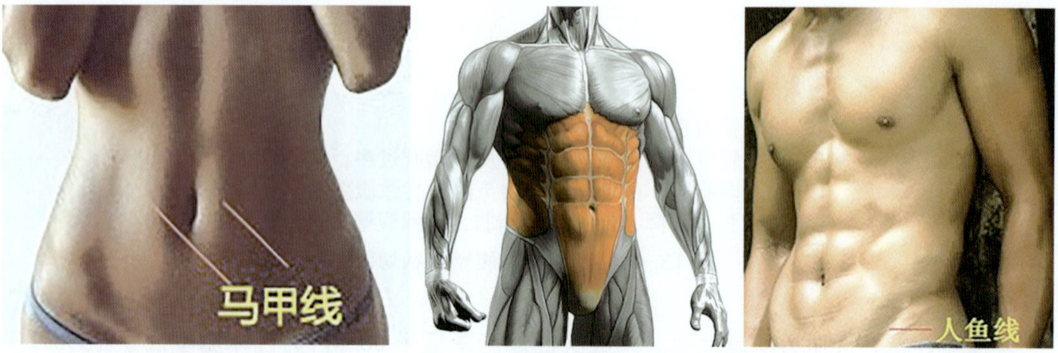

图 13.44 马甲线与人鱼线

13.3.3 人鱼线

人鱼线又名人鱼纹，正式学名为“腹内外斜肌”，指的是男性腹部两侧接近骨盆上方组成“V”形的两根线条，因其形似鱼下部的略收缩的形态，故称为人鱼线，如图 13.44 所示。达·芬奇在《绘画论》中首次提出将“人鱼线”作为美与性感的指标。人鱼线并非男性特有的生理现象，随着人们对人鱼线的追捧，很多女性也练出了自己的人鱼线。

13.3.4 比基尼桥

比基尼桥(Bikini Bridge)指身材纤瘦的女生穿上比基尼后，躺下时的腹部够平坦，比基尼与下腹间出现缝隙，与骨盆形成了“桥状”效果，如图 13.45 所示。其实，只要小腹非常瘦，平躺时可以凹陷下去，就肯定会出现比基尼桥。

图 13.45 比基尼桥

13.4 腹部肌群训练方法

13.4.1 腹部肌群训练原则

13.4.1.1 有氧训练，消除腹部脂肪

雕塑腹肌的关键在于降低体脂，以增进线条清晰度。体脂不降到9%以下，腹部被一层厚厚的脂肪覆盖，平坦而线条分明的腹肌是不会显现的，消除腹部脂肪是腹部训练的基础。

许多人(包括健美运动员)一直认为腹部的脂肪适中或者较厚，认为做大量的腹肌训练不仅能增强腹部肌肉，还有助于消除脂肪，显然这种观点是错误的。生理学家和其他专家不断地申明在腹部减脂过程中，通过猛烈地锻炼此区域和相邻区域是不会燃烧掉脂肪的，当身体需要能量时，会从各个部位均匀地吸收储存的脂肪。由以上两点可以得出腹部减脂除了腹肌练习之外，还需要大量有氧练习，才能够取得良好的效果。有氧训练是最有效地消耗脂肪的途径。

严格根据某一种练习所消耗的热量来计算，腹肌训练不是减少脂肪的最好办法，热量消耗和所做功成正比。比如，跑步时移动整个身体的重量，这就是做大量的功，当做仰卧起坐或收腹举腿时，所用重量要比自己的体重轻得多，做功就相对少。跑3公里比一般的腹肌训练要燃烧更多的脂肪，做功的绝对量等于重量乘以距离，即使跑步看起来并不剧烈。

采用节食和有氧训练相结合的方法减去腹部多余的脂肪，由此展现出来的腹肌并不发达，线条不分明，还需要各种力量动作练习使腹肌得到锻炼。

13.4.1.2 重复次数和组数

通过有氧训练，腹部力量有了一定基础后，就可以开始腹部力量练习。如何锻炼腹肌，人们没有取得一致意见，加拿大乔·韦德、美国文斯·吉龙达等著名专家指出，要使腹肌达到最佳状态，每组训练不应超过8~12次，多练只能浪费时间。罗伯特·肯尼迪和文斯·吉龙达认为，过多地练习腹肌，会使腹肌萎缩，影响全身肌肉的发达。常用的腹肌练习方法是每次做4~5组，每组超8~12次，并主张发展腹肌，不要做任何直接练腹肌的动作，在其他负重练习中，腰腹都已得到足够的锻炼。其他专家如比尔·坎迪·桑斯、弗兰克·赞恩认为多次数的训练效果更好，如著名健美运动员波特·科尔挑选2~4个最有效的练习，只做3组，每组30~50次，每一组应做至完全力竭，腹肌训练不超过15分钟。

本·韦德认为，这两种方法都很有效，至于采取何种方法要因人而异。本·韦德在《女子超级健美法》一书中，主张腹肌练习一般在15~30次；罗伯特·肯尼迪、邓尼斯·韦思在《男子科学健美训练法》一文中指出，腹肌中红肌纤维占多数，是典型的耐力性肌肉，可进行多次数训练，一般每组15~25次较合适，组与组的间歇时间应少于其他肌群，要使腹肌增厚，锻炼力量和体积，则应采用多组数训练、少次数练习，一般做5~8组，每组8~20次。

13. 4. 1. 3　动作选择

①选择全面的动作对整个腹肌形成完全的刺激。

从腹肌结构上看，会分为腹直肌上侧、下侧以及腹斜肌，因此在动作的选择上要对整个腹肌形成全方位的刺激，而不是一个动作。腹肌训练选择何种动作，动作幅度充分的仰卧起坐和仰卧举腿练习是发展腹肌的主要动作。如果动作不规范甚至变形，这些练习就不是纯粹的腰腹练习。腹肌收缩是用来缩短骨盆底部至胸骨间距离的，在仰卧举腿或仰卧起坐练习中，充分收缩腰腹部就显得十分重要。

归类为腹肌的多数练习动作，并没有提供腹部需要的大部分刺激，实际上锻炼了臀部屈肌(该肌群位于大腿中部，贯穿于骨盆肌或域，最后与下背部的脊柱肌肉相连)。只有双脚不踏在地上，在实际运动过程中动作从开始到完成的角度不超过 30°，这样的练习才是标准的腹肌练习。同样，任何实际运动中躯干超过 30°的动作，将增加臀部屈肌的活动能量。

选择腹肌训练动作的原则是：把动作幅度限制在仅仅缩短骨盆和胸骨距离的范围内的动作，运动过程中从起始到完成的角度不超过 30°。这样尽可能地使腹部受到刺激，不要把大腿、背部包括进去。在练习过程中，不要把背拱起，而是胸部稍内含，以便把张力集中于腹部。上体伸得越直，臀部参与用力越多，越减少腹肌受力。练腹肌时，应在整组中保持腹肌持续紧张，不论是在动作开头还是结束，都不要松弛。

在编制腹肌训练计划时，一般围绕仰卧起坐、抬腿仰卧起坐以及其他形式的练习。选择动作要兼顾体型特点，为塑造“V”形体型，腰腹两侧的肌肉不能过分地发达，训练中不主张选择体侧弯曲之类的练习动作。

②根据运动能力更换动作。

当一组动作可以轻松完成以后，这组动作对腹肌的刺激就会慢慢降低，这时就要考虑让腹肌接受新的刺激。其方法可以是适当负重来增加训练容量，可以是增加动作难度，可以是缩短动作间的休息时间。总之不要让训练一成不变。

什么样的腹肌动作才是最好的，美国 ACE 机构进行了一则实验，选取 16 名志愿者，用目前最流行的腹肌动作进行逐一练习，然后研究人员使用肌电图(EMG)来确定每个腹肌动作所带来的刺激到底有多深，研究结果如表 13. 11 所示。

表 13. 11　**腹肌训练效果动作排名**

训练效果排名	上腹肌训练动作	下腹肌训练动作	腹外斜肌训练动作
5	腹肌健身椅	健腹轮	标准仰卧起坐
4	杠铃版健腹轮	腹肌健身椅	腹肌健身椅
3	完美仰卧起坐	瑜伽球卷腹	悬垂举腿(屈膝状态)
2	瑜伽球卷腹	悬垂举腿(屈膝状态)	下斜仰卧起坐
1	下斜仰卧起坐	下斜仰卧起坐	健腹轮(单轮)

13.4.1.4 动作速度

很多健美运动员认为，由于腹肌属于慢收缩肌群，因此做这个部位的练习时，必须缓慢进行，腹肌练习的重复次数、完成速度与快-慢缩肌理论毫无关系。美国健美教练罗伯特·肯尼迪和邓尼斯·韦思认为，腹肌练习动作应缓慢进行，有其他学者认为每个人都有自己喜欢的运动节奏。所以，我们建议腹肌训练中要集中注意力，同时减少比重复速度更多的休息时间。

13.4.1.5 间歇时间

腹肌与身体其他部位没有什么本质的不同，同样需要在休息时间才会生长，所以不要天天练，要留出时间来让腹肌生长，所以每周练腹 3~5 次就可以。当然在休息时间可以做一些有氧运动或者是其他部位的训练。

腹肌训练组与组之间的休息时间，应少于其他肌群训练的休息时间，一般休息十几秒便可重复下一组。组间的深呼吸，使吸入体内的氧气增加，对提高循环系统功能有益，并可促进脂肪分解。

13.4.1.6 安排训练顺序与时间

腹肌训练一定要在空腹时进行，一般安排在训练课的最后部分。在编制腹肌训练计划时，一定要先练下部，然后练中部，最后练上部。“奥林匹克亚先生”获得者拉里·斯科特说，如果用力练下部腹肌，上部腹肌自然也会得到训练效果，但这并不是说不要练习上部腹肌，因为如果不强烈地触动上腹部，很难练到腹肌下部。

13.4.1.7 重量

腹肌训练时使用的重量越大，动作不正规的可能性就越大，还会使腰部变厚。那种认为增加重量可燃烧更多脂肪的观点是错误的。建议用紧张和控制来代替负重，用意念而不是外在的负重练习去绷紧和刺激腹肌。

腹肌训练中的大多数动作是对抗自身体重的练习，是否负重需要区别对待。要强化腹肌，使腹肌突起、线条清晰起来，负重练习是必要的。负重训练时的负重方法如表 13.12 所示。

表 13.12 负重训练时的负重方法

训练项目	组数	次数	负重方法
仰卧起坐	3~4	12~15	手持 2.5~12kg 杠铃片，置于胸前，或双手抱杠铃片置于头后
仰卧转体起坐	3~4	8~12	双手抱杠铃片置于头上方
V 字两头起	4~5	12~5	用橡皮带在踝处绑重物，以强化下腹肌
悬垂举膝	4~6	8~12	两腿膝盖夹住实心球

在动作过程中要保证动作质量。这就需要在每一次的训练过程中，都要做到腹部肌肉主导发力，并用心去感受腹部肌肉的收缩与伸展。

13.4.1.8 合理饮食

要使腹肌轮廓清楚、线条分明，除通过训练消耗更多的热量外(包括有氧训练)，还可适当调整或控制饮食，其捷径是两种方法双管其下，再加上高质量的腹肌训练。在最重要的直腹线条练习阶段，可在食物中添加一些抗脂化肝药物(作用是分解脂肪)，如胆碱蛋氨酸、肌醇、脂酶、卵磷脂等，若不严格遵守正确的低脂肪饮食原则，那么任何腹肌练习都是徒劳的。即使可能拥有世界上最壮观的腹肌，若被脂肪覆盖着，就无法显现出来。没有食物，肌肉不会增长，但过多的饮食将使脂肪增加。如果努力并持续练了一年多的腹肌却仍看不到线条，就应该重新检讨自己的饮食了。

完美腹肌取决于三个要素：合理的饮食、有氧训练和经常的腹肌训练。把三者和谐地组合起来，才能拥有梦寐以求的腹肌。

13.4.2 腹部肌群训练方法

13.4.2.1 各阶段腹肌训练方法

各阶段腹肌训练方法及训练课实例如下表 13.13 所示。

表 13.13 各阶段腹部肌群训练方法

阶段（训练水平）	安排训练原则			训练课实例		
	周练次数	动作	组数	动作	组数×次数/组	说明
初级阶段 1~6 个月	3	1~2	每个动作 2~3	屈膝仰卧起坐 悬垂屈膝上举 坐姿直腿上举 站立转体	3~4×8 2~3×12~15 3×20~30 2×30~40	该训练课实例是世界女子健美锦标赛冠军、英国人朱丽叶·伯格曼介绍的。其中高级阶段与临赛阶段的训练方法是她自己的训练方案
中级阶段 12~6 个月		2~4	每个动作 2~3	悬垂屈膝上举 坐姿直腿上举 斜板仰卧超坐 站立转体	3×20~15 3×20~30 2×20~30 4×30~40	
高级阶段 12 个月以上	隔天训练一次	2~4	每个动作 4~5	斜板仰卧超坐 坐姿直腿上举 悬垂屈膝上举 站立转体	4×20~30 4×20~30 4×20~30 2×20~30	
临赛阶段	每天训练一次	5	20~30	悬垂直腿上举 小腿搁凳仰卧起坐 体侧屈 悬垂屈膝上举	5×15~20 5×20~30 5×30~40 5×20~30	
				斜板仰卧超坐 坐姿转体 斜板仰卧腿上举 跪膝重锤收腹下拉	5×20~30 5×20~30 5×20~30 5×15~20	

13.4.2.2 腹部塑形徒手训练方案

腹部器械训练的动作与方法，几乎都可以徒手进行。腹部塑形徒手训练中可以加入全身有氧徒手训练内容，可以改变各种腹部训练动作起始姿势、运动轨迹等，内容丰富，变化多端，趣味十足。表 13.14 是腹部塑形徒手训练方案。

表 13.14 腹部塑形徒手训练方案

训练方案		
方案Ⅰ：比基尼桥训练方案	侧平板支撑，手臂向上下最大幅度伸展	每个动作每次做 4 组，15~20 次/组，组间休息 30 秒。建议隔天训练，一般坚持 3 个月以上就会拥有明显的腹肌轮廓
	平板支撑，手臂与腿部对角线提升，让腹部线条充分拉伸	
	平板支撑，腿部与上肢向中心收缩，腹部发力收紧	
	平板支撑，上肢保持平衡，手臂左右移动增强腹部核心的力量	
	平板撑式，左右侧晃贴并向上抬腹	
	仰卧，利用下腹部的力量抬起下肢，画圈式	
	仰卧，双手抱头，双腿脚蹬式左右对角侧触碰	
	侧躺式卷腹	
方案Ⅱ：上腹训练方案	仰卧，双脚屈膝，双手往正上方方向伸直，用上腹力量把身体往上抬约 30°	每个动作每次做 5~6 组，25 ~ 30 次/组，组间休息 30 秒
	仰卧，双脚屈膝，双臂往两旁张开伸直，用上腹力量把身体往上抬约 30°	
	仰卧，双脚屈膝，手掌朝上放在臀部两侧不碰地，用上腹力量把身体往上抬约 30°	
	仰卧，双脚屈膝，手掌交叠在大腿中间，用上腹力量把身体往上抬约 30°	
方案Ⅲ：马甲线训练方案	开合跳(前后开合跳、俯卧撑开合跳、深蹲开合跳)：热身运动，能够有效地开启运动模式，提高心率，快速进入运动状态	20 秒/组，间歇 30 秒，循环 3~4 组
	高抬腿：尽量将腿向高处抬起；为保持平衡，手臂也相应抬高；抬腿同时，要用力收腹；大腿与腹部夹角尽可能接近 90°	20 秒/组，间歇 30 秒，循环 3~4 组
	俯身登山步：如同俯卧撑，将全身重量置于手掌和脚趾上。腹部核心肌肉始终保持紧张，确保身体为一直线。利用臀部发力带动单脚膝盖抬起，尽量前靠胸部，达到极限幅度。之后重复动作	20 秒/组，间歇 30 秒，循环 3~4 组
	卷腹类动作(仰卧卷腹、仰卧反向卷腹、仰卧 V 字卷腹、交臂卷腹、触臂卷腹、并掌穿梭、触腿卷腹、斜卧卷腹)	选择 3 ~ 4 个动作，每个动作每次做 2 ~ 3 组，15 ~ 20 次/组，组间休息 30 秒
	仰卧对侧肘膝碰	
	仰卧交叉摆腿	
	坐姿转体	

第 14 章

髋肌肌群训练

14.1 臀部肌群解剖结构与功能

臀肌是一群止于股骨的肌肉，按其所在部位和作用，可分为前、后两群，解剖结构功能如表 14.1 所示。其位置与形状如图 14.1 所示。

表 14.1　臀部肌群解剖结构与功能

<table>
<tr><th colspan="3">肌群</th><th>位置</th><th>形状</th><th>起点</th><th>止点</th><th>主要功能</th></tr>
<tr><td rowspan="3">前群屈肌</td><td rowspan="2">髂腰肌</td><td>腰大肌</td><td rowspan="2">位于脊柱腰部和骨盆内面</td><td>单羽状肌</td><td>髂窝</td><td rowspan="2">股骨小转子</td><td rowspan="2">屈大腿并外旋，使骨盆及躯干前屈</td></tr>
<tr><td>髂肌</td><td>呈扇形</td><td>1～4 腰椎体及横突</td></tr>
<tr><td colspan="2">梨状肌</td><td>位于小骨盆内</td><td>呈三角形</td><td>骶骨前面</td><td>大转子尖</td><td>外旋大腿</td></tr>
<tr><td rowspan="3">后群伸肌</td><td colspan="2">臀大肌</td><td>骨盆后外侧面</td><td>呈宽厚的四方形</td><td>骶骨背面
髂骨翼外侧</td><td>股骨臀肌粗隆髂骨股束</td><td>后伸及外旋大腿
防止躯干前倾</td></tr>
<tr><td colspan="2">臀中肌</td><td>位于臀大肌深层</td><td>羽状肌</td><td rowspan="2">髂骨翼外面</td><td rowspan="2">股骨大转子</td><td rowspan="2">外展大腿</td></tr>
<tr><td colspan="2">臀小肌</td><td>位于臀中肌深面</td><td>羽状肌</td></tr>
</table>

14.1.1 前群

前群(内侧群)起自骨盆内侧，有髂腰肌、梨状肌和阔筋膜张肌。

①髂腰肌(Iliopsoas)：由腰大肌和髂肌组成。腰大肌(Psoas Major)起自腰椎体侧面和横突；髂肌(Iliacus)呈扇形，位于腰大肌外侧，起自髂窝。两肌向下相互结合，经腹股沟韧带深面和髋关节前内侧，止于股骨小转子。髂腰肌被髂腰筋膜覆盖，此筋膜与髂窝和脊柱腰部共同形成骨性筋膜鞘，当患有腰椎结核或腰大肌脓肿时，脓液可沿此鞘流入髂窝和大腿根部。作用：使大腿前屈和外旋。下肢固定时，可使躯干和骨盆前屈。

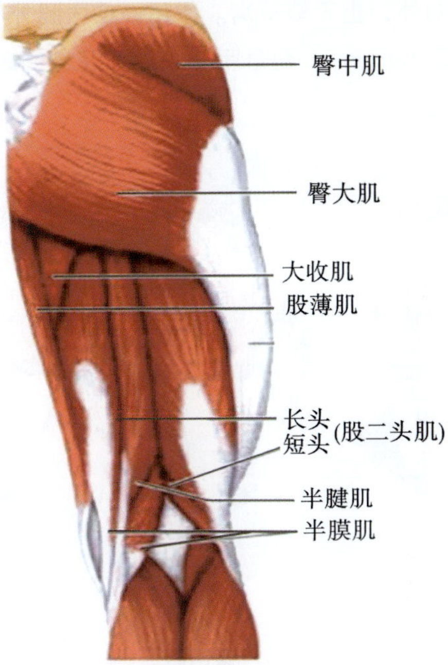

图 14.1 髋肌群解剖结构

②梨状肌(Piriformis):起自盆内骶骨前面骶前孔外侧,外出坐骨大孔至臀部,止于股骨大转子。作用:与其他肌肉共同作用,可外旋大腿。

③阔筋膜张肌(Tensor Fasclae Latae):位于大腿上部前外侧,起自髂前上棘,肌腹在阔筋膜两层之间,向下移行于髂胫束,后者止于胫骨外侧髁。作用:使阔筋膜紧张并屈大腿。

14.1.2 后群

后群(外侧群)起自骨盆外侧,主要位于臀部,故又称臀肌,如图 14.2 所示,包括臀大、中、小肌和经过髋关节囊后面的其他小肌。

①臀大肌(Gluteus Maximus):位于臀部浅层、大而肥厚,形成特有的臀部隆起,覆盖臀中肌下半部及其他小肌。起自髂骨翼外面和骶骨背面,肌束斜向下,止于髂胫束和股骨臀肌粗隆。作用:使大腿后伸和外旋。下肢固定时,能伸直躯干,防止躯干前倾,以维持身体平衡。

②臀中肌(Gluteus Medius):位于臀大肌深面。

③臀小肌(Gluteus Minimus):位于臀中肌深面。臀中、小肌都呈扇形,皆起自髂骨翼外面,肌束向下集中形成短腱,止于股骨大转子。作用:两肌共同使大腿外展,两肌前部肌束能使大腿内旋,而后部肌束则使大腿外旋。

④股方肌(Quadratus Femoris):起自坐骨结节,向外止于股骨转子间嵴。作用:使大腿外旋。

⑤闭孔内肌(Obturator Internus):起自闭孔膜内面及其周围骨面,肌束向后集中成为肌

腱，由坐骨小孔出骨盆转折向外，止于转子窝。作用：使大腿外旋。

⑥闭孔外肌(Obturator Externus)：起自闭孔膜外面及其周围骨面，经股骨颈后方，止于转子间窝。作用：使大腿外旋。

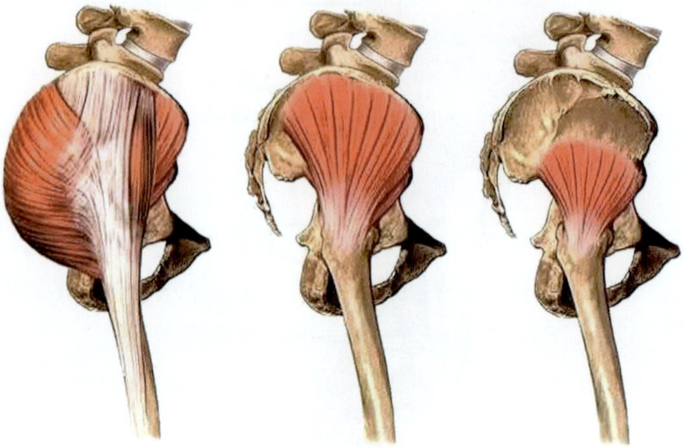

臀大肌　臀中肌　臀小肌

图 14.2　臀肌解剖结构

14.1.3　髋关节

髋关节(Hip Joint)是人体最大的关节。它由髋臼和股骨头等骨性结构构成，周围的韧带肌肉包绕而成，属于杵臼关节。髋臼内仅月状面被覆关节软骨，髋臼窝内充满脂肪，又称为haversian 腺，可随关节内压的增减而被挤出或吸入，以维持关节内压的平衡。在髋臼的边缘有关节盂缘附着，加深了关节窝的深度。在髋臼切迹上横架有髋臼横韧带，并与切迹围成一孔，有神经、血管等通过。关节囊厚而坚韧，上端附于髋臼的周缘和髋臼横韧带，下端前方附于转子间线，后方附于转子间嵴的内侧(距转子间嵴约 1cm 处)。因此，股骨颈的后面有一部分处于关节囊外，而颈的前面则完全包在囊内。髋关节周围有韧带，主要是前面的髂股韧带，长而坚韧，上方附于髂前下棘的下方，呈人字形，向下附于股骨的转子间线。髂股韧带可限制大腿过度后伸，对维持直立姿势具有重要意义。此外，关节囊下部有耻骨囊韧带，可限制大腿过度外展及外旋。关节囊后部有坐骨囊韧带，有限制大腿内旋的作用。关节囊的纤维层呈环形，环绕股骨颈的中部，称为轮匝带，能约束股骨头向外脱出，此韧带的纤维多与耻骨囊韧带及坐骨囊韧带相编织，而不直接附在骨面上。

髋关节为多轴性关节，能做屈伸、收展、旋转及环转运动。但由于股骨头深嵌在髋臼中，髋臼又有关节盂缘加深，包绕股骨头近 2/3，所以关节头与关节窝二者的面积差甚小，故运动范围较小。加之关节囊厚，限制关节运动幅度的韧带坚韧有力，因此，与肩关节相比，该关节的稳固性大，而灵活性甚差。这种结构特征是人类直立步行、重力通过髋关节传递等机能的反映。髋关节的运动方式如表 14.2 所示。

表 14.2　髋关节的运动方式

运动方式	肌群
屈	髂腰肌(腰大肌与髂肌)、股直肌、阔筋膜张肌、臀中肌与臀小肌(前部纤维)、短收肌、长收肌、耻骨肌、股薄肌
伸	臀大肌、臀中肌(后部纤维)、股二头肌长头、半腱肌、大收肌(后部纤维)
外展	臀中肌与臀小肌、臀三角肌、梨状肌、闭孔内肌与闭孔外肌、缝匠肌、臀大肌与阔筋膜张肌(浅层纤维)
内收	大收肌、长收肌、短收肌、股薄肌、耻骨肌、髂腰肌、股二头肌长头、臀大肌(深层纤维)
内旋	臀中肌与臀小肌、阔筋膜张肌
外旋	梨状肌、闭孔内肌与闭孔外肌、股方肌、臀大肌、股二头肌长头、收肌

14.2　臀部肌群训练动作

下肢肌(盆带肌、大腿肌、小腿肌和足肌)的很多训练动作都能不同程度地锻炼到臀部肌群，尤其是许多下肢肌练习的复合动作，如深蹲、硬拉、仰卧腿屈伸等，下背部肌群练习也能锻炼到臀部肌群，如杠铃躬身等。针对臀部肌群进行孤立训练，其专门练习主要是髋关节外展、后伸，如表 14.3 所示。

表 14.3　臀部肌群训练主要动作

动作名称		器械	主要锻炼部位(肌群)
躬身	杠铃直腿躬身 杠铃屈腿躬身 坐姿躬身 山羊挺身 俯卧挺身	杠铃 徒手	主要锻炼臀大肌、竖脊肌，尤其是大腿后群肌(股二头肌短头除外)
分腿蹲 (弓箭步蹲)	杠铃分腿蹲 哑铃分腿蹲 侧弓步蹲 跨步分腿蹲(剪蹲) 保加利亚分腿蹲 (后腿抬高是分腿蹲) 分腿蹲跳 分腿蹲转体	杠铃 哑铃	主要锻炼臀大肌和股四头肌

续表

动作名称		器械	主要锻炼部位(肌群)
髋关节外展	站姿髋关节外展	健身机 拉力器 胶皮带 徒手	锻炼臀部三角形肌，主要是臀中肌和臀小肌深层
	侧卧髋关节外展		臀中肌和深层臀小肌
	跪撑屈膝大腿侧上举		臀中肌、臀小肌、阔筋膜张肌和臀部深层旋外肌群
伸髋	站姿伸髋	胶皮带 拉力器	锻炼臀大肌，其次是大腿后群肌(股二头肌短头除外)
	跪姿伸髋		
	俯卧伸髋		
	长凳伸髋		
抬臀	仰卧双腿抬臀	徒手 负重	臀大肌和腘绳肌
	仰卧单腿抬臀		
	仰卧长凳搁脚抬臀 仰卧搁小腿抬臀		
深蹲	窄站距杠铃深蹲 窄站距杠铃半蹲	杠铃	股四头肌、股二头肌、小腿三头肌、屈足肌群、臀大肌
硬拉	直腿硬拉	杠铃 哑铃	骶棘肌、臀大肌、股二头肌、半膜肌、半腱肌、大收肌
	垫木直腿硬拉		
体侧屈	山羊侧身起坐	哑铃	同侧腹内斜肌、腹直肌、骶棘肌、臀中肌
体转	单臂上举体前屈	哑铃	同侧腹内斜肌、对侧腹外斜肌、对侧臀大肌

14.2.1 杠铃躬身

主要作用：主要锻炼臀大肌、竖脊肌，尤其是大腿后群肌(股二头肌短头除外)，如图 14.3 所示。

起始姿势：双脚平行站立，两手握杠铃置于颈后肩上(横杠可放在斜方肌上或三角肌后部稍下)，身体伸直。

动作过程：吸气，以髋关节为轴，躯干前屈至和地面平行或稍高，静止 1~3 秒，身体恢复直立。动作完成后呼气。

注意要点：在整个动作过程中，抬头、挺胸、直腰，背部要挺直，动作要稳定。骨盆前倾时直腿可拉长大腿后群肌，在挺直躯干起立时可使大腿后群肌更强烈地收缩。骨盆前倾时，屈膝可使大腿后群肌放松，有利于屈髋。

动作分析：杠铃躬身有屈膝和直腿两种变化，如图 14.4 所示，动作分析如表 14.4 所示。

表 14.4　　躬身动作分析

动作分析	关节和部位				
	髋关节	膝关节	裸关节	躯干	肩胛骨
运动关节	向下时屈 向上时伸	固定	固定	固定	固定
运动肌群	臀大肌、腘绳肌				
固定肌群	臀中肌、臀小肌、深层旋外肌、内收肌群、腰方肌	股四头肌	裸关节稳定肌群、胫骨前肌、腓肠肌	竖脊肌、腹肌腰方肌	斜方肌中部和下部、肩胛提肌、菱形肌、前锯肌

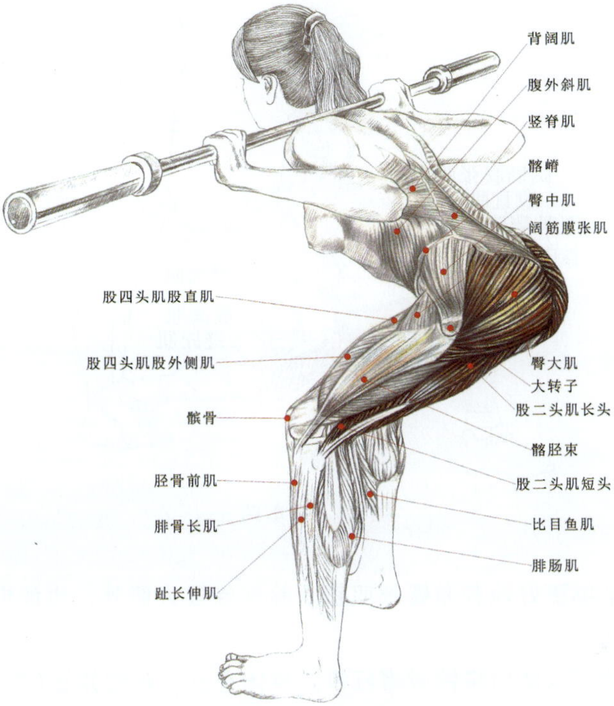

图 14.3　杠铃躬身

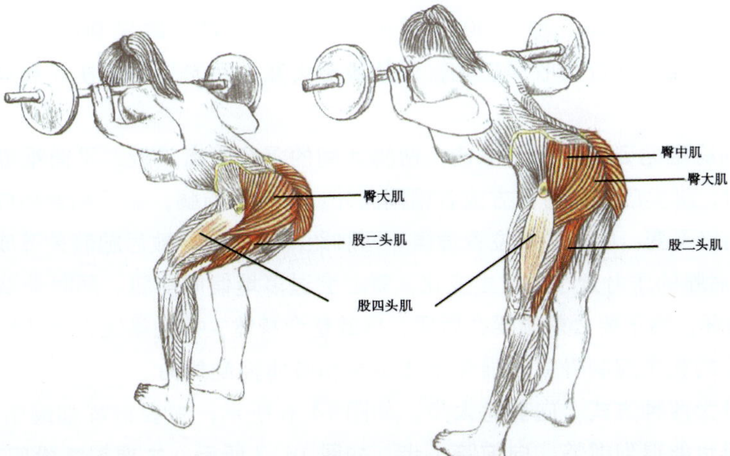

图 14.4　杠铃躬身(屈膝和直腿)

14.2.2 剪蹲

剪蹲是深蹲的一种变体，和分腿蹲非常像，只不过并非分腿蹲这种固定的姿势，而是需要跨出一步、下蹲、起身和收回跨步四个连续步骤，如图 14.5 所示，常用来训练臀部。

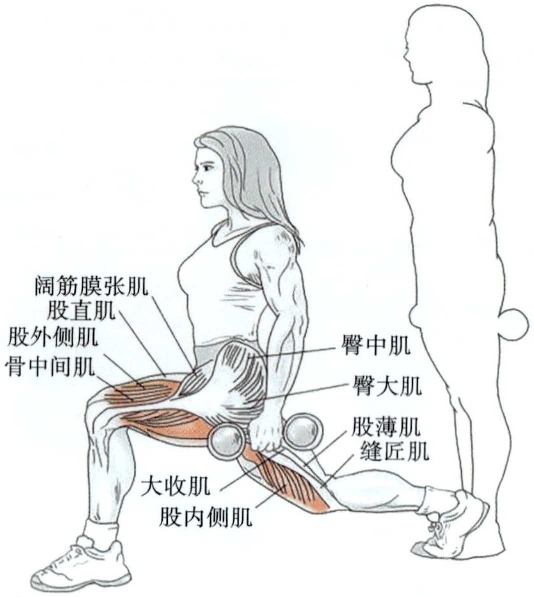

图 14.5 剪蹲

主要作用：剪蹲能够更好地刺激臀部肌群。除训练臀大肌外，也能锻炼股四头肌，同时还能训练到腘绳肌和大收肌。

起始姿势：该动作可以使用哑铃或者杠铃。身体直立，双脚并拢(双脚与肩同宽)，双手自然握持哑铃，垂于身体两侧；或者双手握住杠铃置于颈后，掌心向前。

动作过程：一条腿向前跨步，脚后跟先着地，屈膝身体下蹲，直至大腿与地面基本平行，膝盖不要过脚尖，前腿髋、膝、踝呈 90°，后腿髋呈 180°，膝、踝呈 90°，足与地面呈 90°。用手臂稳住杠铃，骨盆中立位，收腹挺胸，保持躯干正直；回到起始位置，双腿交替训练。

注意事项：

①与肩同宽的稳定站姿训练效果最佳；两脚之间的平行距离越近，平衡难度越高。

②向前跨步时，脚尖应该正对前方或者稍稍向外；重心在前腿，躯干和背部应该保持挺直。

③后脚位置始终不变；后脚站距位置适当。两脚距离太远会导致后腿髋关节成负角度，膝关节超过了 90°，前后腿的压力分布会发生变化，重心会过多地偏向前腿。同时骨盆容易前倾，腰椎稳定结构会被破坏，躯干要么前倾要么后仰，导致整个身体支撑的最优力学结构崩溃。

④剪蹲最重要的就是控制骨盆，强化本体感觉和肢体控制能力。

⑤向前跨步分为两种方式：向前跨大步，如图 14.6 所示，主要锻炼腘绳肌和臀大肌，同时股直肌和髂腰肌也能得到锻炼；向前跨小步，如图 14.7 所示，主要锻炼股四头肌。

图 14.6　剪蹲(向前跨大步)

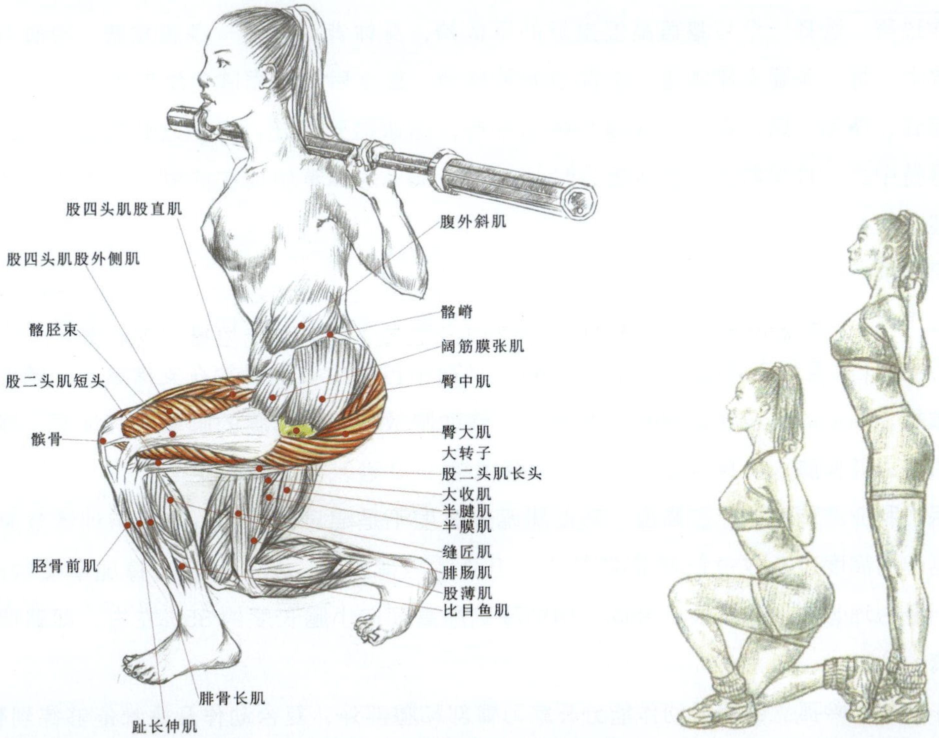

图 14.7　剪蹲(向前跨小步)

14.2.3　保加利亚分腿蹲(后腿抬高式分腿蹲)

保加利亚分腿蹲也称为后腿抬高式分腿蹲，由著名的力量与体能教练麦克·博伊尔(Mike Boyle)首先提出，该动作将训练重点放在单侧上。

主要作用：锻炼臀大肌和股四头肌，如图 14.8 所示。

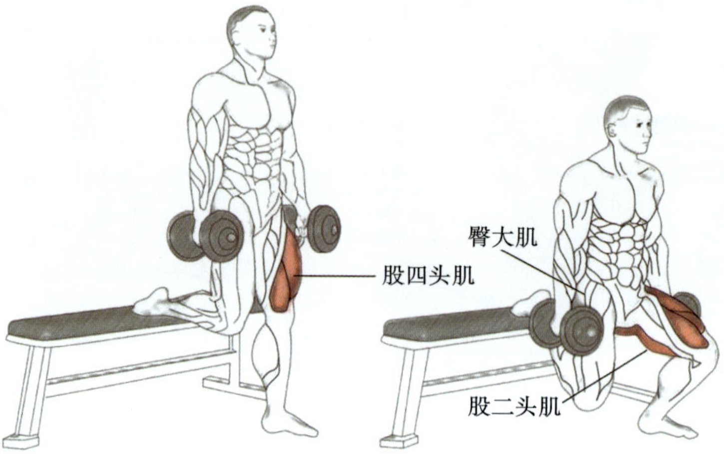

图 14.8　保加利亚分腿蹲(后腿抬高式分腿蹲)

动作过程：选择一个与膝盖高度接近的平板椅，身体背对它。一条腿屈膝，将脚背放置在平板椅上，另一条腿支撑体重。支撑腿向前移动，直至后侧腿屈膝角度变大至 90°~120°，支撑腿屈膝，缓慢下蹲，直至支撑腿与地面平行，迅速抬升蹲起，回到起始位置。下蹲过程中躯干保持中立，目视前方。在体重分配上，大约 60%的体重施加在前腿，约 40%的体重分配在后腿。

注意事项：

①吸气时，支撑腿屈膝，臀部直接向下蹲，下蹲的高度根据柔韧性不同，最好让大腿与地面保持平行(膝盖允许向前移动)，在大腿与地面平行时主要重量放在支撑腿上，辅助腿尽可能地放松，承受的重量越少越好；呼气时，辅助腿放松，支撑腿的脚掌踩实地面，臀部和股四头肌发力并伸膝，使身体直立，保持顶峰收缩 1~3 秒，再缓慢下放。

②保加利亚蹲辅助腿踮起高度：辅助腿踮起高度不是随意选择的，高度与训练效果息息相关。踮起的高度过高或过低都会更多地分担总体负荷重量，从而减少支撑腿承受的压力，不能达到最为理想的训练效果。合适的辅助腿踮起高度在小腿长度的 85%左右，即略低于膝关节腘窝的位置。

动作变化：除孤立的臀腿动作能分开练习臀部和腿部外，复合动作几乎都能够练到臀腿，只是侧重点不同，刺激到臀腿的比例变化。保加利亚蹲属于复合型动作，有训练臀腿的效果，实际运动中可根据目标肌群来变换动作方法。

第一，保加利亚蹲的主要目的是练腿，股四头肌的收缩与身体重心是关键点。股四头肌的止点是胫骨粗隆，股四头肌收缩有一个功能就是伸直膝关节，维持人体站立。在腰背挺直的情况下，肩部大腿中间以及脚踝成一条直线，身体重心则放在支撑腿的大腿中部，股四头肌承受的重量多为臀部；下蹲时重心在支撑腿中部，膝关节的角度则会变小，股四头肌则会被拉长，在运动时股四头肌收缩得更加充分，发力更多。

保加利亚蹲练腿动作：向前迈出一小步，维持重心在支撑腿中间，步距大概是小腿长度；下蹲时膝盖向前平移，不要超过脚尖的安全范围(3cm)；下蹲高度是大腿与地面平行，让股四头肌持续发力，减少臀部分担的重量；上半身与小腿成平行状态，重心在支撑腿中部。

第二，保加利亚蹲可练臀，臀部的收缩与重心是否在于臀部则是关键点。下蹲时大腿略低于水平面，肩部与臀部在一条线上，上半身的重量则更多地在臀部位置，这样可以减少大腿的支撑。越往下蹲，支撑腿一侧的臀部就拉得越长，更利于提升训练效果。

保加利亚蹲练臀动作：向前迈出一大步，保证下蹲时小腿与地面保持垂直，减少股四头肌的发力，增加臀部压力；下蹲时，大腿低于水平面，越低效果越好，根据自身柔韧度来决定下蹲程度，应当避免下蹲时辅助腿被动拉伸，从而出现辅助腿不由自主地用力的情况；起身时，身体保持与地面垂直，收紧臀部肌肉，让臀部肌肉做顶峰收缩。

14.2.4 站姿髋关节外展

主要作用：锻炼臀部三角形肌，主要是臀中肌和臀小肌深层，如图 14.9 所示。

起始姿势：单腿直立，两臂交叉于胸前或两手叉腰，身体伸直。

动作过程：吸气，一腿尽量向外上举，到最高点时静止 1~3 秒后回复到起始位置。动作完成后呼气。交替进行。

注意要点：

①髋关节外展时，由于股骨颈与髋臼边缘相接触，故活动度受限，不能将腿向外上举至水平位。

②腿向外上举时稍向前，可更好地锻炼阔筋膜张肌；腿向外上举时稍向后，可更好地锻炼臀大肌上部。

③动作过程中为保持平衡，练习时可用手来支撑。

④为增加训练强度，踝部可负重，要由轻到重，逐渐增加。

动作分析：髋关节外展动作分析如表 14.5 所示。

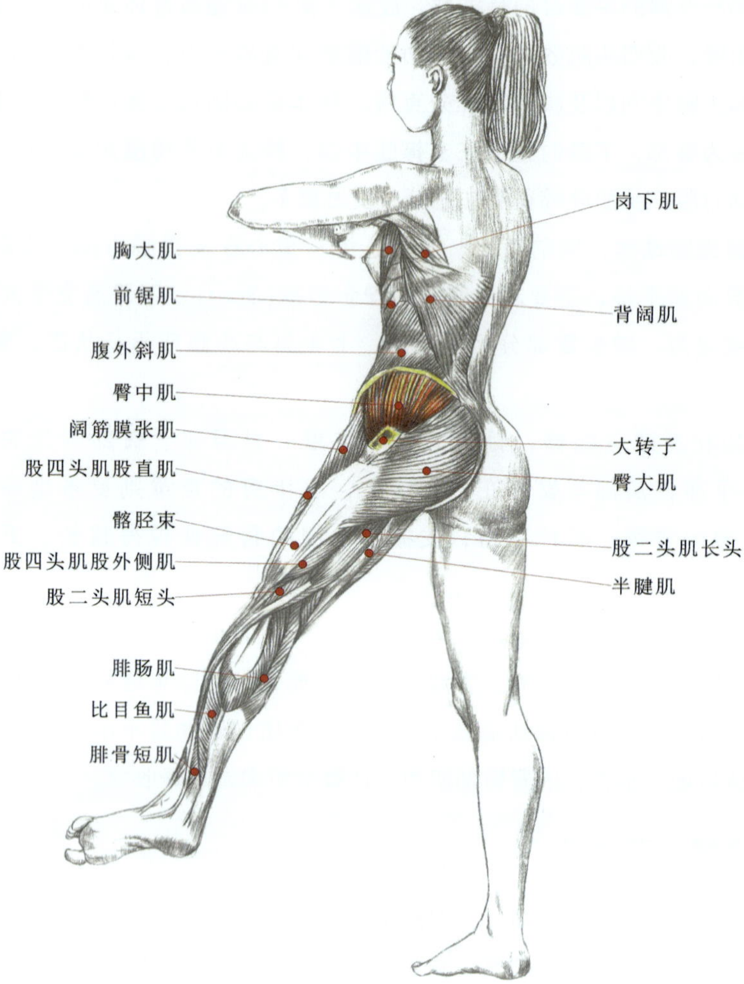

图 14.9 站姿髋关节外展

表 14.5 **髋关节外展动作分析**

动作分析	关节和部位	
	髋关节	躯干
运动关节	向外时外展；向内时内收	固定
运动肌群	臀中肌、臀小肌、阔筋膜张肌	
固定肌群		腹肌、竖脊肌、腰方肌

替代动作：

①站姿胶皮带髋关节外展：主要锻炼臀中肌和臀小肌深层，如图 14.10 所示。

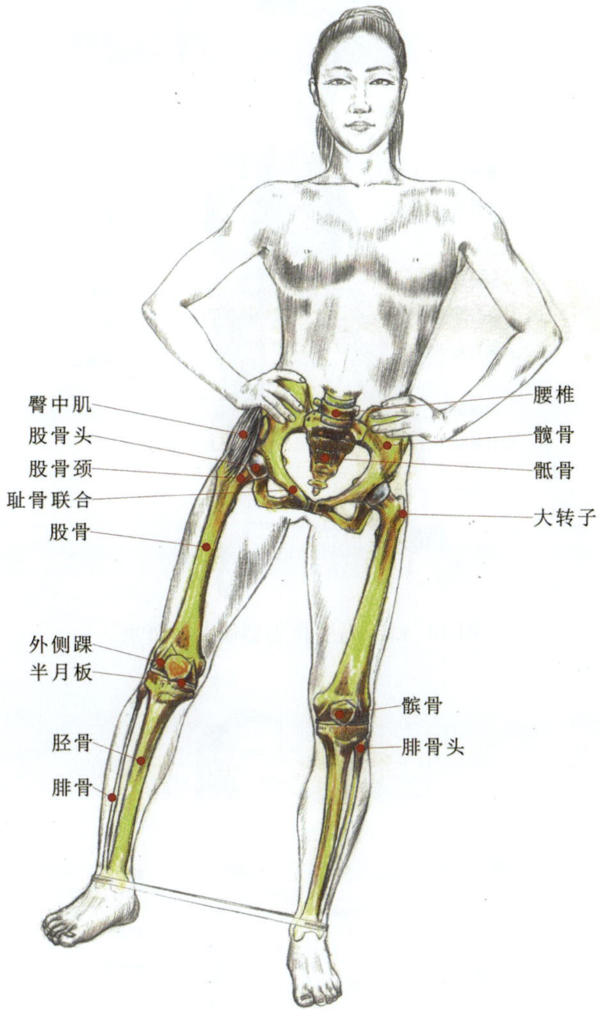

图 14.10　站姿胶皮带髋关节外展

②站姿拉力器髋关节外展：主要锻炼臀中肌和臀小肌深层，如图 14.11 所示。

③站姿健身机髋关节外展：主要锻炼臀中肌和臀小肌深层，如图 14.12 所示。

动作变化：

①外展举：主要锻炼臀大肌上部、臀中肌和臀小肌。

②内收举：主要锻炼大收肌、耻骨肌、短收肌、长收肌及股薄肌等大腿内侧肌群。

③前举：主要锻炼股四头肌。

④后举：腿后伸，主要锻炼臀大肌、腘绳肌群等。

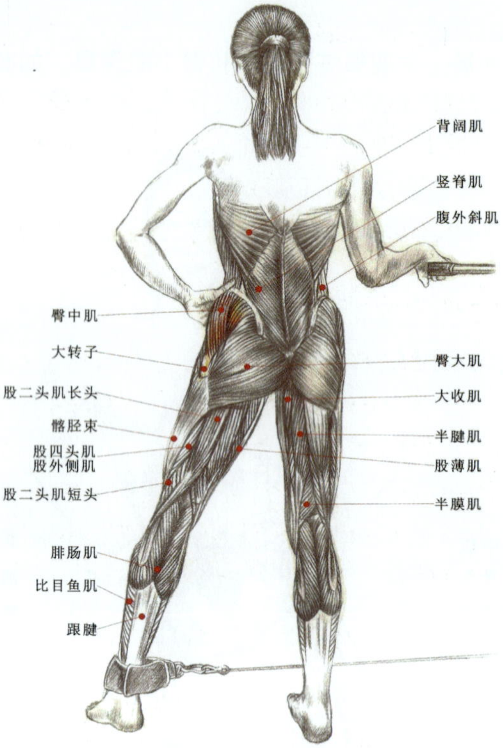

图 14.11　站姿拉力器髋关节外展

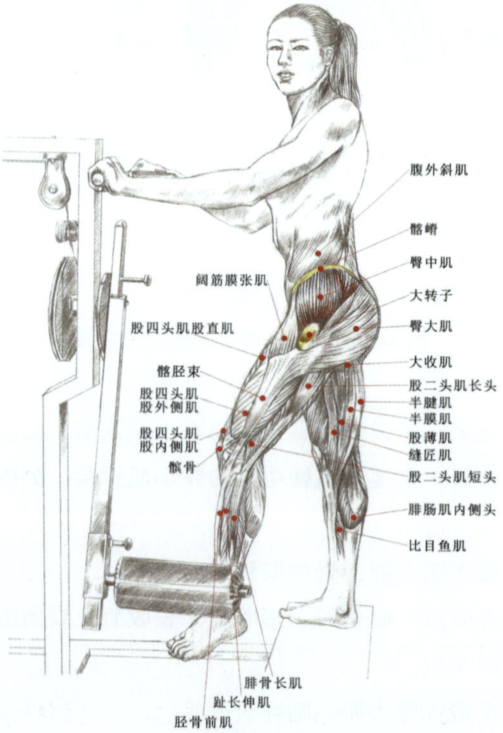

图 14.12　站姿健身机髋关节外展

14.2.5 侧卧髋关节外展

主要作用：主要锻炼臀中肌和深层臀小肌，如图 14.13 所示。

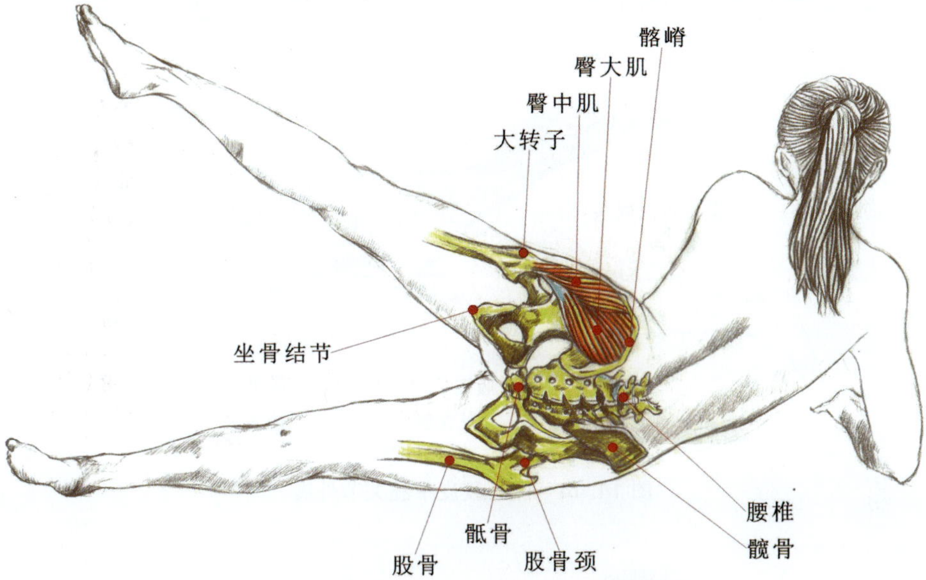

图 14.13 侧卧髋关节外展

起始姿势：侧卧，挺胸抬头，两体伸直。

动作过程：吸气，一腿尽量向外上举(髋关节外展不能超过 70°)，到最高点时静止 1~3 秒，维持肌肉等长收缩，回复到起始位置。动作完成后呼气。两腿交替进行。为提高锻炼效率，可在踝部负重、套胶皮带或低位拉力器套扣。

动作变化：腿上举时有以下三种方法。

①垂直向上抬腿：主要锻炼臀中肌和臀小肌；

②向上抬腿时腿稍向前：主要锻炼臀中肌和阔筋膜张肌；

③向上抬腿时腿稍向后：主要锻炼臀中肌和臀大肌。

替代动作：侧卧胶皮带髋关节外展，如图 14.14 所示。

14.2.6 坐姿健身机髋关节外展

主要作用：主要锻炼臀大肌和深层臀中肌，如图 14.15 所示。

起始姿势：坐在健身机上，双手置于体侧，身体正直。

动作过程：吸气，大腿尽量外展。

动作变化：健身机靠背的位置变化，在连续练习中，可通过前移健身机的靠背来改变躯干的角度。

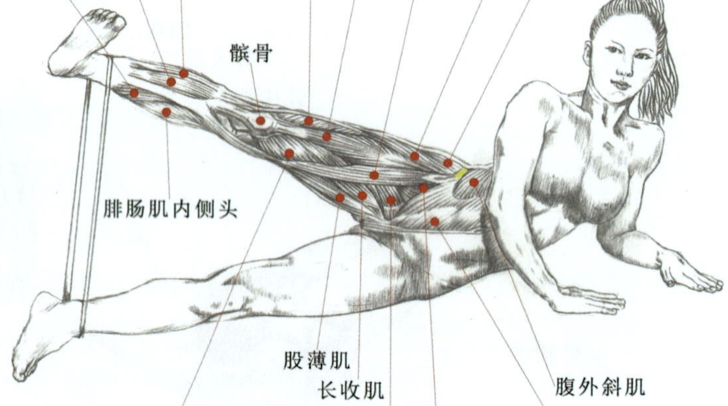

图 14.14　侧卧胶皮带髋关节外展

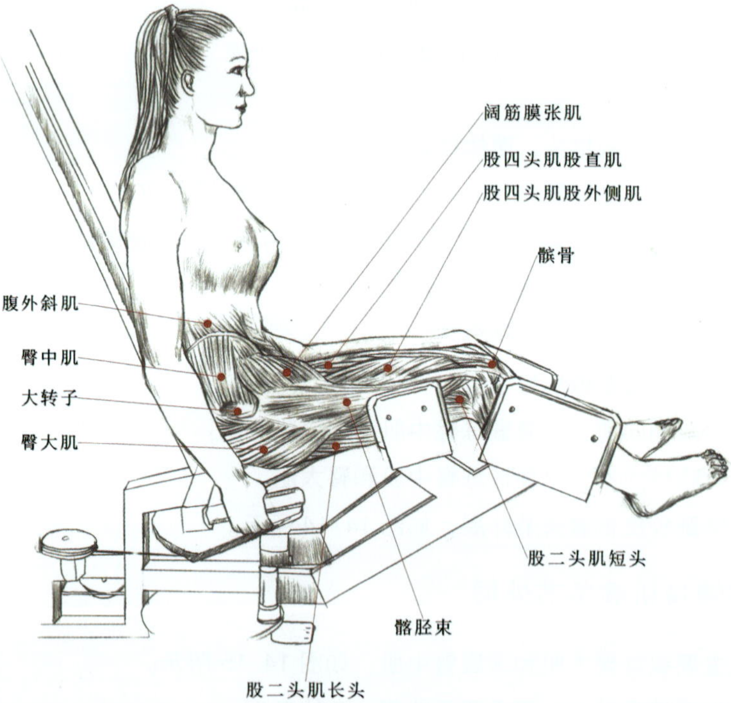

图 14.15　坐姿健身机髋关节外展

①越靠后倾斜：臀中肌用力幅度越大，如图 14.16 所示。

②越靠前倾斜或垂直：臀大肌上部肌肉用力幅度越大，如图 14.17 所示。

注意要点：该项练习适合女性，躯干向后倾斜练习，然后躯干向前倾斜练习，它能使臀部的上部肌肉变得结实，塑造大腿曲线，从而凸显纤细的腰部。

动作分析：坐姿健身机髋关节外展动作分析如表 14.6 所示。

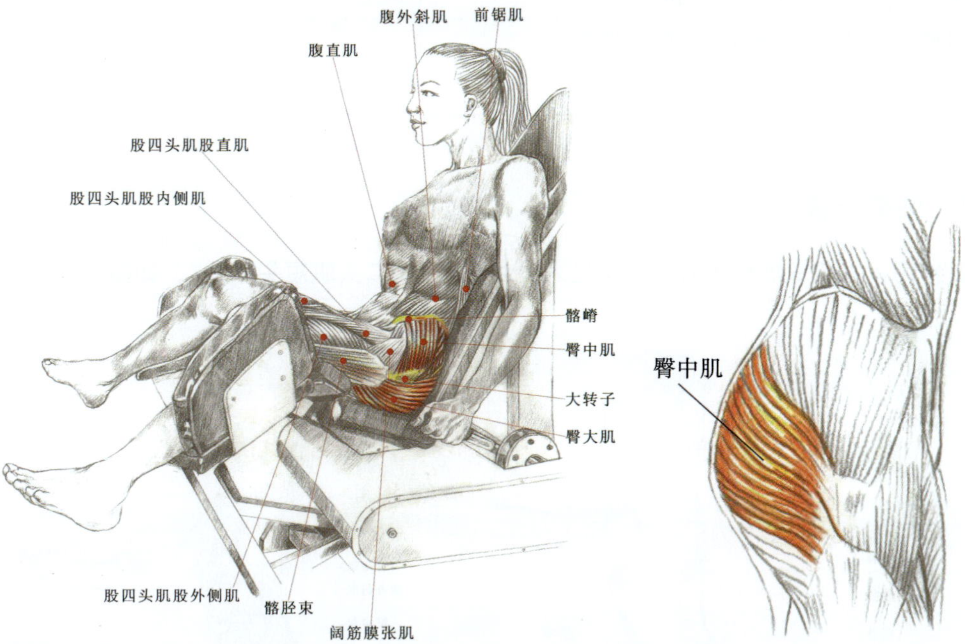

图 14.16　坐姿健身机髋关节外展(身体靠近椅背)

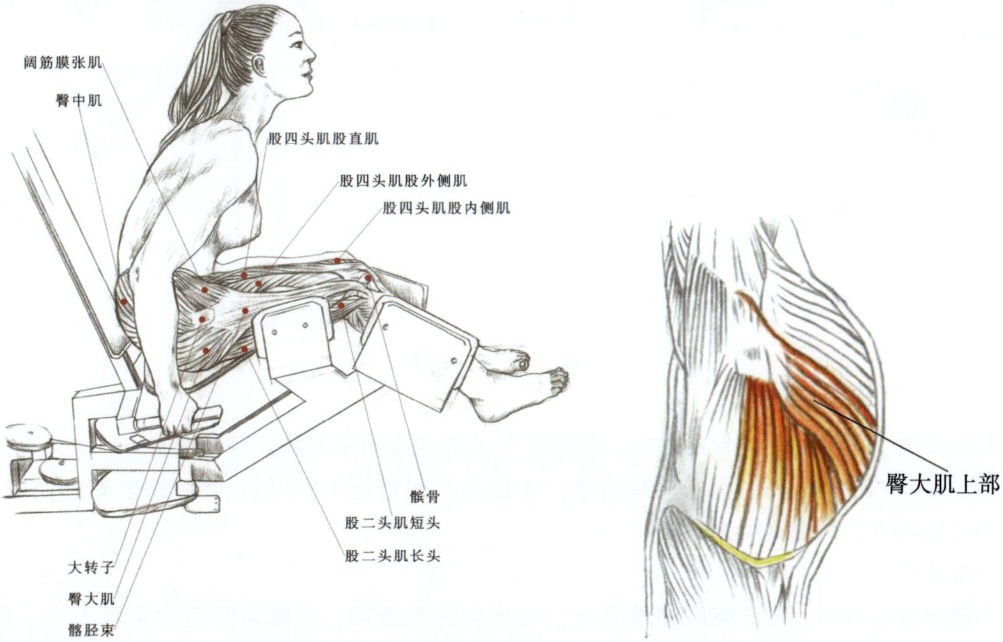

图 14.17　坐姿健身机髋关节外展(身体远离椅背)

表 14.6　　**坐姿健身机髋关节外展动作分析**

动作分析	关节和部位	
	髋关节	躯干
运动关节	向外时外展　向内时内收	固定
运动肌群	臀中肌、臀小肌、阔筋膜张肌	
固定肌群		腹肌、竖脊肌、腰方肌

14.2.7　站姿伸髋

主要作用：主要锻炼臀大肌，其次是大腿后群肌（股二头肌短头除外），如图 14.18 所示。

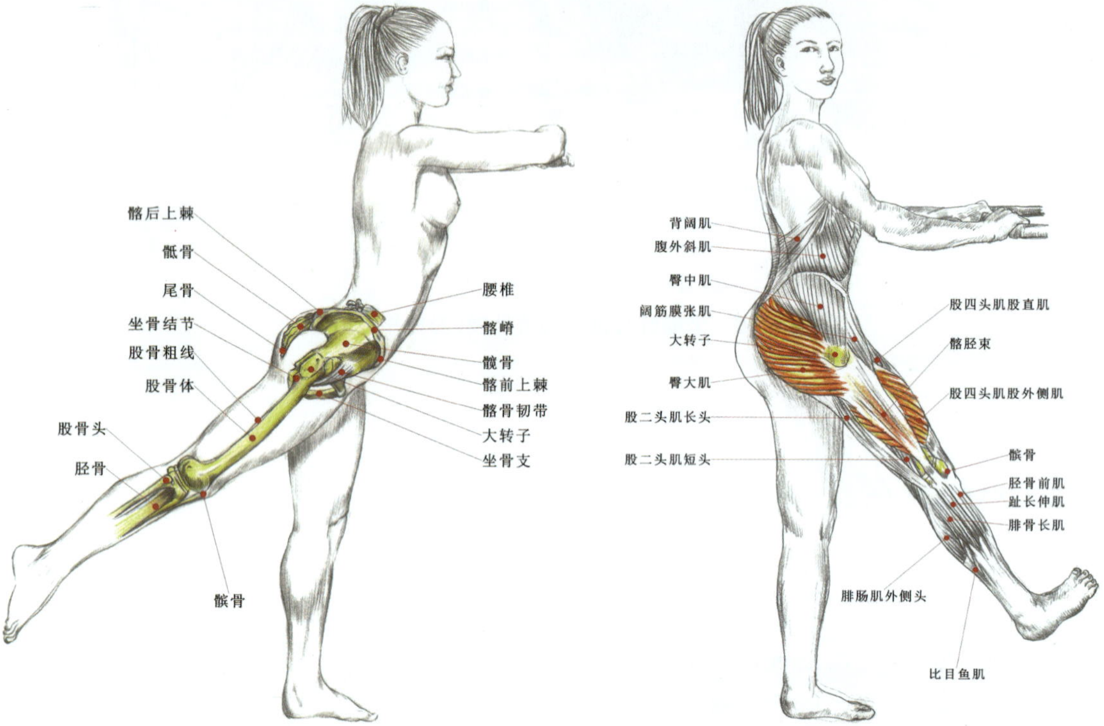

图 14.18　站姿伸髋

起始姿势：单腿站立，骨盆前倾，两臂交叉于胸前或两手叉腰，身体伸直。

动作过程：吸气，一腿尽量向后上举，到最高点时静止 1~3 秒，之后恢复到起始位置。动作完成后呼气。两腿交替进行。

注意要点：

①髋关节后伸时，由于髂股韧带紧张，故后伸高度受限，不能将腿后伸至水平位。臀大肌只能使髋关节向后伸展 10~15°，超过这个幅度的运动可能来自背下部伸展，伸展时应缓慢进行，确保臀大肌完全参与运动。

②动作过程中为保持平衡，练习时可用手来支撑。

③常见错误包括过重、强烈运动和姿势补偿。为增加训练强度，可踝部负重，要由轻到重，逐渐增强。

动作分析：站姿伸髋动作分析如表14.7所示。

表14.7 站姿伸髋动作分析

动作分析	关节和部位	
	髋关节	躯干
运动关节	向后时伸，向前时屈	固定
运动肌群	臀大肌、腘绳肌	
固定肌群		腹肌、竖脊肌、臀中肌、臀小肌、腰方肌

替代动作：

①站姿健身机伸髋：主要是锻炼臀大肌，其次是锻炼半腱肌、半膜肌、股二头肌长头，如图14.19所示。

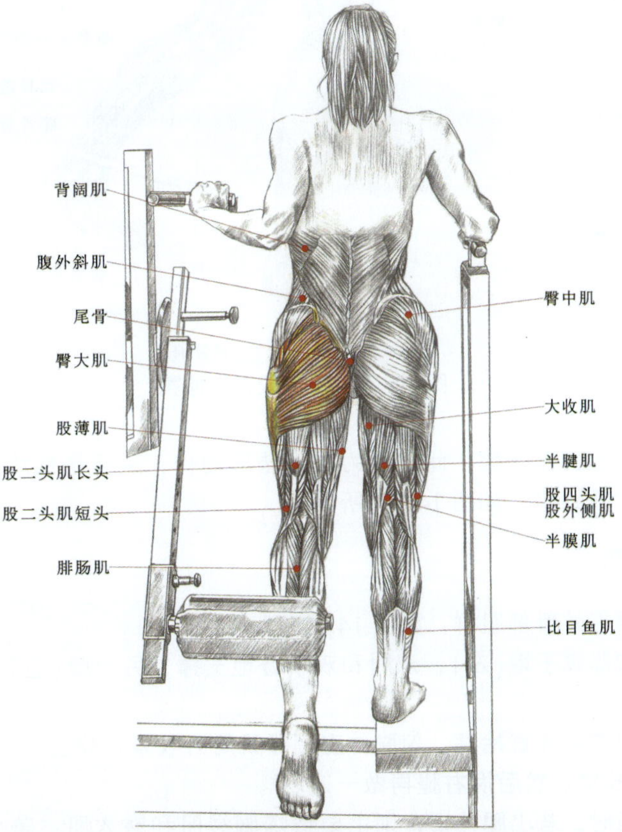

图14.19 站姿健身机伸髋

②站姿胶皮带伸髋：主要是锻炼臀大肌，其次是锻炼除股二头肌短头外的腘绳肌。此动作只有屈膝作用，不参与伸髋运动，如图 14.20 所示。

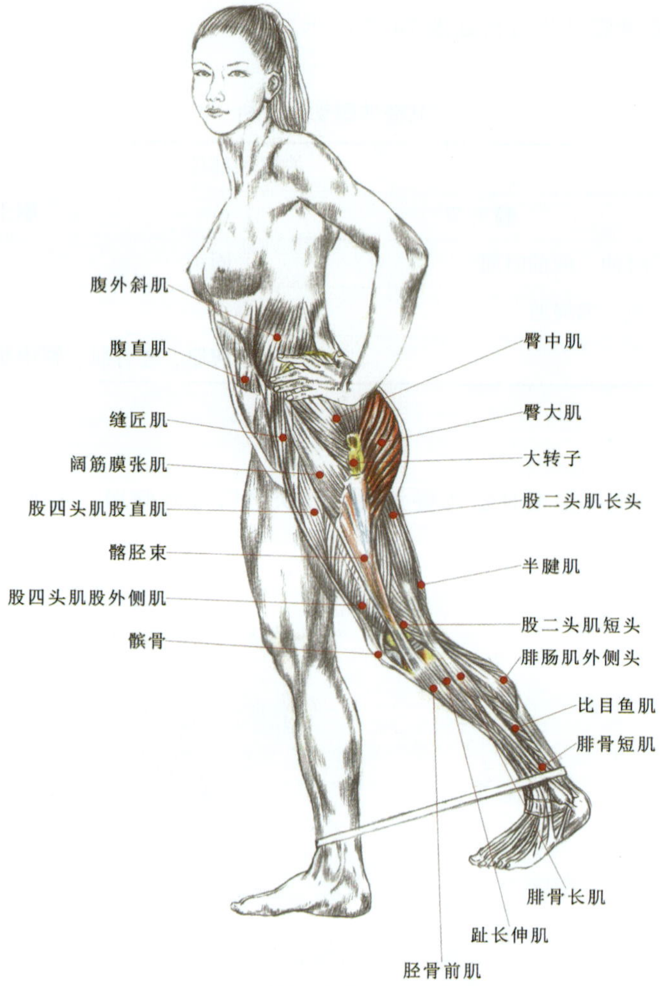

图 14.20　站姿胶皮带伸髋

③站姿低位滑轮拉力器伸髋：此动作为臀部塑形动作，主要是锻炼臀大肌，其次是锻炼除股二头肌短头外的腘绳肌，如图 14.21 所示。

14.2.8　跪撑伸髋

主要作用：主要锻炼臀部肌群，如图 14.22 所示。

起始姿势：单膝跪撑于地(左)，双肘和双手着地支撑，另一腿(右)屈膝后上抬；大腿与地面平行，头下垂。

动作过程：左腿向后伸直抬高，勾脚伸直，臀肌用力收紧，静止用力 10 秒后还原成预备姿势。反复做 20~25 次，然后换右腿再做一遍。

注意要点：练习时，若小腿伸直，则主要锻炼腘绳肌和臀大肌；若小腿屈膝，则主要锻炼臀大肌，且强度较小。

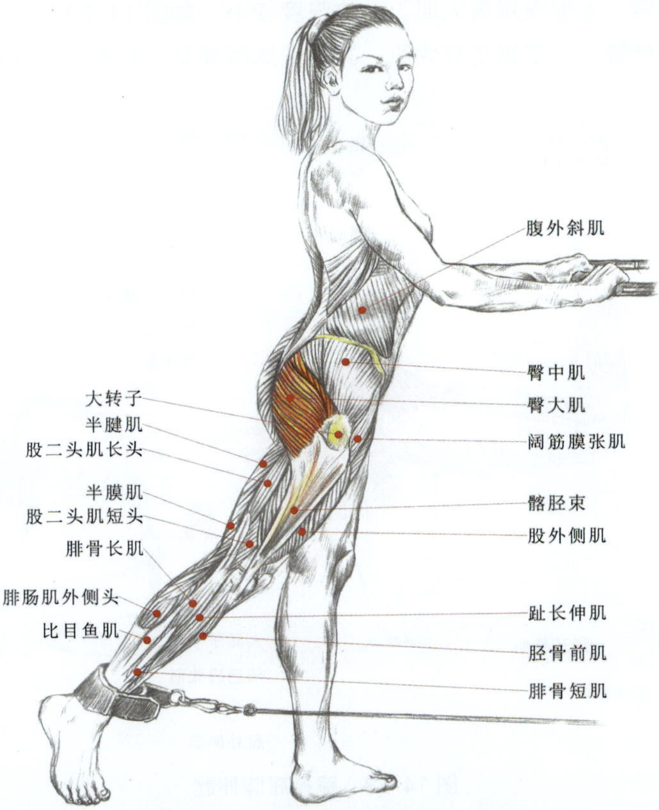

图 14.21　站姿低位滑轮拉力器伸髋

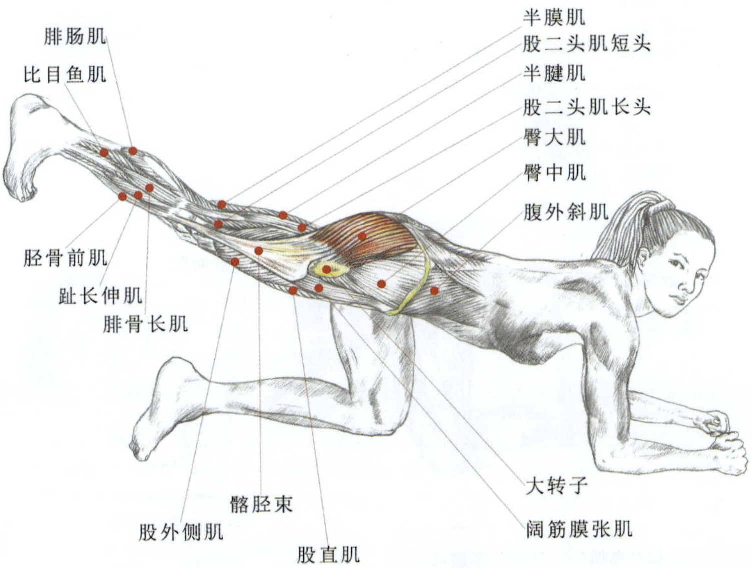

图 14.22　跪撑伸髋

动作变化：

①跪撑屈膝伸髋：主要锻炼臀大肌，动作强度较小，如图 14. 23 所示。

②跪撑橡皮带伸髋：主要锻炼臀大肌，其次锻炼腘绳肌，如图 14. 24 所示。

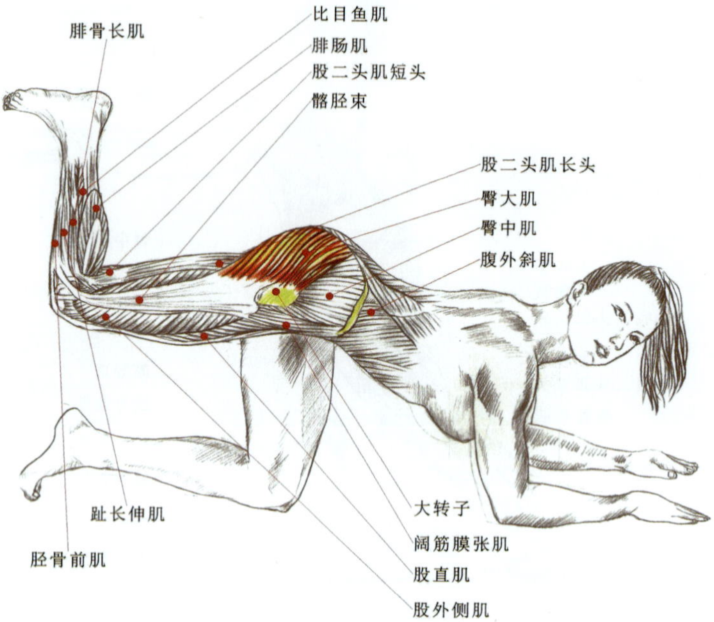

图 14. 23　跪撑屈膝伸髋

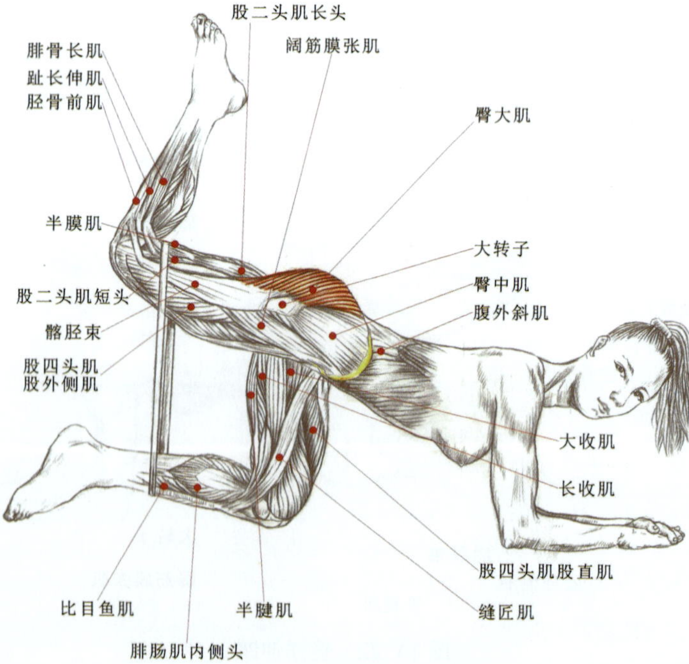

图 14. 24　跪撑橡皮带伸髋

③跪姿长凳伸髋：主要锻炼臀大肌和腘绳肌（股二头肌长头、半腱肌、半膜肌）。该动作与跪姿伸髋不同的是，可更好地感受臀大肌的收缩力量。单膝跪于长凳上，另一只脚着地，双臂伸直扶凳，背伸直或稍向上弓。将腿抬离地面直至充分伸髋，保持肌肉等长收缩3~5秒，然后还原至起始位置，脚不要着地，换腿后重复练习。在伸髋终末时屈膝，可限制腘绳肌运动，踝部负重可增加运动强度。

14.2.9 俯卧伸髋

主要作用：增强背下缘及臀部肌群，主要锻炼臀大肌，其次锻炼大腿后群肌（股二头肌短头除外），如图14.25所示。

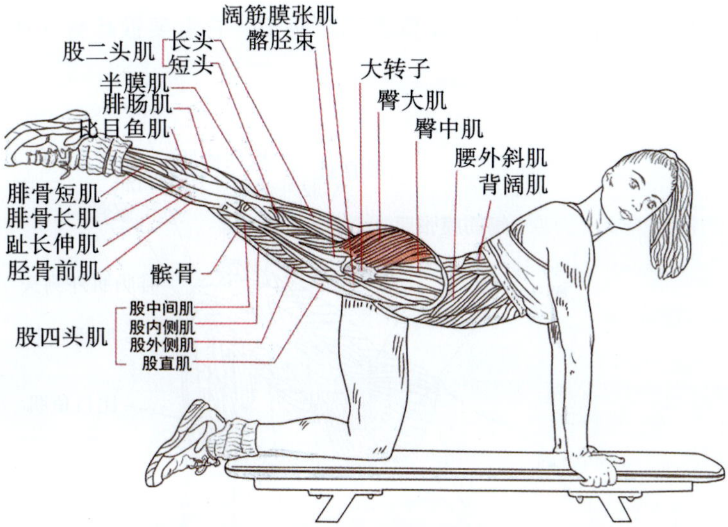

图14.25 俯卧伸髋

动作过程：俯卧在地板上（或长凳上），两手放在大腿下（或抱住长凳），连续不间断地将腿举离地板，尽量举高，维持等长收缩2秒，吸气并还原至起始位置。两条腿轮换练习直到完成重复次数。

注意要点：

①伸展时缓慢进行，避免强力运动或躯干活动引起的姿势补偿。

②保持躯干和脊柱的稳定，避免腰部活动，集中精力感觉臀部的收缩。

动作分析：俯卧伸髋动作分析如表14.8所示。

动作变化：俯卧健身机伸髋。俯卧在健身机上，双手紧握手柄，单膝跪于支撑垫上，另一腿膝部弯曲。吸气，位于阻力板下方的脚垂直上推至髋关节后充分后伸，维持等长收缩2秒，吸气并还原至起始位置。重复练习。注意要点：屈膝使腘绳肌松弛，在髋关节后伸动作中腘绳肌几乎不收缩；练习次数在20~25次。

表 14.8　　俯卧伸髋动作分析

动作分析	关节和部位	
	髋关节	躯干
运动关节	向上时屈，向下时伸	固定
运动肌群	臀大肌、腘绳肌	
固定肌群		躯干肌群几乎都参与稳定躯干，尤其是竖脊肌、腹肌、腰方肌

14.2.10　仰卧抬臀(臀桥)

主要作用：仰卧抬臀(臀桥)是一个髋部主导的动作。腿后侧为主动肌，臀肌、腿后侧肌群收缩，使髋关节伸展，背部、腹部主要负责稳定躯干。它主要锻炼臀大肌和腘绳肌，如图 14.26 所示。

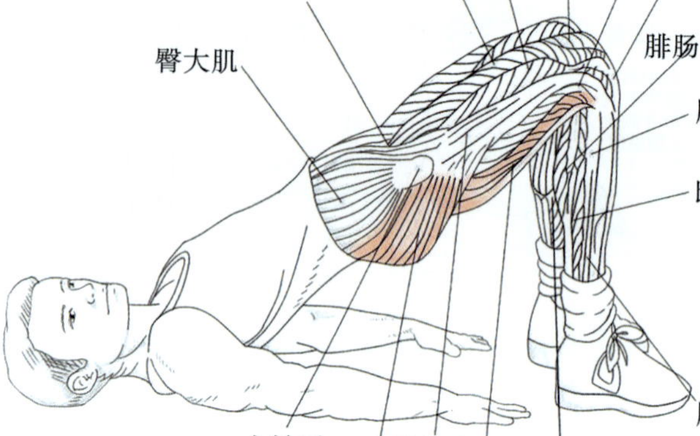

图 14.26　仰卧抬臀

起始姿势：徒手仰卧在地面上，弯曲膝关节(屈膝角度为 90°，小腿骨可以与地面垂直)，挺胸收腹，整个背部平贴于地面，两手掌心向下置于体侧。

动作过程：吸气，将腹部绷紧收缩起来，骨盆微微后倾，臀部发力位置如图 14.27 所示。臀肌向上伸展髋关节，双腿(或单腿)用力下推，慢慢向上抬臀，直到腰背挺直。保持躯干稳定，从侧面看耳朵、肩膀、髋、膝呈一条直线。动作顶端尽量收紧臀肌，停留片刻后回复到起始位置。动作完成后呼气，两腿交替进行。

注意要点：

①动作幅度太大。臀桥没必要顶得太高，顶得太高的话腰椎会反向超伸，从而增加腰椎的压力。若腰肌过分收缩，会消耗腰肌张力。

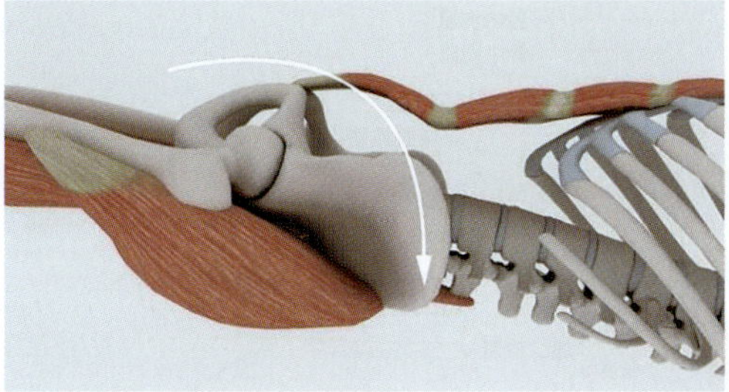

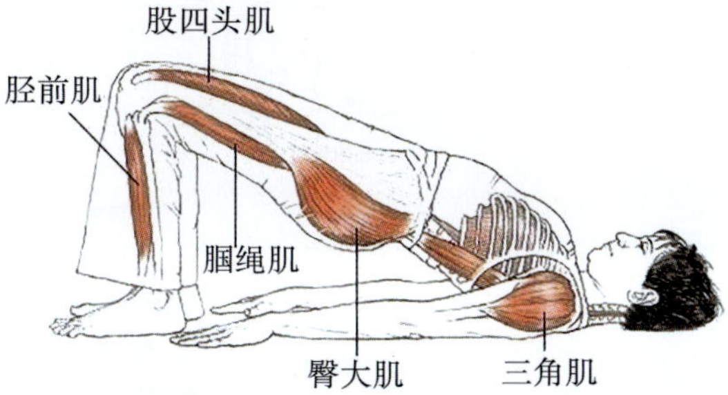

图 14.27 臀部发力位置

②尽量保证骨盆中立，骨盆不能前倾，腹部不能高于髋部。骨盆前倾就是骨盆向前发生了翻转，胯骨往前倾。要想判断自己在做臀桥时有没有骨盆前倾，就是在起身时，如果腹部有很强的拉伸感，就说明骨盆前倾。臀桥下落时，如果腹部高于髋部(前胯骨)，也说明骨盆前倾。骨盆前倾不利于臀部训练，同时会增加腰椎负担，而且腿部发力会比较多。

动作变化：

①仰卧单腿抬臀。单腿动作能够帮助纠正左右肌力的不平衡，同时也能增加稳定性。单腿抬臀由于负荷变轻，会得到更大的臀部收缩力并避免下背部的压力。动作过程：仰卧，肩胛骨顶在凳子上，一只脚脚掌平踏于垫面，另一条腿伸直(弯曲)悬空。脚趾稍微往外，让身体保持紧绷。吸气，同时收紧臀部，并依靠臀部的力气将髋部抬起，从而完成髋部伸展，使身体呈一条直线(悬空的腿不要摇晃，始终紧贴另一只腿)，至最高点后稍停 2 秒，收紧臀部肌肉(夹紧)，然后慢慢下放。

②负重臀桥(臀推)：增加阻力(负荷)的方式有很多，常见的有杠铃、哑铃、弹力带，负重的支点在髋关节。将焦点放在髋关节，不要用腰椎来做动作，避免下背的过度伸展。增加阻力后髋伸不足，通常是因为重量太大，髋关节伸展幅度不足，也可能是屈髋肌太紧所致。解决方法是减轻重量，也可能需要进行髋屈肌(尤其是股直肌)的放松和伸展。

14.2.11 长凳搁脚抬臀(高位臀桥)

主要作用：主要锻炼臀部，也可以锻炼髋伸肌群(大腿后侧肌肉)以及下背部肌肉，如图 14.28 所示。

起始姿势：仰卧，双臂放于身体两侧，手心向上，大腿垂直向上，双脚搁于长凳上。

动作过程：吸气抬臀，停留 3~5 秒，然后下降，臀不着地，吸气，重复进行。每组练习重复 10~15 次即可达到最佳效果。

注意要点：

①高位臀桥是一个锻炼腰下部和臀部的动作。倒悬姿势会增加腰部负担，臀部、腿部发力较少。

②动作速度要慢，臀部下降时不要过低，要减少运动幅度，注意感觉肌肉的收缩。

动作变化：长凳搁小腿抬臀。该动作可使臀大肌、腰下部肌群及腘绳肌得到更剧烈的锻炼，如图 14.29 所示。

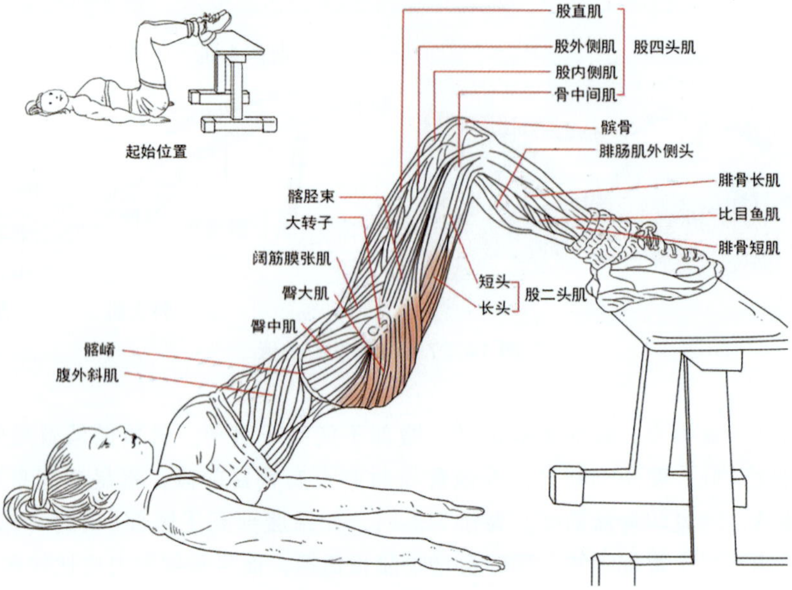

图 14.28 长凳搁脚抬臀

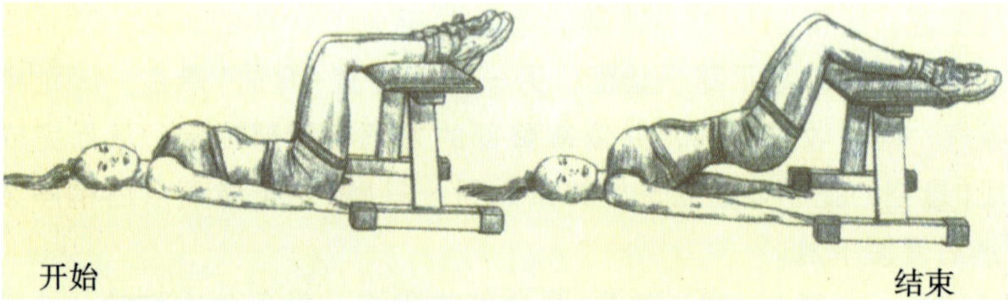

图 14.29 长凳搁小腿抬臀

14.3 臀部审美

臀部和胸部、腰部一样，是构成女性曲线美的重要部位。一些女性只注重胸部和腰部的锻炼而忽略了臀部。其实，臀部在女性健美中占据着不容忽视的地位，圆翘丰满的臀部可以使形体更富魅力。

14.3.1 臀部相关概念

有关臀部的几个基本概念：臀围，即臀部向后最突出部位的水平围度；臀部弧长，即在经臀沟最小缘的垂线上，自最小腰围处至臀沟下缘的曲线长度；坐姿臀宽，即臀部左右侧最突出部位间的水平直线距离；臀厚，即臀部向后最突出部位处与腹部前面相应点之间的水平直线距离。

14.3.2 半球形臀部被认为是最美的形状

对于中国女性来说，臀部曲线尤其重要。因为中国女性的特征是臀部较为扁平，“S”形的曲线不够明显。臀部曲线的关键在于臀部形状和臀部弧线圆滑度，圆是最完美的曲线，比如中国古代的太极图，以及人们把最满意的结果称作“圆满”。最美和最富有吸引力的臀部以浑圆为美，稍上翘，富有弹性，能显得腰肢纤细。

14.3.3 女性臀部丰厚圆滑，男性臀部呈方形

臀部是腰与腿的结合部。其骨架是由两个髋骨和骶骨组成骨盆，外面附着有肥厚宽大的臀大肌、臀中肌和臀小肌以及体积相对较小的梨状肌。臀的形态向后倾，其上缘为髂嵴，下界为臀沟。人体正立时，整个臀部呈方形，两侧臀窝显著。男女两性臀部形态是有区别的，女性臀部形态丰厚圆滑，两髂后上嵴交角为90°；男性臀部较小，呈正方形，棱角突出，臀窝更明显，两髂后上嵴交角为60°。女性腰臀围比值大约在0.7。

挺翘、圆润、结实的美臀，加上弹性的触感与柔嫩的肌肤，构成了健美的身材。对于女性的胸部有着不同的审美观，有些人喜欢丰满型，有些人则喜爱小巧型，但臀部却没有这种现象。挺翘、圆润、结实是美臀的三大条件：

①臀部必须结实，要求又翘又结实。

②整个臀部的大小要均衡，必须与身体比例配合，大小合适。

③前凸后翘是评定美臀的首要条件之一。在走路和转身时，臀部上翘，再加上弹性的触感与柔嫩的肤质，结合视觉与触感的美臀，具有迷人的魅力。

一般而言，亚洲女性因为体型差异，臀部大多扁平，不像西方女性那样拥有圆滚挺翘的外形。善用运动与饮食技巧，对创造美臀大有裨益，与需要依赖激素分泌以促进丰胸相比较，臀的锻炼更容易收到立竿见影的效果。

臀部的几种形状与形成原因如表14.9所示，有失美感的臀部可以通过训练塑造成丰满而健美的臀型。

表14.9　**臀部形状与形成原因**

臀部形状	形成原因
臀部较大者	脂肪细胞在肌肤皮下组织处群聚堆积，肌肤表面凹凸不平
臀部下垂、松弛	最大原因在于错误地运用身体。譬如，长时间进行错误的动作，会使支撑臀部的肌肉衰退，而导致臀部下垂
臀部扁平	肌肉欠发达
臀部不对称	不适当的生活习惯与错误的训练方法所致

14.3.4 臀部形状取决于脂肪堆积

臀部形态主要与脂肪的堆积和臀部后翘情况有关。

①按臀部脂肪堆积情况，可以将臀部分为以下四种类型：

标准型：整个臀部脂肪分布均匀、适中。

桶腰型：臀部的脂肪在腰部分布很多，使腰和臀的曲线变小、变直，成桶状。

马裤型：臀部周围的脂肪向大转子部位堆积，有“马裤变形”之称。

后伸型：臀部脂肪在臀裂两端，臀部向后伸展。

②按臀部后翘情况可以分为三种类型：

后翘型：臀部向后翘，腰臀曲线加大，属于美臀型。

平直型：臀部与腰的曲线显得平直。

下垂型：臀部多系肥胖者，臀向下悬垂。

③按臀型可以分为六种类型：

肥胖型：臀部丰满本来是比较美的，但如果整个人及其臀部脂肪都很多，就容易显得不美观了。

V 型：常见于中老年女性，上大下小。胶原蛋白和肌肉流失，臀部脂肪聚集于腰腹部。

扁平型：我国 20 多岁女生中常见的臀型，没有曲线美。可以使用立姿千斤顶的动作进行训练。

松垮型：肌肉无法支撑过多的脂肪，臀部出现下垂。

双下巴型：比松垮型更严重的情况，不太美观。

灯泡型：一种形状健康的臀部。如图 14. 30 所示。

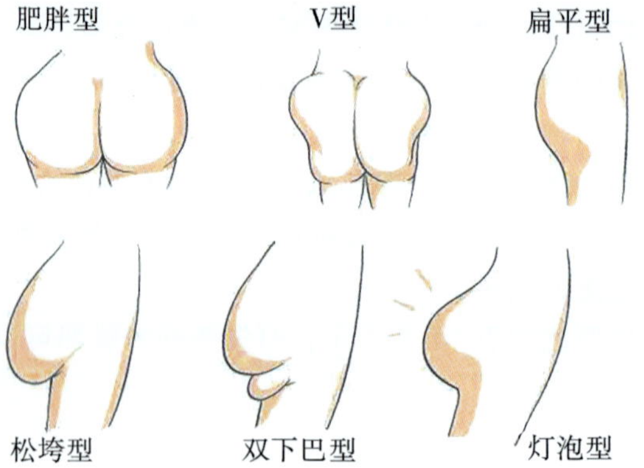

图 14. 30 按臀型分类

14. 4 臀部肌群训练方法

臀肌的主要训练方式是与腰背和大腿联系在一起的。美臀的“王牌动作”是深蹲，业内有句话叫“不深蹲，无翘臀”，要想拥有翘臀和性感的腿部曲线，离不开深蹲训练。正确的深蹲训练能使人拥有令人羡慕的翘臀。深蹲主要刺激臀部和腿部，膝盖小于 90°的深蹲能最大限度地刺激臀部。深蹲时背部始终保持挺直，膝盖朝脚尖方向，身体不要前倾。具体做法是缓慢下蹲，始终保持抬头挺胸、腰收紧的状态，下蹲至不能再低为止，充分压迫臀大肌，大小腿之间的夹角为 30°左右，并稍停 3 ~4 秒。中速(1 ~2 秒)起立，不借用身体的惯性，直立后，用力收紧臀部肌肉。

有一些专门练习可以用来“精雕细刻”臀部肌肉，这些练习能够单独使用，也可以作为下蹲硬拉的辅助。“奥林匹亚小姐”柯丽娜 · 艾芙逊认为女性健美选手最大的苦恼便是很难塑造线条分明的大腿肌肉(即股线)。遵循乔 · 韦德训练法，并将其应用于臀后部训练，所有练习中间不休息，能增快新陈代谢率，燃耗整体脂肪，且能使肌肉高度充血。发展股线的重量训练，只是发展股肌练习的1/3，肌肉控制和有氧运动是另外的2/3。

14.4.1 丰臀上翘力量训练方案

丰臀上翘力量训练方案，如表14.10所示。

表14.10 丰臀上翘力量训练方案

练习动作		组数	次/组	重量(%Max)	间歇时间	训练频率	备注
主要动作	1. 深蹲(重心垂直	6~7	15	85	组间休息30~60秒，动作之间休息60~90秒	每周训练3次，如周一、周三、周五或周二、周四、周六	动作间可循环交替进行练习
	2. 深蹲(重心前移)	6~7	15	70~80			
	3. 深蹲(重心后移)	6~7	15	70~80			
辅助动作	4. 宽站距半蹲	5	15	80			
	5. 臀桥	4	20	80			
协助动作	6. 箭步蹲	4	30	60~65			左右腿各15次
	7. 爬山机	30分钟	1				平均心率为100~110

14.4.2 股线训练方案

发展股线训练方案，如表14.11所示。

表14.11 发展股线训练方案

方案A		方案B		方案C		备注
动作	组×次数	动作	组×次数	动作	组数	
宽站距深蹲	1×15~20	宽站距深蹲	2×15~20	慢速松肩蹲举(踮脚)	2~3	方案A用杠铃完成，方案B用壶铃完成。选择力所能及的重量，左右腿各12~15次，组间不要休息，每周训练3次，如周二、周四、周六或周一、周三、周五。方案C由柯丽娜·艾芙逊设计
连锁腿部伸展	1×12~15	弓步蹲	1×12~15	腿部推举(双腿)	2~3	
腿部推举	1×12~15	箭步走	2×12~15	半蹲(不锁肩)	2~3	
半蹲	1×12~15	跨蹲	1×12~15	箭步蹲(后移箭步)	2~3	
后移箭步蹲	1×12~15	后撤步蹲	1×12~15	有氧：爬山(爬阶梯)	3~4	
前交叉步蹲	1×12~15	前交叉步蹲	1×12~15	有氧：慢速跨步练习	3~4	
腿部弯举	1×12~15					
臀桥	1×12~15					

14.4.3 提臀徒手训练方案

提臀训练中，除力量训练外，可以用自身体重进行徒手训练。主要动作是蹲类，主要作用是进行臀部塑形与肌肉拉伸。表14.12所示为提臀塑形徒手训练方案。

表 14.12 提臀塑形徒手训练方案

方案 A		方案 B		备注
动作	时间(秒)	动作	时间(秒)	下蹲要慢，蹲起和侧抬腿要快。左右交替进行。选择组数 8 组及以上，每组 20~20 次。每日进行一次
箭步蹲	60	跪姿俯撑直腿单脚抬腿	左右各 20~30 次，然后换腿	
弓箭步换腿跳	30	深蹲+侧抬腿		
侧步蹲	30	徒手相扑蹲		
自重深蹲(静态深蹲)	60	徒手底部半蹲		
跪姿后踢腿	30	后撤步蹲		
跳步蹲	30	前交叉步蹲		
跪姿侧展腿	30	深蹲提膝		
侧卧举腿	30	深蹲起+直腿单脚后摆		

14.5 有氧训练与饮食

对于臀部大、下垂、松弛者，除专门训练外，必须增加有氧训练，每天 40~60 分钟的有氧运动，如爬山、游泳、跑步等，赶走臀部橘皮组织。所谓橘皮组织，是当脂肪细胞增加的速度大于消耗速度，再碰上新陈代谢障碍，过多的脂肪细胞就会在肌肤皮下组织处群聚堆积，反映在肌肤表面就是凹凸不平，犹如橘皮一般的现象。要想避免或解决已出现的橘皮组织现象，可以由内到外、双管齐下地进行。内在方面当然是以健康的饮食与有规律的作息为要。

医学研究表明，足量的钾可以促进细胞新陈代谢，顺利排泄毒素。当钾摄取不足时，细胞代谢会出现障碍，使淋巴循环减慢，细胞排泄越来越困难，加上地心引力影响，囤积的水分与废物在下半身累积，自然会造成臃肿的臀部与双腿。解决这个难题有两个要点：减少钠与增加钾的摄取。过量的钠会妨碍钾吸收，所以必须少吃太咸与太辣的食物，这些都是钠的来源。至于钾的补充，可以青菜、水果为主食，糙米饭、全麦面包，豆类与花椰菜，这些食物含有大量的钾元素，有助于排除体内多余水分，令下半身更窈窕。

另外，尽量以玉米油、橄榄油与葵花油取代动物性脂肪，它们均含有大量不饱和脂肪酸，能兼顾美丽与健康。还要多吃鱼，鱼类不仅热量比肉类低，还含有更丰富的蛋白质、矿物质、维生素与 DHA，可以促进新陈代谢与体内脂肪的消耗。

同时要注意多喝水，这样可以借排汗与排尿带走人体内产生的细胞废物，使微循环健康顺畅以及淋巴系统排毒功能正常化。淋巴系统排毒功能若发生障碍，就会导致脂肪细胞增大，使局部出现肿胀现象。德国科学家发现了一种可能是最简单的减肥妙法，就是每天喝 2 公升水，即可帮助消耗卡路里，达到减肥效果。德国柏林查理特医科大学的一项研究发现，那些遵从健康建议每天喝 2 公升水的人，每天可额外多燃烧 150 卡路里。迈克尔·布施曼(Michael Boschmann)教授称，水能刺激交感神经，同时调节新陈代谢，提高身体新陈代谢效率，达到燃烧更多卡路里的效果。研究人员强调，只有喝清水才有额外消耗卡路里的效果，饮用有气的水及其他饮料则只会有相反的效果。

第 15 章 大腿肌群训练

15.1 大腿肌群解剖结构与功能

下肢肌可分为盆带肌、大腿肌、小腿肌和足肌。大腿肌位于股骨周围，可分为前群、后群和内侧群，其解剖结构与功能如表 15.1 所示。

表 15.1 大腿部肌群解剖结构与功能

<table>
<tr><th colspan="2">肌群</th><th>位置</th><th>形状</th><th>起点</th><th>止点</th><th>主要功能</th></tr>
<tr><td rowspan="4">前群</td><td rowspan="2">股四头肌</td><td rowspan="2">大腿前面</td><td rowspan="2">羽状肌</td><td>髂前下棘</td><td rowspan="2">胫骨粗隆</td><td rowspan="2">伸小腿</td></tr>
<tr><td>股骨干</td></tr>
<tr><td>缝匠肌</td><td>股四头肌前面</td><td>菱形肌</td><td rowspan="2">髂前上棘</td><td>胫骨上端内面</td><td>屈大腿、内旋小腿</td></tr>
<tr><td>阔筋膜张肌</td><td>大腿前侧</td><td>菱形肌</td><td>胫骨外侧翼</td><td>使大腿屈、外展和内旋</td></tr>
<tr><td rowspan="5">内侧群</td><td>耻骨肌</td><td>大腿前面上部</td><td>羽状肌</td><td>耻骨梳</td><td>股骨下转子后下方</td><td rowspan="5">使大腿内收、伸和外旋</td></tr>
<tr><td>股薄肌</td><td>大腿内侧</td><td>长形扁肌</td><td>耻骨下支</td><td>股骨粗隆内下方</td></tr>
<tr><td>长收肌</td><td>耻骨肌内侧</td><td rowspan="2">三角形扁肌</td><td>耻骨上支、结节</td><td rowspan="3">股骨粗线</td></tr>
<tr><td>短收肌</td><td>耻骨肌、长收肌深面</td><td>耻骨下支</td></tr>
<tr><td>大收肌</td><td>大腿内侧深面</td><td>扁阔倒三角形</td><td>耻骨结节</td></tr>
<tr><td rowspan="3">后群</td><td>股二头肌</td><td>大腿后面外侧</td><td>菱形肌</td><td>长头：坐骨结节；
短头：股骨粗线</td><td>腓骨小头</td><td>伸大腿、屈小腿</td></tr>
<tr><td rowspan="2">半腱肌
半膜肌</td><td rowspan="2">位于股后内侧，
肌腱细长</td><td rowspan="2">羽状肌</td><td rowspan="2">坐骨结节</td><td>胫骨上端内侧</td><td rowspan="2">伸大腿，或协助臀大肌伸直躯干</td></tr>
<tr><td>胫骨内侧髁内侧面</td></tr>
</table>

15.1.1 前群

前群有缝匠肌和股四头肌，如图 15.1 所示。

缝匠肌(Sartorius)：是全身中最长的肌，呈扁带状，起于髂前上棘，经大腿前面转向内侧，止于胫骨上端的内侧面。作用：屈大腿和屈膝关节，并使已弯曲的膝关节内旋。

股四头肌(Quadriceps Femoris)：是全身中体积最大肌肉，有四个头，即股直肌、股内侧肌、股外侧肌和股中间肌。股直肌位于大腿前面，起自髂前下棘；股内侧肌和股外侧肌分别起自股骨粗线内、外侧唇；股中间肌位于股直肌深面，在股内、外侧肌之间，起自股骨体前面。四个头向下形成一个腱，包绕髌骨前面和两侧，继而下延为髌韧带，止于胫骨粗隆。作用：它是膝关节强有力的伸肌，股直肌还有屈大腿的作用。

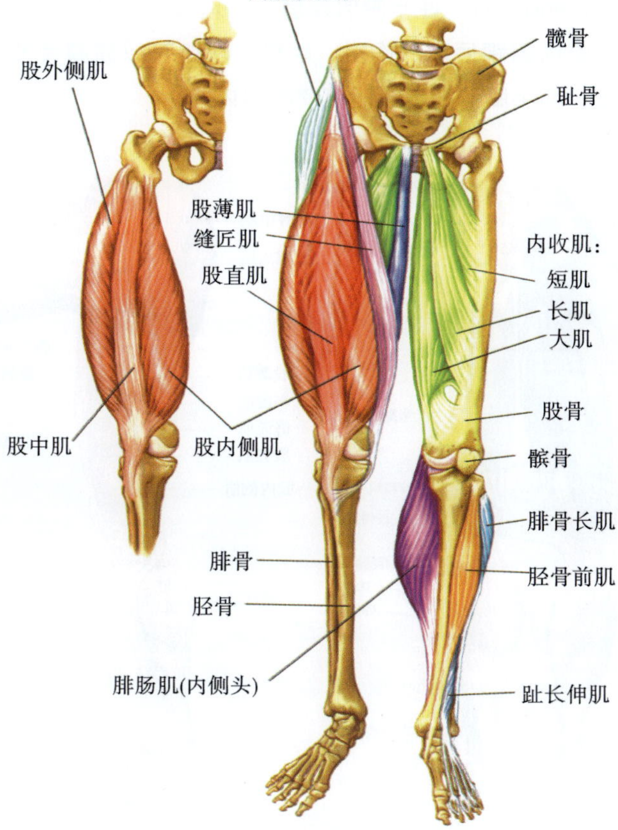

图 15.1 大腿部肌群解剖结构(前群)

15.1.2 内侧群

内侧群共有 5 块肌，位于大腿内侧，分层排列。浅层自外侧向内侧有耻骨肌(Pectineus)、长收肌(Adductor Longus)和股薄肌(Gracilis)。在耻骨肌和长收肌深面为短收肌(Adductor Brevis)。在上述肌深面，有一块呈三角形的宽而厚的大收肌(Adductor Magnus)。内侧肌群均起自闭孔周围的耻骨、坐骨和坐骨结节等骨面。除股薄肌止于胫骨上端的内侧以外，其他各肌都止于股骨粗线处，大收肌还有一个腱止于股骨内上髁上方收肌结节处。作用：主要使大腿内收。

15.1.3　后群

后群位于大腿后面，包括股二头肌、半腱肌、半膜肌，如图 15.2 所示。

股二头肌(Biceps Femoris)：位于股后外侧，有长、短两个头。长头起自坐骨结节，短头起自股骨粗线，两头合并后，以长腿止于腓骨头，如图 15.3 所示。

半腱肌(Semitendinosus)：位于股后内侧，肌腱细长，几乎占一半。与股二头肌长头起自坐骨结节，止于胫骨上端内侧。

半膜肌(Semimembranosus)：在半腱肌深面，以扁薄的腱膜起自坐骨结节，薄腱膜几乎占肌肉的一半，止于腿骨内侧踝后面。作用：后群三块肌可以屈膝关节，伸大腿。屈膝时股二头肌可以使小腿外旋，而半腱肌和半膜肌可使小腿内旋。

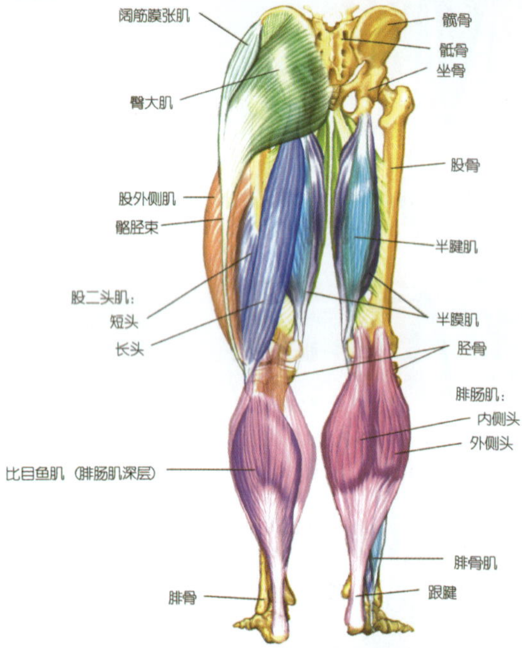

图 15.2　大腿部肌群解剖结构(后群)

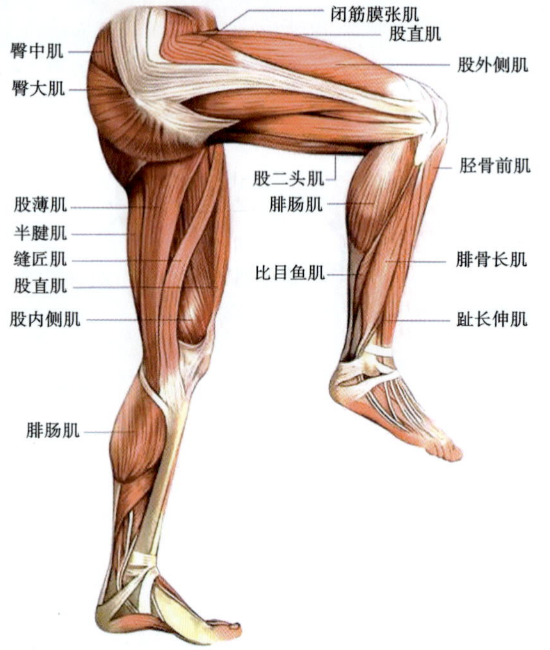

图 15.3　大腿部内侧群

15.1.4　膝关节

膝关节由股骨内、外侧髁和胫骨内、外侧髁以及髌骨构成，为人体最大且构造最复杂、损伤机会较多的关节。膝关节构造如图 15.4 所示。

膝关节的关节囊薄而松弛，附着于各关节面的周缘，周围有韧带加固，以增加关节的稳定性。主要韧带有：①髌韧带：为股四头肌肌腱的中央部纤维索，自髌骨向下止于胫骨粗隆。髌韧带扁平而强韧，其浅层纤维越过髌骨连于股四头肌腱。②腓侧副韧带：为条索状坚韧的纤维索，起自股骨外上髁，向下延伸至腓骨头。韧带表面大部分被股二头肌腱所遮盖，与外侧半月板不直接相连。③胫侧副韧带：呈宽扁束状，位于膝关节内侧。起自股骨内上髁，向下附着于胫骨内侧髁及相邻骨体，与关节囊和内侧半月板紧密结合。胫侧副韧带和腓侧副韧带在伸膝时紧张，屈膝时松弛，半屈膝时最松弛。因此，在半屈膝位允许膝关节做少许内旋和外旋运动。④斜韧带：由半膜肌腱延伸而来，起自胫骨内侧髁，斜向外上方，止于股骨外上髁，部分纤维与关节囊融合，可防止膝关节过伸。⑤膝交叉韧带：位于膝关节中央稍后方，非常强韧，由滑膜衬覆，可分为前交叉韧带与后交叉韧带。

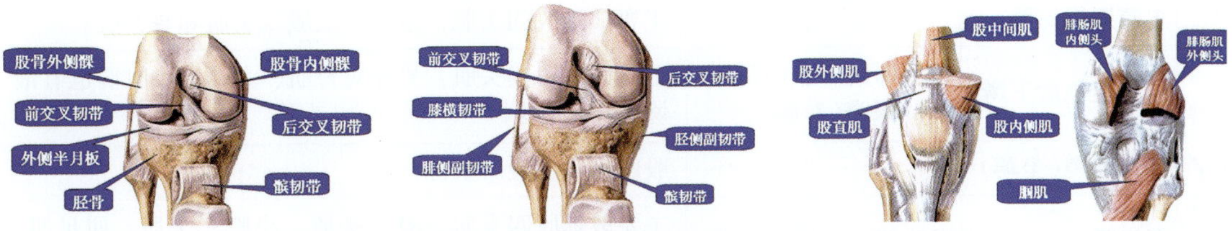

图 15.4 膝关节(构造、韧带、肌群)

膝交叉韧带牢固地连接股骨和胫骨，可防止胫骨沿股骨向前、后移位。前交叉韧带在伸膝时最紧张，能防止胫骨前移。后交叉韧带在屈膝时最紧张，可防止胫骨后移。

膝关节能做屈伸、内旋与外旋运动。运动膝关节的肌肉主要分为两类：伸膝肌和屈膝肌。伸膝肌指的是股四头肌，其四部分肌肉不同程度地负责膝关节的伸直。包括股直肌、股外侧肌、股内侧肌、股中间肌。屈膝肌主要包括股二头肌、腘肌。膝关节运动方式如表 15.2 所示。

表 15.2 **膝关节运动方式**

运动方式	肌　群
屈	股二头肌长头、半腱肌、半膜肌、缝匠肌、股薄肌、腓肠肌
伸	股四头肌、臀三角肌(阔筋膜张肌与臀大肌浅层纤维)
内旋	缝匠肌、半腱肌、半膜肌、股薄肌、腘肌
外旋	阔筋膜张肌、臀大肌浅层纤维、股二头肌长头和短头

15.2 大腿肌群训练方法

大腿肌群训练方法主要包括多关节运动的深蹲类、腿屈伸类硬拉类复合动作，以及单关节运动的腿屈伸类、腿内收类孤立动作，如表 15.3 所示。

表 15.3 **大腿肌群主要训练动作**

动作名称			主要锻炼部位(肌群)
深蹲类	杠铃深蹲	杠铃颈后深蹲	股四头肌、臀肌、内收肌群、竖脊肌、腹肌、国绳肌
		杠铃颈后宽站距深蹲(相扑式深蹲)	股四头肌、臀部肌群、大腿内收肌群、腘绳肌
		杠铃颈前深蹲	主要锻炼股四头肌(大腿前侧),其次锻炼臀肌、大腿后肌群、竖脊肌、腹肌
	史密斯机深蹲		主要锻炼股四头肌,也会涉及股二头肌和臀大肌
	蹲起架颈后下蹲	臀后深蹲 腹前深蹲 骑铃深蹲(跨蹲)	主要锻炼股四头肌,另外对臀肌、大腿内收肌群也有锻炼作用
	杠铃半蹲(坐蹲)		股四头肌、股后肌群
	箭步蹲	弓步蹲	主要锻炼股四头肌、股二头肌、小腿三头肌、屈足肌,另外对臀肌、大腿内收肌群也有锻炼作用
	哈克深蹲	正向哈克深蹲	主要锻炼股四头肌
		反向哈克深蹲	重点锻炼腿部后侧肌群
	斜板深蹲		主要强化股四头肌,对臀肌、大腿收肌群也有锻炼作用
	哑铃下蹲起立		股四头肌和臀肌
	徒手深蹲:跪式深蹲、靠墙深蹲、不对称深蹲、分腿蹲(保加利亚分腿蹲)、深蹲跳、相扑式深蹲、相扑深蹲跳、手枪式深蹲、龙卷风深蹲跳、面壁深蹲		主要拉伸股四头肌、臀肌、大腿后肌群、竖脊肌
腿屈伸类	坐式腿屈伸		股四头肌
	仰卧小腿屈伸 斜卧小腿屈伸		股四头肌、臀大肌、股二头肌、半腱肌、大收肌
	俯卧小腿屈伸、单腿俯卧屈小腿 俯卧长凳屈小腿		大腿后群肌、腓肠肌和深面的腘肌
	站姿屈小腿(站姿腿弯举)		大腿后群肌(半腱肌、半膜肌、股二头肌长头和短头)
	坐式腿屈伸		主要锻炼大腿后群肌、腘肌,其次锻炼腓肠肌
内收类	低位拉力器直腿内收		主要锻炼大腿收肌(耻骨肌、长收肌、大收肌、股薄肌)
	健身机大腿内收		大腿所有收肌(耻骨肌、长收肌、大收肌、股薄肌)
硬拉类	直腿硬拉 屈腿硬拉 相扑硬拉 罗马尼亚硬拉 垫木硬拉 异形杠铃硬拉 体后硬拉、跨拉	握距:宽握距、中握距、窄握距,并握 握法:正握、反握、正反握 站距:宽站距、中站距、窄站距 器械:杠铃、哑铃、壶铃、异形杠(T 杠、六角杠、U 曲杠)	不同硬拉方式,对腿部与臀部肌肉锻炼侧重不同。 主要锻炼位于脊柱两侧伸躯干的竖脊肌;在伸躯干骨盆由前倾到后倾的过程中,臀大肌、大腿后群肌(股二头肌短头除外)强烈收缩;当躯干前屈时,大腿后群肌伸展
	单腿硬垃		锻炼三大平衡系统:本体、前庭及视觉平衡

15.2.1 深蹲类

15.2.1.1 标准深蹲动作

深蹲是健美运动中最复杂、练习部位最多的动作之一。深蹲类动作属于多关节、闭路式训练，是复合性、全身性练习动作，适合初级到高级训练。

深蹲对整个下肢和躯干都有强烈的刺激，它可以训练大腿(股四头肌)、臀部、大腿后肌(股二头肌、半腱肌、半膜肌)，对竖脊肌、梨状肌、大收肌及小腿肌群等有锻炼作用。同时可以强化骨头、韧带和横贯下半身的肌腱，如图 15.4 所示。深蹲被认为是增长腿部和臀部力量和围度，以及发展核心力量(Core Strength)必不可少的练习。在等长收缩中，在以正确的方式深蹲时，下背部、上背部、腹部、躯干肌肉、肋间肌肉以及肩部和手臂对于这个练习都是必不可少的，其动作分析如表 15.5 所示。

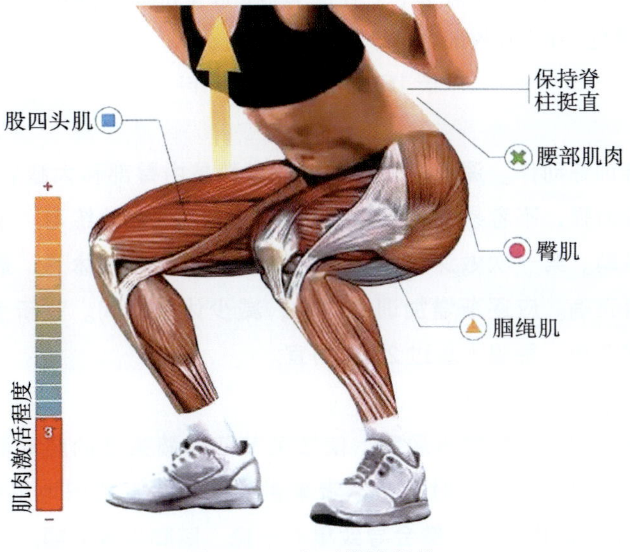

图 15.5　主要锻炼部位

表 15.4　深蹲类动作分析

动作分析	关节和部位			
	髋关节	膝关节	踝关节	躯干
运动关节	向下：屈 向上：伸	向下：屈 向上：伸	固定	固定
运动肌群	臀大肌、腘绳肌、内收肌群	股四头肌		
固定肌群	臀中肌、臀小肌、深层旋外肌、内收肌群		踝关节稳定肌群、腓肠肌	腹肌、竖脊肌、腰方肌

标准深蹲动作如图 15. 6 所示。两腿与肩同宽站立，深蹲过程中不要弓背。下蹲到臀部低于膝盖的地方，大腿部平行于地面。站起时重心容易后倾，为保护膝盖，用脚跟处发力站起。

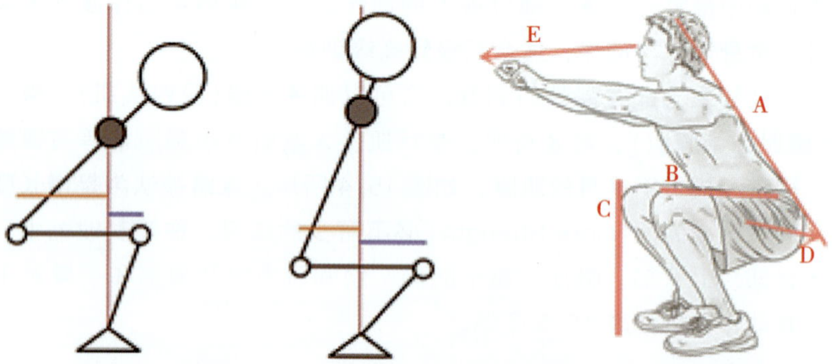

红色：中足平衡点 灰色：杠铃 蓝色：膝盖和横杆之间的力臂
橙色：手臂在臀部之间的力臂

图 15. 6　标准深蹲动作

深蹲是一个后链训练动作。深蹲的重量负担，多数是由臀部和大腿后侧腘绳肌来承担的，它们强度大，耐受能力强，不容易受伤。新手可从徒手深蹲开始练习，不要一开始就去健身房器械区练习杠铃深蹲。第一次做深蹲练习，一组做 5 次就可以休息，最重要的是要对着镜子看自己的姿势是否正确。应逐渐增加训练次数，减少休息时间。对新手来说，最高训练强度以隔天练习、一次 3 组、每组不超过 20 次为宜。

深蹲过程中需要注意以下几点：

第一，要有屈髋意识。先屈髋再屈膝，使膝关节随着髋关节的启动而启动，在实际的动作过程中两者几乎是同时进行的。对于初学者来讲，他们会下意识地忽视髋关节（臀部向后坐）而直接启动膝关节做动作，先屈膝会导致重心不稳、踮脚尖等问题。

第二，有意识地去控制膝盖方向，要使膝盖与脚尖方向保持一致。这是标准深蹲所要注意的重点之一，在实际的深蹲过程中，会不自觉地出现膝盖内扣现象，加快膝盖的磨损，甚至会导致膝关节受伤。

在动作过程中，要有意识地去观察并具体调整，使得膝盖与脚尖方向一致。

第三，保持背部挺直。腰背挺直的目的是保护腰椎，在弓背的情况下，过多力量聚集在腰部，很容易造成对腰部的损伤。在下蹲的时候要保持背部挺直、腹部收紧，让臀部从侧面看起来微翘。

第四，在深蹲过程中还会出现一些小问题，比如踮脚尖等，这些问题一般都与髋关节灵活性不够、核心力量不足、踝关节柔韧性不足等有关系。需要有意识地去提高自己的核心力量，提高踝关节的柔韧性，改善髋关节的灵活性等。

15.2.1.2 深蹲的好处和坏处

(1)深蹲的好处

①翘臀、瘦腿和紧实大腿围度。

深蹲动作很大程度上倚仗大腿四头肌和臀部的肌肉力量，在做完深蹲之后配合相应的拉伸动作能美化下半身线条，翘臀的同时紧实大腿围。

②消大腿水肿。

“大腿是人类的第二心脏”，下半身又是离心脏最远的部位，需要更大的肌肉泵(Muscle Pump)效应(将较发达的肌肉群如大腿上部的股四头肌当作肌肉泵)，才能有效地将血液挤回心脏，利用深蹲动作可以有效地让血液循环顺畅，减轻大腿水肿现象。

③提升基础代谢率。

深蹲高效地利用大腿的股四头肌、臀部肌肉，深蹲后配合拉伸动作能促进肌肉增长(女生不要担心长肌肉，女性没有男性特有的睾酮素，就算增肌也不会导致肌肉过多)。肌肉的存在能帮助身体消耗脂肪。经常进行深蹲，能够提升基础代谢率，在常态下身体会消耗更多能量。深蹲对心肺功能及激素分泌等一系列生理生化反应都有积极影响。

④整体协调性提升。

协调性的基本意义是身体的控制能力。通过深蹲，肌肉能及时反应，整体协调性能得到更大更好的提升。

⑤运动能力更有效率。

快的定义是单位时间内移动的距离大，强化了股四头肌、腿后腱肌群等与走、跑相关的肌肉，使得移动时能提供给地面更大的反作用力，相对速度会有所提升。深蹲能让人的腿臀肌肉力量提升，在运动时也会觉得更轻松。

⑥预防腰背疼痛。

正确的深蹲姿势能强化核心肌群、躯干深层肌群。肌肉遵循“用进废退”原理，核心肌群通过深蹲练习得到强化，减少久坐带来的腰背疼痛感。

(2)深蹲的坏处

深蹲不能过度，过度运动会导致身体不适。横纹肌溶解、急性肾衰竭的事情常有耳闻，多半是由于不正确的锻炼方式引起的。

15.2.1.3 深蹲常见错误

腰椎-骨盆-髋关节复合体(LPHC：Lumbo-Pelvic-Hip-Complex)对于其上方和下方的结构都有重要的影响。LPHC 区域共有 29~35 块肌肉附着在腰椎或骨盆上，它与上下肢直接相连。因此，下肢和上肢的功能障碍会导致 LPHC 出现功能障碍，反之亦然。深蹲练习时的常见错误，主要是腰椎与髋部姿势不正确，包括过度前倾、塌腰、弓腰、非对称性重心偏移，这是造成腰椎受伤的主要原因。如表 15.5 所示。在深蹲过程中要保持正确的腰背部姿势，减轻腰椎负担，同时将重量直接传到下肢。其他常见错误及纠正方法如表 15.6 所示。

表 15.5 **LPHC 深蹲动作代偿**

错误	可能过度活跃的肌肉	可能不够活跃的肌肉	潜在的损伤
过度前倾	比目鱼肌 腓肠肌 屈髋肌群 腹部肌群	胫骨前肌 臀大肌 竖脊肌 深层核心稳定肌群	腘绳肌 股四头肌 腹股沟拉伤 下腰背痛
塌腰	屈髋肌群 竖脊肌 背阔肌	臀大肌 腘绳肌 深层核心稳定肌群	
弓腰	腘绳肌 大收肌 腹直肌 腹外斜肌	臀大肌 竖脊肌 深层核心稳定肌群 屈髋肌群 背阔肌	
非对称性重心偏移	髋内收肌 阔筋膜张肌(偏移方向同侧) 腓肠肌/比目鱼肌 梨状肌 股二头肌 臀中肌(偏移方向对侧)	臀中肌(偏移方向同侧) 胫骨前肌 髋内收肌(偏移方向对侧)	腘绳肌 股四头肌 腹股沟拉伤 下腰背痛 骶髂关节痛

表 15.6 **深蹲训练的常见错误与改正方法**

常见错误	错误原因与改正方法
腰背没有挺直	腰背没有挺直，这是造成腰椎受伤的主要原因。腰背挺直是深蹲的重要标准。在深蹲过程中，要减轻腰椎负担，同时将重量直接传到下肢。保持背部挺直，不要弓背
不会屈髋	在深蹲时，屈髋时臀部始终向后坐，屈膝下蹲，而不是直接向下。竖脊肌起支撑腰背、保持稳定性的作用，不会屈髋会导致腰肌劳损
膝盖向内移动(膝盖内扣)	深蹲伤膝盖主要是由于膝盖内扣所致，膝盖是单方向关节，只能起到腿部屈伸的作用 ①可能是由于扁平足引起的(脚内旋)。应穿着支撑力好的鞋子，在镜子前练习，可保持膝关节位于脚的正上方 ②由于髋关节、踝关节的灵活性不够，以及核心力量不足，从而导致身体不稳定现象，可多练小腿前侧胫前肌 ③有意识地去调整控制
膝盖始终位于脚后方	可能表明踝关节前屈(背屈)受限。可在脚后跟处垫一块 1~2cm 的木垫徒手在长凳上做蹲起，练习时膝关节向前伸

续表

常见错误	错误原因与改正方法
后背过分前屈	保持脊柱垂直于地面，侧对镜子站立，调整身体姿态
双肩之间的脊柱弯曲(胸部)	胸骨向前挺出，肩胛骨向下沉，使用挺胸夹背动作
腰部向前弯曲(腰椎前凸)	腹部肌肉收紧，整个运动过程中保持紧张状态。做骨盆屈肌拉伸练习
脚跟抬起，脚尖发力	脚尖发力，重心开始往前，膝盖和腰部负担加重。将重心置于脚心位置而不是脚尖。检查踝关节灵活性，若踝关节前屈困难，可在脚跟处垫一块木块
杠铃杆向一侧倾斜	在镜子前做蹲起练习，在镜子上画一条水平线，以其为参照使杠铃放平
在最低点时反弹	在长凳上进行蹲起练习，逐渐降低重心至最低位置

15.2.1.4　深蹲类动作方法

(1)杠铃颈后深蹲

主要作用：使整个腿部力量及股四头肌得到锻炼，另外对臀肌、内收肌群、竖脊肌、腹肌、腘绳肌有锻炼作用，如图 15.7 所示。

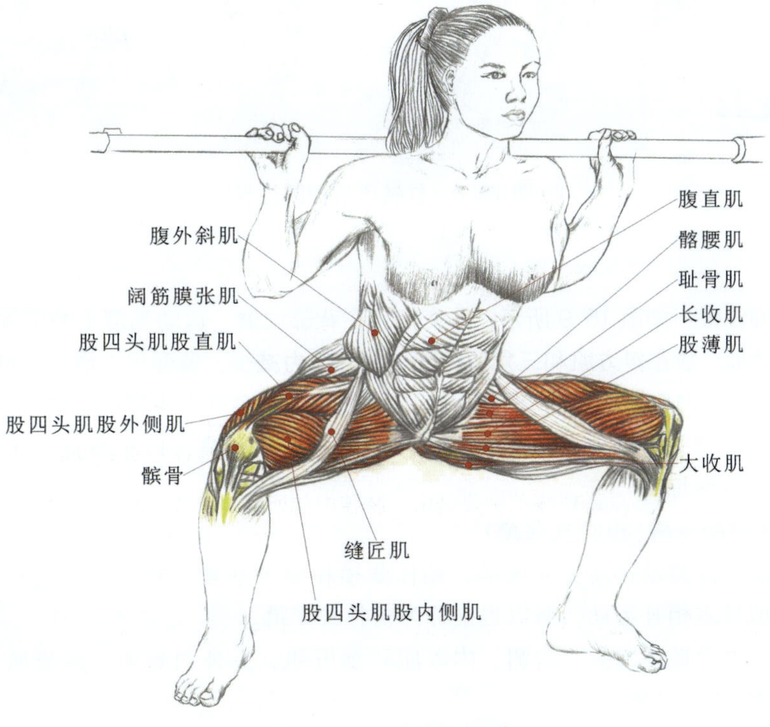

图 15.7　杠铃颈后深蹲

起始姿势：站在深蹲架前，屈膝，两手握住深蹲架上的杠铃并放在颈后肩上，向前走两步，两脚开立，略宽于肩，足趾稍向外，身体伸直。

动作过程：如图 15. 8 所示，屈膝下蹲，和地面平行或稍低，静止 1~3 秒，大腿和臀部用力，使两脚蹬地，缓慢而有控制地发力站起，身体恢复到直立。按规定次数和组数重复练习。完成后，退回几步，把杠铃放回深蹲架上。

呼吸方法：下蹲时呼气，起立时吸气。

注意要点：

①在整个动作过程中，抬头、挺胸、直腰，背部要平直，上体勿前倾，动作要稳。

②腿部快伸直时，用力过程为伸膝、伸髋。意念集中在大腿后部和臀上，若要尝试最大重量，注意在身边保护帮助。

③蹲起时，力量从腿部爆发出来比从脚部爆发出来要好。

图 15. 8　杠铃颈后深蹲过程

动作变化：

杠铃在背部位置：如图 15. 9 所示，改变杠铃在背部位置、运动强度上的不同。放在斜方肌上，臂部用力增加；放在斜方肌和三角肌后部，臂部用力减少，背部用力增加，可加大负重。

深蹲步距：如图 15. 10 所示，深蹲时两脚步距的不同会产生不同的锻炼效果。

踝关节位置：踝关节僵硬或大腿较长者，可将脚后跟垫高，以免身体过度前倾，此方法可对股四头肌进行锻炼。

(2) 杠铃宽站距深蹲(相扑式深蹲)

相扑深蹲是由深蹲动作演变而来的，动作要领和要求基本一致，主要区别是两脚之间的距离增大，类似日本相扑运动，所以也被称为相扑式深蹲。

主要作用：主要锻炼四头肌内侧、内收肌和缝匠肌，另外对臀肌、竖脊肌、腘绳肌有锻炼作用，如图 15. 10(c) 所示。

起始姿势：身体保持正直，挺胸，背部肌肉收缩绷紧，后背挺直，目视前方。两脚分开站立(肩宽的 1. 5 倍或更宽)，脚尖各向外 45°左右(两脚跟延长线呈直角)，两手放在头部两侧(双手持哑铃或提壶铃，且让重物紧贴于小腹下方)，双臂屈肘，肩部下压，再向后收缩。

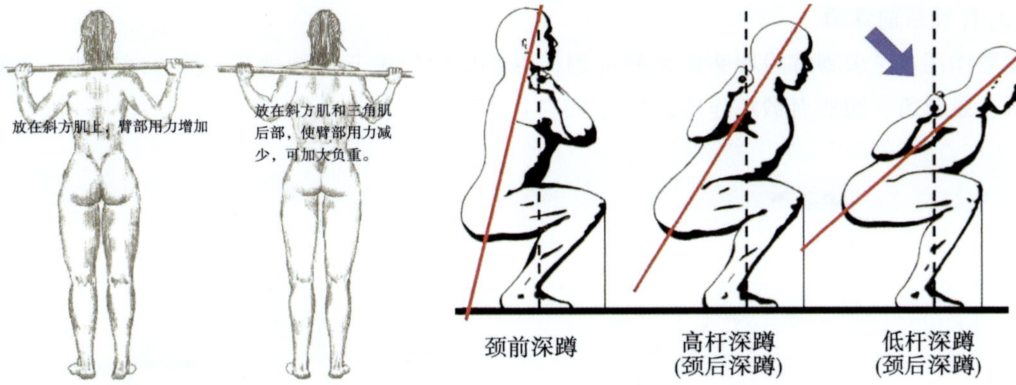

图 15.9 杠铃在背部位置

(a)窄站距：将训练重点转移至股四头肌外侧(股外侧肌)和外展肌(阔筋膜张肌)。

(b)中站距：针对整过大腿训练。

(c)宽站距：将重点训练股四头肌内侧、内收肌和缝匠肌。

图 15.10 深蹲步距

动作过程：开始运动时，为使大腿的肌肉、臀肌得到更好的收缩和舒展，背部保持稳定，下蹲到大腿与小腿之间的夹角≤90°，让身体重心到脚跟，做完深蹲后重心再回到原始位置，收紧肌肉。

注意要点：

①双脚之间的距离要因人而定，身体平衡力和肌肉的柔韧性强的话，脚距要远一点，反之则脚距要缩短。

②深蹲过程，从始至终地保持背部挺直，不要弓背和低头。

③保证膝盖向内收缩，膝盖所受到的冲击力变小，避免膝部受伤。

④下蹲过程中要保证大腿和地面保持平行，让重心落在脚跟部位。

⑤运动时要抬头挺胸收腹，双肩先做下压运动，然后再向后做收缩运动。

动作变化：壶铃深蹲、哑铃深蹲和药球深蹲。

(3) 杠铃颈前深蹲

主要作用：主要锻炼股四头肌大腿前侧，主要运动的关节是膝关节。另外对臀肌、大腿后肌群、竖脊肌、腹肌有锻炼作用，如图 15. 11 所示。

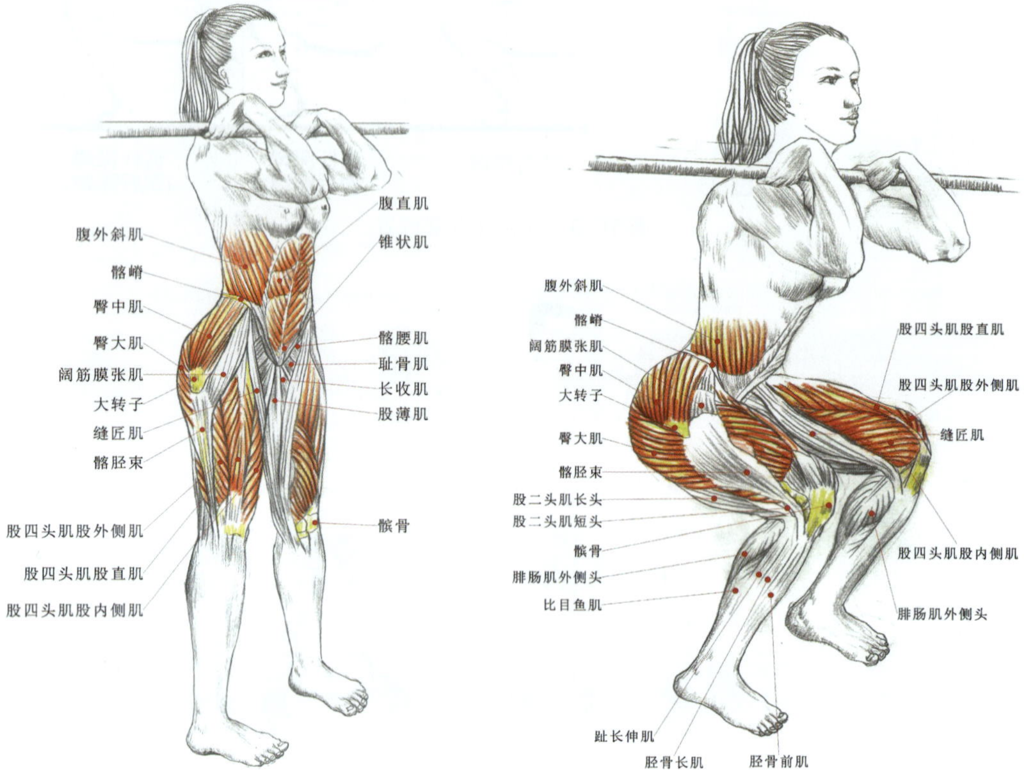

图 15. 11 杠铃前蹲

起始姿势：站在深蹲架前，屈膝，两手正握住深蹲架上的杠铃并置于胸前肩上(锁骨与三角肌上)，肘关节向上抬起，向前走两步，两脚分开，与肩同宽，足趾稍向外，膝盖指向脚尖站立，身体伸直。

动作过程：膝关节弯曲下蹲，注意膝盖指向脚尖方向下蹲，不能内扣，下蹲时背部要保持挺直，眼睛向正前看，不能向下看。下蹲的深度大约是大腿与地面平行或稍低，静止 1~3 秒，蹲起时，大腿股四头肌发力，臀部前推辅助蹲起，身体恢复到直立。按规定次数和组数重复再做，完成后退回几步，把杠铃放回深蹲架上。

呼吸方法：下蹲时呼气，起立时吸气。

注意要点：用三角肌前束和锁骨稳定杠铃，保持核心收紧，肩胛骨微微内收，上半身挺直，手肘始终指向前方并抬高，眼睛向前看。双脚与肩同宽，膝盖指向脚尖，并始终保持一致，股四头肌始终保持发力。在做动作过程中，抬头挺胸直腰，躯干不能前倾，背部要平直，臀部不要后突，腰部收紧，动作要稳定。可用垫木将脚后跟垫高，降低动作难度。

动作变化：垫脚杠铃前蹲。足背屈受限，在进行深蹲训练的时候，在脚下垫上杠铃片，能够缩小足背屈角度，如图 15. 12 所示。

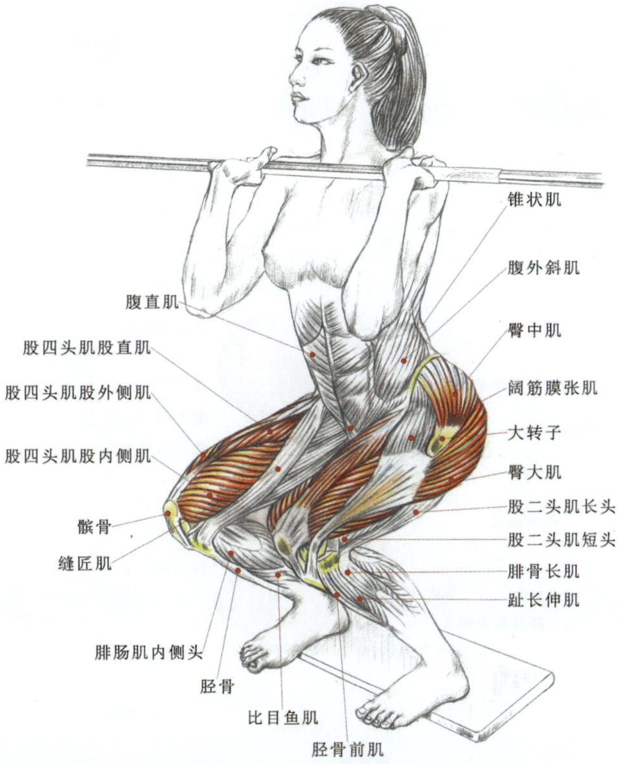

图 15. 12　垫脚杠铃前蹲

(4) 史密斯机深蹲(蹲起架颈后下蹲)

在运动过程中身体垂直面的运动轨迹是由史密斯机固定的，比较安全。相比自由负重深蹲可以加载更多的重量，而且可大胆放心地将身体重心后移而不用担心失去平衡，以更好地单独刺激到股四头肌。

主要作用：主要锻炼股四头肌，另外对臀肌、大腿内收肌群及股二头肌有锻炼作用。

起始姿势：站在深蹲架前，两脚分开，与肩同宽，屈膝、屈髋，两手正握住深蹲架上的杠铃置于肩后(斜方肌及略高于三角肌后部肩上)，肘关节向后，身体伸直。

动作过程：屈膝下蹲到大腿上部和地面平行，静止 1~3 秒，伸膝伸髋，恢复到直立。

呼吸方法：下蹲时呼气，起立时吸气。

注意要点：①动作过程中，要求抬头、挺胸、直腰；②不要忘记打开两侧安全阀。

动作变化：根据身体站位的不同分为三类。

①两脚站在杠杆正下方时，如图 15. 13 所示，主要锻炼股四头肌和臀大肌。

②两脚站在杠杆前下方时，如图 15. 14 所示，下蹲时可限制屈髋，臀大肌的作用受限，主要锻炼股四头肌。

③下蹲时若两脚分开比肩宽：主要锻炼大腿内收肌群和股四头肌外侧肌群。

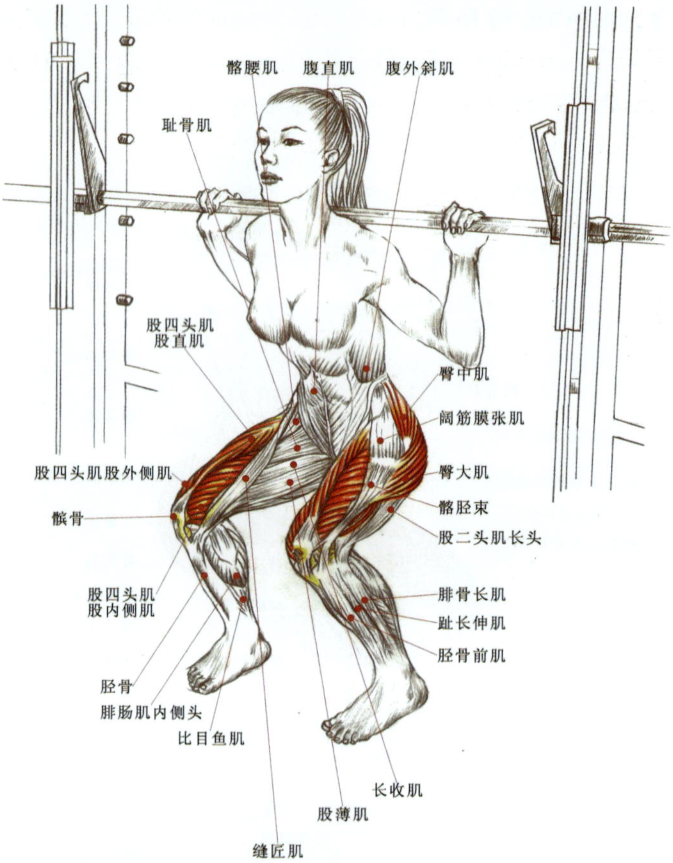

图 15.13　蹲起架颈后下蹲(双脚位于杠铃正下方)

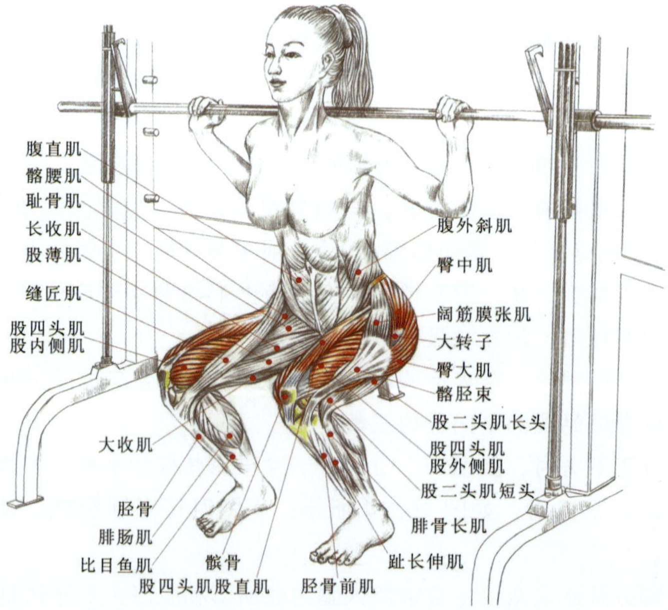

图 15.14　蹲起架颈后下蹲(双脚位于杠铃前下方)

(5)哈克深蹲

哈克深蹲主要用来孤立训练股四头肌。在做杠铃深蹲时，由于需要维持身体平衡，而宽站距可以让身体保持一个更稳定的重心，因此训练者大多采用较宽的站距。哈克深蹲不需要用过多的精力去保持身体平衡，可以采用较窄的站距，力量可以沿直线向上传导。采用较窄的站距，腿部肌肉的发力方向更接近于竖直，同时可以固定腰部，减少腰部压力，对膝盖刺激较小，对股四头以及其他腿部肌肉能有很好的锻炼效果。

主要作用：正向哈克深蹲主要锻炼股四头肌，另外对臀肌、腘绳肌、内收肌群有锻炼作用。反向哈克深蹲的锻炼重点转移到腿部后侧肌群，主要锻炼臀肌和腘绳肌，如图 15.15 所示。

动作过程：正向(反向)直立面对哈克机站立，双腿打开，并且保持小于肩宽的窄距离，脚趾微微朝向外侧。将双臂置于器械的侧边把手上，伸直双腿，不要锁膝。开始慢慢降低身体，弯曲双膝，慢慢放下杠铃，下降到大腿与小腿之间的夹角≤90°。运动过程中膝关节超越脚尖，以免把更多的压力施加在膝部。然后主要由脚跟发力推压地面，重新伸直双腿，回到起始姿势。

(6)杠铃半蹲(坐蹲)

主要作用：主要锻炼股四头肌，另外对臀肌、收肌群、竖脊肌、腹肌、腘绳肌有锻炼作用。它是锻炼股四头肌内侧和外侧的理想方法。杠铃半蹲属于多关节、闭路式训练，在健身训练方面有广泛的应用，如健美、功能训练，以及背部疾患者的康复治疗，是很有价值的训练形式，如图 15.16 所示。

起始姿势：两脚开立，略宽于肩，足趾稍向外，两手握住杠铃并担负在颈后肩上，双肘朝后，身体伸直。

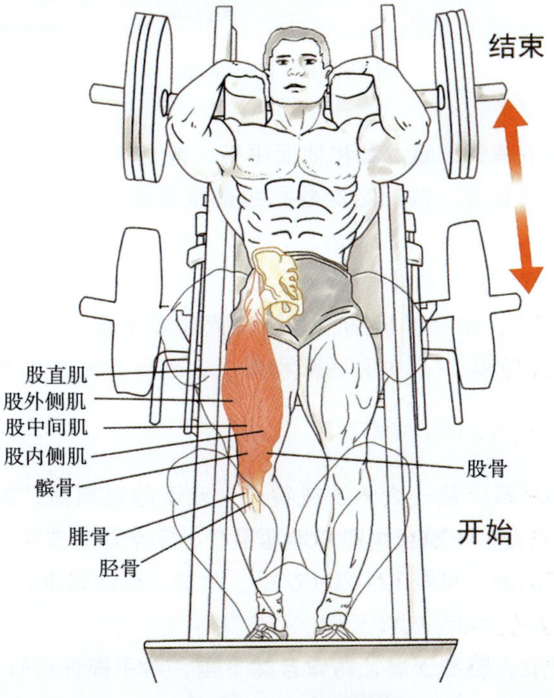

图 15.15 哈克深蹲

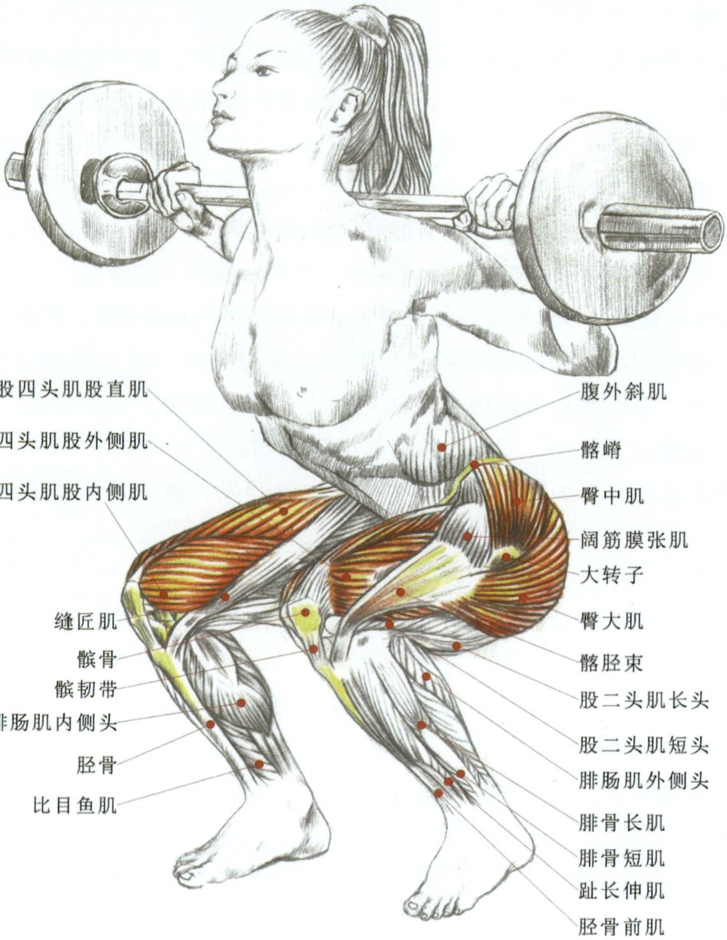

图 15.16 杠铃半蹲

动作过程：缓慢屈膝下蹲到大腿上部和地面平行，静止 1~3 秒，伸小腿，大腿和臀部用力使两脚蹬地，身体恢复到直立。按规定次数和组数重复练习。完成后，退回几步，把杠铃放回深蹲架上。

呼吸方法：下蹲时呼气，起立时吸气。

注意要点：动作过程中，抬头、挺胸、直腰，背部要平直，上体勿前倾，动作要稳定。用力过程为伸膝、伸髋。意念集中在大腿后部和臀上，若要尝试最大重量，要注意有人在身边保护帮助。

替代动作：

①臀下杠铃半蹲：脚后跟下垫一个木块或铃片，双手超过肩宽，握杠于背后臀下，双脚距离约 30cm，上体保持正直，下蹲至大腿和地面平行，完全站起或站起至少 3/4 的程度。始终保持对股四头肌的重量刺激，可做 12~20 次/组。为加大刺激强度，全程力竭时可采用半程蹲起。

②腹前深蹲：两脚开立，略窄于肩，两臂自然下垂，两手握住杠铃置于腹前，身体伸直。控制股四头肌，两腿屈膝下蹲，使膝关节至大腿水平位置，杠铃随之落于小腿前，停留 1~3

秒，再以股四头肌收缩力量慢起还原。

③骑铃深蹲(跨蹲)：两脚开立，杠铃置于两腿之间，一手腹前握杠，另一手体后握杠，抬头挺胸。控制股四头肌，两腿屈膝下蹲，使大腿与地面保持水平，停留1~3秒，再以股四头肌收缩力量慢起还原。

(7)斜板深蹲/后倚下蹲

主要作用：主要强化股四头肌，另外对臀肌、大腿收肌群也有锻炼作用，如图15.17所示。

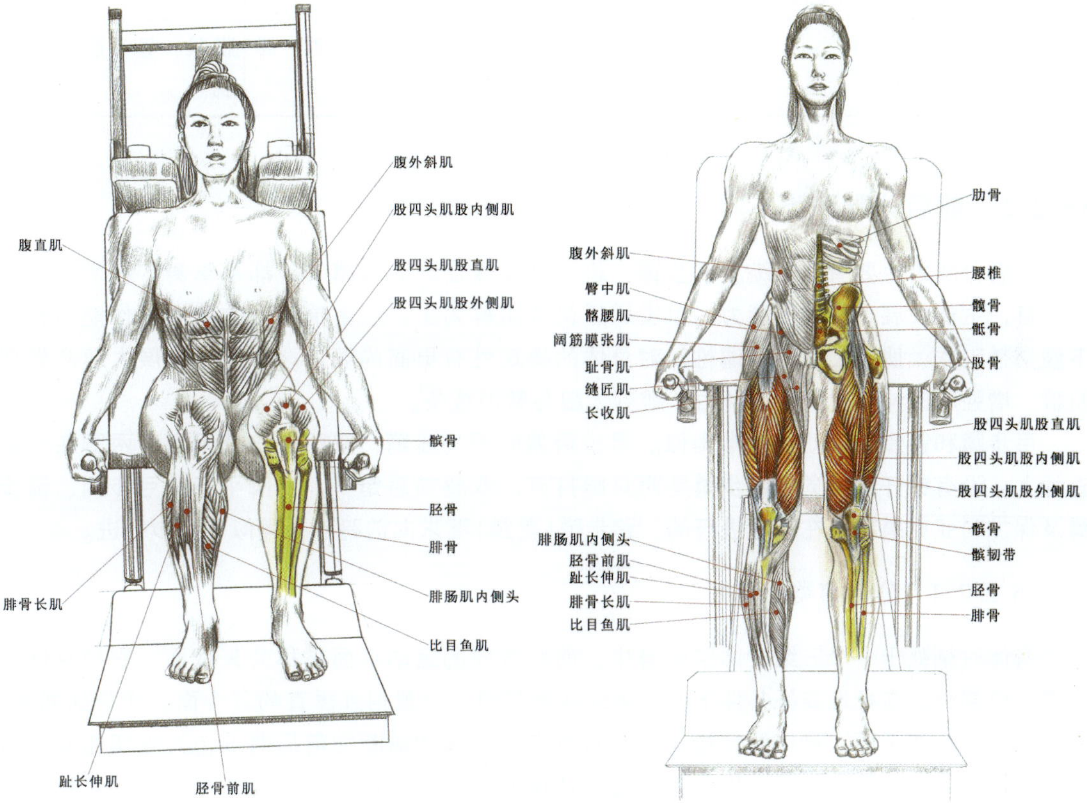

图15.17 斜板深蹲/后倚下蹲

起始姿势：屈膝，背部靠于椅垫，双肩抵于“U”形肩托下，双脚适当并拢。

动作过程：吸气，转动两侧的肩托制动柄，加大肩托负荷，屈膝下蹲到大腿和地面平行，静止1~3秒，伸膝伸髋恢复到直立。

呼吸方法：下蹲时呼气，起立时吸气。

注意要点：

①双脚并拢，可增加臀大肌的负荷；双脚分开，负荷则转移到大腿收肌群上。

②斜板深蹲又称后倚下蹲，进行这种训练，膝部要承受很大的剪切力，是一种比较高级的训练形式，需要好的体态和稳定性。

动作分析：箭步蹲类动作属于多关节、闭路式训练，适合高级训练，其动作分析如表

15.7 所示。

表 15.7　　斜板深蹲(后倚下蹲)动作分析

动作分析	关节和部位			
	髋关节	膝关节	小腿	躯干
运动关节	向下：屈 向上：伸	向下：屈 向上：伸	固定	固定
运动肌群	臀大肌、腘绳肌	股四头肌		
固定肌群	臀中肌、臀小肌、深层旋外肌、内收肌群		踝关节稳定肌群、腓肠肌	腹肌、竖脊肌、腰方肌

15.2.2　前后分腿蹲类

前后分腿蹲主要有弓步蹲、箭步蹲、跨步蹲及保加利亚剪蹲等，都是单侧下肢发力的蹲类项目，主要发展下肢蹬伸能力，以发展后侧链肌群为主，注重单侧下肢独立工作能力和双下肢交替工作、协同工作的协调性，对身体的稳定性有更高的要求，都能够伸展大腿与臀部肌群，增强肌肉伸展时的负重能力，雕刻大腿与臀部线条。

弓步蹲和箭步蹲的动作非常类似。弓步蹲偏向于马步蹲，双腿在一个平面，两脚在一条直线上，没有错开的感觉。箭步蹲是两只腿打开，双腿前后错开，两脚平行。弓步蹲、箭步蹲及保加利亚剪蹲都是在原地进行的，跨步蹲(剪蹲)要求向前跨步，类似弓箭步行进。

15.2.2.1　分腿蹲类工作面

身体时刻处于一个三维立体空间当中，前后方向的运动平面被称为矢状面，它把身体分为前后两部分。在标准姿势条件下，人体或其局部均可设置相互垂直的三个面。除矢状面外，还有冠状面与水平面。冠状面是指，于左右方向，将人体纵断为前后两部，其纵切面即冠状面。水平面是指，于上述两面相垂直，将人体横断为上下两部的面称为水平面。注：标准姿势亦称解剖学姿势：身体直立，两眼平视正前方，上肢在躯干两侧自然下垂，下肢并拢，手掌和足尖向前。

深蹲、手臂前后摆动是在矢状面发生的运动；手臂左右开合、腿部左右摆动是发生在冠状面的运动；手臂内收外展、身体左右转动是发生在水平面的运动。日常生活中的运动基本上只涉及前后方向，很少有左右方向的运动，这意味着涉及侧面运动或者水平左右移动所用到的肌群，缺乏有效的锻炼。

如果要全面练到腿部大肌群，需要有全面的训练动作。常练股四头肌而不练股二头肌的人，会随着训练水平的提升而加剧下肢力量的不平衡，导致大腿前侧肌群强、后侧肌群弱的情况。如果忽视大腿内侧和外侧肌群的训练，不但会因为肌无力而影响到日常的运动表现，同时还会出现脂肪堆积和赘肉的情况。

弓步蹲、箭步蹲、跨步蹲、侧弓步蹲及保加利亚剪蹲都是在冠状面/额状面内完成的下肢训练动作，如图 15.18 所示。

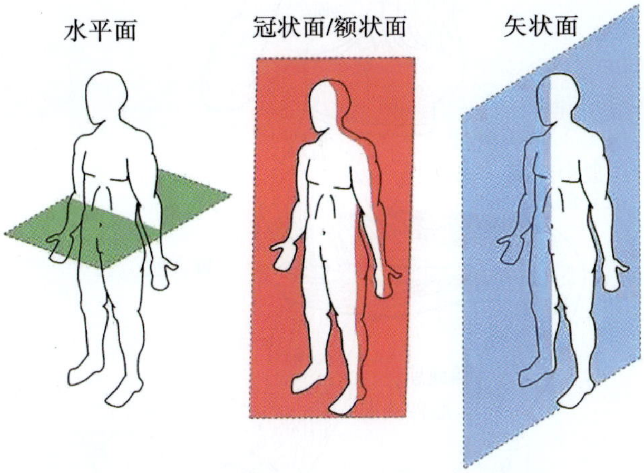

图 15.18　水平面、冠状面/额状面、矢状面

15.2.2.2　分腿蹲参与肌肉

弓箭步分腿蹲类动作属于多关节、闭路式训练，可以使用壶铃、哑铃，适合初级到高级训练，其动作分析如表 15.8 所示。

表 15.8　弓箭步蹲类动作分析

动作分析	关节和部位			
	髋关节	膝关节	踝关节	躯干
运动关节	向下：屈 向上：伸	向下：屈 向上：伸	固定	固定
运动肌群	臀大肌、腘绳肌	股四头肌		
固定肌群	臀中肌、臀小肌、深层旋外肌、内收肌群		踝关节稳定肌群、腓肠肌、胫骨前肌	腹肌、竖脊肌、腰方肌

由于分腿蹲中躯干保持中立，深蹲所产生的背部压力在分腿蹲中被降至最低，它所需要参与运动的主要肌群如图 15.19 所示。

股四头肌：分腿蹲的核心在支撑腿，因此对股四头的刺激是最优先的。

腘绳肌：分腿蹲的一部分重量被分配至后侧腿上，前腿屈伸时，对于后侧腿腘绳肌产生腿弯举的作用。

臀大肌：分腿蹲的平衡性很大程度上需要臀大肌来控制，在蹲腿过程中臀大肌也参与收缩与伸展。

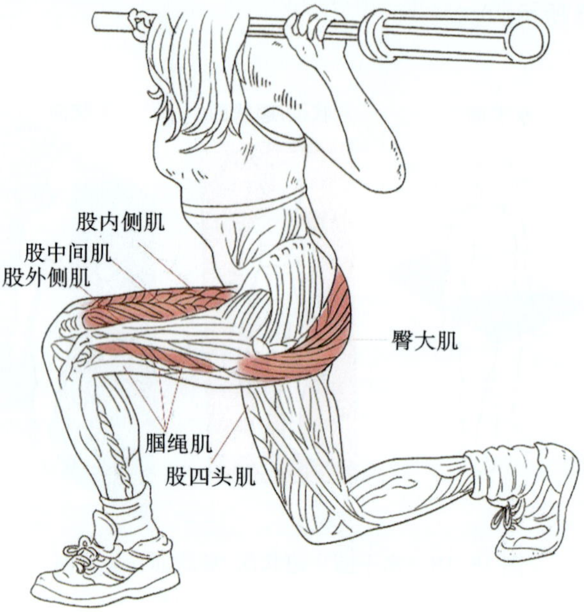

图 15.19　分腿蹲动作中参与运动的主要肌群

髋内收肌群：这部分肌群有内收长肌、短内收肌和大收肌，如图 15.20 所示，这些肌群共同作用，将大腿牵引至躯干中线，在分腿蹲中主要负责臀部的稳定。

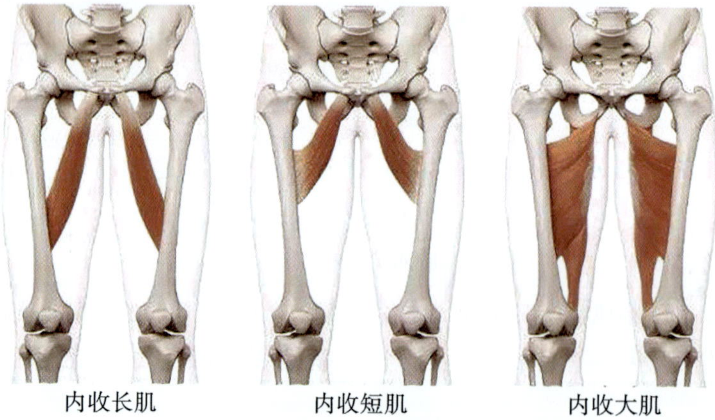

图 15.20　髋内收肌群

髋外展肌群：髋外展肌群位于臀部及大腿外侧，负责将大腿远离躯干，臀中肌和阔筋膜张肌都属于这一部分，如图 15.21 所示。髋外展肌群强壮可以缓解膝关节的压力，减少膝盖疼痛的风险。

分腿蹲作为单边性的动作，对于平衡能力能够起到很好的锻炼效果，对身体下肢的刺激非常全面。分腿蹲可以锻炼到腿部几乎所有的肌肉群。由于关节角度相对自由，通过调节不同的角度，肌肉受到刺激的重点不同。在动作练习的过程中，会让整个身体的所有肌群收紧，可以让核心肌群的稳定性得到改善。

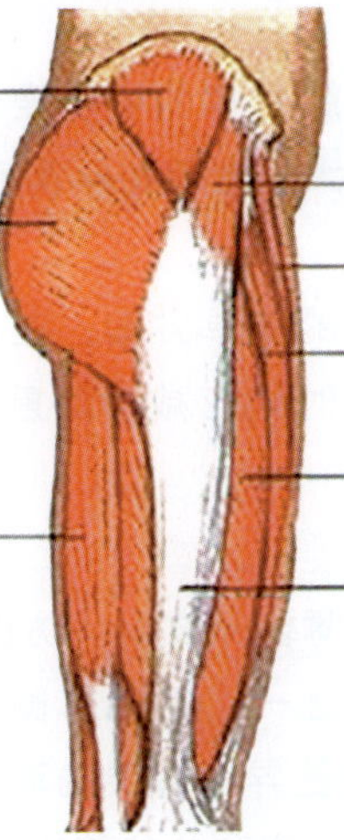

图 15.21　髋外展肌群

分腿蹲动作中，身体越向前倾，对于臀部和腘绳肌的刺激越大，相对应地会减少对股四头肌的刺激。

分腿蹲动作中，两脚距离远、两腿跨距大时，对臀部的刺激更大，对臀部肌群训练有一定的优势，但跨距太小的话，会降低稳定性，容易让膝盖承受更大的压力。

15.2.2.3　分腿蹲的优势

(1)提高身体稳定性和平衡性

髋关节在运动过程中是以一种相互作用的方式来运转的。从这个角度来看，分腿蹲在训练单腿稳定性和平衡性的同时，能发挥真正的功能性。平衡性被定义为可以控制身体重心的能力。分腿蹲是一种半支撑式单侧训练，它对于平衡性的侧重比一般箭步蹲还要高。

(2)身体灵活性

在实际感受分腿蹲的过程中，除明显的股四头张力以外，最大的感受是臀部的紧张感。分腿蹲训练可以帮助提高身体灵活性，充分伸展臀腿。理论上讲，分腿蹲的后侧腿放置的高度越高，下蹲时的拉伸感越强烈。

(3)分腿蹲能发展功能性力量和增加肌肉

分腿蹲充分利用了双侧缺失现象。双侧缺失指身体在单侧(每条腿)能比双侧(两条腿的总和)产生更大的力量。比如，平常可以用 100kg 重量做 10 次杠铃深蹲，用 80kg 重量做 10 次保加利亚分腿蹲(每条腿)。

从增肌的角度来看，在结合双侧缺失后，分腿蹲还有额外的优点：在双侧深蹲中下背部(杠铃深蹲中)或者上背部(颈前深蹲中)可能会受限，在分腿蹲中就不会有顾虑，可以完全将注意力放在整个腿部训练上。研究表明，单侧训练可以提高运动中募集的肌纤维数量，力量和肌肉体积显著增加，保加利亚分腿蹲可能会比双侧蹲带来更大的臀大肌和腘绳肌活性。

分腿蹲能锻炼股四头肌与臀部肌肉。从训练计划的角度来看，分腿蹲动作比较多样化，可以容易地加入任何训练计划中，从而使肌肥大的三种机制都得到应用：机械张力、代谢压力和肌肉损伤。

分腿蹲涉及大量的髋部屈伸，同时单腿支撑的姿势要求训练者更多地使用臀部来稳定身体，即使分腿保持站立，依旧能感受到臀大肌为保持平衡而带来的主动发力感。

(4) 解决两侧肌肉不平衡问题

分腿蹲提供解决两侧腿部肌肉不平衡的简单方案，在单腿下蹲的过程中可以明显意识到有一条腿无法完成相应的组数或次数，这时候应减少负重，针对薄弱腿多做几组练习，从而帮助两侧肌肉平衡发展。

(5) 缓解背部疼痛

分腿蹲可以改善功能障碍，加强身体薄弱部位以及防止运动损伤。

单侧力量是最强有力的骨骼健康指标之一，因为单侧力量、稳定性和平衡性通常与下背痛、髋膝痛密切相关。无论是两侧力量的差异、错误的动作模式，还是特定的薄弱部位，分腿蹲都能马上提供反馈，能解决任何导致疼痛和功能障碍的潜在问题。

由于躯干保持中立，负重或自重可以流畅地传递至臀腿肌群，脊椎不会因为力矩过长而导致背部疼痛。

15. 2. 2. 4　分腿蹲常见错误分析

①弓背含胸的身体姿态，会导致重心过于前倾，从而给腰椎造成非常大的压力，正确的做法应该是挺直背部，将重心保持在髋关节上方。

②膝关节内扣，会让下肢力线偏移，力量传递受到影响，外翻的膝关节会让内侧副韧带受到过度牵拉，从而增加受伤风险。

③膝关节过度前移，屈膝角度过小，会限制股四头肌力量的发挥，增大施加在髌骨上的剪切力，增加髌骨韧带受伤的风险。

④躯干过度前倾，矢状面上出现偏移，是核心肌群激活不足的表现，也是动作控制能力差的反应，在这种姿态下训练，不可能获得想要的躯干稳定性。

⑤躯干横向偏移，表现为双肩、骨盆两侧不等高，提示核心区域两侧的肌肉激活不充分，从而会失去身体在额状面上的稳定性。

⑥腰椎反弓。如果核心区前侧没有收紧而单独激活伸展脊柱的肌群，腰椎可能会失去中立位而出现反弓，会增加下背部出现疼痛的风险。

单腿深蹲过程中，当髋上提、髋下降或躯干旋转(两个方向)时，都会造成肌肉代偿，如表 15. 9 所示。

表 15. 9　**LPHC 单腿深蹲动作代偿**

代偿	可能过度活跃的肌肉	可能不够活跃的肌肉
髋上提	腰方肌(支撑侧对侧) 阔筋膜张肌/臀小肉(支撑侧)	髋内收肌(支撑侧) 臀中肌(支撑侧)

续表

代偿	可能过度活跃的肌肉	可能不够活跃的肌肉
髋下降	髋内收肌(支撑侧)	臀中肌(支撑侧) 腰方肌(支撑侧对侧)
躯干旋转(支撑侧)	腹内斜肌(支撑侧) 腹外斜肌(支撑侧对侧) 阔筋膜张肌(支撑侧) 髋内收肌(支撑侧)	腹内斜肌(支撑侧对侧) 腹外斜肌(支撑侧) 臀中肌/臀大肌(支撑侧)
躯干旋转(支撑侧对侧)	腹内斜肌(支撑侧对侧) 腹外斜肌(支撑侧) 梨状肌(支撑侧)	腹内斜肌(支撑侧) 腹外斜肌(支撑侧对侧) 髋内收肌(支撑侧对侧) 臀中肌/臀大肌(支撑侧)

15.2.2.5 分腿蹲类动作变化

分腿蹲的训练动作变式如表 15.10 所示。

表 15.10 分腿蹲的训练动作变式

标准动作	动作变化	主要锻炼部位(肌群)
箭步蹲	跨步箭步蹲 后跨箭步蹲 侧跨步箭步蹲	主要训练臀大肌、股四头肌，辅助训练腘绳肌、小腿三头肌，髋关节的外展肌和内收肌要充分收缩以维持髋关节的稳定，而核心区域的肌肉要同步收缩，以保持躯干和腹压的稳定
保加利亚蹲	后腿抬高式分腿蹲	锻炼到的肌群：臀肌、股四头肌、大腿后肌
弓步蹲	侧向弓步蹲 后退弓步蹲 旋转弓步蹲	有针对性地训练臀部肌群和大腿内收肌群，同时对大腿前侧的股四头肌、大腿后侧的腘绳肌也有训练效果
跨步蹲(剪蹲)	双侧负重剪蹲 单侧负重剪蹲 剪蹲转体	跨出一步、下蹲、起身和收回跨步四个连续步骤 向前跨一小步：主要训练股四头肌 向前跨一大步：主要训练臀大肌

15.2.2.6 分腿蹲动作方法

(1) 杠铃箭步蹲

主要作用：主要锻炼股四头肌、臀大肌，其次锻炼腘绳肌、大收股、二头肌、小腿三头肌、屈足肌群，如图 15.22 所示。

起始姿势：直立站好，双足并拢，脚尖也并拢。眼睛平视正前方，两手正握住深蹲架上的杠铃并置于肩后。一只脚(左脚)向正前方跨一大步，大约一条腿长的距离。右脚原地不动，脚尖向前成弓步姿势，体重均匀分布于前后两腿。

动作过程：下蹲过程中要保持骨盆中立位，躯干竖直运动，不发生任何前倾、后倾、左右倾斜或者旋转之类不必要的动作。在下蹲到底的时候，要求四个 90°。即躯干与左侧大腿成 90°，左侧膝关节 90°，右侧膝关节 90°，右脚和地面 90°。从正面看，左腿小腿垂直于地面，其走向沿着正前方足尖方向。左腿膝关节不要超过脚尖，右腿膝关节不要撞击地面。双腿同时发力蹬地，同时伸腿起立，恢复到直立。两腿交替进行。

呼吸方法：下蹲时呼气，起立时吸气。

注意事项：

①箭步蹲、分腿蹲等单侧训练过程中，会发现保持身体平衡是件很困难的事。比较好的解决方法是在身体前方有一个固定点，或者是面对着一面墙，当即将失衡的时候，手臂可以扶住固定点，帮助身体恢复平衡。

②膝盖在屈曲时位置不要超过脚趾，保持上身收紧及挺直。

③根据训练需要，注意力集中在目标肌群上(如股四头肌或者臀肌)。股四头肌做全部工作，并尽量伸展股四头肌和股二头肌。

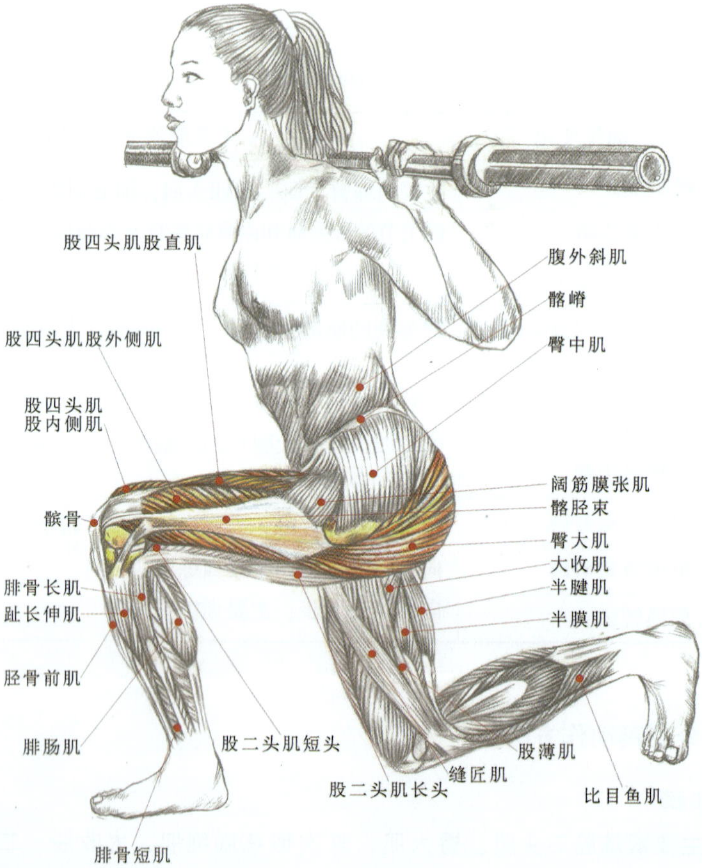

图 15.22 杠铃弓步蹲

动作变化：

剪蹲和弓步蹲非常像，只不过并非弓步蹲固定的姿势，而是需要跨出一步、下蹲、起身和收回跨步四个连续步骤。剪蹲能够更好地刺激臀部肌群。实际上，除了锻炼臀大肌，还能锻炼股四头肌，同时还能训练到腘绳肌和大收肌。向前跨一小步时，主要训练股四头肌；向前跨一大步时，主要训练臀大肌。

(2)哑铃箭步蹲

主要作用：主要锻炼股四头肌、臀大肌，其次锻炼腘绳肌、大收股、二头肌、小腿三头肌、屈足肌群，如图 15.23 所示。

起始姿势：身体直立，双脚并拢，双手在身体两侧各握住一只哑铃，手臂自然下垂，掌心相对。双脚与髋同宽站立；挺胸收腹，全程保持目视前方。

动作过程：保持躯干正直，向前迈出一步，脚后跟先着地；身体下蹲，手臂握住哑铃自然下垂，直到膝关节呈 90°。抬头挺胸腰收紧，屈膝下压后退直；两脚同时用力，重心垂直向上升起。

呼吸方法：下压时吸气，还原时呼气。跨出一步成弓箭步，并下压。

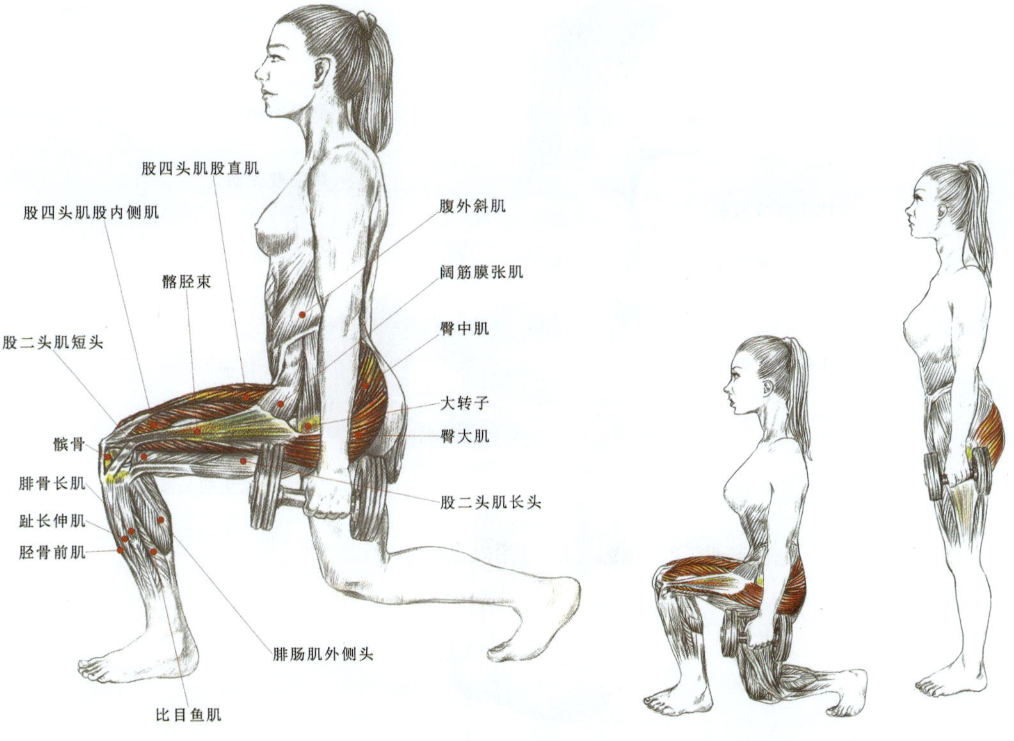

图 15.23 哑铃箭步蹲

注意要领：

①下蹲时前腿的膝关节不要超过脚尖，身体重心在两腿之间。手臂握哑铃时不要乱晃，保持手臂在身体两侧。

②行进中双脚内侧在一条直线上。起立时身体不要前倾，要保持正直。

③做哑铃箭步蹲时，脚步跨出的距离大小，将决定重点刺激的肌肉群。如果脚步跨得很大，会把更多的训练负荷转移到臀大肌上去；如果跨步的幅度较小，会重点刺激大腿肌群。

向前跨大步：主要锻炼前腿的臀大肌，同时后腿的股直肌和髂腰肌也能得到锻炼。

向前跨小步：主要锻炼前腿的股四头肌。

(3) 哑铃下蹲起立

主要作用：主要锻炼股四头肌和臀肌，如图 15.24 所示。

起始姿势：双脚分开，与肩同宽，抬头、挺胸，两臂下垂于身体两侧，握住哑铃。

动作过程：吸气，屈膝屈髋，下蹲到大腿和地面平行，静止 1~3 秒，伸膝伸髋，恢复到直立。动作完成时呼气。

动作变化：单腿蹲起。此动作能较充分地刺激大腿股四头肌前外侧，以及臀大肌等。以左腿为例，左腿单足站立，右腿前伸，手可扶在某固定物上。站立腿慢慢下蹲至最低点，右腿保持前伸、不着地，随即左腿用力伸直，还原到初始动作，反复进行。动作要均匀，不要突然下蹲，以防损坏膝关节。上肢只起平衡作用，尽量不要借上肢力量拉起身体。

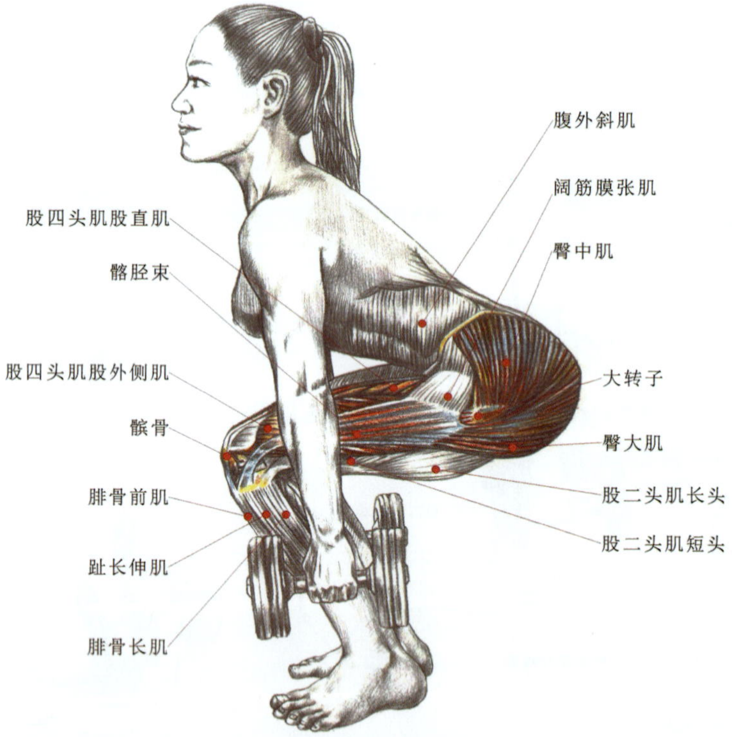

图 15.24　哑铃下蹲起立

(4) 侧弓箭步蹲

侧弓箭步蹲是在冠状面内完成的下肢训练动作，也是一个比较少见却效果显著的侧向训练动作。

主要作用：有针对性地训练臀部肌群和大腿内收肌群，同时对大腿前侧的股四头肌、大腿后侧的腘绳肌也有训练效果。

动作过程：维持自然站立姿势，挺胸收腹，两腿分开站立，其间距略宽于肩膀宽度。如果有哑铃，可以将其抱在胸口上方位置。屈髋（臀部向后推出）的同时吸气，并保持臀部和下腰腹部收紧，身体向右侧移动，并弯曲右侧腿部直至与地面呈 90°。核心收紧，腰背挺直，臀部伴随右腿的移动下蹲，左腿伸直。

在动作底部感受臀部和大腿内侧发力，恢复至动作起点，另一侧进行轮换。

呼吸方法：下蹲时吸气，起身时呼气。

注意事项：

①臀部驱动动作：以屈髋引导动作，膝盖不要过度前移。

分腿蹲动作一样，侧弓箭步蹲也要遵循髋关节铰链训练原则，髋关节铰链训练是在保持腰椎处于中立位的情况下，通过屈髋、伸髋的方式完成动作。在侧箭步蹲动作中包含屈髋和屈膝两部分，要想找到屈髋的感觉，必须学会臀部驱动动作。建议在上身平直的基础上向后推出臀部，在臀部后移的过程中微微屈膝，随后恢复至站立状态。

②下肢力线一致：膝关节和脚尖方向一致，避免膝盖内扣。由于髋关节、膝关节和踝关节不在同一直线，下肢力线偏移，力量传递受到影响，下蹲过程会给膝关节带来不必要的扭力和侧向压力，对膝关节和韧带来说有风险，也是膝盖疼痛问题的主要来源。

③身体重心稳定：脊柱保持中立，避免弯腰驼背。动作全程中背部始终保持挺直，收紧核心并控制上半身，使其在下蹲时处于中立位。

(5) 徒手深蹲

主要作用：主要锻炼大腿、臀部、大腿后肌，对竖脊肌、梨状肌、大收肌及小腿肌群等有锻炼作用。

动作过程：徒手深蹲是以髋和膝主导的动作模式，徒手深蹲的生物力线如图 15.25 所示。身体直立，两脚分开与肩同宽，脚尖朝前，两手臂前平举，先屈髋后屈膝（理论上应该是膝关节随髋关节的启动而启动，实际上髋关节与膝关节几乎是同时启动的）。臀部向下向后蹲，蹲至大腿与地面平行，小腿与背部平行。憋气蹲起，手臂还原至原位，至快直立时呼气。

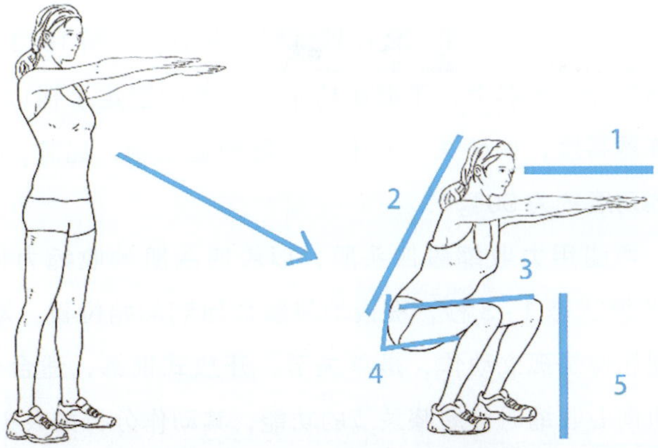

图 15.25　徒手深蹲的生物力线

动作变化：靠墙深蹲，如图 15.26 所示，以及跪式深蹲、不对称深蹲、分腿蹲(保加利亚分腿蹲)、深蹲跳、相扑式深蹲、相扑深蹲跳、垂直蛙跳、手枪式深蹲、龙卷风深蹲跳、深蹲静止、面壁深蹲。

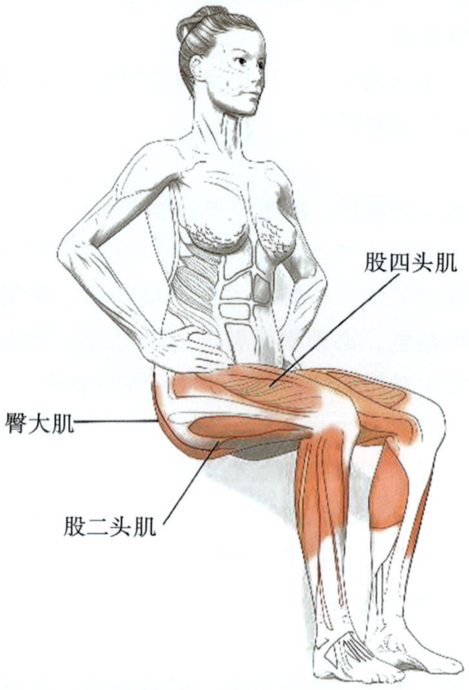

图 15.26　靠墙深蹲

15.2.3　腿屈伸类

15.2.3.1　坐姿腿屈伸

主要作用：主要孤立锻炼股四头肌，还能锻炼胫骨前肌，如图 15.27 所示。

起始姿势：坐在腿屈伸训练器上，手握座椅平台两侧的固定手柄以稳定身体，臀部背部紧贴训练凳，调整训练器高度，使膝关节对准训练器的运动轴，屈膝，两脚背钩住滚轴，起始姿势中大腿和小腿的角度约为 90°。

动作过程：吸气，两腿用力收缩股四头肌，以股四头肌的收缩力伸直膝关节，使小腿向上挺直，保持静止收缩状态 1~3 秒，缓慢地将腿放回到起始位置，动作完成时呼气。

动作分析：坐姿腿屈伸是孤立动作，是单关节、开放式训练，适合中级到高级训练，主要是具有利用股四头肌向心收缩时伸展膝关节的功能，其动作分析如表 15.11 所示。

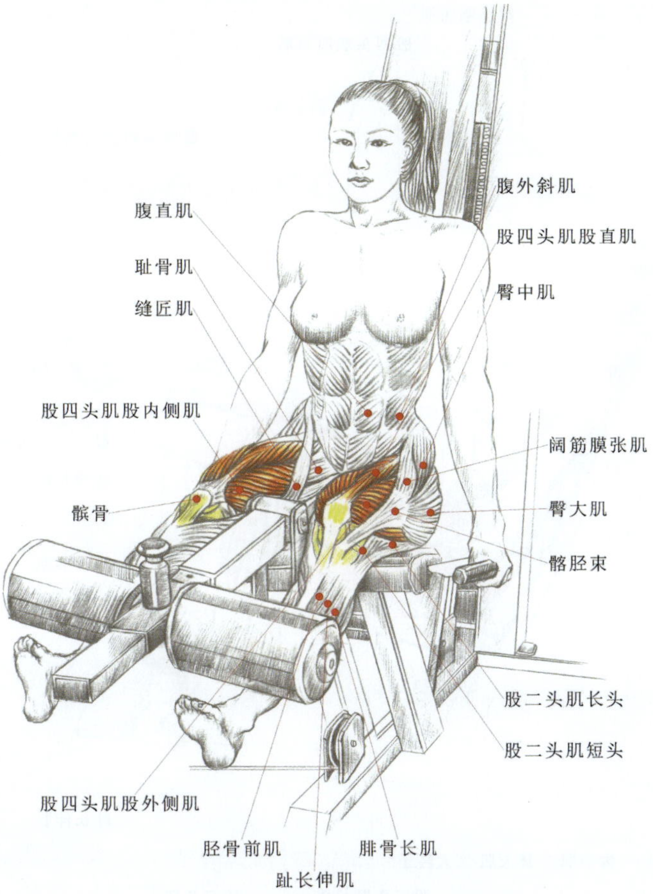

图 15.27　坐姿腿屈伸(腿部伸展)

表 15.11　**坐姿腿屈伸动作分析**

动作分析	关节和部位	
	膝关节	躯干
运动关节	向上：伸 向下：屈	固定
运动肌群	股四头肌	
固定肌群		腹肌、竖脊肌、斜方肌中部和下部、菱形肌

注意要点：这个动作最重要的是膝盖的位置，膝盖要和器械轴心(转动部分的中心)在一条线上，偏离状态下转动起来会很吃力，并且容易伤害膝关节。

动作变化：

①坐姿单腿屈伸：单腿训练能够改善左右肌力不平衡的状况，如图 15.28 所示。

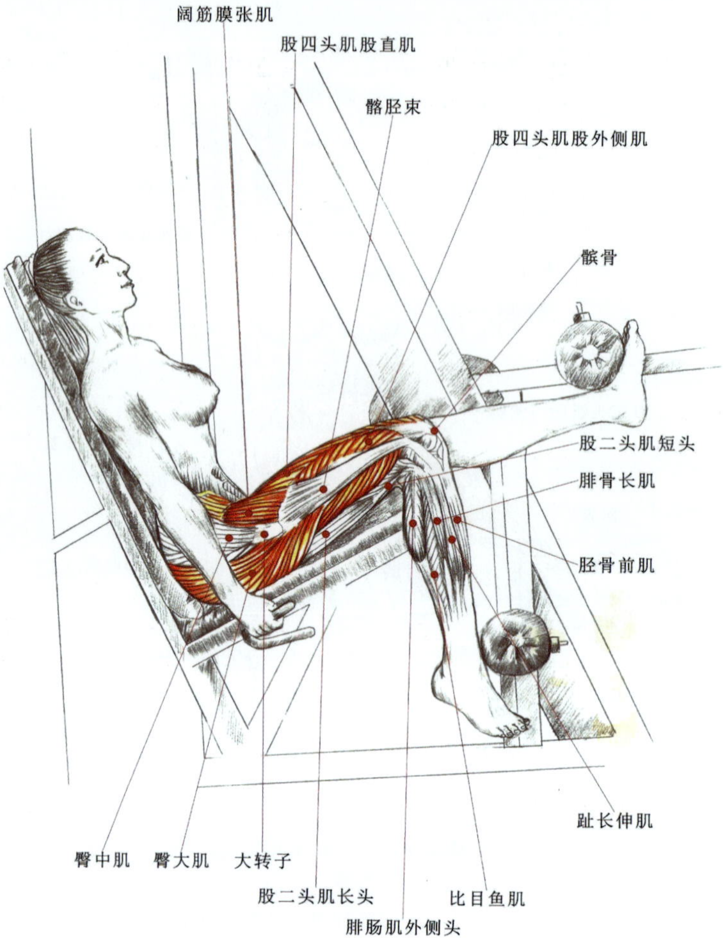

图 15.28　坐姿单腿屈伸(单腿伸展)

②坐姿屈小腿脚位置变化：

脚尖朝上，如图 15.29(a)所示，均衡训练股四头肌的所有部位。

脚尖朝内，如图 15.29(b)所示，内旋胫骨，主要锻炼股内侧肌。

脚尖朝外，如图 15.29(c)所示，外旋胫骨，主要锻炼股外侧肌。

③双腿上单腿下：利用离心收缩能够承受更大负荷的特点，向心阶段双腿一起向上伸直，离心阶段换成单腿慢放。

15.2.3.2　斜卧小腿屈伸

主要作用：这是锻炼股四头肌上端的极佳方式。双脚靠近平台底部时，主要锻炼股四头肌；靠近平台顶部时，主要锻炼臀肌和大腿后群肌，如图 15.30 所示。

动作过程：两腿用力向上蹬板，到两腿完全伸直，同时尽力收缩股四头肌，静止 1~3 秒，屈膝，让加重板慢慢下降到起始高度，重复再做。

呼吸方法：用力蹬板时吸气，回降时呼气。

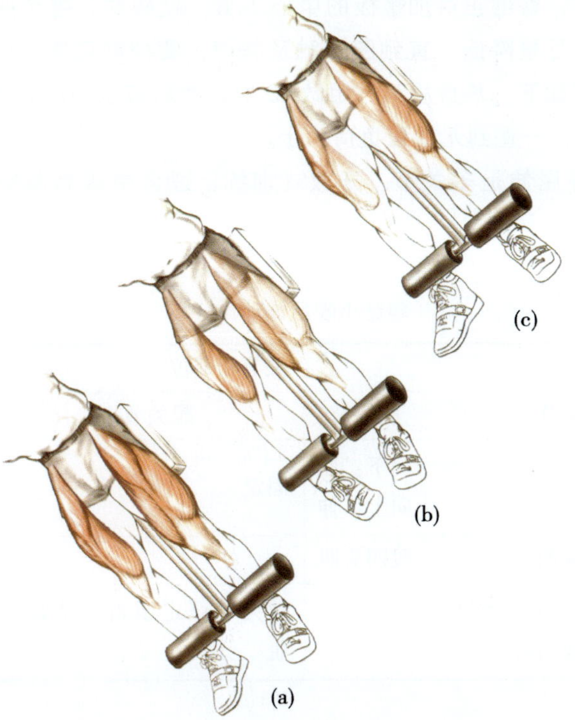

图 15.29 坐姿屈小腿脚位置变化①

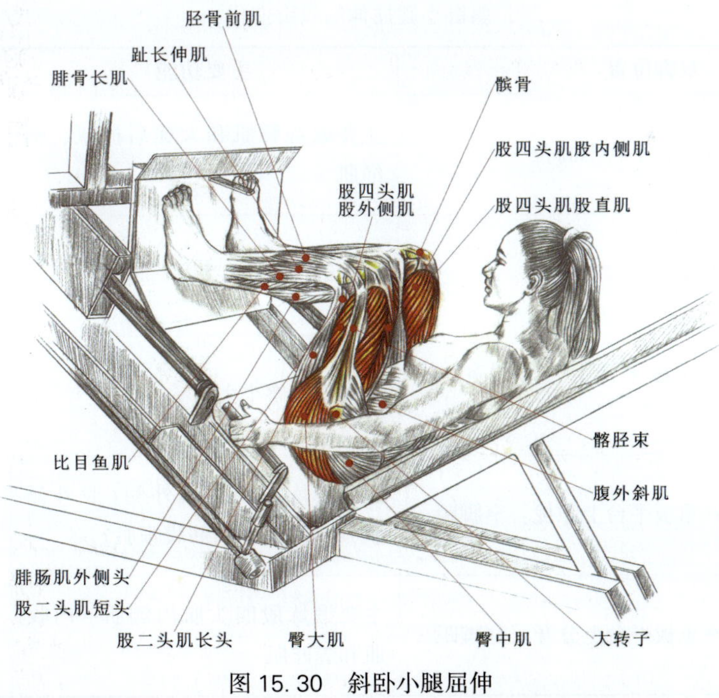

图 15.30 斜卧小腿屈伸

① [美]尼克·埃文斯. 健身解剖指南[M]. 北京：北京体育大学出版社，2008：122-149.

注意要点：仰卧时，臀部正对加重板的中心下方；蹬板时，整个脚底平贴住板底。为增强训练效果，下降时应尽量降低，直到膝盖触及胸部，要控制还原。训练中可采用逐步递减或递增重量法。递减法如下：热身后第一组做 10 次，然后减少 30%的重量做 5~10 次，再减 30%的重量做 5~10 次，一直到无重量负荷为止。

动作分析：斜卧腿屈伸是多关节、开放式训练，适合中级到高级训练，动作分析如表 15. 12 所示。

表 15. 12　**斜卧小腿屈伸动作分析**

动作分析	关节和部位			
	髋关节	膝关节	踝关节	躯干
运动关节	向下：屈 向上：伸	向下：屈 向上：伸	固定	固定
运动肌群	臀大肌、腘绳肌	股四头肌		
固定肌群	臀中肌、臀小肌、深层旋外肌、内收肌群		踝关节稳定肌群、腓肠肌	腹肌、竖脊肌、腰方肌

动作变化：双脚变化如表 15. 13 所示。

表 15. 13　**斜卧小腿屈伸的双脚变化**

双脚位置		主要功能	图例
位置变化	双脚在重板平台上高位	主要锻炼臀肌和大腿后群肌、腘绳肌	
	双脚在重板平台上低位	主要锻炼股四头肌	
距离变化	双脚在重板平台上与肩同宽：中脚距	主要锻炼整个大腿	
	双脚在重板平台上靠拢：窄脚距	主要锻炼股四头肌外侧(股外侧肌)和外展肌(阔筋膜张肌)	
	双脚在重板平台上分开：宽脚距	主要锻炼股四头肌内侧肌、内收肌和缝匠肌	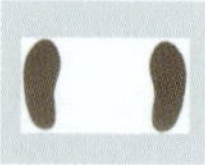

替代动作：坐姿腿屈伸，如图 15. 31 所示，以及仰卧腿屈伸。

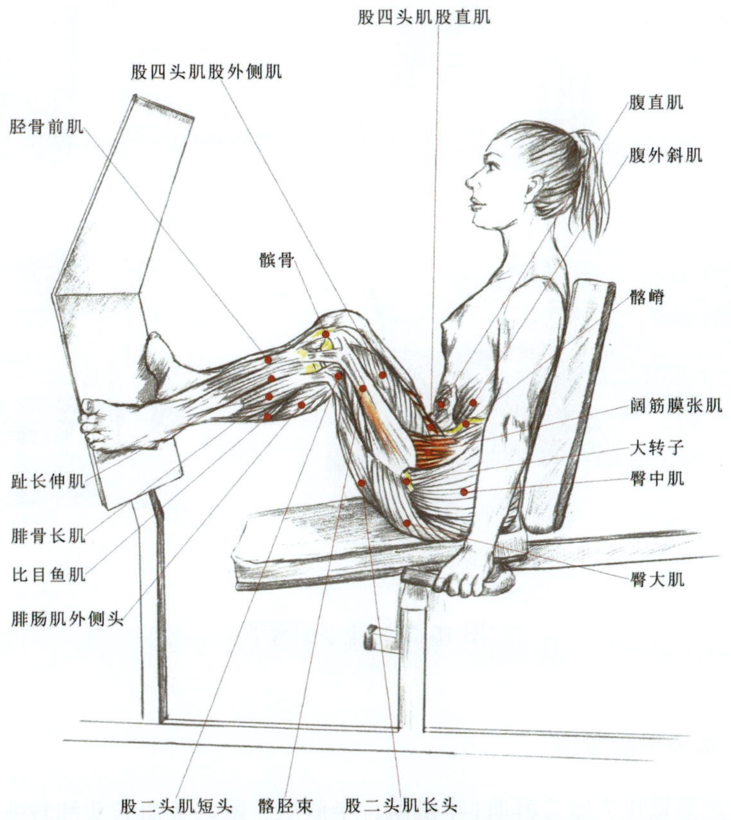

图 15.31　坐姿腿屈伸

15.2.3.3　坐姿腿弯举

主要作用：孤立动作，主要锻炼大腿后群肌、腘绳肌，其次锻炼腓肠肌，如图 15.32 所示。

动作过程：坐在健身机上，躯干倚靠于支撑垫上，双腿向前伸直，踝部放在海绵滚轴上方，大腿伸入固定滚轴与坐垫之间，双手扶健身机手柄。屈膝，小腿用力，尽量向下弯起，静止 1~3 秒，然后自然回到原来的位置。

呼吸方法：弯起小腿时吸气，动作完成时呼气。

注意要点：

①练习时，双脚背屈，可增加腓肠肌的锻炼强度；双脚趾屈，可增加大腿后群肌的锻炼强度。

②还原时股二头肌要用力控制，两腿不完全伸直，保持紧张状态。股二头肌收缩用力时臀部不可抬起，避免借力。

动作变化：俯卧腿弯举、站姿腿弯举等。

①俯卧腿弯举：俯卧在腿弯举器械上，双手紧握住把手，腹部贴近平板，双腿向后弯举。

②站姿腿弯举：采用站姿，同样手握把手，腿部弯曲举起器械后再缓慢放下。

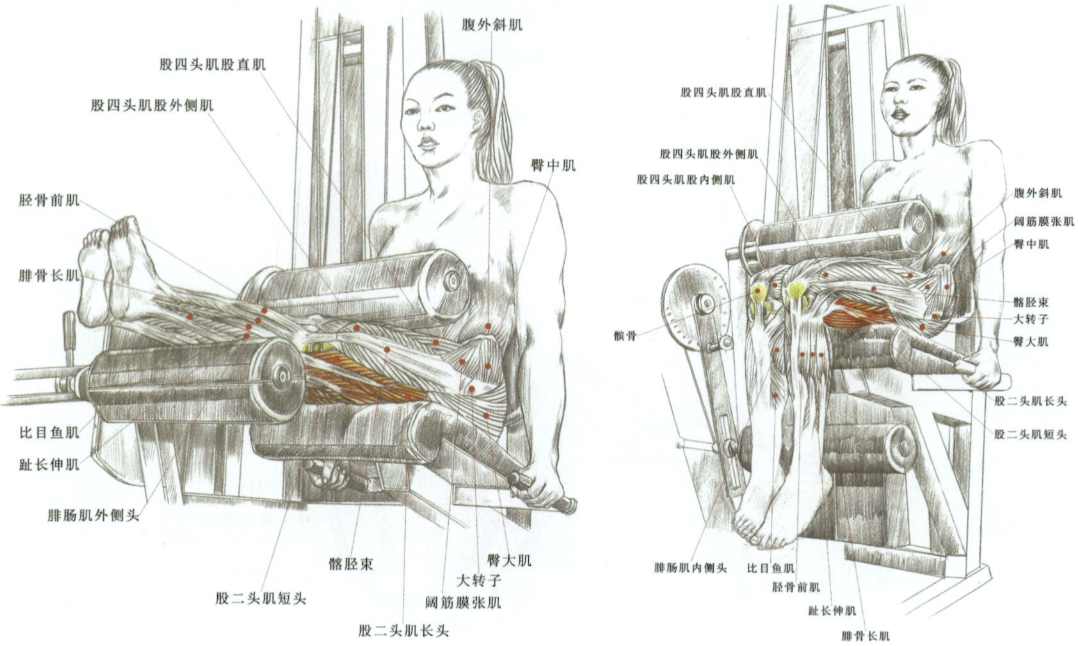

图 15.32　坐姿腿弯举

15.2.3.4　站姿单腿弯举

主要作用：主要锻炼大腿后群肌（半腱肌、半膜肌、股二头肌长头和短头），其次锻炼腓肠肌。屈膝的同时使踝部背屈，并强化腓肠肌的锻炼强度，反之，足跖屈可减少对腓肠肌的训练强度，如图 15.33 所示。

动作过程：直立站在健身机上，躯干倚靠于支撑垫上，一条腿提膝抵住护垫，支撑体重，另一条腿向后伸直，踝部放在海绵滚轴下方，双手扶健身机杆。屈膝，小腿用力，尽量向后弯起，静止 1~3 秒，然后自然垂下小腿回到原来的位置。交替进行。

呼吸方法：弯起小腿时吸气，下垂时呼气。

注意要点：弯起小腿时，不要让大腿前后摆动。练习时，如需要增加腓肠肌的锻炼强度，可在屈膝的同时屈踝；如需降低锻炼强度，可在屈膝的同时伸踝。

15.2.4　腿内收类

内收肌群是一组位于大腿中间（内侧）的肌肉。它们从髓骨底部开始，沿着大腿内侧一直到股骨内侧。包括股薄肌、耻骨肌、长收肌、短收肌、大收肌，作用是内收髋关节，如图 15.34 所示。耻骨肌是最有力的内收肌。它的主要作用是内收，将大腿收回身体中线。股薄肌附着于耻骨到胫骨间。它塑造了大腿内侧的外形，但是力量相对较弱。有 3 块被称作“收肌”的肌肉：大收肌、短收肌和长收肌。它们沿大腿内侧生长，始于骨盆的前耻骨区域，与股骨中间相连。大收肌是三者中最大的，可以覆盖整个大腿内侧。内收肌最主要的作用是内收髓关节（拉向中线），但很多时候也参与旋转髓关节。耻骨肌和股薄肌向内旋转，大收肌和短收肌向外旋转。当腿上有重物时，所有内收肌都可以作为腿部的稳定肌，还可以稳定骨盆。

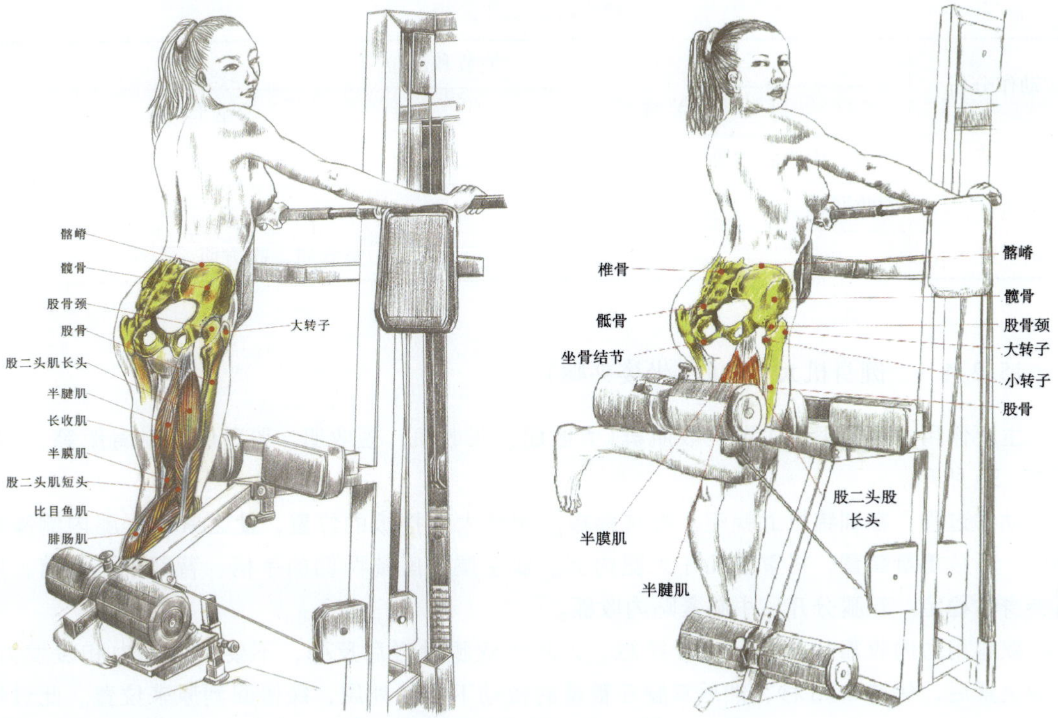

图 15.33 站姿单腿弯举

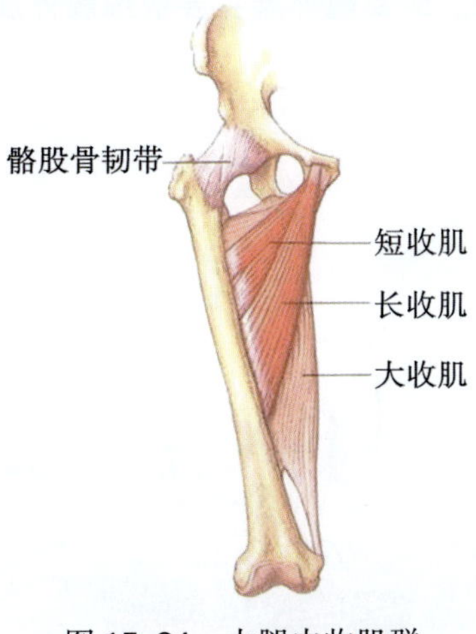

图 15.34 大腿内收肌群

大腿向外侧扩展运动会拉伸这些肌群，根据这一原理设计的内收训练机和外展训练机近年来在健身房流行起来。正确使用训练机，有利于大腿局部塑形，使局部肌群线条流畅清晰；有利于内收肌群发挥其稳定姿态的作用，防止膝关节内侧损伤。

腿内收类动作是单关节、开放式训练，适合初级到高级阶段训练，对大腿内侧肌的塑形非常有效，其动作分析如表 15. 14 所示。

表 15. 14　　腿内收类动作分析

动作分析	关节和部位	
	髋关节	躯干
运动关节	向内：内收；向外：外展	固定
运动肌群	内收肌群	
固定肌群		腹肌、竖脊肌、腰方肌

15. 2. 4. 1　健身机大腿内收(坐姿夹腿)

主要作用：主要锻炼大腿内收肌群(大收肌、长收肌、短收肌、股薄肌及耻骨肌等)，如图 15. 35 所示。

动作过程：在训练机上就座，脚踏踏板。调整大腿挡板的位置，使之紧靠大腿内侧膝盖部位。释放重量装置，将重量加在大腿内侧。双手握住座椅两侧的手柄，背部紧贴靠背，以保持身体稳定。双腿分开，小腿紧贴内收板。

双腿用力内收靠拢，直到相互接触。为防止双腿触碰后反弹，不要用爆发力和缓发力。双腿夹紧后，保持 1~3 秒，然后双腿在重量的拉动下自然外展，缓慢回到原来位置。此过程要在慢速和充分控制的前提下进行。

动作变化：坐姿髋外展。坐姿髋外展与坐姿夹腿(内收)是相对动作，可在一体机上完成，通过调整两侧挡板方向即可实现。坐姿髋外展主要锻炼髋外展肌(大收肌、长收肌、耻骨肌、股薄肌、臀中肌、臀小肌等)。

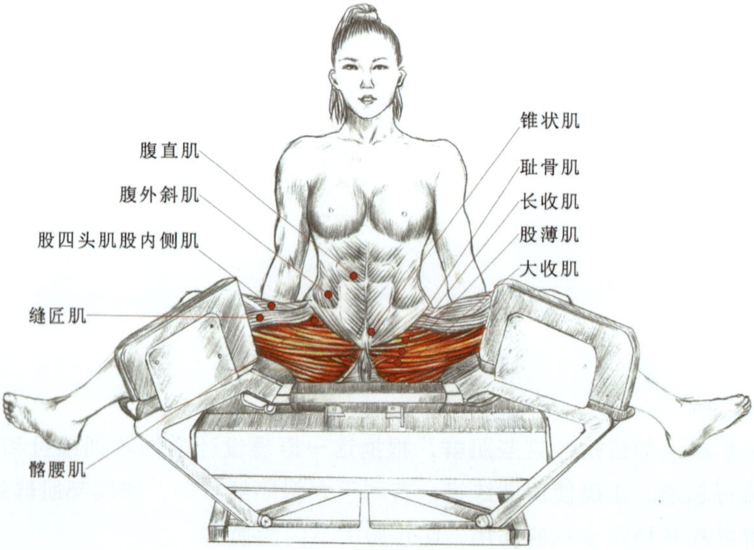

图 15. 35　健身机大腿内收

15.2.4.2 拉力器直腿内收

主要作用：低位拉力器直腿内收主要锻炼大腿所有收肌肌群（耻骨肌、长收肌、大收肌、股薄肌），对大腿内侧肌的塑形非常有效，如图 15.36 所示。

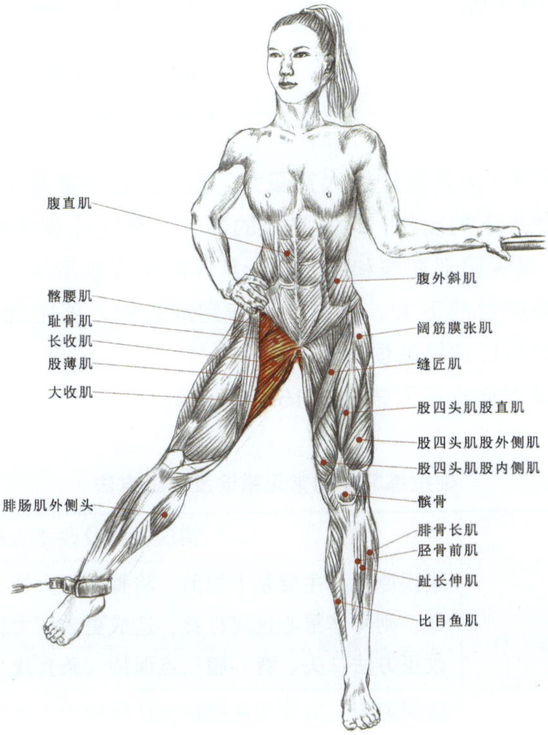

图 15.36 低位拉力器直腿内收

动作过程：单腿直立，将拉力器系于一侧脚踝上，对侧手抓握在健身机的扶手上，以支撑身体。连接拉力器的腿用力内收至支撑腿交叉，静止 1~2 秒，然后回到原来的位置。

15.2.5 硬拉类

硬拉是最完善的训练项目之一，也是力量举重项目之一（力量举重项目有仰卧推举、深蹲和硬拉），还是功能训练和康复治疗项目之一，更是竞技体育力量训练项目之一。硬拉属于多关节运动、闭路式训练，适合中级到高级阶段训练，其动作分析如表 15.15 所示。

表 15.15 硬拉类动作分析

动作分析	关节和部位					
	膝关节	髋关节	躯干	踝关节	臂	肩胛骨
运动关节	向上：伸 向下：屈	向上：伸 向下：屈	向上：伸 向下：前屈	固定	固定	固定

续表

动作分析	关节和部位					
	膝关节	髋关节	躯干	踝关节	臂	肩胛骨
运动肌群	股四头肌	臀大肌、腘绳肌	竖脊肌			
固定肌群		臀中肌、臀小肌、髋关节主要旋外肌、内收肌群	竖脊肌、腰方肌、腹肌	踝关节稳定肌群、腓肠肌、胫骨前肌	肌腱袖、三角肌、肱二头肌、肱三头肌、前臂肌	斜方肌中部和下部、肩胛提肌、菱形肌、前锯肌

在进行硬拉动作训练前（尤其是进行大重量练习时），必须掌握正确的动作要领，否则容易造成运动损伤。理想状态下的硬拉，尤其是拉的部分，脊柱应该保持一条直线（头、背、髋三点一线）。挺胸直背，确保髋部在膝和头之间，具体的角度则取决于本人的身体结构。调整臀高，确保杠铃正好在肩胛骨的下方。通过伸髋来完成动作，要主动收缩臀部，避免髋部提前上抬。髋部前推，直到与杠铃接触便停下来。

硬拉练习中的常见错误及改正方法如表 15. 16 所示。

表 15. 16　　硬拉练习中的常见错误及改正方法

常见错误	错误原因及改正方法
深蹲式硬拉	错误原因：主要是上拉前，将臀放得太低，身体太直。将臀放得太低，则身体重心远离杠铃，造成更多压力转移到下背 改正方法：头、背、髋三点保持一条直线
后背屈曲 （龟背硬拉：硬拉时腰背拱起）	错误原因：后背屈曲硬拉会让腰椎产生超伸状态，这种状态轻则导致腰椎牵拉产生疼痛，重则会造成腰脱或者腰椎移位；龟背硬拉会让竖脊肌伸展，上拉时竖脊肌被拉长，会变得脆弱，容易大范围撕裂，竖脊肌拉伤 改正方法：提拉杠铃前，胸部向前挺出，肩胛骨向后下方拉（夹肩），腰背尽量保持挺直，腰椎得到腰腹核心的保护，不会出现腰椎超伸的问题；竖脊肌处于等长收缩，不容易出现大面积撕裂受伤的情况。提升臀部力量
后背过度前倾 （塌腰硬拉：硬拉时腰背反弓）	错误原因：硬拉时腰背反弓，造成腰椎超伸。塌腰硬拉对竖脊肌本身伤害小，对于腰椎伤害严重 改正方法：动作开始时，稍微将肩部向后拉，并稍稍向后倾斜
髋部超伸 （后弯硬拉：拉起时身体后弯下腰）	错误原因：在硬拉地起身顶点阶段，习惯把杠铃往前顶一下。造成腰椎超伸，进而导致腰部受伤。用臀部力量往前推，用腰部力量往前顶。后弯幅度大，会导致起身后腰椎超伸 改正方法：练腿的硬拉，起身后臀部要夹紧。练背的硬拉，起身后肩胛骨要后缩，不要用腰部力量往前面顶，身体不要太过于后弯

续表

常见错误	错误原因及改正方法
杠铃没有保持直上直下，杠铃撞到膝盖	错误原因：起始时杠铃离得太远，上拉时没有保持杠铃尽量靠近身体 改正方法：起始姿势是将双脚移动到杠铃下，让杠铃正好在脚 1/2 的位置。在整个动作中都专注于收缩背阔肌，要感觉到背阔肌在杠铃往上走时，始终处于激活状态，提升整体稳定性。杠铃行程尽可能地短，杠铃轨迹尽可能地保持直上直下，终点应该正好在起点上
猛拉	错误原因：猛拉杠铃离地，使得原本优先建立起来的肌肉紧张感荡然无存。通常会造成背部不适或疼痛，且在上拉时更容易龟背 改正方法：在上拉之前挺胸，同时稍微用力将杠铃杆拉紧杠铃片，从而让全身紧张
杠铃从手中滑落	改正方法：使用交叉握法，一只手正握，另一只手反握。并在练习时不断变换手的位置
膝关节伸得过直导致疼痛	改正方法：动作结束部分放慢速度，在站直时不要向后压膝关节
肘部和肩部疼痛	改正方法：动作始终保持双臂伸进，不要耸肩
杠铃触及地板时产生弹动	改正方法：杠铃过度弹动会增加脊柱负担，有控制地回落杠铃

15.2.5.1 直腿硬拉

主要作用：主要锻炼位于脊柱两侧伸躯干的竖脊肌。在伸躯干骨盆由前倾到后倾的过程中，臀大肌、大腿后群肌(股二头肌短头除外)强烈收缩。当躯干前屈时，大腿后群肌伸展，如图 15.37 所示。

起始姿势：面向杠铃双脚平行站立，两腿伸直，屈髋，双臂放松下垂，两手正握杠铃。

动作过程：吸气挺胸，伸髋展体，上提杠铃，背部固定，髋关节部倾斜，静止 1~3 秒，身体回复到起始位置，杠铃不要放回地面，按规定次数重复练习。

呼吸方法：提铃时吸气，动作完成呼气。

注意要点：

①直腿硬拉要求不弯腿，腰部要挺直，不要弓腰。在动作过程中抬头、挺胸、不弯腿，腰部要挺直，背部要平直。要熟悉、掌握动作，硬拉易发生拉伤事故，动作一定要准确到位。

②由于通常硬拉重量较大，初忌猛向上拉起，动作要稳定，以防伤腰。

③轻负荷上提拉时，主要伸展大腿后群肌。负荷越大，臀肌参与挺身起立的作用越大。动作过程中抬头、挺胸、直腰，背部要平直，上体勿前倾，动作要稳定。

④正握、反握或正反握杠(一手正握，一手反握)，握距宽于肩。

⑤上拉时背部保持笔直，杠铃尽可能贴近身体。直立后收缩背部，保持上体笔直。

⑥直腿硬拉时膝盖要锁死，对大腿后侧拉伸更多，肌肉酸痛更明显，需要的恢复时间也更久。做 6~14 组，前 3~4 组每组做 10 次，后一组做 8 次，最后一组做 5~6 次。将前几组作

为热身，采用金字塔法则增重。

动作变化：直腿硬拉、屈腿硬拉、垫木硬拉。为更有效地伸展大腿后群肌，可双脚踏在高于杠铃横杠的垫木上练习，直体哑铃硬拉。

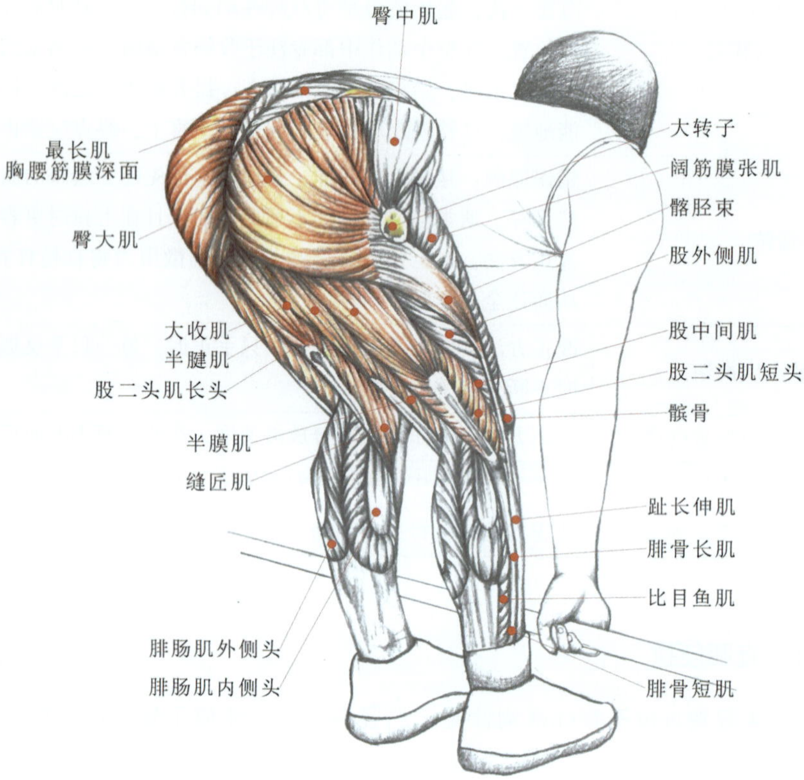

图 15. 37 直腿硬拉

15. 2. 5. 2 屈腿硬拉

主要作用：主要锻炼股四头肌，另外对臀肌、大腿后肌群、竖脊肌、腹肌有锻炼作用，如图 15. 38 所示。

起始姿势：面向杠铃双脚平行站立，屈髋、屈膝，双臂放松下垂，两手正握杠铃。

动作过程：吸气挺胸，伸膝伸髋、展体，上提杠铃，背部固定，髋关节部倾斜，静止 1～3 秒，身体恢复到起始位置。

呼吸方法：提铃时吸气，动作完成呼气。

注意要点：屈腿硬拉又叫蹲式硬拉或硬拉式深蹲，其用力方式是大腿发力将杠铃提起，作用类似前深蹲。在健美训练中，许多著名运动员选择屈腿硬拉锻炼大腿，如肖恩·雷和罗尼·库尔曼。

动作变化：

①相扑硬拉。相扑硬拉比传统硬拉更针对股四头肌的刺激。相扑硬拉最大限度地缓解了

下背部的压力，更加中立的下脊柱位置帮助重量更好地传递到股四头肌上，同时硬拉行程也大大缩短。

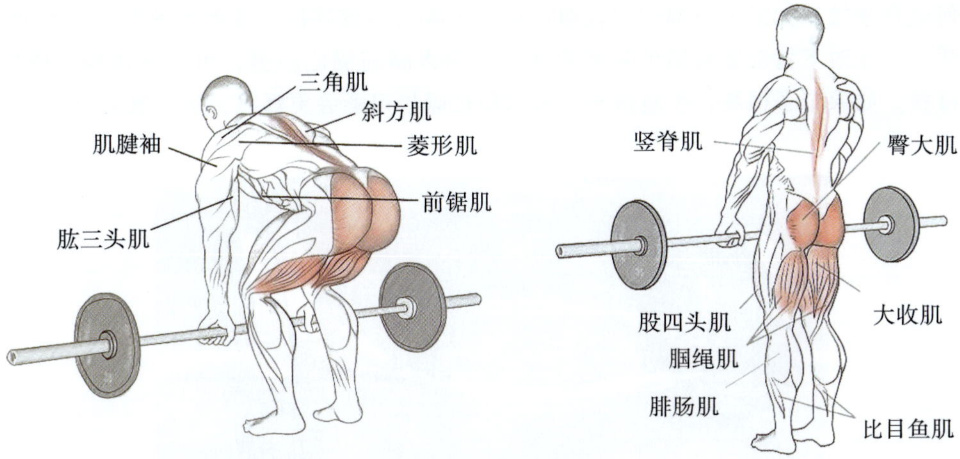

图 15.38　屈腿硬拉

相扑硬拉姿态中，双腿站距较宽，双脚向外打开 45~60°，上半身与地面呈 30~60°，双手在大腿内侧。动作特点：双脚站距较宽（大于肩宽），握杆双手位于膝关节内侧。

相比传统硬拉，相扑硬拉起始姿势中肢更加直立。传统硬拉和相扑硬拉的区别：

上肢倾斜角度：传统硬拉>相扑硬拉。传统硬拉有更大的躯干前倾角度（多 5%~10%的角度），躯干越倾斜，脊柱屈肌力矩越大，越难达到伸展或中立的姿势。传统硬拉作用于竖脊肌的力更多，对下背竖脊肌的锻炼效果更好。

屈腿程度：传统硬拉<相扑硬拉。相扑硬拉比传统硬拉有着更明显的屈腿程度，伸膝时，相扑硬拉会用到更多股四头肌的收缩。

股四参与程度：深蹲>相扑硬拉>传统硬拉。

臀部激活程度：传统硬拉=相扑硬拉。在臀部的肌电测试中，若测试者均能“主动收缩”臀部肌肉，传统硬拉和相扑硬拉对于臀部的激活程度几乎相同。

②罗马尼亚硬拉。罗马尼亚硬拉是发展后链肌群的首选动作，重点练腿后侧和臀部。

罗马尼亚硬拉不需要髋关节及膝关节的有过多的位移。很多人会选择只拉到略高于膝盖位置的半程硬拉来刺激腘绳肌和臀大肌，它让腿部后侧的肌肉持续保持张力。过大的重量会给腰椎造成更大的压力，罗马尼亚硬拉的重量不宜过重。

罗马尼亚硬拉有更小的屈膝角度，杠铃杆落至膝关节以下便发力拉起。硬拉过程更加弱化了大腿前侧股四头肌的参与，把重点放在腿后侧的腘绳肌，臀部拉伸和张力的收回。

③架上硬拉。架上硬拉（Rack Pulls），又称为半程硬拉。架上硬拉的优点：行程短，下放有支撑，能拉起更大的重量。架上硬拉中，背阔肌是稳定肌群，在杠铃杆还没动的时候，背阔肌已经收紧，从架子上拉起来，行程更短，背阔肌在整个硬拉过程能单次负荷更大的张力（前提是收紧背阔肌）。

④六角杠硬拉。六角杠如图 15.39 所示，最初被发明是为了减少硬拉对下背的压力，除了六角结构，还有 U 曲杠的设计。训练者在杠的中央，重量将均匀分配到身体的前后方，让

身体重心在拉起过程中保持稳定，从而拉起更大的重量。双脚与髋同宽，上身与地面的角度比传统硬拉大，下背压力更小。

如何选择硬拉？如果下背部相对较弱，可以多练习传统硬拉，或者传统的罗马尼亚硬拉，因为这两个动作对下背部竖脊肌的刺激更大。如果大腿前侧比较弱，可以选择相扑硬拉或者六角杠硬拉。如果个子很高，小腿很长，做六角杠硬拉可能会更舒服，更容易发力。

图 15.39　六角杠

15.2.5.3　哑铃硬拉

哑铃硬拉分为哑铃直腿硬拉和哑铃屈腿硬拉。

主要作用：直腿硬拉侧重大腿后侧股二头肌、大腿后侧、臀大肌。屈腿硬拉更侧重锻炼位于脊柱两侧(后腰、下背)的竖脊肌和臀部肌肉。如图 15.40 所示。

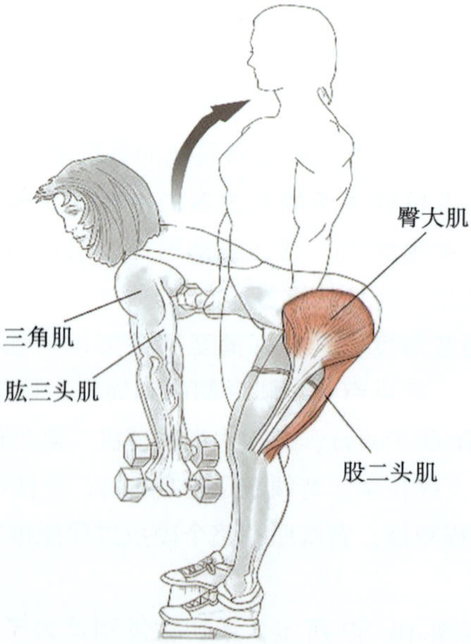

图 15.40　直腿哑铃硬拉

腿部肌群是哑铃硬拉的主动肌，硬拉拉起哑铃的力量，主要是由腿部力量主动提供的，尤其是腿部后侧的腘绳肌，需要在硬拉拉起时提供非常大的力量。

背部肌群，尤其是下背部的竖脊肌，是硬拉最主要的锻炼部位之一。背部肌肉虽然不是硬拉动作的主动肌，但在硬拉中起着维持核心稳定、进行力量传导的作用，发力不比主动肌少。

臀部是除背部和腿部以外，硬拉最主要的锻炼部位。臀大肌是哑铃硬拉的协同肌，在硬拉中与腿部肌肉协同合作，帮助发力。臀大肌会充分发挥作用，保持最大限度的紧张收缩发力。

手臂肌肉也是哑铃硬拉锻炼的一部分。在哑铃硬拉的过程中，手臂肌肉一直会处于收缩状态，保持发力。如果是双侧手臂各执一只哑铃，那么每个手臂肌肉都需要单独控制哑铃的平衡，从而会使用到更多的平衡力。

动作过程：哑铃直腿硬拉比较灵活，既可将哑铃置于体前拉起(这和杠铃硬拉一样)，也可将哑铃置于体侧拉起，能避免下背和肩部过度紧张，动作过程中要保持背部上弓。下落时不要含胸、弓腰。

哑铃硬拉与杠铃硬拉最大的区别在于手臂并没有被杠铃锁定水平距离，意味着它会在硬拉过程中不断摇晃，需要精巧的肌肉募集来减少摇晃带来的不稳定性，哑铃在身体的不同位置也模拟了不同的硬拉情况，放在双腿前侧更接近于罗马尼亚硬拉；放在双腿两侧则更像是六角杠硬拉。

动作变化：直体(屈腿)哑铃硬拉、直体(屈腿)壶铃硬拉、单腿硬拉。

单腿硬拉：用单腿执行硬拉，是完美的核心稳定性和身体协调性训练。单腿硬拉可以锻炼三大平衡系统：本体、前庭及视觉平衡，它可以帮助我们更加敏锐地感受到中心的变化，同时增加脚踝、膝盖、髋三个关节点的稳定性，避免大重量受伤风险。

15.2.5.4　T 形杠硬拉

主要作用：主要锻炼到更多的后侧肌肉链(大腿后侧、臀部、背部)。

动作过程：相比哑铃和壶玲，T 形杠可选择多种握把，如图 15.41 所示，可加载更大的重量。T 形杠硬拉能更有效地引导屈髋向后坐，在动作的离心阶段，杠铃移动的弧度会稍微向后，使得重心向身后移动。在杠铃的一端加上铃片，确保杠铃另一端顶在墙角，或是用重物顶住另一端，使其无法后移。采用稍宽的站距，脚尖微微外展，俯身屈髋向下抓握杠铃，小腿接近垂直地面，背部维持正常的生理曲线。双脚踩稳，绷紧全身，启动臀肌向上伸展髋部，动作顶端夹臀，自然站直。

动作变化：

①胯下杠铃硬拉(胯下绳索拉)。主要作用：主要锻炼股四头肌、臀大肌、股二头肌、半腱肌、半膜肌、大收肌、骶棘肌、斜方肌、小腿三头肌、屈足肌群。

起始姿势：杠铃在两足中间(胯下)，屈膝下蹲握位杠铃，一臂在体侧，另一臂在体后，两臂伸直，可正握、反握，或正反握。挺胸、直腰。

动作过程：屈髋，髋部后移。在动作过程中，保持挺胸，背部保持平直。当腘绳肌感觉到拉力之后，髋部前移，在顶点挤压臀肌。伸膝伸腿，将杠铃拉至身体挺直，静止 1~3 秒，身体恢复到起始位置。提铃时吸气，动作完成时呼气。

图 15. 41　T 形杠的各种握把

②背后硬拉。背后硬拉在 20 世纪 70 年代盛行一时，背后硬拉特别类似于没有依靠的哈克深蹲动作，它对重心的控制已经到极致地步，稍不注意便会向后倾倒。重量处于双腿后侧，会对下背产生较大压力，无法使用过多的臀大肌，拉起过程中大部分重量都需要股四头去执行。

15. 3　大腿肌群训练方法

15. 3. 1　大腿理想标准

大腿的健美，首先要考虑腿部和全身的协调。当确定大腿的理想模型后，再精心塑造健美的大腿。完美理想的大腿一般从以下几个方面来衡量：

①大腿与小腿肌肉围度的比例与肌肉分离的清晰度。

②用股四头肌来衡量肌肉之间的协调关系。

③股内侧肌和股外侧肌得到充分锻炼。

④股二头肌得到全面锻炼。

⑤大腿上的肌肉线条清晰分明。如图 15. 42 所示，为前展腹部和腿部。

15. 3. 2　大腿训练中最基本的动作

人们广泛地认为负重下蹲是锻炼大腿肌肉的主要练习手段。健美训练有别于举重训练，负重并没有必要追求最大重量。过度负重深蹲练习，只会使大腿受到不必要的损伤，这是健美运动所不需要的。

在深蹲练习中，要注意深蹲前的热身、深蹲中的伸展及深蹲后的放松。

①深蹲前的热身：从2~3组轻重量的腿屈伸（腿举）或半蹲开始，不计次数，使膝盖预热，并使股四头肌在收缩与放松中充血。

②深蹲中的伸展：在每组动作结束后，应该做肌肉伸展练习。要伸展股四头肌、股二头肌、臀肌、小腿肌群甚至背肌，深蹲需要这些肌肉共同参与运动。

腿：从不同的方向压腿，涉及每种可能的角度。

背部和肩部：俯卧在地板按摩或做倒挂金钩动作来伸展整个身体。

图 15.42　前展腹部和腿部

臀部：深蹲时来自臀部的力量比来自大腿和膝关节的多，伸展臀部十分重要。伸展方法：分开双腿，然后向各个方向弯曲上体；或者背对肋木，单腿支撑，屈腿将另一条腿搁在背后大约与臀部同高的肋木上，身体向后弯曲，伸展从膝盖到臀部的韧带。

③深蹲后的放松：可做倒立、悬垂身体、按摩等。

④脚的位置：脚的位置对锻炼大腿肌很重要。一般规律是肩下练习部位是大腿上部和臀部；身体向后倾斜，脚在前的下蹲练习主要是大腿下部，如两脚尖向两侧分开成外八字形，刺激内收肌或大腿内侧；如两脚尖向内相对（鸽踏形），锻炼外支肌的外侧。练习中为了消除臀肌和髋肌上的压力，做深蹲练习时使用斜架蹲起。

腿部除锻炼股四头肌外，股二头肌也不可忽视。锻炼股二头肌能使腿部看上去更有生气，使大腿的形状更加完美。美国教练罗伯特·肯尼迪设计了几种当今最流行、最有效的几套深蹲训练方案，如表 15. 17 所示。

表 15. 17　**大腿部肌群深蹲训练方案**

动作名称	半蹲	非锁式杠铃深蹲	前蹲	非锁式深蹲
总组数	10	10	4	6
次数/组	第 1 组用 10RM 重量，从第 2 组开始每组增加 5kg，次数减少 1 次，最后 1 组做至力竭	20	8	8~10（标准力量深蹲 5 组×8 次+非锁式深蹲 1×10）
间歇时间	组间休息 1 分钟，其他时间不停歇或休息			
动作要求	脚与身体的位置十分重要，它决定着练习部位	严格动作姿势，使练习重量一直处于运动中。即缓慢地完全控制重量下蹲，直到大腿刚好低于地面平行位置为止，接着开始蹲起，要在达到锁膝的位置时再做下蹲动作	置杠铃于锁骨与三角肌上，下蹲尽量低位置，停留 1 秒，快速用力蹲起站直	逐渐增加，直至能做 30 次为止
动作作用	锻炼股四头肌内侧和外侧	使大腿显出纤维形状，且使其粗厚、线条清晰	主要锻炼股四头肌	锻炼股四头肌，使其线条清晰

15. 3. 3　不同阶段的腿部训练

大腿不同阶段的腿部训练，如表 15. 18 所示。

表 15. 18　**不同阶段的腿部训练（李·哈尼介绍）**

阶段	训练原则	训练案例	
		动作	组数×次数/组
初级阶段（1~6 个月）	大腿：1~2 个动作，每个动作 3~4 组 小腿：1~2 个动作，每个动作 2~3 组	深蹲 俯卧腿弯举	3~5×8~12 3~4×8~12

续表

<table>
<tr><th rowspan="2">阶段</th><th rowspan="2" colspan="2">训练原则</th><th colspan="2">训练案例</th></tr>
<tr><th>动作</th><th>组数×次数/组</th></tr>
<tr><td>中级阶段
（6~12 个月）</td><td colspan="2">大腿：2~3 个动作，每个动作 3~5 组
小腿：1~2 个动作，每个动作 4~5 组</td><td>深蹲
腿屈伸
站立腿弯举</td><td>4~5×8~10
3~4×8~12
3~4×8~12</td></tr>
<tr><td>高级阶段
（12 个月以上）</td><td colspan="2">大腿：3~4 个动作，每个动作 2~6 组
小腿：1~2 个动作，每个动作 4~5 组</td><td>深蹲
腿屈伸
俯卧腿弯举
站立腿弯举</td><td>5~6×6~10
3~4×8~10
3~4×8~10
2~3×8~10</td></tr>
<tr><td rowspan="3">临赛阶段
（赛前训练）</td><td colspan="2">上午</td><td colspan="2">下午</td></tr>
<tr><td>腿举
托架深蹲
腿屈伸
腿弯举
直腿硬拉</td><td>3×8~10
4×8~12
4×8~12
4×8~12
3×10</td><td>站立举踵
坐姿举踵
腿举架上举踵</td><td>3×8~10
3×8~10
3×8~10</td></tr>
<tr><td colspan="4">大腿：3~5 个动作，每个动作 2~6 组；小腿：1~2 个动作，每个动作 4~5 组</td></tr>
</table>

15.3.4 腿部肌群训练实例

15.3.4.1 腿部肌群训练方案

直到今天汤姆·普拉兹还是股四头肌线条最棒的运动员之一。在他的黄金时期，其股四头肌就像一座经过精雕细刻的雕塑，完美地令人难以置信。汤姆·普拉兹股四头肌最大的特色是上面那无数的细节。

很多人认为，深蹲能增长股四头肌的块头，而腿屈伸刻画线条。但汤姆·普拉兹坚定地认为，不管是什么练习，起到增长股四头肌块头作用的是大重量，而刻画线条的是每组最后竭尽全力的几次。正因为这样，汤姆·普拉兹同时采用大重量和多次数训练。

汤姆·普拉兹另一个令人敬佩之处，是能承受相当艰苦的训练，他是训练最刻苦的健美运动员之一。汤姆·普拉兹从不把肌肉的酸胀和疼痛看作一种痛苦，而是享受它。对于股四头肌来说，轻松愉快的练习是不可能取得任何进步的，酸胀和疼痛原本就是股四头肌训练一个必需的部分。汤姆·普拉兹发现每周做一次大重量、一次轻重量的腿部练习收效更大。如果训练多于这些，那就可能会训练过度。汤姆·普拉兹一周只练一次腿，一个月只进行两次深蹲练习，但取得了难以置信的效果。

汤姆·普拉兹从一开始就进行基本练习，他从未和那些高级器械打交道。

深蹲：它是所有腿部练习中最重要的动作，是使整个腿部力量及肌肉块都得到发展的动作。建议穿专用深蹲鞋或旅游鞋做，鞋后跟要垫高一些。把杠铃放在斜方肌上，站距同肩宽，脚尖向前向外。然后有控制地下蹲，到大腿与地面平行或更低一点，在底部不要借力反弹，应完全停顿。然后爆发性用力蹲起，保持头部正直。

腿屈伸：汤姆·普拉兹一直使用乔·韦德的腿屈伸器，并采取强迫次数、消极退让和静力练习的方法。做退让性练习时，由训练伙伴相助，以便脚放得更低些。然后举起重量，再慢慢地控制下放。训练时竭尽全力，并尽可能在全程中控制住重量。不断改变腿或上身的角度、位置，以刺激大腿不同部位。

腿弯举：在深蹲后应紧接着做这个练习。第一组用轻重量做 50~60 次。下一组开始使尽全力，用上所有的铁块，并请训练伙伴协助进行强迫试举、消极退让和静力练习。做动作时要使重量缓慢移动，尽量避免爆发用力，并极力使脚后跟碰到臀部，控制并挤压股二头肌 1 秒钟。

训练注意事项：

①一周内训练不要超过两次。

②注意力不要放在举起的重量与次数上，而要放在更好地做动作上。

③做全程动作，并始终控制肌肉的收缩与放松。

④不要分开或在不同的训练日练股四头肌与股二头肌。两者交替练习最好，并在一次训练中做完所有的动作。

国外优秀健美运动员腿部训练方案如表 15. 19 所示。

表 15. 19　**国外优秀健美运动员腿部训练方案**

运动员	股四头肌		股二头肌	
	动作	组数×次数/组	动作	组数×次数/组
罗尼·库尔曼	深蹲 腿举 365 磅箭步蹲行走	5~6×4~12 4×12 2×100	直腿硬拉 坐姿腿弯举	3×12 3×12
肖恩·雷	单腿屈伸 深蹲 腿举 腿屈伸	4×15 5×6~12 4×8~12 4×10~12	直立腿弯举 俯卧腿弯举 直腿硬拉	4×12~15 4×12~15 4×12~15
布兰奇·沃伦	腿屈伸 深蹲 哈克深蹲 箭步蹲行走	3~4×30~50 14×14~10 2~3×8~10 3×100	俯卧腿弯举 坐姿腿弯举	4×15~20 3×15~20
保罗·戴马约	深蹲 哈克深蹲 腿屈伸	5~14×6~12 3~5×8~12 3~5×10~12	俯卧腿弯举 直腿硬拉	3~5×8~12 3~5×10~12

15.3.4.2 腿部徒手训练方案

腿部器械训练动作与方法，基本上也可以徒手练习，主要作用是进行腿部塑形与肌肉拉伸。腿部塑形徒手训练方案，如表 15.20 所示。

表 15.20 腿部塑形徒手训练方案

方案 A		方案 B		备注
动作	时间(秒)	动作	时间(秒)	左右交替进行。或者选择组数 8 组及以上，每组做 20~25 次
站姿单腿侧摆	60	站姿单侧举腿	30	
哑铃相扑深蹲	30	侧步蹲	30	
侧步蹲	30	侧卧举腿	30	
侧卧举腿	30	箭步蹲	30	
跪姿后踢腿	30	弓箭换腿交替跳	30	
平板支撑开合腿	60	跪姿侧展腿	30	

第 16 章

小腿肌群训练

16.1 小腿肌群解剖结构与功能

小腿肌可分为三群：前群在骨间膜的前面，后群在骨间膜的后面，外侧群在腓骨的外侧面，如表 16. 1 所示。

表 16. 1　　小腿部肌群解剖结构与功能

<table>
<tr><th colspan="2">肌群</th><th>位置</th><th>形状</th><th>起点</th><th>止点</th><th>主要功能</th></tr>
<tr><td rowspan="3">前群</td><td>胫骨长肌</td><td>胫骨外侧</td><td>梭形肌</td><td rowspan="3">胫、腓骨及骨间膜前面</td><td>第一跖骨底及楔骨</td><td>使足背屈及内翻</td></tr>
<tr><td>趾长伸肌</td><td>胫骨前肌外侧</td><td>半羽肌</td><td>第二到第五跖骨背腱膜</td><td>伸趾、助足背屈</td></tr>
<tr><td>拇长伸肌</td><td>胫骨前肌和趾长伸肌之间</td><td>单羽状肌</td><td>拇趾末节趾骨底</td><td>伸拇趾、助足背屈</td></tr>
<tr><td rowspan="5">后群</td><td>腓肠肌</td><td>小腿三头肌侧面、在浅层</td><td>梭形肌</td><td>内外侧头起于股骨内外侧踝</td><td rowspan="2">以跟腱止于跟结节</td><td rowspan="2">屈小腿，提起足踝固定踝关节，防止身体前倾</td></tr>
<tr><td>比目鱼肌</td><td>比目鱼肌在深面</td><td>形似比目鱼</td><td>胫、腓骨近端后面</td></tr>
<tr><td>趾长屈肌</td><td>小腿三头肌深层</td><td>羽状肌</td><td>胫骨体后面中部</td><td>第二到第五趾末节趾骨底</td><td>屈第二到第五趾，使足跖屈</td></tr>
<tr><td>拇长屈肌</td><td>小腿三头肌深层，在趾长屈肌外侧</td><td>单羽状肌</td><td>腓骨体后面下部</td><td>于足底与趾长屈肌腱交叉止于拇趾末节趾骨底</td><td>屈拇趾，使足跖屈</td></tr>
<tr><td>胫骨后肌</td><td>小腿三头肌深层，趾长屈肌和趾长屈肌之间</td><td>半羽肌</td><td>小腿骨间膜后面，上 2/3 及两侧骨面</td><td>舟骨，第二到第三楔骨跖骨、骰骨等</td><td>使足跖屈并内翻</td></tr>
<tr><td rowspan="2">内侧群</td><td>腓骨长肌</td><td rowspan="2">小腿外侧，腓骨长肌在浅层腓骨短肌在深层</td><td rowspan="2">羽状肌</td><td rowspan="2">腓骨体外侧面，长肌起点在上方，短肌起点在下方</td><td>第一跖骨底</td><td rowspan="2">使足跖屈和外翻</td></tr>
<tr><td>腓骨短肌</td><td>第五跖骨底</td></tr>
</table>

16.1.1 前群

前群由内侧向外排列，有3块，如图16.1所示。

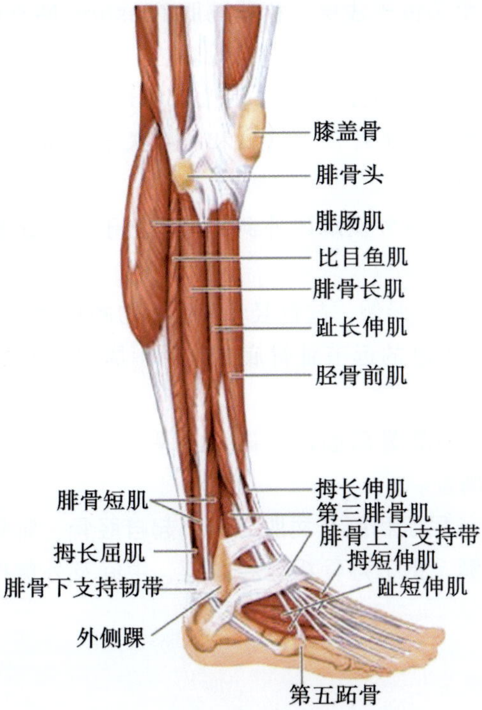

图16.1 小腿部肌群解剖结构(前群)

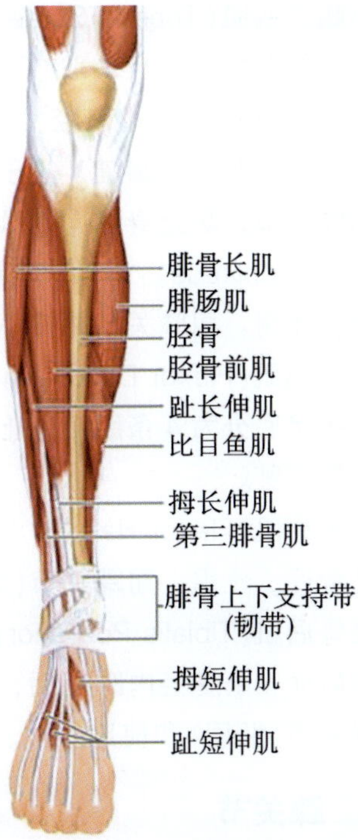

图16.2 小腿部肌群解剖结构(后群)

①胫骨前肌(Tibialis Anterior)：起自胫骨外侧面，肌腱向下经踝关节前方，至足的内侧线，止于内侧楔骨和第一跖骨的足底面。

②趾长伸肌(Extensor Digitorum Longus)：起自胫骨内侧面的上2/3和小腿骨间膜，向下至足骨分为四条腱，分别止于第二到第五趾背，移行为趾背腱膜，止于中节和远节趾骨底。

③拇长伸肌(Extensor Hallucis Longus)：位于前两肌之间，起自腓骨内侧面的中份和骨间膜，肌腱经足背，止于眼趾远节趾骨底。作用：前群各肌都伸踝关节(背屈)。胫骨前肌可使足内翻，拇长伸肌能伸拇趾，趾长伸肌能伸第二到第五趾，而第三腓骨肌可使足外翻。

16.1.2 外侧群

外侧群为腓骨长肌(Peroneus Longus)和腓骨短肌(Peroneus Brevis)。短肌在长肌的深面，两肌皆起自腓骨的外侧面，腓骨长肌起点较高，并覆盖腓骨短肌。两肌的腱经外踝的后面转向前，跟骨外侧面分开，短肌腱向前止于第五跖骨粗隆，长肌腱绕至足底，斜行至足的内侧缘，止于内侧楔骨和第一跖骨底。作用：使足外翻和屈踝关节(跖屈)。腓骨长肌腱和胫骨前肌腱共同形成“腱环”，有维持足横弓的作用。

16.1.3 后群

后群分浅、深两层，如图 16.2 所示。浅层有小腿三头肌，深层有 4 块肌，腘肌在上方，另外 3 块在下方。

①小腿三头肌(Triceps Surae)：它的两个头位于浅层，称腓肠肌(Gastroc Nemius)，另一个头位置较深的是比目鱼肌(Soleus)。腓肠肌内、外侧头起自股骨内、外侧髁的后面，比目鱼肌起自腓骨后面上部和胫骨比目鱼肌线。三个头会合在小腿上部，形成膨隆的小腿肚，向下形成人体最粗大的跟腱，止于跟骨。作用：屈踝关节(跖屈)和屈膝关节。站立时能固定踝关节和膝关节，防止身体向前倾斜。

②腘肌(Popliteus)：斜位于腘窝底，起自股骨外侧踝的外侧部分，止于胫骨比目鱼肌线以上骨面。作用：屈膝关节并使小腿内旋。

③趾长屈肌(Flexor Digitorum Longus)：位于胫侧，起自胫骨后面，它的长腱经内踝后方至足底，在足底分为 4 条肌腱，止于第二到第五趾的远节趾骨底。作用：屈踝关节(跖屈)和屈第二到第五趾。

④拇长屈肌(Flexor Hallucis Longus)：起自腓骨后面，长腱经内踝之后至足底，止于拇趾远节趾骨底。作用：屈踝关节(跖屈)和屈胟趾。

⑤胫骨后肌(Tibialis Posterior)：位于趾长屈肌和胟长屈肌之间，起自胫骨、腓骨和小腿骨间膜的后面，长腱经内踝之后，到足底内侧，止于舟骨粗隆和内侧、中间及外侧楔骨。作用：屈踝关节(跖屈)和使足内翻。

16.1.4 踝关节

踝关节(Ankle Joint)由胫骨、腓骨下端的关节面与距骨滑车(关节头)构成，故又名距骨小腿关节。胫骨的下关节面及内、外踝关节面共同形成“冂”形的关节窝，容纳距骨滑车，由于滑车关节面前宽后窄，当足背屈时，较宽的前部进入窝内，关节稳定；但在跖屈时，如走下坡路时滑车较窄的后部进入窝内，踝关节松动且能做侧方运动，此时踝关节容易发生扭伤，其中以内翻损伤最为多见，因为外踝比内踝长而低，可防止距骨过度外翻。

踝关节特点：关节囊前后较薄，两侧较厚，并有韧带加强。胫侧副韧带为强韧的三角形韧带，又名三角韧带，位于关节的内侧。起自内踝，呈扇形，向下止于距、跟、舟三骨。由于附着部位不同，由后向前可分为四部：距胫后韧带、跟胫韧带、胫舟韧带和位于其内侧的距胫前韧带。三角韧带主要限制足的背屈，前部纤维则限制足的跖屈。腓侧副韧带位于关节的外侧，由从前往后排列有距腓前韧带、跟腓韧带、距腓后韧带三条独立的韧带组成，联结于外踝与距、跟骨之间。距腓后韧带可防止小腿骨向前脱位。当足过度跖屈内翻时，易损伤距腓前韧带及跟腓韧带。

踝关节是人体下肢的一个关节，主要起到一个支撑作用，维持走路的姿势。踝关节属滑车关节，可沿通过横贯距骨体的冠状轴做背屈及跖屈运动。足尖向上，足与小腿间的角度小于 90°叫作背屈，反之，足尖向下，足与小腿间的角度大于直角叫作跖屈。在跖屈时，足可做一定范围的侧方运动。踝关节运动主要肌群如表 16.2 所示。

表 16.2　　踝关节运动主要肌群

踝关节运动	主要肌群
通过双踝的轴前部的肌腱做背屈	胫骨前肌、拇长伸肌、趾长伸肌、腓骨前肌
经过足后部的肌就做跖屈	腓骨长肌、腓骨短肌、小腿三头肌 拇长屈肌、胫骨后肌、趾长屈肌
通过足纵轴的内侧肌腱(位于第二趾上)做后旋与内收运动	拇长伸肌、胫骨前肌、胫骨后肌、趾长屈肌、拇长屈肌(小腿三头肌的功能包含内翻)
通过足纵轴的外侧肌腱做旋前与外展运动	腓骨长肌与腓骨短肌、腓骨前肌、趾长伸肌、内侧束

16.2　小腿肌群训练动作方法

小腿肌群肌肉训练动作，主要是提踵动作，简单地说就是抬起后脚跟。提踵属于单关节、闭路式训练，主要是踝关节运动，向上跖屈，向下背屈，提踵动作是发展小腿腓肠肌和比目鱼肌的主要手段。它锻炼小腿肌群(腓肠肌、比目鱼肌、胫骨后肌、腓骨长肌)，适合中级到高级阶段训练。提踵使用的器械有杠铃、史密斯机、拉力器等，也可进行简易练习(如利用台阶)。身体姿势主要是站姿和坐姿，其要求身体正直，抬头、挺胸、直腰。膝关节的屈伸姿势影响提踵，直膝式提踵对腓肠肌的刺激比较大，屈膝提踵对比目鱼肌的刺激较大，这两种方式的训练会让小腿体态有所不同。要使训练效率提高，在动作过程中最大限度地抬起后脚跟，并根据训练水平增加重量，或者进行单腿提踵。

在大腿后群训练中，许多多关节动作对小腿肌群也有不同程度的训练效果，仰卧蹬伸小腿肌等，小腿肌群训练动作如表 16.3 所示。

表 16.3　　小腿肌群训练动作

动作名称		主要锻炼部位(肌群)
提踵类	站姿杠铃提踵	锻炼整个小腿肌，主要锻炼小腿比目鱼肌和腓肠肌等
	坐姿杠铃提踵	锻炼小腿肌群，重点锻炼比目鱼肌
	站姿哑铃单腿提踵	主要锻炼腓肠肌，进一步分离小腿肌
	站姿史密斯机提踵(前置、后置) 站姿器械提踵	重点锻炼小腿三头肌(包括比目鱼肌、腓肠肌内侧头和外侧头)
	坐姿史密斯机提踵	主要锻炼腓肠肌，进一步分离小腿肌
	拉力器提踵	主要锻炼小腿内侧肌肉
	驴式提踵(骑人提踵)	使肌肉深层得到锻炼
	反向提踵	锻炼小腿前部，主要是胫前伸肌，分离小腿内侧与外侧，使其更粗壮

续表

动作名称		主要锻炼部位(肌群)
小腿屈伸	俯卧小腿屈伸 俯卧单腿屈伸 站姿小腿屈伸	主要锻炼大腿后群肌、腓肠肌和腘绳肌
	仰卧蹬伸小腿	锻炼小腿肌，尤其是下部

16.2.1 站姿杠铃提踵

动作作用：锻炼整个小腿肌，主要锻炼小腿比目鱼肌和腓肠肌等，如图16.3所示。

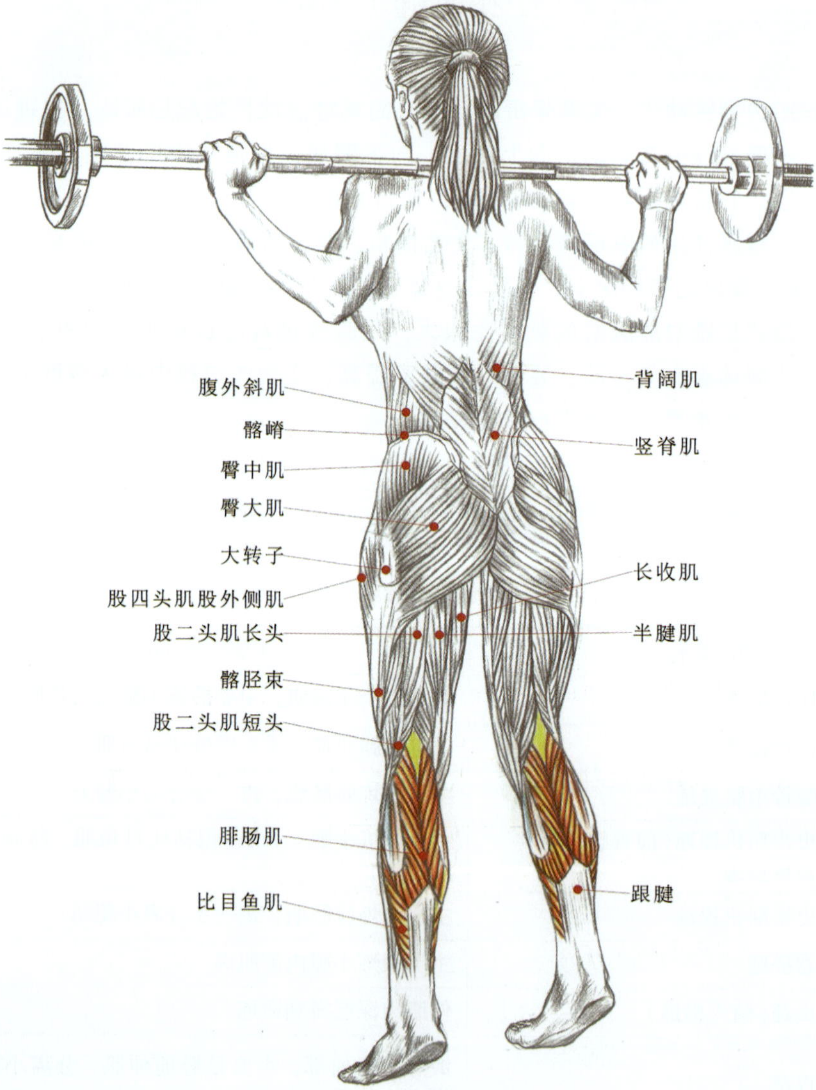

图16.3 站姿杠铃提踵

初始姿势：身体直立，双手握住颈后肩上的杠铃，保持抬头、挺胸、直腰。

动作过程：保持身体直立，重心略前移，用力提双脚跟至顶点，保持 2~4 秒，再慢慢回到原位，重复进行。

动作分析：其动作分析如表 16.4 所示。

表 16.4　**直立提踵类动作分析**

动作分析	关节和部位		
	踝关节	髋关节和腿	躯干
运动关节	向上：跖屈 向下：背屈	固定	固定
运动肌群	腓肠肌、比目鱼肌、胫骨后肌、腓骨长肌		
固定肌群		臀中肌、臀小肌、深层旋外肌、内收肌群、股四头肌	腹肌、竖脊肌、腰方肌

动作变化：

①各种提踵动作因两脚站位不同，所锻炼的部位也有所差异。

脚尖方向向内：侧重于锻炼腓肠肌的外侧头。

脚尖朝前指：整个小腿内外侧都得到均匀锻炼。

脚尖方向向外：主要锻炼腓肠肌内侧头。

②垫脚站姿杠铃提踵：在双脚前脚掌垫一个方木块，垫木高度约 10cm，能有足够的空间使脚跟下落。双脚前脚掌踏在垫木边缘上，脚跟尽量落地。用力提双脚跟至顶点。

训练要点：

①动作要规范，膝部平直，做动作时要保持身体直立，稳定重心，起、落动作要缓慢，不宜太快，下放时一定要充分。注意完成动作时不要屈膝、屈体；控制重心不要前移，可在前脚掌下垫一块铃片防止重心前移。

②提踵动作主要是以腓肠肌收缩来完成。提起脚跟时，应感到小腿肌群充分收缩，稍停顿后再缓慢下落至最低限度，使小腿肌得到充分伸展。

③做全程动作，到最低点时全面伸展，到最高点时支起脚尖进行全面收缩。

④小腿训练时感觉非常明显，不要被开始时的酸胀感觉所迷惑。训练小腿的重点要放在重复次数上，要坚持直到不能起来为止才会产生训练效果。

⑤小腿和其他身体部位的重要程度一样，应以同样多的精力进行训练，不要草率地完成小腿训练或在其他训练要结束时才进行几组小腿训练。

⑥在初级训练程序中，小腿训练每周 3 次站姿提踵，每次训练做 5 组，每组 15 次。

16.2.2　站姿史密斯机提踵

动作作用：重点锻炼小腿三头肌（包括比目鱼肌、腓肠肌内侧头和外侧头），如图 16.4 所示。运动肌群：小腿肌肉。协同肌群：比目鱼肌、腓肠肌、斜方肌、竖脊肌、腹直肌。

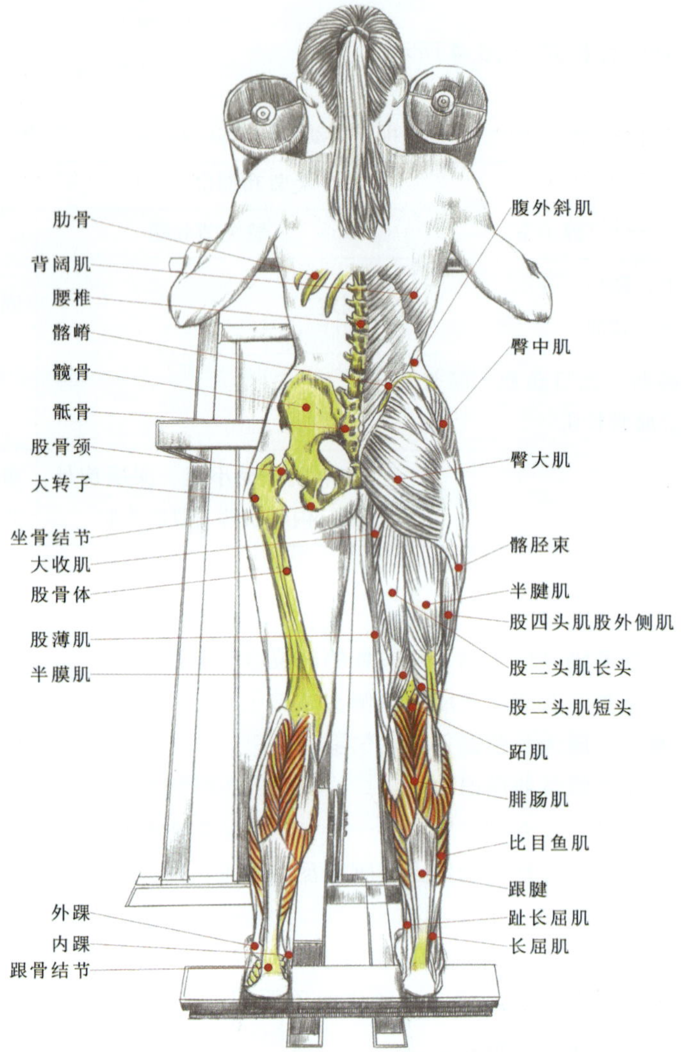

图 16. 4　站姿史密斯机提踵

这个动作看起来和一般站姿提踵一样，其实不同。在史密斯机上练小腿时，要在脚下垫一木块，以便使脚跟伸展幅度更大。

初始姿势：在史密斯机上，前脚掌立于木块上，双手掌心朝前握杠宽于肩，将横杠交替放在颈前（或者将杠铃置于肩后），上体保持垂直，收腹、紧腰、挺胸，身体直立，膝关节伸直。

动作过程：吸气，收缩小腿肌，顶起横杠。尽可能地向上提起脚跟，稍停 3~4 秒。然后呼气，缓慢还原，重复练习。第一组将木块放在横杠的垂直延长线上，第二组少许向前移木块，第三组少许向后移木块。这样做的效果截然不同，每组至少做 25 次。为增强训练效果，可用借力法则，即在无法完成下次动作时请别人协助完成应完成的次数。

动作变化：

①后倚史密斯机提踵：靠在倾斜的健身机上练习可避免背部负荷过重，主要锻炼小腿三头肌。

②器械站姿提踵。如图 16.5 所示。

动作作用：重点锻炼小腿三头肌，增大小腿的整体体积。

动作过程：脚趾站在站姿提踵训练器的踏板上面，脚后跟悬空。肩膀放在垫板下面，伸直双腿，举起重量。向地面方向尽可能低地放下脚后跟，使小腿肌肉拉伸到最大限度。在整个动作中保持膝盖略微弯曲，使小腿下部和上部整体得到锻炼。

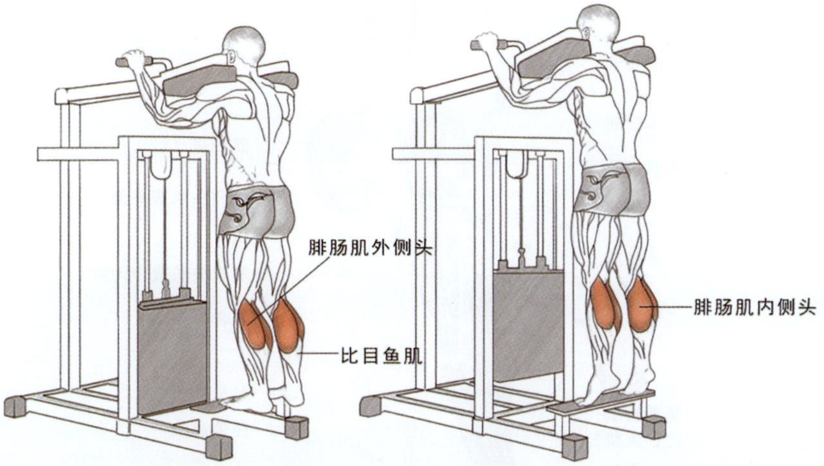

图 16.5　练习架提踵

16.2.3　站姿哑铃单腿提踵

动作作用：重点锻炼腓肠肌，进一步分离小腿肌，如图 16.6 所示。

初始姿势：（以左腿为例）手扶在某固定物上，左脚前脚掌踏在一垫木上（垫木高约 10cm），足跟落地，右小腿盘在左小腿后。

动作过程：左脚用力上提脚跟至顶点，略停片刻，再回到原位，反复进行。

动作要点：动作近程中保持身体直立，双手不要助力，动作速度均匀。

注意事项：减少中间休息时间，加大强度。易犯错误：手支撑在固定物上借力。

动作变化：拉力器提踵。

动作作用：刺激小腿内侧肌肉。

初始姿势：前脚掌站在垫木上，双脚开立同肩宽，脚跟靠拢呈“Y”形，注意力集中在小腿内侧，重心落在大脚拇趾上，拉力器下端固定，两手握上端。

动作过程：脚跟下落至最低点，然后尽力向上提至最高点。每组做 15 次，组间间隔以小于 35 秒为宜。这个动作用金字塔法训练比较合适，即先热身，再用轻重量一组做 15 次，然后每组增加 50%的重量，直至完成训练。

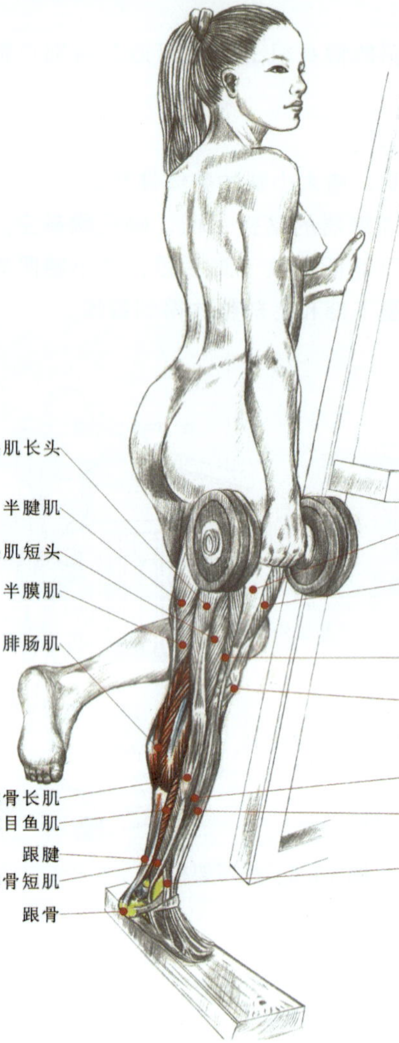

图 16.6　站姿哑铃单腿提踵

16.2.4　坐姿杠铃提踵

动作作用：重点锻炼小腿肌群。坐姿杠铃提踵是为锻炼比目鱼肌设计，使小腿肌群朝踝部扩展，如图 16.7 所示。

开始位置：正坐在凳上，两前脚掌站在垫木（或地板）上，在两膝盖上负重物或杠铃，两手托住，使其不滑动。

动作过程：吸气，以小腿三头肌的收缩力量，使脚跟上升到最高位置，小腿肌肉群完全收紧，稍停 1~3 秒。再呼气，慢慢放下脚跟还原。重复练习。

动作变化：坐姿史密斯机提踵，如图 16.8 所示。

动作分析：坐姿提踵类动作属于单关节、闭路式训练，适合中级与高级训练阶段，其动作分析如表 16.5 所示。

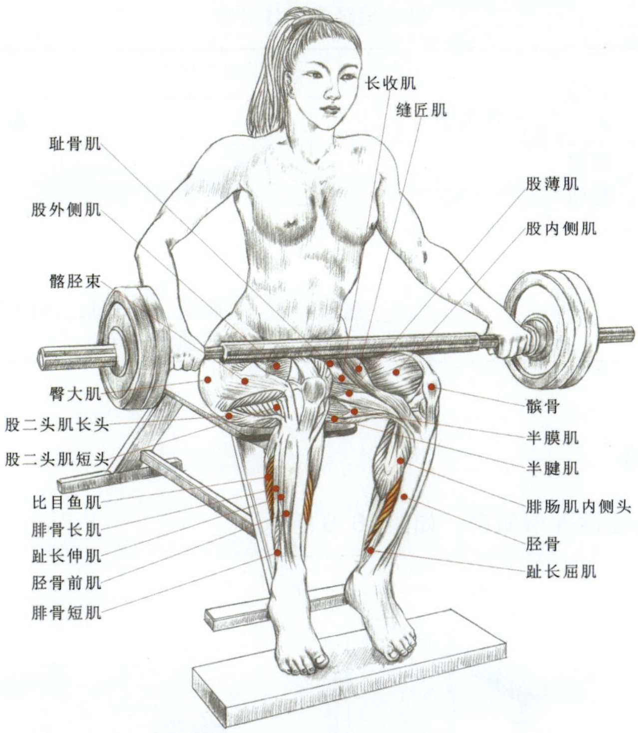

图 16.7 坐姿杠铃提踵

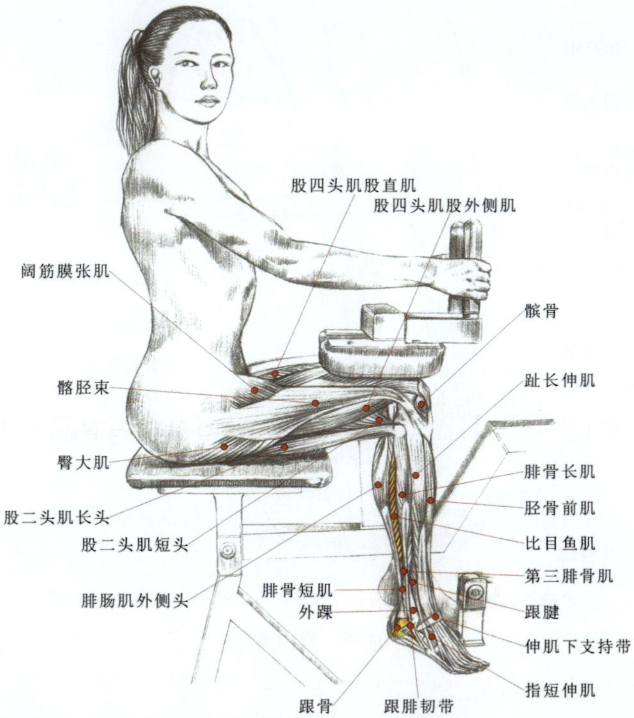

图 16.8 坐姿史密斯机提踵

表 16.5　　坐姿提踵类动作分析

动作分析	关节和部位	
	踝关节	躯干
运动关节	向上：跖屈 向下：背屈	固定
运动肌群	比目鱼肌、腓肠肌、胫骨后肌、腓骨长肌	
固定肌群		腹肌、竖脊肌、斜方肌中部和下部，菱形肌适度固定

16.2.5 驴式提踵

动作作用：锻炼小腿深层肌群，如图 16.9 所示。

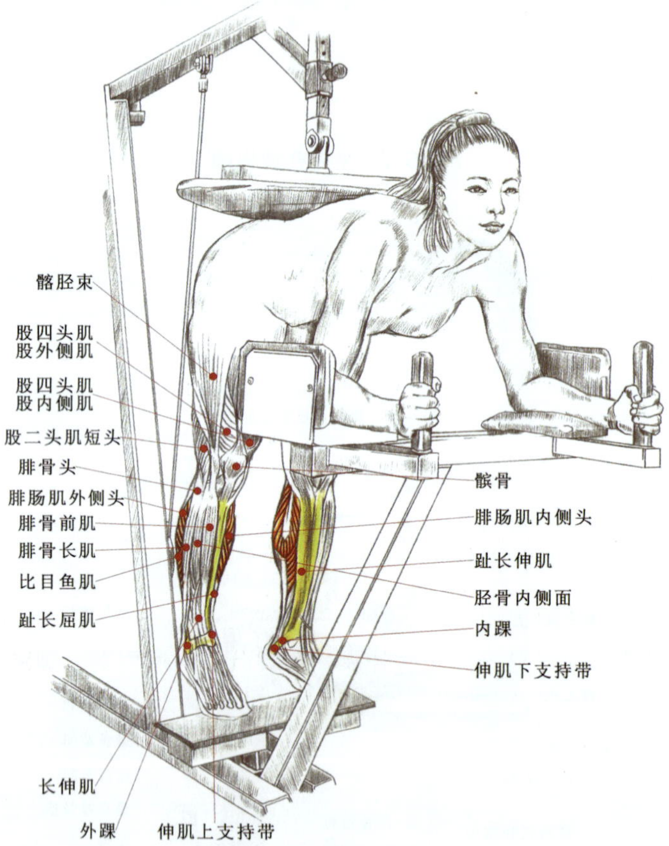

图 16.9　驴式提踵

起始姿势：脚掌站在一块长垫木边上。向前屈体，两手握住身前手柄。让负重落在身后臀部上。

动作过程：收缩小腿腓肠肌，使脚跟尽量上提，静止 1~3 秒，降下脚跟，重复再做。

呼吸方法：提起脚跟时吸气，降下时呼气。

注意要点：

①要使重量主要压在臀部上，而不要在腰部、肩部。降下脚跟时要低于垫木面。刚开始训练的前几天不要立即达到最高度，以免小腿抽筋，之后逐步提高，并彻底收缩腓肠肌。脚跟下降时，要尽量低于垫木面，以加大升降幅度。

②屈体姿势增加了伸展度，使动作幅度能达到最大。

动作变化：驴式提踵动作变化，如表 16.6 所示。

表 16.6　**驴式提踵动作变化**

变化	图解说明		主要锻炼肌群
脚尖姿态		脚尖向前	整个腓肠肌
	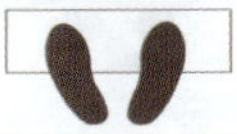	脚尖向外	腓肠肌内侧头
		脚尖向内	腓肠肌外侧头
脚距	中距	两脚距与臀同	整个腓肠肌
	宽距	两脚距宽于臀	腓肠肌内侧头
	窄距	两脚距窄于臀	腓肠肌外侧头
身体姿势	脊柱挺直 躯干与地面平行	膝关节伸直	腓肠肌

16.2.6　史密斯机反向提踵

小腿的锻炼动作种类并不是很多，像站姿提踵、坐姿提踵、骑驴提踵这些都是正向刺激，反向提踵(Reverse Calf Raises)是一个反向刺激的动作，主要锻炼小腿前面。

主要作用：史密斯机反向提踵主要锻炼小腿的前面，锻炼胫骨前肌，让小腿内侧和外侧有更清晰的分离度。

动作过程：根据身高调整史密斯机上的杠铃，选择一个上升的平台置于杠铃杆的正下方。站于平台上，脚跟贴于平台，前脚掌跖骨伸展。双脚分开与肩同宽，脚趾指向前。双肩置于杠铃下方，双脚的姿势保持不动，向上抬起杠铃，伸展髋关节和膝关节，直到躯干完全直立，始终固定。抬起前脚掌跖骨，尽可能高地抬起脚趾，绷紧小腿肌肉，静止收缩 1~3 秒，慢慢回到起始姿势。

呼吸方法：呼气时抬起前脚掌跖骨，吸气时还原动作。

注意事项：

①在整个动作过程中，髋关节和膝关节要始终保持伸直。

②脚后跟放在踏板上的位置越多，动作刺激效果越小，尽可能把脚露出来。

易犯错误：上体摇晃，臀部后倾。

16.2.7 俯卧小腿屈伸(腿弯举)

主要作用：主要锻炼大腿后群肌、腓肠肌和深面腘绳肌，如图 16.10 所示。

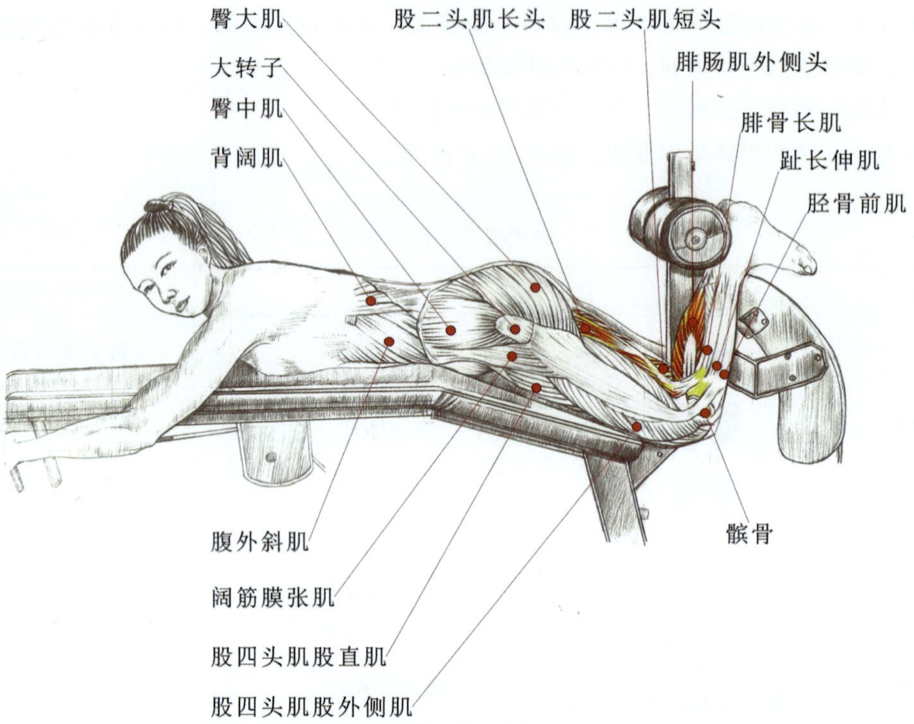

图 16.10 俯卧小腿屈伸

动作过程：俯卧在健身机上，双手紧握手柄，双腿伸直，踝部放在阻力海绵滚轴下方，吸气，双腿同时屈膝收小腿，使脚后跟尽量与臀部相接触，静停 1~3 秒，慢慢还原至起始位置。

呼吸方法：弯起小腿时吸气，放下时呼气。

注意要点：

①弯起小腿时，大腿、腹部平贴凳面，髋关节和膝关节固定不动，保证动作的孤立性。为利于腘绳肌充分收缩，踝关节应处于较放松状态，脚尖不要伸直。练习中易犯的错误是先屈髋翘臀，再利用伸髋的力量帮助完成动作，这样髋关节由屈到伸，主要是锻炼臀部肌肉，而腘绳肌作用减弱。

②腘绳肌为双关节肌，股二头肌长头、半腱肌、半膜肌的起点都起于坐骨结节，所以膝关节弯曲度深受腘绳肌的影响。髋关节处于伸位屈膝可达 110°，处于屈位会拉伸腘绳肌，屈膝可达 140°。在训练机上练习时，应把俯卧凳后半部下折，使髋关节处于屈位，让腘绳肌的收缩幅度和收缩力量相对提高。

③如没有专用的腿弯举机，可俯卧在普通的长凳上，脚系哑铃、杠铃片做。

替代动作：俯卧单腿屈伸，如图 16.11 所示，俯卧长凳负重小腿屈伸，如图 16.12 所示。

动作分析：俯卧长凳小腿屈伸是孤立动作，属于单关节、开放式训练，适合中级到高级阶段训练，其动作分析如表 16.7 所示。

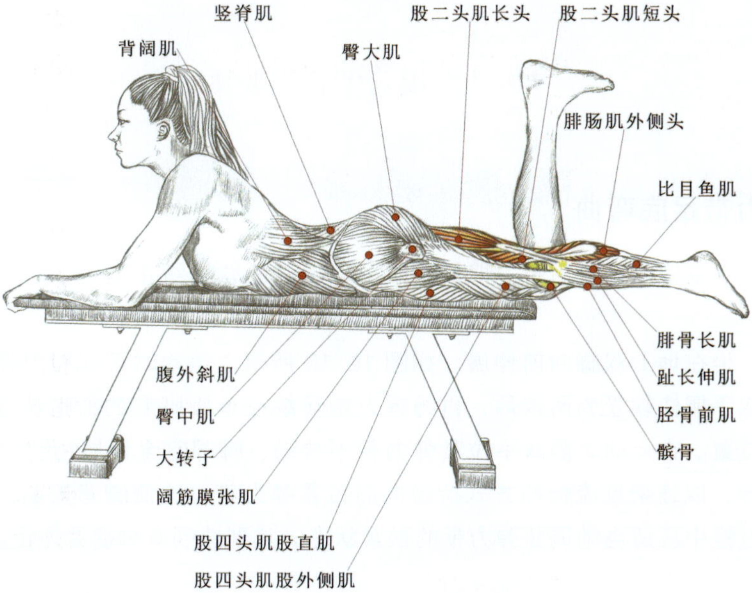

图 16.11 俯卧长凳单腿屈伸

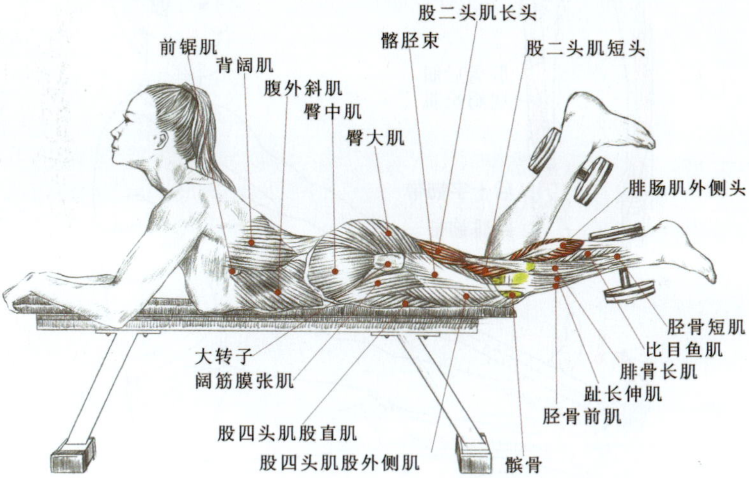

图 16.12 俯卧长凳小腿负重小腿屈伸

表 16.7 **俯卧长凳小腿屈伸动作分析**

动作分析	关节和部位		
	膝关节	躯干	上半身
运动关节	向上时屈，向下时伸	固定	固定
运动肌群	腘绳肌、腓肠肌		
固定肌群		腹肌	肱二头肌、斜方肌中部和下部、前锯肌

16.3 足部肌群训练

16.3.1 拉力带足底弯曲

主要作用：主要锻炼胫骨后肌、拇长屈肌。运用到的软组织主要是：后十字韧带、跟腓韧带。

动作过程：坐在地上双脚向前伸展。如图 16.13 所示。运动时可以利用弹力带或橡皮软管作为辅助，双手握住软管的两端后，再将弹力带环绕在单脚脚底的拇指球部位，这个部位也是跖骨所在位置。在运动之前双手拉紧弹力带不放松，脚部完全伸展(足底弯曲)。先维持伸展姿势约 3 秒，以连续且流畅的方式持续向后拉紧弹力带，迫使脚背弯曲，接着回到起始姿势。在运动过程中应适当地调整弹力带的松紧状态，直到感到双脚疲劳为止。

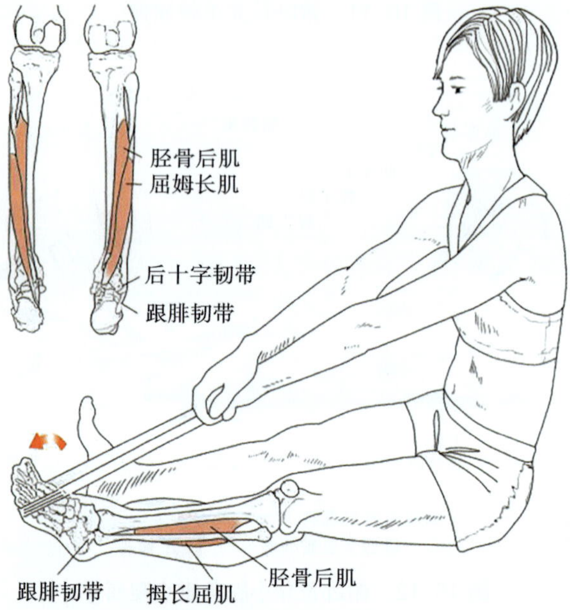

图 16.13 拉力带足底弯曲

注意要点：

①向上勾脚尖叫作足背屈，如图 16.14(a)所示，向下绷脚尖叫作足跖屈，如图 16.14(b)所示。可平躺在瑜伽垫上，脚掌与地面垂直，然后主动勾脚尖，正常来说，从垂直到勾脚尖的活动度在 15°左右，如图 16.14(c)所示。

②足背屈对踝关节进行松解和拉伸，主要是小腿三头肌还有胫骨后肌、腓骨长肌、腓骨短肌。膝关节伸直，侧重拉伸小腿三头肌中的腓肠肌，屈膝的话侧重拉伸比目鱼肌。

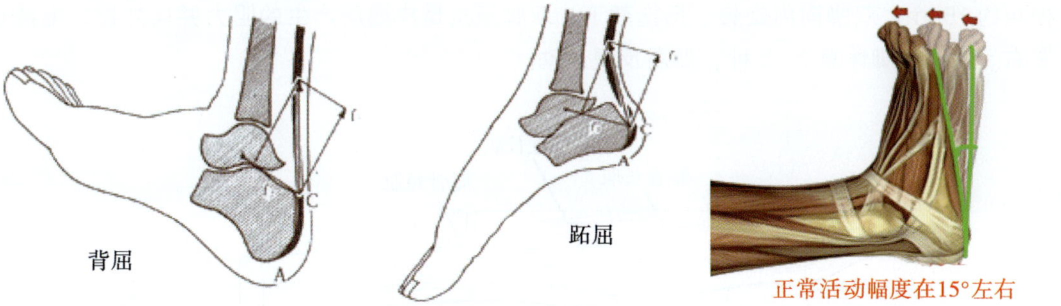

(a) (b) (c)

图 16.14 足背屈、足跖屈、足背屈活动度

16.3.2 足背负重弯曲

主要作用：主要锻炼胫骨前肌。运用到的软组织主要部位是距腓前韧带、跟腓韧带、足底肌腱，如图 16.15 所示。

动作过程：坐在桌上并弯曲膝盖，小腿悬垂于桌子边缘。在脚踝增加重量装置来产生适当的阻力，以维持足弓周围稳固。上半身保持挺直，双手置于两侧来确保身体平衡。以流畅的速度用力让脚背彻底朝胫骨方向弯曲(脚趾朝上和朝下运动)。小腿保持弯曲 150°，不要摇晃小腿辅助脚步和脚踝移动重量。慢慢降低弯曲的脚(足底弯曲，不需完全伸展)，反复运动直到脚疲劳。将重量装置换到另一脚反复运动，直到疲劳为止。

训练技巧：运动时速度不要过快，在运动过程中脚部肌肉和脚踝肌腱必须持续活动。

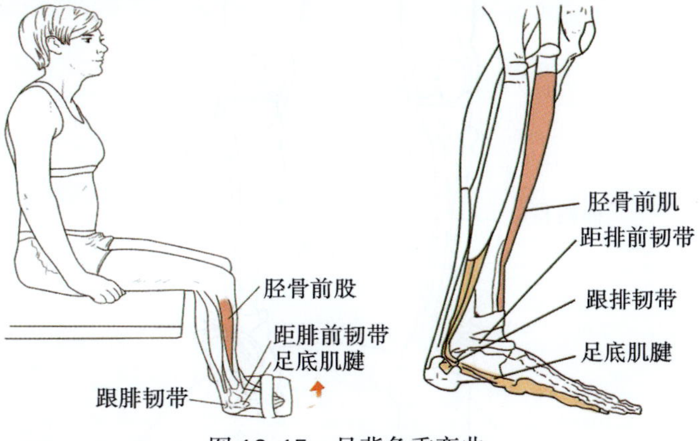

图 16.15 足背负重弯曲

16.3.3 足背外翻

主要作用：主要锻炼腓骨长肌、腓骨短肌、伸趾长肌，如图 16.16 所示。

动作过程：坐在举重长椅上彻底伸展双腿，只有跟腱、脚踝和双脚超过长椅边缘。双手置于身体后方的长椅，支撑住身体重量。用橡皮圈紧紧地套住双脚并弯曲，脚掌朝下，双脚相距约 15cm。双脚向内旋转，拇指朝下，双脚抵抗橡皮圈所产生的阻力并向外拉，维持 5 秒左右。放松双脚休息 3~5 秒，然后反复运动。

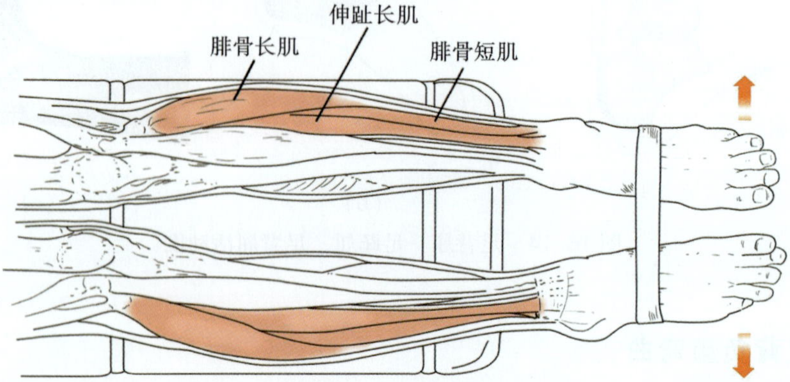

图 16. 16 足背外翻

16. 3. 4 足背内翻

主要作用：主要锻炼胫骨前肌。辅助锻炼伸拇长肌，如图 16. 17 所示。

动作过程：将健身球圆顶朝上，然后以正确的姿势站在上面，并找到适当的姿势让身体保持平衡。以双脚朝内的姿势站在半圆健身球上，然后完成足背内翻。由于在半圆健身球上运动双脚很快就会疲劳，在反复运动过程中可以踏在平坦的地面上让双脚得到休息。

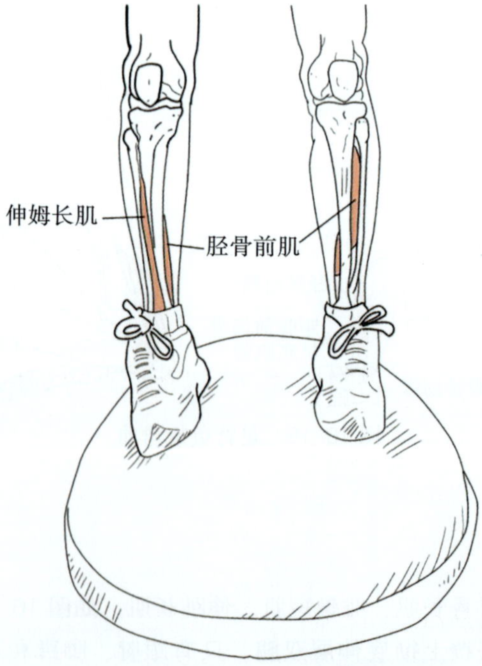

图 16. 17 足背内翻

16.4 小腿肌群训练方法

16.4.1 小腿肌群训练

小腿肌群主要是由腓肠肌、比目鱼肌和胫骨前肌组成，其他小腿肌肉包括：胫后肌、腓骨长肌和腓骨短肌、趾屈肌和趾伸肌等。腓肠肌有两个头，分别起于股骨的内、外上髁，比目鱼肌在腓肠肌深层，起于胫、腓骨上端的后面，两组肌肉在小腿中间结合并止于跟骨结节。

小腿肌肉训练主要是通过各种提踵训练来实现的，腓肠肌涉及膝关节与踝关节，而比目鱼肌则只涉及踝关节，它们之间的差异造成了提踵站姿与坐姿的差异。

腓肠肌是双关节肌肉，膝关节与踝关节的屈伸都会影响腓肠肌的长度，处于坐姿时，膝关节屈导致腓肠肌变短，因此在坐姿提踵的状态下，腓肠肌并不属于一个较好的发力位。腓肠肌外侧头，位于腿外侧；腓肠肌内侧头，位于腿内侧。比目鱼肌，上部几乎被腓肠肌所覆盖。腓肠肌是多关节肌肉，只有在腿伸直的过程中才参与发力，腿弯成90°坐着进行的练习只能针对比目鱼肌进行锻炼。比目鱼肌是单关节肌肉，无论腿是伸直还是弯曲，比目鱼肌都会参与到运动中来。

比目鱼肌是单关节肌肉，负责踝关节的拓屈(即向外伸脚尖)，站姿提踵时，对两者都会有较良好的刺激，尤其是腓肠肌。

在提踵练习过程中，改变脚尖所指方向来塑造小腿肌的整个区域。一般情况下的提踵会让脚尖指向前侧，这是最为均匀地刺激小腿肌肉的脚尖方位，但是总有因为种种原因而造成小腿内外侧发展不均的现象，也总有追求完美者存在。最体现小腿形态的是腓肠肌，腓肠肌有两个头，如果需要加强其中一头，那么可以通过脚尖的角度变化来实现：外八字站姿着重刺激内侧肌肉，内八字站姿则着重刺激外侧肌肉。

小腿肌肉训练的注意要点是：

①不要因为个人偏好而让小腿内外侧失衡，否则久而久之会有形成不良姿态的风险。

②进行内八字站姿或者外八字站姿的提踵时，由于踝关节会稍许偏离中立位，站姿时膝关节受力也会变得不那么均匀，所以重量不能使用的像脚尖指向前侧那么大，以保障安全。

③在进行小腿拉伸时要注意膝盖的屈伸，有些人喜欢蹲着垫脚(屈膝)拉伸小腿，这样对腓肠肌的放松效果较差，站着则会较好。同理，如果进行的是坐姿提踵，那么下蹲垫脚拉伸对比目鱼肌的放松效果更好。

胫骨前肌也称胫骨肌，是位于胫骨前方的小腿肌肉。该肌肉位于胫骨外侧的小腿前部。胫骨是膝盖下方小腿中间，位于额骨前的部位，它使膝盖与踝骨相连，前面的两个肌肉是趾伸肌和趾屈肌。胫骨前肌是经常被忽视的小腿部肌肉，运动不足就会出现胫骨夹板，会增加运动中受伤的概率，阻碍进步。加强胫骨前肌的训练很重要，这可以使跑步和其他锻炼变得更加有效，提升运动收益。

大多数健美运动员的小腿肌没有增长，主要是因为没有进行足够强度的训练。进行赛前训练时，无论如何都应该包括10~15组的小腿训练，如果采用正确的方法、适当的强度及重量，小腿就一定会增长。要学会改变训练程序，以不同的方式刺激小腿肌。高级训练要求从每一个角度塑造肌肉，涉及脚尖内指、外指及前置的正常姿势，增强比目鱼肌和腓肠肌的站姿或坐姿动作而不忽略小腿前部的胫前伸肌。

16.4.1.1　针对目标肌特点训练

小腿肌是人日常生活中最常用的肌肉之一（小腿每天支撑体重的时间有 10~15 个小时），它的特点是肌纤维密度大，耐负重、耐疲劳，一般强度的常规训练无法“撼动”它。通常的训练顺序是先练大腿后再练小腿，但无论是训练强度还是负重量往往无法满足小腿肌的训练要求。若是为保持训练频率，用这种顺序是可以的，但如果总是用这样的顺序进行小腿练习，效果肯定不好。

正确的做法是：针对小腿肌能承受大重量的特点，每周安排 2 次大负重训练，中间穿插一次中小负重训练，目的只是为了保证训练频率。两次大负重必须采用优先训练法，练完小腿后再训练其他肌群，或者专门练小腿。

采用优先训练法会发现小腿负重能力惊人。由于小腿肌耐疲劳，过少次数的效果不好，推荐的次数是 10~15 次/组。如果每个练习做 4 组的话，中间 1 组可以降到 6~8 次，一般在第 3 组加到最大重量。

需要说明的是，任何练习做 15 次左右都会产生烧灼感，与采用的重量没多大关系。做到 15 次时肌肉中的乳酸积累已达到一定的值，训练者会感到难以为继，接下去则是全凭意志力坚持。肌肉对于所采用的重量有种模糊的“估计”，重量不达到一定临界值不会动用全部潜力来抗衡。小腿训练在 10~15 次时会感到力竭，最后几次需凭借毅力坚持完成。这样练的效果比随便采用一个轻松的重量完成预定次数要好得多。

16.4.1.2　意识要与肌肉相连

健美训练中，你会发现上身较好控制，但一到腿部就不行了，光想着去对抗重量，难以顾及意识与肌肉的联系。

训练中意识和肌肉联系得越紧密，就越能找到训练感觉，肌肉就发达得越快。腿部训练也应努力建立和保持这种良好的联系。刚开始负重量可低一些，很快就能适应并较大幅度地提升负重量，动作也会更准确，目标肌能得到彻底训练。利用想象助于意识肌肉联系，练小腿时可将其想象为排列密集的钢索，从而使注意力更加专注，目标肌的兴奋度和充血效果更好。

16.4.1.3　要做全程动作

通过全程动作收缩肌肉有助于锻炼并全面塑造小腿肌。但是，不做全程动作几乎是大部分训练者的“通病”，他们只是一味地踮起落下，根本不注意动作幅度。发展小腿肌是以幅度充分的全程运动为要点的，训练细节是：踮至顶部时不要立即落下，应努力坚持 2~4 秒；落下时要有控制地还原，直到最低点。通过全程动作才能使小腿形状接近理想，避免小腿肌位置偏离、下端过细的弊病。

16.4.1.4　方法多样，强度较大

雕塑完美小腿肌的基本练习包括：一是以大负重锻炼来增加肌肉体积的直立提踵；二是

雕塑肌肉线条的坐姿提踵。可采用尽可能多的动作来提升训练效果，避免训练枯燥。

有训练伙伴的话可做骑驴提踵动作（分量嫌轻的话，训练伙伴可手持一对大重量哑铃），前脚掌站在一块约 10cm 厚的木块上，双肘撑凳，请同伴坐在身上，尽力提踵，每组 10~15 次，做 4 组。也可单练一腿：扶墙，手执重量足够的哑铃，前脚掌站在约 10cm 厚的木块上单腿提踵，每组 10~15 次，做 4 组。替代坐姿提踵的练习有弓步提铃和脚掌踮举（在腿举器或坐蹬器上，先将重量蹬至顶部，然后用前脚掌及脚趾的力量进行 15 次左右的"踮举"，可雕塑小腿外侧线条）。

由于小腿肌耐劳，故训练强度必须较高，组间休息 45 秒左右，不应超过 1 分钟。一般采用 2~3 个练习，总组数为 8~15 组。为了避免训练节奏的固定单调，可改变训练频率，如一周或半月内连续练两三天，休息一天，或第一周每天练小腿，第二周练一天、休息一天；次数上，第一组练习可做 15 次左右，第二组练习做 25~30 次。变化目的只有一个：提高训练强度，逼迫肌肉生长。

16.4.1.5 小腿弱点训练

当发现小腿的肌肉在增长，但增长并不匀称，某些区域较落后时，可以选用具体的练习来帮助纠正不平衡，如表 16.8 所示，如果小腿是弱项，那么可使用优先法则来进行练习，每次先进行小腿训练，这时心理和生理能量都在最高峰。另一种方法是即使不在健身房内也可以锻炼小腿，比如走路时，可脚尖用力，让小腿通过更大的幅度做功。

表 16.8 小腿弱点改进方法

小腿弱点	改进方法
小腿下部	①做额外组数的坐姿提踵来锻炼小腿下部的比目鱼肌 ②做站姿提踵时，稍微屈膝以带动小腿下部。另外在动作的最低点，脚跟几乎触及地面时做部分重复动作 ③在腿举器上做提踵练习，做骑人式提踵
小腿上部	站姿提踵，特别强调动作幅度，尤其是在动作最高点，肌肉处于全面收缩状态
小腿内侧	脚尖外指，每一种练习都各做几组
小腿外侧	脚尖内指，每一种练习都各做几组
一条腿太细	为较细的小腿加两组单腿提踵
小腿前部	增强腓肠肌，从前面看小腿显得特别宽 反向提踵：使小腿看起来较粗。做 5 组高强度练习以及大量伸展动作

16.4.2 小腿酸痛与恢复

16.4.2.1 小腿酸痛原因

小腿酸痛的原因如表 16.9 所示。

表 16.9 小腿酸痛原因

部　位	原　因
胫骨正面疼	腓肠肌紧张以及胫骨肌肉脆弱
胫骨后侧疼	用于支撑脚弓的肌肉太紧张；扁平足
跟腱炎	跟腱被拉伸：由于跟腱不是很容易拉伸，因此拉伸过度就会感到很疼，可能导致拉伸过度的原因，一是腓肠肌太短，二是脚跟距离腓肠肌太远
腓肠肌中部疼(比目鱼肌疼)	过度运动：比目鱼肌位于腓肠肌之间，通常比大肌肉群承受更大的冲击，使用小腿肌肉时最先运动

16.4.2.2 避免小腿肌肉酸痛的方法

①肌肉伸展运动(以静态方式进行)。为加快小腿肌恢复，组间间歇时应坐下来揉、捏、轻击，抖动小腿，训练结束后应在台阶或厚木块上尽可能地伸展小腿肌肉。

②渐增负荷原则。肌肉训练的超负荷原则使得肌肉容易受伤，配合渐增负荷原则，慢慢提高肌肉训练的质与量，才能有效避免伤害的发生。以渐进方式进行肌肉活动，使肌肉能够负荷繁重的或多次反复的运动。如果已有肌肉酸痛现象，则应休息与进行热疗处理，不宜再过度活动，否则易产生更严重伤害。

②冷敷、热敷。运动医学专家指出，缓解肌肉酸痛应该采取先冷敷、后热敷的方法。为缓解因运动挫伤和拉伤所致的肌肉疼痛，第一个步骤应在最初的几天，每隔 4~6 小时对疼痛部位进行一次冷敷，每次坚持 15 分钟。这样能够使肌肉从过度紧张的状态中放松下来，从而达到缓解疼痛的目的。

经过两到三天的冷敷之后，肌肉紧张状态和疼痛感能够得到较大缓解，这时就应该及时采取热敷疗法，使肌肉彻底消除酸痛的感觉。热敷疗法最好能够做到 1 天 3 次，每次 15 分钟。热敷疗法的手段多种多样，可以用一小瓶热水、一块热毛巾直接敷在疼痛部位，也可以采取烤灯、泡盆浴或冲热水澡的方式。对于一些慢性病造成的肌肉或关节疼痛(例如关节炎)，热敷要比冷敷更有效。

16.5 小腿肌训练案例

16.5.1 阿诺德·施瓦辛格小腿肌训练

乔·韦德曾对阿诺德·施瓦辛格说："如果你想让自己的薄弱部位对训练有反应，就应该像热爱你的强壮部位一样热爱它们。"阿诺德·施瓦辛格针对自己的薄弱部位——小腿，勤奋苦练，终于将其训练成强壮部位。

阿诺德·施瓦辛格小腿肌训练方案：

①骑驴提踵：做动作时请两个人坐在肩上，拿一只哑铃，以达到足够的刺激量。练习开始，站在一块厚木板上，脚后跟悬空。木板厚度约 10cm，可按自己身高和脚的大小进行选择，以小腿肌能充分伸展为原则。从最低位开始慢慢提踵，提到最高限，能用脚趾站立为止。到最高点时尽力收缩小腿肌，然后慢慢还原。这个动作通常练 6 组，每组 10~15 次，此练习对发展小腿肌效果极好。

②负重提踵练习(可在小腿练习器上做)：可有效地练习小腿肌肉块。阿诺德·施瓦辛格特别喜欢这个练习，所使用的重量很大。开始用 400~500 磅(约 215kg)的重量做，然后用 1000 磅(454kg)的重量做，共练 6 组，次数不超过 10~15 次。要诀是尽量向上提踵，脚跟下放时尽量低，直至触及地面。向下伸展和向上收缩肌肉到最低、最高点时坚持顶峰收缩 3~5 秒。用持续紧张原则，即在练习时要让所练肌肉一直处于紧张状态(持续用力)，直到练习做完。做完这些练习后感到小腿肌肉酸痛，才算真正有了效果。

③坐姿提踵练习器：第三个练习是塑造小腿肌肉线条的，它能使小腿呈钻石型。弗朗哥·哥伦布就常常炫耀他钻石型的小腿。

在坐姿提踵练习器上坐好，然后尽力向上提踵，再慢慢放下来。用使肌肉极度充血的方式来练这个动作。要点是在提踵到最高点时再竭力收缩肌肉，使小腿肌肉极度酸胀。练习还要采用大重量，每组做 15 次。如果动作准确无误，不要为小腿疼痛而感到害怕，因为这正是此练习所要追求的目标。若专门练小腿，则一定要练到有酸痛感才行；否则小腿得不到足够的刺激，6 组坐姿提踵练下来，就会像气球一样鼓起来。

④蹬腿：最后一个动作，再次加大重量。在腿举器上坐好(一般联合器械上都有蹬腿装置，和腿举器的效果一样)，把重量蹬起来，不过这次是用前脚掌(主要是脚趾)蹬。然后，脚趾后收，前脚掌前蹬，这也是一种提踵动作。接下来是尽力用脚趾将重量上推(在一般的联合器械上是用前脚掌向前推)，膝盖保持伸直。每组练习到最后，都要尽力收缩小腿肌肉，使其极度酸胀。一般每组做 15 次，如感到精力充沛，则要练到出现烧灼感为止，此时尽量延长小腿肌肉的收缩时间，直到“烧”得受不了才停下来。蹬腿练习可以把小腿肌肉外侧的线条“凿”出来。

练完上述所有动作后，小腿大量充血，肌肉会像气球一样鼓胀。接下来找一块厚木板，前脚掌站在木板上，手扶墙或横木以保持身体平衡，脚后跟尽量下降，充分伸展小腿肌肉，保持一分钟。

组间间歇时，用揉、按、压、捏等手法按摩小腿肌，以加速血液循环，放松肌肉，为下组练习做准备。有时用轻重量(只是稍轻)练习，同时用每组多做几次的办法加以补偿，目的都是要让小腿肌肉产生酸胀感。

要真正用心来完成每次练习，因为每次练习都是一次挑战，都在逼迫肌肉生长。训练中坚持强行借力原则和持续紧张原则，不怕酸痛，不怕用大重量。为使肌肉产生烧灼感，应尽力伸展小腿肌肉，在最高点绷紧小腿肌肉。

16.5.2 小腿肌训练实例

小腿肌训练实例如表 16.10 所示。

表 16.10 **小腿肌训练实例**

姓 名	训练方案		训练要点
	动作	组数×次数/组	
拉芙娜·斯坦玛蒂·图丽（1997 年捷克职业健美大赛第五名）	剪蹲 俯卧腿弯举 直腿硬拉	3×15 3×15 3×15	用剪蹲动作使小腿和股四头肌得到锻炼，再用俯卧腿弯举使股二头肌与小腿得到训练，最后用直腿硬拉拉长腿后部肌肉，包括股二头肌和小腿，使小腿充分收缩，以刻画线条
多里安·耶茨	直立提踵 坐姿提踵	2×10～15 1×10～15	
汤姆·普拉兹	直立提踵 坐姿提踵 哈克机提踵	3～4×10～15 3～4×10～15 3～4×10～15	大重量、高频率和短时间。大重量训练对肌肉纤维、神经系统和内脏器官的刺激十分强烈，能快速增大肌肉块，促进力量迅猛增长，是训练成功的最重要的原则
迈克尔·弗朗索瓦（Michael Francois）	直立提踵 坐姿提踵	4×10～15 4×10～15	
蒂姆·贝尔纳普（Tim Belknap）	直立提踵 骑驴提踵	5×10～15 5×10～15	以上两项组成超级组
克里斯·狄克森	坐姿提踵 坐姿提踵 坐姿提踵	3～5×25～30 3～5×25～30 3～5×25～30	双脚外分 双脚内收 双脚向前

第 17 章

科学健身，抵制违禁药物

17.1　兴奋剂的危害

17.1.1　违反法律法规

兴奋剂是国际体坛面临的严峻挑战之一，它不仅损害体育运动参加者的身心健康，破坏公平竞争的体育原则，还严重损害国家的国际形象和声誉。

世界各国都非常重视反兴奋剂，持续地展开反兴奋剂斗争，为推动体育事业的健康发展，很多国家都制定了相关的法律法规。国际性反兴奋剂法规包括《反对在体育运动中使用兴奋剂奥林匹克宪章》《世界反兴奋剂条例》《哥本哈根反兴奋剂宣言》《奥斯陆反兴奋剂宣言》等。

从 1979 年至今我国先后颁布了《中华人民共和国体育法》《全国性体育竞赛检查禁用药物暂行规定》《赛外兴奋剂检查若干规定》《对使用兴奋剂运动员的教练员处罚暂行办法》和《反兴奋剂条例》等 20 多项体育专门法律和行政法规，将反兴奋剂纳入法制化轨道。《反兴奋剂条例》根据《中华人民共和国体育法》和其他有关法律制定，目的是防止在体育运动中使用兴奋剂，保护体育运动参加者的身心健康，维护体育竞赛的公平竞争。它共计 6 章 47 条，主要由总则、兴奋剂管理、反兴奋剂义务、兴奋剂检查与检测、法律责任及附录等部分组成。它是国务院针对日益严重的兴奋剂滥用现象以及兴奋剂药源、流通、管理等环节存在的混乱和弊病而制定的权威性法规。该条例是目前我国反兴奋剂的最高级别的法律规制，它的颁布对兴奋剂的控制具有里程碑的意义，促使反兴奋剂工作步入法制化轨道。

全国政协十三届一次会议小组讨论会建议将“教唆、销售、贩卖、服用兴奋剂”写入刑法，把使用兴奋剂的违规行为作为犯罪，这既是对国家利益的维护，也是保护公众身心健康、发挥法制的规范和引领作用，以及深化体育体制改革和严厉打击兴奋剂犯罪的需要。

为维护国家荣誉，保护运动员的身心健康，保证体育运动的纯洁、公平、公正性，进一步加强健美项目反兴奋剂的力度，遵照国务院《反兴奋剂条例》，根据国家体育总局令(1999 年第 1 号)和中国奥委会反兴奋剂工作精神及有关规定，中国健美协会参照《世界反兴奋剂条例》制定了以下处罚细则：

①凡在中国健美协会注册的运动员被检查出兴奋剂呈阳性者，服用一类兴奋剂禁赛 17

年，罚款 2 万元，服用二类兴奋剂禁赛 4 年，罚款 2 万元，对不缴纳罚款者将不能解除禁赛，第二次被检查出兴奋剂呈阳性者终身禁赛。

②注册单位为运动员提供违禁药物的，罚款 4 万元，单位禁赛处罚；注册单位虽未对运动员提供违禁药物，但未对运动员进行反兴奋剂教育的，罚款 2 万元；注册单位未给运动员提供违禁药物，且按照中国健美协会规定多次对运动员进行反兴奋剂教育的则不予处罚。

③教练员为运动员提供违禁药物的，罚款 4 万元，禁赛 18 年；教练员虽未对运动员提供违禁药物，但未对运动员进行反兴奋剂教育的，禁赛 4 年。

省级健美协会是本地区健美项目反兴奋剂的管理单位，有义务协助中国健美协会开展反兴奋剂教育并将本地区每年度反兴奋剂的情况向中国健美协会汇报，中国健美协会只处罚违反兴奋剂管理规定的单位和个人，对省级健美协会不予处罚。

17.1.2　违反奥林匹克精神

《奥林匹克宪章》指出，奥林匹克精神就是相互了解、友谊、团结和公平竞争的精神。IFBB 是世界运动会协会、联合国教科文组织、国际体育科学与教育理事会成员，是被 IOC（国际奥林匹克委员会，International Olympic Committee）唯一认可的国际健美健身组织。它根据世界反兴奋剂机构的要求开展工作，是世界上最大的单项体育组织成员之一。健美运动不是奥运项目，但它的体育精神、内涵和功能应该是与奥林匹克运动一致的。

现代的体育赛事在大众传播媒体的热心关注和庞大的跨国公司的追捧下逐渐呈现商业化发展，在荣誉和物质的双重利诱下，一些运动员不惜以牺牲健康为代价，冒险使用兴奋剂以提高比赛成绩、夺取比赛胜利。运动员使用兴奋剂既是对自身健康和对手的不尊重，又有悖于奥林匹克精神。使用违禁药物在比赛中获得优势、夺取比赛的胜利，这种违法行为不符合“公平、公正、公开”的体育原则和精神，即“干干净净的比赛”“光明磊落地输和赢”。使用兴奋剂，玷污了大众对体育的公信度，背离了体育的宗旨，是对奥林匹克精神极大的亵渎。

17.1.3　对身体健康造成危害

兴奋剂对使用者身体的危害跟对竞赛公平性的破坏同样严重。常见的兴奋剂分为类固醇类、精神刺激剂、β-受体阻滞剂、利尿剂和肽类激素等。各类兴奋剂潜在的毒副作用很大，会对人的身心健康造成许多直接或间接的危害。一般来说，使用兴奋剂的主要危害是：出现严重的性格改变；产生药物依赖；导致细胞和器官功能异常；产生过敏反应，损害免疫力。

男性运动员如果长期使用兴奋剂会导致阳痿、睾丸萎缩、精子生成减少甚至无精子，从而影响生育。服用者还会出现性格改变、肾功能异常、乳房增大及早秃。女性运动员长期使用该类药物会引起脱发、性功能异常、月经失调，甚至闭经和不孕等症状，甚至还可能会出现声音变粗、肌肉增生、多毛、长胡须等现象，即使停药也不可逆转。不论男女运动员，最严重的危害是服用兴奋剂可诱发高血压、冠心病、心肌梗死及脑出血，以及肝癌、肾癌等。

17.2 药物健美者与自然健美者的体型区别

17.2.1 药物健美者较自然健美者肌肉更大

通过药物健美，肌肉会超常发达，会拥有比自然健美者多好几倍的肌肉量，但是实际的体重看起来不显得那么重。受过训练的自然健美者肌肉匀称协调，肌肉块不可能超大，但肌肉会达到一种非常高质量的状态。如图 17.1 所示。

图 17.1 左列为药物健美运动员菲尔希斯，右列为自然健美运动员郑少忠

药物健美者能达到的肌肉总量超过自然健美者可以达到的极限肌肉总量的 40~70 磅。药物健美者体内额外的睾酮素改变了细胞常规的处理过程，引起了蛋白质的额外合成。

自然健美者增加肌肉的过程是非常缓慢的。真正的自然健美运动员到了一定程度后想增加肌肉是非常困难的；相反，药物使用者则常常能"快速变身"，往往几个月就可以像换了一个人一样站在你的面前。

17.2.2　药物健美者的头身比非常夸张

许多药物健美者拥有夸张的头身比，强壮的身体会显得他们的头非自然的小。头围变大，骨骼变粗，很多长期使用药物的健美运动员，全身的骨骼也一样会增生变长(但不会变粗)，这种情况会造成脸部轮廓上下拉长，下颚骨也变大，最明显的就是可以看到整个头颅向上变大。如图 17.2 所示。另外，手肘关节也会突出、变尖，手指关节也会变粗。

图 17.2　头和身体的比例

17.2.3　药物健美者的肌肉非常干(肌肉拉丝)

肌肉纹理的呈现和拉丝，如果在不使用足够剂量的药物的情况下，是非常不容易的，可以说几乎是不可能达到的，如图 17.3 所示。

图 17.3　药物健美者的肌肉非常干(肌肉拉丝)

17.2.4 药物健美者刀割般的肌肉分离度

药物健美者的肌肉拥有刀割一般的分离度，非常吸引眼球。Lazar Angelov 因其腰腹部肌群拥有完美得如同刀子雕刻出来的分离度而出名。即使有很高的天赋，在不用药物的情况下想降到和他一样的 4%的体脂含量，是非常难的。

图 17.4 药物健美者刀割般的肌肉分离度

17.2.5 三角肌与斜方肌极度发达

使用类固醇药物后最明显的特征就是三角肌与斜方肌极度发达，肩外翻。肩外翻指的是三角肌上侧棱角明显，呈现出 3D 般的感觉，又称为虎头肩。要想实现外翻肩，就需要让三角肌变得足够饱满，从视觉上看就会自然外翻。三角肌本身属于小肌群，自然训练基本上练不出外翻的效果。由于三角肌的肌肉细胞中的“雄激素受体”要比其他部位多，所以在一开始使用类固醇药物后，三角肌、斜方肌以及背部肌肉会变得特别发达，三角肌围度增大，且分割得极其清楚，甚至呈现 3D 球形南瓜状立体肩。

图 17.5 药物健美者肩外翻

分辨是否是药物健美者，就是看他的肩部和斜方肌区域在减脂期是否依然很饱满，药物健美者都有着非常漂亮的 3D 型的三角肌和斜方肌，而自然健美者在减脂期保持肩部和斜方肌的饱满度则是非常困难的。

17.2.6　出现“水牛肚”与乳头雌化等特征

大多数药物型健美运动员虽然有明显的块状腹肌，但是只要腹部一放松，整个肚子就会往前突出，主要原因是长期使用生长激素与胰岛素，内脏器官也跟着变大了，“水牛肚”就此产生，如图 17.6 所示。

乳头雌化是怎么产生的？一般来说，男性体内的睾酮素是女性的 20 倍，而女性体内的雌激素是男性的 5 倍。乳头雌化一般分为两种，一种是肥胖人群的雌化，另一种是使用药物的健美人群的雌化，雌化的反应有很多，乳头趋于女性化是比较明显的特征。肥胖人群因为体内过多的脂肪，导致芳香酶的数量增加，进而让体内的雌激素增加，胸部脂肪过多等。用药的男性健美运动员在使用类固醇后，内源激素分泌紊乱，会产生外来性睾固酮素，从而导致雌激素增加，出现乳头雌化。如图 17.7 所示。

图 17.6　水牛肚

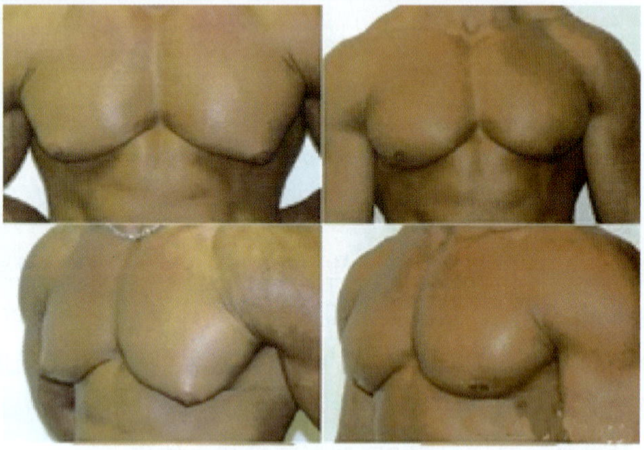

图 17.7　乳头雌化

17.2.7　出现皮肤裂纹、痤疮粉刺

皮肤裂纹的出现是很正常的现象，当你在一段时间内爆胖或者孕妇怀孕期间，都会出现皮肤裂纹，皮肤裂纹产生的原因就是皮肤不能够适应身体内暴增的脂肪。使用类固醇药物的运动员所产生的皮肤裂纹跟妇女生产后的妊娠纹刚好相反，运动员在使用类固醇药物之后，会造成肌肉在短时间内急剧生长，导致皮肤因为撑开而伸展性变差，皮肤弹性骤然减低，皮下的毛细血管与静脉壁也变得很薄，最后导致出现类似妊娠纹的皮肤裂纹。一般使用药物的运动员身上的皮肤裂纹都出现在胸部接近腋下处，背部上方接近腋下处、大腿内外侧等。与普通人的皮肤裂纹不同，他们的这些皮肤裂纹往往都是永久性的，如图 17.8 所示。

很多长期使用药物的健美运动员，三角肌与背部会出现痤疮粉刺。

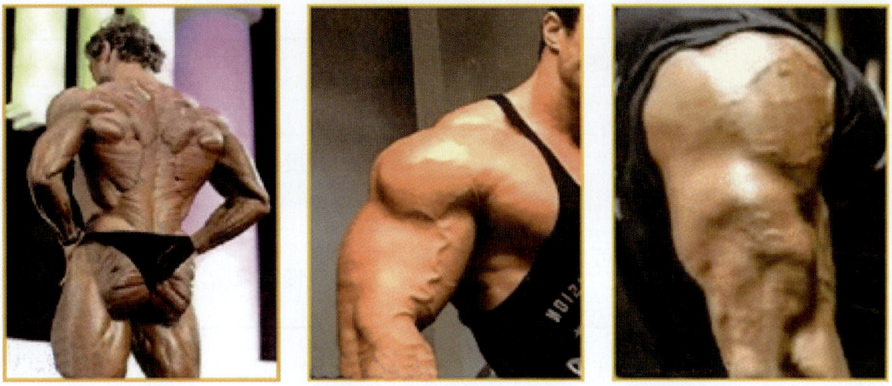

图 17.8 药物健美者出现皮肤裂纹、痤疮粉刺

17.2.8 药物健美者容易未老先衰

药物健美者外表看起来往往要比他们实际的年纪更大。大量的合成代谢类固醇和其他的所谓“增肌”药物改变了使用者的外貌，许多使用者出现斑秃，外表上加速老化，一些人实际年纪可能才 20 出头，看着却像 35 岁以上。

相信很多人会发现一个健身圈的现象，那就是肌肉强壮的大佬往往是秃头，这并不是因为健身会使人脱发秃头，脱发秃头除了遗传因素之外，还可能是由于类固醇过多。因为身体内类固醇过多的话，会导致毛囊萎缩，毛囊一旦开始萎缩，就一定会导致脱发秃头。

17.3 药物健美者与自然健美者的训练区别

药物健美者与自然健美者的训练区别如表 17.1 所示。

表 17.1 药物健美者与自然健美者的训练区别

指标	药物健美者	自然健美者
训练重量	力量增长明显，同体重可使用更大重量	力量增长缓慢。优秀训练者的最大训练重量为：卧推 1.5 倍体重，深蹲 2 倍体重，硬拉 2.5 倍体重
训练容量	大重量(1RM 的 170%以上)中容量训练，单肌群每周超过 2 练； 中重量(1RM 的 60%~170%)高容量训练，单肌群每周超过 3 练； 小重量(低于 1RM 的 60%)训练	大重量训练组数较少，多以中等重量训练 30 组
训练时间	力量训练在 90 分钟以上	力量训练在 45~60 分钟
训练频率	一天 1~2 次，可一周无休息	一天 1 次，一周 3~5 次

续表

指标		药物健美者	自然健美者
效率	力量增长	力量爆发式增长	缓慢
	增肌速度	能实现快速增肌	增肌速度极其缓慢，减脂与增肌很难同时进行
	减脂速度	极短的时间内就可以做到同时增肌与减脂	减脂缓慢，减脂期间肌肉流失会快很多

17.3.1　训练容量

①药物健美的训练容量大到不可思议：大重量(1RM 的 170%以上)中容量训练，单肌群每周超过 2 练；中重量(1RM 的 60%~170%)高容量训练，单肌群每周超过 3 练。

对于自然健美者来说，是绝不可能恢复过来的。如果在自然情况下训练量如此之大，只会收获伤病。

②训练重量太小：小重量(低于 1RM 的 60%)训练，在维度较大的前提下，仍是能够增肌的。健身大咖时常挂在嘴边的一句话就是：不要追求重量，要注重对肌肉的刺激。药物健美者训练通常使用小重量，依然可以练出大肌肉块。在健身房看到一些非常大块头的肌肉男使用非常小的重量在训练，做充血训练即可。这种训练方式与药物配合起来可以最大化地促进肌肉的生长，因为其大部分依赖于类固醇的作用。

另外，使用药物后力量会非常的强大，如果使用大重量去训练，对肌腱和韧带非常危险，类固醇通常能快速增加力量和肌肉，但肌腱和韧带还没有时间去适应，不能也不应过快和过频地增加所训练的重量。

自然健美者如果单纯使用小重量充血训练，训练的时候感觉会很好，但实际增肌效果并不好。如果维度已经很大，再用小重量训练，绝对无法继续增肌。自然健美者的身体将会保持一种奇特的“平衡”——瘦体重且基本上不增不减。要想继续变大，只有采用大重量训练这一条路，需要不断进行系统的、全方位的漫长训练。

17.3.2　增肌速度与力量的巨大变化

药物使用者短时间内体形与力量的巨大变化：

①几个月内体脂不变的情况下维度暴增，半年内可增重 20kg。

②力量爆发式增长。

药物健美者能达到的肌肉总量，超过自然健美者可以达到的极限肌肉总量。有的药物健美运动员在一个循环训练中所增加的肌肉量就可以超过极限肌肉总量。如果是第一次用药，往往能在短短两三个月期间就实现快速增肌，一般可以增加 10~15kg 肌肉。

来看一个案例研究。一名顶尖的健美运动员，与科学家们合作了一年，在这期间就只有 4 周没有使用类固醇。在这一年里，他的肌肉增长了大约 7kg。对于他这个训练水平来说，这个速度可以说是自然状态的 3~4 倍。

自然健美者们增加肌肉是非常缓慢的，到一定程度后增加肌肉非常难，这个过程非常缓慢和痛苦。即使配合最科学的锻炼加上饮食，也是有生长极限的。真正的自然健美运动员除了第一年外，后面几年的变化都是要以年计才看得出来的。第一年可以增加的纯肌肉量是10~12kg，第二年4~5kg，从第三年开始每年大约增加1~1.5kg。

17.3.3 体脂与减脂速度

肌肉与力量的增长不仅仅是使用药物的唯一好处，它们还能帮助保持体脂。研究发现，睾酮能够直接抑制脂肪细胞的生成。因此，很难看到体脂非常高的药物使用者，除非完全不注意饮食。

在减脂期间，自然健美者的肌肉流失会快很多，肌肉看起来很弱，明显萎缩了。对于自然健美者们来说，最难的事情就是在减脂期间保持肌肉不流失，并保持肌肉饱满状态。当开始严格控制饮食，肌肉变得扁平、流失、虚弱。尤其是采用生酮饮食(ketogenic-diet)，是一个脂肪高比例、碳水化合物低比例，蛋白质和其他营养素合适的配方饮食)后，后期训练者会开始脱水，肌肉虚弱、萎缩等情况更加明显。例如一位身高170cm、体重75kg，体脂20%左右的运动员，在没有使用药物的情况下，努力坚持训练并控制饮食，保持低碳无糖无盐的严格饮食，这样坚持一年后，体脂若能够降到12%~10%的话，那体重也会降到70kg以下。在没有用药的情况下，减脂与增肌很难同时进行，并且增肌速度极其缓慢。

药物健美者利用药物，不做有氧训练，但是能够减脂。在几个月内维度不变的情况下体脂可以急剧降低；备赛期减脂，结果肌肉反而能越减越大。使用药物在极其短的时间内就可以做到同时增肌与减脂，坚持一年，体脂率不但会大幅下降，体重也能增加，并且可以成功增肌。

17.3.4 维度、力量暴跌与疗伤恢复能力太强

①维度、力量暴跌。大多数药物健美者一旦停止使用PED药物(合成代谢类固醇)的话，几个月内维度、力量暴跌，肌肉量与肌肉线条的清晰度会在短时间内流失。在停药一年后，大部分选手的全身肌肉量会流失掉20%~30%甚至以上，也就是回到人体原本的自然状态，全身的线条与爆筋效果也会逐渐消失。尤其是那些训练年数不太长的年轻运动员，在停药后可能会看起来毫无训练痕迹。

②疗伤恢复能力太强。凡是肌肉受伤后恢复速度很快的那些人往往都使用了违禁药物，如在伤病恢复期使用生长激素。

17.4 饮食区别

17.4.1 不摄入脂肪

不摄入脂肪，睾酮基本上也就不合成，主要依靠外源性睾酮。

自然健美者一定要摄入脂肪，量多量少根据个人身体来决定，但是绝不能不吃，而且不能低于一定的量，除非处于极端的备赛期。

17.4.2 不控制饮食

自然健美者在饮食控制上非常严格，各种营养物质要按一定比例搭配，包括脂肪的摄入。

药物健美者不需要在饮食上进行严格的控制，许多药物健美者们吃着垃圾食品，同时使用着减脂类药物(类固醇)，他们并不需要像自然健美者那样非常严格地控制饮食。这就是为什么许多健美爱好者们跟随药物健美者安排的饮食计划，最后反而越来越胖。

17.5 常见健美药物作用及危害

17.5.1 常见的健美药物作用

常见的健美药物作用，如表 17.2 所示。

表 17.2　　常见的健美药物作用

常见健美药物	作　用
睾酮 & 雄激素合成类固醇(AAS)	促进肌肉蛋白合成，增加肌肉强度，加快恢复速度。也可以降低脂肪，增加肌肉纤维大小
人类生长激素(HGH)	本身是由脑垂体所产生的肽激素，但是量很小。通过基因工程大量产出的 HGH，注射到人体内，可以加快肌肉蛋白的合成，加大维度和力量，并且对脂肪和碳水化合物的新陈代谢产生巨大影响
胰岛素(Insulin)	胰岛素可以降低血糖。给无法正常分泌胰岛素的病人注射适当的胰岛素可以加快葡萄糖的吸收和分解。胰岛素和类固醇一同使用时，可以很大程度上防止肌肉组织分解代谢，从而进行更长时间的锻炼。胰岛素可以显著增加 VO_2 max，增加葡糖糖代谢以及肌肉蛋白合成。而 4 分钟的半衰期让胰岛素成了“无法被检测出的药物”其中的一员。
胰岛素样生长因子一型(Insulin-like Growth Factor-1)	和胰岛素很类似的蛋白质，与 HGH 一同结合使用时，会显著增加肌肉蛋白质的代谢与合成
双氯醇胺(Clenbuterol)	盐酸双氯醇胺是瘦肉精的常用原料，这种药物的作用是快速减脂
甲状腺药物/甲状腺素(Thyroid medication Thyroxin)	小众药物，用来提高新陈代谢
2，4-二硝基苯酚(2，4-Dinitrophenol)	小众药物，但是作用极其强大。这种药物可以抑制 ATP(腺三磷)的行为，导致身体供能迟缓，从而在运动中消耗更多的卡路里，加快减脂

续表

常见健美药物	作　用
利尿剂(Diuretics)	可以加快身体排出水分，使得参赛者看起来更干，分离度更高
合成醇(Synthol)	与其说是一种药物，不如说是一种“油”。与其他药物不同，合成醇的作用与其说通过化学反应增加肌肉，不如说是在不是很发达的肌肉部位注射这种油状物，然后使肌肉看起来饱满的一种物理增肌法

17.5.2　常见的健美药物危害

研究表明，有合成代谢类固醇服用史的人群中有2/3的人死于与心脏有关的因素。在20世纪70年代类固醇合法化的时候，很多人会服用类固醇。对于一些追求饱满肌肉的健身爱好者来说经常会遇到肌肉增长的瓶颈期，在使用过蛋白粉、肌酸、氮泵、BCAA等补剂以后，效果依然不明显，有些人会转向对于类固醇的追求。

有人认为合理用药、周期用药不仅对健康没有副作用，而且还会起到快速增肌的效果。但其实类固醇的滥用会带来许多的副作用，它可以引起痤疮、粉刺、男性乳房增大等短期的症状。如果不及时停药，严重时会对生命带来威胁，如心脏病、肝癌等一系列疾病。如果及时停用，大部分副作用可以逆转，但有些副作用是永久性的。一旦服用了类固醇，肌肉就会有超过常人的发达，如果想追求更大更饱满的肌肉，就必须继续增加药量，如果停药，肌肉就会慢慢恢复到自然状态。大剂量的用药则可能直接断送一个健身者的性命。健身离不开大量的运动，只想靠类固醇等激素速成来突破瓶颈并不是最好的选择。各种药物的种类、危害，如表17.3所示。

表17.3　**常见健美药物的种类、危害及常见名称**

种类	危　害	常见名称
合成类固醇	导致睾丸萎缩和自身睾酮生成减少；诱发、促进肿瘤生长；增加患冠心病的概率，此外还会诱发高血压；长期使用可使韧带和肌腱失去弹性，一旦过度拉长就会造成撕裂，另外肌肉会发紧和变硬，甚至产生痉挛。对女运动员的副作用：声带变厚、声音变低、阴蒂增大、脸部毛增多、秃头、皮肤增厚、闭经、过度的攻击行为以及与肝功能相关的副作用。对男运动员的副作用：男性性欲增强或低下、精子生成减少、乳房增大、阴囊痛、皮脂腺分泌增多、皮疹	如睾丸素、睾酮、康复龙、大力补等
肽类激素及其衍生物	使外貌变得粗犷、皮肤粗糙和颌骨增厚等肢端肥大等。典型的肢端肥大症可发展成肌病、末梢神经病和心脏病，长期使用还能导致糖尿病、关节炎等并发症	HGH、EPO和人体绒毛膜促性腺激素等

续表

种类	危　害	常见名称
胰岛素	血液中的胰岛素水平持续较高也会带来麻烦，如会导致体脂大型增多，增加患心血管疾病的危险性，并最终导致Ⅱ型糖尿病	
β 阻滞剂	导致突发性支气管痉挛，引起中枢神经系统的抑郁症状，或导致男子性功能异常等	如普萘洛尔、心得舒、心得怡等
抗雌激素	可能导致突发性支气管痉挛，引起中枢神经系统的抑郁症状，或导致男子性功能异常等	如氯米芬、环芬尼、他莫昔芬等
肌肉填充剂	使肌肉美得不自然，如果不慎注入血管，流入心脏，那就会有致命的危险	合成醇，如西斯龙等
刺激剂	导致能量更快地消耗，并掩盖疲劳所导致的过度兴奋与焦虑，影响运动者的判断能力而大大增加运动中受伤的概率，造成致命性心律失常、心肌梗死、脑梗死，甚至引起猝死；大量服用可引起短期或长期的行为改变，包括失眠、焦虑、神经过敏、慌乱、具有攻击性、偏执狂、产生幻觉等	如麻黄碱、可卡因、苯丙胺等

①对心脏的危害。正常人的心脏为 300g，长期运动的人的心脏可达 400～500g；而长期使用类固醇健身的人心脏可达 600g。长期使用类固醇健身，会使身体内增加大量的低密度脂蛋白胆固醇，同时过高的类固醇，会抑制身体内的高密度脂蛋白胆固醇的作用，这两种现象只会造成一种后果，也就是动脉硬化。动脉硬化是诱发心脏病的主要原因之一，有很多的健美选手后期都是因为心脏病的原因而去世的。

②造成高血压。类固醇健身除了会引起心脏病，还容易引发高血压，这是因为过高的类固醇会让血液中存在更多的钠以及一些其他物质，这些都会对血管增加更大的压力，非常容易引发高血压。这种对血管的伤害，会造成心肌细胞受永久性损害。

③性别特征发生显著变化。过高的类固醇虽然会让肌肉增长得更快更大，但是并不代表能让男人变得更加阳刚，过高的类固醇反而会使身体内雄激素分泌降低，雌雄激素的比例会逐渐增高，而雌激素的增高会使其身体出现很多的女性特征，如不长胡子、喉结变小或消失、男性睾丸缩小等。

女性服用合成类固醇激素类药物可使身上的肌肉变得漂亮，但会带来很多副作用，如面部毛发增生、肝损伤等。还会慢慢变得面色黝黑、身材壮硕，背部、胸前及嘴唇上方均会长出“体毛”，胸部会更加壮实。

④对皮肤的损害。当健身者开始使用注射类固醇的方式进行健身后，皮肤会逐渐变差，类固醇对皮肤的损害主要有两个方面，一是身体内类固醇的增多，会使皮肤内的油脂腺体产生更多的脂肪和胆固醇成分，而这些成分都会使皮肤变得更加油腻；二是类固醇会让皮肤表面出现更多的杂质和细菌，而这些杂质和细菌会进一步地堵塞皮肤的毛孔，会使皮肤更容易生痘。

⑤对心理健康造成严重伤害。健身本身是一件陶冶情操，让人释放情绪的事情，但是对于使用药物健身的人来说是恰恰相反的，使用类固醇药物健身只会让人的性格变坏，变得更加易怒。类固醇中含有大量的睾酮，而睾酮直接会影响到中枢神经系统，过高的类固醇摄入量，会使人更加不容易控制好自己的脾气。

【使用药物健美伤害案例】

①安德烈斯门泽尔。1996 年，健美运动员安德烈斯门泽尔死亡，医生给出的报告显示：他是由于吃下 20 多种药物导致多功能器官衰竭而死。

②坎蒂丝·阿姆斯特朗。2013 年，英国伦敦的 28 岁的女性健美运动员坎蒂丝·阿姆斯特朗，因滥用激素，慢慢变成了“男儿身”。在服用合成类固醇之前，坎蒂丝还是一位金发碧眼的窈窕淑女。而如今，她面色黝黑，身材壮硕，背部、胸前及嘴唇上方均长出了“体毛”。

③Andrej Gajdos。2015 年 9 月，美国年仅 19 岁的 Andrej Gajdos 离世，身高七英尺多，体重超过 217 磅，离世时他的心脏是正常大小的两倍，这是由于他当时正在服用的四种不同药物造成的。

④Dean Wharmby。2015 年 12 月，美国年仅 39 岁的 Dean Wharmby 与肝癌抗战五年半后离世，法医裁定是类固醇的滥用直接导致了他的死亡。

⑤尼尔伯奇。2019 年，年仅 23 岁的意大利健美冠军丹尼尔伯奇，在拿到欧洲健美比赛冠军的第二天在自己的家中突然猝死，是由于用药过度，身体机能紊乱，导致心脏压力太大而猝死。

⑥惠勒。有着无冕之王的称号，虽然获得了很多健美比赛的冠军，但他一直在奥赛的舞台上没有获得成功。很多人都说他生不逢时，在健美奥赛属于罗尼库尔曼的时代。在奥赛舞台接连受挫的惠勒再一次输给罗尼库尔曼后，选择注射西斯龙，在很短的时间内他的肱二头肌确实有了明显的变化；但他注射西斯龙后，他的肾功能就出现了衰退的迹象，很快他就从健美圈消失了。而现在，惠勒处于半退役的状态，但他双臂的西斯龙后遗症还非常明显。

17.6 科学健身，抵制违禁药物

在不使用类固醇的情况下，作为一个自然健美者，常规训练之下能拥有四大终身受益的好处。

17.6.1 训练收益不随着周期而波动

自然训练者和使用类固醇的药物训练者之间最显著的差别是：前者可以长久保持训练效果，而使用类固醇则会让体形变化有很大波动。虽然对于任何打比赛的人来说都分赛季和非赛季，体形会有变化，但他们依然会在体积波动、持续时间上有区别。对于使用类固醇的药物训练者来说，这是一个 4~6 个月的“刺激游戏”，直到他们完成 PCT(Post Cycle Therapy,

后循环疗法)，在这期间，类固醇能够帮助他们达到运动生涯中的“顶峰”，也就是实现他们的“周期成果”。然而一旦他们的循环结束，就会退回到原来的状态。这就像我们给气球充气一样，一旦放手，气球就会泄气。对于自然训练者来说，他们的体形或者是训练收益并不会突然发生很大的变动，对于他们来说，自然健美过程虽然很慢，但收获却是永久性的。

17.6.2 训练成绩不会有很大的波动

使用类固醇的药物训练者可以比自然训练者举起更大的重量，以及拥有更好的肌肉恢复能力，但这个过程是非常短暂的，仅仅只是在药物反应周期内才能够发生。所以你会看到很多专业健美运动员们一天可以训练 2~3 个小时，而第二天能够以同样的负荷强度进行训练，看起来他们就像是在一夜之间完全恢复了。然而，当类固醇的效应消失时，训练成绩会断崖式地下滑，其中最明显的是动作次数。

自然训练者虽然不会达到疯狂的训练频率以及训练量，但能够保持相对平稳的训练成绩。稳中求进是自然训练者的目的。

17.6.3 拥有完整的器官功能和健康

PCT 作为类固醇使用者的恢复手段之一，从理论上说，可以让身体的荷尔蒙恢复到正常的状态。但当使用者注射了大量的外源性睾酮时，睾丸就会停止生产(内源性)睾酮。而且一旦使用者停止使用类固醇，就会导致睾酮分泌的严重下降。PCT 是一种药物组合，据称能够让睾丸正常产生睾酮。至今尚未有权威的结论证明 PCT 能够让身体恢复到使用类固醇之前的睾酮分泌水平。当然，它的损坏程度和恢复程度取决于使用类固醇的时间和周期。

对于自然健美者来说，这些都不是问题，他们不必担心睾丸提前“退休”。自然健美者的睾酮分泌和生产是稳定的，并且身体在很长的一段时间内都处于健康水平。

滥用激素药物会对肾脏和肝脏产生很大的压力，因此这些器官往往会功能失衡，甚至会衰竭。而且器官的过度生长也是非常普遍的，所以你会看到很多使用类固醇的健美者都有一个很大的肚子。而且如果长期使用类固醇，还会对胆固醇水平和心脏产生很大的负面影响。

作为自然训练者来说，在良好的饮食和有规律的锻炼之中，可以保持良好的器官健康，也不必过于担心器官衰竭。

虽然在健美这个舞台中，自然健美训练者越来越成为异类，但好在仍然有一些愿意在时间的长河中保持健康而强壮的身材的训练者。他们的块头或许不大，但却有足够的美感，或者说他们拥有自然状态下的人体肌肉之美，无论对于他们自己还是对于台下的观众来说，这无疑是一笔巨大的精神财富。

科学健身，重回人体肌肉之美；抵制违禁药物，自然健美者比药物健美者选手更健康、更强壮。

参 考 文 献

[1][加]Kevin D. Steele，Scott Lucett，M. S. Dan Duran. PERSONAL TRAINING.

[2][加]本·韦德，[美]罗伯特·肯尼迪．女子超级健美法[M]．北京：人民体育出版社，1989.

[3][英]D. R. 威尔基．肌肉[M]．北京：科学出版社，1990.

[4][英]马克·韦勒．力量与肌肉训练图谱[M]．李振件，郭雨霁，译．济南：山东科学技术出版社，2008.

[5][英]米丽娅姆·斯托帕尔．乳房健美保健全书[M]．海口：南方出版社，1999.

[6][英]克里斯托夫·M. 诺端斯．活力塑身完全指南[M]．张册，译．北京：人民体育出版社，2005.

[7][英]罗纳德·J. 莫恩．运动营养[M]．杨则宜，译审．北京：人民体育出版社，2005.

[8][法]Frédéric Delavier Michael Gundill. 家庭健美训练图解[M]．陈凤芹，译．济南：山东科学技术出版社，2012.

[9][法]Fredreic Delavier. 女性健美训练图解[M]．李振华，冯蕾，译．济南：山东科学技术出版社，2005.

[10][法]Fredreic Delavier. 肌肉健美训练图解[M]．李振华，胡坚莉，译．济南：山东科学技术出版社，2005.

[11][法]丹纳．艺术哲学[M]．傅雷，译．天津：天津社会科学院出版社，2007.

[12][法]布朗蒂娜·卡莱-热尔曼，安德烈．拉莫特．运动解剖书[M]．张丽，译．北京：北京科学技术出版社，2017.

[13][美]Paul Jackson Mansfield. Donald A. Neumann. 基础肌力学[M]．台北：台湾爱思唯尔有限公司，2013.

[14][美]罗伯特·肯尼迪，邓尼斯·韦思．突起的肌群[M]．秦俭，译．成都：四川科学技术出版社，1990.

[15][美]保罗·马赛．普拉提解剖学[M]．刘晔，郭娜娜，译．北京：北京体育大学出版社，2012.

[16][美]Bill Foran. 高水平竞技体能训练[M]．袁守龙，刘爱杰，译．北京：北京体育大学出版社，2006.

[17][美]Carolyn Kisner，Lynn Allen Colby. 运动治疗学：理论基础与实作技巧[M]．徐中盈，等译．台北：合记图书出版社，2009.

[18][美]Donald A. Neumann. 骨骼肌肉功能解剖学(第2版)[M]. 刘颖，师玉涛，闫琪，译. 北京：人民军医出版社，2015.
[19][美]Michel J. Alter，MS. 牵伸训练[M]. 刘卫军，袁守龙，译. 北京：北京体育大学出版社，2007.
[20][美]Thomas W. Myers. 解剖列车[M]. 关玲，周维金，瓮长水，译. 北京：北京科学技术出版社，2016.
[21][美]Thoms R. Baechle，Roger W. Earle. 体能训练概论(第三版)[M]. 朱学雷，等译. 上海：上海三联书店，2011.
[22][澳]布拉德・沃克. 酸痛拉筋解剖书[M]. 郭乃嘉，牟延晨，译. 北京：北京联合出版公司，2015.
[23][美]尼克・埃文斯. 健身解剖指南[M]. 刘润芝，译. 北京：北京体育大学出版社，2008.
[24][美]弗拉基米尔・M. 扎齐奥尔斯基，威廉・J. 克雷默. 力量训练的科学和实践[M]. 金季春，译. 北京：北京体育大学出版社，2011.
[25][美]亚当・坎贝尔. 四周练出一身肌肉[M]. 章晋唯，译. 杭州：浙江科学技术出版社，2012.
[26][美]乔・普利欧・派翠克・米罗伊. 跑步解剖书[M]. 台北：枫树林出版事业有限公司，2011.
[27][美]阿诺德・G. 纳尔逊，尤卡・科科宁. 牵伸解剖指南[M]. 刘润芝，译. 北京：北京体育大学出版社，2008.
[28][美]帕特・莫纳夏. 肌肉拉伸书[M]. 王怡璇，译. 上海：东方出版社，2013.
[29][美]美国国家体能协会，比尔・I. 坎贝尔，玛利亚・A. 斯帕诺. 运动营养指南[M]. 黎涌明，邱俊强，译. 北京：人民邮电出版社，2019.
[30][美]美国国家体能协会，迈克尔・A. 克拉克，斯柯特・C. 卢塞特，布赖恩・G. 萨顿. 纠正性训练指南[M]. 北京：人民邮电出版社，2019.
[31][美]美国国家体能协会，李・E. 布朗. 力量训练指南[M]. 北京：人民邮电出版社，2019.
[32][美]莱斯利・卡米诺夫. 瑜伽解剖学[M]. 王启荣，刘晔，译. 北京：人民体育出版社，2009.
[33][美]维克・博夫. 男女健美指南[M]. 胡新民，郭光奇，译. 北京：中国友谊出版社，1989.
[34][美]琼・E. 卡恩，劳伦斯・J. M 比斯康蒂尼. 心血管晨练[M]. 北京：人民体育出版社，2011.
[35][美]斯・吉龙达，罗伯特・肯尼迪. 男女健美精粹[M]. 北京：人民体育出版社，2009.
[36][美]瑞隆. 瑜珈：3D解剖书[M]. 克里斯・麦西尔绘图，赖孟怡，译. 北京：北京联合出版公司，2014.
[37][美]瑞隆. 哈他瑜伽关键肌肉全解[M]. 蔡孟梅，常虹，译. 上海：上海锦绣文章出版社，2008.

[38]万德光，万猛．现代力量训练[M]．北京：人民体育出版社，2004.
[39]中国健美协会．中国等级健身指导员培训教材[M]．北京：中华人民共和国体育运动委员会，2007.
[40]古桥，相建华．健美理论与实践[M]．北京：人民体育出版社，2000.
[41]古桥．健身指导员基础理论教程[M]．北京：人民体育出版社，1999.
[42]冯连世．运动员机能评定常用生理生化指标测试方法及应用[M]．北京：人民体育出版社，2003.
[43]过家兴，田麦久，徐本力．运动训练学[M]．北京：人民体育出版社，1990.
[44]全国体育学院通用教材编委会．运动训练学[M]．北京：高等教育出版社，1999.
[45]全国体育学院教材委员会．运动生理学[M]．北京：人民体育出版社，2002.
[46]全国体育学院教材委员会．健美运动[M]．北京：人民体育出版社，1991.
[47]刘怀祥，颜炳成．中国古代军事体育史[M]．北京：国防大学出版社，1999.
[48]许文豪．运动生物化学概论[M]．北京：高等教育出版社，2001.
[49]李月玲，卢义锦，姚士硕．人体解剖学[M]．北京：高等教育出版社，1997.
[50]李洁，陈仁伟．人体运动能力检测与评定[M]．北京：人民体育出版社，2005.
[51]杨桦、池建主编．运动膳食与营养[M]．北京：北京体育大学出版社，2016.
[52]吴廉卿．健美运动技术方法[M]．武汉：武汉大学出版社，2015.
[53]吴廉卿．健美运动理论基础[M]．武汉：武汉大学出版社，2015.
[54]陈吉棣．运动营养学[M]．北京：北京医科大学出版社，2002.
[55]陈春军．健美优选训练法[M]．北京：人民体育出版社，2007.
[56]胡小明．体育美学[M]．成都：四川教育出版社，1987.
[57]胡亦海．竞技运动训练理论与方法[M]．武汉：湖北人民出版社，2005.
[58]相建华．私人健身教练[M]．北京：高等教育出版社，2012.
[59]娄琢玉．健美世界[M]．北京：世界图书出版公司，2001.
[60][加]乔·韦德．韦德健美训练法则[M]．中国健美协会，译．北京：北京体育大学出版社，2002.
[61]娄琢玉．你想使形体更健美吗[M]．北京：人民体育出版社，1989.
[62]王松．运动解剖学[M]．武汉：华中科技大学出版社，2015.
[63]梁桂平，刘晶．举重健美运动[M]．桂林：广西师范大学出版社，2005.
[64]彭云书．健美理论锻炼方法[M]．重庆：西南师范大学出版社，1988.
[65]傅立功，等．健身运动处方[M]．北京：华夏出版社，1993.
[66]舒培华，董凤翠．拉力器上的铁人[M]．北京：北京体育大学出版社，2003.
[67]薛斌，王秀华，谢云新．哑铃打造完美男人[M]．北京：人民体育出版社，2004.
[68]杨艳华，翟心慧．竞技体育中兴奋剂的种类及危害[J]．生物学教学，2017，42(3).
[69]张立艳，阮圆圆，张英锋，马子川．兴奋剂的种类、毒性及其检测[J]．渤海大学学报(自然科学版)，2008，29(4).
[70]徐起麟，齐华，张冠男，李国俊，邢丽丽．兴奋剂的种类及其对生理上的危害[J]．体育世界(学术版)，2017(10).

[71]最高人民法院关于审理走私、非法经营、非法使用兴奋剂刑事案件适用法律若干问题的解释[N]. 人民法院报，2019-11-19(003).

[72]付小京，唐显华，徐霞，张志海. 外用皮质类固醇药物副作用110例临床观察[J]. 中外医学研究，2013，11(2).

[73]谭涛. 兴奋剂的危害分析[J]. 当代体育科技，2014，4(16).

[74]翟乃涛. 浅议"兴奋剂"对人体健康的危害[J]. 长春教育学院学报，2014，30(9).

[75]顾宏志. 服用兴奋剂对女运动员危害的探析[J]. 长春师范学院学报，2010，29(12).

[76]鹿锋. 体育运动中的兴奋剂及其危害[J]. 生物学教学，1994(11).

[77]新版《世界反兴奋剂条例》审议通过 2021年实施[EB/OL]. [2019-11-8]. http://sports.163.com/19/1108/07/ETEOL52400058782.html.

[78]张艳秋，张琴英. 运动员降控体重方法对运动能力的影响[J]. 科技信息，2009(5).

[79]刘一阳，李庆. 我国优秀男子健美运动员体能评价模型构建及现状研究[J]. 北京体育大学学报，2017，40(1).

[80]高飞. 中国男子健美运动员竞技能力结构特征研究[D]. 山西大学，2008.

[81]Hartgens F, Kuipers H. Effects of androgenic-anabolic steroids in athletes[J]. Sports Med,2004,34(8).

[82]Alén M, Hkkinen K. Physical health and fitness of an elite bodybuilder during 1 year of self-administration of testosterone and anabolic steroids: A case study[J]. Sports Med, 1985,6(1).

[83]Singh R, Artaza JN, Taylor WE, et al. Testosterone inhibits adipogenic differentiation in 3T3-L1 cells: Nuclear translocation of androgen receptor complex with beta-catenin and T-cell factor 4 may bypass canonical Wnt signaling to down-regulate adipogenic transcription factors[J]. Endocrinology, 2006,147(1).

[84]Kouri EM, Pope HG Jr, Katz DL, Oliva P. Fat-free mass index in users and nonusers of anabolic-androgenic steroids[J]. Clin J Sport Med,1995,5(4).

[85]Kanayama G, Brower KJ, Wood RI, Hudson JI, Pope HG Jr. Anabolic-androgenic steroid dependence: an emerging disorder[J]. Addiction, 2009,104(12).

[86]Despina Mavromati, Matthieu Reeb. The Code of the Court of Arbitration for Sport: Commentary, Cases and Materials[M].The Hague:Kluwer Law International,2015.

[87]CAS. Jurisprudence[DB/OL].[2018-12-30].http://jurisprudence. tas-cas. org/Search/results. aspx#k=(Keywords%3A%22consent%20award%22).

[88]CAS. CAS 2018/A/5866 Madisyn Cox v. Fédération Internationale de Natation(FINA)[EB/OL].[2018-11-25].http://www. tas-cas. org/fileadmin/user_upload/2018. 08. 30_Consent_Award_5866. pdf.

[89]CAS. MEDIARELEASE[EB/OL]. [2018-11-25]. http://www. tas-cas. org/fileadmin/user_upload/Media_Release_ADD_18-05_12. 10. pdf.

[90]Manuel Arroyo. Arbitration in Switzerland The Practitioner's Guide[M].The Hague: Kluwer Law Internation-al,2013.

[91]CAS. 2010 CAS Bulletin[EB/OL]. [2018-11-25]. http://www. tas-cas. org/ fileadmin/ user_upload/Bulletin01112010. pdf.

[92]WADA. World Anti-Doping Code 2021[EB/OL].[2019-11-25]. https://www. wada-ama. org/sites/default/files/resources/files/2021_code. pdf.

[93][EB/OL]. [2020-01-25]. http://sports. 163. com/19/1108/07/ETEOL52400058782. html.

[94][EB/OL].[2019-01-25].https://www. wadaama. org/en/what-we-do/the-code/2021-code-review.

[95]WADA. 2021 World Anti-Doping Code and International Standard Framework: Development and Implementation Guide for Stakeholders [EB/OL]. [2019-10-18]. https://www. wada-ama. org/en/resources/the-code/2021-world-anti-doping-code-and-international-standardframework-development-and.

[96]Hartgens F, Kuipers H. Effects of androgenic-anabolic steroids in athletes[J]. Sports Med,2004,34(8).

[97]American College of Sports Medicine. ACSM'S Guidelines for exercise testing and prescription 9th ed[M].Philadelphia: Lippincott Williams & Wilkins,2014.

[98]B E,Ainsworth,et al. Compendium of physical activities: An update of activity codes and MET intensities[J].Medicine & Science in Sports & Exercise,2000,32(9).

附　录

肌肉关节韧带词汇中英文对照

中文	英文
肱二头肌	biceps brachil
喙肱肌	coracobrachialis
肱肌	brachialis
肱桡肌	brachioradialis
三角肌	deltoid
冈上肌	supraspinatus
冈下肌	infraspinatus
小圆肌	teres minor
大圆肌	teres major
肩胛下肌	subscapularis
肱三头肌	triceps brachii
肘肌	anconeus
肘关节	elbow joint
肱尺关节	humeroulnar joint
肱桡关节	humeroradial joint
桡尺近侧关节	proximal radioulnar joint
桡侧副韧带	radial collatera llig
尺侧副韧带	ulnar collatera llig
桡骨环状韧带	annular lig of raelius
斜方肌	trapezius
背阔肌	latissimus dorsi
竖脊肌(骶棘肌)	erector spinae
肩胛提肌	levator scapulae
菱形肌	rhomboid
胸大肌	pectoral is major

续表

中文	英文
胸小肌	inspectorate normand
前锯肌	montserrat durante
胸间外肌	intercollegiate extern
胸间内肌	intercollegiate Intern
肋间最内肌	intercollegiate intermix
腹外斜肌	oblique externus abdominis
腹股沟韧带	inguinal ligament
腹内斜肌	obliquus internus abdominis
腹直肌	rectus abdominis
腱划	tendinous intersection
腹横肌	transversus abdominis
腰方肌	quadratus lumborum
髂腰肌	iliopsoas
梨状肌	piriformis
阔筋膜张肌	tensor fasclae latae
臀大肌	gluteus maximus
臀中肌	gluteus medius
臀小肌	gluteus minimus
股方肌	quadratus femoris
闭孔内肌	obturator internus
闭孔外肌	obturator externus
髋关节	hip joint
缝匠肌	sartorius
股四头肌	quadriceps femoris
股直肌	rectus femoris
股内侧肌	vastus medialis
股外侧肌	vastus lateralis
股中间肌	vastus intermedius
耻骨肌	pectineus
长收肌	adductor longus
股薄肌	gracilis
短收肌	adductor brevis

续表

中文	英文
大收肌	adductor magnus
腘绳肌	hamstring tendon
股二头肌	biceps femoris
半腱肌	semitendinosus
半膜肌	semimembranosus
膝关节	knee、knee joint、articulatio genus
胫骨前肌	tibialis anterior
趾长伸肌	extensor digitorum longus
拇长伸肌	extensor hallucis longus
腓骨长肌	peroneus longus
腓骨短肌	peroneus brevis
小腿三头肌	triceps surae
腓肠肌	gastroc nemius
比目鱼肌	soleus
腘肌	popliteus
趾长屈肌	flexor digitorum longus
拇长屈肌	flexor hallucis longus
胫骨后肌	tibialis posterior
踝关节	ankle joint